Hommage à Marie-Luce Pavia
l'homme méditerranéen face à son destin

Méditerranées

Dirigée par Jacques Bouineau

La nouvelle collection « Méditerranées » a pour objectif de s'intéresser au dialogue nord-sud en mettant en avant les racines culturelles méditerranéennes qui portent vers un réel rapprochement des deux rives.

Les études se feront dans deux directions : d'une part la notion de romanité, d'autre part celle de culture méditerranéenne. La romanité est constituée par la formation des modèles juridiques, politiques, sociaux et artistiques qui composent les assises de l'empire romain, ainsi que par les créations issues de cet empire. Ce double mouvement, antérieur et postérieur à Rome, qui a uni autour du *mare nostrum* l'ensemble des terres méditerranéennes, exprime une des originalités de la Méditerranée et permet de rapprocher des cultures qui, dans le monde contemporain, oublient souvent ce qu'elles portent en commun.

Par ailleurs une réflexion en ce sens pousse à considérer sous un nouvel angle les assises de la construction européenne. L'Europe est en effet radicalement différente dans les terres méridionales pétries de romanité et dans les terres septentrionales qui en furent moins imprégnées.

Dernières parutions

Jacques BOUINEAU, *Antiquité, arts et politique*, 2016.
Oueded SENNOUNE, *Alexandrie dans les récits de voyage, Ve – XVIIIe siècle. Documents pour l'histoire ou sources historiques ?*, 2015.
Jacques BOUINEAU (sous la dir.), *Le droit international. Aspects politiques*, (2 vol.), 2014.
Philippe STURMEL (sous la dir.), *Les échanges maritimes et commerciaux de l'Antiquité à nos jours*, (2 vol.), 2014.
Jacques BOUINEAU (sous la dir.), *La Laïcité*, 2013.
Nasser SULEIMAN GABRYEL, *Sociologie politique du Maroc*, 2013.
Jacques BOUINEAU (sous la dir.), *La Laïcité et la construction de l'Europe*, 2012

Sous la direction de
Jacques Bouineau

Hommage à Marie-Luce Pavia
l'homme méditerranéen face à son destin

Textes réunis par Burt Kasparian

L'Harmattan

5-7, rue de l'Ecole-Polytechnique, 75005 Paris

www.harmattan.com
diffusion.harmattan@wanadoo.fr

ISBN : 978-2-343-10398-3
EAN : 9782343103983

Sommaire

Éditorial

Déchiré, contradictoire, on serait tenté de le dire éclaté. L'homme méditerranéen est irréductible à un type. Traversé par des clivages qui lui semblent spécifiques, il affirme sa diversité.

La religion, d'abord. Les religions. Dans le berceau des monothéismes, il a dû varier sur le thème lui-même où ce même Dieu s'offre en des images diverses, suscite des cultes à l'apparence irréconciliable, fait naître des guerres éternelles. Depuis la plus haute Antiquité.

La politique ensuite. Ou plutôt les régimes et leurs déclinaisons. Tiraillé entre la démocratie et l'affirmation du pouvoir le plus personnel qui soit, le destin de l'homme méditerranéen semble bien être celui de l'incompréhension, voire de l'incohérence, que l'expression de « coup d'Etat démocratique » résume en oxymore.

Le temps, surtout. Peut-être. Quelle durée peut s'accommoder de la longue durée ? Est-il pertinent de rechercher des correspondances, ou même de simples équivalences entre des temps aussi écartelés ?

Le premier destin de celui qui vit et agit sur les bords de cette mer qui paraît n'avoir jamais été commune que pour mieux revendiquer ses spécificités semble bien renvoyer à la solitude, à l'incompréhension partagée.

Et si de ces contraires si manifestes naissait une harmonie ? Et si, loin d'être un cri griffé de solitude, ces trajectoires n'étaient que des éclats d'un même mouvement ? Celui qui, au plus profond de chacun de nous, contredit, instants après secondes l'éternelle incertitude de l'être ?

Et s'il fallait appréhender autrement cet homme en qui le poids de trop d'héritages fait ployer l'affirmation de lui-même ?

L'homme méditerranéen exprime sans dire, montre sans dévoiler, tourne sur lui-même et se dérobe. Jeu ? Peut-être.

Ou peut-être simplement décor. Scène. *Persona*. La majesté du décor et l'intimité débordante qui en sourd mènent à l'aporie. Alors le sujet méditerranéen change de masque, ou s'en couvre. Il ne peut concevoir de voix sans drames, de voies sans impasses, d'or sans sang.

Le pouvoir lui appartient par essence, par nature, depuis les Romains. Avant peut-être. Ne possédant de représentants que lui-même, il est à lui-même sa propre mise en scène.

Le droit est son premier cadre, la religion l'accompagne. La politique donne la mesure. Celle de toute chose. A commencer par l'homme.

Tous ceux qui ont contribué à cette rencontre entre la mémoire de celle qui nous a quittés et le devoir où nous étions de lui rendre hommage ont apporté leur harmonie au chaos qui n'est tel que pour ceux qui ne savent pas lire, pas voir, pas comprendre. Ceux qui constatent les différences du judaïsme, du christianisme et de l'islam, sans comprendre vraiment que cette rencontre des contraires n'est qu'une unité béante.

Marie-Luce Pavia, femme de la Méditerranée, emporte avec elle le destin de cette mer, de ces terres qui l'ont accompagnée. Elle est devenue élément de cette architecture d'ensemble où le tout soutient chacune des parties, sans en être, et ne pouvant en être ni la somme, ni la réduction, ni le complément. L'anamorphose, peut-être.

Peut-être, toujours. Seul invariant de ce destin mouvant qui, du Liban à l'Espagne, des premiers âges à demain constitue la seule certitude de l'intelligence du lieu. Cette intelligence que Marie-Luce a si bien su rendre par son parcours, ses combats et ses analyses.

L'entrelacs des décors oblige à repenser les concepts. Celui d'unité et de diversité, de guerre juste et de martyre, de seigneur et maître, de bien propre et de bien commun, de loi majoritaire et de for intérieur, de luttes de clans et de clivages confessionnels, d'éléments allogènes et de synthèses insulaires, d'éternité des civilisations et d'équilibre politique, de patriarcat et de matriarcat, de *persona* et d'*egomet*, d'universalisme et d'individu, d'autonomie de la femme et de domination masculine, de démocratie et de ploutocratie, de *terminus a quo* et d'immarcescible durée, de religions et de dieu(x), de mécanique et d'interprétation, de principes et d'exceptions, d'expériences et de sacré, de démocratie et de fracas d'armes.

Tous ces thèmes, déclinés au fil de ces pages, scintillent entre les âges, évanescents et infrangibles, *ad majorem Mariae-Luciae gloriam*.

Jacques Bouineau

L'homme méditerranéen, entre pluralisme culturel et unité de valeur

« Méditerranée
Aux îles d'or ensoleillées
Aux rivages sans nuages
Au ciel enchanté
Méditerranée
C'est une fée qui t'a donné
Ton décor et ta beauté
Mé-di-terranée ! »
Tino Rossi,
« Méditerranée »

Pourquoi « l'homme méditerranéen », « son destin », plutôt que les hommes méditerranéens et leurs destins[1] ? Le choix n'est pas anodin. L'emploi du singulier suggère l'unité de cet homme, une forme de symbiose, d'homogénéité, étant acquis par ailleurs que le nom est conçu comme terme générique pour désigner l'humain, regroupant ainsi l'homme et la femme. Quant à méditerranéen, l'adjectif évoque un espace, un territoire vaste, mais lui aussi unitaire[2]. Ainsi, l'agglomération entre homme et méditerranéen paraît appeler une idée sous-jacente, celle d'un même peuple qui aurait une destinée commune, c'est-à-dire, en définitive, suggère une forme tribale de continuité et d'unité. Peut-être contient-elle aussi une double référence à la sédentarité et au voyage[3].

---

[1] Référence est ici faite au titre des présents travaux, consacrés à « L'homme méditerranéen face à son destin ».

[2] Sur l'histoire méditerranéenne envisagée à travers son espace géographique, Fernand BRAUDEL, *La Méditerranée et le monde méditerranéen à l'époque de Philippe II*, seconde édition revue et augmentée, 2 Tomes, Armand Colin, 1966, spécialement la première partie du Tome premier consacrée à « la part du milieu ».

[3] Sur le voyage, L. CONDÉ (dir.), *Variations juridiques sur le thème du voyage*, Colloque annuel de l'Institut fédératif de recherche en droit « Mutation des normes juridiques », 19 et 20 juin 2014, avant-propos de J.-C. GAVEN, Toulouse ; [Paris], Presses de l'Université Toulouse 1 Capitole, LGDJ-Lextenso éd., 2015. En Méditerranée, lire Fabienne LE HOUÉROU (dir.), *Périples au Maghreb, Voyages pluriels de l'Empire à la Postcolonie (XIXe-XXIe siècle)*, L'Harmattan, Coll. Mondes en mouvement, 2012 (abordant les mobilités spirituelles, le langage, l'héritage colonial, le tourisme, les voyages sportifs, etc.). Sur le voyage des

Il est alors possible de croiser cette approche avec celle qui vise à appréhender des situations de pluralisme culturel, ou plus exactement de pluralisme politique, religieux et culturel, en vue d'essayer de dégager l'existence de valeurs communes, c'est-à-dire des représentations uniformes du monde et de la place qu'y occupe l'homme, autour desquelles il pourrait se former une certaine concorde.

On voudrait bien laisser croire qu'une telle recherche prolifique produit des résultats simples, d'une parfaite clarté et cohérence, fournissant une clé de lecture systémique, par exemple que « l'homme méditerranéen » serait introuvable culturellement, mais qu'il le serait sous l'angle des valeurs, ou encore qu'il ne ferait pas « face à son destin » quand il s'agit d'envisager le pluralisme culturel, mais qu'il y ferait face sous l'angle des valeurs.

La réalité est que la recherche fait apparaître un paysage bien plus contrasté, avec différentes grilles de lectures possibles, du fait des interactions entre les données. Elles ne sont pas étanches les unes par rapport aux autres, mais bien au contraire interagissent les unes sur les autres. L'étude révèle, ce faisant, l'ambiguïté des mots choisis, parmi lesquels homme – pour l'homme et la femme –, méditerranéen, destin, culture, valeurs. A travers leur imbrication, leur recoupement, elle inscrit l'objet de la recherche dans une visée naturellement prospective, dont la puissance évocatrice est symbolisée par ce « face à » dans le titre des présents travaux et qui leur sert de guide général.

De cette rencontre entre l'analyse de l'homme méditerranéen confronté à son destin et celle considérant le pluralisme culturel face à une possible unité de valeur, selon une double dialectique, il se crée un maillage, plus métaphoriquement un tissu, qui montre tout à la fois la faiblesse des liens, telle l'étoffe de Pénélope qui sans cesse se défile, et la force des liens, c'est-à-dire un tissu plus fort que chacun des fils qui le composent. Il ne s'agirait pas d'un tissu soyeux d'une apparence parfaite, mais plutôt d'un entremêlement mal maîtrisé de fils qui se croisent et finissent par former une grosse toile, avec ici et là des nœuds, dont certains mal placés sont parfois difficiles à démêler, tandis que d'autres assurent à l'ensemble une certaine force.

Ainsi, alors même que l'identité de cet homme méditerranéen n'est pas aisément déterminable, il est permis de croire en son renouveau. Il convient dès lors de reprendre tour à tour l'homme méditerranéen (I) face à son destin (II).

---

hommes, qui est aussi celui des biens culturels, Fernand BRAUDEL, *La Méditerranée et le monde méditerranéen à l'époque de Philippe II*, *op. cit.*, Tome 2, p. 98 sq.

I- L'homme méditerranéen…

L'unité de l'homme méditerranéen trouve des racines historiques dans le concept de civilisation d'affiliation et une traduction politico-juridique à travers l'expérience de Rome. Il est donc historiquement caractérisable (A). Mais cet aspect unitaire lié à cet *homo politicus* romain a disparu depuis fort longtemps. Aujourd'hui pluriel, l'homme méditerranéen peut sembler introuvable (B).

A- Un homme historiquement caractérisable

L'histoire méditerranéenne conduit du point de vue de l'anthropologie sociale à rechercher cet homme en Grèce et Syrie, à travers l'idée de civilisation d'affiliation (1), ainsi qu'à Rome, d'un point de vue davantage politique (2).

1- De l'homme méditerranéen affilié

Les discussions autour d'une anthropologie sociale méditerranéenne sont nourries[4]. Il est vrai que la perspective d'une analyse pan-méditerranéenne est conditionnée par l'existence de monographies ethnographiques sur les comportements convergents et divergents au sein du monde méditerranéen[5], et probablement doit-on reconnaître que selon les domaines considérés (famille, travail, religion…) les conclusions peuvent se trouver en opposition. Elles sont d'autant plus difficiles à obtenir qu'elles impliquent par ailleurs des comparaisons au-delà de la région méditerranéenne[6]. C'est

---

[4] Lire, notamment, David D. GILMORE, « Anthropology of the Mediterranean Area », *Annual Review of Anthropology*, Vol. 11 (1982), p. 175-205 (avec une bibliographie abondante) – Y. MICHAL BODEMANN, C. ESTEVA-FABREGAT et T. PAPADOPOULLOS, « On a Mediterranean Social Anthropology », *Current Anthropology*, Vol. 20, n° 2 (Jun., 1979), p. 405-410 – J. DAVIS, *People of the Mediterranean: An essay in comparative social anthropology*. London: Routledge and Kegan Paul, 1977 – Dionigi ALBERA, Anton BLOK, Christian BROMBERGER (dir.), *L'anthropologie de la Méditerranée : Anthropology of the Mediterranean*, Maisonneuve et Larose, Maison méditerranéenne des sciences de l'homme, 2001.

[5] C. ESTEVA-FABREGAT, « On a Mediterranean Social Anthropology », art. précité (« Pero hay mas: la posibilidad de una perspectiva panmediterranea esta condicionada por la elaboración de previas monografias etnográficas. Sin este requisito previo sera difícil entrar en la explicación de los comportamientos diferentes o semejantes que se dan en esta área »). Voir aussi, concluant aux termes d'une rencontre internationale pluridisciplinaire que dans certains domaines (fertilité...), il y a plus de convergences que de divergences entre la rive nord et la rive sud de la Méditerranée, Gérard BOSSUAT, « Conclusion », in Marta PETRICIOLI (éd.), *L'Europe méditerranéenne. Mediterranean Europe*, P.I.E Peter Lang, *L'Europe et les Europes*, n° 8, 2008, p. 339-353, à la p. 343.

[6] Voir Dionigi ALBERA, Anton BLOK, « Introduction. The Mediterranean as a Field of Ethnological Study. A Retrospective », in Dionigi ALBERA, Anton BLOK, Christian BROMBERGER (dir.), *L'anthropologie de la Méditerranée : Anthropology of the Mediterranean*, *op. cit.*

par exemple par cette méthode comparative qu'a été mise en exergue l'importance de la sexualité dans les codes moraux méditerranéens[7].

Pour autant, il apparaît envisageable de dire que le monde méditerranéen, au-delà d'une extrême diversité qui le caractérise, est marqué par certaines affiliations. L'étude historique perçue comme un ensemble, c'est-à-dire tout à la fois une étude large des affaires humaines incluant la génération actuelle, mais aussi son passé[8] et envisageant les chapitres de l'histoire à travers la destinée des sociétés concurremment et non séparément[9], conduit à rappeler les travaux de M. Arnold Toynbee et aux classements des civilisations auxquels ils ont conduit. Ces derniers ont permis à l'historien de dégager une classification entre les civilisations épanouies et avortées[10]. Parmi les civilisations épanouies, certaines sont satellitaires tandis que d'autres sont indépendantes. Ces dernières peuvent être sans relation avec d'autres civilisations, non affiliées à d'autres civilisations, ou affiliées à d'autres civilisations. Or, une affiliation homogène semble pouvoir se rencontrer s'agissant du bassin méditerranéen, puisque précisément l'islam et la chrétienté ont des origines communes, c'est-à-dire procèdent d'un même terreau. En effet, selon Toynbee, « la civilisation occidentale présente une affinité avec la civilisation chrétienne orthodoxe et avec la civilisation islamique, puisque l'islam, comme la chrétienté orientale, a sa source dans le même "terreau" helléno-syrien[11] ». Ainsi, ces civilisations constituent des civilisations indépendantes dans la sous-classe des civilisations « affiliées[12] ». En cela, elles se distinguent de civilisations qui n'admettent pas de lien de filiation avec d'autres civilisations, comme celle chinoise (civilisation non affiliée avec d'autres civilisations) ou encore celle d'Amérique centrale (civilisation sans relation avec d'autres civilisations)[13].

---

7 Mariko ASANO-TAMANOI, « Shame, family, and state in Catalonia and Japan », in D.D. GILMORE (ed.), *Honor and Shame and the Unity of the Mediterranean*, Washington, D.C., *American Anthropological Association*, 1987, p. 104-20, cité par Dionigi ALBERA, Anton BLOK, « Introduction. The Mediterranean as a Field of Ethnological Study. A Retrospective », *op. cit.* La conclusion mérite semble-t-il d'être nuancée, Lire John ILIFFE, *Honour in African History*, Cambridge University Press, African Studies, 2005, p. 3.

8 Arnold TOYNBEE, *A study of History*, Oxford University Press, 1972 ; *L'histoire*, avec la collaboration de Jane CAPLAN, trad. de l'anglais par Jacques POTIN *et alii*, préface de Raymond ARON, éd. Payot, 1996, spéc. p. 55-56.

9 Arnold TOYNBEE, *L'histoire*, *op. cit.*, p. 43-44.

10 Pour une synthèse, Arnold TOYNBEE, *L'histoire*, *op. cit.*, p. 103-104.

11 Arnold TOYNBEE, *A study of History*, Oxford University Press, 1972 ; *L'histoire*, avec la collaboration de Jane CAPLAN, trad. de l'anglais par Jacques POTIN *et alii*, préface de Raymond ARON, éd. Payot, 1996, spéc. p. 98.

12 Arnold TOYNBEE, *L'histoire*, *op. cit.*, p. 99.

13 Pour une synthèse de la classification entre civilisations indépendantes (non affiliées), civilisations affiliées, civilisations satellites et civilisation avortées, Arnold TOYNBEE, *op. cit.*, p. 103.

D'une façon plus précise, le christianisme qui a fait fortune dans le monde hellénique tirait son inspiration d'une source syrienne[14]. Il est envisageable d'estimer que l'hellénisme a survécu, mais uniquement dans la mesure où le christianisme a choisi de prendre sa succession[15]. Partant, c'est par l'intermédiaire de l'Église chrétienne que s'effectue le rattachement de la civilisation occidentale à la civilisation hellénique (gréco-romaine)[16]. C'est elle qui a « donné sa forme sociale au christianisme, a servi de chrysalide à deux nouvelles civilisations, la civilisation chrétienne-orthodoxe orientale (ou byzantine) et la civilisation chrétienne occidentale[17] ». Mais, d'une manière plus rigoureuse encore, il faut affirmer que les civilisations occidentale et byzantine sont des sociétés hellénistiques ; elles se différencient de la société hellénique proprement dite par le fait qu'elles sont dès l'origine des civilisations chrétiennes[18].

Par ailleurs, les liens historiques avec le monde islamique sont avérés. L'Islam et l'Occident ont agi et réagi l'un sur l'autre à différentes reprises[19]. Si le monde hellénique a été transformé par le christianisme, en tant que religion supérieure créée par le prolétariat intérieur, les transformations ont atteint aussi les envahisseurs barbares[20]. Selon Toynbee, le prolétariat extérieur (les Barbares) ont embrassé des formes hérétiques du christianisme (l'arianisme notamment) ou des religions ayant un rapport quant à l'origine avec le christianisme (l'islam notamment) ; ils ont conquis l'Empire universel hellénique et y ont fondé des États qui ont pris sa succession[21]. Mais en définitive, selon l'historien, leur part dans la création de nouvelles civilisations est mince, c'est l'Église qui a été la matrice des nouvelles civilisations et non pas les États barbares qui ont succédé à l'Empire romain[22].

Le modèle hellénique renferme donc plus que l'histoire interne de la civilisation grecque, il englobe aussi les relations de cette civilisation avec

---

[14] Arnold TOYNBEE, *L'histoire*, *op. cit.*, p. 74.
[15] Arnold TOYNBEE, *L'histoire*, *op. cit.*, p. 74.
[16] Arnold TOYNBEE, *L'histoire*, *op. cit.*, p 65.
[17] Arnold TOYNBEE, *L'histoire*, *op. cit.*, p .70.
[18] Arnold TOYNBEE, *L'histoire*, *op. cit.*, p 73. Sur l'homme religieux hellénistique, lire également Julien RIES, *L' «* homo religiosus *» et son expérience du sacré. Introduction à une nouvelle anthropologie religieuse*, Paris, Les éditions du cerf, collection « Patrimoines - histoire des religions », 2009, p. 223 sq. sur l'héritage religieux et culturel de l'homme méditerranéen.
[19] En ce sens et pour une démonstration, Arnold J. TOYNBEE, *L'islam, l'occident et l'avenir*, éditions des Equateurs, 2013, reproduisant une partie de l'ouvrage de l'auteur, *La Civilisation à l'épreuve*, traduction de Renée VILLOTEAU, Gallimard, 1951. *Adde*, sur l'apparition des liens entre l'islam et le monde chrétien, John Julius NORWICH, *Histoire de la Méditerranée*, traduction par Agnès BOTZ et Jean-Luc FIDEL, éditions Perrin, Collection tempus, 2012, p. 105 s.
[20] Arnold TOYNBEE, *L'histoire*, *op. cit.*, p. 70.
[21] Arnold TOYNBEE, *L'histoire*, *op. cit.*, p. 71.
[22] Arnold TOYNBEE, *L'histoire*, *op. cit.*, p. 71.

les civilisations contemporaines[23]. Il serait le modèle caractéristique du passage d'États locaux à l'État universel, tandis que le modèle chinois permettrait de caractériser le rythme alterné des décadences et des renaissances d'un État universel et que le modèle juif apporterait sa contribution quant au rôle de la diaspora d'une communauté[24].

Au-delà de l'insertion de la Méditerranée dans un type de civilisation, c'est-à-dire au titre des civilisations affiliées au modèle hellénique, il est vrai que le monde helléno-syrien a exercé une influence sur le monde méditerranéen antique[25], dont l'héritage est encore présent. Pour la résumer à grands traits, à partir de 700 avant J.-C. environ, la vie de la Méditerranée antique s'est organisée autour de trois spectacles considérables, la colonisation de la Méditerranée occidentale par les Orientaux (Phéniciens, Etrusques, Grecs), l'essor de la civilisation grecque, enfin le destin de Rome[26]. La Méditerranée n'a cessé d'être un carrefour d'échanges et « le flambeau de la civilisation y a circulé du sud au nord, d'est en ouest et vice-versa[27] ». En particulier, du VIIIe au VIe siècles avant J.-C., les Grecs accomplirent un mouvement de colonisation en Méditerranée : Turquie, Chypre, Lybie, Sicile, Italie du Sud (Grande Grèce), Corse, France[28]. Cette émigration fut provoquée par des crises agraires et par le désir de créer de nouveaux liens commerciaux. Les Phéniciens[29] firent de même, occupant eux aussi une partie de Chypre, de la Sardaigne, le sud de l'Espagne et en Afrique, le sud de Gibraltar[30], ainsi que toute une zone de la côte autour de

---

[23] Arnold TOYNBEE, *L'histoire*, *op. cit.*, p. 69. Egalement, le modèle hellénique englobe les « relations avec le christianisme, par l'intermédiaire du christianisme, avec les civilisations chrétienne-orthodoxe et occidentale subséquentes » (Arnold TOYNBEE, p. 69).

[24] Arnold TOYNBEE, *L'histoire*, *op. cit.*, p. 95-96, ainsi que les p. 90-96 sur le modèle juif.

[25] Fernand BRAUDEL, *Les Mémoires de la Méditerranée, Préhistoire et Antiquité*, édition établie par Roselyne de AYALA et Paule BRAUDEL, Préfaces et notes de Jean GUILAINE et Pierre ROUILLARD, Editions de Fallois, Paris, 1998, p. 21.

[26] Fernand BRAUDEL, *Les Mémoires de la Méditerranée, Préhistoire et Antiquité*, *op. cit.*, p. 205.

[27] Paul BALTA, « Diversité et complémentarité des cultures. Interdépendance des destins », in *Le Bassin Méditerranéen : un espace en quête de sens*, dir. Maurice RIEUTORD S. J. et Loïce TRIBOT LA SIPÈRE, Préface Michel HABIB-DELONCLE, Postface Camille CABANA, éditions Publisud, 2000, p. 15-23, à la p. 15. L'auteur ajoute que l'histoire a amplement prouvé que les destins des deux rives ont toujours été liés pour le meilleur et pour le pire. Il considère que les peuples méditerranéens ont l'art de pratiquer la mémoire sélective, chacun ayant tendance à mettre l'accent sur ce qu'il a apporté et à négliger, voire occulter ce qu'il a reçu des autres.

[28] Nikaia : Nice ; Massalia : Marseille, une colonie fondée par les Grecs venus de Phocée en Asie mineure, c'est-à-dire les Phocéens ; Agathé : Agde ; Théline : Arles ; Olbia : Hyères ; Antipolis : Antibes. Sur les colonisations grecques, Fernand BRAUDEL, *Les Mémoires de la Méditerranée, Préhistoire et Antiquité*, *op. cit.*, p. 243 sq.

[29] Région de l'actuelle Syrie et du Liban.

[30] « Mauritanie » ; pointe nord du Maroc actuel.

Carthage[31]. La Syrie subit ensuite une phase d'hellénisation, à partir du IVe siècle avant J.-C., à la suite de la conquête par Alexandre[32].

Bien sûr, il ne s'agit pas de faire une confusion entre la civilisation occidentale contemporaine et celle de la Grèce antique[33]. Le miracle grec n'en demeure pas moins considérable[34]. Parmi les incidences importantes exercées sur le monde méditerranéen, il faut retenir aujourd'hui une affiliation culturelle, mais aussi économique et sociale.

D'un point de vue culturel, sans même parler des jeux olympiques qui sont une référence sportive mondiale[35], il n'est pas exclu d'établir des ponts, des parallèles, par exemple relativement à l'importance du lieu de culte (« temple ») dans la conception du plan urbain, ou à l'influence dans le domaine de l'architecture. On songe bien sûr aux incidences de l'ordre ionique et de l'ordre corinthien grecs[36], mais il existe sans doute autre chose aussi qui rapproche nos contemporains du monde grec antique, à savoir le goût pour la recherche et la nouveauté. L'art révèle « une Grèce inédite, romantique ou baroque, éprise de nouveauté[37] ». Egalement, il est envisageable de faire le lien avec une thématique très contemporaine, celle de l'articulation et de l'équilibre entre le territoire urbain et le territoire rural, que l'on retrouve dans le monde grec à travers l'organisation en cités (*polis*) comprenant chacune une agglomération urbaine et un territoire rural (*khôra*)[38]. Dès la Grèce antique, la ville a pu jouer un rôle « matriciel[39] » et aujourd'hui la question de la ville réconciliée avec la nature est au cœur des débats politiques[40]. Quant à l'importance de l'agriculture, elle est manifeste[41]. De même, peut être relevée une tendance du monde occidental à

---

31 En « Numidie » ; côte nord-est de l'actuelle Algérie, Tunisie, côte nord-ouest de l'actuelle Libye ; Carthage : banlieue de l'actuelle Tunis.

32 V. Encyclopédie Larousse, *Syrie : histoire*.

33 Fernand BRAUDEL nous enseigne qu'elle serait « un jeu de théâtre à la Giraudoux ». Lire, Fernand BRAUDEL, *Les Mémoires de la Méditerranée, Préhistoire et Antiquité*, p. 259.

34 Sur le « miracle grec », Fernand BRAUDEL, *Les Mémoires de la Méditerranée, Préhistoire et Antiquité*, p. 205 s.

35 Sur le thème plus spécifique des Jeux méditerranéens, lire Driss ABASSI, « Les voyages sportifs dans le Maghreb colonial et postcolonial : le cas des Jeux méditerranéens, in *Périples du Maghreb, Voyages pluriels de l'Empire à la Postcolonie (XIXe-XXIe siècle), op. cit.*, p. 173-182.

36 Pour une présentation, lire Georges GROMORT, *Essai sur la théorie de l'architecture*, éditions Ch. Massin, Paris, p. 391 sq.

37 Fernand BRAUDEL, *Les Mémoires de la Méditerranée, Préhistoire et Antiquité, op. cit.*, p. 202.

38 V. Encyclopédie Larousse, *Grèce : histoire de la Grèce antique*.

39 Lire, Fernand BRAUDEL, *Les Mémoires de la Méditerranée, Préhistoire et Antiquité, op. cit.*, p. 273.

40 voir Hervé MARCHAL et Jean-Marc STÉBÉ, *Les grandes questions sur la ville et l'urbain*, Puf, 2011, p. 240.

41 Pour une réflexion, Luigi OMODEI ZORINI, « Not Only Olives and Citrus Fruits. The Language of Agriculture », in Marta PETRICIOLI (éd.), *L'Europe méditerranéenne. Mediterranean Europe*, P.I.E Peter Lang, *L'Europe et les Europes*, n° 8, 2008, p. 163-174.

la conceptualisation qui est largement issue du monde grec, lequel avait par exemple pensé le rôle de la guerre comme facteur d'hégémonie. S'opère le lien avec la science, cette « route vers l'avenir que les Grecs ont ouverte très tôt, avec éclat[42] ». Enfin, on ne saurait ignorer les liens linguistiques entretenus au sein de la Méditerranée avec le monde helléno-phénicien. Les Grecs empruntèrent l'écriture alphabétique aux Phéniciens et nombreux sont les mots qui en résultèrent[43]. L'élément prend toute son importance, dès lors qu'il a été démontré que la langue est l'un des critères les plus puissants qui soit donné pour l'affirmation de l'identité de soi[44].

S'agissant ensuite de l'affiliation économique et politique, il est patent qu'à partir du VIe siècle avant J.-C., Athènes devint le berceau de la démocratie et le demeura pendant deux siècles[45]. La civilisation grecque a inventé le mot et le concept de démocratie[46]. Or les concepts ne sont pas simplement des indicateurs du changement ; ils en sont aussi des facteurs[47]. On sait combien cet engagement politique collectif se révéla être le germe d'une manière toute nouvelle d'être un homme[48]. L'idée de citoyenneté en découle, avec son lot de devoirs (notamment financiers et militaires), mais avec pour contrepartie le droit à la protection par la cité. Ce droit est sans nul doute parmi les plus importants, la preuve en est qu'à l'origine ce n'est pas à la démocratie que pensaient les Grecs, mais seulement à l'établissement

---

[42] Fernand BRAUDEL, *Les Mémoires de la Méditerranée, Préhistoire et Antiquité*, *op. cit.*, p. 284.

[43] Pour s'en tenir à l'écriture elle-même (issu de *graphein*, « écrire »), elle fut à l'origine de l'orthographe (du grec : *graphikos*, « bonne écriture ») et de la grammaire (du grec : *grâmmatikê*, l'« art d'écrire »).

[44] Henri BRESC et Christine VEAUVY, « Introduction », in *Mutations d'identités en méditerranée. Moyen Âge et époque contemporaine*, Henri BRESC et Christiane VEAUVY (dir.), éditions Bouchene, 2000, p. 29. Voir plus généralement ce même ouvrage relativement à l'importance du rôle de la langue dans les identités collectives et dans le maintien de leurs spécificités, en particulier sur le lien entre langues et religions et la question de l'arabisme. Sur la langue et la Méditerranée, Jacques BOUINEAU, « Rapport en synthèse », in Rostane MEHDI (dir.), *La Méditerranée, espace démocratique ?*, Avant-propos Philippe BONFILS, Presses Universitaires d'Aix-Marseille, Collection « Droits, pouvoirs et sociétés », 2014, p. 115-122. Selon Jacques BOUINEAU, « il manque à la Méditerranée une langue. Or, l'existence de plusieurs langues scelle l'existence de plusieurs Méditerranée. Il y a très longtemps, une langue commune au commerce irriguait la Méditerranée : la *lingua franca*. Sorte de *volapuk* entre commerçants, langue simplifiée, qui permettait en tout cas de se relier et d'où qu'ils fussent de se comprendre ; elle unissait *de facto* la Méditerranée. » (J. BOUINEAU, p. 120).

[45] Elle attint son apogée au milieu du Ve siècle sous Périclès.

[46] « Notre constitution est appelée démocratie parce que le pouvoir est entre les mains non d'une minorité mais du plus grand nombre » (THUCYDIDE II, 37).

[47] En ce sens, Christian MEIER, *Introduction à l'anthropologie politique de l'Antiquité classique*, Préface de Paul VEYNE, Essais et conférences, Collège de France, Puf, 1984, p. 36.

[48] Christian MEIER, *op. cit.*, p. 8-9.

d'une sécurité garantie par le droit[49]. Enfin, politiquement, se décèle l'ancêtre de l'État westpahlien, à travers l'organisation du monde grec en Cités-États, chacun avec son propre gouvernement, ses propres lois et sa monnaie comme signes d'indépendance.

2- De l'homme méditerranéen politique (*homo politicus*)

D'un point de vue politico-juridique, à considérer l'Histoire dans sa plénitude, qui est-il, cet homme méditerranéen politique, sinon probablement le citoyen de l'Empire romain ? Pour reprendre la belle formule de Fernand Braudel, Rome devint « la Méditerranée plus qu'entière[50] ».

C'est à cette période qu'il est possible de parler le mieux d'homme méditerranéen au singulier, d'un idéal-type, et peut-être du grand personnage de la civilisation antique[51] : la citoyenneté romaine était généralisée sur l'ensemble du pourtour de la Méditerranée qui formait un seul espace politique ; le droit, la culture, l'art, l'architecture y étaient imprégnés par les valeurs latines, par l'expérience de Rome, et influencées par le développement du christianisme ; l'homme méditerranéen y vivait sous les glorieux auspices de la *pax romana*[52].

À bien considérer les choses toutefois, sans doute faut-il conclure que ce semblant d'unité parfaite relève d'un idéal rétrospectif. La vie, y compris juridique, au sein de l'Empire était loin de présenter l'homogénéité que l'on souhaiterait pouvoir lui prêter. Il est acquis que l'extension de Rome ne put se faire que par l'adaptation, le mélange à la culture locale, ce qui contribua à son succès[53]. Au fond, ce n'est guère étonnant. C'est Montesquieu qui remarquait que le droit est variable selon les lieux, le climat et les tempéraments des peuples[54]. Rome n'échappa pas à cette réalité. De tout temps, le global s'est confronté au local et l'universel au particulier.

Mais c'est certainement à cette période de l'histoire méditerranéenne que s'est manifestée une forme de symbiose qui, quoiqu'imparfaite, tendait vers l'unité. Cette expérience méditerranéenne romaine a permis un brassage de

---

49 Christian MEIER, *op. cit.*, p. 17-18. Ainsi, selon l'auteur, « l'apparition de la démocratie n'est qu'une conséquence de la direction que, dans les circonstances propres à la Grèce, on avait prise pour parvenir à une sécurité garantie par le droit ».

50 Lire, Fernand BRAUDEL, *Les Mémoires de la Méditerranée, Préhistoire et Antiquité*, *op. cit.*, p. 305.

51 Sur « Le grand personnage : la civilisation méditerranéenne », Fernand BRAUDEL, *Les Mémoires de la Méditerranée, Préhistoire et Antiquité*, *op. cit.*, p. 332 sq.

52 En réalité, la *pax romana* fut fort relative. Lire, J. IMBERT, « Pax romana », in *La Paix*, Recueil de la Société Jean Bodin pour l'histoire comparative des Institutions, tome XV (2e partie), Bruxelles, Editions de la Librairie Encyclopédique, Bruxelles, 1961, p. 303 s., spéc. p. 318.

53 Voir Jacques BOUINEAU, *Traité d'histoire européenne des institutions*, tome 1 (Ier-XVe siècle), LexisNexis, 2004, n° 5 sq., p. 33 sq.

54 MONTESQUIEU, *De l'esprit des lois*, tome 1, Garnier-Flammarion, p. 128.

populations, de cultures et une intensification des échanges économiques[55]. Pour employer un terme de marketing, on parlerait volontiers de « l'homme méditerranéen glocal », mélange de global et de local, pour faire référence à ce modèle romain.

Qu'est devenu cet homme méditerranéen glocal ? C'est peut-être une espèce disparue. Politiquement, l'unité a été rompue. Celle-ci ne se déploie pas non plus à un niveau linguistique, religieux, culturel. Il faut donc s'intéresser à présent à cet introuvable homme méditerranéen contemporain, et ce à travers quelques facteurs de pluralisme.

B- Un homme introuvable dans la contemporanéité ?

De nombreuses données sans doute permettent d'expliquer les difficultés à identifier cet homme aujourd'hui. Toutefois, deux éléments sont particulièrement notables qui expriment et illustrent une altération du lien tout à la fois humain et territorial caractérisant l'homme méditerranéen. Il s'agit du phénomène religieux (1) et de la structuration du monde en États (2).

1- L'importance culturelle et sociologique du phénomène religieux

Il faut relever d'emblée que la culture se façonne dans un creuset en perpétuel mouvement. Par essence, la culture est un processus de transformation[56]. S'il existe, l'homme méditerranéen est imprégné de pluralisme et, dès lors, vaut-il mieux parler *a priori* des hommes plutôt que de l'homme. On rencontre ici l'une des manifestations possibles de l'idée développée selon une autre acception par le professeur Jacques Bouineau d'un « homme éclaté[57] ». En particulier, il faut bien saisir les incidences culturelles du phénomène religieux et souligner ses liens avec le système social (a). Le processus religieux n'est pas détachable du « contexte national-culturel »[58]. Il s'ensuit une crainte liée à « l'autre », car cet autre est

---

[55] Ph. BRAUD, *Sociologie politique*, 11e édition, LGDJ, Lextenso éditions, 2014, n° 107, p. 140.

[56] R. DEBRAY et F. JULLIEN (dir.), *Culture nationale et universalisme. Optiques française et chinoise*, préface de J.-P. RAFFARIN, Fondation Prospective et Innovation, Fondation Victor Segalen, Ginkgo éditeur, 2011, p. 90.

[57] Lire, dans le présent ouvrage, Jacques BOUINEAU, « De l'homme total à l'homme éclaté ».

[58] Voir, à propos de l'Égypte, Anouar ABDEL-MALEK, *L'Égypte moderne. Idéologie et renaissance nationale*, L'Harmattan, 2004, p. 372. Cet auteur relève ainsi que « les problèmes posés par le renouveau de la pensée islamique à la fin du siècle dernier ont fait jusqu'ici l'objet d'une double méprise, ou sous évaluation : alors que, dans l'ensemble, on s'en occupe somme toute relativement peu, ceux qui le font se placent dans le cadre de l'islamologie, de l'étude comparée des religions, omettant de situer ce processus dans son contexte national-culturel, mettant entre parenthèses, pour ainsi dire, les dimensions sociologique, politique et idéologique, s'exposant ainsi à méconnaître la profondeur de cette tendance, sa puissance authenticité, et son influence sur l'ensemble de la vie égyptienne jusqu'aujourd'hui ».

perçu comme étant différent de soi. Ainsi, il existe des tensions liées à l'altérité au sein du bassin méditerranéen (b).

a) Phénomène religieux et mixité culturelle et sociale

Il n'est guère concevable de se questionner sérieusement sur le destin de l'homme méditerranéen sans un détour par les religions, quelles que soient l'appétence et la position de chacun par rapport à la laïcité. Le bassin méditerranéen a vu naître et se diffuser les trois grandes religions universelles que sont le christianisme, le judaïsme et l'islam. L'islam, dont il peut être utilement rappelé la postériorité à la chute de l'Empire romain d'Occident (par la révélation au Prophète, Mahomet, au VIIe siècle[59]), marquait intensément la culture du sud de la Méditerranée, tandis que le christianisme continuait d'imprégner profondément celle du nord et que le judaïsme trouvait finalement une assise politique tardive dans l'État d'Israël[60]. Or, aucun système politique n'est compréhensible si on le dissocie des systèmes de croyances qui s'affrontent dans la société[61]. Il existe bien une géopolitique de la spiritualité[62].

Les migrations de populations se traduisent par une acculturation permanente[63]. Spécialement celle-ci se trouve amplifiée à certaines périodes, notamment de conquêtes et de colonisation/décolonisation[64]. Les effets de tels phénomènes sont néanmoins complexes, puisque le rapport de domination lié à la colonialité conduit à ce que « certains pays sont marqués

---

59 Pour des rappels sur les origines et les fondamentaux de l'islam, Antoine SFEIR et René ANDRAU, *Liberté, égalité, islam. La République face au communautarisme*, Tallandier éd., 2005, p. 27 s.

60 Il est fait référence ici à la création de l'État d'Israël en 1948. Par le passé, le judaïsme a trouvé politiquement des assises territoriales temporaires. Ainsi, l'État juif eut une brève splendeur qui s'acheva vers 930, quand il se scinda en deux royaumes (Juda au Sud, Israël au Nord). Voir Fernand BRAUDEL, *Les Mémoires de la Méditerranée, Préhistoire et Antiquité*, *op. cit.*, p. 188.

61 Ph. BRAUD, *Sociologie politique*, *op. cit.*, n° 156, p. 219-223, spéc. p. 223.

62 A. AMIR-ASLANI, *La guerre des Dieux. Géopolitique de la spiritualité*, Nouveau monde éditions, 2011. Ainsi, « il est clair qu'à l'heure de la décolonisation, l'islam devint un fédérateur majeur contre l'occupant colonial ». En ce sens, Pierre MONTAGNON, *Dictionnaire de la décolonisation française*, Pygmalion, 2010, p. 397.

63 Voir par exemple, Angéline ESCAFRÉ-DUBLET, « Les transferts culturels liés aux migrations. Le tournant des années 1980 en France et au Québec », in *Les relations culturelles internationales au XXe siècle. De la diplomatie culturelle à l'acculturation, op. cit.*, p. 639-646.

64 S'agissant de la France, il a pu être noté une sécularisation de l'islam et un prosélytisme islamiste, cf. A. SFEIR et R. ANDRAU, *op. cit.*. Selon ces derniers, une enquête menée dans des collèges et lycées de trois villes (Lille, Montbéliard, Marseille), a révélé que les élèves d'origine maghrébine se définissaient avant tout comme musulmans, bien que peu d'entre eux pratiquent régulièrement la religion. Par ailleurs, il ressortirait d'une enquête de M. Sfeir auprès de 2000 jeunes Français entre 1992 et 1998 sur leur religion, que seulement 2 d'entre eux auraient été capables de citer les cinq piliers de l'islam (la profession de foi, la prière, l'aumône, le jeûne du mois de ramadan et le pèlerinage à La Mecque).

par un rapport à soi perturbé », vouant les individus et les sociétés à la recherche « d'une identité introuvable tant la colonialité des rapports a pu modifier la façon dont ces individus et ces collectivités vivent et se perçoivent[65] ». A la considérer, l'acculturation[66], définie classiquement comme « un ensemble de phénomènes qui résultent d'un contact continu et direct entre des groupes d'individus de cultures différentes[67] », correspond, de façon plus nuancée, à une « pénétration durable et reformulatrice d'une culture par une autre[68] ». Prenons tout d'abord comme illustration révélatrice l'exemple de Narbonne, tour à tour romaine, wisigothe, sarrasine et chrétienne[69]. Après avoir été romaine, elle devint capitale des Wisigoths lors des grandes migrations barbares au Ve siècle[70]. Puis, elle fut la capitale d'une province éphémère des Omeyyades à la suite des conquêtes musulmanes arabo-berbères au VIIIe siècle[71]. Pour finir, elle devint un bastion catholique

---

[65] En ce sens, Seloua Luste BOULBINA, *L'Afrique et ses fantômes. Ecrire l'après*, Présence africaine, Coll. La philosophie en toutes lettres, 2015, p. 15.

[66] Sur les difficultés de maniement de cette notion, Cécilia COURBOT, « De l'acculturation aux processus d'acculturation, de l'anthropologie à l'histoire. Petite histoire d'un terme connoté », *Hypothèses* 1/2000 (3) , p. 121-129. Dans une première vue, l'auteur indique que d' « une manière minimaliste, presque simpliste, le terme d'acculturation peut se définir comme une formule décrivant l'ensemble des phénomènes et des processus qui accompagnent la rencontre entre deux cultures différentes ». Elle précise que « ce terme d'acculturation demeure lié à toute une thématique sujette à controverse. Son utilisation amène, le plus souvent, à aborder des notions aussi polémiques que celles de la race, de l'ethnie, du rapport entre société dominante/société dominée, de la colonisation. »

[67] Robert REDFIELD, Ralph LINTON, Melville J. HERSKOVITS, « Memorandum on the study of acculturation », *American Anthropologist*, n° 38, 1936, n° 1, p. 149-152. Selon ces auteurs, l'acculturation peut avoir trois issues, l'adoption, la combinaison ou la réaction, c'est-à-dire concrètement l'adoption de la culture d'un groupe par un autre, la naissance d'une nouvelle culture par combinaison des cultures précédentes ou le refus par un groupe d'adopter la culture de l'autre conduisant à une réaction de contre-acculturation. Pour des rappels, Jean-Pierre DELAS, Bruno MILLY, *Histoire des pensées sociologiques*, 4e éd., Armand Colin, Collection U, 2015, p. 264-265.

[68] P. ORY, « Introduction », in A. DULPHY, R. FRANCK, M.-A. MATARD-BONUSSI et P. ORY (dir.), *Les relations culturelles internationales au XXe siècle. De la diplomatie culturelle à l'acculturation*, Bruxelles, P.I.E Peter Lang, 2010, p. 19.

[69] On trouvera de nombreux autres exemples (Algérie, Tunisie etc.) dans l'ouvrage de M. Pierre MONTAGNON, *Dictionnaire de la décolonisation française*, *op. cit.* Pour l'exemple de la dialectique des rapports culturels entre la France et l'Égypte au XIXe siècle, lire Anouar ABDEL-MALEK, *op. cit.*, spéc. p. 117 s. et p. 512 sur le cadre de vie perçu comme contradictoire (« égyptien ; islamique ; ottoman ; arabe ; oriental ; méditerranéen, et par là même, européen »).

[70] Narbonne fut la capitale de la dernière province wisigothique, la Septimanie, jusqu'en 718 ou 719, date à laquelle elle fut conquise par les armées arabo-berbères. Lire, Chantal GRAND, *Le douloureux passé de la Méditerranée. Histoire*, Paris, éditions BoD - Books on Demand, 2016, p. 82.

[71] La période s'étale de 719 à 759, soit quarante ans. Lire, Chantal GRAND, *op. cit.*, p. 8-7 et p. 81. *Adde*, Gabriel MARTINEZ-GROS, *L'idéologie omeyyade : La construction de la légitimité du Califat de Cordoue (X^e^-XIe siècles)*, Madrid, ed. Casa de Velázquez, 1992, p. 11.

au Moyen Âge[72], comme le rappelle encore aujourd'hui son imposant ensemble archiépiscopal (Palais des Archevêques), le second de France après Avignon[73]. Un autre exemple révélateur est celui de la diffusion de la culture maghrébine en France par le biais du raï[74]. Enfin, un bel exemple peut être trouvé à travers Sainte-Sophie de Constantinople (Istanbul, Turquie), dédiée à la Sagesse Divine (*Haghia Sophia*, en grec), tout d'abord église chrétienne au VIe siècle, puis mosquée au XVe siècle et enfin musée de l'*Aya* Sofya depuis 1934[75]. Plus généralement, la Méditerranée « est le lieu des échanges, des mélanges et des strates »[76].

b) Tensions liées à l'altérité au sein du bassin méditerranéen

Malgré ces mixités culturelles et sociales, les différences entre les diverses croyances des hommes méditerranéens peuvent être marquées et ont des échos variables en fonction de la composition de la population. Il peut être précisé que la population en un lieu donné n'étant pas monolithique, ses croyances ne le sont pas non plus. Sous cette réserve, il est acquis que les contradictions culturelles et idéologiques au sein de la Méditerranée sont flagrantes[77], ainsi que l'illustrent l'histoire de l'art et le droit.

---

[72] Lire Gilbert LARGUIER, *Le drap et le grain en Languedoc. Narbonne et Narbonnais 1300-1789*, Presses universitaires de Perpignan, 1999, p. 491 sq. à propos de « Narbonne bastion papiste ». L'auteur explique que « le diocèse de Narbonne est la seule zone du Languedoc à ne pas être gagnée par l'hérésie ; le siège archiépiscopal, l'unique ville importante où ne parvient pas à s'organiser une Église réformée ».

[73] Selon Viollet-le-Duc, « le palais archiépiscopal de Narbonne, dans le Languedoc, bien que rebâti à la fin du XIIIe siècle et pendant le XIVe, est encore une véritable place forte élevée probablement sur l'emplacement du capitole de la ville romaine. C'est après le palais des papes, en France, la construction la plus importante qui nous reste des nombreuses résidences occupées par les princes de l'Église ». Voir, Eugène VIOLLET-LE-DUC, *Dictionnaire raisonné de l'architecture française du XIe au XVIe siècle*, Tome septième, Paris, A. Morel, éditeur, 1864, p. 14 (à l'entrée : « Palais »). Sur cet ensemble archiépiscopal, lire aussi, Victor MORTET, « Notes historiques, archéologiques sur la cathédrale, le cloître et le palais archiépiscopal de Narbonne (XIIIe-XVIe siècles) (suite et fin) », *Annales du Midi : revue archéologique, historique et philologique de la France méridionale*, Tome 11, n° 44, 1899, p. 439-457.

[74] Lire, Yvan GASTAUT, « Chansons et chanteurs maghrébins en France (1920-1986) », in *Les relations culturelles internationales au XXe siècle. De la diplomatie culturelle à l'acculturation*, *op. cit.*, p. 551-560. Sur l'exemple de la diffusion de la musique populaire brésilienne, Anaïs FLÉCHET, « Musiciens, marchands et mélomanes. Les acteurs de la diffusion de la musique populaire brésilienne en France au XXe siècle », in *Les relations culturelles internationales au XXe siècle. De la diplomatie culturelle à l'acculturation*, *op. cit.*, p. 425-432.

[75] Voir, Larousse Encyclopédie, *Basilique Sainte-Sophie de Constantinople*.

[76] Lire M. Jean-François DAGUZAN, « La question des minorités en Méditerranée : paradigmes et paradoxes », in *Droits Humains et diversité ethnoculturelle dans l'espace euroméditerranéen : réalités et perspectives*, Carlos DE CUETO NOGUERAS et Abdelkader SID AHMED (dir.), Editions Publisud, Paris, 2007, p. 255-268, à la p. 255.

[77] Voir, D. D. GILMORE, « Anthropology of the Mediterranean Area », *art. précité*, spéc. p. 180-181.

Du point de vue artistique, l'absence de représentation des individus et de la nature dans les arts polychromes (tapisseries, faïences, soieries...)[78] et l'architecture musulmans fait contraste avec leur forte présence dans l'art occidental. Cela s'explique aisément par des considérations religieuses. Le musulman est amené à s'éloigner de la représentation du réel, sur prescription du Coran. « Doués d'un génie supérieur, mais forcés de s'éloigner du contact direct de la nature par cette prescription du Coran : "*Tu ne feras point d'images*", les Arabes ont substitué à l'ornement, presque exclusivement floral, distribué dans la décoration indienne, l'ornement *construit*, dont la charpente était un jeu pour leurs cerveaux géométriques, et dont le fond principal est cette *Étoile de Salomon* qu'ils ont su si bien varier et enrichir de motifs secondaires[79] ». Ainsi, les enluminures de manuscrits font apparaître des inscriptions ornées – par exemple en langue coufique, ancienne écriture arabe – ou encore des rosaces, mais se caractérisent par « l'absence complète de figures vivantes, dont la représentation était défendue par la loi religieuse[80] ». Des influences sont toutefois notables, par exemple celles du style byzantin ou encore de l'art persan avec la présence possible de la fleur mêlée à l'ornement linéaire[81]. En revanche, pour le chrétien, l'homme a été fait à l'image de Dieu et celui-ci lui a donné le pouvoir de maîtriser la nature[82]. À partir de la fin du XIIIe siècle environ, « la construction de l'ornement n'est plus entre les mains occidentales une

---

[78] *L'ornement polychrome. Cent planches en couleurs contenant environ 2,000 motifs de tous les styles. Art ancien et asiatique, Moyen âge, Renaissance, XVIIe et XVIIIe siècles*, Recueil historique et pratique publié sous la direction de M. A. RACINET, Paris, Librairie de Firmin-Didot et Cie, Imprimeurs de l'Institut, Réimpression 1996, Bookking International Paris, spéc. p. 34 et 130.

[79] *L'ornement polychrome. Cent planches en couleurs contenant environ 2,000 motifs de tous les styles. Art ancien et asiatique, Moyen âge, Renaissance, XVIIe et XVIIIe siècles*, *op. cit.*, p. 34 et pl. XXVI à XXVIII.

[80] *L'ornement polychrome. Cent planches en couleurs contenant environ 2,000 motifs de tous les styles. Art ancien et asiatique, Moyen âge, Renaissance, XVIIe et XVIIIe siècles*, *op. cit.*, p. 130-131, et rapprocher p. 35 sur l'absence de symbolisme dans l'ornement arabe du fait d'une interdiction par la loi religieuse.

[81] *L'ornement polychrome. Cent planches en couleurs contenant environ 2,000 motifs de tous les styles. Art ancien et asiatique, Moyen âge, Renaissance, XVIIe et XVIIIe siècles*, *op. cit.*, p. 130 et pl. XXVII et XXVIII.

[82] Selon la Genèse, Dieu dit : « Faisons l'homme à notre image, selon notre ressemblance. Qu'il soit le maître des poissons de la mer, des oiseaux du ciel, des bestiaux, de toutes les bêtes sauvages, et de toutes les bestioles qui vont et viennent sur la terre » (Livre de la Genèse 1,26). Dieu créa l'homme à son image, à l'image de Dieu il le créa, il les créa homme et femme (Livre de la Genèse 1,27). Il dit à Adam et à Eve : « Soyez féconds et multipliez-vous, remplissez la terre et soumettez-là ; ayez autorité sur les poissons de la mer et sur les oiseaux des cieux, sur tout ce qui est vivant et qui remue sur la terre. Voici, je vous donne, pour vous en nourrir, toute plante portant sa semence partout sur la terre, et tous les arbres fruitiers portant leur semence » (Livre de la Genèse 1,28-29).

simple fiction, comme entre les mains arabes par exemple ; elle prévoit la construction réelle, elle en trace tous les linéaments[83] ».

Également, du point de vue juridique, les différences sont notables entre les visions développées par le droit musulman et le droit de l'Occident. Alors que le droit musulman, qui se distingue néanmoins du droit étatique[84], est un prolongement des préceptes de la religion, le droit est érigé en une science autonome en occident. Considéré sous l'angle de l'islam, le droit est dans une large mesure un ensemble de devoirs, c'est-à-dire ceux qui doivent guider le musulman afin d'être en accord avec la religion. Dans sa vision occidentale, le droit est, à l'opposé, une science à part entière[85], détaché en tant que tel du phénomène religieux, et qui regroupe la collection immense des droits subjectifs. Devoir et religion d'un côté, droit subjectif et science de l'autre, la césure est grande. Une autre illustration des divergences entre les deux perceptions peut être trouvée dans le rôle de l'État. Dans le modèle musulman, il est le serviteur du droit, tel qu'il a été dicté par Dieu au prophète. Dans le paradigme occidental, l'État est au contraire perçu comme tout puissant, avec les limites désormais imposées par le canon intellectuel que représente l'État de droit.

Alors même que les perspectives diffèrent, les deux ensembles culturels (musulmans et occidentaux) ont une visée expansionniste, car ils ont une tendance à l'universalisme. Sous l'influence de la philosophie chrétienne et des Lumières, l'Occident raisonne de façon générale à travers l'universel. Cela apparaît fort bien à travers l'Université (*universitas*) dont la racine est la même que le mot Universel[86]. Bien différente, la pensée islamique est

---

[83] *L'ornement polychrome. Cent planches en couleurs contenant environ 2,000 motifs de tous les styles. Art ancien et asiatique, Moyen âge, Renaissance, XVIIe et XVIIIe siècles*, *op. cit.*, p. 48.

[84] Voir Yadh BEN ACHOUR, « L'articulation du droit musulman et du droit étatique dans le monde arabe actuel », in *Lectures contemporaines du droit islamique. Europe et monde arabe*, dir. Franck FRÉGOSI, Presses Universitaires de Strasbourg, 2004, p. 101-120. Sur le droit musulman et le statut personnel, voir la thèse de Faïza TOBICH, *Les statuts personnels dans les pays arabes : de l'éclatement à l'harmonisation*, Presses universitaires d'Aix-Marseille, 2008, avec une importante bibliographie sur le droit musulman et la pensée arabe. Sur les sources du droit musulman, Maher S. MAHMASSANI, « Le droit musulman et la vocation universelle de l'Islam », in *Une certaine idée du droit, Mélanges offerts à André Decoq*, Paris, Litec, 2004, p. 437-467 (article qui distingue les sources principales : le Coran, la Sunna ; les sources accessoires : l'Ijma', l'Ijithad) – Sami Awad ALDEEB ABU-SAHLIEH, *Religion et droit dans les pays arabes*, Presses universitaires de Bordeaux, Collection monde arabe et monde musulman, 2008, p. 29-39 – Sami A. ALDEEB ABU-SAHLIEH, *Introduction à la pensée musulmane. Fondements, sources et principes*, Eyrolles, 2006, p. 55 s.

[85] Rapprocher, dans les présents travaux, Laurent HECKETSWEILER, « Sources méditerranéennes à disposition pour servir une introduction juridique au droit : I. L'Enéide de Virgile ».

[86] Pour un rappel, H. ATLAN, « L'universalisme de l'éthique et le communautarisme », in *Communauté*, Académie Universelle des Cultures, UNESCO/éditions Grasset et Fasquelle, 2006.

aussi orientée vers l'universel[87], à travers l'idée d'une communauté des musulmans (l'*ummah*)[88].

Il est devenu presque un truisme de dire qu'il en résulte des points d'achoppement et aussi des craintes liées à l'altérité (autrui, l'autre)[89]. Les ethnologues, les anthropologues, les sociologues politiques connaissent l'importance des chocs culturels et « civilisationnels[90] ». Ainsi, les mariages forcés, l'excision subie ou l'intégrisme islamique nourrissent les peurs collectives de l'Occident. Les conflits de cultures se développent depuis quelques années en droit international privé, avec une dimension axiologique[91]. Cela se traduit aussi sur le terrain de la technique juridique. Par exemple le juge français est confronté à la *kafalla* qui rappelle l'adoption, mais n'en est pas une. Il est vrai que le droit international privé est une branche du droit qui révèle aisément les différences d'institutions, à travers la question de la qualification et donc de la catégorie de rattachement

[87] Sur la vocation universelle de l'islam lire par exemple, Maher S. MAHMASSANI, « Le droit musulman et la vocation universelle de l'Islam », *article précité*.

[88] Pour une présentation de l'*ummah* et l'étude de son lien avec la notion de patrie, A. ABDEL-MALEK, *L'Égypte moderne. Idéologie et renaissance nationale*, *op. cit.*, p. 211 sq.

[89] Pour une étude approfondie du rapport entre l'islam et l'Occident, lire A. AMIR-ASLANI, *La guerre des Dieux. Géopolitique de la spiritualité*, Nouveau monde éditions, 2011, spéc. p. 207-230 (« Chapitre 9. Islam et Occident, mariage ou divorce ? Intégration ou communautarisme ? »). Voir également, sur le cas de la France, Ph. BRAUD, *Sociologie politique*, *op. cit.*, n° 113, p. 146-147 (sur l'importance du malaise identitaire qui touche essentiellement les classes populaires, qu'elles soient d'origine française ou étrangère. Selon l'auteur, cela se traduit par une montée d'un islam identitaire qui tend à se radicaliser chez les populations d'origine maghrébine ou subsaharienne et par une adhésion aux thèses de l'extrême droite chez les ouvriers et les ruraux français d'origine. L'élément commun aux deux catégories de populations est qu'elles sont marginalisées dans le nouveau contexte de la globalisation).

[90] Lire, Ph. BRAUD, *Sociologie politique*, *op. cit.*, n° 47, p. 63. Sur le thème du choc « civilisationnel », Samuel P. HUNTINGTON, *Le Choc des civilisations*, traduction par Jean-Luc FIDEL et Geneviève JOUBLAIN, Patrice JORLAND, Jean-Jacques PÉDUSSAUD, Paris, Odile Jacob, 2007. Selon cet auteur, les peuples se regrouperaient désormais en fonction de leurs affinités culturelles et les frontières politiques compteraient moins que les barrières religieuses, ethniques et intellectuelles. *Contra*, à propos de la Méditerranée, Philippe Barbé, *L'anti-choc des civilisations. Médiations méditerranéennes*, éditions de l'aube, 2006. L'auteur estime que la Méditerranée pourrait redevenir ce lieu privilégié de rencontre entre les cultures, les religions et les civilisations. Sur la possibilité d'un dialogue entre membres de confessions différentes et sur la recherche de solutions fondées sur la connaissance et le respect de l'autre, Daniel SIBONY, Pierre LAMBERT, Dalil BOUBAKEUR, *Le choc des religions. Juifs, chrétiens, musulmans, la coexistence est-elle possible ?*, dir. François CELIER, Presses de la renaissance, 2004, p. 116 (« Juifs, chrétiens et musulmans, nous avons, dans le respect de nos valeurs particulières, à mettre en commun nos idéaux afin de lutter ensemble pour construire une société tolérante et pacifique. Aujourd'hui, le mouvement du dialogue interreligieux nous paraît naturel et il favorise, sur le plan religieux, les rapports entre juifs et musulmans de France »).

[91] Voir dans le présent ouvrage, F. X. MORISSET, « Les conflits de civilisation en droit international privé devant la Cour de cassation : quel destin pour les systèmes juridiques des pays musulmans ? »

pour la mise en œuvre de la règle de conflit, ainsi que l'illustre l'affaire célèbre *Caraslanis* relative à la quarte du conjoint pauvre[92].

Au-delà de la technique juridique, l'une des difficultés est le risque d'amalgames. Ils sont souvent mis en avant dans les médias. Par exemple, il s'agit en Europe du risque d'amalgame entre le port du foulard et du niqab[93], entre l'islam et l'intégrisme ou encore, s'agissant spécialement de la France, entre la préservation du patrimoine architectural religieux formé par les églises et la violation du principe de la laïcité. L'absence de volonté de créer des amalgames doit être conciliée avec la volonté légitime de comprendre les phénomènes, en particulier celui du terrorisme[94], ce qui amène aujourd'hui à une immersion dans l'islam – mais aussi hors de lui dans le modèle de la société patriarcale[95] – pour essayer de l'analyser. Au stade du discours, l'entreprise est toutefois rendue difficile par la crainte de stigmatisation de l'islam. Le professeur Chantal Delsol fonde sur cette crainte la tendance actuelle à inventer un ennemi sans définition pour désigner le terrorisme[96]. Il est vrai aussi que l'identité religieuse tend à se détacher de la religion, ce qui rend délicate l'analyse. Il a par exemple été démontré que les jeunes musulmans en France s'attribuent une identité musulmane sous des formes très diverses qui ne relèvent pas uniquement de la sphère religieuse et que, dans la plupart des cas, leur rapport à la religion est assez approximatif et flexible[97].

Ainsi, une approche du destin de l'homme méditerranéen ne peut avoir lieu sans une immersion en profondeur dans les divers aspects historiques et culturels, d'où résultent les particularismes et les dissemblances sur le

---

[92] Cass., civ. 1ère, 22 juin 1955, *Caraslanis*.

[93] Le *niqab* correspond à une longue robe unie sombre ou couleur kaki tombant jusqu'aux pieds et un voile masquant les cheveux, le front et le menton, combiné avec une autre pièce de tissu, ne laissant voir les yeux que par une fente. Voir AMIR-ASLANI, *La guerre des Dieux. Géopolitique de la spiritualité*, *op. cit.*, p. 217.

[94] Sur le lien avec les droits de l'homme, ADONIS, *Printemps arabes. Religion et révolution*, traduction par Ali IBRAHIM, préface par Philippe SERGEANT, Paris, éditions de la Différence, 2014, spéc. p. 186 (« Le terrorisme se trouve là où l'homme et les droits de l'homme n'existent pas. Le monde qui ne connaît pas les droits de l'homme ne peut être humain »).

[95] Lire Klaus THEWELEIT : « Dans une société patriarcale, le corps est façonné pour le combat », propos recueillis par Nicolas WEILL, Le Monde, 31 mars 2016, p. 8. La tradition patriarcale est très présente dans les pays arabes, lire Faïza TOBICH, *op. cit.*, n° 102.

[96] Chantal DELSOL, « Terrorisme : oser nommer l'ennemi », Le Figaro, 11 janvier 2016, p. 18. Selon la philosophe, « nous craignons tellement de stigmatiser l'islam (PADAMALGAM !) qu'il nous faut absolument inventer cet ennemi sans définition, ce pur barbare, ce satan absolu, sorti du monde pour qu'il ne souille personne – en l'occurrence, pour qu'il ne souille pas l'islam. (...) Quand un pays est en guerre, ce n'est jamais contre LE Mal, mais contre une adversité – et celle-ci est repérable, descriptible, enracinée quelque part – ici dans l'islam, d'où il faut la comprendre. »

[97] Lire, Aissa KADRI, « Les musulmans en France : entre diversité et visibilité. Le cas des jeunes », in Carlos DE CUETO NOGUERAS et Abdelkader SID AHMED (dir.), *Droits Humains et diversité ethnoculturelle dans l'espace euroméditerranéen : réalités et perspectives*, Editions Publisud, Paris, 2007, p. 243-253, à la p. 246. Rappr. *supra*, A. SFEIR et R. ANDRAU, *op. cit.*.

pourtour maritime et qui expliquent un certain rapport au monde. Autrement dit, l'approche, nécessairement prospective, ne peut qu'être historiographique, même s'il faut reconnaître les limites de l'historiographie du point de vue de la psychanalyse[98]. Comme l'explique le professeur Braud, « le lien identitaire ne peut se constituer que dans la reconnaissance et l'appropriation d'une culture spécifique[99] ». S'agissant par exemple du nord du bassin, « il n'est pas besoin d'être croyant ou libre penseur pour assumer le double héritage du christianisme et des Lumières auquel est redevable la version européenne de l'universalisme. Depuis des siècles, cet héritage a façonné des mentalités particulières, engendré des pratiques politiques, élaboré des repères culturels qui ne sont pas supérieurs à ceux d'autres civilisations, mais constituent ce grâce à quoi la grande majorité des Européens pensent, consciemment ou non, leur rapport singulier au monde[100] ». De même, Arnold Toynbee relève que, même si les sociétés byzantine et occidentale se détachent du christianisme, leur passé culturel est si profondément imprégné de celui-ci qu'il leur est impossible de s'en dégager[101]. A travers des héritages différents, des inventaires similaires pourraient être dressés sur le reste du bassin méditerranéen.

2- L'importance géopolitique et juridique du phénomène étatique

Dans le prolongement de ces constats, un second élément explique la difficulté à donner une identité à l'homme méditerranéen aujourd'hui. Il s'agit du développement du cadre étatique comme cellule de découpage du monde depuis le traité de Westphalie (a). Il en résulte des rapports circulaires et verticaux au sein de l'espace méditerranéen (b).

a) Homme méditerranéen et homme westphalien

L'homme est identifié en droit public par rapport à un État. Celui-ci a effacé la spécificité du concept romain de *populus*[102]. Il existe certes l'Union pour la Méditerranée (UPM), mais elle demeure une structure de coopération inter-étatique permettant de développer des projets communs[103]. Dès lors, il

---

[98] L'historiographie tend à situer les faits dans un temps universel tandis que la pratique psychanalytique démontre que « la subjectivité humaine est historicisée de multiples façons, dans un éventail de rapports qui vont de l'univers familial et personnel à la sphère politique et publique ». Lire Seloua Luste BOULBINA, *L'Afrique et ses fantômes. Ecrire l'après*, *op. cit.*, p. 52 sq.

[99] Ph. BRAUD, *Sociologie politique*, 11e édition, LGDJ, Lextenso éditions, 2014, n° 106 p. 140.

[100] Ph. BRAUD, *op. cit., loc. cit.*

[101] Arnold TOYNBEE, *L'histoire*, *op. cit.*, p. 74. L'auteur cite à titre d'exemple les sources judéo-chrétiennes transparentes de l'idéologie marxiste.

[102] Lire, L. HECKETSWEILER, *La fonction du peuple dans l'empire romain. Réponses du droit de Justinien*, préface Emmanuelle CHEVREAU, L'Harmattan, 2009.

[103] Sur l'Union pour la Méditerranée, lire Vanessa ABBALLE-BOLORÉ et Robert HOWSE, « L'Union pour la Méditerranée : un nouvel espace juridique. Vers "une nouvelle culture

n'est pas permis de distinguer juridiquement un peuple méditerranéen, mais seulement des peuples méditerranéens regroupés en nations *via* la structure politique qu'est l'État. Encore doit-on relever qu'une identité plurielle au sein de la population peut induire une dissociation entre la notion de peuple et celle d'État, en particulier en Afrique où les frontières étatiques ne correspondent pas nécessairement à des identités historiques. Il est possible de raisonner en termes de communautés[104] et donc aussi de minorités[105]. Les problèmes posés par le passage à l'État nation sont prégnants, comme l'illustre le cas des pays issus de l'ancien Empire Ottoman[106]. Il existe sans doute plusieurs façons d'envisager l'homme méditerranéen, mais au final juridiquement c'est le cadre étatique qui s'impose géopolitiquement au niveau des relations internationales, tout comme c'est ce même cadre qui se déploie en droit international privé s'agissant des relations entre les individus. Sous cet angle aussi, l'homme méditerranéen est à envisager au pluriel.

Dès lors, la question induite par ce découpage territorial est bien de savoir qui est cet homme méditerranéen. Plusieurs analyses se présentent à l'esprit. Tout d'abord, il peut être estimé qu'il s'agit de celui qui vit dans un État qui jouxte la mer Méditerranée. À considérer ce critère, l'Espagnol, le Syrien, le Libyen, le Français, le Turc, le Grec, sont des hommes méditerranéens. Ensuite, il est possible de prétendre qu'il s'agit de celui qui

---

méditerranéenne conciliable avec notre idéal social" ? », *Outre-Terre* 2009/3 (n° 23), p. 401-415.

[104] Ainsi, force de résistance à l'idéologie islamiste, les mouvements berbères en Algérie et au Maroc ne se reconnaissent pas dans l'identité « arabo-islamique » revendiquée par les États du Maghreb après les indépendances. Pour ces mouvements, « promouvoir une identité berbère plurielle, méditerranéenne, africaine et européenne participe de la résistance au monothéisme religieux ». Sur ces constats, A. AMIR-ASLANI, *La guerre des Dieux. Géopolitique de la spiritualité*, *op. cit.*, p. 198.

[105] Pour des études sur la situation des minorités en Méditerranée (la question berbère au Maghreb, les minorités en Syrie, la question Kurde, le cas basque en Espagne, les minorités musulmanes en Europe...), lire Carlos DE CUETO NOGUERAS et Abdelkader SID AHMED (dir.), *Droits Humains et diversité ethnoculturelle dans l'espace euroméditerranéen : réalités et perspectives*, Editions Publisud, Paris, 2007. Pour une synthèse, Jean-François DAGUZAN, « La question des minorités en Méditerranée : paradigmes et paradoxes », in *Droits Humains et diversité ethnoculturelle dans l'espace euroméditerranéen : réalités et perspectives*, *op. cit.*, p. 255-268.

[106] Voir dans le présent ouvrage, J.-M. DEMALDENT, « Les problèmes du passage à l'État nation dans les pays issus de l'ex Empire Ottoman ». Sur le cas de la Bulgarie qui a revendiqué une identité européenne oubliée, grâce à une multiplication de contacts avec l'Europe après la disparition de l'Empire ottoman, Svetla MOUSSAKOVA, « Transferts culturels franco-bulgares au début du XXe siècle. Emprunts et transformations du « modèle français » dans la culture nationale », in *Les relations culturelles internationales au XXe siècle. De la diplomatie culturelle à l'acculturation*, *op. cit.*, p. 519-541. Sur le constat que l'islamisme sait profiter du démembrement de l'Empire ottoman et de l'apparition de frontières dans des pays qui n'en connaissaient pas depuis l'empire des pharaons, A. SFEIR et R. ANDRAU, *op. cit.*, p. 34.

est militairement ou économiquement présent en Méditerranée[107]. Sous cet angle, le Russe est depuis fort longtemps un homme méditerranéen au titre de sa présence militaire[108] ; sous Charles VII, Jacques Cœur l'était en tant que marchand de Méditerranée. Enfin, peut être défendue l'idée que l'on ne doit y inclure que celui dont la vie quotidienne est, ou a été à un moment donné, à proximité de la Méditerranée et qui est subjectivement lié à la mer Méditerranée – comme Charles Trénet et sa chanson en hommage à « La mer » ou Tino Rossi et sa chanson « Méditerranée » –, quitte à revoir le cadre de référence territorial étatique, à s'en départir le cas échéant, généralement pour mieux le rétrécir. Dans ce cas, le Narbonnais, le Napolitain, le Chypriote, l'habitant de Tripoli, de Sirte, d'Alexandrie, d'Oran, d'Alger, de Gabès, de Barcelone, le Britannique de Gibraltar, le Corse, le Sicilien, sont des hommes méditerranéens. Mais le Lillois, le Parisien, le Romain, l'habitant d'Ankara, de Luxor ou de Marrakech n'en sont pas, sauf à avoir développé un lien personnel avec ce territoire maritime. La question se déplace ainsi pour se porter sur le cadre de référence approprié à cette appréciation géographique : est-ce la ville, la région, l'île, la province ? A moins qu'il s'agisse, par une sorte de fiction, de la vaste ellipse des frontières de l'Empire romain[109] ?

Il est admissible par divers biais de s'éloigner du critère de l'État, par exemple à travers les partenariats, les jumelages entre les collectivités territoriales. Néanmoins, s'en détacher totalement est impossible, car l'État, c'est la norme. Le cadre étatique définit la norme applicable : « Vérité en deçà des Pyrénées, erreur au-delà » dit la formule[110]. De fait, la loi influe sur, et est influencée par, la sociologie et la culture de la population de l'État. C'est donc nécessairement dans ce moule que se coule, au moins pour partie,

[107] La mer Méditerranée est convoitée. Lire, Jean-Marie CROUZATIER, *Géopolitique de la méditerranée*, préface de Dominique BAUDIS, Publisud, 1988, p. 59 sq. Elle est aussi une mer mondialisée. Lire David ABULAFIA, « Une Méditerranée mondialisée : de 1900 à 2000 », in Davis ABULAFIA (dir.), *Méditerranée, berceau de l'histoire* (Préface de Emmanuel LE ROY Ladurie), L'Archipel, 2004, p. 283-312. Pour des exemples emblématiques (le siège de Gibraltar, l'Égypte et le canal de Suez...), John Julius NORWICH, *Histoire de la Méditerranée*, traduction par Agnès BOTZ et Jean-Luc FIDEL, éditions Perrin, Collection tempus, 2012, spécialement p. 528-552, p. 753-761.

[108] Par exemple, le comte Alexis Orlov se vit confier la flotte russe en Méditerranée par l'impératrice Catherine II de Russie dans la guerre qui se préparait contre les Turcs et fut le héros de Tchesme (bataille de Tchesme contre l'escadre turque en 1770). Sur cette bataille, Thomas ALLOM, *L'Empire ottoman illustré. Constantinople ancienne et moderne*, 3e série, Paris, Fisher, fils & Cie, s.d. [vers 1840], p. 32.

[109] L'expression « vaste ellipse » est empruntée à Fernand BRAUDEL, *Les Mémoires de la Méditerranée, Préhistoire et Antiquité*, *op. cit.*, p. 324. L'auteur indique qu'un jour l'impérialisme romain s'est arrêté de lui-même, l'époque décisive ayant été celle d'Hadrien (117-138 après J.-C.). « Alors s'est trouvée dessinée autour de la mer la vaste ellipse des frontières romaines. »

[110] A. MOLINIER, Les p*ensées de Blaise Pascal*, Paris, Alphonse Lemerre éd., tome 1, 1877, p. 92.

l'homme méditerranéen. Ainsi, français ou tunisien, il ne peut être polygame, contrairement au ressortissant algérien. Français, il peut se marier avec une personne du même sexe, contrairement à l'italien ou au grec.

Il faut donc bien parler d'hommes méditerranéens au pluriel, car c'est de rapports entre des peuples différents qu'il est question lorsque s'expriment juridiquement leurs multiples relations. La structure étatique marque ces rapports. Ce constat conduit néanmoins à aller plus loin dans la réflexion.

b. Rapports circulaires et verticaux au sein du monde méditerranéen

Avec la régionalisation du monde, le « lien méditerranéen » envisagé ici – c'est-à-dire le lien entre les peuples des États méditerranéens – est concurrencé, en raison d'autres allégeances. Ainsi, avec le panarabisme, l'idée d'une grande nation arabe s'étend au-delà de l'espace méditerranéen[111]. Il faut aussi tenir compte de l'apparition d'ensembles régionaux[112] et tout particulièrement de la construction européenne[113]. Le rapport circulaire autour de la mer tend à devenir un rapport vertical, nord-sud, entre un « super-État » (l'Union européenne) et le reste des pays de la Méditerranée. C'est ainsi que le Belge ou l'Autrichien s'immiscèrent dans le club fermé de l'homme méditerranéen, lequel devint encore plus introuvable… Mais en sens inverse, d'aucuns augureront que la

[111] Le rôle de l'Égypte ici est (a été ?) prépondérant. Selon M. AMIR-ASLANI, « dans l'inconscient des opinions, l'Égypte de Nasser représentait le panarabisme et la grande nation arabe. Avec les accords de Camp David, Sadate et la diplomatie égyptienne s'étaient vu conférer par les Occidentaux un rôle dans les affaires de la région. Les dernières années du long règne de Moubarak consacrent la fin de cette influence du Caire. » Lire, A. AMIR-ASLANI, *La guerre des Dieux. Géopolitique de la spiritualité*, *op. cit.*, p. 135.

[112] Cet élément est bien mis en exergue dans la synthèse de travaux de la fondation méditerranéenne d'études stratégiques. Après avoir indiqué que certains faisaient reproche aux Européens de paraître privilégier, en matière d'aide, les Européens d'Europe centrale, tandis que d'autres reprochaient au Maghreb d'être trop sensible à des crises et à des problèmes du Machrek, l'Ambassadeur français Francis Gutmann notait qu'« en réalité, Maghreb et Europe du sud, nous faisons partie d'ensembles régionaux différents, de ces ensembles régionaux dont je disais (...) qu'ils constitueront selon moi la trame du monde nouveau en gestation. Ce sont des ensembles différents mais (...) il est clair pour chacun qu'appartenir d'abord à un grand ensemble régional, ce ne peut en aucun cas vouloir s'exclure des relations avec les autres. » F. GUTMANN, « Conclusion », in *La Méditerranée occidentale, un espace à partager*, Actes de la Table Ronde de Bandol 8 & 9 février 1991, « La Méditerranée occidentale », éditions FMES, 1991, p.132.

[113] La construction européenne se décline en construction politique, économique et culturelle. Sur ce dernier aspect, Laurent MARTIN, « La construction politique de l'Europe culturelle, 1945-2005 », in *Les relations culturelles internationales au XXe siècle. De la diplomatie culturelle à l'acculturation*, *op. cit.*, p. 583-595. Sur le développement des rapports entre l'Union européenne et la Méditerranée, lire Paul CLAIRET, « Union européenne et Méditerranée », in Jean-François DAGUZAN et Raoul GIRARDET (dir.), *La Méditerranée. Nouveaux défis, nouveaux risques*, Publisud - Case, 1995, p. 81-93. L'auteur montre notamment que la région Méditerranée n'a pas toujours été considérée comme un enjeu central par certains États membres et qu'elle a même parfois été considérée comme une zone périphérique ne relevant pas du « voisinage » (Paul CLAIRET, p. 88).

mondialisation et la globalisation[114] aboutissant à un décloisonnement du monde, rien n'interdit d'envisager un retour, sur le devant de la scène, de l'homme territorialement méditerranéen, encore que ce décloisonnement ayant essentiellement des origines économiques, il profite surtout aux grands groupes de sociétés. N'a-t-on d'ailleurs pas annoncé la fin des territoires[115] ?

Ces considérations mettent bien en exergue la permanence des questionnements autour de l'élément géographique de la thématique. Elles soulignent le lien inextricable de l'homme avec le territoire et posent la question fondamentale de l'étendue de l'espace méditerranéen dans lequel vit l'homme dont il est question dans ce colloque[116]. Relevée à propos de l'homme méditerranéen, la présence d'une telle question peut être constatée à d'autres niveaux géographiques, ce qui en démontre la permanence et la cohérence. Ainsi en est-il à propos de « l'homme européen ». Peut-on parler d'une Europe méditerranéenne[117] ? Où se situent les frontières de l'Europe et celles de la Méditerranée ? Traversant les siècles, la problématique de la frontière est toujours là, omniprésente[118]. Les points de vue sur le sujet sont divers, tandis que la réponse fournie apparaît généralement comme l'un des éléments pris en considération par les tenants de l'entrée, ou au contraire de l'absence d'intégration, de certains pays dans l'Union européenne, en particulier de la Turquie. Les deux éléments – homme et territoire – sont d'ailleurs si intimement liés qu'ils sont les deux critériums de la notion juridique d'État (une population, un territoire).

Au fond, si l'homme méditerranéen est celui qui vit effectivement sous le ciel de la mer méditerranée, les points de parfaite convergence au sein de ce bassin maritime sont sans aucun doute assez peu nombreux[119]. Il n'est pas

---

[114] Sur ces phénomènes, Marc ABÉLÈS, *Anthropologie de la globalisation*, Paris, Payot, 2008. Voir aussi, A. SFEIR et R. ANDRAU, *op. cit.*, p. 207-215.

[115] Bertrand BADIE, *La fin des territoires. Essai sur le désordre international et sur l'unité sociale du respect*, Paris, Fayard, 1995.

[116] Sur cette question, voir aussi Rodolfo RAGIONIERI, « Mediterranean Geopolitics », in *L'Europe méditerranéenne. Mediterranean Europe*, Marta PETRICIOLI (éd.), P.I.E Peter Lang, L'Europe et les Europes, n° 8, 2008, p. 37-48, spéc. p. 41 sq. (« The borders of the Mediterranean or the Mediterranean as a border ? »). Sur le constat que la question « Qu'est-ce que la Méditerranée ? » n'admet par une réponse simple, David ABULAFIA, « Introduction », in Davis ABULAFIA (dir.), *Méditerranée, berceau de l'histoire* (Préface de Emmanuel LE ROY Ladurie), L'Archipel, 2004, p. 11.

[117] Pour une étude, Marta PETRICIOLI (éd.), *L'Europe méditerranéenne. Mediterranean Europe*, P.I.E Peter Lang, L'Europe et les Europes, n° 8, 2008. Rapprocher, sur « l'Europe du Sud », Daniel-Louis SEILER, *Qu'est-ce que l'Europe ?*, éditions de l'université de Bruxelles, 2014, p. 72 sq. L'auteur fait référence à l'Europe du Sud-Ouest et selon lui c'est « d'Europe latine qu'il faut parler » (Daniel-Louis SEILER, p. 72).

[118] Pour une étude relevant la permanence de cette problématique sur une très longue durée (de l'époque pharaonique à aujourd'hui en passant par Rome ou encore le Moyen Âge), Christian VELUD (éd.), *Les sociétés méditerranéennes face au risque. Espaces et frontières*, Institut français d'archéologie orientale, Bibliothèque générale 35, Le Caire, 2012.

[119] Dans une bien moindre mesure, des observations similaires pourraient être transposées ici aussi au cas de l'Europe.

jusqu'au droit contractuel qui diffère, sous l'impulsion parfois de la religion, mais aussi eu égard à la présence, tout à la fois, de législations de tradition romano-germanique (l'essentiel des pays méditerranéens) et de *common law* (Israël[120]). Au contraire, loin d'être un espace d'harmonie et de relations apaisées, le monde méditerranéen est actuellement un lieu de conflits[121] : conflits entre États à propos de territoires (exemples : conflit israélo-palestinien [122], conflit entre le Maroc et l'Algérie à propos du Sahara occidental), mais aussi conflits civils au sein des États (exemples : en Libye, en Syrie), avec quelquefois comme toile de fond des querelles religieuses[123] et la question des minorités. Ces aspects ne sauraient être minimisés. En effet, si elle renvoie au conflit armé, la bataille n'est pas seulement le fait d'armes ; elle est aussi un combat idéologique et se remporte en partie sur le terrain des représentations, de sorte que si elle découle sans nul doute d'un certain rapport de violence, elle implique simultanément de forts investissements idéologiques, au service d'une volonté ou d'un choix politique, religieux et stratégique [124]. Contemplant le passé de la Méditerranée, l'historien ne s'en étonnera pas et y verra des illustrations du lien entre guerre et civilisations. Depuis longtemps, « les civilisations se brûlent elles-mêmes dans d'interminables guerres civiles fratricides[125] », de sorte que l'on peut parler au figuré d'une mer des tempêtes[126]. Il en résulte ces discussions nourries dans l'actualité sur le thème des flux migratoires en

[120] Malgré tout, l'État d'Israël a adopté de nombreuses lois qui par leur forme ressemblent à ces lois des pays de la famille romano-germanique. Voir René DAVID et Camille JAUFFRET-SPINOSI, *Les grands systèmes de droit contemporains*, Dalloz, coll. Précis, 11e édition, 2002, n° 57, p. 58.

[121] Sur la variété des formes de conflits, lire dans le présent ouvrage, Jérôme FAVRE, « Un oxymore éclairant ? Le « coup d'État démocratique » et la transition constitutionnelle en Egypte ». Sur les enjeux de la sécurité en Méditerranée et en particulier sur le rapport délicat entre sécurité et démocratie, Jean-François COUSTILLIÈRE, « Les enjeux de sécurité », in Rosane MEHDI (dir.),*La Méditerranée, espace démocratique ?* (avant-propos Philippe BONFILS), Presses Universitaires d'Aix-Marseille, Collection « Droits, pouvoirs et sociétés », 2014, p. 93-94.

[122] Pour une proposition de lecture de la situation particulière d'Israël, A. AMIR-ASLANI, *La guerre des Dieux. Géopolitique de la spiritualité*, *op. cit.*, p. 89-111.

[123] Pour un exemple topique, voir récemment les violences entre Palestiniens et policiers israéliens lors des célébrations du Nouvel An juif. Lire Cyrille LOUIS, « Jérusalem : scènes d'intifada sur l'esplanade des mosquées », Le Figaro 16 septembre 2015, n° 22115, p. 7.

[124] Ainsi, « la bataille, en tant qu'événement, n'existe bien souvent que par la volonté de ceux qui l'ont faite et de ceux qui l'ordonnent *a posteriori*, des généraux, des dirigeants politiques jusqu'aux historiens eux-mêmes ». Sur tous ces points, Ariane BOLTANSKI, Yann LAGADEC et Franck MERCIER (dir.), *La Bataille. Du fait d'armes au combat idéologique. XIe - XIXe siècle*, Presses universitaires de Rennes, Coll. Histoires, 2015, spécialement p. 10-11.

[125] Lire notamment, Fernand BRAUDEL, *La Méditerranée et le monde méditerranéen à l'époque de Philippe II*, *op. cit.*, Tome 2, p. 170 s.

[126] L'expression est empruntée à M. Jean-Marie Crouzatier. Sur les tensions, crises et conflits en Méditerranée, lire Jean-Marie CROUZATIER, *op. cit.*, spécialement p. 85.

Méditerranée[127], faisant apparaître la difficulté quelquefois à faire cohabiter des populations aux mœurs, cultures, religions différentes[128]. Elles amènent leur lot d'interrogations autour de notions fondamentales (de peuple, d'ethnie…).

Par suite, envisager le destin de l'homme méditerranéen, c'est peut-être surtout traiter en réalité aujourd'hui le « problème de la Méditerranée[129] ».

---

[127] Parmi de très nombreux articles, « Europe : le principe de la libre circulation cède face à l'afflux des réfugiés », Le Monde 15 septembre 2015, n° 21978, première page et p. 2, 3 et 14 – « Réfugiés : ces pays qui ferment la porte », La Dépêche du Midi 15 septembre 2015, première page et p. 2-3 – « Berlin menace de sanctions les pays réfractaires à l'accueil des réfugiés », Le Monde 16 septembre 2015, n° 21979, première page et p. 2-4, 11, 18, 19 – « Réfugiés : quel message envoyons-nous au monde ? », Libération 16 septembre 2015, n° 10676, p. 12-13. Plus généralement, sur le thème des migrations en Méditerranée, abordant les aspects majeurs et assorti de nombreuses illustrations (Espagne, Maroc, Israël, Egypte, Libye, Chypre, Algérie, Sicile...), C. SCHMOLL, H. THIOLLET et C. WIHTOL DE WENDEN (dir.), *Migrations en Méditerranée. Permanences et mutations à l'heure des révolutions et des crises*, CNRS Editions, 2015. Sur le thème du trafic de migrants, Anna TRIANDAFYLLIDOU, « Le trafic de migrants. Réseaux anciens et nouvelles tendances », in *Migrations en Méditerranée. Permanences et mutations à l'heure des révolutions et des crises*, *op. cit.*, p. 127-143. Adde, Philippe DE BRUYCKER, « L'approche globale des migrations de l'Union européenne : quel progrès suite au partenariat de mobilité avec le Maroc ? », in Rostane MEHDI (dir.), *La Méditerranée, espace démocratique ?* (avant-propos Philippe BONFILS), Presses Universitaires d'Aix-Marseille, Collection « Droits, pouvoirs et sociétés », 2014, p. 95-103.

[128] On peut noter une action au niveau euro-méditerranéen, le programme Euromed Migration II (2008-2011) avec comme objectif de renforcer la coopération euro-méditerranéenne dans le domaine de la gestion de la migration, « de manière à augmenter la capacité des partenaires méditerranéens à fournir une solution efficace, ciblée et globale aux différentes formes de migration » (http:// www.euromed-migration.eu/e933/index_fre.html>). Sur ce programme de l'Union pour la Méditerranée, V. ABBALLE-BOLORÉ et R. HOWSE, *article précité*, p. 410 s.

[129] Sur cette expression, Gordon EAST, « The Mediterranean Problem », Geographical Review, Vol. 28, n° 1 (Jan., 1938), p. 83-101. Elle s'explique par la configuration géographique de la Méditerranée. « The problem, in so far as it is unitary, concerns the control of the Mediterranean and the use of its ways. At all times this sea has been more than a local waterway linking up the broadly uniform lands of the basin; in addition it has formed part of an intercontinental route connecting lands of contrasting climates and complementary products » (art. précité, p. 89). Rapprocher, GASTAUT, « Chansons et chanteurs maghrébins en France (1920-1986) », in *Les relations culturelles internationales au XXe siècle. De la diplomatie culturelle à l'acculturation*, *op. cit.*, p. 551-560, à la page 560, à propos des échanges culturels dans le domaine musical et concluant qu'« une réflexion sur les processus de circulation de ces chanteurs » – notamment les chanteurs de « l'algérianité » – « et de leur musique permettrait d'apporter des éclairages sur les influences mutuelles entre Sud et Nord au moment où la mer Méditerranée est présentée comme une zone de rupture plus que de contact ». Sur la géopolitique de la méditerranée, Jean-Marie CROUZATIER, *Géopolitique de la méditerranée*, préface de Dominique BAUDIS, Publisud, 1988 – Jean-François DAGUZAN et Raoul GIRARDET (dir.), *La Méditerranée. Nouveaux défis, nouveaux risques*, Publisud-Case, 1995 (avec des études variées, notamment sur la stabilité et l'instabilité dans le monde arabo-musulman, sur les peurs et malentendus en méditerranée, sur l'immigration, sur l'Islam face au développement, sur la détérioration écologique, etc.) – Georges CORM, *La Méditerranée, espace de conflit, espace de rêve*, L'Harmattan, Coll. Comprendre le Moyen-Orient, 2001 (abordant notamment le thème des dynamiques identitaires, du référent religieux islamique

Pas de valeurs uniformes ni de langue commune permettant de définir le peuple méditerranéen, pas d'État pour le structurer, faut-il alors conclure que le destin de l'homme méditerranéen est de sombrer dans l'oubli ? Rien n'est moins sûr.

II- … face à son destin

Puisque le monde vit à l'heure du décloisonnement et des interdépendances [130], il est permis d'envisager le bassin méditerranéen comme un espace en devenir, à l'origine d'un modèle de l'homme méditerranéen postmoderne [131]. De même que ce bassin fut à l'époque romaine l'un des lieux fertiles de la civilisation, il pourrait marquer davantage qu'il ne le fait l'évolution du monde, à travers certains éléments essentiels formant une unité autour de la thématique des valeurs, c'est-à-dire « une certaine conception du cosmos, de l'homme, des institutions sociales, une certaine morale, une certaine sociabilité [132] ». Partant, il s'agit de travailler sur les rapports entre les hommes et sur la liaison avec leur territoire, lequel s'articule géographiquement autour d'un élément central, la mer.

Trois thèmes paraissent déterminants sous l'angle adopté et s'imbriquent les uns dans les autres. Face à la tâche qui est immense, il n'est nulle science ou discipline artistique (droit, architecture, philosophie, linguistique, sociologie, poésie, musique, etc.) qui ne puisse être mobilisée pour concourir à l'émergence d'une identité rénovée de l'homme méditerranéen. Ils sont relatifs à l'unité des valeurs humaines fondamentales (A), à la protection environnementale du territoire méditerranéen (B) et à la force du pluralisme culturel au sein de ce bassin maritime (C).

---

dans le discours politique au Moyen-Orient, la montée de l'anti-sémitisme dans le monde arabe comme substitut à l'anti-américanisme, les conflits au Proche-Orient) – Salah STÉTIÉ, *Culture et violence en Méditerranée*, Paris, Imprimerie nationale, 2008.

130 Voir notamment M. Mahmoud MOHAMED SALAH, *Les contradictions du droit mondialisé*, Paris, Presses universitaires de France, Collection droit, éthique, société, 2002.

131 Sur le postmodernisme en droit, J. CHEVALLIER, *l'État post-moderne*, 4e éd., LDGJ, Lextenso éd., 2014. En architecture, Charles Jencks, *Le langage de l'architecture post-moderne*, 4e éd., Denoël, 1985. Sur la pluralité des post-modernités en architecture (postmodernisme, postmétabolisme, déconstructionnisme...), Clara SANDRINI, *La médiation architecturale. Une œuvre en mouvement pour une esthétique sociale*, Tome 2 : Recherche inédite, Université de Toulouse le Mirail, Ecole nationale Supérieure d'Architecture de Toulouse, Laboratoire de Recherche en Architecture, dir. Catherine RÉGINENSI, p. 82.

132 Sur cette présentation des valeurs, P. ORY, « Introduction », in *Les relations culturelles internationales au XXe siècle. De la diplomatie culturelle à l'acculturation*, *op. cit.*, p. 22-23.

A- L'unité fondatrice des valeurs humaines

Dès lors que ce n'est pas la référence à l'État qui permet de définir l'homme méditerranéen au singulier, il faut chercher le critère ailleurs, dans l'homme lui-même. Naturellement alors, ceci conduit à s'intéresser aux droits de l'homme.

Ce que l'on appelle aujourd'hui les droits fondamentaux sont-ils de nature à permettre l'apparition de liens suffisamment forts entre les peuples méditerranéens pour que, indépendamment de leur appartenance à un État donné, ces derniers ressentent une forme de communion autour de valeurs fondatrices permettant la catégorisation d'un homme méditerranéen ? Au niveau juridique, sont-ils l'avenir du droit méditerranéen[133] et peut-on y voir un possible *vade-mecum* de valeurs ? La question est fort délicate et suggère une réponse nuancée, entre théorie et pratique, entre idéalisme et pragmatisme. Il faut se demander s'il est possible d'entrevoir une ligne d'horizon commune (1), constater que sur ce terrain certains domaines sont sensibles (2) et envisager les questions de la méthode et du rythme de l'évolution (3).

1- Une ligne d'horizon commune ?

Au stade théorique, le risque existe que l'hégémonie de la doctrine des droits de l'homme soit perçue non pas comme un bienfait – ce qui peut de prime abord surprendre dès lors qu'il s'agit de protéger l'humain –, mais comme une pensée venue d'ailleurs et qu'il est possible d'instrumentaliser. Elle peut être présentée comme la marque d'une tendance colonisatrice et impérialiste de la mentalité occidentale, une forme de propagande et de prosélytisme. Pour ne prendre qu'un exemple au-delà de la Méditerranée, on sait combien les Chinois s'inscrivent dans cette logique de défiance[134]. C'est

[133] Sur cette question en droit français, D. GUTMANN, « Les droits de l'homme sont-ils l'avenir du droit ? », in *L'avenir du droit, Mélanges en hommage à François Terré*, Paris, Dalloz/PUF/Juris-Classeur, 1999. p. 329 et s.

[134] Voir, R. DEBRAY et F. JULLIEN (dir.), *Culture nationale et universalisme. Optiques française et chinoise*, *op. cit.*, par exemple p. 117 relativement à des propos critiques des piliers du système occidental, démocratie et économie de marché. Un autre exemple est celui des pays musulmans, lire Mustapha BENCHENANE, *Les droits de l'homme en Islam et en Occident*, Seminar in Tunis, 10-11 octobre 2003 (téléchargeable à l'adresse : http://www.mafhoum.com/press7/226S72.pdf) : « Lorsque l'on parle de respect des Droits de l'Homme dans les pays musulmans, on provoque des réactions contrastées. Les uns réagissent en affirmant qu'il s'agit d'un concept et d'un contenu occidentaux (...) Il en est qui prétendent que l'Islam et les musulmans n'ont pas de leçon à recevoir, que tout est dans le Coran (...) D'autres enfin, représentant certains pouvoirs en place, bien que n'étant pas islamistes, rejettent la conception "occidentale" des Droits de l'Homme au nom des spécificités culturelles de leurs pays. Ils dénoncent parfois le "néo-colonialisme" que camouflerait cette conception. Ils "oublient" de se poser la question de savoir s'ils pourraient se maintenir longtemps au pouvoir sans le soutien de cet Occident qu'ils dénoncent seulement lorsque leurs intérêts risqueraient d'être menacés. »

ainsi qu'il existerait une « sourde, mais puissante contestation du caractère universel des droits de l'Homme proclamés par les instances internationales »[135]. Par ailleurs, il est notable que si les textes fondateurs existent, aussi bien au niveau des États (les Constitutions et les contrôles de constitutionnalité[136], les déclarations de droits au niveau national) qu'au niveau supra-étatique (Déclarations universelle et européenne des droits de l'homme, Charte arabe des droits de l'homme de 2004, Pacte international relatif aux droits civils et politiques de 1966, Convention internationale des droits de l'enfant, Charte africaine sur les droits et le bien-être de l'enfant, etc.), ils ne contiennent pas de réels particularismes méditerranéens. C'est d'homme tout court qu'il est question[137]. Malgré tout, ils reconnaissent l'importance des droits culturels[138]. Il faut par ailleurs sans doute nuancer le constat, s'agissant en particulier de la conception islamique des droits de la personne, compte tenu de ce que « l'ancrage religieux de la Charte arabe la distingue radicalement des autres instruments régionaux de protection des droits de la personne[139] » et que la pensée islamique des droits humains se

135 Certains critiquent la vision essentiellement occidentale de ces droits tandis que d'autres divergent profondément sur les implications et modalités de leur mise en œuvre. Voir, Ph. BEAUD, *Sociologie politique*, *op. cit.*, n° 43, p. 60.

136 La thématique constitutionnelle a fait l'objet d'un colloque récemment, *2nde Journée Louis Rolland : Justice(s) constitutionnelle(s) en Méditerranée*, 13 mars 2015, Université du Maine, Faculté de Droit.

137 Rapprocher, Faïza TOBICH, *Les statuts personnels dans les pays arabes : de l'éclatement à l'harmonisation*, Presses universitaires d'Aix-Marseille, 2008, n° 58.

138 Pour des rappels, A. SFEIR et R. ANDRAU, *op. cit.*, p. 225 sq., et p. 235 sq. sur le cas de la France. D'une façon générale, sur la consolidation des droits culturels, grâce à une meilleure compréhension et une meilleure protection de ces droits, Claudia NAPOLI, « La renaissance des droits culturels dans le système international de protection des droits de l'homme », in Ludovic HENNEBEL et Hélène TIGROUDIA (dir.), *Humanisme et droit, Mélanges offerts au professeur Jean Dhommeaux*, Paris, éditions Pedone, 2013, p. 341-356, spéc. p. 350 sq.

139 Carmen LAVALLÉE, La *protection internationale des droits de l'enfant, entre idéalisme et pragmatisme*, Préface de Jean ZERMATTEN, Bruylant, 2015, p. 161. Ainsi, selon l'auteur, « la conception islamique des droits de l'homme oppose les musulmans et les non-musulmans et ne reconnaît pas aux derniers les mêmes droits qu'aux premiers, ce qui constitue une opposition évidente entre les instruments islamiques et les instruments internationaux qui prohibent toute distinction sur le fondement de la religion » (C. LAVALLÉE, *op. cit.*, p. 164). Voir aussi, Mustapha BENCHENANE, *Les droits de l'homme en Islam et en Occident*, article précité. L'auteur met en exergue les convergences relatives à la protection de la personne humaine et aux devoirs de chacun vis-à-vis d'autrui, tout en relevant les divergences notables entre les conceptions islamiques et occidentales des droits de l'homme. Il souligne que « la divergence la plus importante réside dans l'inspiration. En effet, comme son titre l'indique, la Déclaration Islamique des droits de l'Homme respecte scrupuleusement le Coran et les hadiths tout en s'efforçant de tenir compte de certaines réalités du XXe siècle. Dans les Déclarations occidentales en revanche, la religion est reconnue comme une liberté mais elle n'a pas servi de source d'inspiration aux rédacteurs de ces textes. » Adde, Ghaleb MAHMASSANI, « Les droits de l'homme dans le système juridique musulman », in *Une certaine idée du droit, Mélanges offerts à André Decoq,* Paris, Litec, 2004, p. 417-435 (avec des approfondissements sur le statut de l'homme dans le système juridique musulman, les droits civils, le droit à l'égalité, les droits politiques, les droits économiques et sociaux).

situe dans une perspective holiste[140] qui contraste avec la pensée occidentale fortement tournée vers l'individualisme.

Sous cette réserve, c'est moins sur le principe même des droits fondamentaux que peut être apportée une valeur ajoutée que sur la ligne d'horizon, en vue de la rendre commune, c'est-à-dire sur la marche à suivre pour favoriser les évolutions et créer les conditions permettant une certaine convergence des points de vue. Pratiquement, il ne peut s'agir que d'un travail sur le long terme. Il est à peine utile d'insister sur les difficultés politiques de l'entreprise – il suffit de songer à la complexité de la situation d'Israël par rapport au monde arabe[141] – ni sur le relativisme des droits de l'homme dans l'espace méditerranéen[142]. Par exemple, le droit du statut personnel est le « lieu privilégié des spécificités identitaires et des tensions entre particularisme et universalisme juridiques[143] ». A considérer un pays, le cas de la Turquie, souvent décriée pour ses violations des droits de l'homme, est intéressant[144]. Il est certain que la situation de ce pays est complexe dans la mesure où cette nation est partagée entre Orient et Occident. Elle est soumise à des tendances à l'islamo-conservatisme, mais aussi au néo-ottomanisme ; elle est balancée entre démocratie et gouvernement des juges, également entre laïcité et retour du religieux[145].

---

[140] V. par exemple, Sami AOUN, *Aujourd'hui l'Islam. Fractures, intégrisme et modernité*, Médiaspaul, Montréal, 2007, p. 90. L'auteur montre que dans la pensée islamique, les droits humains ne concernent pas l'individu en tant que tel mais en tant que membre de la communauté musulmane (*Umma*) au sein de laquelle il peut en jouir, et ajoute qu'il y a là une différence essentielle avec le référentiel occidental qui donne la priorité à la liberté individuelle. Sur le droit musulman et la Déclaration universelle des droits de l'homme, Mohammed Amin AL-MIDANI, « La Déclaration universelle des Droits de l'Homme et le droit musulman », in *Lectures contemporaines du droit islamique. Europe et monde arabe*, dir. Franck FRÉGOSI, Presses Universitaires de Strasbourg, 2004, p. 153-186.

[141] Voir A. AMIR-ASLANI, *La guerre des Dieux. Géopolitique de la spiritualité*, *op. cit.*, p. 92.

[142] Sur ce thème, L. GANNAGÉ, « Le relativisme des droits de l'homme dans l'espace méditerranéen. Regards du Proche-Orient sur la reconnaissance en France des répudiations de droit musulman », *RIDC* 1/2006, p. 101-116.

[143] Faïza TOBICH, *op. cit.*, n° 59.

[144] Sur la Turquie, lire par exemple, Carmen RODRÍGUEZ LÓPEZ, « Democratización y derechos humanos en Turquía », in Carlos DE CUETO NOGUERAS et Abdelkader SID AHMED (dir.), *Droits Humains et diversité ethnoculturelle dans l'espace euroméditerranéen : réalités et perspectives*, Paris, Editions Publisud, 2007, p. 157-166, à la p. 255. Le cas du Liban est également fort intéressant, en particulier sous l'angle de la démocratie, compte tenu des nombreuses communautés religieuses qui se déploient en son sein. Selon Yadh Ben Achour, « c'est un État de dix-huit communautés religieuses reconnues officiellement dont la règle commune nécessaire est la suivante : l'entente ou la destruction. La démocratie est pour le Liban une nécessité vitale et cette démocrate est régie par la loi de l'entente, non par la loi de la majorité. Cette dernière ne joue qu'à l'intérieur des communautés. » Voir Yadh BEN ACHOUR, « L'articulation du droit musulman et du droit étatique dans le monde arabe actuel », in *Lectures contemporaines du droit islamique. Europe et monde arabe*, dir. Franck FRÉGOSI, Presses Universitaires de Strasbourg, 2004, p. 101-120, à la p. 119.

[145] Lire A. AMIR-ASLANI, *La guerre des Dieux. Géopolitique de la spiritualité*, *op. cit.* p. 113-134.

Il ne faut pas se tromper d'objectif. Il ne s'agit pas de prôner l'uniformité – l'unité parfaite – des points de vue sur les droits fondamentaux et les principes démocratiques, mais de favoriser une avancée commune, ainsi qu'un meilleur respect des droits consacrés [146], avec cette nécessaire conscience que l'appréhension concrète des valeurs qu'ils défendent n'est pas semblable dans les diverses parties du monde. Prenons le cas du droit à la vie. Il se déploie sans doute à travers le monde, mais selon des perspectives parfois fort différentes, voire antagonistes, par exemple autour du droit à la sûreté (questions de la peine de mort[147], du droit d'intervention militaire) ou du droit de vivre dignement (question de l'euthanasie)[148]. Ainsi, sur la question de la contraception et de l'avortement, des différences notables existent selon les lieux et les points de vue. En France, la thématique de l'avortement a suscité des débats enflammés dans les années 1970 et le droit à l'avortement est perçu désormais par beaucoup de personnes comme un droit fondamental de la femme à disposer de son corps, thème qui rejaillit aujourd'hui à travers la question de la gestation pour autrui. En revanche, la Déclaration sur les droits et la protection de l'enfant dans le monde islamique interdit l'avortement et reconnaît le droit absolu à la vie du fœtus[149], le Pacte relatif aux droits de l'enfant venant toutefois nuancer la solution en interdisant l'avortement « sauf dans l'intérêt de la mère, de l'enfant ou des deux à la fois [150] ». S'agissant de la contraception, il existe une divergence par exemple entre les pratiques occidentales et la position de l'Église catholique. En Israël, si l'on considère la communauté ultra-orthodoxe, il faut constater qu'elle est attachée à une stricte observance

[146] Par exemple, alors que le pacte international relatif aux droits civils et politiques de 1966 garantit la liberté de penser, la liberté de conscience, la liberté de religion, nombreux sont les exemples illustrant leur violation. Ainsi Monsieur Ardavan Amir-Aslani note-t-il que la ratification de ce pacte « n'empêche pas que ces droits et principes fondamentaux soient bafoués. De nombreux États musulmans adoptent des législations – texte sur le blasphème au Pakistan, ou réglementation visant à réprimer le prosélytisme en Algérie – qui de fait sont des atteintes à ces principes ». A. AMIR-ASLANI, *La guerre des Dieux. Géopolitique de la spiritualité*, *op. cit.*, p. 144. Sur la difficulté à articuler la démocratie et la stabilité, Jean-Noël FERRIÉ, « La stabilité ou la démocratie : de la difficulté pour l'Europe de promouvoir la démocratie tout en respectant les régimes autoritaires, in *Les sociétés méditerranéennes face au risque. Espaces et frontières*, *op. cit.*, p. 225-236.

[147] Exemple : la Charte arabe des droits de l'homme de 2004 (art. 6 et 7) autorise la peine de mort.

[148] Voir par exemple, sur la différence entre la France et la Chine, sur la question du droit à la vie, R. DEBRAY et F. JULLIEN (dir.), *Culture nationale et universalisme. Optiques française et chinoise*, *op. cit.*, p. 46.

[149] Déclaration sur les droits et la protection de l'enfant dans le monde islamique, 1994, article 2. Voir Carmen LAVALLÉE, *op. cit.*, p. 166.

[150] Pacte de l'Organisation de la Conférence islamique (OCI) relatif aux droits de l'enfant, 2005, article VI. Voir Carmen LAVALLÉE, *op. cit.*, p. 167. L'auteur note que ce cas pourrait s'appliquer par exemple lorsque la vie de la mère est en danger et ajoute qu'il « s'agit d'une première ouverture au regard des autres textes antérieurs qui prévoyaient un droit à la vie absolu pour le fœtus ».

des préceptes religieux, ce qui conduit ses membres à un rejet de la contraception et de l'avortement[151].

Le bassin méditerranéen peut trouver un rayonnement mondial, en tant que lieu de réflexion, d'expression et aussi d'expérimentation sur les convergences et divergences. Les thématiques sont nombreuses, par exemple la notion de démocratie et la place du vote, ou encore le statut de la femme et l'égalité homme/femme.

Il ne s'agit pas simplement de mobiliser en faveur de ces actions la science juridique, mais toutes les sciences et aussi l'art. L'art en général est un outil précieux permettant de faire rencontrer les valeurs et à tout le moins de les mettre en exergue. On ne saurait ignorer par exemple la force des objets symboliques. La culture est effectivement « l'ensemble des représentations collectives propres à une société, ainsi que leur expression sous forme de pratiques de modes de vie et de productions symboliques[152] ». Ainsi, en architecture, le plan du bâtiment destiné à recevoir du public ou encore un programme urbanistique peuvent être traités de façon à mettre en valeur le concept de démocratie. C'est notamment ce que fit en Amérique l'architecte Frank Lloyd Wright[153]. De la même façon que l'architecture peut exprimer une projection sociale de rupture – par exemple, elle s'est traduite aux XIXe et XXe siècles par un art de bâtir spécifique en Afrique du Nord lors de la colonisation française[154] –, ou apparaître comme un moyen de domination – par exemple, il a été montré l'importance de la politique urbaine à l'époque de la colonisation italienne en Libye[155] –, elle peut réunir les hommes autour de valeurs communes, tout en mettant en valeur les pratiques et savoirs locaux. Une belle illustration des actions possibles peut être fournie à travers l'Institut du Monde Arabe à Paris, destiné à attirer les spécialistes et les chercheurs, mais dont la création il y a une trentaine d'années résulta également du pari (gagné ?) d'attirer le grand public et de jouer un rôle moteur en Europe dans le développement de la connaissance

---

151 A. AMIR-ASLANI, *La guerre des Dieux. Géopolitique de la spiritualité*, *op. cit.*, p. 96 Sur le thème général du judaïsme et des droits de l'homme, lire Marc AGI (dir.), *Judaïsme et droits de l'Homme* (préface de René-Samuel Sirat), Paris, éd. Des idées et des Hommes, collection La librairie des Libertés, 2007.

152 Robert FRANK, « Conclusion », in *Les relations culturelles internationales au XXe siècle. De la diplomatie culturelle à l'acculturation*, *op. cit.*, p. 667-685, à la. p. 669.

153 Voir notamment, Bruce BROOKS PFEIFFER, *Frank Lloyd Wright (1867-1959). Construire pour la démocratie*, trad. Thérèse CHATELAIN-SÜDKAMP, Taschen, 2004. Arnaud BRENNETOT, « Faut-il oublier Frank Lloyd Wright ? », *Cybergeo : European Journal of Geography* [En ligne], E-Topiques, 5 novembre 2007 (URL : http://cybergeo.revues.org/12283).

154 C. GIUDICE, « De l'usage et du brassage des modèles architecturaux dans le Maghreb colonial : itinéraires d'architectes et d'entrepreneurs italiens », in : *Architectures au Maghreb (XIXe-XXe siècles) : Réinvention du patrimoine*, M. BACHA (dir.), Tours : Presses universitaires François-Rabelais, 2011, p. 229-244.

155 Sur ces questions, lire F. DUMASY, « Définir le patrimoine architectural : Le cas de Tripoli en Libye pendant la colonisation italienne », in *Architectures au Maghreb (XIXe-XXe siècles) : Réinvention du patrimoine*, *op. cit.*, p. 69-86.

des pays qui bordent la Méditerranée et ceux du Proche-Orient[156]. Sans prétendre à une efficacité immédiate, les actions d'aujourd'hui sont autant de pierres posées qui déterminent les pensées de demain. Imaginer, c'est déjà jeter un regard sur le futur[157]. Le professeur Paola Viganò l'a fort bien mis en exergue à propos du projet architectural et urbain, lequel traverse des territoires aussi bien physiques que conceptuels pour penser le futur, de sorte que l'architecture et l'urbanisme ont un rôle social qu'il faut repenser et assumer, en vue de développer une vision critique du monde[158]. On rejoint ainsi l'affirmation de Georges Gromort selon laquelle l'architecture est une pensée animatrice[159].

Un tel travail de réflexion ne pouvant être mené sans égard envers les différences culturelles précédemment relevées, il suppose une ouverture d'esprit et implique nécessairement une dose d'insatisfaction. Cela est d'autant plus certain que « l'horizon de la communication bute plus qu'hier sur l'incommunication et sur l'altérité, parce qu'il y a davantage de liberté, de visibilité et d'égalité[160] ». Pour autant, la difficulté de la communication ne doit pas être perçue comme un échec, mais comme une réalité symétrique à la volonté de communiquer[161]. Structure propice à la rencontre, il existe depuis 1997 un Réseau euro-méditerranéen des droits de l'homme (REMDH)[162], créé dans la droite ligne de la Déclaration de Barcelone et du

---

156 Voir en ce sens et pour une présentation de l'architecture du bâtiment, Virginie DE LA BATUT, « Institut du Monde Arabe », in « Grands travaux », Numéro spécial *Connaissance des arts*, préface par François MITTERRAND, 1989, p. 31-33.

157 Rapprocher, dans le domaine architectural, Ariella MASBOUNGI (dir.), *Paola Viganò, Grand prix de l'urbanisme 2013, Métamorphose de l'Ordinaire*, Parenthèses, Coll. Grand prix de l'urbanisme, 2014, p. 118.

158 Voir Paola VIGANÒ, *Le projet comme producteur de connaissance. Les territoires de l'urbanisme*, Genève, Metis Presses, Coll. vuesDensemble, 2012. Le projet est également description, il ne suppose pas l'homogénéité, bien au contraire. Les projets « naissent des irrégularités du monde », dont ils tirent les forces et les formes (P. VIGANÒ, *op. cit.*, p. 172). De telles irrégularités peuvent être tout autant géographiques, temporelles que sociales, puisque le projet s'inscrit dans un lieu, un temps et une société.

159 Georges GROMORT, *op. cit.*, p. 33. Selon ce dernier, « penser, (...) c'est placer l'architecture dans son ambiance, et aussi bien dans son ambiance morale que dans celle des lieux où l'on nous demande de travailler » (Georges GROMORT, p. 32-33).

160 Dominique WOLTON, « Les enjeux de la mondialisation de la communication », in *La Mondialisation de la communication*, Paul RASSE (dir), Paris, CNRS éditions, Coll. Les Essentiels d'Hermès, 201, p. 139-150, à la p. 150.

161 Dominique WOLTON, « Les enjeux de la mondialisation de la communication », in *La Mondialisation de la communication*, *op. cit. loc. cit.* L'auteur ajoute : « Autrement dit l'Autre ne me ressemble pas, donc ce n'est pas étonnant si la plupart du temps on ne se comprend pas. Tout ceci est indépassable. D'où l'importance normative de la négociation et de la cohabitation. »

162 Ses membres adhèrent aux principes universels des droits de l'Homme et sont convaincus de la valeur de la coopération et du dialogue. Le REMDH comprend une assemblée générale, un comité exécutif et un secrétariat. Il est implanté à Copenhague, Bruxelles, Paris, Rabat, Amman et Au Caire. Le site officiel du REMDH est à l'adresse suivante : http://fr.euromedrights.org

Partenariat euro-méditerranéen (PEM), lui-même remplacé par l'Union pour la Méditerranée (UPM)[163]. Celle-ci fournit également un cadre privilégié de rencontres au plus haut sommet des États[164]. Si cette union « demeure une *treaty-based organization* ne pouvant dépasser le cadre strict de ses attributions, sa structure institutionnelle apparaît susceptible de fonder à l'avenir un dialogue pertinent entre les partenaires[165] ».

2- Des domaines sensibles

C'est sans nul doute sur le terrain du statut personnel qu'il y a le plus de travail à faire et le plus de difficultés à surmonter, même si d'autres aspects divergents peuvent aussi être pointés, telles les conceptions de la famille[166] ou de l'honneur [167]. Ainsi, les juristes méditerranéens constatent une altération, très variable, du statut de la femme par rapport à celui de l'homme dans certains pays, en particulier de tradition musulmane, du fait ici encore de données religieuses. Il existe parfois une divergence entre le statut de la femme en droit public, avec une égalité affichée homme/femme, et en droit privé, avec une infériorité manifeste de son statut[168]. Si un tableau

---

[163] Sur l'Union pour la Méditerranée, lire V. ABBALLE-BOLORÉ et R. HOWSE, *article précité*.

[164] Selon V. ABBALLE-BOLORÉ et R. HOWSE, « la nouvelle structure institutionnelle de l'UPM se dessine autour de rencontres bi-annuelles des chefs d'État dont la mission est d'entériner les priorités stratégiques et une série de projets régionaux concrets, en plus de réunions des ministres des Affaires étrangères (aidés par une équipe de hauts fonctionnaires) qui servent aujourd'hui de base décisionnelle et conservent la responsabilité politique de l'organisation » V. ABBALLE-BOLORÉ et R. HOWSE, *article précité*, p. 403.

[165] V. ABBALLE-BOLORÉ et R. HOWSE, *article précité*, p. 403-404.

[166] Sur la diversité culturelle au sein même de la communauté arabo musulmane, ainsi que sur les droits marocains et tunisiens, Meriem BEN LAMINE, « La diversité culturelle au sein de la communauté arabo musulmane : cas du droit international privé de la famille marocaine et tunisienne » (téléchargeable à l'adresse : https://cerclechercheursmoyenorient.files.wordpress.com/2011/04/la-diversitc3a9-culturelle-au-sein-de-la-communautc3a9-arabo-musulmane.pdf). Sur les difficultés mais aussi les succès de la codification du statut personnel, lire René DAVID et Camille JAUFFRET-SPINOSI, *Les grands systèmes de droit contemporains*, Dalloz, coll. Précis, 11e édition, 2002, n° 402, p. 368.

[167] Voir, D.D. GILMORE, « Anthropology of the Mediterranean Area », *art. précité*, spéc. p. 190 s. *Adde*, John ILIFFE, *Honour in African History*, Cambridge University Press, African Studies, 2005. Sur les rapports entre l'honneur et le droit, B. BEIGNIER, *L'honneur et le droit*, LGDJ, Bibliothèque de droit privé, tome 234, 1995.

[168] Voir, Yadh BEN ACHOUR, « L'articulation du droit musulman et du droit étatique dans le monde arabe actuel », in *Lectures contemporaines du droit islamique. Europe et monde arabe*, dir. Franck FRÉGOSI, Presses Universitaires de Strasbourg, 2004, p. 101-120, à la p. 112 (« Nous voyons donc qu'il existe un hiatus entre le statut public de la femme en tant que citoyenne et le statut privé. Le statut public constitutionnel est fondé sur l'idée de l'égalité, tandis que le statut privé maintient la femme dans une situation d'infériorité »). Sur l'apparition d'un féminisme régional arabe et d'associations prônant l'égalité homme/femme, voir Faïza TOBICH, *Les statuts personnels dans les pays arabes : de l'éclatement à l'harmonisation*, Presses universitaires d'Aix-Marseille, 2008, n° 64 et n° 68. Sur l'inégalité

général des droits des pays musulmans semble difficile à dresser[169] et s'il existe une distorsion entre le statut social de la femme et sa condition juridique[170], il apparaît que « la plupart des pays arabes (...) maintiennent le statut personnel dans un cadre figé et désuet. La réforme du statut personnel constitue donc un des défis vitaux auquel ces pays seront confrontés. S engager sur la voie des réformes juridiques peut paraître difficile pour les pays arabes. De peur de porter atteinte à leurs spécificités culturelles et identitaires, ces derniers hésitent à ouvrir le débat autour de cette question[171]. » Des juges paraissent participer au mouvement, en ignorant le caractère international de certains litiges en vue d'écarter la question du conflit de lois pour appliquer directement leur loi nationale[172]. La question du mariage est aussi au cœur de la problématique de l'islam en Europe, à travers celle des mariages forcés[173]. Celle des mariages interconfessionnels est également fort intéressante. Ainsi, une étude sur cette question à partir du système juridique égyptien démontre que l'abolition du pluralisme juridique a permis une plus grande sécurité juridique, mais que le prix en a été la position dominante de la loi islamique qui a conduit à la discrimination fondée sur la religion et le sexe[174]. Une meilleure gestion des mariages interreligieux paraît exiger, par l'éducation, la prise en compte du problème à la racine, en vue de convaincre la population de l'importance de la liberté et de l'égalité des citoyens, indépendamment de leur appartenance religieuse[175] et plus généralement l'éducation doit promouvoir dès l'enfance

caractérisant le statut de la femme dans les domaines familial et successoral, lire Faïza TOBICH, *op. cit.*, n° 102.

169 Sur cette proposition générale, lire René DAVID et Camille JAUFFRET-SPINOSI, *op. cit.*, n° 404, 2002, p. 371. Ces auteurs relevaient l'influence croissante des intégristes musulmans.

170 Lire notamment, Faïza TOBICH, *op. cit.*, n° 102. L'auteur note que « les femmes jouissent d'un statut social qui n'est pas reflété dans leur condition juridique ».

171 Voir l'intéressante thèse de Madame Faïza Tobich essentiellement à partir de quatre pays (Maroc, Tunisie, Liban, Égypte). Lire, Faïza TOBICH, *op. cit.*, spécialement p. 321.

172 Lire Meriem BEN LAMINE, « La diversité culturelle vue à travers le prisme du droit international privé de la famille tunisien et marocain : le Maghreb aux deux visages », in *Approches juridiques de la diversité culturelle / Legal approaches to cultural diversity*, vol. 2009, Centre for Studies and Research in International Law and International Relations, éd. Académie de droit international de La Haye, 2013, p. 413-463, spécialement p. 462.

173 Lire, A. AMIR-ASLANI, *La guerre des Dieux. Géopolitique de la spiritualité*, *op. cit.*, p. 226.

174 Imen GALLALA-ARNDT, « "Inconvenient Loves": the Mismanagement of Interfaith Marriages in Lebanon and Egypt », in *Approches juridiques de la diversité culturelle / Legal approaches to cultural diversity*, vol. 2009, Centre for Studies and Research in International Law and International Relations, éd. Académie de droit international de La Haye, 2013, p. 571-601, spécialement p. 601.

175 Imen GALLALA-ARNDT, « "Inconvenient Loves": the Mismanagement of Interfaith Marriages in Lebanon and Egypt », *op. cit.*, p. 601 (« The adoption of facultative civil marriage in Lebanon and in Egypt — in the long run — would save interfaith marriages from the legal barriers and from the subsequent complications on those unions and their offspring. Nevertheless, a better management of interfaith marriages requires a healing from the roots by

l'apprentissage des droits de l'homme[176]. Mettant en exergue les intérêts historiques de la thématique du statut personnel, plusieurs intervenants ont d'ailleurs insisté sur les questions de statut personnel en Méditerranée au cours des présents travaux et en particulier sur celui de la femme. Ainsi, les professeurs Sophie Démare-Lafont[177] et Ivan Biliarsky[178] se sont intéressés à des aspects historiques du statut successoral et matrimonial de la femme.

Le traitement inégalitaire dont souffre la femme méditerranéenne en maints lieux du bassin illustre bien les défis auxquels se heurte l'émergence d'une conception unitaire d'homme méditerranéen. La question se pose de savoir s'il est vraiment possible de juger de telles législations avec un regard occidental et dans quelle mesure. Elle mérite réflexion. Une telle attitude ne serait-elle pas ressentie par les peuples concernés comme du mépris et comme l'affichage sempiternel d'une supériorité prétendue de la civilisation occidentale ? A l'opposé, doit-on en respecter l'existence sur le fondement des singularités, par une sorte de neutralité ? Mais cela ne serait-il pas perçu comme une attitude visant à les cautionner, en particulier par les femmes ? Certes, il est également envisageable de préconiser le recours à l'art de la rhétorique, pour ménager les uns et les autres, mais avec probablement la maigre perspective de ne faire guère avancer les choses sur le fond.

En réalité, la question est peut-être par trop caricaturale, car elle se focalise sur une opposition entre Occident d'un côté et non-Occident de l'autre. Or, il faut convenir que des critiques à l'égard de ces législations émanent de l'intérieur même des pays concernés. Il a déjà été indiqué que les peuples, les communautés, ne forment pas à tous les points de vue des ensembles homogènes. Ainsi, ce n'est pas parce qu'une personne est de confession musulmane qu'elle est favorable à des traitements inhumains et dégradants, à travers des applications violentes de la *charia* (décapitation,

educating people and convincing them of the importance of freedom and equality of the citizens regardless of their religious affiliation. Religious education can here make an essential contribution by favouring the respect of other religions and cultivating a sense of humility even in religious matters : the belonging to a given religion would not then obstruct the awareness of the mystery of God and his messages and the conviction that no one can pretend to hold the absolute truth. »)

176 Rapprocher, Ghaleb MAHMASSANI, « Les droits de l'homme dans le système juridique musulman », in *Une certaine idée du droit, Mélanges offerts à André Decoq,* Paris, Litec, 2004, p. 417-435, spéc. p. 434. Selon l'auteur, « l'universalité de ces droits commande à tous les tenants et promoteurs des droits de l'hommes, toutes origines et cultures confondues de dépasser les spécificités réelles ou imaginaires, et les incompréhensions culturelles ou historiques, qui continuent à les séparer, de se réunir et de sceller une véritable coopération en vue de consolider ces droits de l'homme, d'élargir leur champ d'application, et d'œuvrer à promouvoir l'initiation, l'éducation et l'apprentissage des être humains, dès leur enfance, aux différents droits de l'homme ».

177 Voir dans le présent ouvrage, S. DEMARE-LAFONT, « Vocations religieuses et stratégies successorales dans la Babylonie de Hammurabi ».

178 Voir dans le présent ouvrage, I. BILIARSKY, « Mariage, divorce et conversion à Avlona au XVIe siècle : une femme séfarade belle et forte face à son destin ».

flagellations, discrimination envers les femmes) ou en vertu de certaines traditions et coutumes (par exemple l'excision, les crimes d'honneur).

Quoi qu'il en soit, porter une appréciation selon son seul regard, sans considérer celui de l'autre, n'apporte en définitive que peu de choses si l'on ne s'intéresse pas aux ressorts qui fondent les solutions posées par la législation, fût-elle mauvaise. Aussi bien, il est nécessaire de saisir que, par ses caractéristiques ancrées dans la religion[179], avec des préceptes qui ont été figés au IXe siècle, le droit musulman n'évolue pas de la même façon, ni au même rythme, que les droits laïcisés et notamment occidentaux.

3- Méthode et rythme d'évolution

L'évolution possible des systèmes juridiques méditerranéens, en vue de favoriser les convergences, doit être envisagée tout à la fois sous l'angle de la méthode (a) et du rythme (b).

a) Sur la méthode

S'agissant de la méthode, il faut relever que le droit musulman est essentiellement formel (respect de la lettre des textes religieux, tel le Coran) tandis que le droit occidental est plutôt téléologique (respect des objectifs poursuivis par l'auteur de la norme). C'est un aspect sur lequel il est possible de jouer pour ménager formellement le respect des textes religieux tout en aboutissant à un résultat concret qui soit conforme aux attentes des populations en termes de droit de l'homme – c'est-à-dire pour favoriser la substance tout en ménageant la forme. Ce faisant, pour accroître la concorde entre le monde européen occidental, le peuple juif et le monde musulman, il peut être préconisé de chercher à établir de bons rapports sur le terrain de la morale commune, des vertus communes, et éviter de se placer sur le terrain strictement religieux, car c'est là que commence la confusion[180].

---

[179] Le droit musulman est une partie intégrante de la religion. Il « participe du caractère révélé de celle-ci ; il n'existe en conséquence aucune autorité au monde qui soit qualifiée pour le changer ». Lire, René DAVID et Camille JAUFFRET-SPINOSI, *Les grands systèmes de droit contemporains*, Dalloz, coll. Précis, 11e édition, 2002, n° 388, p. 358. Voir également, Ali MEZGHANI, *L'État inachevé : la question du droit dans les pays arabes*, Paris, Gallimard, Bibliothèque des Sciences Humaines, 2011, spéc. p. 94 sq.

[180] Sur ce dernier constat, A. BESANÇON, *Problèmes religieux contemporains*, ed. de Fallois, 2015. Comp., Daniel SIBONY, Pierre LAMBERT, Dalil BOUBAKEUR, *Le choc des religions. Juifs chrétiens, musulmans, la coexistence est-elle possible ?*, dir. François CELIER, Presses de la renaissance, 2004, p. 116 (« Juifs, chrétiens et musulmans, nous avons, dans le respect de nos valeurs particulières, à mettre en commun nos idéaux afin de lutter ensemble pour construire une société tolérante et pacifique. Aujourd'hui, le mouvement du dialogue interreligieux nous paraît naturel et il favorise, sur le plan religieux, les rapports entre juifs et musulmans de France »). Mais il a pu être soutenu aussi que l'idée qu'une révolution progressiste en terre arabe sans rupture radicale avec la religion serait un leurre et que les discours en ce sens seraient fallacieux, au motif que la religion musulmane, dans son interprétation prégnante, serait intrinsèquement incompatible avec les droits de l'homme et les libertés de la femme, car elle nie l'autre et la différence. Lire, ADONIS, *Printemps arabes.*

Par ailleurs, il faut bien distinguer ce qui relève de règles issues des textes sacrés (la *charia*) et ce qui n'est que traditions et coutumes. Toute une zone d'action existe donc. C'est ainsi que le Code civil marocain rend la répudiation[181] quasiment impossible, ce qui rapproche indéniablement ce droit et la vision occidentale des droits fondamentaux, notamment eu égard à la Convention européenne des droits de l'homme[182]. En Turquie, le Code pénal s'est vu expurgé de dispositions qui n'étaient que traductions de coutumes traditionnelles, comme la reconnaissance de circonstances atténuantes aux assassins commettant un crime d'honneur[183]. Au Liban, la codification des règles du statut personnel des communautés musulmanes, sunnites, chiites et druzes, quoiqu'incomplète, a permis de dégager les règles de droit des pratiques coutumières communautaires[184]. Plus généralement, la sélection normative pourrait permettre « d'atténuer, voire d'effacer, les particularités des droits nationaux qui n'ont pas de justification logique ni équitable[185] ». Ainsi, la rédaction de textes plus clairs et laissant moins de place à l'arbitraire assurant aux citoyens la protection de leurs droits fondamentaux peut être perçue comme un progrès[186]. Enfin, il ne faut pas confondre le contenu de la règle et les pratiques. Notamment, le phénomène du mariage forcé n'est pas une application de la règle de droit. Le consentement des époux est une condition de validité du mariage largement

Religion et révolution, traduction par Ali IBRAHIM, préface par Philippe SERGEANT, Paris, éditions de la Différence, 2014.

181 Sur la répudiation et le divorce en général, Maher S. MAHMASSANI, « Le droit musulman et la vocation universelle de l'Islam », in *Une certaine idée du droit*, Mélanges offerts à André Decoq, Paris, Litec, 2004, p. 437-467, spéc. p. 454-457 – Ghaleb MAHMASSANI, « Les droits de l'homme dans le système juridique musulman », *article précité*.

182 Rapprocher, A. AMIR-ASLANI, *La guerre des Dieux. Géopolitique de la spiritualité*, Nouveau monde éditions, 2011, p. 227.

183 A. AMIR-ASLANI, *La guerre des Dieux. Géopolitique de la spiritualité*, Nouveau monde éditions, 2011, p. 227-228.

184 Faïza TOBICH, *op. cit.*, n° 85.

185 Sur cette proposition, Faïza TOBICH, *op. cit.*, n° 80. L'auteur prend l'exemple du tutorat lors du mariage de la femme : « Alors que le rite malékite conditionne la validité du mariage de la femme (mineure ou majeure) par le consentement du tuteur matrimonial de sexe masculin, le rite hanafite permet à la femme majeure de conclure seule son mariage. La plupart des États ont choisi la solution la plus rigoriste, et la moins équitable vis-à-vis de la femme, alors qu'une autre solution, plus équitable existe dans un autre rite aussi reconnu que le premier. »

186 Voir Ghaleb MAHMASSANI, « Les droits de l'homme dans le système juridique musulman », *article précité*, p. 435. L'auteur souligne qu'« en ce qui concerne le système juridique musulman en particulier, il faudrait que les États musulmans renforcent la protection des droits de l'homme dans leur législation par des textes clairs qui ne laisseraient pas de place à l'ambiguïté ou à l'arbitraire et qui donneraient aux citoyens des moyens de justice sûrs pour assurer la protection et la sanction de ces droits ».

généralisée. Elle l'est dans les droits occidentaux, mais aussi dans les pays du Maghreb, d'Afrique subsaharienne ou d'Asie[187].

b) Sur le rythme

S'agissant du rythme des évolutions, il faut retenir que la mentalité de la population n'évolue pas à la même vitesse partout. Ce rythme dépend beaucoup de la composition de cette population et généralement il est peu rapide. Constatons-le à travers le cas de la France et du Maroc.

En France, l'introduction récente du mariage homosexuel a divisé le pays et a généré une diminution des adoptions internationales à destination de couples français, par crainte de certains États de voir leurs enfants adoptés par des couples de même sexe. L'enseignement qu'il est possible d'en tirer est que vouloir aller vite peut être la source de tensions, en interne et à l'international. Il est loisible de passer outre, comme l'exemple ci-dessus le révèle, mais il faut connaître les effets d'une telle décision pour ne pas agir à la légère.

Au Maroc, la population est composée à plus de 99,9% de musulmans sunnites (orthodoxes) des écoles Malikite et Asharite[188]. Il est aisé d'acter qu'elle est sensible à la vision sociétale développée par la religion musulmane, telle qu'appréhendée à travers ces écoles. Si la *charia* (« la voie à suivre ») désigne la loi musulmane tirée du Coran et de la Sunna, il existe plusieurs lectures des textes sacrés[189], de sorte que le droit musulman n'est pas un droit uniforme[190]. Il est compréhensible que les évolutions ne soient pas les mêmes que dans un pays laïc dans la mesure où il s'agit d'un droit révélé[191]. Néanmoins, la situation est plus nuancée qu'il y paraît, car le droit marocain est « un composé de règles et de principes hétérogènes » : les uns sont puisés dans le droit musulman classique (essentiellement de rite

---

187 A. AMIR-ASLANI, *La guerre des Dieux. Géopolitique de la spiritualité*, Nouveau monde éditions, 2011, p. 228.

188 T. Jeremy GUNN et Amal IDRISSI, *Maroc*, in *Encyclopedia of Law and Religion* (« more than 99.9% of Moroccan citizens are Sunni Muslim of the Malikite school of jurisprudence (*madhhab*) and the Asharite school of theology (*akeeda*) »).

189 Lire A. AMIR-ASLANI, *La guerre des Dieux. Géopolitique de la spiritualité*, *op. cit.*, p. 221 sq. Sur les différentes écoles sunnites (écoles hanéfite, Malékite...) et non-sunnites (zeydite, djafarite...), lire René DAVID et Camille JAUFFRET-SPINOSI, *op. cit.*, n° 380, p. 351-352 – Sami Awad ALDEEB ABU-SAHLIEH, *Religion et droit dans les pays arabes*, Presses universitaires de Bordeaux, Collection monde arabe et monde musulman, 2008, p. 41-45.

190 Hervé BLEUCHOT, Préface à la thèse de Faïza TOBICH, *Les statuts personnels dans les pays arabes : de l'éclatement à l'harmonisation*, Presses universitaires d'Aix-Marseille, 2008, p. 7-8. Ainsi, le droit musulman lui-même « n'est pas un droit uniforme, identique à lui-même en tout temps et en tout lieu. Le droit musulman est un droit à divergences, du fait de l'existence des écoles juridiques (ou rites, comme le malékisme, le hanéfisme, etc.), mais aussi du fait de l'existence d'une multitude de savoirs, de décisions, de traditions dans chaque école, et faut-il ajouter, dans chaque pays. »

191 Le droit musulman fait partie intégrante de la religion musulmane, lire René DAVID et Camille JAUFFRET-SPINOSI, *op. cit.*, n° 388, p. 358.

malékite) ; les autres sont empruntés au droit occidental (principalement au droit français) ; enfin une troisième catégorie de normes est issue des coutumes locales[192].

S'agissant plus généralement des législations musulmanes, les observateurs constatent une évidente lenteur dans leur évolution, car, notamment, les populations ne sont pas toujours prêtes à les recevoir rapidement[193]. Les pays arabo-musulmans paraissent fortement marqués par une double hétéronomie, de paradigme et de temporalité : la tradition et la modernité[194]. Les deux modèles normatifs – droit fondé sur la religion et droit autonome par rapport à celle-ci –, les deux modèles de société – traditionnelle et moderne – s'opposent[195]. Les rapports entre l'islam et le droit des pays arabes sont donc empreints de complexité[196].

Mais de façon positive, ces mêmes observateurs relèvent qu'il existe une demande sociale accompagnée du souci exprimé d'être dans la norme, en particulier s'agissant des nouvelles technologies biomédicales[197], et que ce droit parvient à s'adapter au monde contemporain[198], sur des questions pourtant sensibles, car touchant à l'homme : l'adoption, les greffes

---

[192] L. MESSAOUDI, « Grandeur et limites du droit musulman au Maroc », *RIDC*, Vol. 47, n° 1, 1995, p. 146-154. Mais l'expérience montre que les évolutions sont possibles. Par exemple, il a été démontré à partir de la réforme de la *modawana*, le Code de la famille marocain, que le droit musulman, comme le droit civil et la *common law*, pouvait être adapté aux conditions sociales et économiques changeantes de la société. Sur cette démonstration et sur cette proposition, André POUPART, *Adaptation et immutabilité en droit musulman. L'expérience marocaine*, L'Harmattan, Collection Comprendre le Moyen-Orient, 2010, spéc. p. 163.

[193] Voir par exemple, à propos du statut personnel, Faïza TOBICH, *op. cit.*

[194] En ce sens, Ali MEZGHANI, *L'État inachevé : la question du droit dans les pays arabes*, Paris, Gallimard, Bibliothèque des Sciences Humaines, 2011, p. 15. Pour une présentation critique, Mohammed Hocine BENKHEIRA, *BCAI* 28, 2012, p. 37-42 (disponible sur le site http://www.ifao.egnet.net).

[195] Ali MEZGHANI, *op. cit.*, p. 22.

[196] Voir l'étude conséquente de Sami Awad ALDEEB ABU-SAHLIEH, *op. cit.*, abordant des thèmes nombreux, tels que la famille, les successions, l'éthique sexuelle, le sport, la liberté artistique, les interdits alimentaires...

[197] Bernard BOTIVEAU, « Le droit islamique réinventé ? Les accélérations interprétatives, in Franck FRÉGOSI (dir.), *Lectures contemporaines du droit islamique. Europe et monde arabe*, Presses Universitaires de Strasbourg, 2004, p. 189-203, spéc. p. 200 (article abordant notamment les thèmes du transfert d'organe, du clonage, de l'avortement thérapeutique, de la fécondation *in vitro*...).

[198] Pour une présentation des procédés par lesquels le droit musulman s'adapte au monde moderne, lire René DAVID et Camille JAUFFRET-SPINOSI, op. cit., n° 390 sq., p. 360 sq. (recours à la coutume, à la convention, à des stratagèmes et à la fiction, intervention du prince). Le droit musulman connaît aussi le raisonnement par analogie, cf. René DAVID et Camille JAUFFRET-SPINOSI, *op. cit.*, n° 384, p. 355. Sur l'interprétation linguistique et sur les conflits entre sources, Sami A. ALDEEB ABU-SAHLIEH, *Introduction à la pensée musulmane. Fondements, sources et principes*, Eyrolles, 2006, p. 2015 sq. et p. 219 sq. Voir aussi, André POUPART, *Adaptation et immutabilité en droit musulman. L'expérience marocaine*, L'Harmattan, Collection Comprendre le Moyen-Orient, 2010.

d'organes, etc[199]. Il existe des forces novatrices en droit musulman[200] et l'immuabilité de la *charia* ne serait pas absolue[201]. Du reste, certains événements (par exemple, la révolution de jasmin en Tunisie) montrent la soif des nouvelles générations d'une plus grande liberté, ce qui peut favoriser l'accélération et l'acceptation des réformes. Même si s'opère le constat d'une divergence actuelle entre les aspirations et la réalité[202], nuançant sans doute l'idée d'un cercle vertueux maghrébin[203], les révoltes

---

[199] Sur ces questions, Bernard BOTIVEAU, *article précité* – ALDEEB ABU-SAHLIEH, *op. cit.*, spéc. p. 337 sq. sur le droit médical.

[200] Sur ce constat à propos du Maroc, André POUPART, *op. cit.*, p. 119 sq.

[201] Maher S. MAHMASSANI, « Le droit musulman et la vocation universelle de l'Islam », *article précité*, p. 467. Selon l'auteur, la *charia* (*Shari'a*) comporterait même « une dynamique propre et innée qui permet son évolution et adaptation aux changements des temps et des lieux ». Il indique par ailleurs que « l'immuabilité de la *Shari'a* est uniquement celle des principes fondamentaux et des *houdoud* du Coran. C'est alors une immuabilité bénéfique dans la mesure où elle tend à préserver un certain ordre public religieux supérieur. »

[202] Lire, A. AMIR-ASLANI, *La guerre des Dieux. Géopolitique de la spiritualité*, *op. cit.*, p. 1[illegible]5, à propos de la révolution égyptienne (« Le Raïs parti, quelle est la réalité de la révolution égyptienne ? À la différence de la Tunisie et de sa révolution de Jasmin, les événements d'Égypte auront des conséquences sur toute la région. (…) Avec Facebook et Twitter, la jeunesse a été au cœur des événements, mais avec le temps force est de constater que la réalité est différente des aspirations des manifestants ») – Jason BROWNLEE, Tarek MASOUD et Andrew REYNOLDS, *The Arab Spring. Pathways of Repression and Reform*, Oxford, University Press, 2015, spécialement p. 23 (« the arab uprisings have yielded no stable democracy », c'est-à-dire les soulèvements arabes n'ont produit aucune démocratie stable) et p. 211 sq. sur les limites et les héritages du printemps arabe.

[203] Sur ce cercle vertueux, Alexandre ADLER, *Le jour où l'Histoire a recommencé*, Grasset, 2012, p. 114 s. L'auteur remarque que « l'immigration de masse commencée à la fin des années 1960 a renforcé cette symbiose, en la rendant moins inégale aux yeux de Maghrébins pour lesquels la France demeure, quoi qu'il en soit, une référence infiniment préférable à l'islamisme saoudien. Le surmoi du Maghreb est donc constitué d'idéaux politiques qui sont aujourd'hui réalisés dans l'Union européenne. Il n'y a donc aucune surprise à ce que le Printemps arabe se soit déclenché à partir d'un pays qui compte parmi les plus petits de toute la région, la Tunisie, mais qui est demeuré, envers et contre tout, particulièrement fidèle à ce que la France a pu lui donner de meilleur, la laïcité, l'égalité des hommes et des femmes, la priorité à l'éducation, l'économie de marché et le rejet de l'intégrisme » (ADLER, p. 120). S'agissant de la question de la laïcité, on peut noter que l'islam accepte plus facilement le système laïque dans une situation minoritaire. Selon Yadh Ben Achour, « lorsqu'il se trouve dans un contexte où l'islam est la religion exclusive ou largement majoritaire de la société, le droit musulman est posé comme droit de l'État, refusant ainsi toute forme de laïcité. Mais lorsqu'il se trouve dans un contexte multiconfessionnel ou bien dans une position minoritaire, alors il semble n'avoir aucune difficulté à admettre le système laïque. Dans les deux cas, il est dans une situation favorable, puisque l'essentiel pour lui est d'assurer l'unité de la communauté croyante et du droit révélé. Les musulmans acceptent fort bien la laïcité européenne, cette dernière servant leurs intérêts communautaires. Ils peuvent tolérer (mais pour combien de temps ?) la laïcité dans un contexte majoritaire. C'est le cas de l'islam sénégalais. Quand la loi de l'islam est imposée à une société multiconfessionnelle, une guerre civile peut en découler ; ce fut le cas au Nigeria en février de l'année 2000. » Selon l'auteur, le cas libanais est significatif. Voir, Yadh BEN ACHOUR, « L'articulation du droit musulman et du droit étatique dans le monde arabe actuel », in Franck FRÉGOSI (dir.), *Lectures*

qui ont touché les sociétés arabo-musulmanes suggèrent que des attentes importantes en termes de liberté et en faveur d'un meilleur respect des droits de l'homme existent[204]. Ces aspirations ne sont pas l'apanage de quelques intellectuels ; c'est surtout la jeunesse éduquée et féminisée qui est en demande[205].

On ne saurait d'ailleurs penser que, par un effet de miroir, le droit occidental évolue bien plus vite et mieux. Tout n'est pas bon à prendre dans les transformations du « droit méditerranéen européen ». Il suffit de citer l'évolution fort controversée de la jurisprudence de la Cour européenne des droits de l'homme en direction de l'admission de la gestation pour autrui, c'est-à-dire de la marchandisation du corps de la femme, pour s'en persuader[206]. Il ne faudrait pas non plus croire que les législations étatiques des pays arabo-musulmans sont archaïques. Ainsi, sur des aspects techniques notamment, nombre d'entre elles valent les réglementations occidentales, dont souvent d'ailleurs elles s'inspirent[207] (exemple : réglementation de la taxe sur la valeur ajoutée, de professions réglementées comme celle d'expert-comptable, etc.).

Au final, si les questions autour de valeurs essentielles sont multiples, deux paraissent prépondérantes. La première question importante est celle de la cadence des avancées. Aller plus vite que l'évolution sociétale est-il souhaitable et, si oui, sur quel fondement ? Faut-il légitimer un surcroît de vitesse en considérant la raison (concept à forte connotation occidentale, donc tyrannique pour certains) ou l'idéologie dominante (ce qui peut créer des tensions internes et internationales, mais aussi créer des forces de pensée par-delà les frontières étatiques) ? Ou bien faut-il y renoncer et chercher uniquement à créer les conditions d'un dialogue favorisant le consensus sur la durée (impliquant une approche nécessairement lente des questions), chacun des peuples méditerranéens avançant à son propre rythme en se gardant de porter des jugements de valeur trop appuyés sur les autres hommes méditerranéens ? La seconde question majeure est celle des moyens à mettre en œuvre pour créer sociologiquement une relative concorde entre

contemporaines du droit islamique. Europe et monde arabe, Presses Universitaires de Strasbourg, 2004, p. 101-120, à la p. 119.

[204] On note néanmoins que différentes interprétations sont possibles. Adonis identifie dix thèses possibles sur les révoltes arabes. Voir, ADONIS, *op. cit.*, p. 80-89. Une de ces thèses est que les révoltes arabes permettraient « d'ouvrir le chemin du changement, de l'innovation, de la naissance d'une vie humaine arabe libérée du culte du pouvoir » (ADONIS, p. 83).

[205] Sur ces points, lire, A. AMIR-ASLANI, *La guerre des Dieux. Géopolitique de la spiritualité*, *op. cit.*, p. 223.

[206] Sur ces questions, Muriel FABRE-MAGNAN, *La gestation pour autrui. Fictions et réalité*, Fayard, 2013. *Adde*, Muriel FABRE-MAGNAN, « Les trois niveaux d'appréciation de l'intérêt de l'enfant. À propos de la gestation pour autrui », *D.* 2015, p. 224.

[207] Sur l'occidentalisation du droit musulman, René DAVID et Camille JAUFFRET-SPINOSI, *op. cit.*, n° 401, p. 368. Les auteurs citent les exemples du droit constitutionnel, du droit civil, du droit commercial, du droit de la procédure, du droit criminel et du droit du travail.

le global (des déclarations théoriques des droits à peu près uniformes sur les grandes libertés) et son appréhension selon le modèle local (donc en tenant compte de son particularisme). Il s'agit par exemple de la liberté religieuse (représentant ici le global) confrontée à la laïcité en France (traduisant ici le local) : le particularisme local (laïcité) implique une neutralité face au phénomène religieux, mais sans porter atteinte à la liberté de religion, ce qui se traduit diversement, par exemple par la possibilité d'enseigner le samedi, sans égard envers les exigences du judaïsme, ou encore à travers l'interdiction des prières dans la rue. La géopolitique de la spiritualité ne peut qu'être considérée[208]. En particulier, il convient de relever l'existence de contextes de violences interreligieuses[209]. Sur ce terrain des moyens et méthodes d'action, les sciences sociales et humaines (sociologie, info-com, physiologie, etc.) pourraient être mises à l'honneur, en particulier les travaux sur la complexité [210] et ses prolongements, que certains appellent la « simplexité [211] ». On s'aperçoit d'ailleurs que des enjeux similaires se révèlent s'agissant de la relation entre l'Occident et l'Orient. A son propos, il a été soutenu que « plutôt que de craindre une dissolution des valeurs, ou leur regain, on pourrait commencer à les penser en termes de processus de transformation réciproque plutôt que comme des concepts ayant leur aplomb propre. On gagnerait ainsi en capacité à penser le complexe, qui est la

---

[208] Par exemple, selon M. AMIR-ASLANI, « face à l'islamisation croissante de la société égyptienne, les coptes se sont repliés et tiennent un discours ultracommunautariste. Une même attitude peut s'observer chez de nombreux musulmans. Les Coptes revendiquent la modification de la loi restreignant la construction d'églises et la promulgation d'un statut personnel spécifique ». AMIR-ASLANI, *La guerre des Dieux. Géopolitique de la spiritualité*, *op. cit.*, p. 143.

[209] Ainsi, sur la question des chrétiens d'Orient, lire AMIR-ASLANI, *La guerre des Dieux. Géopolitique de la spiritualité*, *op. cit.*, p. 143 sq. Rapprocher, dans le présent colloque, M. CLAPIÉ, « Les chrétiens de Méditerranée orientale face au djihadisme radical. Les défis moraux d'une légitime défense par la force militaire ».

[210] Sur la complexité, se reporter aux travaux d'Edgar Morin. Voir notamment, Edgar MORIN, *Introduction à la pensée complexe*, Paris, édition du Seuil, 2005. *Adde*, Alvaro MALAINA, *Le paradigme de la complexité et la sociologie* (préface d'Edgar MORIN), L'Harmattan, collection Ingénium, 2012, en particulier sur le rapport entre le niveau micro (l'individu) et le niveau macro (la société). La complexité se développe à tous les niveaux, par exemple celui du droit (voir notamment, Mathieu DOAT, Jacques LE GOFF et Philippe PÉDROT (dir.), *Droit et complexité, Pour une nouvelle intelligence du droit vivant*, préface de Mireille DELMAS-MARTY, Presses universitaires de Rennes, collection « L'Univers des Normes », 2007) ou encore de l'architecture (voir par exemple, Alain CHARRE, *Architecture et grande échelle. Du massif central au Bosphore*, Metis Presses, Coll. vuesDensemble Essais, 2012, p. 35).

[211] Sur ce concept, Alain BERTHOZ, *La simplexité*, Odile Jacob, 2009. Selon cet auteur, la simplexité « est l'ensemble des solutions trouvées par les organismes vivants pour que, malgré la complexité des processus naturels, le cerveau puisse préparer l'acte et en projeter les conséquences. Ces solutions sont des principes simplificateurs qui permettent de traiter des informations ou des situations, en tenant compte de l'expérience passée et en anticipant l'avenir. Ce ne sont ni des caricatures, ni des raccourcis ou des résumés. Ce sont de nouvelles façons de poser les problèmes, parfois au prix de quelques détours, pour arriver à des actions plus rapides, plus élégantes, plus efficaces. »

modalité appropriée à un univers aux échanges croissants [212] . » La proposition est transposable dans le monde méditerranéen.

B- La protection environnementale de l'espace méditerranéen

Cette seconde thématique met à l'honneur le respect de l'environnement en tant que valeur commune de l'homme méditerranéen. Elle est extrêmement contemporaine (1). Pour la valoriser, il faut tirer parti de l'« aquacentrisme » méditerranéen (2).

1- Une thématique contemporaine

L'un de ses canaux d'expression est le droit. L'idée d'un homme attaché à son espace méditerranéen est déjà en plein essor, à travers notamment les accords de coopération euro-méditerranéens (Euromed) rebaptisés Union pour la Méditerranée en 2008[213], et la Convention de l'UNESCO de 2001 sur la protection de l'héritage culturel sous-marin[214].

On savait l'homme méditerranéen en quête d'eau[215] ; on le sait désormais en quête d'un environnement maritime de qualité, avec l'idée que la mer Méditerranée constitue un patrimoine commun de la « méditerranéité », tout en l'étant par ailleurs de l'humanité. Il s'agit de poursuivre dans la voie, avec la conscience que la Méditerranée est une mer fragil[216]. Les thématiques sont nombreuses : protection et exploitation des fonds marins ; autoroutes de la mer ; respect de la biodiversité ; question de la mise en valeur du patrimoine maritime ; réflexion sur les pratiques de pêche ; élaboration de stratégies communes de lutte contre la pollution maritime et des rivages ; programmes de sensibilisation des populations ; travail sur les sources d'énergie alternatives et notamment solaires, etc.

Bien sûr, le droit est un instrument parmi les autres dans cette vaste entreprise. Mais la thématique est importante, car, comme l'a si bien écrit Fernand Braudel, « sur l'immense passé de la Méditerranée, le plus beau des témoignages est celui de la mer elle-même. Il faut le dire, le redire. Il faut la

---

[212] R. DEBRAY et F. JULLIEN (dir.), *Culture nationale et universalisme. Optiques française et chinoise*, *op. cit.*, p. 41-42.

[213] Voir sur le site du service européen pour l'action extérieure (URL : http://www.eeas.europa.eu/euromed/index_fr.htm). *Adde* V. ABBALLE-BOLORÉ et R. HOWSE, *article précité*, p. 403.

[214] Envisageant le rôle à jouer par les archéologues dans sa mise en œuvre, E.S. GREENE, J. LEIDWANGER, R.M. LEVENTHAL et B.I. DANIELS, « Mare Nostrum? Ethics and Archaeology in Mediterranean Waters », *American Journal of Archaeology*, Vol. 115, n° 2 (April 2011), p. 311-319.

[215] Voir dans le présent ouvrage, J.-L. Gazzaniga et Ph. STURMEL, « L'homme méditerranéen en quête d'eau ». *Adde*, sur l'eau comme enjeu stratégique, Jacques SIMON, *L'Occident méditerranéen*, L'Harmattan, 2013, p. 126.

[216] Pour une mise en avant de cette fragilité, Jean-Marie CROUZATIER, *Géopolitique de la Méditerranée*, préface de Dominique BAUDIS, Publisud, 1988, p. 174 s.

voir, la revoir. Bien sûr, elle n'explique pas tout, à elle seule, d'un passé compliqué, construit par les hommes avec plus ou moins de logique, de caprice ou d'aberrance. Mais elle resitue patiemment les expériences du passé, leur redonne les prémices de la vie, les place sous un ciel, dans un paysage que nous pouvons voir de nos propres yeux, analogues à ceux de Jadis. Un moment d'attention ou d'illusion : tout semble revivre[217]. »

La protection de la Méditerranée est sans nul doute le domaine où les convergences des points de vue peuvent être les plus fortes, dans la mesure où la défense environnementale de la mer Méditerranée est dans l'intérêt de tous les États qui s'étalent sur son pourtour[218].

2- Exploiter l'« aquacentrisme » méditerranéen

Il faut tirer parti de la façon particulière de penser des hommes méditerranéens, ce que l'on a pu dénommer le « Mediterranean Thinking[219] ». Elle est en quelque sorte « aquacentrée ». Alors que le terrien se contente de penser en terme de territoire, l'« acquacentrisme » du méditerranéen le conduit à penser en termes de rivage et de mer, de terre et d'eau, de proximité et d'éloignemen[220]. Il ne s'agit d'ailleurs pas simplement de l'eau de la mer ; il est aussi question des îles[221], ces « indispensables escales au long des chemins de la mer[222] », des cours d'eau et de la pluie, des barques des fleuves et des navires, et

---

217 Fernand BRAUDEL, *Les Mémoires de la Méditerranée, Préhistoire et Antiquité*, *op. cit.*, p. 2 .

218 Ainsi, parmi les principaux projets de l'Union pour la Méditerranée présents dans la Déclaration commune de Paris, figurent la dépollution de la Méditerranée, les autoroutes de la mer ou encore les énergies de substitution. Voir, V. ABBALLE-BOLORÉ et R. HOWSE, *article précité*, p. 406.

219 M. COOKE, « Mediterranean Thinking : From Netizen to Medizen », *Geographical Review*, Vol. 89, n° 2, Oceans Connect (Apr., 1999), p. 290-300.

220 Rappr. M. COOKE, *art. précité*, p. 294 (« Water, both as mirror and as liquid substance, plays a defining role in Mediterranean thinking. A form of aquacentric inquiry, Mediterranean thinking distinguishes between the materiality of earth and sea, juxtaposing the fixed and the fluid, as well as the near and the far in time and space. In the process, it challenges the assumptions and categories associated with traditional area studies. Whereas land-based scholarship can content itself with consideration of territory only, aquacentrism must include both seas and shores if it is to have meaning »).

221 Il y a beaucoup à apprendre de l'insularité. Ainsi, il est intéressant de noter que les îles de la Méditerranée « sont toutes originales comme le prouvent les travaux sur la Sardaigne, la Sicile et Chypre (...) Il n'y a pas de modèle unique de comportement culturel, linguistique et politique des îles de la Méditerranée ». Voir Gérard BOSSUAT, « Conclusion », in *L'Europe méditerranéenne. Mediterranean Europe*, *op. cit.*, p. 348. En même temps, les îles sont des relais culturels. En ce sens, à partir des travaux de Fernand Braudel, Stéphane GOMBAUD, *Iles, insularité et îléité. Le relativisme dans l'étude des espaces archipélagiques*, dir. Jean-Louis GUEBOURG, Thèse de géographie, Université de la Réunion, 2007, p. 360. Sur les îles, dans « la part du milieu », Fernand BRAUDEL, *La Méditerranée et le monde méditerranéen à l'époque de Philippe II*, *op. cit.*, Tome premier, p. 136-152.

222 Fernand BRAUDEL, *La Méditerranée et le monde méditerranéen à l'époque de Philippe II*, *op. cit.*, Tome premier, p. 136.

des peuples de la mer[223]. Cette tendance est d'autant plus naturelle que l'espace méditerranéen est géographiquement replié sur lui-même, un monde circulaire, ce qui favorise le vis-à-vis et un regard autocentré. La mer Méditerranée n'est-elle d'ailleurs pas « *Mare Nostrum* » ?

On rencontre ici un des sens possibles de ce « face à » qui résonne avec force dans le titre des présents travaux (« L'homme méditerranéen face à son destin »). Il agit comme une invitation à un regard porté sur soi, avec pour finalité une réflexion prospective et donc anticipatrice : il est question d'un face-à-face avec soi-même, à travers le miroir de la mer Méditerranée. Et l'on peut transposer aisément sous le ciel de Méditerranée la pensée confucéenne sur la vision du monde, ou « le « soi » est le centre du « sous le ciel », alors que « sous le ciel » constitue le « tout du monde sans limite », et ou « "l'autre" finit toujours par devenir une partie de "soi" »[224]. Par ce face-à-face, le temps, comme un tout lui aussi, s'immisce dans l'esprit. Le présent est soudainement projeté vers l'avenir, et l'avenir inscrit dans le présent. Pour transposer les propos du philosophe Emmanuel Levinas, « la relation avec l'avenir, la présence de l'avenir dans le présent semble encore s'accomplir dans le face-à-face avec autrui. La situation de face-à-face serait l'accomplissement même du temps ; l'empiètement du présent sur l'avenir n'est pas le fait d'un sujet seul, mais la relation intersubjective. La condition du temps est dans le rapport entre humain ou dans l'histoire[225]. »

De ce point de vue, les accords euro-méditerranéens, par les effets de rapprochement qu'ils induisent, ont de toute évidence des effets positifs[226]. Ils favorisent la paix, par exemple à travers la gestion intégrée des zones côtières de la Méditerranée[227]. Ils sont par ailleurs la source d'un

---

[223] Voir par exemple, Fernand BRAUDEL, *Les Mémoires de la Méditerranée, Préhistoire et Antiquité*, *op. cit.*, p. 29 sq., p. 97 sq., p. 175 sq. Egalement, Michel BALARD et Christophe PICARD, *La Méditerranée au Moyen Âge. Les hommes et la mer*, Hachette supérieur, 2014 (abordant de nombreux aspects tels que la mer des savants, la mer des croyants, les acteurs et les usagers de la mer, l'expérience du marin, les sociétés portuaires, les routes marchandes, les instruments juridiques de la pratique commerciale et du droit maritime, la domination navale, les outils de la navigation, etc.).

[224] Guan KAI, « L'ailleurs et l'autre », in *Culture nationale et universalisme. Optiques française et chinoise*, *op. cit.*, p. 220- 223, à la p. 221.

[225] Emmanuel LEVINAS, *Le temps et l'autre*, Paris, Presses Universitaires de France, coll. Quadrige, 1983 ; éd. Dauphin, 1997, p. 124-126.

[226] D'une façon générale, le processus euro-méditerranéen a trois volets : un partenariat politique et de sécurité (définition d'un espace de paix et de sécurité), un partenariat économique et financier (construction d'une zone de prospérité partagée) et un partenariat dans les domaines sociaux, culturels et humains. Pour un rappel, Paul BALTA, « Diversité et complémentarité des cultures. Interdépendance des destins », in *Le Bassin Méditerranéen : un espace en quête de sens*, *op. cit.*, p. 15-23, à la p. 21.

[227] Protocole relatif à la gestion intégrée des zones côtières (GIZC) de la Méditerranée, signé à Madrid le 21 janvier 2008. En France, il a été publié par le Décret n° 2013-531 du 24 juin 2013, JORF n° 0146 du 26 juin 2013, p. 10514. Lire Michel PRIEUR, « Le Protocole de Madrid à la Convention de Barcelone relatif à la gestion intégrée des zones côtières de la Méditerranée », in *Gestion durable des zones côtières et marines : nouveaux discours,*

développement économique de la région, ce qui ne manque pas d'attrait dans un monde devenu essentiellement capitaliste[228]. On rejoint ce faisant le troisième aspect, celui de la culture, dont les implications économiques sont conséquentes. Même politiquement, la libéralisation de l'économie a un rôle manifeste : la « bourgeoisie d'affaires [est] plus encline à réussir qu'à s'occuper de religion ou de politique »[229]. Malgré tout, il ne saurait être laissé croire à une situation angélique dans laquelle les partisans d'un dynamisme euro-méditerranéen n'auraient pas fort à faire pour être crédibles[230]. Bien au contraire, a-t-on pu soutenir que le partenariat euro-méditerranéen (PEM) – devenu Union pour la Méditerranée – souffrait d'une lente agonie et d'un dévoiement de l'esprit d'origine, au point de parler de fin de la vision euro-méditerranéenne[231]. Il est malgré tout permis d'espérer que l'Union pour la Méditerranée soit « un projet ambitieux, complexe, transversal, mais pas utopique[232] ».

Aussi bien, il ne faut pas limiter l'action à celle des pouvoirs publics. La protection environnementale passe aussi par le développement de pratiques qui peuvent transcender la variété des législations, conformément à des

---

nouvelles durabilités, nouvelles frontières, Vertigo, Hors Série 9, juillet 2011 (disponible à l'URL : https://vertigo.revues.org/10933).

228 Pour une étude de la construction de l'Euro-méditerranée sous l'angle de l'entrepreneuriat et notamment des petites et moyennes entreprises, lire Bernard PARANQUE, *Construire l'Euro-Méditerranée*, L'Harmattan, Collection Questions contemporaines, 2008.

229 AMIR-ASLANI, *La guerre des Dieux. Géopolitique de la spiritualité*, *op. cit.*, p. 140 (à propos de la libéralisation de l'économie par le régime de Moubarak).

230 Parmi les difficultés, figure celle du financement. Selon le professeur SID AHMED, « il est difficile de croire à l'émergence de partenaires actifs du sud, avec des économies plombées par les difficultés financières ». Voir Abdelkader SID AHMED, « A la recherche d'un réel espace Euro-Méditerranéen crédible », in *Le Bassin Méditerranéen : un espace en quête de sens*, *op. cit.*, p. 77-81, à la p. 80. Se pose aussi la question du périmètre géographique, lire Mehdi LAHLOU, « L'Union pour la Méditerranée. Une grande idée en manque de socle politique clair », in *Euro-Méditerranée. Histoire d'un futur*, Ali SEDJARI (dir.), L'Harmattan, 2010, p. 101-116, spéc. p. 108.

231 Voir K. KAUSCH et R. YOUNGS, « The End of the "Euro-Mediterranean Vision" », *International Affairs* (Royal Institute of International Affairs 1944-), Vol. 85, n° 5, *North Africa in Transition* (Sep., 2009), p. 963-975. Les auteurs concluent à la nécessité pour l'Union européenne d'une coopération plus ouverte avec les États du Golfe et avec les États-Unis d'Amérique (« Jealously guarding its own complex and confusingly overlapping institutional initiatives in North Africa, the EU is failing to move with the times. A genuine commitment to multilateralism in North Africa would require a far more open position on cooperation with Gulf states, rising powers and the United States under the Obama administration. ») Dans le sens de l'échec du processus de Barcelone, lire Jean-Yves MOISSERON, *Le partenariat euroméditerranéen. L'échec d'une ambition régionale*, Presses Universitaires de Grenoble, 2005. Sur les ambitions plus modestes de l'Union pour la Méditerranée par rapport au processus de Barcelone et des propositions pour sa réalisation, Jacques SIMON, *L'Occident méditerranéen*, L'Harmattan, 2013.

232 En ce sens, Hager BEN CHEICH AHMED-DELLAGI, *Union pour la Méditerranée et médias*, in *Euro-Méditerranée. Histoire d'un futur*, Ali SEDJARI (dir.), L'Harmattan, 2010, p 235-258, à la p. 252.

tendances qui se déploient un peu dans tous les domaines, y compris celui des affaires[233]. Se développe une exigence d'éthique. Il s'agit en particulier de préconiser des bonnes pratiques, d'élaborer des guides et chartes éthiques en matière environnementale. Le juriste est évidemment concerné par un tel travail, mais ce sont surtout les destinataires – acteurs privés et publics – de cette « *soft law* » qui le sont au premier chef. Certains en sont pleinement conscients, comme les archéologues[234]. Il reste beaucoup à faire au profit de la Nature et donc de l'homme. Les historiens notent que « le plus désolant, c'est le manque de considération dont la Méditerranée est aujourd'hui victime : ses eaux porteuses de tant d'histoire sont méprisées et polluées[235] ». L'urgence est telle que l'action ne serait plus désormais une question de choix, mais de survie[236]. Une plus grande solidarité écologique pourrait donner de la force à cette merveilleuse proposition de Fernand Braudel, selon laquelle « ce n'est pas l'eau qui lie les régions de la Méditerranée, mais les peuples de la mer[237] ».

C- La force du pluralisme culturel méditerranéen

Cette dernière thématique rejoint les précédentes. Ce pluralisme culturel est de toute évidence une chance[238]. L'espace méditerranéen a reçu en

[233] Par exemple, dans le domaine de l'activité spatiale ou s'agissant de la gouvernance d'entreprise.

[234] Pour un plaidoyer en ce sens par des archéologues, E. S. GREENE, J. LEIDWANGER, R. M. LEVENTHAL et B. I. DANIELS, « Mare Nostrum? Ethics and Archaeology in Mediterranean Waters », *art. précité.*

[235] John Julius NORWICH, *Histoire de la Méditerranée*, traduction par Agnès BOTZ et Jean-Luc FIDEL, éditions Perrin, Collection tempus, 2012, p. 823.

[236] Voir Yves JEGOUZO, « Pour une gestion internationale du littoral méditerranéen », in *Euro-Méditerranée. Histoire d'un futur*, Ali SEDJARI (dir.), L'Harmattan, 2010, p. 214-226, spéc p. 226.

[237] Fernand BRAUDEL, *La Méditerranée et le monde méditerranéen à l'époque de Philippe II*, *op. cit.*, Tome premier, p. 253.

[238] La notion de culture est extrêmement vaste. Elle peut se définir comme « l'ensemble des représentations collectives propres à une société » (Pascal ORY, *L'histoire culturelle*, Paris, PUF, coll. « Que sais-je ? », n° 3713, 2004). Sur les sens du mot culture, lire également, R. FRANK, chronique précitée, spéc. p. 668 sq, et voir *supra* la définition de cet auteur. Elle implique notamment l'accès au patrimoine culturel et la liberté de création (Rodolfo STAVENHAGEN, « Les droits culturels : le point de vue des sciences sociales », in *Pour ou contre les droits culturels ?*, dir. Halina NIEC, Paris, éditions Unesco, 2000, p. 19-48, spécialement p. 22 et 23). Sous un angle juridique, l'Unesco (Unesco, *Freedom and culture*, 1951) a identifié six thématiques essentielles liées à la culture : la culture, un droit de l'homme ; le droit à l'éducation ; la liberté d'information ; les droits de l'artiste créateur la liberté de création littéraire et artistique ; la liberté dans le domaine scientifique. La Déclaration universelle sur la diversité culturelle (nov. 2001) définit la culture de la façon suivante : « La culture doit être considérée comme l'ensemble des traits distinctifs spirituels et matériels, intellectuels et affectifs qui caractérisent une société ou un groupe social » ; « elle englobe, outre les arts et les lettres, les modes de vie, les façons de vivre ensemble, les systèmes de valeurs, les traditions et les croyances ». Lire A. SFEIR et R. ANDRAU, *op. cit.* p.

héritage une triple force, cérébrale (effervescence intellectuelle), sociologique (enrichissement culturel) et économique (tourisme, plateforme d'échanges économiques). Aussi, tout en considérant l'eau, il faut aussi agir autour de l'eau, sur une zone privilégiée, c'est-à-dire dans la zone géographique sur laquelle la mer exerce une influence notable. Effectivement, la Méditerranée est symboliquement le produit de trois réalités, l'eau, les terres alentours et la culture[239].

1- L'homme culturel méditerranéen (*homo culturalis*)

L'action est d'autant plus aisée que l'un des atouts indéniables de la Méditerranée est d'être une arène interrégionale unique : lieu de réunion de trois continents, elle est, pour reprendre les propos du professeur Miriam Cooke, suffisamment grande pour constituer un site transnational qui lie des peuples séparés et des cultures, mais suffisamment petite pour connecter ces mêmes peuples et cultures[240]. Elle ne présente pas non plus les mêmes difficultés que la relation entre l'Occident et l'Asie par exemple, dans la mesure où il existe des cousinages entre les pays méditerranéens, en particulier du point de vue linguistique[241]. Par ailleurs, se développent depuis longtemps en Méditerranée des mouvements, des tendances qui sont favorables à la tolérance, même si elles sont parfois en perte de vitesse. Ainsi, la promotion du Centre pour les relations italo-arabes après sa création en 1952 a pu être favorisée par l'invocation des valeurs communes du christianisme et de l'islam, notamment le respect de la dignité de la personne humaine[242]. De même, à rebours du fondamentalisme islamique, le

---

226-227. Pour un bilan de l'action de l'UNESCO en faveur de la protection de la diversité culturelle, Vittorio MAINETTI, « La diversité culturelle à l'Unesco : ombres et lumières », in *Approches juridiques de la diversité culturelle / Legal approaches to cultural diversity*, vol. 2009, Centre for Studies and Research in International Law and International Relations, éd. Académie de droit international de La Haye, 2013, p. 59-107.

239 Rapprocher, M. COOKE, *art. précité*, p. 294 (« The Mediterranean is the water, the lands around the water, and material culture. It is also a metaphor and a way of thinking of these realities together ») – Richard VENEAU, *Discours à la nation méditerranéenne*, Nouveau Monde éditions, 2012, p. 104-105 (« Il existe (...) une littérature de la Méditerranée. Elle unit des styles plus différents les uns que les autres (...) Le Méditerranéen existe, nous l'avons rencontré (...) Il vit dans les livres », et « l'esprit méditerranéen, c'est bien sûr aussi celui d'un attachement à la terre (...) L'esprit méditerranéen, c'est encore, évidemment, le sens de la mer. La capacité à en faire un océan de symboles, à s'émouvoir de tant de beautés et à inventer des marées au milieu des eaux calmes »).

240 M. COOKE, *art. précité* (« Large enough to constitute a transnational site that links widely separated peoples and cultures, it is also small enough to connect these same peoples and cultures »).

241 Cette situation contraste avec l'hétérotopie radicale, l'absence de cousinage, entre l'Occident et l'Asie, relevée notamment par Michel Foucault. Lire R. DEBRAY et F. JULLIEN (dir.), *Culture nationale et universalisme. Optiques française et chinoise*, *op. cit.*, p. 89.

242 Stéphane MOURLANE, « Médiations culturelles et politique arabe de l'Italie. La création du Centre pour les relations italo-arabes de Rome (1952) », in *Les relations culturelles*

soufisme promeut « un islam tolérant reposant sur des structures ancestrales et enracinées dans la société[243] ».

Dès lors, pour accroître et accompagner ce renouveau de l'homme méditerranéen, il faut continuer de ramifier les espaces d'intermédiation existants et en créer de nouveaux, exploiter des relais (donc des médiateurs, acteurs, passeurs [244] : agents artistiques et sportifs [245] , artistes, auteurs littéraires[246], galeristes, corps enseignant[247], mécènes, créateurs de bourses[248], diplomates, etc. – car « sans médiateur, pas de médiation[249] »), en vue de forger l'identité forte de cette culture méditerranéenne à partir d'un substrat

---

internationales au XXe siècle. De la diplomatie culturelle à l'acculturation, op. cit., p. 631-637, spéc. p. 634.

[243] AMIR-ASLANI, *La guerre des Dieux. Géopolitique de la spiritualité, op. cit.*, p. 198 et plus généralement p. 198-201 sur le soufisme. Sur la distinction entre islam et islamisme, concept auquel les Anglo-Saxons préfèrent celui de fondamentalisme ou d'islam radical, A. SFEIR et R. ANDRAU, *op. cit.*, p. 33-34. Sur la genèse et la formation du fondamentalisme islamique, lire A. ABDEL-MALEK, *L'Égypte moderne. Idéologie et renaissance nationale, op. cit.*, p. 271 s.

[244] Sur ces derniers, lire Marie-Anne MATARD-BONUCCI, « Approche fonctionnelle. Introduction », in *Les relations culturelles internationales au XXe siècle. De la diplomatie culturelle à l'acculturation, op. cit.*, p. 249-255 – Emmanuelle LOYER, « Les acteurs. Introduction », in *Les relations culturelles internationales au XXe siècle. De la diplomatie culturelle à l'acculturation, op. cit.*, p. 395-406.

[245] Pour une illustration entre France et Italie, lire Antonietta ANGELCA ZUCCONI, « Joseph et Louis Primoli, deux agents littéraires amateurs entre France et Italie au début du XXe siècle », in *Les relations culturelles internationales au XXe siècle. De la diplomatie culturelle à l'acculturation, op. cit.*, p. 441-451.

[246] Sur l'exemple de la relation franco-canadienne, Michel LACROIX, « Réseaux, transferts et triangles. Les relations France-Canada, 1919-1939 », in *Les relations culturelles internationales au XXe siècle. De la diplomatie culturelle à l'acculturation, op. cit.*, p. 597-607.

[247] Sur l'exemple des missions scolaires comme canal de transmission entre l'Europe et l'Égypte au XXe siècle, A. ABDEL-MALEK, *L'Égypte moderne. Idéologie et renaissance nationale, op. cit.*, p. 119 sq. On relève que parmi les principaux projets de l'Union pour la Méditerranée, figurent l'enseignement supérieur et la recherche, et l'université euro-méditerranéenne ayant pour mission la mise en place *via* un réseau de coopération, des programmes d'enseignement et de recherche contribuant à la création de l'Espace euro-méditerranéen de l'enseignement supérieur, des sciences et de la recherche. Lire, V. ABBALLE-BOLORÉ et R. HOWSE, *article précité*, p. 406, et p. 413 sq. sur la priorité accordée à l'éducation (mobilité, co-développement, échange). Voir aussi Chantal MOUBACHOR-GENIN, « A la recherche d'un universel : *miscellanae mediterraneae* », in *Euro-Méditerranée. Histoire d'un futur*, Ali SEDJARI (dir.), L'Harmattan, 2010, p. 59-67, spéc. p. 67.

[248] Voir par exemple Whitney WALTON, « Cultural Internationalism in the Albert Kahn Around-the-World *Boursiers'* Reports on France and the United States, 1898-1930 », in *Les relations culturelles internationales au XXe siècle. De la diplomatie culturelle à l'acculturation, op. cit.*, p. 471-482.

[249] E. LOYER, *chronique précitée*, p. 405. L'auteur ajoute que « c'est un truisme, mais qui mérite d'être dit, y compris lorsque l'échange apparaît spontané ». Sur l'unité fondamentale de la méditation, lire dans les présents travaux, Michèle GUILLAUME-HOFNUNG, « Le rôle de la médiation dans la construction de l'identité féminine ».

multiculturel composite, avec une culture riche de sa diversité et axée autour de modes de pensée résolument méditerranéens. L'idée d'homme méditerranéen au singulier trouve alors pleinement sa cohérence, un homme moins politique que culturel. Il fut *homo politicus* sous Rome ; il serait aujourd'hui *homo culturalis*[250]. Il ne peut effectivement y avoir de renaissance de ce dernier sans philosophie de sa culture, sans image de l'homme[251]. *L'homo culturalis* est d'ailleurs perçu comme le critère unique de la modernité culturelle ; il est cet homme dont les façons d'agir, si diverses puissent-elles être, obéissent à des modèles institués[252]. S'il est vrai que l'action des acteurs produit un effet de filtre[253], il n'en demeure pas moins que l'identité et l'altérité sont, comme la recherche de la paix, des ressorts fondamentaux des relations culturelles[254]. Peut-être certains n'hésiteraient pas à suggérer l'idée d'une (re)civilisation méditerranéenne. La civilisation est en effet un terrain commun entre les champs d'action individuels et respectifs d'un certain nombre de peuples différents[255], ici les peuples méditerranéens. Sans aller aussi loin dans les termes, il serait possible de parler de renaissance méditerranéenne, permettant l'articulation entre l'universel et le singulier. Maintenant ouverte la béance du désir et laissant toujours la place à l'Autre[256], fût-il issu d'un milieu culturel minoritaire spécifique[257], et à la spécificité nationale[258], elle induit une attitude de réciprocité sans la recherche permanente de l'égalité[259].

---

[250] Sur l'*homo culturalis*, Jean-Marie HOMBERT et Gérard LENCLUD, *Comment le langage est venu à l'homme*, Fayard, 2014. Il existe néanmoins des liens entre culture et politique. Ainsi, il ne peut exister de diversité culturelle sans revalorisation de la politique dans un contexte de globalisation qui devait ouvrir le monde et qui « conduit à un défi politique inverse : le retour des identités », *cf.* Dominique Wolton, « De la diversité à la cohabitation culturelle », in *La diversité culturelle*, Paul RASSE (dir.), Paris, CNRS Éditions, Coll. Les Essentiels d'Hermès, 2013, p. 179-190, spéc. p. 179-183.

[251] Cette proposition est inspirée des réflexions de M. Anouar Abdel-Malek. Voir A. ABDEL-MALEK, *L'Égypte moderne. Idéologie et renaissance nationale*, *op. cit.*, p. 512, à propos de la culture nationale (« S'il n'est pas d'action révolutionnaire sans théorie révolutionnaire, on peut ajouter qu'il n'est point de renaissance nationale sans philosophie de la culture nationale, sans image de l'homme »).

[252] J.-M. HOMBERT et G. LENCLUD, *op. cit.*

[253] Voir A. FLÉCHET, *chronique précité*, p. 430 sq. « Ainsi, l'étude des acteurs s'avère à une bonne compréhension, non seulement des modalités et des différents temps de la médiation, mais également de la nature de l'objet transmis » (A. FLÉCHET, p. 430).

[254] Sur ce point, R. FRANK, *chronique précitée*, p. 677.

[255] Sur cette définition, Arnold TOYNBEE, *A study of History*, Oxford University Press, 1972 ; *L'histoire*, avec la collaboration de Jane CAPLAN, trad. de l'anglais par Jacques POTIN *et alii*, préface de Raymond ARON, éd. Payot, 1996, p. 52.

[256] Cette formulation est inspirée de R. DEBRAY et F. JULLIEN (dir.), *Culture nationale et universalisme. Optiques française et chinoise*, *op. cit.*, p. 47.

[257] Sur cette expression, P. ORY, « Introduction », in *Les relations culturelles internationales au XXe siècle. De la diplomatie culturelle à l'acculturation*, *op. cit.*, p. 22. L'auteur cite comme exemple « les communautés sépharades de la Méditerranée orientale, acculturées, entre autres, par l'Alliance israélite universelle ».

[258] Ainsi, A. ABDEL-MALEK, *L'Égypte moderne. Idéologie et renaissance nationale*, *op. cit.*, p. 513, met-il en exergue l'opposition entre l'acculturation et le processus de modernité

2- Des canaux d'expression variés

Plus concrètement, l'action doit passer par de multiples formes, à commencer par l'utilisation des nouvelles technologies[260], la communication étant mondialisée à l'ère du numérique[261], et par la création/l'exploitation de points d'ancrage permettant de focaliser l'attention et servant de caisse de résonnance (événements sportifs, expositions, festivals, congrès scientifiques, célébrations, etc.), à l'image de l'exposition « Venise et le Monde islamique, 828-1797 » au *Metropolitan Museum* en 2007[262], ou encore de l'exploitation du jubilé de l'an 2000 par la ville de Rome[263]. Ainsi,

---

commandé par l'endogène, avec un double regard, à l'égard de soi (« pour dégager la spécificité nationale, les facteurs de positivité et de progrès ») et à l'égard de l'autre (« pour discerner ceux parmi ses apports qui seraient susceptibles d'être intégrés, c'est-à-dire de féconder la réflexion critique en cours au sein même de l'ensemble national »). Il existe donc une place pour la volonté, pour le choix : « La décision, en matière de choix, est l'affaire de l'ensemble national, non des apports exogènes, eux-mêmes rendus possibles par l'hégémonie politique étrangère ».

[259] Rapprocher respectivement, sur la dynamique de l'universel et sur l'absence de nécessité de l'égalité dans la relation de réciprocité, D. BOUGNOUX ainsi que YU HAI, « Expérience de vis-à-vis : comment construire la réciprocité », in *Culture nationale et universalisme. Optiques française et chinoise*, *op. cit.*, p. 156-166 et p. 167-170.

[260] Pour un précédent, voir le cas du transfert culturel entre le Japon et la France via les dessins animés japonais dans les années 1970, Béatrice RAFONI, « Le Japon en France. Un exemple de transfert culturel », in *Les relations culturelles internationales au XXe siècle. De la diplomatie culturelle à l'acculturation*, *op. cit.*, p. 543-550.

[261] Pour une étude sur ce thème, Paul RASSE (dir), *La Mondialisation de la communication*, Paris, CNRS éditions, Coll. Les Essentiels d'Hermès, 2010. Il ressort notamment de cet ouvrage que la facilité et la rapidité de circulation de l'information ne se traduisent pas nécessairement par une meilleure compréhension entre les hommes ; il existe un contraste entre la vitesse de l'information et la lenteur de la communication humaine et sociale. Selon Dominique Wolton, « il y a un autre paradoxe dont il faut absolument prendre conscience : le décalage entre la vitesse, la performance des échanges techniques et, à côté de ça, la lenteur de la communication des hommes. Dès lors, l'arrivée de la communication comme enjeu de paix et de guerre revalorise la dichotomie inévitable entre le progrès technique, qui permet d'aller plus vite, et la communication humaine qui doit prendre au contraire son temps. Bien sûr, on a besoin des deux, mais la communication humaine n'ira jamais aussi vite que celle des techniques, et tant mieux ! » Lire Dominique Wolton, « Les enjeux de la mondialisation de la communication », in *La Mondialisation de la communication*, *op. cit.*, p. 139-150, spéc. p. 150. Voir aussi Paul RASSE (dir.), *La diversité culturelle*, Paris, CNRS Éditions, Coll. Les Essentiels d'Hermès, 2013, spéc. p. 107 sq. *Adde*, sur les usages de l'informatique connectée, Julie DENOUËL et Fabien GRANJON, *Communiquer à l'ère numérique. Regards croisés sur la sociologie des usages*, Paris, Transvalor-Presses des Mines, 2011. Sur la thématique « Culture et communication » en général, Edmond LEACH, *Culture and communication*, Cambridge University Press, 1976.

[262] Cet événement rencontra un franc succès. Voir, F. TRIVELLATO, « Renaissance Italy and the Muslim Mediterranean in Recent Historical Work », *The Journal of Modern History*, Vol. 82, n° 1, March 2010, p. 127-155, à la p. 152.

[263] Voir Jacqueline LIEUTAUD, « La ville de Rome et l'opportunité du jubilé de l'an 2000 » in *Villes et projets urbains en Méditerranée*, Jean-Paul CARRIÈRE (dir.), coll. Perspectives Villes et Territoires, Tours : Presses universitaires François-Rabelais, 2002.

après une « Marseille, capitale européenne de la culture 2013 », événement largement axé sur le thème de la Méditerranée, pourrait-on envisager par exemple une « Alexandrie, capitale méditerranéenne de la culture ». Il est aussi permis de souligner le rôle du festival international – festif par étymologie et souvent estival – en tant que système relationnel ; il permet un cosmopolitisme localisé, apparaît comme un mode de production et fait la part belle à la diffusion (circuit de diffusion)[264]. On peut aussi songer aux Jeux méditerranéens [265] ou encore aux biennales internationales d'art contemporain. Ces dernières sont utilisées comme un moyen d'affirmation identitaire et ont des répercussions tant sur les artistes que sur le marché, avec malgré tout comme risque celui de l'uniformisation mondiale[266]. Une idée pertinente serait aussi la création de médias méditerranéens[267]. Ces illustrations montrent la place qui peut exister pour des événements davantage méditerranéens : « penser global » méditerranéen, « agir local », en quelque sorte[268].

Outre qu'ils sont des laboratoires d'idées[269], l'utilité de tels événements est indéniable en termes de création de dynamiques de rapprochement, de transmission de messages, de pédagogie[270], de déconnexion des crispations

---

264 Lire Emmanuel WALLON, « Le festival international. Un système relationnel », in *Les relations culturelles internationales au XXe siècle. De la diplomatie culturelle à l'acculturation, op. cit.*, p. 307-326.

265 Sur ces derniers, Driss ABASSI, « Les voyages sportifs dans le Maghreb colonial et postcolonial : le cas des Jeux méditerranéens », article précité. L'auteur remarque que ces Jeux sont avant tout pour les sportifs un voyage, à savoir que « les résultats sportifs importent moins que la découverte, à la fois du même "méditerranéen" et de l'autre au sens ethnico-culturel autoproclamé et/ou assigné » (Driss ABASSI, p. 181).

266 Lire Marylène MALBERT, « État des lieux des biennales d'art contemporain dans le monde », in *Les relations culturelles internationales au XXe siècle. De la diplomatie culturelle à l'acculturation, op. cit.*, p. 327-335.

267 Sur la thématique des médias et de l'Union pour la Méditerranée, lire Hager BEN CHEICH AHMED-DELLAGI, *Union pour la Méditerranée et médias*, in *Euro-Méditerranée. Histoire d'un futur*, Ali SEDJARI (dir.), L'Harmattan, 2010, p. 235-258. L'auteur rappelle notamment l'existence de la Conférence permanente de l'audiovisuel méditerranéen (COPEAM) et de l'Observatoire méditerranéen de l'arc latin (O.M.A.L). Il relève la pratique des rencontres non institutionnalisées entre les professionnels des médias, telles que le Menton Médias Méditerranée. Il constate l'absence de moyens de régulation et préconise une harmonisation des législations pour permettre une véritable union médiatique méditerranéenne.

268 Cette formule est inspirée de la chronique de Ludovic TOURNÈS, « Penser global, agir local. La fondation Rockefeller en France (1914-1960) », in *Les relations culturelles internationales au XXe siècle. De la diplomatie culturelle à l'acculturation, op. cit.*, p. 375-382. L'auteur insiste notamment sur l'action multiforme, le travail de terrain et l'action à long terme.

269 L'expression « laboratoire d'idées » est empruntée à Anna TRESPEUCH, « L'internationale situationniste. Voyage d'une contre-culture en Occident », in *Les relations culturelles internationales au XXe siècle. De la diplomatie culturelle à l'acculturation, op. cit.*, p. 561-571, à la p. 563.

270 Plus généralement, sur la thématique de la pédagogie et spécialement de la nécessité d'une pédagogie engagée au profit de l'éducation à la pluralité culturelle, lire Abdellatif FELK, « La

générées par des discours idéologiques extrémistes. Ils sont des invitations au dialogue et soulignent l'importance des questionnements autour ces valeurs, c'est-à-dire des représentations du monde, du cosmos et de l'homme en son sein[271]. C'est ainsi que l'exposition précitée du *Metropolitan Museum* fut montrée en exemple par la *New York Review of Books*, en tant qu'elle apportait des éléments de contradictions à ceux dont le discours consiste à résumer de façon simpliste les relations entre les mondes chrétien et musulman à des conflits, des *jihads*[272] et croisades, des violences, des destructions[273]. D'une façon plus générale, les musées peuvent promouvoir l'idée d'harmonie entre les cultures, car il sont des constructions culturelles qui véhiculent des discours d'ordre politique, économique, esthétique et historique[274], sans toutefois taire les débats contradictoires[275]. Le musée joue

Méditerranée : Penser une communauté culturelle ? », in Ali SEDJARI (dir.), *Euro-Méditerranée. Histoire d'un futur*, Paris, L'Harmattan, 2010, p. 69-83.

[271] Rapprocher, P. ORY, « Introduction », in *Les relations culturelles internationales au XXe siècle. De la diplomatie culturelle à l'acculturation*, *op. cit.*, p. 22 : « Poursuivant la logique culturaliste jusqu'au bout, on n'aura garde d'oublier qu'au sein de tous ces mouvements, échanges et autres transferts, derrière ces festivals de cinéma, ces modèles sportifs anglais, ces voyageurs occidentaux sur la route des Indes, c'est toujours, en dernière analyse de valeurs qu'il s'agit. »

[272] Sur la variété des facettes du *jihad*, Antoine SFEIR et René ANDRAU, *op. cit.*, p. 32-33. Les auteurs notent que le jihad est entendu aujourd'hui « comme la guerre menée par les islamistes – voire par les musulmans, dans certains discours peu enclins à la nuance – contre les pays occidentaux et, plus généralement, contre le non musulman, quel qu'il soit. Mais cette définition s'avère abusive au regard de la signification première du terme ». Le *jihad* est « en premier lieu l'effort que l'on fait sur soi pour être un bon musulman » ; il est aussi « l'effort que l'on fait auprès de ses proches pour en faire de bons musulmans » ; ce n'est que dans une troisième acception « que l'on peut considérer le *jihad* comme l'effort fait auprès de ceux qui ne se sont pas encore abandonnés à Dieu pour qu'ils le fassent. Sur cette base à été opérée la distinction entre le grand *jihad*, effort de l'homme pour se purifier et se rapprocher de Dieu, et le petit *jihad*, ce dernier impliquant seulement la guerre que doivent mener les musulmans, pour se défendre ou encore pour pouvoir exercer librement leur culte partout sur la planète. Or le terme est aujourd'hui galvaudé (…) En somme, lorsque le *jihad* est entendu au sens de combat, voire d'acte de guerre, on peut justement penser qu'il s'agit d'une interprétation abusive confortée par l'instrumentalisation des plus radicaux ».

[273] F. TRIVELLATO, *art. précité*, p. 152 (« In the pages of the New York Review of Books, the exhibition was described as "a subtle rebuke to those who like to see the relationship between the Christian and Islamic worlds exclusively and simplistically as a matter of jihads and crusades, clashes, violence, and destruction" »).

[274] Sur cette démonstration, Maryse FAUVEL, *Exposer l'« autre ». Essai sur la Cité nationale de l'histoire de l'immigration et le Musée du quai Branly*, L'Harmattan, 2014, spécialement p. 38.

[275] Maryse FAUVEL, *op. cit.*, p. 203-204, à propos du global au local. L'auteur montre que cette idée de ne pas gommer les conflits autour d'un sujet ou de ne pas les présenter selon une vision unique des choses est à retenir, « pour éviter les portraits simplistes véhiculés par les médias et de donner la voix à tous les acteurs et auteurs d'une situation exposée ». Pour une réflexion sur les musées et les mutations majeures auxquelles ils sont confrontés (mode de gestion, statuts, insertion territoriale, relation au public etc.), spécialement en tant que

ainsi sur l'image[276]. Par ailleurs, et ce n'est pas un de leurs moindres avantages, ces événements sont la source de retombées économiques ; ils sont donc à même de dynamiser le bassin méditerranéen (emploi, profits, développement urbain, etc.). Les grands projets emblématiques permettent par ailleurs de travailler sur le projet urbain[277] et ils jouent aussi sur le répertoire de l'émotion, dont on ne saurait minimiser la force.

L'importance des dimensions psycho-affectives des phénomènes est connue, en particulier dans les registres politique[278] et du sacré, ce dernier ne devant pas être négligé puisque « l'expérience du sacré est indissolublement liée à l'effort fait par l'homme pour construire un monde qui ait une signification[279] ». Or, l'art dans toutes ses composantes (poésie, littérature, architecture, art des jardins, etc.) est sans conteste un des canaux les plus fertiles dans ce domaine de l'émotion[280]. Cela n'est guère étonnant, puisque l'art est un royaume sans rivage et qu'il incarne la liberté féconde d'une culture nourrie de l'expérience personnelle[281]. Ainsi, même ceux qui éprouvent un rejet pour la religion ne peuvent rester insensibles face à la magnificence d'édifices tels que la Mosquée Hassan II (Casablanca, Maroc),

---

dispositif de médiation et de valorisation, Martine REGOURD (dir.), *Musées en mutation. Un espace public à revisiter*, Paris, L'Harmattan, 2012.

[276] Pour une étude d'ensemble des rapports entre les musées et l'image, Jean-Michel TOBELEM (dir.), *L'image et les musées*, Champs visuels, Revue interdisciplinaire de recherche sur l'image, n° 10, avril 2000. Sur les nouvelles technologies, Geneviève VIDAL, « Les images de musées sur l'Internet : entre médiation et médiatisation », in *L'image et les musées*, revue précitée, p. 146 s.

[277] Pour une réflexion en ce sens à partir de l'exemple « expo 98 » à Lisbonne, Jean-Paul CARRIÈRE et Christophe DEMAZIÈRE, « Projet urbain et grands projets emblématiques : réflexions à partir de l'exemple d'expo 98 à Lisbonne », in *Villes et projets urbains en Méditerranée*, *op. cit.*

[278] Voir, Ph. BRAUD, *Sociologie politique*, *op. cit.*, n° 384, p. 587. De même, le musée peut privilégier une approche émotionnelle pour faire parler les « autres » et se mettre à la place de « l'autre ». Voir Maryse FAUVEL, *op. cit.*, p. 204-205. Il en est de même de l'architecture des musées. Pour une illustration tirée du musée du quai Branly, Maryse FAUVEL, *op. cit.*, p. 73-80. L'auteur note que l'architecte Jean Nouvel a voulu créer une architecture d'émotion et démontre que l'architecte manipule le public.

[279] Julien RIES, *L'«* homo religiosus *» et son expérience du sacré. Introduction à une nouvelle anthropologie religieuse*, Paris, Les éditions du cerf, collection « Patrimoines histoire des religions », 2009, p. 449.

[280] De façon cohérente, on relève les rapports de l'art avec le sacré et le politique. Sur le sacré, voir par exemple ; dans le domaine architectural, Yves KORBENDAU, *L'architecture sacrée de l'islam*, ACR édition, 2000 – Julien RIES, *L'homme et le sacré*, Paris, Les éditions du Cerf, 2009, Collection « Patrimoines histoire des religions », 2009, spéc. p. 317. Sur le politique, voir les trois cycles de conférences du Centre d'Études Internationales sur la Romanité (CEIR) en 2013-2016 consacrés à « Art et politique », plus spécialement en Méditerranées, publiés sous la direction de Jacques BOUINEAU, sous le titre *Antiquité, art et politique*, Paris, L'Harmattan, 2016, 315 p.

[281] Ces propos sont empruntés à Emmanuel DECAUX, « De la liberté artistique », in *Pour ou contre les droits culturels ?*, dir. Halina NIEC, Paris, éditions Unesco, 2000, p. 49-76, à la p. 51.

la *Sagrada Família* (Barcelone, Espagne) ou encore Sainte-Sophie de Constantinople (Istanbul, Turquie). Quant à l'artiste, il peut librement exploiter la métaphore de la mer Méditerranéenne pour illustrer la culture et les rapports entre les hommes dans cette partie du monde. C'est le cas de « La Vague » du sculpteur Jacques Duault [282]. L'art contribue à façonner la pensée. Il semble que le goût artistique ne soit pas inné ; il viendrait aux hommes par l'intermédiaire de ces médiateurs. C'est ainsi que l'art contemporain français aurait été aimé des Américains grâce à l'action du galeriste Louis Carré et ses expositions, notamment « Advancing French Art » en 1950[283]. Alors, pourquoi pas un « Advancing Mediterranean Art » ?

L'art et l'événementiel sont des outils parmi d'autres pour agir sur la mémoire collective [284]. Ils répondent d'ailleurs à des besoins naturels humains d'inscription dans le temps. Ainsi, ce que l'on appelle le discours d'architecture n'est autre que « le récit continu du besoin-désir qu'a l'homme de définir ses limites temporelles et physiques par rapport à celles des autres hommes[285] ». Le musée le symbolise fort bien, en tant qu'il est d'abord une œuvre architecturale[286].

L'idée d'une inscription de l'action dans le champ méditerranéen ne doit pas être perçue comme pouvant créer un effet de mode, car elle serait alors destinée, par essence, à se démoder. Pour prétendre espérer quelques succès pérennes, l'action implique un effort hors du commun. Elle doit avoir vocation à se traduire dans la durée, ce qui est d'autant plus difficile qu'il est utopique d'espérer un rythme constant dans les échanges interculturels[287].

---

[282] « La Vague » de Jacques Duault (2012) jouxtant la plage de Narbonne-plage près du port, sculpture inaugurée le 22 décembre 2012 par M. Jacques Bascou, Maire de Narbonne, Député honoraire, accompagnée d'une inscription en hommage aux populations diverses venues depuis l'Antiquité sur les rives de la Méditerranée. L'inscription figure comme suit : « Ce monument rend hommage aux populations venues, depuis l'Antiquité, d'horizons divers sur les rives de la Méditerranée. Elles ont contribué à forger le caractère singulier de Narbonne. Il y a 50 ans, nos compatriotes d'Afrique du Nord ont accosté sur ce rivage, enrichissant la Narbonnaise et participant à son expansion. »

[283] Sur ces éléments, Marie-Anne MATARD-BONUCCI, « Approche fonctionnelle. Introduction », in *Les relations culturelles internationales au XXe siècle. De la diplomatie culturelle à l'acculturation*, *op. cit.*, p. 249-255, à la p. 250 – Julie VERLAINE, « Un marchand d'art parisien à New York. L'aventure de la Louis Carré Gallery », in *Les relations culturelles internationales au XXe siècle. De la diplomatie culturelle à l'acculturation*, *op. cit.*, p. 433-439, spéc. p. 436 et 439.

[284] Pour une étude sur cette mémoire, Maurice HALBWACHS, *La mémoire collective*, Paris, Puf, 1950. Sur le lien entre identité et mémoire, Joël CANDAU, *Mémoire et identité*, Paris, Puf, 1998. *Adde*, Joël CANDAU, *Anthropologie de la mémoire*, Paris, A. Colin, 2005.

[285] Pierluigi EROLI, « Architecture : temps, récit, dessin », in *Vaisseau de pierres 1, Roma Rome, Architectures*, L'ivre de pierres, Champ Vallon, 1986, p. 94.

[286] Sur l'idée que les musées sont d'abord des œuvres architecturales, Maryse FAUVEL, *op. cit.*, p. 72-73.

[287] On relève, ce faisant, l'existence d'une approche conjoncturelle. Si les échanges interculturels s'inscrivent dans un long processus historique qui tisse une trame relationnelle, ils relèvent d'une histoire discontinue, à savoir que leurs rythmes peuvent varier. Lire Anne

Nul ne peut ignorer qu'il faut du temps pour « qu'un espace prenne du sens grâce à une relation culturelle[288] », d'où l'importance d'agir aussi sur le terrain éducatif[289].

Pour autant, de façon très positive, il apparaît que la postmodernité n'est pas antinomique avec l'attachement au patrimoine culturel tel qu'hérité du passé, tout en pouvant être orientée vers un avenir commun. Par exemple, au Maghreb, un large courant de l'architecture contemporaine a été conçu à partir de modèles de l'architecture traditionnelle et du patrimoine local[290] et s'est développé un programme de réhabilitation et d'entretien de l'architecture traditionnelle méditerranéenne[291]. Contrairement à ce qu'il serait imaginable, une telle tendance n'est pas nécessairement révélatrice d'un repli sur soi. C'est l'engouement des Européens pour les maisons anciennes en médina qui a permis la revitalisation de la fonction résidentielle des tissus anciens de villes du Maghreb tout en valorisant l'architecture domestique traditionnelle et les arts décoratifs qui lui sont associés[292]. Par ailleurs, toute création architecturale et urbaine oscille entre le recours à l'histoire et l'exploration du futur[293], comme l'illustrent de récentes réalisations dans le domaine de l'architecture religieuse[294]. Il peut être tiré

DULPHY, « Approche conjoncturelle. Introduction », in *Les relations culturelles internationales au XXe siècle. De la diplomatie culturelle à l'acculturation*, *op. cit.*, p. 511-516, spéc. p. 511.

[288] R. FRANK, *chronique précitée*, p. 683.

[289] Lire N. ELACHAMI, « Le rapprochement des nations et des peuples par une nouvelle lecture de la diversité culturelle », in *Euro-Méditerranée. Histoire d'un futur*, Ali SEDJARI (dir.), L'Harmattan, 2010, p. 85-91. L'auteur insiste sur la socialisation primaire au niveau de la famille dans la structuration de la personnalité. Il relève qu'un système de formation qui promeut l'ouverture sur autrui est un maillon essentiel dans la chaine de la socialisation. Il propose une révision des cursus pour les enrichir de modules sur la diversité culturelle et une extension des échanges internationaux entre institutions de formation et des expériences internationales pour les jeunes (séjours de découverte à l'étranger etc.).

[290] Voir Myriam BACHA, « Des influences traditionnelles et patrimoniales sur les architectures du Maghreb contemporain », in Myriam BACHA (dir.), *Architectures au Maghreb (XIXe-XXe siècles) : Réinvention du patrimoine*, Coll. Perspectives Villes et Territoires, Tours, Presses universitaires François-Rabelais, 2011.

[291] Voir le programme Euromed Heritage initié en 1998, visant à la mise en valeur et à la protection du patrimoine. Il a abouti notamment au projet « RehabiMed » financé par le programme Euromed Heritage de l'Union européenne et l'Agencia Española de Cooperación Internacional (AECI). *Cf. Méthode RehabiMed, Architecture Traditionnelle Méditerranéenne*, responsable projet Xavier Casanovas, 2008, Collegi d'Aparelladors i Arquitectes Tècnics (ISBN 84-87104-97-5).

[292] Sur cette démonstration, Anne-Claire KURZAC-SOUALI, « Les arts décoratifs architecturaux : traditions, réinvention et création d'un patrimoine marocain », in *Architectures au Maghreb (XIXe-XXe siècles) : Réinvention du patrimoine*, *op. cit.*

[293] Lire par exemple, Nadir DJERMOUNE et Leïla OUBOUZAR, « De l'orientalisme éclectique à l'abstraction moderne : Une lecture typologique des architectures algéroises des XIXe et XXe siècles », in *Architectures au Maghreb (XIXe-XXe siècles) : Réinvention du patrimoine*, *op. cit.*

[294] Par exemple, la Maison d'église Saint-Paul-de-La-Plaine à Saint-Denis (2014), la Maison Saint-François-de-Sales à Boulogne-Billancourt (2014), l'Église de Saint-Pierre à Saint-

parti tout à la fois des influences traditionnelles et des tendances artistiques ou techniques d'aujourd'hui pour les inscrire dans des démarches méditerranéennes contemporaines. Cette mixité faisant son chemin, elle pourrait aboutir à des présentations nouvelles, avec par exemple l'émergence d'un style méditerranéen contemporain en Architecture (« Mediterranean contemporary Architecture »)[295], de la même façon qu'il y eut le « Beaux-arts Style »[296] ou le métissé « International Style »[297] en Architecture.

3- Des approches juridique, économique et politique

Juridiquement, les stimulants et les modes d'expression de telles actions peuvent être fort divers : incitation au mécénat privé et d'entreprise ; faveur envers les partenariats publics-privés (« PPP ») ; protection du patrimoine

Pierre-du-Perray (2015). Lire Claire BOMMELAER, « Une architecture désormais libre de toute contrainte », Le Figaro 16 septembre 2015, n° 22115, p. 8. *Adde*, Jean-Marc GUENOIS, « A Creteil, le pari d'une nouvelle cathédrale », Le Figaro 16 septembre 2015, n° 22115, p. 8. Voir par ailleurs, Nicolas SENÈZE, « Les nouveaux bâtisseurs du sacré », La Croix, 19 et 20 mars 2016, p. 1-6. A travers une série de réalisations récentes ou envisagées (Centre musulman de Bordeaux, Centre européen du judaïsme à Paris, projet d'église de Saint-Jacques-de-la-Lande en Ille-et-Vilaine etc.), l'auteur montre comment les architectes sont au service de la foi des hommes ; ils s'inscrivent dans une histoire sans pour autant que soient empêchées des ruptures étonnantes et novatrices, notamment dans la conception des édifices, avec la volonté de produire des espaces visibles, plus ouverts sur la ville, tout en créant de la transparence et de la légèreté. »

295 Il existe d'ailleurs, parmi les types d'architectures qui se déploient dans le bassin méditerranéen, du sud par exemple (architectures orientalistes, arabisantes, néo-mauresques, etc.), un type d'architecture méditerranéenne. Voir Myriam BACHA (dir.), *Architectures au Maghreb (XIXe-XXe siècles) : Réinvention du patrimoine, op. cit.*

296 Sur ce style, Robin MIDDLETON, *The Beaux-arts and Nineteenth-century French Architecture*, London, Thames and Hudson, 1982 – Arthur DREXLER, Richard CHAFEE, *The Architecture of the École des Beaux-Arts*, New York, Museum of Modern Art, 1977. *Adde* P. ORY, « Introduction », in *Les relations culturelles internationales au XXe siècle. De la diplomatie culturelle à l'acculturation, op. cit.*, p. 20.

297 L'expression « Style international » a été employée pour la première fois en 1932 par Henry-Russell Hitchcock et Philip Johnson dans leur ouvrage *The International Style : Architecture since 1922*. Ce style est défini à partir de trois principes : l'accent mis sur l'effet de volume plutôt que de masse ; la régularité par opposition à la symétrie ; l'absence de décorations appliquées. Voir Henry-Russell HITCHCOCK et Philip JOHNSON, *Le style international*, traduction et préface de Claude MASSU, éditions Parenthèses, collection eupalinos, 2001. *Adde* Claude MASSU, « Autour de *The International Style* de H.-R. Hitchcock et P. Johnson (1932) : remarques sur le livre d'architecture aux États-Unis », in Jean-Michel LENIAUD et Béatrice BOUVIER (dir.), *Le livre d'architecture, XVe-XXe siècle. Edition, représentations et bibliothèques*, Etudes et rencontres de l'école des chartes, 2002, p. 171-183 (ISBN 2-900791-53-7) – Gabriele LEUTHÄUSER et Peter GÖSSEL, *Functional Architecture. The International Style. Funktionale Architektur. Le Style International. 1925-1940*, Préface de R. HITCHCOCK et Philip JOHNSON, Köln, Benedikt Taschen, 1990. Ce style a pu être vu comme un « métissage » des principes allemands et des pratiques états-uniennes en architecture. Voir en ce sens P. ORY, « Introduction », in *Les relations culturelles internationales au XXe siècle. De la diplomatie culturelle à l'acculturation, op. cit.*, p. 21.

culturel (notamment via l'UNESCO[298]) ; recours à des fonds de dotation (à l'image de celui du Louvre, permettant des expositions temporaires, etc.) ; utilisation de la propriété intellectuelle (exemple, les marques muséales, qui sont des sources de revenus pour les musées[299]) ; recours à des structures privées (structures associatives notamment) ; et plus généralement il y a ici matière à une pleine expression des attraits de la technique contractuelle.

La légitimité de la participation des juristes, universitaires et praticiens, est évidente, tant le droit a un effet structurant sur la vie en société. Ainsi, la cinquième convention des juristes de la Méditerranée, organisée à Rabat en 2013, a été consacrée à un thème particulièrement important, celui de la sécurité contractuelle [300]. De même, lors du colloque des notariats méditerranéens organisé à Naples en 2012, a été fort opportunément étudiée la question de la culture et du rôle de médiation des notaires méditerranéens[301]. La profession notariale y a trouvé l'occasion de souligner que les notaires de la Méditerranée ont une identité historique, culturelle, juridique et personnelle commune, à l'origine de besoins communs d'échanger, spécialement à l'heure de la mondialisation. Enfin, il n'est pas superflu de rappeler que la question du droit à la différence culturelle fait partie des préoccupations contemporaines des juristes[302].

---

[298] Sur les difficultés liées à la mission d'experts de l'Unesco, lire Chloé MAUREL, « La diplomatie culturelle de l'Unesco (1950-1970). Le cas des missions d'experts de l'Unesco dans le Tiers-Monde », in *Les relations culturelles internationales au XXe siècle. De la diplomatie culturelle à l'acculturation*, *op. cit.*, p. 483-490.

[299] Sur ce thème, Cécile ANGER, *La marque muséale*, dir. Nicolas BINCTIN, Mémoire Paris 1, 2012 – Martine CORRAL-REGOURD et alii (dir.), *Marques muséales : un espace public revisité ?*, colloque université Toulouse 1 Capitole, 2 et 3 juin 2016. Par exemple, « Institut du Monde Arabe » est une marque communautaire depuis 2008 (marque n° 6856934). Elle vise les services suivants de la classe 41 : éducation, formation et activités sportives et culturelles. Sur cet exemple, Cécile ANGER, *op. cit.*, p. 11.

[300] Pour une présentation, Ahmed SALAHEDDINE, « Coopération juridique méditerranéenne : la sécurité contractuelle au cœur du débat », Aujourd'hui Le Maroc, 30 octobre 2013.

[301] Union internationale du notariat, *Colloque des notariats méditerranéens*, Naples, 15-17 novembre 2012.

[302] Sur les questions posées par le droit à la différence culturelle, Anna VIGORITO, « Pour un droit à la différence culturelle. Un plaidoyer à double tranchant ? », in *Approches juridiques de la diversité culturelle / Legal approaches to cultural diversity*, vol. 2009, Centre for Studies and Research in International Law and International Relations, éd. Académie de droit international de La Haye, 2013, p. 249-285. Sur la question délicate des critères permettant à un État de porter un jugement sur une identité culturelle, question d'autant plus cruciale que « la protection des groupes culturels minoritaires connaît, depuis les années 1990, une montée en force dans le droit international des droits de l'homme », Julie RINGELHEIM, « L'appréhension juridique de l'identité culturelle : entre autodéfinition et objectivation », in *Approches juridiques de la diversité culturelle / Legal approaches to cultural diversity*, *op. cit.*, p. 137-181. L'auteur relève que trois règles coexistent : l'auto-identification par la personne concernée, l'autodéfinition certifiée par des critères objectifs et la reconnaissance par le groupe (Julie RINGELHEIM, p. 179). Pour une bibliographie conséquente sur la diversité culturelle, E.N. VAN TRIGT, « Bibliographie sur les approches juridiques de la diversité. Selected Bibliography on the Legal Approaches to Cultural Diversity », in *Approches*

L'approche culturelle se joint nécessairement à une double approche économique et politique. La mondialisation amène une concurrence des territoires. Elle s'illustre à travers la diplomatie culturelle ou encore à travers la mondialisation du patrimoine culturel. La première contient une part d'idéologie[303]. Son sens et son efficacité sont conçus en termes d'intérêts[304], de rayonnement[305] et quelquefois d'expansion de la langue et d'une pensée[306]. La seconde traduit la conscience que certains patrimoines appartiennent à l'humanité, mais suggère aussi une vision économique à travers la notion de propriété[307].

Le terroir est la marque aujourd'hui d'une richesse aussi bien culturelle qu'économique (indications géographiques protégées : AOP, etc.[308]). Quant au lien entre la ville et l'économie, il est établi depuis l'Antiquité[309]. L'aspect politique de l'organisation du paysage urbain est aussi très fort[310].

---

juridiques de la diversité culturelle / Legal approaches to cultural diversity, *op. cit.*, p. 681-925.

303 À cet égard, on peut noter que l'expérience (notamment anglaise) démontre qu'une diplomatie fondée sur la religion est un facteur de polémique plutôt que de rapprochement. Lire, Anastassios ANASTASSIADIS, « *Finis Graecia !* L'inexorable sortie des acteurs religieux du domaine de la diplomatie culturelle. Le Sud-Est européen dans l'entre-deux-guerres », in *Les relations culturelles internationales au XXe siècle. De la diplomatie culturelle à l'acculturation*, *op. cit.*, p. 49-57, spéc. p. 54. Également, il est notable que la culture peut être un instrument politique majeur favorisant un combat idéologique, comme ce fut le cas notamment via le « sport, mime de la guerre », pendant la guerre froide. Lire, à propos des démocraties populaires après 1945, Antoine MARÈS, « La culture comme instrument de la politique extérieure des démocraties populaires », in *Les relations culturelles internationales au XXe siècle. De la diplomatie culturelle à l'acculturation*, *op. cit.*, p. 621-630, spéc. p. 623-624.

304 Sur la création du Centre pour les relations italo-arabes de Rome, permettant de prendre en compte les intérêts italiens en Méditerranée, lire S. MOURLANE, *chronique précitée*.

305 Voir par exemple le cas de l'égyptologie, Eric GADY, « Diplomaties culturelles britannique et française et égyptologie dans la première moitié du XXe siècle : un essai de comparaison, in *Les relations culturelles internationales au XXe siècle. De la diplomatie culturelle à l'acculturation*, *op. cit.*, p. 31-38.

306 Lire A. DULPHY, « La diplomatie culturelle. Introduction », in *Les relations culturelles internationales au XXe siècle. De la diplomatie culturelle à l'acculturation*, *op. cit.*, p. 27-30, spéc. p. 28 et 29.

307 Rapprocher, M. MELOT, « Les conditions de la mondialisation du patrimoine culturel », in *Culture nationale et universalisme. Optiques française et chinoise*, *op. cit.*, p. 182-192.

308 Sur leur protection par le droit, Caroline LE GOFFIC, *La protection des indications géographiques : France, Union européenne, États-Unis*, préface de Georges BONET, Paris, Litec, 2010 – Delphine MARIE-VIVIEN, *La protection des indications géographiques : France, Europe, Inde*, éditions Quæ, Coll. Matière à débattre et décider, 2012 – Dorothée FRANJUS-GUIGUES, *Nature et protection juridiques des indications géographiques. L'avènement d'un droit à l'épreuve de sa mise en œuvre*, thèse Aix-Marseille Université, dir. Jacques AUDIER, 2012.

309 Voir, sur l'économie responsable des villes de la Grèce antique, Fernand BRAUDEL, *Les Mémoires de la Méditerranée, Préhistoire et Antiquité*, *op. cit.*, p. 263 sq.

310 Outre l'exemple fort connu de l'évolution du paysage urbain français, notamment parisien, sous l'influence du baron Haussmann au XIXe siècle, peut être pris l'exemple de l'Égypte

L'attrait des territoires méditerranéens est à envisager dans cette perspective, double perspective en réalité : concurrence interne (entre territoires méditerranéens) et externe (territoire méditerranéen et reste du monde). Cela génère des tensions contraires, d'union et d'opposition de territoires, c'est-à-dire en faveur des rapprochements et des scissions des territoires.

S'agissant des rapprochements, si la question des regroupements institutionnels de territoires pose d'évidentes difficultés, comme en témoignent les discussions nourries à propos de la récente réforme territoriale en France au niveau des régions, il n'est pas nécessaire d'aller aussi loin dans le regroupement administratif des territoires pour pouvoir agir[311]. Des outils existent pour favoriser la coopération internationale. En particulier, il est possible de recourir aux Groupements Européens de Coopération Territoriale (GECT). Ces derniers sont des instruments européens de coopération transfrontalière, transnationale et interrégionale, dont la création permet aux collectivités locales, avec l'aide financière éventuelle de l'Union européenne, de mener des projets communs. Ils ont pour avantage non négligeable d'être dotés de la personnalité juridique. Par exemple, c'est sur ce modèle qu'a été créé en 2009 le GECT Pyrénées-Méditerranée, permettant l'accès à la vie juridique de l'Eurorégion Pyrénées-Méditerranée[312].

Dans la mesure où l'utilisation de ces instruments permet d'exploiter les types de relations sur lesquels sont fondés les rapports humains, elle est à même de stimuler les relations méditerranéennes. En effet, selon une approche qui prend pour critère le territoire, tout groupe humain mobilise deux types de relations plus ou moins stabilisées, celles qui s'inscrivent dans un espace physique identifiable (relations de voisinage, solidarité régionale et nationale, etc.) et celles qui appartiennent à un espace virtuel[313]. Les premières sont fondées sur le partage d'un espace commun assujetti à des

moderne, principalement sous Ismâ'îl (ce dernier fut forcé d'abdiquer en 1879) : la création d'infrastructures urbanistiques, de palais, la restauration d'aqueduc, la construction de maisons – des antiquités, d'aménagement –, l'implantation de ports de guerre et de commerce, la fondation de la ville de *Zâqâzîq*, la construction de postes, de chemins de fer, le percement de rues, de boulevards, la création de places, l'implantation de statues, de mosquées, de théâtres, etc., ont été le versant civil de la politique de guerre à laquelle était alors conduite ce pays. Pour des approfondissements, se reporter à A. ABDEL-MALEK, *L'Égypte moderne. Idéologie et renaissance nationale*, *op. cit.*, p. 291 s.

311 Par exemple, la coopération entre des métropoles peut être une source de dynamisme. Voir Erich TILKORN, « Le rôle des villes métropolitaines dans l'espace méditerranéen », in Ali SEDJARI (dir.), *Euro-Méditerranée. Histoire d'un futur*, L'Harmattan, 2010, p. 227-233, spéc. p. 232. L'auteur prend l'exemple d'une coopération entre le Caire et Barcelone qui pourrait faire avancer l'échange entre les universités et les chercheurs, et permettrait d'organiser des rencontres culturelles et d'approfondir des relations économiques.

312 Voir URL : http://www.euroregio.eu/fr/leuroregion-pyrenees-mediterranee/le-gect

313 En ce sens et sur les éléments qui suivent, Ph. BRAUD, *Sociologie politique*, *op. cit.*, n° 110, p. 142-143.

règles communes [314]. Elles présentent des avantages, notamment elles facilitent les échanges économiques, l'adoption d'un langage commun ou l'exercice du pouvoir politique uniforme. Les secondes relèvent de la notion de réseau. Elles font appel à des solidarités fondées sur des affinités (professionnelles, corporatistes, culturelles, affectives) et se situent en deçà et au-delà des frontières physiques[315].

Par ailleurs, la thématique des « Villes et territoires méditerranéens » amène nécessairement au projet urbain, à la planification urbaine et aux espaces de rencontre de leurs acteurs[316]. Au-delà de la dimension proprement urbanistique, ces projets ont des implications sociales et culturelles[317]. Il a été montré qu'à mesure que l'on connaît une ville, l'anonymat disparaît. On commence à « sentir palpiter la ville tout entière », puis on parvient à en distinguer les éléments innombrables qui la composent (groupes sociaux, communautés religieuses et familiales...) pour, enfin, s'apercevoir que des liens s'y créent, s'interpénètrent et interfèrent constamment[318].

---

[314] Ph. BRAUD, *op. cit.*, *loc. cit.*

[315] Ph. BRAUD, *op. cit.*, *loc. cit.* Sur les stratégies de réseaux dans les situations interculturelles, Dominique DESJEUX et Sophie TAPONIER, *Le Sens de l'autre. Stratégies, réseaux et cultures en situation interculturelle*, rééd. Paris, L'Harmattan, 1994. Sur le cas des musées, Georges FOVEAU, « La passion de l'image fait éclater la notion de musée : des micro-musées en « réseaux » », in *L'image et les musées*, revue précitée, p. 166 sq.

[316] Sur ce dernier point, à propos des mouvements de l'œuvre architecturale et urbaine lire Clara SANDRINI, *La médiation architecturale. Une œuvre en mouvement pour une esthétique sociale*, Tome 2 : Recherche inédite, *op. cit.*, p. 104 sq. Selon l'auteur, ces espaces de rencontre sont des lieux d'affrontement mais aussi de synthèse entre des opinions et des stratégies divergentes, lesquelles « permettent de traduire spatialement les niveaux de partage du sensible et du sens de l'image architecturale et urbaine ». Tout particulièrement, la programmation apparaît comme « un moment de synthèse qui préfigure l'idée spatiale ». Ainsi, « elle organise les orientations prises et détermine les moyens d'intervention, tant en terme juridique que fonctionnel. L'espace programmatique est celui de la rencontre entre la réglementation et les acteurs de la conception, qu'ils soient politiques, associatifs ou habitants. Souvent lié à des données techniques et financières, il possède un caractère normatif et bureaucratique qui lui permet de définir clairement les objectifs institutionnels et sociaux, la transaction dont ils relèvent et, surtout, permet de les quantifier. » Il s'agit du « lieu d'un premier croisement des représentations politiques, économiques, architecturales et sociales », donnant naissance à « un espace composé qui articule les échelles de conception et définit les objectifs de la maîtrise d'œuvre ». Cet espace composé serait un lieu de mise en cohérence des projets et « d'articulations entre l'analyse d'un existant à améliorer, l'intégration d'un projet d'usagers à multiples facettes et la projection d'un espace destiné à être approprié ». Dès lors, il apparaît comme « un moment d'articulation entre le projet et l'analyse de son territoire inscription, tant d'un point de vue formel (paysage naturel et urbain) que social (habitants et usages) ».

[317] Voir Jean-Paul CARRIÈRE (dir.), *Villes et projets urbains en Méditerranée*, coll. Perspectives Villes et Territoires, Tours : Presses universitaires François-Rabelais, 200[illegible]. Sur les grands thèmes autour de la ville et de la vie urbaine à l'heure de la mondialisation (mobilité, ville durable, fragmentations sociales et territoriales...), voir Hervé MARCHAL et Jean-Marc STÉBÉ, *Les grandes questions sur la ville et l'urbain*, *op. cit.*

[318] Sur ces éléments, Mark GIROUARD, *Cities and people. A social and Architectural History*, Yale University Press, New Hven et Londres, 1985 ; Pothecary Ltd., Londres, 1985. *Des*

Ces projets urbains, qui tiennent compte généralement de la population dans un espace élargi, impliquent une approche prospective[319]. L'expérience a démontré que, confrontées tout à la fois à la mondialisation de l'économie et aux limites de la planification urbaine par voie normative et réglementaire, les villes méditerranéennes ont été conduites à imiter les grandes métropoles mondiales en se tournant vers une programmation plus stratégique et plus flexible de leur développement et de leur aménagement[320]. C'est à ce prix qu'elles peuvent espérer occuper une place dans la compétition internationale, dans le marché urbain et régional[321], en vue d'attirer des flux d'investissement devenus extrêmement volatiles[322]. Routes et villes sont historiquement liées[323] ! Il existe ici une réciprocité manifeste dans la mesure où l'attrait d'investissements internationalement mobiles conditionne fortement l'adoption d'un projet urbain ; il est donc un enjeu décisif. Une stratégie mal pensée de positionnement sur le marché mondialisé des territoires peut se révéler catastrophique. Les villes méditerranéennes doivent faire face à deux écueils, celui d'une marginalisation périphérique et celui d'une métropolisation mal-maîtrisée[324].

Ainsi, il existe un aspect de communication et de « marketing » qui se révèle dans la planification urbaine. Une mise en scène résolument méditerranéenne pourrait se révéler être un atout, permettant aux villes et territoires de se distinguer quand la globalisation favorise le mimétisme des projets d'urbanisme[325]. Elle pourrait être par ailleurs un remède, à tout le moins un début de réponse, à tenir pour vraie la démonstration selon laquelle la société productiviste aboutit à rechercher, au nom du progrès et de la marche de l'histoire, la rentabilisation de territoires désincarnés[326].

Au terme de cette étude, il apparaît que la thématique de l'homme méditerranéen, considérée sous l'angle du pluralisme culturel et de l'unité de valeur, est fort riche. Elle est au confluent des multiples disciplines (histoire, droit, géographie, sociologie, architecture, art, géopolitique, etc.) et laisse

---

villes et des hommes, traduit de l'anglais par Jeanne NOUNIORT, Flammarion, Paris, 1987, p. V

319 Voir par exemple, Elisabeth COUDERT, « Une approche régionale de la population et de l'urbanisation en Méditerranée, rétrospective et projections à 2025 », in *Villes et projets urbains en Méditerranée*, *op. cit.*

320 Jean-Paul CARRIÈRE (dir.), *Villes et projets urbains en Méditerranée*, *op. cit.*

321 Rappr. Paola SOMMA, « Urban and regional marketing in the mediterranean area », in *Villes et projets urbains en Méditerranée*, *op. cit.*

322 Voir Jean-Paul CARRIÈRE (dir.), *Villes et projets urbains en Méditerranée*, *op. cit.*

323 Lire, sous l'angle de l'unité humaine, Fernand BRAUDEL, *La Méditerranée et le monde méditerranéen à l'époque de Philippe II*, *op. cit.*, Tome premier, p. 253 sq. (« V. L'unité humaine : routes et villes, villes et routes »).

324 Lire Jean-Paul CARRIÈRE (dir.), *Villes et projets urbains en Méditerranée*, *op. cit.*

325 Sur le constat que la globalisation favorise ce mimétisme, Jean-Paul CARRIÈRE, « Avant-propos », in *Villes et projets urbains en Méditerranée*, *op. cit.*

326 Sur cette démonstration, Thierry PAQUOT, *Désastres urbains. Les villes meurent aussi*, La Découverte, Coll. Cahiers libres, 2015.

tout un champ d'action ouvert lorsqu'il s'agit de considérer son destin, avec une constante dialectique entre l'humain et le territoire : des territoires, des villes et des hommes. Sans esprit de dogmatisme, l'idée d'un homme méditerranéen envisagé au singulier implique, par un effort commun et sans cesse renouvelé, de créer les conditions favorables d'un dialogue pouvant aboutir à la (re)naissance d'un sentiment d'unité, à sa pénétration durable, sans pour autant altérer la richesse culturelle au sein du bassin méditerranéen. En tant que symbole géographique de convergence pour identifier cet homme méditerranéen, l'image la plus parlante est peut-être celle de l'olivier. Puisant ses racines dans la mythologie méditerranéenne antique[327], il pourrait figurer sur l'hypothétique drapeau du grand peuple des hommes méditerranéens. Il est certain en effet que les représentations relatives à des valeurs communes, à un héritage culturel commun, à un destin solidaire, empruntent beaucoup à l'imaginaire[328].

Expression de la culture méditerranéenne, au sens premier et intellectuel du terme, il est permis de former le vœu que l'image de cet olivier corresponde au destin de l'homme méditerranéen. Noueux, tortueux, il est néanmoins robuste et généreux. Plus que tout, il est un symbole de la Paix. Il est aussi l'occasion ici d'avoir une pensée pour la dédicataire des présents travaux, le professeur Marie-Luce Pavia, et de lui rendre hommage pour son engagement inébranlable en faveur de la paix.

Eric DEBAT
Architecte DPLG – Chercheur associé
Université Toulouse I Capitole – IDETCOM (EA 785)
Olivier DEBAT
Agrégé des facultés de droit. Professeur de droit privé
Université Toulouse I Capitole – IDETCOM (EA 785)

327 Voir la dispute d'Athéna et de Poséidon à propos d'Athènes. Lire Jean DEFRASNE, *Contes et récits de la Méditerranée antique*, illustrations de Lise MARIN, Fernand Nathan, 1969, p. 15-24.
328 Ph. BRAUD, *Sociologie politique*, *op. cit.*, n° 106, p. 138-139.

Les chrétiens de Méditerranée orientale face au djihadisme radical : Retour sur les critères et conditions de la « guerre juste » dans la doctrine de l'Église

Les chrétiens de Méditerranée orientale, installés depuis l'aube du christianisme sur les terres du Proche et du Moyen-Orient, vivent depuis l'été 2014 une tragédie. Le malheur s'est abattu sur eux. Sur eux et sur d'autres minorités religieuses de Mésopotamie : les Yézidis[1] mais aussi les musulmans non sunnites – les chiites là où ils sont minoritaires – et même les sunnites jugés trop « modérés » par ceux qui, au nom du Ciel, ont fait advenir l'enfer sur terre, sur cette terre qui, comme on l'a souvent écrit, est le berceau des civilisations, celle qui à Ur, en Chaldée, a vu naître le patriarche Abraham.

Ce malheur porte un nom : le djihadisme radical[2], une sorte de guerre sainte à outrance. Il a un visage : l'État Islamique en Irak et au Levant (E.I.I.L.)[3] ou *Daech* selon l'acronyme arabe qui désigne l'organisation de l'Etat islamique[4]. Il se répand en revendiquant une filiation : celle du Califat[5]. Une filiation du reste parfaitement assumée puisque son chef, Abou Bakr al Baghdadi, s'est autoproclamé calife Ibrahim[6].

---

[1] L'antique religion orientale des Yezidis s'apparente un peu au zoroastrime perse. Ses membres sont de ce fait encore plus méprisés que les chrétiens.

[2] Cette expression hyperbolique – on parle d'ordinaire d'islamisme radical – entretient à dessein l'ambivalence puisque, selon le point de vue, on peut y voir aussi bien un pléonasme qu'un euphémisme – radical étant ici l'euphémisme de barbare.

[3] On lui donnera le nom d'État islamique à partir de juin 2014.

[4] *Daech* ne signifie rien de plus que « État islamique en Irak et dans le pays de Cham », autrement dit la Grande Syrie, (v. Antoine SFEIR, « Des printemps arabes aux hivers islamistes », in [collectif], *Vers un nouveau Moyen-Orient. La fin des chrétiens*, éd. de l'AED, septembre, 2015, p. 37).

[5] Dans la tradition musulmane le calife est le successeur de « l'envoyé de Dieu » (Mahomet). Il cumule, comme lui, le pouvoir temporel (chef politique mai aussi chef de guerre) et le pouvoir spirituel et, à ce double titre, est chargé de la direction de l'*Oumma* (la communauté des croyants) en faisant fi des frontières ethniques ou, plus tard, étatiques. A la mort de Mahomet (632), ses compagnons désignèrent comme premier calife Abou Bakr, père de l'épouse la plus influente de Mahomet, en écartant un autre prétendant, son gendre et cousin, Ali. L'institution du califat disparut en 1924 après la chute de l'empire ottoman.

[6] V. Olivier HANNE et Thomas FLICHY DE LA NEUVILLE, *L'État islamique. Anatomie du nouveau Califat*, Bernard Giovanangeli Editeur, octobre 2014.

Cette tragédie n'en est pas moins la conséquence indirecte ou différée d'autres causes. Des causes qui, en se combinant, ont produit le chaos qui s'étale à la une des journaux. A l'inconséquence de la politique des puissances occidentales s'ajoutent en effet de nombreuses responsabilités locales, de sorte que, menacés d'extinction dans leur propre patrie, les chrétiens de Méditerranée orientale sont ainsi devenus les victimes « collatérales » de tensions géopolitiques où les ingérences occidentales (pétrole et gaz) se compliquent de la rivalité des puissances régionales (Arabie Saoudite et Iran) et du jeu trouble de la Turquie[7].

Certains s'obstinent pourtant à ne pas voir cette réalité géopolitique, tandis que d'autres s'emploient à en masquer les tenants et les aboutissants. Et d'autres encore, confondant morale et politique, pèchent par manque de réalisme. On devrait néanmoins savoir que ce n'est pas servir la cause de la paix que de se contenter de la rêver. Pour paraphraser André Gide qui, avec une pointe de provocation, disait à l'adresse de François Mauriac qu'« on ne fait pas de bonne littérature avec de bons sentiments », on peut dire aussi bien que les seuls bons sentiments n'ont jamais fait une bonne politique. Car la politique – la haute politique – n'est pas affaire de sentiments. C'est ainsi, et en éprouver quelque chagrin serait aussi vain que de regretter que la pluie mouille, ou que le feu brûle...

Notre propos, parce qu'il se veut succinct, ne s'appesantira pas cependant sur cet aspect des choses. Il ne consistera pas davantage à raisonner selon les catégories du droit international public, ni moins encore à ratiociner autour de cette fausse nouveauté qu'est « la responsabilité de protéger les populations[8] ». Du reste, le plus souvent, cette « responsabilité de protéger » qui s'impose aux États tient lieu d'alibi humanitaire à des interventions militaires : elle ne sert finalement, au gré de ses intérêts, qu'à légitimer l'ingérence du fort dans les affaires de plus faible que lui. A la vérité, l'objet de notre propos est tout autre et c'est en définitive le sous-titre bien plus que le titre qui en indique les contours. Il n'a n'autre ambition que de rappeler les critères et conditions de ce que les chrétiens appellent la « guerre juste ». Une guerre que les puissances occidentales se refusent à livrer vraiment – en l'assumant crânement –, non seulement pour défendre une civilisation qui a ses racines – méditerranéennes – à Jérusalem, Athènes et Rome, mais aussi et plus immédiatement, pour assurer la protection des chrétiens du Moyen-Orient. Car nul n'ignore que le sort qui leur est fait résulte pour une large part de l'agression de l'Irak en 2003. C'est sans doute pour cela que ceux qui ont applaudi naguère à l'invasion et à l'occupation de l'Irak par les États-

---

[7] V. Marc FROMAGER, *Guerres, pétrole et radicalisme. Les chrétiens d'Orient pris en étau*, éd. Salvator, 2015.

[8] V. L. BOISSON DE CHAZOURNES et L. CONDORELLI, « De la responsabilité de protéger ou d'une nouvelle parure pour une notion déjà bien établie », *RGDIP*, 2006/1, p. 11-18 ; plus synthétiquement, P.-M. DUPUY et Y. KERBRAT, *Droit international public*, coll. Précis, Dalloz, 12ème éd., 2012, p. 136-139.

Unis d'Amérique et leurs affidés, restent sans voix ou se font aujourd'hui très discrets.

Déclarer la guerre et la faire vraiment à l'État islamique et aux mouvements djihadistes[9] qui sévissent en Méditerranée orientale – et ailleurs ! –, ce serait en effet livrer une guerre juste au sens de la doctrine de l'Église dont l'enseignement, pourtant bien établi, reste largement méconnu. Une guerre juste, c'est-à-dire une guerre dont la cause est juste – comme lutter contre la barbarie – et dont le but est de rétablir la paix, le droit et la justice. Une guerre juste, donc, parce que destinée à faire cesser d'injustes violences (I), une guerre juste, encore, parce que justifiée au nom de la légitime défense (II).

I- Une guerre juste parce que destinée à faire cesser d'injustes violences

L'idée de guerre juste est née sur les rives méridionales de la Méditerranée. Son premier théoricien, et non le moindre, fut saint Augustin (354-430), un Berbère, évêque d'Hippone (Tunisie actuelle), l'un des Pères de l'Église. Ce qu'il en dit ne saurait être repris ici dans le détail, mais quelques éclaircissements s'imposent néanmoins.

Pour les raisons que nous avons dites et qu'il faut maintenant préciser, n'est pas une guerre juste une action violente motivée par la volonté de conquête ou de domination (1). Mais n'est pas davantage forcément injuste une guerre offensive, car une telle guerre n'est pas nécessairement une guerre d'agression (2). Enfin, et toujours, une guerre ne peut être dite juste que pour autant que les strictes conditions qui fondent sa légitimité morale sont respectées (3).

1- Une action violente motivée par la volonté de conquête ne saurait être assimilée, en aucun cas, à une guerre juste, moins encore si cette action est assortie d'actes de barbarie.

Elle ne saurait l'être parce qu'une action violente motivée par une volonté de conquête est précisément ce que l'on appelle une guerre d'agression. L'actualité – comme l'histoire au demeurant – nous montre cependant que l'appel à la guerre sainte peut servir de prétexte à une guerre d'agression. Il importe donc de se garder de cette confusion que beaucoup

[9] L'aveuglement – ou, pis encore, l'amateurisme – de certains dirigeants occidentaux est à cet égard effarant. Il n'est que de songer à ce que déclarait en 2012 le ministre français des Affaires étrangères, au sujet du mouvement djihadiste *al-Nosra* – soi-disant modéré –, qui n'est rien d'autre que la branche syrienne d'*al-Qaida* : « Sur le terrain, ils font du bon boulot » (*Le Monde* du 13 décembre 2012). Or, à la fin du printemps 2014, à Maaloula, en Syrie, on découvrit que ce n'est pas *Daech* mais les djihadistes du mouvement *al-Nosra* qui se rendirent coupables des pires exactions.

font entre les notions de guerre juste et de guerre sainte, ce qui est précisément, pour l'islam, le djihad.

Sans doute, étymologiquement parlant, djihad signifie « effort » ou « zèle », mais historiquement ce terme a pris le sens d'effort de guerre, de lutte contre les impies. Dans le *hadith* – le recueil des paroles et sentences attribuées à Mahomet – le mot prend la signification de « lutte sur le chemin de Dieu », qui est rendue par l'expression française de guerre sainte[10]. Il n'y a donc rien d'étonnant à ce que, dès l'origine et bien souvent par la suite, l'islam se soit étendu par la contrainte et la violence, au moyen de la guerre et de la guerre d'agression. La conséquence en est d'ailleurs que pour les musulmans le monde se divise toujours en deux : la demeure de l'islam (*dar al islam*) et celle de la guerre (*dar el harb*). C'est un fait que l'islam a depuis Mahomet et ses premiers successeurs une vocation conquérante, et cet esprit conquérant se manifeste, pour ses membres les plus violents qui aspirent à devenir des « martyrs », par le recours au terrorisme[11].

Se pose avec une particulière acuité la question de la relation à établir entre islam et islamisme[12]. Autrement dit, « l'islamisme est-il une déformation du véritable islam ou son expression la plus authentique[13] ? » Si l'on considère que le temps n'est plus aux circonlocutions, il faut oser répondre que « l'islamisme, sans être tout l'islam, lui est consubstantiel, il n'en est pas une dérive isolée[14] ». Plus encore, quand on creuse la question, « on s'aperçoit que l'islamisme revendique franchement et applique ouvertement ce que dit le Coran, tandis que l'islam fait silence[15] sur ce qui choque ou en diffère l'application tant qu'il en est empêché ». Or, parmi ce qui choque, il y a ces « 400 versets qualifiables au regard du code pénal de "provocation à crimes et délits contre les

[10] V. Père Samir KHALIL SAMIR, « La montée djihadiste : wahhabites, Frères musulmans, salafistes », in [collectif], *Vers un nouveau Moyen-Orient. La fin des chrétiens ?*, *op. cit.*, p. 55-56.

[11] Le Magistère romain – notamment le pape Jean-Paul II – a eu plusieurs fois l'occasion de préciser la distinction à faire entre martyr et terroriste. « C'est une profanation et un blasphème de se proclamer terroriste au nom de Dieu », et « qualifier de "martyrs" ceux qui meurent en accomplissant des actes terroristes revient à inverser le concept de martyre, qui est le témoignage de celui qui se fait tuer pour ne pas renoncer à Dieu et à son amour, et non pas de celui qui tue au nom de Dieu », (*Compendium* de la doctrine sociale de l'Église, *op. cit.*, p. 290, § 515). Le terroriste a pour dessein de semer la mort et la désolation alors qu'à l'inverse le martyr, plutôt que de sauver sa vie en abjurant, accepte de mourir pour témoigner de sa foi à la face de ses bourreaux. Et s'il consent à verser le sang, c'est le sien, pas celui des autres !

[12] Olivier Hanne et Thomas Flichy de la Neuville donnent de l'islamisme la définition suivante : « Projet politique de soumettre toutes les activités sociales et juridiques aux règles religieuses de l'islam », *op. cit.*, p. 168.

[13] Père Henri BOULAD, « L'islam est un tout », in Christophe GEFFROY et Annie LAURENT (dir.), *L'islam, un danger pour l'Europe ? Enquête*, éd. La Nef, 2009, p. 81.

[14] Christophe GEFFROY, *L'islam, un danger pour l'Europe ?* (introduction), *op. cit.*, p. 5-6.

[15] En pratiquant la dissimulation (*taqiya*).

personnes[16]" ». En somme donc, « l'islamisme, c'est l'islam dans toute sa logique et sa rigueur[17] ». Et appeler à la guerre sainte – au djihad –, comme la faire, c'est, en quelque sorte, aller au bout de cette logique et de cette rigueur[18].

De là à en conclure qu'à l'exemple du « beau modèle » (*Coran*, XXXIII, 21) qui n'est autre que Mahomet, celui qui aspire à être un « bon musulman » ne peut *a priori* renoncer à l'esprit de conquête ou de vengeance[19], qu'il est donc invité à faire la guerre et la guerre sainte, il n'y a qu'un pas qu'il pourrait être tentant de franchir et que les djihadistes, pour leur part, ont manifestement franchi. Mais que tous les musulmans ne franchissent pas. A commencer par le président de la République d'Egypte, Abdel Fattah al-Sissi, qui – faut-il le préciser ? – a la réputation d'être un musulman pieux. Dans un discours remarqué, prononcé le 28 décembre 2014 à l'université Al-Azhar du Caire, il déclarait notamment : « Il est inconcevable qu'en raison de l'idéologie que nous sanctifions, notre nation dans son ensemble [l'*Oumma*] soit source de préoccupations, de danger, de tueries et de destruction dans le monde entier. Il est inconcevable que cette idéologie… je ne parle pas de religion, mais d'idéologie, devait-il préciser, soit devenue hostile au monde entier[20]. »

En revanche, ce qui est sûr, c'est que c'est toujours être un « mauvais chrétien » que de céder à la violence et plus encore d'y recourir au nom de Dieu. On chercherait en vain dans l'enseignement du Christ, comme dans sa vie, une invitation à prendre les armes. On connaît ces sentences fameuses que rapporte l'évangéliste Matthieu : « Celui qui lève l'épée, périra par l'épée » (Mt 26,52) ; « Moi je vous dis de ne pas tenir tête aux méchants : au contraire, quelqu'un te donnera-t-il un soufflet sur la joue droite, tends-lui encore l'autre[21] », (Mt 5, 39)… Bien évidemment, il ne

---

[16] Laurent LAGARTEMPE, « L'islam : un double langage », in *L'islam, un danger pour l'Europe ?, op. cit.*, p. 84.

[17] Père Henri BOULAD, « L'islam est un tout », in *L'islam, un danger pour l'Europe ?, op. cit.*, p. 81.

[18] En 2007, le Président turc, Recep Tayyip Erdogan, déclarait : « Il n'y a pas un islam modéré et un islam violent ; l'islam c'est l'islam ! ».

[19] Si après chaque attentat djihadiste, des musulmans font remarquer qu'un verset du *Coran* (XVII, 33) condamne les tueries (« Ne tuez pas la vie qu'Allah a déclaré sacrée »), ils ne donnent qu'une citation tronquée. Le verset complet dit : « Sauf en droit, ne tuez pas… ». Et ils omettent la suite : « Quiconque est tué injustement, Nous donnons, à son proche, pouvoir de le venger… ». On peut dès lors penser que les auteurs des attentats sont persuadés d'agir en droit en vengeant les leurs, ou leur prophète lorsqu'ils estiment qu'il a été offensé – par des caricatures notamment.

[20] Et d'ajouter : « Peut-on imaginer que 1,6 milliard de musulmans tuent une population mondiale de 7 milliards pour pouvoir vivre entre eux ? C'est impensable ! », (cité par Marc FROMAGER, *Guerres, pétrole et radicalisme. Les chrétiens d'Orient pris en étau, op. cit.*, p. 171).

[21] Il faut ici comprendre que le Christ défend de se venger selon la règle juive du talion (Ex 21 25), mais nullement de combattre le mal dans le monde, mal qui peut prendre les traits d'un injuste agresseur. Car faire miséricorde ne saurait aller jusqu'à se faire complice du mal.

s'agit pas pour autant de nier que certains épisodes de l'histoire du christianisme ne correspondent pas à cette réalité. Mais le fait est que l'Église institutionnelle l'a publiquement reconnu et qu'elle a fait acte de contrition en demandant pardon[22] pour toutes les fois où, dans sa longue histoire, elle a manqué à l'esprit de charité.

Sous cet éclairage, on comprend mieux que, selon la doctrine de l'Église, ce qui est non seulement condamnable, mais injustifié, c'est l'usage délibéré de la violence collective à des fins d'expansion, d'annexion ou de domination, autrement dit la guerre d'agression, et plus encore si l'agresseur prétend agir au nom de Dieu. C'est cela qu'elle réprouve et juge moralement illicite dès lors que « la paix est une valeur et un devoir universels [qui] trouve son fondement dans l'ordre naturel et moral de la société » et dès lors que « la guerre doit être regardée comme un échec de la paix[23] ». Cette position correspond, du reste, à la conception française de la politique et de la guerre. En France, en effet, il est de tradition de considérer le recours à la guerre comme l'échec de la politique[24]. A la différence notable, soit dit en passant, de ce qu'enseignait le général et stratège prussien Carl von Clausewitz (1780-1831) qui, lui, voyait dans la guerre la continuation de la politique par d'autres moyens[25].

On peut encore observer ici que le droit positif français – dans son expression la plus élevée – ne dit rien de bien différent. L'alinéa 14 du Préambule de la Constitution du 27 octobre 1946, incorporé à la Constitution de la Ve république, est ainsi rédigé : « La France n'entreprendra aucune guerre en vue de conquête ou contre la liberté d'aucun peuple ». Cet alinéa ne fait d'ailleurs que reprendre les termes de la *Déclaration de paix* rédigée en 1790 par l'Assemblée nationale constituante et adressée « au reste du monde », déclaration par laquelle la nation française renonçait – du moins pour un temps – « à entreprendre aucune guerre dans la vue de faire des conquêtes », ou à employer « ses forces contre la liberté d'aucun peuple »[26].

La cause est donc entendue : aucune guerre d'agression, quelle que soit sa justification – ou plutôt parce que rien ne saurait la justifier –, ne peut être qualifiée de guerre juste. Cette conclusion n'est cependant pas extensible, sans distinction, à toute guerre offensive.

---

[22] Notamment, à l'occasion du Grand jubilé de l'an 2000, par la voix du pape Jean-Paul II.

[23] *Compendium* de la doctrine sociale de l'Église, éd. Bayard/ Cerf/Fleurus-Mame, 2005, p. 277, § 494.

[24] V. Paul-Marie COÛTEAUX, *L'Europe vers la guerre*, éd. Michalon, 1997, p. 28.

[25] V. Carl VON CLAUSEVITZ, *De la guerre*, (1832-1837), ouvrage publié après sa mort, rééd. Librairie académique Perrin, 1999, (présentation de Gérard CHALIAND).

[26] V. Franck ATTAR, *Aux armes citoyens ! Naissance et fonction du bellicisme révolutionnaire*, Le Seuil, 2010, p. 21. La Constitution du 4 novembre 1848 (IIe république) faisait déjà elle aussi référence à cette Déclaration de paix, dans le paragraphe V de son préambule : « Elle [la République Française] n'entreprend aucune guerre dans des vues de conquête, et n'emploie jamais ses forces contre la liberté d'aucun peuple ».

2- Une guerre offensive, parce qu'elle ne se confond pas toujours avec une guerre d'agression, n'est pas forcément injuste.

Ce serait se tromper lourdement que d'assimiler hâtivement guerre d'agression et guerre offensive. Une guerre offensive n'est pas forcément injuste selon les critères de la doctrine de l'Église si la décision d'y recourir et sa conduite sont motivées par la volonté de rétablir un droit, de récupérer des biens volés ou confisqués, voire de recouvrer un territoire conquis par une puissance étrangère qui s'en est emparée à l'issue d'une précédente guerre, d'agression celle-là.

C'est cette dernière hypothèse qui motiva la position défendue par la France en octobre 1973, lors de la guerre du Kippour opposant Israël à ses voisins arabes – l'Égypte et la Syrie principalement. A l'époque, une déclaration du ministre français des Affaires étrangères, Michel Jobert, qui laissait entendre qu'on ne pouvait *a priori* tenir l'Égypte et la Syrie pour des agresseurs, fit sensation. « Sur instructions de Georges Pompidou, mais avec un talent qui lui était propre[il] assura que "vouloir rentrer chez soi n'était pas être agressif[27]". » Les faits parlent ici d'eux-mêmes : si le samedi 6 octobre 1973, cette guerre, à n'en pas douter, débuta par une offensive déclenchée simultanément par l'Égypte et la Syrie, il ne s'agissait cependant, pour la première, que de rentrer en possession du désert du Sinaï et, pour la seconde, de recouvrer la souveraineté sur le plateau du Golan, occupés par Israël depuis la fin de la Guerre des Six jours de juin 1967[28].

Au demeurant, à bien y réfléchir, cette position n'était pas incompatible, quant au fond, avec ce qu'affirmait alors le Secrétaire d'État américain Henry Kissinger qui se plaisait à dire que « les États-Unis s'étaient engagés à protéger l'existence d'Israël et non ses conquêtes[29] » ! Or, les conquêtes d'Israël – le désert du Sinaï et le plateau du Golan, mais aussi la Bande de Gaza, la cis-Jordanie et Jérusalem-Est – n'avaient été rendues possibles – objectivement parlant – qu'à l'occasion d'une guerre d'agression : une guerre d'agression préventive déclenchée par surprise, mais, il est vrai aussi, en réponse au blocus du golfe d'Aqaba décidé par l'Égypte et après qu'elle eut massé des troupes dans le Sinaï au cours des semaines ayant précédé le conflit.

Ainsi donc, s'il doit être bien entendu qu'une guerre d'agression n'est jamais une guerre juste et qu'une guerre offensive peut l'être parfois, il n'en

---

[27] Bertrand FESSARD DE FOUCAULD, « Quelques considérations quarante ans après le départ du général de Gaulle », revue *Espoir*, n° 158, automne 2009, p. 66-67.

[28] Occupation condamnée par la résolution 242 du Conseil de sécurité des Nations-Unies, en date du 22 novembre 1967. Il s'agissait donc pour l'Égypte et la Syrie, d'une certaine manière, c'est-à-dire unilatéralement, de « rétablir le droit ».

[29] V. Bernard MICHAL, Edmond BERGHEAUD et Yves CUAU, *Les guerres israëlo-arabes*, t. 4 (*La guerre du Kippour*), Éditions François Beauval, 1976, p. 240.

demeure pas moins que, toujours, de strictes conditions fondent sa légitimité morale.

3- De strictes conditions fondent la légitimité morale de la guerre juste

Il faut ici partir du principe selon lequel « chacun des citoyens et des gouvernants est tenu d'œuvrer pour éviter les guerres[30] ». Principe qui fait écho au discours inaugural des *Béatitudes* : « Heureux les artisans de paix, ils seront appelés fils de Dieu » (Mt. 5, 9).

Il peut arriver néanmoins que la décision de recourir à l'option militaire devienne inévitable, ce qui est le cas lorsqu'il n'y a pas d'autre moyen de s'opposer à une agression ou de faire cesser d'injustes violences sur une population[31]. Toutefois, « la gravité d'une telle décision la soumet à des conditions rigoureuses de légitimité morale », s'empresse de préciser le *Catéchisme de l'Église catholique*[32].

Ces conditions énoncées par *le Catéchisme de l'Église catholique* (§ 2309) sont cumulatives, et c'est à travers elles que l'on reconnaît les éléments traditionnels de la doctrine chrétienne dite de la « guerre juste ». Elles sont au nombre de quatre :

1er – que le dommage infligé par l'agresseur à la nation ou à la communauté des nations soit durable, grave et certain ;

2ème – que tous les autres moyens d'y mettre fin se soient révélés impraticables ou inefficaces ;

3ème – que soient réunies les conditions sérieuses de succès[33] ;

4ème – que l'emploi des armes n'entraîne pas des maux et des désordres plus graves que le mal à éliminer[34]. Et le *Catéchisme* d'ajouter : la puissance des moyens modernes de destruction pèse très lourdement dans l'appréciation de cette condition.

---

30 *Catéchisme de l'Église catholique*, § 2308 (Constitution apostolique *Fidei depositum*, du 11 octobre 1992).

31 C'est le sens d'une réponse faite aux journalistes par le pape François, dans l'avion qui le ramenait de Corée, fin août 2014 : « Dans des cas où il y a une agression injuste, je peux seulement dire qu'il est licite d'arrêter l'agresseur injuste. Je souligne le verbe : arrêter. Je ne dis pas bombarder, faire la guerre, mais l'arrêter. Les moyens par lesquels on peut arrêter devront être évalués. Arrêter l'agresseur injuste est licite. » Le 9 août, Mgr Silvano Tomasi, observateur permanent du Saint-Siège à l'ONU avait été plus explicite : « Peut-être que l'action militaire est nécessaire en ce moment pour arrêter l'avancée des djihadistes en Irak. »

32 *Catéchisme de l'Église catholique*, § 2309.

33 Cette condition n'est pas sans rappeler un passage de l'Evangile selon saint Luc : « Quel est le roi qui, partant en guerre contre un autre roi, ne commencera par s'asseoir pour examiner s'il est capable, avec dix mille hommes, d'aller à la rencontre de celui qui marche contre lui avec vingt mille ? » (Lc 14, 31).

34 Force est de constater que cette condition a été ignorée au moment de l'intervention franco-britannique – soutenue par les États-Unis et les monarchies pétrolières du golfe – en Lybie. Depuis 2011, le chaos y règne.

Ces conditions entrent en résonnance avec l'invocation actuelle du droit, voire du devoir, d'ingérence militaire à des fins humanitaires. Mais toute la difficulté réside dans la question de savoir si dans une situation donnée ces conditions sont vérifiées. Il faut alors s'en remettre à ce que la doctrine de l'Église appelle par ailleurs le jugement prudentiel. Autrement dit, c'est la vertu de prudence[35] – l'une des quatre vertus cardinales[36] – qui doit guider ceux qui ont le pouvoir – qui peut devenir un devoir – de recourir à l'option militaire.

C'est aussi ce qui explique, comme l'écrit Annie Laurent, que « c'est justement parce qu'aucune des conditions, surtout la première (un dommage durable, grave et certain à une nation ou à une communauté de nations), n'était respectée dans le projet américain d'attaquer l'Irak en 2003, que Jean-Paul II s'y opposa de toutes ses forces ». « Le saint pape, ajoute-t-elle, entrevoyait les conséquences désastreuses de cette aventure, fondée sur des mensonges, pour l'avenir de tout le Proche-Orient, spécialement pour ses chrétiens, et même pour le monde entier ». Et de conclure : « Il se montrait d'autant plus sévère envers le président George Bush que celui-ci prétendait agir par la volonté de Dieu[37] ! »...

Une guerre est donc juste – mais toujours à certaines conditions –, fût-elle offensive, si elle est destinée à faire cesser d'injustes violences. Elle l'est tout autant, sinon plus encore, lorsque sa justification est la légitime défense, pour cette raison précise que la légitime défense est constitutive d'une cause juste.

II- Une guerre juste parce que justifiée au nom de la légitime défense

Le précepte rappelé par le Christ : « Tu ne tueras point » (*Mt* 5, 21), déjà présent dans le Décalogue – le cinquième commandement – doit être justement compris[38]. Et pour le comprendre justement, il faut le mettre en perspective avec la notion de « légitime défense ».

Ce serait en effet se faire une idée fausse de ce que prescrit la doctrine de l'Église que de s'imaginer, par simplisme ou angélisme, que ceux qui portent les armes par obligation légale – les conscrits – ou par vocation personnelle – les militaires faisant carrière dans l'armée – manquent *a priori* à la morale chrétienne, ou contreviennent à la Loi de Dieu. Car il faut ici

---

[35] V. *Catéchisme de l'Église catholique*, § 1786 à 1788.

[36] Les vertus cardinales sont la prudence, la justice, la force (ou le courage) et la tempérance (V. *Livre de la sagesse* 8,7 et le *Catéchisme de l'Église*, § 1805 à 1809).

[37] Annie LAURENT, « Guerre sainte en Syrie ? », *La Nef*, n° 275, novembre 2015, p. 15.

[38] Saint Paul écrit que ce précepte et tous les autres, au demeurant, se résument en cette formule : « Tu aimeras ton prochain comme toi-même » (*Rm* 13, 9 ; *Ga* 5, 14) ; V. égal. l'Encyclique *Evangelium vitae*, § 54 (Jean-Paul II, *L'Evangile de la vie*, Bayard Editions / Centurion, 1995, p. 93).

distinguer deux choses fort différentes : la défense et la violence. Ce que permet de mieux saisir la « précision » que donne la Bible dans le livre de l'Exode (Ex 23, 7) : « Tu ne tueras pas le juste et l'innocent[39] ». On lit bien : le juste et l'innocent, non l'injuste agresseur !

De cette distinction entre défense et violence et de ce qu'en dit la doctrine de l'Église, il est possible de tirer une conclusion et de faire deux observations. Une conclusion : la légitime défense est un droit naturel reconnu aussi bien à chaque personne qu'à chaque nation (1). Deux observations subséquentes : la première est que l'objection de conscience à l'usage personnel de la violence – comme à l'obligation légale de porter les armes dans le cadre du service militaire – n'est pas recevable en toutes circonstances (2) ; la deuxième, que l'accumulation des armes comme la course aux armements est moralement condamnable (3).

1- La légitime défense est un droit naturel reconnu aussi bien à chaque personne qu'à chaque nation.

C'est ce qu'indique et rappelle le *Catéchisme de l'Église catholique* en se référant à la *Somme théologique* de saint Thomas d'Aquin et au principe dit du double effet[40]: « La défense légitime des personnes et des sociétés n est pas une exception à l'interdit de meurtre de l'innocent que constitue l'homicide volontaire. L'action de se défendre peut entraîner un double effet : l'un est la conservation de sa propre vie, l'autre la mort de l'agresseur [...] L'un seulement est voulu ; l'autre ne l'est pas[41] ». Et toute la différence est bien là : dans l'élément intentionnel. Celui-là même que l'on retrouve dans la définition de l'infraction pénale en droit positif français : élément matériel, élément légal et, pour finir, élément intentionnel. Saint Thomas d'Aquin précisait encore : « Si pour se défendre on exerce une violence plus grande qu'il ne faut, ce sera illicite. Mais si l'on repousse la violence de façon mesurée[42], ce sera licite [...]. Et il n'est pas nécessaire au salut que l'on omette cet acte de protection mesurée pour éviter de tuer l'autre[43]. »

Le *Catéchisme de l'Église* en tire logiquement cette conséquence que « la légitime défense peut être non seulement un droit, mais un devoir grave, pour celui qui est responsable de la vie d'autrui, du bien commun, de la

---

[39] V. *Catéchisme de l'Église*, § 2261.

[40] On retrouve ce principe du double effet pour fonder la licéité morale des soins palliatifs dont l'effet recherché est de soulager la souffrance du patient, mais dont un effet possible – sinon prévisible bien que non recherché –, sera de hâter la survenance de la mort. Dans l'encyclique *Evangelium vitae*, le pape Jean-Paul II écrivait ainsi : « Il est licite de supprimer la douleur au moyen de narcotiques, même avec pour effet d'amoindrir la conscience et d'abréger la vie » (*op. cit.*, p. 112, § 65).

[41] V. *Catéchisme de l'Église catholique*, § 2263 et 2264.

[42] C'est cette idée de mesure, sinon de proportionnalité, directement puisée à la source de la pensée thomiste, qui inspire le droit pénal français.

[43] Saint Thomas d'Aquin, s. th. 2-2, 64,7.

famille ou de la cité[44] ». C'est ce qui explique que « les pouvoirs publics ont dans ce cas le droit et le devoir d'imposer aux citoyens les obligations nécessaires à la défense nationale[45] ». Il s'agit donc, à proprement parler, d'un devoir d'État. Celui qu'est fondé à invoquer le résistant qui se dresse contre le conquérant, la nation qui entend défendre son indépendance contre les menées impériales d'une puissance étrangère qui cherche à l'asservir par la force, et plus généralement la victime contre son oppresseur.

L'approbation donnée le 30 septembre 2015 par le patriarche russe orthodoxe de Moscou à l'intervention militaire décidée par le président Vladimir Poutine contre les groupes djihadistes qui sévissent en Syrie ne s'explique pas autrement. « La Russie, déclarait alors le patriarche Cyrille, a pris une décision responsable en utilisant ses forces armées pour défendre le peuple syrien frappé par le malheur[46]. » En revanche, les propos de son porte-parole, le Père Vsesolod Tchapline sont beaucoup plus surprenants ou, si l'on peut dire, peu orthodoxes ! Dans un communiqué officiel, il indiquait en effet que « le combat contre le terrorisme est une guerre sainte » ! Comme on devait s'y attendre, sa déclaration a suscité des protestations, y compris au sein même de la hiérarchie orthodoxe. Dans son homélie du 18 octobre suivant, le métropolite grec-orthodoxe de Beyrouth, Mgr. Elias Audi, a été on ne peut plus clair : « Notre Église [l'Église orthodoxe en l'occurrence], ne bénit pas celui qui tue l'autre, c'est comme s'il voulait tuer Dieu. L'Église ne bénit pas les guerres et ne les sacralise pas. Elle ne sanctifie pas les combats et refuse le concept de guerre sainte[47]. » Dont acte.

Toujours est-il que, pour autant que l'on se garde de confondre guerre sainte et guerre juste, il n'en demeure pas moins que les nécessités de la défense, dès lors que celle-ci est légitime, ne contreviennent donc en rien à l'enseignement traditionnel de l'Église ni, *a fortiori*, à la morale chrétienne. C'est seulement, répétons-le, l'usage délibéré et non justifié de la violence collective ou, pour le dire autrement, le recours à la guerre d'agression, qui est moralement réprouvé. On peut observer, soit dit en passant, que le droit positif français (article 122-5 du Code pénal), donne une définition de la légitime défense [individuelle] similaire à celle de l'Église.

De cette conclusion procède une première observation.

---

44 *Catéchisme de l'Église catholique*, § 2265.
45 *Idem*, § 2310.
46 V. Annie LAURENT, « Guerre sainte en Syrie ? », *op. cit.*, p. 15.
47 *Ibidem.*

2- L'objection de conscience à l'usage personnel de la violence – comme à l'obligation légale de porter les armes – n'est pas recevable en toutes circonstances.

La confrontation de ce que précise la doctrine sociale de l'Église à ce qu'énonçait en France une proposition de loi du 1er décembre 1949 visant à reconnaître un statut d'objecteur au service militaire obligatoire, appelle ici une remarque. Cette proposition de loi – restée lettre morte[48] – avait pour objet de fonder en droit l'objection sur l'opposition à l'usage personnel de la violence « en toutes circonstances » ! Or, ce « en toutes circonstances » n'est manifestement pas compatible avec ce que précise la doctrine de l'Église qui fait – il faut le redire – de la légitime défense un « devoir grave » qui pèse sur chacun : « L'interdit du meurtre n'abroge pas le droit de mettre hors d'état de nuire un injuste agresseur. La légitime défense est un devoir grave pour qui est responsable de la vie d'autrui ou du bien commun[49]. » Dans ces conditions, le réfractaire, « en toutes circonstances », méconnaîtrait ce « grave devoir » que devrait lui dicter sa conscience... En d'autres termes, ce qui est éminemment vertueux, c'est d'être pacifique et non pas pacifiste, aveuglément pacifiste.

Ainsi s'explique sans doute, et ceci est parfaitement cohérent, que ce n'est que du bout des lèvres – même si l'on force un peu le trait en le disant de cette manière – que la doctrine de l'Église prend en considération l'objection de conscience au service militaire. Sans doute, le Pape Benoît XV (1914-1922), pour conjurer le risque de guerre, dans une tentative désespérée – si l'on ose dire –, et donc dans un contexte particulier, celui de l'imminence du déclenchement de la Première Guerre mondiale, avait-il marqué son opposition à la conscription : y renoncer eût été selon lui, le premier acte de désarmement. Il n'en reste pas moins que l'Église se montre très réservée à ce sujet. La prise en considération du sort de l'objecteur de conscience à la conscription militaire obligatoire n'apparaît en effet – pour la première fois – que dans la Constitution pastorale *Gaudium et Spes* (§ 79) adoptée par le Concile Vatican II et promulguée par le pape Paul VI, le 7 décembre 1964. Et ce n'est que plus récemment encore que le *Compendium*

---

[48] La reconnaissance en France du statut d'objecteur fut relativement tardive si l'on considère l'ancienneté du principe de la conscription appliquée sans discontinuité depuis le début de la IIIe République. C'est finalement la loi du 22 décembre 1963 qui le crée en s'inspirant de la proposition de loi du 1er décembre 1949. Mais la loi de 1963 se montre très restrictive : d'une part elle se contente d'établir un statut d'objecteur sans que ce statut emporte la reconnaissance concomitante d'un véritable droit à l'objection ; d'autre part, elle emploie la formule elliptique d'objecteur sans préciser *expressis verbis* qu'il s'agit d'un objecteur « de conscience ». Dans son dernier état législatif, avant la suspension du service national obligatoire (loi du 28 octobre 1997), c'est la loi du 8 juillet 1983 qui régissait le statut d'objecteur, en assouplissant les conditions requises pour l'obtenir (article L. 116-1 du Code du Service national).

[49] *Catéchisme de l'Église catholique*, § 2321.

de la Doctrine sociale de l'Église (§ 503) aborde en tant que telle l'objection de conscience à la conscription obligatoire. Mais il ne le fait qu'incidemment – c'est à souligner – dans la mesure où ce n'est pas là le principal objet du paragraphe dans lequel il en fait mention[50].

Plus explicite est en revanche la condamnation morale du fait d'accumuler des armes et de pratiquer la course aux armements. Ce sera la dernière observation que nous ferons, au risque de nous éloigner encore plus du sujet traité, même si elle n'est pas dépourvue de tout lien avec lui.

3- L'accumulation des armes comme la course aux armements est moralement condamnable.

C'est là ce qu'énonce le *Catéchisme de l'Église catholique*, qui considère que l'accumulation des armes n'est pas forcément le moyen le plus efficace de détourner de la guerre des adversaires éventuels, ni la course aux armements le moyen d'assurer la paix[51]. D'où les réserves qu'appelle la dissuasion nucléaire[52]. Réserves dont la conférence des évêques de France devait déjà se faire l'écho, à partir de 1974, en critiquant ouvertement la politique française de dissuasion nucléaire, faute alors, semble-t-il, pour nos excellences révérendissimes, d'en avoir vraiment saisi les fondements théoriques[53]. Car si l'on considère les choses d'un autre point de vue, qui est précisément celui de la doctrine française de dissuasion nucléaire, celle du faible au fort, magistralement exposé dès 1960 par la général Pierre-Marie Gallois[54], on peut dire qu'il ne s'agit pas dans ce cas précis d'accumuler des armes, ni de participer à la course aux armements.

C'est même le contraire qui est vrai, parce qu'à l'âge nucléaire, l'inégalité des forces ne compromet pas l'équilibre des puissances et donc, selon cette vérité d'expérience[55], la paix. Ainsi donc, « le pays qui fonde sa securité sur la politique de dissuasion à l'agression » n'adopte pas une posture belliqueuse, agressive ou conquérante. « Il menace seulement de

---

[50] V. le *Compendium* de la doctrine sociale de l'Église, *op. cit.*, p. 283, note 1057.

[51] Force est de constater qu'en ce domaine – l'accumulation des armes et la course aux armements –, les États musulmans du Proche et du Moyen-Orient ne donnent pas l'exemple de la modération, l'Arabie saoudite étant le premier importateur d'armes… occidentales (v. Marc FROMAGER, *Guerres, pétrole et radicalisme. Les chrétiens d'Orient pris en étau*, *op. cit.*, p. 123).

[52] *Catéchisme de l'Église catholique*, § 2314 et 2315.

[53] Le général de Gaulle n'en aurait sans doute pas été étonné, bien que peiné. « L'Église de France, ce n'est pas le patriotisme qui l'étouffe », dit-il un jour – le dimanche 29 septembre 1963 – à Alain Peyrefitte, avant d'ajouter dans un soupir : « Que voulez-vous que j'y fasse, c'est ainsi », (A. PEYREFITTE, *C'était de Gaulle*, t. 2, éd. De Fallois / Gallimard, 1997, p. 138 et 202).

[54] Pierre-Marie GALLOIS, *Stratégie de l'âge nucléaire* (Préface de Raymond ARON), Calmann-Lévy, 1960, rééd., F.-X. de Guibert, 2009.

[55] « En définitive et comme toujours, ce n'est que dans l'équilibre que l'univers trouvera la paix », déclarait ainsi le général de Gaulle lors de sa conférence de presse du 31 mai 1960.

représailles quiconque s'en prendrait à sa souveraineté ou à l'intégrité de ses territoires et de ses biens[56] » : il renonce à l'agression sans s'exposer à la destruction, dans la mesure même où il dissuade un agresseur potentiel – un injuste agresseur – en le menaçant de subir en représailles des blessures mortelles. Tant et si bien que pour ce dernier, le risque devient disproportionné par rapport à l'enjeu. Et c'est précisément en raison de cet équilibre de la terreur – réalisme oblige – que la guerre peut être évitée et la paix sauvegardée.

En somme, la doctrine de la dissuasion du faible au fort renvoie plus sûrement à la théorie de la puissance bornée forgée au XIIIe siècle par les légistes du saint roi Louis IX qui eut une pratique héroïque de la vertu (cardinale) de tempérance, outre celle de justice. Son but n'est pas d'accumuler des armes ou de participer à une course effrénée aux armements, mais au contraire, selon l'expression qu'affectionnait Jean-Pierre Chevènement quand il était ministre français de la Défense, de seulement atteindre et maintenir le seuil de stricte suffisance – autre expression de la théorie de la puissance bornée[57] – qui donne à la dissuasion sa crédibilité et à la paix une chance de triompher…

Le moins que l'on puisse dire est que cette libre réflexion sur la « guerre juste » dans la doctrine de l'Église nous a éloignés du sujet apparent – le destin des chrétiens de Méditerranée orientale aux prises avec le djihadisme radical –, qui en fut non pas tant le prétexte que l'occasion. Mais les choses étant ce qu'elles sont et la confusion qui règne souvent au sujet des notions de guerre sainte et de guerre juste ce qu'elle est, ce rappel n'aura peut-être pas été vain… Quoique l'on puisse penser par ailleurs des analyses et des opinions de celui qui a pris le « risque » de les exprimer avec la ferme intention de dire les choses comme elles sont, en toute humilité, sans agressivité – du moins l'espère-t-il – et sans aucunement prétendre à l'infaillibilité. Car aussi bien, son intention n'a jamais été que de rendre témoignage à la vérité…

Michel CLAPIÉ
Agrégé des facultés de droit. Professeur de droit public
Université de Montpellier I

[56] Pierre-Marie GALLOIS, *Stratégie de l'âge nucléaire*, *op. cit.*, p. 126.

[57] V. Michel CLAPIÉ, « Le Président de la République *garant de l'indépendance nationale*. Enquête sur les raisons d'être d'une disposition constitutionnelle tombée en déshérence en remontant aux sources du gaullisme gaullien et de l'histoire de France », in M. CLAPIÉ, S. DENAJA et P. IDOUX (dir.), *Indépendance(s). Études offertes au Professeur Jean-Louis Autin*, Faculté de droit et science politique de Montpellier, coll. Mélanges, t. 2, 2012, p. 793-828.

En quête de Jésus de Nazareth : Comparaison entre la deuxième et troisième quête du Jésus de l'histoire

À mes parents, puissent-ils rire avec leur Messie retrouvé dans le *Olam ha-ba*

« C'est un juif qui va quémander un emploi à son rabbin. Lequel lui propose de s'installer à l'entrée du village pour attendre l'arrivée du Messie. "Ainsi, dès qu'il arrive, tu préviendras tout le monde." Au chômeur qui s'insurge de travailler à l'oeil, le rabbin rétorque : "Au moins, tu auras la chance d'avoir un boulot stable !" »

Marc-Alain OUAKNIN, *Bible de l'humour juif*

Ces quelques pages sont un extrait d'un travail de recherche en théologie que j'ai mené autour d'une enquête sur l'identité de Jésus de Nazareth, afin d'approfondir et de compléter mon activité d'enseignement des langues de la Bible. Ceci est juste une trace écrite que je dédie à ma maman qui aurait été sans doute très heureuse de voir, et peut-être est-elle en mesure de le voir, que sa fille continue d'entretenir la petite flamme de l'enseignement. Bien sûr, je ne le fais pas à son niveau, je ne suis pas une universitaire, mais je le fais de tout mon cœur comme une artiste en transmettant ce que je peux de mon amour pour les langues de la Bible, le grec et l'hébreu…

En théologie, il y a plusieurs manières d'aborder une question et celle sur l'identité de Jésus de Nazareth a bien sûr déjà été traitée par les plus grands historiens, philosophes, juristes, théologiens. Afin de rester fidèle à la démarche de ma maman, j'ai décidé de m'orienter davantage vers une recherche historique. Il y a d'un côté le Jésus de la Foi et le Jésus de l'Histoire. C'est sous cet aspect historique, par conséquent, que j'ai décidé d'aborder ce sujet afin de faire le pont entre ce qu'a été ma maman, une grande intellectuelle prônant les valeurs de la laïcité, et sa fille plus artiste, décalée et mystique. Sur ce terrain de l'histoire, nous nous retrouvons…

Plusieurs quêtes ont été menées autour du Jésus de l'Histoire. J'ai choisi pour cette publication d'aborder la question de l'identité à travers la seconde et la troisième quête : en quoi Jésus aurait apporté une dimension nouvelle au judaïsme, et en quoi finalement il n'aurait jamais rompu avec le judaïsme.

Valérie Pavia

En quête du portrait d'identité de Jésus

Faire le portrait de Jésus, en s'appuyant sur les auteurs emblématiques de la troisième quête, Ed Parrish Sanders et Geza Vermes, c'est déjà partir du propre questionnement de Jésus sur son identité que nous avions soulignée lorsque ce dernier demande à ses disciples de lui dire qui il est. C'est aussi essayer de ne pas trop donner de réponses afin de rester dans le bonheur du questionnement, c'est respecter le mystère et se mettre dans la position passive de Dieu qui laisserait surgir le visage sur un voile, telle une image acheiropoïète, c'est-à-dire non faite par la main de l'homme. C'est encore se mettre à l'écoute des paroles de tous ceux qui se font les témoins de l'histoire de Jésus, puisque ce sont toujours les autres qui le définissent.

Le choix du théologien Geza Vermes s'imposait pour cette partie. Qui mieux qu'un historien des religions, juif hongrois dont les parents ont été déportés pendant la Shoah pouvait restituer ce portrait authentique du Jésus de l'histoire comme s'il le connaissait de l'intérieur ? Ordonné prêtre après la Seconde Guerre mondiale, il fit ses études d'abord à Budapest, puis à l'Université catholique de Louvain, pour être reconnu principalement par ses recherches sur les manuscrits de la mer Morte. Ce grand écart, bien seulement apparent entre son origine et son ordination, ne pouvait que rendre incontournable et d'autant plus pertinente son approche de l'identité du Jésus de l'histoire. En 1957, toutefois, Geza Vermes quitte l'Église catholique romaine et retrouve son identité juive.

La première réponse qu'apportent donc les disciples au questionnement de Jésus est la suivante: « σὺ εἶ ὁ χριστός » (Mc 8,29). *Tu es le Christ*, en sachant que la traduction grecque de *χριστός* reprend le terme hébraïque de *Mashiah,* qui veut dire celui qui est oint. Reconnaître Jésus comme *Mashiah* en hébreu, *Meshiha* en araméen, *χριστός* en grec, relève davantage de la vision. Jésus se révèle comme Messie à ceux qui ont des yeux pour le voir : « J'ai vu l'Esprit telle une colombe descendre du ciel et demeurer sur lui. » Ainsi apparaît-il à Jean au début de son évangile.

Le Jésus de Jean est celui qui se révèle le plus à travers des visions. C'est pour cette raison que nous retiendrons davantage cet évangile pour mener notre quête d'identité, afin de préserver le mystère. C'est aussi le choix de Geza Vermes[1] qui dans son enquête se focalise principalement sur l'évangile de Jean. Cet évangile incarne précisément ce mystère d'un être venu d'ailleurs, qui vient du ciel et qui doit y retourner. Il est ce passant entre le ciel et la terre. Un passant au sens littéral de l'homme hébraïque qui désigne l'homme du passage. La racine du mot hébreu étant *Avar*, ce qui signifie passer.

Le premier terme attribué à Jésus dans l'évangile de Jean est celui de Maître.

---

[1] Geza VERMES, *Enquête sur l'identité de Jésus*, Paris, Bayard, 2003.

- **Le Maître**

Toutefois, Jésus n'est pas un maître au sens traditionnel du terme. Les grands maîtres juifs de l'époque étaient plutôt appelés « anciens » que « rabbis ». On ne peut pas dire non plus que Jésus ait étudié la Torah au sens classique du terme. Son autorité semblait venir d'ailleurs et confirme le fait que Jésus n'était pas de ce monde. Il revient alors à un autre de définir Jésus : « Nicodème vint de nuit trouver Jésus et lui dit : "Rabbi, nous savons que tu es un maître qui vient de la part de Dieu, car personne ne peut opérer les signes que tu fais si Dieu n'est pas avec lui." » (Jean 3,2). En grec, le verbe *οἴδαμεν* désigne, justement, à la fois le fait de savoir, qui se traduit aussi par la capacité de voir. Nous sommes donc bien là dans le registre de la vision que nous avions évoqué plus haut, fréquente tout au long de l'évangile de Jean. Un peu plus loin dans l'évangile, Jésus semble encore apporter une réponse à ses disciples qui s'interrogent sur son identité, mais elle est une fois de plus détournée par un procédé rhétorique qui consiste à ne pas se désigner directement : « Vous m'appelez "le Maître et le Seigneur" et vous dites bien, car je le suis. »

- **Le prophète**

C'est une fois de plus les autres qui vont définir Jésus en tant que prophète. Le prophète est précisément celui qui est doté de visions, capable de pénétrer les pensées secrètes du cœur et d'opérer des miracles. Non seulement le prophète est celui qui voit mieux que les autres, mais il est celui qui aide à voir et qui permet aux autres d'accéder à un stade supérieur de la vision : « Et toi, que dis-tu de celui qui t'a ouvert les yeux ? Il répondit : "C'est un prophète." » (Jean 9,17).

Jésus n'est pas qu'un prophète, mais il est Le prophète : « À la vue du signe qu'il venait d'opérer, les gens dirent : "Celui-ci est vraiment le Prophète, celui qui doit venir dans le monde." » (Jean 6,14).

- **Le Messie**

Comme nous l'avons déjà introduit au début de ce chapitre, Jésus se manifeste en tant que Messie à tous ceux qui ont des yeux pour le voir. De même que pour le prophète, nous restons plus que jamais dans le registre de la vision. Dans cette parole de l'évangile de Jean mentionnée plus haut « J'ai vu l'esprit de Dieu, telle une colombe descendre du ciel et demeurer sur lui » (Jean 1,32), nous nous arrêterons un instant sur le verbe grec *τεθέαμαι τὸ πνεῦμα*. La traduction française parle de voir, alors que ce verbe véhicule davantage la notion de contemplation. Pour recevoir une vision, l'état de contemplation de la personne qui accueille me semble en effet important et correspondre à l'idée que nous avions évoquée à propos du Passif Divin, où la Foi se manifesterait davantage dans une posture de passivité. Le verbe *τεθέαμαι* est lui-même d'ailleurs conjugué à la forme passive.

Il est un autre passage dans l'évangile de Jean où la révélation du Messie se fait encore par le mode de la vision. On retrouve le verbe *οἶδα* dans la phrase de la Samaritaine qui désigne à la fois le fait de voir et de savoir : « *οἶδα ὅτι Μεσσίας ἔρχεται* » (Jean 4, 25). Savoir revient tout simplement à bien voir. Cette phrase courte, qui relève de l'affirmation, illustre bien le sens de la *Emouna*, qui se révèle sans effort, dans la plus grande des certitudes.

À côté du mode de la vision, une des formes évoquées dans la première partie propre au Logos de Jésus, le parallélisme antithétique permet de souligner son caractère messianique : « Les juifs firent un grand cercle autour du lui et lui dirent : “Jusqu'à quand vas-tu nous tenir en suspens ? Si tu es le Christ, dis-le ouvertement !” » Jésus leur répondit : “Je vous l'ai dit et vous ne croyez pas.” » (Jean 10, 25). Le parallélisme ici est annoncé par le *καὶ* ; et un peu plus loin, il est introduit par le *ἀλλ'* : « Les œuvres que je fais au nom de mon Père rendent témoignage, mais vous ne me croyez pas. » (Jean 10, 25).

Enfin, l'identité messianique de Jésus se traduit à travers la forme de la question, si chère à Jésus lui-même : « Parmi les gens de la foule qui avaient écouté les paroles, les uns disaient : “Vraiment, voici le Prophète...” Mais d'autres encore disaient : “Le Christ pourrait-il venir de la Galilée ?” » (Jean 7,41). Le caractère de ce Messie qui vient d'une région inattendue rejoint cette idée qu'il serait aussi cet étranger venu d'ailleurs avec son langage particulier. Une fois de plus, un merveilleux parallélisme antithétique vient illustrer notre propos : « Vous me chercherez et vous ne me trouverez pas ; car là où je suis, vous ne pouvez venir. » (Jean 7, 34).

- **Le Roi**

C'est également un roi bien particulier qui est annoncé et qui ne répond pas aux critères habituels que l'on pourrait se faire de la royauté. Jésus est un roi venu en effet d'un autre monde : « Ma royauté n'est pas de ce monde. » (Jean 18, 36).

Le titre de roi, au lieu de lui conférer honneur et gloire, lui vaut au contraire un motif de condamnation. Pilate d'ailleurs semble lui-même dépassé par cette condamnation et se présente sous le jour de quelqu'un qui ne comprend absolument rien à la situation : « Pilate rentra donc dans la résidence. Il appela Jésus et lui dit : “Es tu le roi des Juifs ?” Jésus répondit : “Dis-tu cela de toi-même ou d'autres te l'ont dit de moi ?” Pilate lui répondit : “Est-ce que je suis juif, moi ? ... Qu'as tu fait ?” Jésus répondit : “C'est toi qui dit que je suis roi. Je suis né et je suis venu dans le monde pour rendre témoignage à la vérité”... Pilate lui dit : “Qu'est-ce que la vérité ?” » (Jean 18, 33-37).

Non seulement le titre de roi ne lui confère aucun honneur, mais il est annoncé également sans l'honneur que l'on attendrait d'un roi. Un messie glorieux serait arrivé sur un cheval alors que Jésus, lui, s'avance sur le dos d'un âne : « Sois sans crainte fille de Sion… voici ton roi qui vient, il est monté sur le petit d'une ânesse. » (Jean 12,15).

Ce qui est dit dans Zacharie à propos de ce roi qui vient sur le dos d'un ânon est encore plus significatif sur son origine humble, qui fait que justement il serait plus digne que les autres d'être un roi : « Tressaille d'allégresse, fille de Sion. Voici que ton roi s'avance vers toi : il est juste et sauvé, humble, monté sur un âne, un ânon tout jeune. » (Zach 9,9).

- **Le Fils de Dieu**

Deux mille ans de tradition chrétienne ont fini par déformer le sens premier que l'on attribuait au titre de « Fils de Dieu ». La bible hébraïque établit même une sorte de hiérarchie pour définir ces Fils de Dieu, ces *Bné Elohim,* ce que la Septante traduit par « anges de Dieu » : « Les Fils de Dieu virent que les filles d'homme étaient belles et ils prirent pour femmes celles de leur choix. » (Gen 6,2). Un peu au-dessous dans la hiérarchie, on trouve le Roi d'Israël à propos duquel Dieu déclarait déjà : « Je serai pour lui un père et il sera pour moi un fils. » (2S7, 14). Enfin, au bas de l'échelle, on constate que tout juif est appelé fils de Dieu depuis la sortie d'Egypte : « Ainsi par le Seigneur, Israël est mon fils premier-né. » (Ex 4,22).

On s'aperçoit que la notion de Fils de Dieu varie tout de même chaque fois en fonction du contexte. Au début du deuxième siècle avant Jésus Christ par exemple, un certain Jésus Ben Sira déclarait que seul l'homme pieux et miséricordieux pouvait se voir attribuer le titre de fils de Dieu : « Sois un père pour l'orphelin, un époux pour les veuves et Dieu te reconnaîtra pour fils. »

Cette mise au point sur la signification du Fils de Dieu dans la tradition hébraïque est importante, car elle rend tout à fait injustifiée et sans aucun fondement l'accusation portée contre Jésus : « Nous avons une Loi et il doit mourir en vertu de cette Loi, car il s'est prétendu "fils de Dieu". » (Jean 19,7). Ou encore : « Ce n'est pas pour une belle œuvre que nous voulons te lapider, mais pour un blasphème, parce que toi qui es un homme, tu te fais Dieu. » (Jean 10,33). Ce à quoi Jésus répond dans un esprit de *mahloket,* c'est-à-dire de controverse et de vive répartie typique de l'enseignement talmudique, en reprenant le psaume 82: « N'a-t-il pas été écrit dans votre Loi : *J'ai dit : vous êtes des dieux* ? Il arrive donc à la Loi d'appeler dieux ceux auxquels la parole de Dieu fut adressée. Or nul ne peut abolir l'Ecriture. » (Jean 10,34).

- **(Le) Seigneur**

Sans article, on entend le terme de Seigneur au sens de maître ou de professeur : « Vous m'appelez "Le Maître et le Seigneur" et vous dites bien, car je le suis. » (Jean 13,13). Ce qui est étonnant également dans ce passage, c'est que quelqu'un a qui l'on confie le titre de Seigneur suscite une forme de distance *a priori*, alors qu'ici ce Seigneur se comporte avec une grande proximité et intimité avec ses disciples. Alors qu'on aurait tendance à chercher le Seigneur dans le ciel, à lever la tête vers lui, il est en fait là, tout près, en train de nous laver les pieds : « Dés lors, si je vous ai lavé les pieds, moi, le Seigneur et le Maître, vous devez vous aussi vous laver les pieds les uns aux autres. » (Jean 13,14). Ce rôle du Seigneur inversé témoigne de la qualité du message que le Maître souhaite transmettre à ses disciples : « Car c'est un exemple que je vous ai donné : ce que j'ai fait pour vous, faites-le vous aussi. » (Jean 13,15).

Si on se réfère à présent aux récits postérieurs à la résurrection, on s'aperçoit que le Seigneur accompagné de l'article atteint une signification encore plus spirituelle. En qualifiant ainsi le Seigneur, il est celui qui semble avoir dépassé sa nature humaine et avoir atteint sa nature divine : « Marie de Magdala vint donc annoncer aux disciples : "J'ai vu le Seigneur, et voilà ce qu'il m'a dit." » (Jean 20,18). On se retrouve dans le même processus que précédemment avec la Samaritaine, à savoir qu'une vision s'accompagne aussitôt après d'une parole prophétique. Apposer l'article au Seigneur revient en quelque sorte à décrire le phénomène d'une théophanie. Si nous avons tant souligné l'importance de la vision, c'est qu'il est depuis le commencement le mode de révélation le plus fréquent de Dieu. « Lorsque Abraham eut atteint quatre-vingt-dix-neuf ans, Yahvé lui apparut. » (Gen 12,1). Ou bien « Dieu apparut encore à Jacob. » (Gen 35,9). Le « encore » d'ailleurs de ce dernier texte suggère d'autres théophanies antérieures. De même, dans le premier récit de la transmission de la Loi, Moïse gravit la montagne avec Aaron, Abihou et soixante-dix des Anciens d'Israël, et ils contemplèrent Dieu : « Ils virent le Dieu d'Israël et sous ses pieds, c'était comme une sorte de pavement de lazulite semblable au fond du ciel. » (Ex 24, 9-11). Nous avions déjà évoqué un phénomène similaire lors de l'apparition de la colombe à Jean. Toutefois, ces visions requièrent la présence d'un intermédiaire ou d'un médiateur.

- **Le Fils de l'homme**

Jésus en tant que Fils de l'homme est plus que tout autre ce médiateur de la Parole entre Dieu et les hommes. Nous remonterons une fois de plus à l'origine du Fils de l'homme dans le judaïsme ancien. L'expression Fils de l'homme vient de l'expression araméenne *Bar Enasha,* très proche en effet de *Ben Haich* en hébreu.

Geza Vermes[2] souligne que « en dehors du Nouveau Testament, les juifs de langue araméenne employaient le plus souvent “fils d’homme” soit comme un nom, soit comme un pronom indéfini. Dans le dialecte araméen de Galilée qui était celui de Jésus, “fils d’homme” était parfois utilisé dans un monologue ou un dialogue pour désigner de façon détournée le locuteur lui-même. Le but de cette périphrase était de se distancier d’un événement fatal et redouté. »

Le premier livre biblique dans lequel l’expression « Fils de l’homme » apparaît est un livre prophétique : « Je regardais dans les visions de la nuit, et voici qu’après les nuées du ciel venait comme un Fils d’homme. » (Dan 7, 13).

L’historien des religions fait ressortir trois thèmes centraux qui sont associés à l’expression « Fils de l’homme » dans le quatrième évangile. La première de ces notions théologiques concerne la Foi au Fils de l’homme qui ouvre au croyant la porte de la vie éternelle : « Ne travaillez pas pour la nourriture périssable, mais pour celle qui demeure en vie éternelle, celle que le Fils de l’homme vous donnera. » (Jean 6,27). La deuxième notion fait justement le lien entre cette vie éternelle donnée au croyant et l’élévation de Fils de l’homme : « Comme Moïse a élevé le serpent au désert, ainsi le Fils de l’homme doit-il être élevé afin que quiconque croit en lui ait la vie éternelle. » (Jean 3, 14). Enfin le troisième aspect le plus représentatif du Fils de l’homme concerne ses allers et venues entre le ciel et la terre. Ce qui rentre en résonance directe avec la phrase du livre de Daniel. Que ce soit dans le livre prophétique comme dans l’évangile de Jean, le mouvement du Fils de l’homme est ascendant, alors que dans les évangiles synoptiques, note l’auteur[3], « le retour du Fils de l’homme suppose une descente des régions célestes » : « Alors apparaîtra dans le ciel le signe du Fils de l’homme ; alors toutes les tribus se frapperont la poitrine ; et elles verront le Fils de l’homme venir sur les nuées du ciel… » (Mat 24,30). On soulignera dans cette phrase que la vision est ici indiquée par un passif : Le verbe *φανήσεται* étant au futur et au mode passif. Dans l’évangile de Jean, à la manière des anges sur l’échelle de Jacob : « Voici que des anges de Dieu y montaient et y descendaient » (Gen 28,12), le Fils de l’homme fait ses allers et venues dans les deux sens : « Personne n’est monté au ciel, sinon celui qui est descendu du ciel, le Fils de l’homme. » (Jean 3, 13). Le Fils de l’homme dans l’évangile de Jean apparaît vraiment comme cet étranger venu du ciel, de passage sur terre, tout comme l’homme hébraïque l’est de par son essence, et qui doit remonter au ciel.

Jean de Patmos, lui, reprendra tous les thèmes en s’inspirant à la fois du livre de Daniel et des évangiles, en mettant l’accent sur la Vision qui est au cœur même du message de la Révélation : « Voici, il vient au milieu des

---

[2] Geza VERMES, *op. cit.*, p. 43.
[3] *Ibid.*, p. 45.

nuées et tout œil le verra... » (Ap 1,7). Le Fils de l'homme semble chaque fois annoncé à la fois comme quelqu'un qui est déjà venu et dont on attend le retour, ce qui rentre bien dans la logique eschatologique que nous connaissons déjà et que nous aborderons ultérieurement en nous appuyant sur les thèses de E.P. Sanders.

Cette visée eschatologique qui se traduit dans la montée et la descente des anges ou du Fils de l'homme s'inscrit tout à fait dans le programme d'Israël, dont la vocation est de participer au plan divin. Ainsi, le rêve de Jacob fait justement allusion à l'avenir du peuple juif. L'échelle en question sur laquelle descendent et montent les anges se dit en hébreu *Soulam.* En hébreu, chaque mot a une valeur numérique et il se trouve que la valeur numérique du mot *Soulam* et celle de *Sinaï* sont identiques, ce qui veut bien dire qu'il existe un lien entre l'échelle et la révélation de la Torah au mont Sinaï.

Pour Joachim Jeremias[4], la désignation de Fils de l'homme est la seule « dont l'authenticité peut être considérée sérieusement ». L'auteur, tout comme Geza Vermes, souligne l'origine araméenne de la tournure. De même que pour l'hébreu *ben*, la particule *bar* en araméen est employée « généralement pour désigner la descendance ». À la différence toutefois de Geza Vermes, Joachim Jeremias fait une distinction subtile entre la prédication exotérique de Jésus et sa prédication ésotérique. Pour ce dernier, lorsque Jésus, en effet, s'adresse à ses adversaires, il invoque davantage la notion de *Basileia,* alors que lorsqu'il se retrouve dans le cercle de ses disciples, il utilise l'expression du Fils de l'homme : « En effet, comme l'éclair en jaillissant brille d'un bout à l'autre de l'horizon, ainsi sera le Fils de l'homme lors de son jour. » (Luc 17,24). Alors que quelques versets plus haut, lorsque Jésus est confronté aux pharisiens, il leur répond : « On ne dira pas : “Le voici” ou “Le voilà”. En effet, le Règne de Dieu est arrivé. » (Luc 17,21).

L'auteur essaie de retrouver l'origine de l'expression en faisant le détour de l'histoire des religions et relève qu'en Mésopotamie, en Perse ou en Inde, la notion de Fils de l'homme serait relative à sa qualité d'homme primordial. Toutefois, ces recherches « manquent de fondements solides[5] », c'est pour cette raison que tout comme Geza Vermes, Joachim Jeremias revient aux origines de l'expression dans le judaïsme antique. Le point de départ de tous les textes apocalyptiques juifs remonte au verset de Daniel : « Voici venir dans les nuées du ciel comme un Fils d'homme. » (Dn 7,13). Ainsi on trouve également les expressions suivantes : « Il apparaîtra sur les nuées du ciel » (4 Esd 13,3). ou bien « l'Homme se révèlera ce jour-là » (Hen. éth. 45,3). ou encore : « Il sera le soutien des justes et des saints, la lumière des peuples, l'espérance des affligés » (Hen. éth. 48,4) ; et enfin : « À présent il

---

[4] Joachim JEREMIAS, *Théologie du Nouveau Testament,* Paris, Cerf, 1996, p. 321.
[5] Joachim JEREMIAS, *Théologie du Nouveau Testament,* Paris, Cerf, 1996, p. 335.

est caché, jusqu'à sa révélation » (4 Esd 13, 26). Si ces textes se situent dans la période du judaïsme antique, il n'en demeure pas moins que les allusions à la lumière des peuples ou à celui qui s'avance caché devant Dieu trouvent une résonance avec certains textes du Nouveau Testament et notamment avec le texte de la révélation de Jean de Patmos. Si cette expression « Fils de l'homme », notamment dans la littérature apocalyptique, a davantage retenu notre attention que les autres, c'est qu'elle semble d'autant plus trouver sa place dans la période tragique que nous traversons dans l'actualité, et que l'on peut y percevoir toutefois les prémices d'un temps qui s'ouvrirait vers une ère messianique. Le Livre de Daniel est plus que jamais prophétique et tourné vers l'avenir.

L'auteur fait enfin la même remarque que Geza Vermes concernant les mouvements ascendants et descendants du Fils de l'homme. Si dans Daniel, le mouvement du Fils de l'homme est plutôt celui de quelqu'un qui partirait du bas pour aller vers le haut, la vision du Fils de l'homme dans les évangiles annonce un mouvement allant du haut vers le bas (Mat 24,30).

Qu'en est-il, pour conclure cette partie, du sens de l'expression « Fils de l'homme », dans la bouche même de Jésus ? Comment expliquer en effet que Jésus n'emploie jamais la première personne pour le Fils de l'homme ? Sans doute souhaite-t-il exprimer une distance entre lui et le Fils de l'homme. On pourrait alors en déduire selon Joachim Jeremias que « Jésus avait devant les yeux un personnage sacré dont il attendait la venue[6] ». Jésus se considère comme quelqu'un qui est en devenir, qui doit devenir cet Autre, qui doit s'élever dans un premier temps pour redescendre sur la terre et accomplir sa mission. Joachim Jeremias souligne encore que « la troisième personne exprime la relation qui existe entre lui et le Fils de l'homme[7] ».

Quelle est cette mission, quel est ce mystère, qui est ce Jésus véritable qui se cache derrière les évangiles ? Ce sera l'enjeu de notre deuxième partie, qui s'attachera à restituer Jésus de Nazareth dans son milieu d'origine. Parler de Jésus le juif comme l'a fait Geza Vermes, n'est-ce pas encore évoquer l'idée d'un pléonasme ? Ne peut-on pas parler plutôt de Jésus tout simplement en s'appuyant sur la signification de son nom en hébreu *Yeshoua*, qui signifie le Salut ou la Libération. En quoi *Yeshoua*, incarne t-il ce Salut ?

Jésus et le judaïsme

Cette dernière partie s'appuiera à la fois sur Geza Vermes et sur le théologien protestant E.P. Sanders, qui lui même se décrit comme un protestant libéral et sécularisé. Il n'en demeure pas moins que son œuvre majeure reste justement cette étude détaillée de Jésus et le judaïsme, livre

---

[6] *Ibid*, p. 344.
[7] *Ibid*, p. 345.

qui n'a toujours pas de traduction française, où son principal argument nous montre un Jésus de l'histoire acteur et prophète de la restauration d'Israël. E.P. Sanders a passé toute une année en Terre sainte, et de même que Joachim Jeremias, il a surtout approfondi les études autour du judaïsme rabbinique. Ce qui lui a permis sans doute d'avoir cette approche originale d'un Jésus de l'histoire initiateur d'un mouvement eschatologique juif.

- **Restauration de l'eschatologie juive**

Rattacher Jésus, en tant que Sauveur, à la tradition juive est une manière de répondre à ce que lui-même disait à la Samaritaine dans l'évangile de Jean : « Nous adorons ce que nous connaissons, car le salut vient des juifs » (Jean 4,22). La rencontre de Jésus avec la Samaritaine a lieu à Sychar, non loin de la terre donnée par Jacob à son fils, précisément là où se trouve le puits de Jacob. Cette localisation n'est pas fortuite et ancre bien la rencontre de Jésus avec la Samaritaine dans la perspective de l'histoire de son peuple

L'épisode du Puits de Jacob dans la Genèse relate également un événement très important dans l'histoire d'Israël, puisque c'est aussi par le fait de donner de l'eau que le plan divin va pouvoir se réaliser. Après avoir tenté d'immoler son fils Isaac, Abraham s'est tout de suite préoccupé d'assurer l'avenir de son fils en lui trouvant une épouse. Mais la compagne convenant à son fils devait être digne de Sarah. Il confie alors la tache à Eliezer, seule personnalité ayant la stature et le pouvoir de réflexion pour pouvoir mener cette mission à son terme, afin de commencer cette nouvelle page de l'histoire d'Israël : « Voici, je me tiens près de la source d'eau et les filles des habitants de la ville sortent pour puiser de l'eau. Que la jeune fille à qui je dirai : "De grâce, incline ta cruche pour que je boive", et qui répondra : "Bois et j'abreuverai aussi tes chameaux", soit celle que Tu auras désignée pour Ton serviteur, pour Isaac… » (Gen. 24,13-14). L'épreuve destinée à s'assurer que la jeune fille avait bien le calibre nécessaire pour jouer le rôle de mère du peuple juif devait se fonder sur la bonté et non sur des miracles : « Le serviteur courut à sa rencontre et dit : "Laisse moi boire, s'il-te-plaît, un peu d'eau de ta cruche." Elle dit : "Bois, mon Seigneur" et s'empressa de faire descendre sa cruche dans sa main et lui donna à boire. »

Jésus, lui, extrêmement fatigué par le voyage, s'adresse à la Samaritaine en lui disant : « Donne-moi à boire » (Jean 4,7). A travers ce geste, en quelque sorte, s'ouvre également une nouvelle page de l'histoire d'Israël qui doit élargir sa mission, visant non plus seulement le peuple juif exclusivement, mais tous ceux qui, comme la Samaritaine, auront le regard de la Foi pour le reconnaître comme véritable Messie : « L'heure vient, elle est là où les vrais adorateurs adoreront le Père en esprit et en vérité » (Jean 4,23).

L'imminence du Royaume est toute proche. Le message de Jésus est clair à ce sujet, il ne cesse de répéter l'urgence qu'il y a d'instaurer le Royaume de Dieu. En cela, son message est profondément ancré dans l'attente messianique de l'eschatologie juive. Telles sont en effet les conclusions du théologien E.P. Sanders[8], qui insiste particulièrement sur la restauration de cette eschatologie. L'auteur s'appuie sur l'épître de Jacques pour justifier l'attente de la restauration d'Israël : « Prenez donc patience, frères, jusqu'à la venue du Seigneur » (Jc 5,7). Le verbe *Μακροθυμήσατε,* qui indique l'idée de garder patience, est tout de suite répété au verset 8 : « Vous aussi, prenez patience, ayez le cœur ferme, car la venue du Seigneur est proche. » L'eschatologie et la notion de patience sont ainsi étroitement liées. La patience n'est pas là décrite en tant que vertu à part entière, mais il s'agit de l'entendre au sens d'une attente patiente du Seigneur. L'idée est reprise par la suite : « Voyez : nous félicitons les gens endurants ; vous avez entendu l'endurance de Job et vu le but du Seigneur, parce que le Seigneur a beaucoup de cœur et montre de la pitié » (Jc 5,11). L'endurance est donc liée au Salut, ce qu'exprime Marc d'une autre manière dans le chapitre treize, en annonçant la venue du Royaume d'une manière visionnaire, très proche de celle de l'Apocalypse.

L'idée selon laquelle le Salut vient des juifs et qu'il doit être élargi jusqu'à l'extrémité de la terre est annoncée dans une autre épître : « L'endurcissement d'une partie d'Israël durera jusqu'à ce que soit entré l'ensemble des païens. Et ainsi, tout Israël sera sauvé, comme il est écrit : de Sion viendra le libérateur... » (Rom. 11, 25-26). On peut à nouveau souligner l'emploi des deux verbes *σωθήσεται* et *γέγραπται* au futur passif, ce que nous avions relevé dans la première partie lorsque nous avions associé l'idée du passif avec l'attente d'une manifestation divine.

Toutefois, l'imminence du Royaume est bien là, et non pas dans un futur inatteignable, ce qu'atteste bien l'épître de Jacques : « L'avènement du Seigneur s'est approché » (Jc 5,8), avec cette fois-ci l'emploi, non d'un futur passif, mais d'un aoriste *ἤγγικεν*, qui marque bien l'idée que le Royaume doit venir une fois pour toutes.

E.P. Sanders[9] conclut son propos sur l'eschatologie en indiquant que le Nouveau Testament doit être tout simplement considéré comme une source de connaissance du premier siècle du judaïsme. En quoi Jésus n'a t-il donc jamais rompu avec le judaïsme ? C'est ce que poursuit notre auteur dans un autre article, où il tente de répondre à la question par une autre question : « À partir de quel moment peut-on considérer qu'un juif a rompu avec le judaïsme[10] ? »

---

[8] E.P. SANDERS, *Jesus and judaism*, Philadelphia, Fortress Press, 1985.
[9] E.P. SANDERS, *op. cit.*, p. 336.
[10] E.P. SANDERS, in Daniel MARGUERAT (dir.), *Jésus de Nazareth, nouvelles approches d'une énigme,* Genève, Labor et Fides, 1998, p. 209.

- **La rupture de Jésus avec le judaïsme ?**

Trois anecdotes servent d'illustrations à E.P. Sanders pour montrer à partir de quel moment on peut envisager qu'un juif a rompu avec le judaïsme.

Tibérius Julius Alexandre était issu d'une famille juive d'Égypte très illustre ; il était en outre le neveu du célèbre philosophe juif Philon d'Alexandrie. Tibérius Julius était à peu près contemporain de Jésus et de Paul. Devenu à la fois gouverneur d'Égypte et l'un des principaux officiers militaires durant le siège de Jérusalem par Titus, il se livrait lors des cérémonies publiques à des sacrifices aux dieux païens. Il pratiquait, comme beaucoup d'autres avant lui, l'idolâtrie. Même si sa famille pensait que ce n'était qu'un brave garçon juif et qu'un jour ou l'autre il « reviendrait sur le droit chemin[11] », nous nous trouvons là devant le cas typique de quelqu'un qui a renoncé au judaïsme.

Rabbin Elisha ben Avuya, lui, vécut environ de 70 à 150 après Jésus-Christ. La légende rabbinique raconte qu'il chevaucha son cheval devant le mont du Temple le jour du Grand Pardon, qui tombait cette année-là un shabbat. La légende poursuit qu'une voix retentit alors du parvis du Temple en disant : « Revenez, fils rebelles (Jr 3,22), sauf pour Elisha ben Avuya qui connaissait ma force et qui s'est rebellé contre moi. »

Considérons à présent le Maître de Justice, un des chefs de la communauté de Qumrân qui vécut au milieu du deuxième siècle avant Jésus-Christ. « Ce dernier pensait que les juifs de Jérusalem adoraient Dieu dans un faux temple, en fonction d'un calendrier erroné, et qu'ils étaient dirigés par un faux prêtre[12]. » Peut-on considérer dans ce cas que le Maître de Justice a rompu avec le judaïsme ? Sans doute pas, selon lui, puisqu'en vivant séparé de la centralité du culte de Jérusalem, retiré à Qumrân, il s'estimait être dans la juste interprétation du judaïsme.

Il faut juste rappeler que la communauté de Qumrân se livrait à une obéissance sans faille à la Torah. Il est à peine besoin de souligner que ces règles étaient d'une sévérité extrême et il en était de même des sanctions. Ainsi le fait de s'endormir devant une assemblée était sanctionné d'une réduction de nourriture de trente jours. Les membres de la communauté étaient astreints à l'étude quotidienne de la Loi. Ils étaient tenus d'assister à des séances de lecture durant un tiers de toutes les nuits de l'année (1 QM6,7).

Selon, même, l'opinion qumrânienne, la majorité des juifs étaient « les mauvais de l'alliance » (1 QM 1.2) et seraient détruits dans la première phase de la guerre contre les Fils des Ténèbres (1 QM 1,13). Le Rouleau de la Guerre, d'inspiration nettement dualiste, est d'une importance toute

[11] *Ibid*, p. 210.
[12] *Ibid*, p. 210

particulière, car son but est de dépeindre la toute puissance du Seigneur qui octroie la victoire finale aux fils de Lumière.

Qu'en est-il à présent de Jésus ? « A t-il rompu avec le judaïsme ? Niait-il le Dieu d'Israël et se tournait-il vers les idoles ? Affirmait-il qu'il n'était pas question de respecter la Loi[13] ? » En aucune manière, répond l'auteur, et il est par conséquent extrêmement étonnant qu'une partie des chercheurs en matière de Nouveau Testament aient cherché à voir absolument en quoi Jésus avait rompu avec le judaïsme. Prenons l'exemple de Jésus et le Shabbat qui est en effet l'épisode sujet aux controverses les plus nombreuses. « Un appel aux circonstances atténuantes peut justifier une transgression particulière sans remettre en question la Loi elle-même... Les guérisons qui ont lieu un jour de shabbat témoignent du fait que la vie est menacée, mais aussi la guérison de maladies plus bénignes l'emporte, car elles constituent bien des circonstances atténuantes[14]. » Cette particularité de Jésus de guérir même pendant le Shabbat nous permet de découvrir une des ses activités principales, celle de guérisseur, préoccupation vraiment emblématique du judaïsme.

- **Jésus est un rabbin miraculeux**

Il revient à nouveau à Joachim Jérémias[15] d'avoir consacré une partie de sa recherche à l'activité de guérisseur de Jésus. Cette activité est d'autant plus significative et symbolique qu'elle témoigne de la victoire de Jésus sur la domination de Satan. « Dieu l'a oint de l'Esprit Saint et de puissance, lui qui a passé en faisant le bien et en guérissant tous ceux qui étaient tombés au pouvoir du diable ; car Dieu était avec lui » (Actes 10,38). Tous ces récits de guérison étaient aussi bien perçus par les gens simples que par l'ensemble de la population. L'homme oriental était en effet sensible aux événements extraordinaires.

Les maux que Jésus guérissait étaient essentiellement d'origine psychique : « Voici, je chasse les démons et j'accomplis des guérisons aujourd'hui et demain, et le troisième jour, c'est fini » (Luc 13,32). Au temps de Jésus, souligne l'auteur, les maladies étaient particulièrement révélatrices de la présence du démon ; on pourrait d'ailleurs dire que rien n'a vraiment changé. Toutefois, contrairement à l'époque actuelle où la tendance est d'enfermer les malades atteints de ces troubles dans des établissements spécialisés, au temps de Jésus, ceux-ci circulaient librement : « Justement, il y avait dans leur synagogue un homme possédé d'un esprit impur : "Que veux-tu Jésus de Nazareth ? Tu es venu pour nous perdre." Jésus lui commanda sévèrement : "Tais-toi et sors de cet homme". » (Marc 1,23-26). Les gens atteints de ces démons n'étaient en général plus maîtres d'eux-

[13] *Ibid*, p. 210

[14] *Ibid*, p. 213-214.

[15] Joachim JEREMIAS, *Théologie du Nouveau Testament*, Paris, Cerf, 1996.

mêmes, si bien que Jésus qualifie très justement ce démon Be'el Zeboul (de l'hébreu *Baal ha Bait*), c'est-à-dire le maître de maison, celui qui prend possession de la personne. Satan prend également la forme d'un chef qui commande les armées : « Voici, je vous ai donné le pouvoir de fouler aux pieds Serpents et Scorpions, et de toute la puissance de l'ennemi, rien ne pourra vous nuire » (Luc 10,19).

Il revient à l'écrivain Georges Bernanos, dans le *Journal d'un curé de campagne*, d'avoir parfaitement saisi cette notion de celui qui prend possession de la Maison de l'intérieur : « Je me dis que Satan qui cherche à s'emparer de la pensée de Dieu, non seulement le hait sans le comprendre, mais le comprend à rebours. Il remonte à son insu le courant de la vie au lieu de le descendre et s'épuise en tentatives absurdes, effrayantes, pour refaire, en sens contraire, tout l'effort de la création. »

Chaque victoire sur l'Adversaire annonce en quelque sorte le commencement du temps de Salut et a donc une visée eschatologique. C'est pour ça que cette activité de guérisseur est celle qui rentre le mieux en résonance avec les problématiques déjà relevées, relatives à l'eschatologie et au Salut, caractéristiques du judaïsme. La victoire définitive sur Satan est contenue et merveilleusement résumée en une seule phrase : « Je voyais Satan tomber du ciel comme l'éclair » (Luc 10,18). Toutefois, cette victoire sur l'adversaire peut être étendue jusqu'à l'extrémité de la terre, tout comme le message de Salut qu'apporte Jésus à la Samaritaine : « Il fait venir les Douze. Et il commence à les envoyer, deux par deux, leur donnant autorité sur les esprits impurs » (Marc 6,7).

En quoi peut-on rattacher cette activité d'exorcisme à la tradition juive ?

Très près de nous dans l'histoire, au dix-huitième siècle en Ukraine, on a vu fleurir cette tradition des maîtres charismatiques ou rabbins miraculeux, sous l'impulsion du mouvement hassidique lancé par Israël ben Eliezer, surnommé le Baal chem Tov (1700-1760). Celui-ci était au départ un modeste colporteur d'amulettes, dépourvu de tout enseignement rabbinique, et qui prônait le développement de la vie intérieure, l'amour du Dieu sauveur et la charité, puisqu'en effet le mot *Hessed* en hébreu désigne cette notion de charité qui vient du cœur. De la même racine, on trouve le mot *hassid*, qui signifie le comportement d'un homme juste et pieux. Ce mouvement connaît encore beaucoup de succès, surtout grâce à l'un des fils spirituels du Baal Chem Tov, Rabbi Nahman de Breslev, qui a continué à transmettre l'étincelle de ce courant basé sur la prière, la foi, la danse et la joie. Bien que disparu à l'âge de trente-huit ans, des milliers de « breslev » se recueillent chaque année sur sa tombe à Ouman, dansent, chantent et prient.

Dans la tradition du peuple d'Israël, Geza Vermes[16] fait tout d'abord allusion au roi David « dont les dons musicaux étaient capables de soulager le roi Saül ». « Quand l'esprit mauvais venu de Dieu s'emparait de Saül,

---

[16] Geza VERMES, *Enquête sur l'identité de Jésus*, *op. cit.*, p. 237.

David prenait sa lyre pour en jouer ; ainsi Saül reprenait des forces et se sentait mieux, et l'esprit mauvais le quittait » (1 S 16,23).

La liste continue avec Abraham. D'après l'apocryphe qumrânien de la Genèse, Abraham, de par son statut de sainteté, devait réparer les torts qu'il avait causés au roi d'Égypte en faisant passer Sarah pour sa sœur. Du coup, une épidémie surgit et porta atteinte au roi et à l'ensemble de ses courtisans. Aucun médecin ne parvenait à les guérir. Le pharaon « fit venir tous les sages d'Égypte, mais ils furent incapables de le guérir de ce fléau… À la fin, quand le pharaon innocent découvrit la raison de ses malheurs, il convoqua Abraham et lui demanda d'agir équitablement envers lui, ce qu'il fit. "J'ai donc prié pour lui… et lui ai imposé les mains sur sa tête ; le fléau s'écarta de lui, l'esprit mauvais fut chassé et il vécut." » (1 QapGn 20,28-29). Cette pratique de l'imposition des mains a été également utilisée par Jésus et les apôtres. (Ac 28,8).

Dans la littérature apocryphe, on trouve de nombreux exemples de ces pratiques qui étaient considérées comme un don divin et non pas comme une technique contaminée par la magie ou la sorcellerie. Dans le livre grec de Tobit, dont des fragments ont été retrouvés à Qumrân, nous assistons à l'épisode où l'ange Raphaël sauve la vie au jeune Tobit. Le démon Asmodée, « amoureux de la jeune épouse de Tobit, avait causé la mort de sept prétendants au cours de leur nuit de noce avant qu'il ne s'unisse à elle. Sur le conseil de l'ange, Tobit apporta dans la chambre nuptiale des braises d'encens sur lesquelles il mit à brûler le cœur et le foie d'un poisson, ce qui produisit une odeur infecte. Asmodée qui, comme tous les démons était sensible aux odeurs, fut arrêté et s'enfuit de Médie où avait eu lieu le mariage. C'est là que Raphaël l'enchaîna. » (Tb 3,7-8 ; 6, 13-17 ; 8, 1-3). Ce n'est pas très étonnant que cet ange s'appelle Raphaël, puisque dans la racine *Raphé*, en hébreu, on retrouve la signification du mot médecin. Le premier livre d'Hénoch décrit ce même Raphaël qui enchaîna les mains et les pieds du chef des démons Azaël et guérit ainsi la terre de la corruption (1 Hén 10,1-6).

Pour revenir à la tradition de la communauté de Qumrân, on fera allusion à un mouvement très similaire qui a été magnifiquement décrit par le philosophe Philon d'Alexandrie dans un petit livre intitulé *De vita contemplativa.* L'auteur y mentionne l'existence d'un petit groupe, retiré également dans les douces montagnes égyptiennes, surnommé justement les Thérapeutes. À la différence de la communauté de Qumrân, les Thérapeutes incluaient la présence des femmes.

Qu'en est-il à présent des maîtres charismatiques contemporains de Jésus qui ont pu exercer cette fonction de thérapeute ou de rabbin miraculeux ? La première figure dominante nous est révélée par la littérature rabbinique. Au premier siècle avant Jésus-Christ, Honi le Traceur-de-cercles a justement été considéré comme un de ces rabbins miraculeux ou *hassid*, dans le sens de notre définition du hassidisme. Il était si près de Dieu « que sa prière avait un pouvoir miraculeux[17]. »

Cette force de la prière se retrouve au cœur même de la tradition du judaïsme. C'est une forme de prière perpétuelle que l'on appelle a *Devekout*, qui signifie un extrême attachement à Dieu. D'une certaine manière, on peut dire que Jésus n'a jamais cessé de pratiquer la *Devekout*, puisqu'il était en permanence relié à Dieu. Les chrétiens d'Orient reprendront également cette notion de *Devekout* à travers ce que les pères neptiques dans la philocalie appelaient la prière du cœur, qui est une invocation perpétuelle et répétitive du nom divin. Il est tout à fait logique que nous mettions en parallèle ces *hassidim* fervents de la *Devekout* avec certains *staretz* russes qui se retiraient dans la forêt et opéraient des miracles.

Relié à Dieu par la prière du cœur, le *hassid* Honi le Traceur-de-cercles était très souvent sollicité, surtout dans les périodes de sécheresse, lorsque les récoltes étaient menacées. « Les enfants qui interpellaient Hanan, le petit fils de Honi : “Abba, Abba, donne-nous la pluie”, ne voulaient pas dire : “Prie s'il-te-plaît, pour que Dieu t'entende et nous accorde la pluie.” Car on considérait que la pluie était donnée par le *hassid*, comme dans le cas du prophète Elie[18]. » Que nous raconte à présent la Mishna à propos de Honi lui-même ?

Une fois, on demanda à Honi le Traceur-de-cercles : « Prie pour qu il pleuve. » Il répondit : « Allez et rentrez les fours de la Pâque, qu'ils ne deviennent inutilisables. » Il pria, mais la pluie ne tomba pas. Que fit-il ? Il traça un cercle, se plaça au milieu et dit à Dieu : « Maître de l'univers, tes enfants se sont tournés vers moi parce que je suis comme le fils dans Ta maison. Je jure par ton grand nom que je ne sortirai pas d'ici que Tu n'aies eu pitié de Tes enfants. » Des gouttes de pluie commencèrent à tomber. « Ce n'est pas là ce que je t'ai demandé », dit-il, « mais une pluie à remplir les citernes, les puits et les sources ». Des trombes d'eau se mirent à tomber. « Je ne t'ai pas prié pour cela, mais pour une pluie bienfaisante, de bénédiction et de grâce. » Alors il plut régulièrement et en telle quantité que les Israélites furent obligés de quitter Jérusalem pour la montagne du Temple. Ils revinrent donc voir Honi et lui dirent : « Comme tu as prié pour que la pluie tombe, maintenant prie pour qu'elle cesse » (mTaanith 3,8).

Ce qui caractérisait ces *hassidim*, que ce soit Honi, ses petits-fils, tout comme plus tard les *tsadiks* en Ukraine au dix-huitième siècle, était leur extrême pauvreté matérielle, associée naturellement à une grande humilité de tempérament. On retrouve là un des aspects que nous connaissons déjà à propos de Jésus, lorsque nous avons parlé de ce roi qui s'avance modestement sur la monture d'un ânon. Un des petits fils de Honi portait le nom de Hanan le caché en rapport avec sa personnalité discrète. De même

---

[17] *Ibid.*, p. 239.
[18] *Ibid*, p. 239.

que pour son grand-père, lorsque les enfants tiraient la frange de ses vêtements pour lui demander la pluie, ce dernier se tournait vers Dieu en disant : « Maître de l'univers, fais-le à cause de ceux qui ne savent pas distinguer entre le Père (Abba) qui donne la pluie et l'abba qui ne peut pas la donner » (bTaanith 23b).

Hanina Ben Dossa, lui, était contemporain de Jésus et originaire d'une petite ville située à quelques kilomètres de Nazareth. En plus des pouvoirs de Honi qui faisait venir la pluie miraculeusement, Hanina était « doté d'un don de guérison et du pouvoir de chasser les démons. Ce fut le plus grand thaumaturge du judaïsme rabbinique, dont la mort marqua la fin des « hommes aux bonnes actions[19] » (mSôta 9,15). Il avait même le don de pouvoir guérir les malades à distance. Sa prière était en rapport direct avec Dieu, comme nous l'avons évoqué avec la notion de *Devekout*, si bien que lui-même disait : « Si la prière coule dans ma bouche, je sais que le malade est l'objet de la faveur de Dieu » (mBerakhôt 5,1).

Bien qu'élève du célèbre Yohanan ben Zaccaï, Hanina avait en quelque sorte dépassé son maître. En effet, il arriva que le fils de Yohanan ben Zaccaï tombât malade et que par l'intermédiaire de sa prière, Hanina lui sauvât la vie. Si bien que Yohanan Ben Zaccaï, considéré comme un véritable *Nassi*, déclara : « Même si ben Zaccaï s'était agenouillé toute la journée, il n'aurait pas été exaucé » (bBerakhôth 34,b). C'est à peu près la même histoire qui arriva au fils de Gamaliel, un autre grand maître de l'époque, qui fut guéri en un instant par l'intercession de la prière de Hanina.

Une autre histoire célèbre, qui se trouve encore dans le traité berakhôt de la Michna, relate le fait suivant : « On disait de Hanina qu'un jour où il se tenait en prière un serpent vint le mordre, mais il n'interrompit pas sa prière. Ses disciples s'écartèrent et trouvèrent le serpent mort à l'entrée de son repaire. Ils dirent : « Malheur à l'homme mordu par un serpent, mais malheur au serpent qui a mordu Ben Dossa. »

Cette histoire du serpent témoigne à la fois de l'incroyable immunité du *hassid* et de son absolue confiance et attachement à Dieu. Cette histoire est en effet très proche de ce que nous avions relevé à propos des propres dons de Jésus, lorsque celui-ci dit : « Je vous ai donné le pouvoir de fouler aux pieds serpents et scorpions » (Luc 10,19). L'extrême similitude de Jésus avec ses maîtres charismatiques témoigne bien de son appartenance à son peuple.

Geza Vermes souligne en outre ce trait important et tout à fait inattendu si l'on veut en effet dresser un portrait le plus authentique possible de Jésus : « Ainsi ses réflexions dures et frisant la grossièreté à l'égard des non-juifs s'expliquent-elles mieux quand on se souvient que Jésus était un galiléen au sang chaud, chauvin comme on pouvait l'être dans cette région, alors

19 *Ibid.*, p. 242.

qu'elles sont complètement discordantes dans la bouche du chantre de la religion de l'amour que le christianisme ultérieur s'est plu à forger[20]. »

Toutefois, on pourrait également se demander, afin de nuancer le portrait et de le faire apparaître sous un autre angle, ce qui différencierait Jésus de ces maîtres charismatiques. Une fois de plus, l'historien juif des religions se livre à une précieuse étude de caractères. Il relate le fait que Hanina ben Dossa, bien qu'il fût un *hassid* authentique, n'était pas doté d'une grande personnalité. À la bonté et à la douceur de Hanina, l'auteur oppose et insiste encore sur le côté « déterminé, impatient et coléreux » de Jésus, très souvent « en proie à de très fortes émotions[21] ». Si les prophètes se préoccupaient des pauvres, des veuves et des orphelins, Jésus allait encore plus loin en acceptant de fréquenter les infréquentables aux yeux de ses contemporains. Pour conclure, Jésus apparaît donc comme « un géant solitaire parmi les anciens *hassidim*. Il a prêché un évangile de feu, exceptionnel de force et de poésie, l'un des plus hauts sommets de la créativité religieuse du peuple d'Israël[22] ».

Qu'il soit Prophète, Roi, Messie, Sauveur, Fils de l'homme, ou Rabbin miraculeux, Jésus est bien un *Ish-ha-Elohim*, cet homme de Dieu juif galiléen du premier siècle, pleinement représentatif de la *Emouna*, cette Foi qui édifie l'Homme dans la transcendance et la coopération avec Dieu. Jésus était ce Maître spirituel, et comme tous les grands maîtres, il continue de laisser une trace lumineuse bien après sa disparition.

En espérant que cet ouvrage soit en quelque sorte une contribution collective qui permette d'entretenir la trace lumineuse que laisse une personne bien après sa disparition.

Valérie PAVIA
Artiste et théologienne
Université de théologie protestante de Strasbourg

[20] *Ibid.*, p. 250.
[21] *Ibid.*, p. 254.
[22] *Ibid.*, p. 256.

L'homme méditerranéen en quête d'eau : petits aperçus de la romanité

L'eau, au même titre que la pollution, le réchauffement climatique, etc., appartient à la sphère des grands défis que l'humanité d'aujourd'hui et de demain doit et devra être capable de relever si elle veut survivre. Mais son rapport à l'humanité dépasse infiniment ce cadre : « Dès qu'il est question de l'eau, de sa relation avec l'eau, un pays révèle ses forces, ses légendes, ses hantises, ses contradictions[1]. »

L'eau est indispensable à la vie. Vérité fondamentale que nul ne peut contester. Affirmation de principe qu'il n'est pas toujours facile de faire respecter, même si aujourd'hui, scientifiques, techniciens, juristes et politiques consacrent ce caractère indispensable par celui de « patrimoine commun » de la Nation ou de l'humanité.

Rien ni personne ne pourrait le contester, et cependant toutes les statistiques en démentent l'application. L'eau n'est pas (ou n'est plus) une ressource inépuisable – même les pays qui d'ordinaire n'en manquent jamais, peuvent en être privés – d'autant qu'augmentent sous les contraintes démographiques, économiques et techniques, les besoins d'eau dans des proportions considérables. Elle est en outre très inégalement répartie : il y a des pays où l'eau est abondante, parfois trop, et des pays qui en manquent cruellement. L'accès à l'eau, qui est un droit, devient un privilège, et ce sont malheureusement les pays les plus pauvres qui en sont largement les plus démunis ; réalité sur laquelle le Pape François a plusieurs fois mis l'accent. La pénurie d'eau est de surcroît l'un des facteurs de leur paupérisation. Notons enfin que l'eau dont nous pouvons disposer est souvent de mauvaise qualité. La pollution des eaux qui affecte les cours d'eau, ainsi que les eaux de source et souterraines, accroît les difficultés d'approvisionnement.

Tout cela est bien connu, comme sont parfaitement étudiées les législations qui mettent en œuvre la reconnaissance de l'accès à l'eau, les pouvoirs de police et de contrôle qui s'exercent sur les usagers et les administrations qui gèrent la ressource. Les techniques ont aussi leur part dans ce vaste débat sur la libre disposition de l'eau pour le plus grand nombre, à défaut peut-être de pouvoir la fournir à tous sans exception. Les études géographiques et historiques ajoutent encore à nos connaissances. Les

[1] Erik ORSENNA, *L'avenir de l'eau, petit précis de mondialisation II*, Fayard, 2009.

sociologues et spécialistes des mentalités ajoutent depuis quelques années leur voix au débat, autour de ce que l'on appelle « le problème de l'eau ».

C'est dans la lignée de ces données que se place notre propos. L'eau, dont certains usent sans mesure jusqu'au gaspillage, est un luxe de pays riche. L'eau, contre laquelle il faut lutter pour conquérir la terre dont l'homme a besoin, ou dont il faut se préserver, forge un certain type de caractère. L'eau, enfin, qui manque toujours, dont la recherche permanente est la quête même de la vie, impose à l'homme un autre tempérament. De même qu'il existe des zones humides et des zones arides, il y a des hommes qui gagnent leur vie contre l'eau et d'autres qui doivent leur survie à la rechercher sans cesse. L'eau est une richesse, elle peut être une calamité ou un trésor. Cela, forcément, a créé des habitudes et des mentalités. Ainsi, entre autres on peut considérer que l'homme méditerranéen est un homme en quête d'eau. « Dès l'Antiquité, en effet, la maîtrise de l'eau a constitué un phénomène de civilisation essentiel dans le bassin méditerranéen. L'importance stratégique de la gestion de l'eau en fait depuis des siècles un instrument, mais aussi un symbole de pouvoir[2]. » Symbole de pouvoir ? Oui, dans la mesure où en Méditerranée l'eau est une ressource rare, fragile et inégalement répartie dans l'espace et dans le temps.

Les pays méditerranéens disposent seulement de 1% de la ressource en eau du globe, alors qu'ils comptent plus de la moitié des populations « pauvres-eau ». Cette rareté de l'eau dans cet ensemble de pays du pourtour méditerranéen tient à de multiples causes.

D'abord, la ressource elle-même, qui n'est pas abondante, mais, surtout, qui est très inégalement répartie ; on constate de très forts contrastes entre les régions. Les géographes distinguent traditionnellement trois zones autour de la Méditerranée : le Nord (l'Europe plus la Turquie) ; l'Est (Proche et Moyen-Orient), et le Sud (Égypte, Libye, Maghreb).

L'eau se répartit approximativement de la façon suivante : 72% dans le Nord, 23% dans l'Est et 5% dans le Sud. Les fleuves sont peu nombreux, leurs débits souvent très variables, l'ensemble étant régulièrement soumis à de fortes crues saisonnières qui aggravent des situations déjà problématiques. En découle, dans de nombreux pays, une surexploitation des nappes souterraines. Ce qui explique que plusieurs d'entre eux dépendent de ressources hydrauliques extérieures à leur territoire : Égypte, Syrie et Israël par exemple. Il existe également des coopérations régionales avec transport de la ressource ; ainsi France/Espagne (exploitation du Rhône) ou Turquie/Israël.

À la pauvreté et la mauvaise répartition de la ressource, s'ajoute le climat. Ces pays sont soumis à une saison sèche, estivale, souvent très longue, laquelle nécessite un arrosage abondant d'autant plus problématique, sans

[2] Laurent CARROUÉ, http://geoconfluences.ens-lyon.fr/doc/etpays/Medit/MeditScient4.htm.

coute, que cette période correspond également à la saison touristique, elle-même naturellement grosse consommatrice d'eau.

Les précipitations ont lieu presque exclusivement en automne et en hiver et s'avèrent souvent très dangereuses. Le réchauffement est ainsi très sensible dans ces régions, de sorte qu'il n'est pas déraisonnable de supposer que la rive Sud de la Méditerranée sera sans doute particulièrement impactée par le réchauffement climatique global.

La quête de l'eau est ainsi essentielle. Ne dit-on pas à Alger : « L'eau, la peine » ? Ajoutons l'accroissement de la consommation, et tout particulièrement de l'irrigation. Les pays vivent d'agriculture ; irriguer les sols, arroser les cultures est une nécessité impérieuse. On peut considérer actuellement que l'irrigation représente 60% de la consommation de la ressource hydraulique, en moyenne ; celle-ci peut monter à 70% dans les pays du Sud et de l'est de la Méditerranée. C'est une préoccupation constante et naturellement fort ancienne.

Enfin, une gestion souvent aléatoire contribue à aggraver une situation déjà précaire ; on note ainsi :

- un gaspillage important ;
- des réseaux anciens, mal entretenus, qui provoquent des pertes inutiles, jusqu'à 25% ;
- des frais considérables pour aménager le transport de l'eau.

Cependant les États et les pays de la Méditerranée se sont dotés de structures pour pallier ces multiples difficultés. Ainsi a été créé à Rabat en 1982 L'Institut méditerranéen de l'eau « pour répondre au besoin de concertation et de consensus des responsables politiques et professionnels de l'eau aux dysfonctionnements chroniques ».

A la même époque, le Plan Bleu, observateur de l'environnement et du développement durable en Méditerranée, au sein du programme des Nations Unies pour l'environnement. En 2008, Stratégie pour l'eau en Méditerranée (SEM). Les États eux-mêmes se lancent dans une véritable politique de l'eau. Ainsi, en 2000, en Espagne, Le plan hydraulique national (PHN) pour la distribution de l'eau dans les provinces du Sud. Plan qui a suscité une vive opposition, notamment en Catalogne. Au Forum mondial de l'eau, qui s'est tenu à Marseille en mars 2012, le Plan Bleu a présenté un rapport alarmant sur la situation de l'eau en Méditerranée au début du XXIe siècle.

Parle-t-on de « guerre de l'eau » ? On rappelle à ce propos l'apostrophe de Nasser : « l'Égypte ne fera plus la guerre… sauf celle de l'eau. » La politique rejoint l'histoire, et l'histoire la plus ancienne ; la 1ère guerre de l'eau entre Lagash et Umma au pays de Sumer, remonterait à 4 500 ans av. J.-C. La quête de l'eau, jusqu'à la violence, a vraiment façonné l'homme méditerranéen.

Cette quête, elle est naturellement protéiforme ; et nous ne pouvons dans l'espace ici imparti que tenter d'en appréhender une infime partie ; nous le ferons d'abord du point de vue juridique, pour nous attacher ensuite à quelques précisions techniques.

I- L'eau et le droit...

Le fait en soi que le droit, très tôt, s'empare du problème de l'eau, montre l'importance de celle-ci... On ne légifère pas sur la poussière... Nous partirons ici du monument juridique le plus important de l'Antiquité, à savoir le *Corpus juris civilis*.

C'est aux Romains que nous devons en effet les premiers éléments du droit de l'eau. L'eau courante, comme l'eau de mer, est classée parmi les choses communes – *res communis* – qui ne peuvent être la propriété exclusive de personne. Les rivières sont des choses publiques – *res publica* –, bien hors du commerce mis à la disposition de tous. Il s'agissait évidemment des fleuves importants, au débit continu, les fleuves pérennes ; les petites rivières, les torrents et les ruisseaux appartenaient aux riverains. Cette première distinction allait être lourde de conséquences. Les Romains en ont conçu d'autres, en distinguant le lit qui appartient au riverain et l'eau courante qui n'appartient à personne et qui est une dépendance du domaine public.

Les principes étaient simples : la propriété du sol justifiait une certaine maîtrise de l'eau, en revanche l'eau courante ne pouvait donner lieu qu'à l'exercice de droits d'usage. Les législations contemporaines ont gardé la distinction, mais quelque peu oublié la clarté des principes. Chacun, partisan de la propriété ou de la domanialité, tirera argument de la distinction[3].

Il ne peut évidemment être question d'aborder ici l'ensemble de la problématique[4]. Deux ou trois facettes retiendront spécialement notre attention : l'irrigation, c'est à dire le ruissellement des eaux de pluie, l'approvisionnement des villes et, enfin, le fleuve. L'irrigation en effet est l'une des bases de la vie agricole dans les régions méditerranéennes ; l'eau destinée à cet usage revêt naturellement une importance vitale. De même, l'eau acheminée en ville est au moins aussi importante ; elle permet de satisfaire les besoins vitaux élémentaires, mais elle sera bientôt à Rome un luxe offert à tous, et auquel nul Romain ne songe plus à renoncer : fontaines, salles de bains, thermes, etc., elle est également indispensable lorsque la cité est assiégée ; en manquer conduit à la reddition... Le fleuve enfin comme matrice, cordon ombilical, etc.

---

[3] Voir Jean-Louis GAZZANIGA, Xavier LARROUY-CASTERA, « le droit de l'eau et les droits d'eau dans une perspective historique », dans Olivia AUBRIOT, Geneviève JOLLY (dir.), *Histoires d'une eau partagée, Provence, Alpes, Pyrénées*, Publications de l'Université de Provence, 2002.

[4] Voir Alain MALISSARD, *Les Romains et l'eau*, Les Belles Lettres, 1994.

Eau de pluie, eau bienfaisante[5] : elle a, entre autres, donné naissance à une action judiciaire très ancienne dont le point de départ est le titre 3 du livre 39 du *Digeste* : *De aqua, et aquae pluuiae arcendae.* Il s'agit du cas où, en faisant des travaux sur sa propriété, on détourne les eaux de ruissellement qui vont causer des dommages sur la propriété d'autrui. Deux grandes catégories de cas sont envisagées : soit que l'on cherche à se réserver l'eau de pluie, asséchant ainsi la terre du voisin ; soit que, pour drainer son terrain, on inonde le voisin. Un cas intéressant est soulevé par ces textes, celui des *sulci*, des sillons de labour. Si l'eau est détournée chez le voisin par les sillons de labour, il n'y a pas faute ; il n'en est pas de même s'il s'agit de *sulci aquarii*, des sillons faits volontairement pour drainer le sol. Les textes envisagent tous les cas possibles et imaginables. Considérons simplement ici que l'action doit être entreprise dès l'établissement de l'ouvrage litigieux, sans attendre le dommage, elle donne au plaignant le droit de détruire lui-même ou de forcer le propriétaire à détruire l'ouvrage susceptible de causer un préjudice. Mais un dommage peut être causé par un ouvrage ancien : dans ce cas la démolition n'est autorisée que s'il a été construit de mémoire d'homme, autrement dit la clause de longue prescription joue contre le demandeur pour un ouvrage très ancien.

Le fleuve. Avant d'aborder le juridique, cette loi curieuse qui semble due à Gratien et qui est passée dans le code Justinien : sous peine de graves châtiments, elle interdit aux chefs militaires de laisser leurs hommes baigner leurs chevaux et se baigner eux-mêmes nus dans un fleuve à l'intérieur d'une agglomération, cela pour ne pas troubler l'eau et ne pas choquer la pudeur des habitants ; les baignades devront avoir lieu en aval pour éviter la pollution, ce qui semble prouver que l'on utilisait l'eau des fleuves pour la consommation.

Le droit distingue les fleuves des ruisseaux par leur taille ou par l'usage. Les fleuves peuvent être pérennes ou intermittents, ce sont alors les torrents. Certains fleuves sont publics, d'autres privés ; ces derniers n'intéressent pas le droit sauf pour les problèmes de servitude. L'un des premiers caractères des fleuves publics, tout au moins de certains, est la navigabilité qui a pour conséquence la présence de ports et de stations de relâche sur leurs rives. Cette omnipotence de la navigation fluviale nous rappelle que la conception de navigabilité n'était en rien semblable dans l'Antiquité à ce qu'elle est de nos jours ; c'est pourquoi il est interdit aux riverains de faire des travaux risquant d'entraîner un arrêt de cette navigation. Quant à la rive, elle est publique et le riverain ne peut en interdire l'accès et l'utilisation. Sa définition est la limite des hautes eaux en dehors des crues, puisque l'on se pose la question casuistique de savoir si la terre recouverte par l'inondation

5 Pour les questions juridiques, voir Jean ROUGE, « La législation justinienne de l'eau », dans *L'homme et l'eau en Méditerranée et au Proche-Orient*, tome II, Presses universitaires de Lyon, 1982.

devient publique, comme c'est le cas pour celle recouverte par les hautes eaux d'un lac.

Mais la grande affaire est celle qui concerne les modifications apportées au cours d'un fleuve. Plusieurs cas sont envisagés ; tout d'abord l'alluvion, c'est-à-dire l'accroissement lent par apports successifs, impossibles à discerner, de la rive d'une propriété ; cette alluvion devient propriété du propriétaire de la rive, sans accroissement pour lui de l'impôt qui pèse sur sa terre (cela est valable même pour le Nil) par suite de l'instabilité de l'alluvion. Elle doit être distinguée de l'avulsion, c'est-à-dire l'alluvionnement soudain, accompagné de la diminution d'une terre au bénéfice d'une autre terre située en aval. Ce cas est assez fréquent en période de hautes eaux sur des rivières à cours rapide. Le plus souvent sont concernés des arbres arrachés qui entraînent avec eux le sol sur lequel ils ont poussé et qui viennent s'arrêter sur la rive d'une autre terre. L'avulsion continue à appartenir au propriétaire de la terre dont elle a été arrachée, tant qu'elle n'est pas intimement soudée à sa nouvelle rive et que l'arbre n'y a pas poussé ses racines ; à ce moment-là, l'ancien propriétaire ne peut plus faire valoir ses droits.

Enfin, l'instabilité de la rive n'a d'égale que celle du cours lui-même. Il arrive souvent dans les basses plaines que le fleuve change de lit à la suite d'une inondation. Quelles en sont les conséquences juridiques pour les domaines traversés ? S'il s'agit d'une simple diversification du cours par la formation d'un bras, il n'y a pas de problème, la propriété se trouve simplement amputée de la surface du nouveau cours devenu domaine public. Mais si la rivière change purement et simplement de cours, la limite des propriétés qu'elle limitait ne change pas pour autant ; c'est-à-dire que l'une se trouve diminuée du fait du nouveau lit, cependant que l'autre se trouve augmentée de l'ancien lit ; il n'y a pas de compensation ; mais si la rivière retrouve son ancien cours, la situation ancienne est rétablie.

Ce sont là bien évidemment des aperçus fragmentaires, dans la mesure où tous les textes relatifs à ces problèmes n'ont pas été considérés. De surcroît, il ne s'agit pas à proprement parler d'une législation justinienne, mais de la codification d'usages anciens et de solutions finalement de bon sens.

Qu'en est-il du ravitaillement en eau des cités ? La documentation est toute entière issue du Code, mais il faut ici considérer l'ancienneté des sources de cette législation qui, par l'intermédiaire des commentaires des grands jurisconsultes de l'époque antonine et de l'époque sévérienne sur l'édit du préteur, remonte aux œuvres des jurisconsultes républicains, comme Scaeuola, ou augustéens, comme Labeo et Alfanus, et par eux à la loi des XII Tables. À Constantinople donc, il existe une administration des eaux, placée sous la double responsabilité du préfet de la ville et du préfet du prétoire. Cette administration dispose d'une caisse alimentée par un impôt prélevé sur les *scalae*, les montées d'escaliers, et sur une catégorie de travailleurs dits de Cyzique. En outre, certains honneurs, en particulier le

Consulat, donnent lieu lors de leur obtention au versement d'une somme de 100 livres d'or pour les aqueducs de la ville. Cette administration a ses employés qui font partie de la *militiae* (service de l'empereur) : ce sont les *aquarii* qui s'occupent de l'entretien des aqueducs et du réseau de distribution, et les *hydrophylakes* qui surveillent le réseau et sont marqués sur leurs mains « du nom béni de la félicité impériale », ce qui permet de supposer que ce sont des esclaves.

Dans les villes de province, l'autorité impériale se préoccupe également du ravitaillement en eau par l'intermédiaire du préfet du prétoire et des gouverneurs ; mais la grande innovation de Justinien en 530 a été de faire les évêques superviseurs des services urbains des eaux. La construction, comme l'entretien des aqueducs, est un *munus*, une sorte de liturgie, imposée aux curiales (membres des sénats locaux) qui ne peuvent le récuser, une fois qu ils l'ont accepté. Mais il n'est guère possible de savoir qui sont, dans les cités, les employés du service des eaux.

Dans tous les cas, qu'il s'agisse de Constantinople ou des villes de provinces, les problèmes posés sont les mêmes. Pour la construction des aqueducs, on a recours à des spécialistes niveleurs, les *libratores*, chargés de calculer la pente des conduites, tantôt souterraines, tantôt portées sur des arches. Ces aqueducs passent où nécessaire, sans que les propriétaires des terres puissent s'y opposer, et de chaque côté, se trouve une zone de dix pieds de large où il est interdit de construire et de planter des arbres. En ville, les aqueducs aboutissent à des réservoirs (*castella*) d'où partent les canalisations principales (*matrices*). Comme il est interdit de prendre l'eau directement sur les aqueducs, c'est à partir des *castella* et des *matrices* que se fait la répartition aussi bien publique que privée. La répartition publique comporte l'alimentation des édifices publics, fontaines, bains et thermes ainsi que latrines ; à Constantinople, un aqueduc, celui d'Hadrien, est réservé à cet usage. Quant à la distribution privée, elle résulte d'un privilège impérial qui ne fixe pas la quantité à laquelle le bénéficiaire a droit. Cette quantité est fixée par le préfet du prétoire, sur présentation du rescrit céleste, en fonction des disponibilités. Cette quantité n'est pas fixée par un volume, mais par le diamètre du tuyau de plomb (*fistula*) qui va alimenter la maison du bénéficiaire. Cette faveur est très sévèrement réglementée et surveillée : les principales fraudes sont les piquages, l'utilisation de calibres supérieurs à ceux concédés, ou encore, ce qui est d'une exceptionnelle gravité, la vente de l'eau, ce qui va contre le principe de l'eau gratuite. Enfin, le détournement de l'eau urbaine à des fins agricoles ou artisanales (moulins). Il ne faut pas oublier que les aqueducs ne sont pas seuls à fournir l'eau urbaine ; il y a aussi les sources locales, les puits et les citernes ; mais ils ne donnent pas lieu à une législation particulière, leur droit relève du domaine des servitudes.

II- L'organisation de la ressource : de quelques détails techniques...

L'Égypte est un don du Nil, affirmait Hérodote au Ve siècle av. J.-C. ; il est vrai que, comme les villes égyptiennes apparues au bord du Nil, les premières cités du monde sont nées au bord de fleuves : le Tigre et L'Euphrate en Mésopotamie, l'Indus au Pakistan, le fleuve Jaune en Chine. Des puits sont aménagés au cœur des cités. Un réseau hydraulique souterrain permet d'approvisionner les bains des maisons. L'eau est aussi une voie d'échange. C'est parce qu'il y a besoin d'échanges que les villes se sont structurées près des fleuves. Grâce à lui, les cités écoulent leurs productions et en acquièrent d'autres, elles enrichissent leur population et conquièrent de nouveaux « marchés »... Néanmoins, vivre si près du fleuve n'a pas que des avantages. Pour se protéger des crues parfois dévastatrices du Tigre et de l'Euphrate, le mur d'enceinte est souvent doublé d'une digue, et un système de drainage sophistiqué permet d'évacuer les eaux de ruissellement, de les capter et de les stocker. Dans le pays de Sumer, les villes apparaissent parce que le milieu permet de dégager des surplus agricoles qui autorisent une concentration des populations. L'irrigation n'est pas à l'origine des villes. Elle en accompagne le développement. Toutes choses que l'on retrouve sans doute, peu ou prou, dans le cadre de ce qui deviendra l'Empire romain. Ces régions soumises au climat méditerranéen, sec, connaissent l'extrême valeur de l'eau[6]. La sécheresse y est toujours redoutée ; avec elle, la disette, parfois la famine. Entre autres exemples, le voyage d'Hadrien en Afrique, où la pluie n'était pas tombée depuis cinq ans lorsque l'empereur y posa le pied. Aux problèmes alimentaires s'ajoutaient alors des problèmes de gouvernement[7].

Mais le climat méditerranéen est un climat d'excès[8]... À la sécheresse peut succéder l'abondance, le trop-plein[9]. Ces différentes caractéristiques ont finalement engendré des formes singulières d'adaptations ; deux d'entre elles retiendront ici notre attention : les moulins à eau et le tribunal des eaux de Valence.

---

[6] Chantée par Horace et Virgile ; voir Gaston BACHELARD, *L'eau et les rêves, essai sur l'imagination de la matière*, Paris, 1942.

[7] *Histoire Auguste*, Hadrien, 22, 14.

[8] Cécile ALLINNE, « L'évolution du climat à l'époque romaine en Méditerranée occidentale : aperçu historiographique et nouvelles approches », dans *Vers une gestion intégrée de l'eau dans l'Empire romain*, « L'Erma » di Bretschneider, 2008.

[9] Voir, par exemple, Philippe LEVEAU, « Les inondations du Tibre à Rome : politiques publiques et variations climatiques à l'époque romaine », dans *Vers une gestion intégrée de l'eau dans l'Empire romain*, « L'Erma » di Bretschneider, 2008

Les moulins à eau

Rome est également une civilisation de l'eau... Elle a su la domestiquer et substituer l'abondance à la pénurie ; l'eau ne servait pas qu'aux thermes ou aux grandes messes du Colisée... elle pouvait également remplacer la force animale ou humaine ; c'était le cas si l'on considère les moulins à eau...

Ceux-ci, et par voie de conséquence le réseau hydraulique romain, sont en effet aujourd'hui l'objet de tous les soins de la communauté des historiens et surtout des archéologues. Aspect en réalité doublement intéressant ici, parce qu'il permet de se pencher sur une autre interrogation : des progrès sont-ils possibles dans des sociétés esclavagistes où la valeur du travail est basse ? Quel est en effet l'intérêt du progrès technique dans des sociétés où les esclaves, en grand nombre, s'acquittent à faible coût des tâches répétitives ? Le cas de la diffusion du moulin à eau semble ici significatif. Dans un article paru en 1935, Marc Bloch concluait que l'utilisation de l'énergie hydraulique dans l'Antiquité avait été peu développée, car la disponibilité de nombreux esclaves la rendait inutile[10]. L'approche change dans les années 1980 : on restitue à l'Antiquité un usage multiforme de l'énergie hydraulique, montrant que la documentation était biaisée par la nature des écrits qui ont subsisté ; entre autres, l'impression d'une augmentation de l'usage des moulins à eau à la fin de l'Antiquité ne reflète pas la situation réelle, mais découle d'un changement de la nature des sources, plus attentives à la vie quotidienne. Et depuis les années 1990, la véritable mutation est en cours grâce notamment à la systématisation de l'archéologie préventive. Quelques exemples : en Narbonnaise, les premiers moulins connus datent du milieu du Ier siècle de notre ère dans les villas de Vareilles (Hérault) ou de la Gardanne (Bouches-du-Rhône). Ils se multiplient partout dans la seconde moitié du siècle, jusqu'en Suisse... Implantée sur un aqueduc alimentant Arles, la meunerie de Barbegal, longtemps datée du IVe siècle, a pu être correctement attribuée au début du IIe siècle par les fouilles dirigées par Philippe Leveau. C'est la plus grande installation connue dans le monde romain : elle est dotée de seize chambres de mouture comportant autant de roues et de meules. De sorte que durant le Haut-Empire romain, les terroirs les mieux connus, tels le Var et l'Hérault, montrent qu'à cette période, presque toutes les grandes exploitations et certainement toutes les agglomérations en étaient pourvues. A partir du Ier siècle, le moulin hydraulique est un équipement courant, aussi systématique que les pressoirs pour l'huile et le vin. Les possédants les installaient soit sur des cours d'eau, soit le plus souvent sur des dérivations d'aqueduc afin de contrer l'irrégularité des précipitations. Dès lors que la

---

10 « Avènement et conquête du moulin à eau », *Annales d'histoire économique et sociale*, vol. 36, 1935.

technologie était bien connue et relativement peu coûteuse et qu'un corps d'artisans spécialisés s'était progressivement constitué, l'investissement majeur ne concernait pas le moulin, mais l'amenée d'eau. Or, quelle agglomération de Narbonnaise, quelle grande ferme n'a pas son aqueduc ? Le besoin élémentaire d'accès à l'eau fut d'abord couvert par les puits, mais la demande crût considérablement lorsque l'usage des thermes se répandit au point de devenir une nécessité culturelle. Toute construction d'aqueduc a dû ainsi s'accompagner de l'édification de moulins à eau[11]...

Ainsi, la généralisation de l'usage du moulin à eau dès le Haut-Empire ruine la théorie de l'utilisation parcimonieuse de la force hydraulique. Et l'archéologie mine aussi celle du blocage des techniques à l'époque romaine. En sachant d'ailleurs que la force hydraulique a été employée pour d'autres usages que la mouture des céréales : écrasement des minerais, fabrication du tanin, etc.

Le tribunal des eaux de Valence

L'eau, bien précieux, indispensable à l'agriculture est une... source de conflit. Lorsque la ressource est abondante, nous l'avons dit, les besoins sont assurés, lorsqu'il y en a trop, il faut s'en protéger, lorsqu'elle vient à manquer, il faut la partager. L'irrigation des terres cultivées nécessite souvent des règles très particulières de répartition.

À qui appartient l'eau ? Comment en contrôler l'usage ? Selon quelle réglementation ? Quelles sanctions peut-on infliger aux contrevenants ? Autant de questions qui se posent aux irrigants, autour du bassin méditerranéen, le long de rivières aux débits irréguliers. L'exemple de la plaine de Valence est célèbre.

Le droit coutumier de l'Horta de Valence, arrosé par le Tùria qui coule au Nord-Ouest de la ville, accorde aux communautés d'irrigants la propriété de l'eau. Celle-ci est inséparable de la terre à arroser. Celui qui achète la terre, achète le droit à l'eau. Tout un réseau de canaux fort ancien a été aménagé, et chacun d'eux appartient à la communauté des arroseurs. À la tête de chacun se trouvent un syndic et un garde chargé du contrôle de l'usage de l'eau. Pour assurer la parfaite et équitable répartition des eaux et juger des litiges, existe l'une des institutions les plus originales : le tribunal des eaux de Valence.

L'origine est fort ancienne. Certains historiens font état de canaux d'irrigation dans la région dès l'époque romaine. La tradition préfère une origine arabe et retient la date de 960. Le roi Jacques Ier d'Aragon (1213-

---

[11] Voir Jean-Pierre BRUN, « Les fortunes de la roue... à eau », dans *Dossier pour la science*, n° 88, p. 61 ; Jean-Pierre BRUN et Jean-Louis FICHES (éd.), *Energie hydraulique et machines élévatrices d'eau dans l'Antiquité, Actes du colloque international du Pont du Gard*, Naples, Centre J. Bérard, 2007.

1276) aurait confirmé les droits des usagers, auxquels il aurait cédé canaux et usages de l'eau.

Quoi qu'il en soit, tous les jeudis à midi, le tribunal, composé des 8 syndics, siège à la porte des apôtres de la Cathédrale de Valence pour juger les conflits nés entre les agriculteurs à propos de l'eau destinée à l'arrosage des terres. La procédure est orale (en valencien), sommaire ; la décision est sans appel. Les usagers s'y soumettent.

L'originalité est certaine, elle n'est pas unique – on la retrouve au Maroc, en Afrique noire, au Burkina Faso, et l'UNESCO a reconnu son efficacité et même proposé que la ville de Valence soit le siège d'un centre international pour la prévention et la gestion des conflits liés à l'eau.

Quelques exemples donc qui prouvent que l'homme méditerranéen par le passé a su s'adapter à son environnement et domestiquer l'eau dont il avait naturellement une nécessité impérieuse. L'homme d'aujourd'hui et/ou de demain saura-t-il faire de même ?

Jean-Louis GAZZANIGA
Professeur honoraire d'histoire du droit
Ecclésiastique

Philippe STURMEL
Maître de Conférences HDR en histoire du droit
Université de La Rochelle – CEIR

Mariage, divorce et conversion à Avlona au XVIe siècle : une femme sépharade belle et forte face à son destin

Dans cet article je présenterai un cas spécial de mariages et conversions en communauté Sépharade de la ville d'Avlona (Valona ou bien Vlorë sur le littoral adriatique) en Albanie. Du point de vue de l'histoire du droit mon attention sur ce cas fut attirée par la situation religieuse et juridique qui confirme des pratiques de la communauté juive sépharade, instaurées auparavant sur la péninsule ibérique et poursuivies après son arrivée dans les Balkans, sous le pouvoir de l'Empire ottoman. Ces pratiques indiquent un procédé des autorités religieuses israélites beaucoup plus tolérant envers les juifs qui, même s'ils avaient cédé à l'oppression de l'État quant à la conversion, avaient toujours gardé secrètement la foi de leurs ancêtres. Ce cas témoigne aussi de la politique des pouvoirs locaux musulmans qui suivaient les normes de la *charia*, ce qui donna, dans le cas concret, aux participants de notre histoire et surtout à une femme forte et courageuse – la belle juive Dina de la ville d'Avlona – l'opportunité de gérer la situation d'une manière appropriée, afin d'éviter la violence et de préserver sa famille.

Ce fut un cas résultant d'un incident interne au sein de la communauté juive de la ville, qui créa une situation affectant aussi la communauté musulmane. Nous tenons nos renseignements des *responsa* rabbiniques[1] : les décisions des autorités religieuses israélites sur des affaires se trouvant sous leur juridiction, concernant la vie des Juifs des Balkans sous la domination ottomane[2]. Cette forme juridique provient du cœur même du droit israélite bien qu'elle puisse nous apparaître comme similaire au rescrit impérial romain ou bien plutôt à la *fatwa* des autorités musulmanes. La conception juive du droit est exclusivement religieuse, mais ce phénomène religieux devrait être appliqué dans le monde, dans la société humaine. La Torah vient

---

[1] Sur l'importance et le caractère juridique des *responsa* rabbiniques et spécialement dans la tradition des Sépharades dans l'Empire Ottoman, on peut consulter le livre d'A. BENAIM, *Sixteenth Century Judeo-Spanish Testimonies. An Edition of Eighty-Four Testimonies from the Sephardic Responsa in the Ottoman Empire,* Brill, Leiden-Boston, 2012.

[2] Sur ces problèmes, voir : A. SHMUELEVITZ, *The Jews of the Ottoman Empire in the Late Fifteenth and Sixteenth Centuries : Administrative, Economic, Legal and Social Relations as Reflected in the Responsa*, Leiden, 1984.

donc des Cieux mais ne demeure pas dans les Cieux[3]. Le droit provient de la volonté de Dieu, mais devrait être appliqué individuellement dans chacun des cas concrets suivant l'interprétation des autorités juridiques israélites ; les savants halakhiques réinterprètent et éclaircissent la Loi selon le contexte sans pour autant la modifier ou l'altérer. La Loi est éternelle, mais la vie de la société change perpétuellement, fournissant des exemples de situations nouvelles et inattendues.

C'est donc un de ces cas qui a attiré notre attention. Il s'agit de la décision du rabbin Shmuel ben Mosheh (Samuel ben Moïse) de Médina, appelé Maharashdam (1506-1589) qui résolut la situation délicate d'un couple d'Avlona[4]. Il était l'un des plus grands savants juifs dans les Balkans du XVIe siècle, descendant d'une famille notoire d'érudits d'Espagne[5]. Samuel de Médina était disciple des grands rabbins de Thessalonique Joseph Taitazak[6] et Lévi ibn Habib[7]. Malgré la vie dure qu'il mena, il devint la plus grande autorité halakhique dans l'Empire ottoman. Pour obtenir ses *responsa*, les interrogations lui étaient adressées de tout le Levant et d'Italie. Parmi ses disciples, on trouve de grands savants du droit israélite comme Abraham ben Moïse de Boton[8] et Joseph ibn Ezra[9]. On connaît plus de mille de ses interprétations sur divers cas qui furent publiées dès le XVIe siècle à Thessalonique, dans des volumes différents, par les descendants et les disciples du grand érudit. Son fils Moïse, le fondateur de l'imprimerie juive à Thessalonique, publia ses travaux au cours des deux dernières décennies du siècle. Ses fils, les petits-fils de Maharashdam, comptaient parmi les dirigeants de la communauté juive de la ville, mais après une suite d'évènements tragiques (l'un d'eux fut tué à cause de sa décision défavorable sur un cas), la famille quitta les Balkans et s'installa à Venise. Samuel de Médina jouit d'une grande renommée pendant des siècles après sa mort ; les tribunaux de l'État d'Israël font toujours référence à ses

[3] BENAIM, *Sixteenth Century Judeo-Spanish Testimonies*, p. 13-14.

[4] Shmuel DE-MEDINAH, *Sheelot uteshuvot*, part II : *Even Haezer*, Thessalonica, 1594, question 168, f. 117v. J'ai utilisé la traduction bulgare dans : *Fontes hebraici ad res œconomicas socialesque terrarium balcanicarum secolo XVI pertinentes*, vol. I, éd. A. HANANEL et E. EŠKENAZI, Sofia, 1958, N° 22, p. 68-69.

[5] Joseph HACKER, « Samuel den Moses de Medina », *Jewish Virtual Library* : https://www.jewishvirtuallibrary.org/jsource/judaica/ejud_0002_0013_0_13497.html (consulté le 19 avril 2016). *Encyclopaedia Judaica*, second edition, vol. 13, Detroit-New York-San Francisco-New Heaven-Watervill, Main-London, 2007, p. 758-759.

[6] *Encyclopaedia Judaica*, second edition, vol. 19, Detroit-New York-San Francisco-New Heaven-Watervill, Main-London, 2007, p. 439-440.

[7] *Encyclopaedia Judaica*, second edition, vol. 12, Detroit-New York-San Francisco-New Heaven-Watervill, Main-London, 2007, p. 702.

[8] *Encyclopaedia Judaica*, second edition, vol. 4, Detroit-New York-San Francisco-New Heaven-Watervill, Main-London, 2007, p. 102.

[9] *Encyclopaedia Judaica*, second edition, vol. 9, Detroit-New York-San Francisco-New Heaven-Watervill, Main-London, 2007, p. 673.

responsa lorsqu'ils sont appelés à résoudre des cas spéciaux[10]. Pour les fins de notre étude, il est important de noter que c'était une personnalité fortement engagée dans l'organisation de la vie communautaire des Israélites dans les Balkans, une activité qui marqua clairement son action. Ce fut très certainement un grand homme juif des Balkans, qui décéda le 12 octobre 1589 à Thessalonique.

Mais revenons à la ville d'Avlona, le lieu où se déroule notre histoire, et qui fut durant des siècles un grand centre de la culture juive, avec une communauté israélite[11] nombreuse et très active. Il y a toutes les raisons de penser que cette congrégation y existait depuis la basse Antiquité, même si les premières sources écrites qui nous sont parvenues datent du XIIIe siècle et proviennent des archives de Dubrovnik[12]. À l'époque de la conquête ottomane, les juifs d'Avlona étaient de plus en plus actifs dans les réseaux commerciaux de la Mer Adriatique et de la Mer Ionienne. La domination ottomane n'eut pas vraiment d'impact sur leur situation, car les juifs étaient bien intégrés. On dispose même de données sur un *timar* (une unité du système lien-militaire ottoman des privilèges) dont le titulaire était juif et qui se trouvait notamment en Albanie, ce qui est un cas particulier et unique dans les territoires balkaniques de l'Empire. Dès la fin du XVe siècle la congrégation autochtone devint de plus en plus large grâce à l'arrivée d'un grand nombre de juifs ibériques et italiens. C'était sans aucun doute l'une des plus importantes dans les Balkans[13]. La ville d'Avlona était un grand centre administratif et économique, le plus important port ottoman sur le littoral adriatique. On y trouvait un mélange de traditions juives différentes (et surtout romaniote) qui furent finalement assimilées par les Sépharades.

Le cas concret dont il est question dans cette contribution présente un exemple de la pratique juridique matrimoniale de la communauté sépharade d'Avlona, lié aux bouleversements personnels et sociaux que connut une famille juive : une certaine Dina, fille de Jacob, et son mari Dan, qui avaient deux enfants. De toute évidence fort belle et attirante, Dina éveilla le désir d'un homme malintentionné, qui était juif par ailleurs, membre de la congrégation d'Avlona. Cet homme exécrable alla voir les autorités musulmanes de la ville et leur proposa sa conversion à l'Islam sous condition de prendre pour femme Dina après l'avoir convertie à l'Islam, elle aussi. Les notables musulmans s'empressèrent d'accepter et Dina devint son épouse. Elle fut forcée d'aller habiter dans sa maison, mais cela ne dura que trois mois, après quoi elle réussit à s'enfuir avec son ex-mari Dan,

10 Susan M. WEISS, Netty C. GROSS-HOROWITZ, *Marriage and Divorce in the Jewish State. Israel Civil War*, Brandeis University Press, Waltham, Massachusetts, 2013, p. 1-4, 8, etc.

11 Voir G. VEINSTEIN, « Une communauté ottomane : les Juifs d'Avlonya (Valona) dans la deuxième moitié du XVIe siècle », *Gli Ebrei e Venezia secoli XIV-XVIII*, éd. Gaetano COZZI, Milano, 1987, p. 781-828.

12 G. VEINSTEIN, *op. cit.*, p. 782-783.

13 *Ibid.*, p. 785 ff.

abandonnant tous les cadeaux nuptiaux que son second mari lui avait offerts. Elle se présenta devant le juge de la ville (probablement le *kadi*) et exprima sa volonté de divorcer d'avec le juif-musulman. Le *kadi* prononça le divorce selon le droit islamique et Dina rentra de nouveau chez son premier mari après qu'il se fut converti à l'Islam, lui aussi. La source ne nous donne pas plus des détails, mais sans doute le couple quitta Avlona pour s'installer à Thessalonique. L'ambiance de la grande ville les fit se sentir plus libres, leur rendant l'anonymat : résultat, ils redevinrent Israélites. À ce point de notre histoire, Dina était enceinte de huit mois, portant un nouvel enfant. Les deux époux se présentèrent devant le rabbin local Samuel de Médina, donc Maharashdam, et l'interrogèrent sur leur situation familiale et religieuse. Le problème était de savoir s'il leur serait défendu de vivre ensemble au cas où elle serait reprise par son second mari musulman (notre méchant ex-juif), ou bien s'il fallait annuler ce second mariage pour violation de sa volonté.

Cette histoire captivante pose le problème de la situation sociale et de la position publique des femmes, plus spécialement des femmes juives à Avlona. Gilles Veinstein à dédié une recherche spéciale à ce sujet, présentant aux lecteurs un panorama de la vie des femmes dans cette ville vers le milieu du XVIe siècle, basé sur un *sicill* (donc un registre judiciaire) du *kadi* local, conservé dans la collection de la Bibliothèque du Vatican[14]. Vu la période couverte par le registre, le cas de Dina n'y figure pas, mais l'article permet de le situer dans le contexte urbain d'Avlona et ouvre des perspectives de recherche continues. Nous y trouvons des femmes très actives provenant des trois religions abrahamiques. Elles étaient actives dans le domaine économique, ce qui représente la ligne principale de la recherche du savant français. On y trouve des femmes propriétaires (y compris de biens immobiliers), des femmes créditrices, des femmes avec des métiers particuliers, etc.[15].

Pour l'étude du cas qui nous intéresse, il faudrait l'envisager dans le contexte qui lui est propre, c'est-à-dire celui du droit matrimonial israélite. Son principe fondamental est basé sur le caractère sacral des liens conjugaux et la thèse d'*una caro* (chair unique/indivisible) fondée sur l'histoire biblique de la création de la femme et l'union première du couple (Genèse, 2:23-24 ; Malachie, 2:15 ; etc.). Ainsi, le mariage devient-il quelque chose d'instauré par Dieu à travers la Révélation, une union sacrée, créée sur le modèle de l'union entre Dieu et le Peuple d'Israël[16], qui devrait être indissoluble.

---

[14] G. VEINSTEIN, « Femmes d'Avlonya (Vlorre) dans le milieu du XVIe siecle (d'après les actes des kadis) », in : *Freuen, Bilde und Gelehrte, Studien zu Gesellshaft und Kunsten im Osmanischen Reich. Festschrift Hans Georg Majer*, Istanbul, 2002, I, p. 195-208.

[15] G. VEINSTEIN, *op. cit.*, p. 199 ff.

[16] Malgré tous ses traits spécifiques, le mariage israélite restait toujours une affaire liée avant tout à la religion, ce qui se trouvait bien en relation avec l'idée de Peuple élu et sa procréation – A. ZAGOURI, *Du mariage en droit hébraïque*, préface de M.R. TAJOURI, Faculté de Droit du Maroc, Collection des études juridiques, politiques et économiques, série de langue française,

Néanmoins la pratique s'y oppose : le droit israélite de l'époque patriarcale et le droit mosaïque connaissent la répudiation de la femme. Au temps des Patriarches ce droit revenait totalement au mari sans aucune formalité et sans confirmation religieuse. Il n'était donc pas prévu de justifier cet acte par la religion pour éviter la participation divine dans une affaire assez redoutable du point de vue de la morale et de la foi[17]. Le droit mosaïque donne déjà une réglementation de la procédure dans le livre de Deutéronome (24:1 sq.) où l'on trouve déjà des exigences concernant la procédure (un acte écrit de la part de l'époux) et réserve éventuelle d'un douaire, bien que la répudiation restât réservée généralement au seul mari[18]. Malgré la tendance ferme – d'assurer la justice et la défense des droits des deux côtés, notamment celui du plus faible – la partie active restait toujours le mari. La situation changea par la suite, et la femme obtint, sous l'influence du droit romain, l'opportunité légale d'initier la dissolution du mariage avec l'interprétation du droit liée à Michna et au Talmud[19].

Certes, dans notre cas particulier, celui de Dina et Dan, si nous suivons la logique des faits qui nous sont parvenus, nous ne pourrons pas parler d'initiative pour dissolution de leur mariage, car il s'agissait d'une intervention extérieure, de la part de la communauté musulmane locale. Le texte dont nous disposons ne mentionne pas d'annulation du mariage du couple juif, mais il faut tenir compte du fait que cela pourrait s'expliquer par le caractère de la décision finale du rabbin qui ne devrait pas sembler douteuse. Quant à la conversion à l'Islam, le texte dit : « Ils (les Turcs – I. B.) violèrent Dina et la diffamèrent et elle a changé sa foi et ils l'ont donnée à l'homme vilain en son épouse[20]. » Nous ignorons ce que veut dire exactement l'expression : *la belle Juive fut diffamée*, il est cependant fort possible que les musulmans locaux se soient servis de tromperie pour mettre la femme en situation difficile – une méthode que l'on connaît par les histoires des néo-martyrs. Il est évident que Dina fut convertie et donc

---

2, Librairie générale de Droit et de jurisprudence, 1960, p. 15-16 ; *Encyclopaedia Judaica*, second edition, vol. 13, p. 563-574. Pour le parallélisme dans les textes bibliques entre les unions conjugales et celle entre Seigneur et le Peuple élu – v. Isaïe 61:10, 62:5 ; Ézéchiel 16 ; Osée 2:21-22 et Cantique des Cantiques. De là découle aussi le caractère presque obligatoire du mariage et de damnation du célibat chez les Hébreux – cf. A. ZAGOURI, *Du mariage en droit hébraïque*, *op. cit.*, p. 16-18. Par contre, certaines sectes israélites, comme les Esséens, proclamaient les valeurs de continence et le célibat – *Encyclopaedia Judaica*, second edition, vol. 13, p. 564.

[17] Cf. le livre de Malachie, 2:13-16 ; A. ZAGOURI, *Le divorce d'après la loi talmudique chez les Marocains de la confession israélite et les réformes actuelles en la matière*, Faculté de Droit du Maroc, Collection d'études juridiques, politiques et économiques, 2, Librairie générale du droit et de jurisprudence, 1958, p. 20-22. Les questions liées au divorce chez les juifs sont traitées dans un volume spécial que je n'ai malheureusement pas pu consulter : *Jews and Divorce*, éd. Jacob Freid, New York, 1968, xiv+208 p.

[18] A. ZAGOURI, *Le divorce d'après la loi talmudique*, *op. cit.*, p. 23-26.

[19] *Ibid.*, p. 27-28 sq., 57-58 sq.

[20] *Fontes hebraici...*, vol. I, p. 68 (N° 22).

introduite dans le milieu et sous la juridiction d'un autre système tant religieux que légal. Devenue musulmane, elle ne pouvait pas être en même temps l'épouse d'un non-musulman. Mais la question qui se pose est de savoir si, au préalable, il y eut annulation formelle du mariage du couple juif[21]. Pour ma part, la réponse est positive, car l'existence d'une relation nuptiale formerait obstacle au second mariage, musulman celui-là, de Dina avec le vilain homme. Est-ce que le nouveau statut de la femme, récemment convertie à l'Islam, effaçait tous les liens concernant l'état civil, fortement liés à la confession, ou bien fallait-il accomplir un acte formel quelconque ? Est-ce que cet acte pourrait être accompli dans le cadre du droit islamique, la nouvelle religion de la convertie, ou fallait-il le faire passer par le droit israélite ? Si jamais il y eut annulation du mariage entre Dina et Dan, effectuée dans le cadre de la réglementation de la *charia*, une nouvelle question se pose : est-ce que cet acte, assez douteux du point de vue moral, devait être reconnu et pris en considération par le rabbin-juge savant israélite au moment où les deux époux se furent à nouveau unis à Thessalonique ? Autant que l'on connaisse les faits, le mariage entre Dina et Dan n'avait jamais été annulé, ni dissolu de quelque manière que ce soit, au moins au regard du droit israélite.

Quant aux cas matrimoniaux d'Avlona pendant la même époque, Gilles Veinstein souligne l'importance de l'influence du droit musulman sur les relations entre les chrétiens et les juifs, ne serait-ce que dans le cadre de leurs propres communautés[22]. Certes, cet état de choses provient de la situation politique dans l'Empire ottoman, un empire fondé sur l'Islam. Dans cette optique, il faudrait également noter que le droit musulman était plus libéral dans le domaine des relations matrimoniales. L'auteur français attire l'attention sur plusieurs cas où des femmes non musulmanes se présentaient à la cour du *kadi* pour la procédure *hal'* afin d'initier une dissolution du mariage, même si elles risquaient de perdre leurs dots[23]. Il me semble que cette situation est assez proche de celle de Dina lorsqu'elle quitta son second mari qui lui avait été imposé contre sa volonté. On pourrait se demander également si la dissolution du premier mariage de Dina avec Dan n'avait pas suivi la même voie. Une telle hypothèse pourrait répondre à beaucoup de questions qui se posent, y compris celle concernant la négligence par le rabbin du second mariage de la femme juive.

---

[21] Bien évidemment, la conversion de la femme à une autre religion pourrait être une raison de répudiation (cf. A. ZAGOURI, *Le divorce d'après la loi talmudique*, *op. cit.*, p. 52) mais on ne sait pas quel serait l'effet d'un tel acte dans la situation de l'Empire ottoman du XVIe siècle ainsi qu'aux yeux de la communauté sépharade d'Avlona. Un autre cas semblable au nôtre, mais clairement différent par rapport à l'infraction à la religion, me semble-t-il, est celui de la « femme emmenée en captivité » – cf. A. Zagouri, *Le divorce d'après la loi talmudique*, *op. cit.*, p. 54.

[22] G. VEINSTEIN, « Femmes d'Avlonya », *op. cit.*, p. 206-207.

[23] G. VEINSTEIN, « Femmes d'Avlonya », *op. cit.*, p. 206.

La décision du rabbin fut celle que tout le monde espérait : Dina et Dan étaient libres de vivre ensemble, car le second mariage de l'épouse était invalide, du fait de la violation de la volonté de la femme par le vilain, par l'intermédiaire des autorités musulmanes à Avlona. Certes, pour Samuel de Médina, tous les faits et actes liés à la conversion de Dina et de Dan à l'Islam, tout comme le second mariage de la femme avec le vilain homme, étaient nuls du point de vue religieux et juridique israélite. Et c'était la seule manière de sauver les liens conjugaux du couple, car chaque décision différente se trouverait en contradiction avec l'arrêt du droit biblique : « Sortie de chez lui (le mari – I. B.), elle (la femme – I. B.) s'en va en épouser un autre : si ce second mari, ne la supportant plus, lui remet une lettre de répudiation et la renvoie, ou encore s'il vient à mourir, le premier mari, qui l'avait répudiée, ne peut la reprendre après qu'elle s'est ainsi souillée : c'est une horreur en effet devant Yahvé, et tu ne mettras pas en état de péché le pays que Yahvé, ton Dieu, te donne en héritage » (Deutéronome, 24 2-4). Si jamais le second mariage de Dina avait été pris en considération, elle n'aurait pas pu s'unir à nouveau à son premier mari[24]. Le second mariage ne fut donc pas pris en considération ! Néanmoins, ce refus est secondaire, car le refus primordial est celui du rabbin concernant la conversion à l'Islam, qui, elle, était considérée comme un acte de violence et non pas volontaire, donc juridiquement nul.

Le cas de Dina, Dan et notre vilain homme pourrait constituer la trame d'un roman d'amour qui inclurait deux « personnages principaux » institutionnels : le *kadi* et le rabbin – tous deux prenant des décisions en faveur de Dina et sa famille. Dans ce contexte, il est à noter que le verdict du rabbin se situe parfaitement dans la tradition de la communauté sépharade qui est passée par une conversion forcée après la reconquête de la péninsule ibérique par les chrétiens. L'expulsion des juifs d'Espagne et leur retour à la foi israélite de leurs ancêtres fut le résultat de la tolérance et la compréhension envers ceux qui, du moins en apparence, se convertirent et se présentèrent pour chrétiens, sous la menace du pouvoir, par des mesures non seulement physiques, mais aussi économiques. Cette atmosphère d'oppression et de frayeur incitait à tolérer une conversion de façade, mais à maintenir en secret la religion israélite. Il est intéressant de noter que même l'un des maîtres du rabbin Samuel de Médina, Lévi ibn Habib (ca. 1480 – ca. 1545), qui fut rabbin en chef de Jérusalem de 1525 jusqu'à sa mort, dut passer au Portugal par une conversion déclarative au christianisme, mais recouvrit la foi de ses ancêtres après son arrivée à Thessalonique, en Empire ottoman[25]. Une telle astuce n'échappa évidemment pas à la vigilance de

---

[24] En principe la législation mosaïque est assez défavorable à la femme répudiée, spécialement concernant le(s) mariage(s) ultérieur(s) – cf. A. ZAGOURI, *Le divorce d'après la loi talmudique*, *op. cit.*, p. 85-88.

[25] *Encyclopaedia Judaica*, second edition, vol. 12, p. 702.

l'État, et la persécution contre lesdits « *conversos* » se poursuivit. Or, cette partie de l'histoire dépasse les limites de la présente recherche actuelle ; si je la mentionne ici ce n'est que pour mettre l'accent sur la tolérance de la communauté juive sépharade envers les crypto-juifs, une attitude qui de toute évidence se manifesta même après leur arrivée dans les Balkans.

C'est par cette attitude de tolérance que l'on pourrait expliquer la situation du couple de Dina et de Dan, et apporter par là même la réponse à une autre question que pose notre histoire. Celle-ci est liée à la manière de réagir, qui est complètement opposée à celle que l'on voit chez les chrétiens de la même époque. Au cours du XVIe siècle, l'Empire ottoman atteint le sommet de sa puissance et de son pouvoir sur les Balkans et l'Europe Centrale. C'est également la période où on voit naître le phénomène des néo-martyrs chrétiens. C'est un phénomène religieux particulier, qui se manifesta dans les Balkans et en Anatolie. Son centre principal, surtout à la basse époque, fut le mont Athos, mais au XVIe siècle il était assez typique pour les parties centrales de la péninsule et avant tout à Sofia[26]. Sans entrer dans les détails, il suffit de marquer le schéma général du récit du martyre, caractéristique des vies des saints de ce mouvement : un homme jeune, beau et riche, hautement apprécié par la communauté locale, est converti à l'Islam par une ruse et contre sa volonté ; lorsqu'il veut revenir à sa foi chrétienne, il est martyrisé et tué par les musulmans locaux, même si le pouvoir ottoman, et particulièrement le *kadi*, ne l'ont pas déclaré responsable[27]. Il est important de souligner le fait que les autorités ottomanes, en principe très tolérantes à la diversité religieuse, n'acceptaient point le prosélytisme dans leur propre communauté musulmane. Dans cette optique, on peut se poser la question de savoir comment il fut possible pour Dina et Dan d'éviter une telle persécution. Dans le texte qui relate la décision du rabbin, on ne trouve pas d'explication. Nous ne disposons pas de renseignement concernant une oppression quelconque effectuée sur le couple juif de la part des musulmans. Il nous reste donc à admettre que Dina et Dan ne revinrent pas à leur foi israélite dans leur ville – Avlona – où ils étaient assez connus. Il se peut que ce fût la raison pour laquelle ils quittèrent le littoral adriatique pour s'installer à Thessalonique. C'est que ce grand centre urbain offrait plus de liberté, par l'anonymat qu'il assurait au couple, en leur permettant de se

[26] П. Динеков, *Софийски книжовници през XVI век*, t. I: *Поп Пейо*, София, 1939 ; П. Динеков, « Книжовният живот в София през XVI век » dans *idem*, *Похвала на старата българска литература*, София, 1979, p. 259-312 ; К. Нихоритис, *Света Гора – Атон и българското новомъченичество*, София, 2001.

[27] Le phénomène des néo-martyrs est très riche de significations et témoigne encore une fois la vitalité de l'idée impériale byzantine après 1453 et le développement d'une identité panorthodoxe parmi les chrétiens du *millet* de Rum dans l'Empire ottoman avant l'époque des Tanzimats – cf. М. Цибранска-Костова, Ив. Билярски, « Освещаване на градското пространство: примерът на ръкопис ЦИАИ 1521 и новомъченичеството в София през XVI век », *Palaeobulgarica*, XXXIX, 2015, 3, p. 39-60.

reconvertir de l'Islam au judaïsme. Du point de vue juif, ils demeuraient certes israélites, car le passage à l'Islam n'était qu'apparent pour satisfaire les autorités, et imposé par la force, par la violation de la volonté personnelle. On pourrait voir ici une continuation de la pratique des juifs de l'Espagne chrétienne de l'époque qui suivit la Reconquête. De la sorte, notre cas matrimonial confirme bien la tradition des Sépharades, mais dans un contexte différent, celui du contexte islamique de l'Empire ottoman.

En conclusion, on peut dire que l'affaire qui nous a occupés est assez inhabituelle. Il s'agit initialement d'un conflit essentiellement personnel dans le cadre de la communauté juive d'Avlona, basé sur le désir d'un homme. Néanmoins, le développement du cas le situe au-delà de la congrégation israélite et engage la communauté et les autorités musulmanes de la ville. Ainsi, un cas personnel est-il devenu significatif de la situation générale dans l'Empire ottoman du XVIe siècle. Sans doute pouvons-nous y voir un engagement à des niveaux différents des autorités du *kadi* et du rabbin, impliquant des conceptions différentes, mais qui pouvait concourir au but général de la jurisprudence – la justice. On peut également attirer l'attention sur le fait que ce cas particulier présente non seulement une femme belle et forte, déterminée dans le désir de défendre sa famille, mais aussi une situation où les représentants des différentes religions de la tradition abrahamique se sont trouvés réunis lors de la résolution d'une affaire matrimoniale assez singulière, tout en sauvegardant leurs propres traditions, pratiques et conceptions juridiques.

Ivan BILIARSKY
Professeur d'histoire du droit
Université de Varna – Sofia
CEIR

La tragédie de l'héritage ottoman des États du Machrek arabe : le cas du Liban

À la différence des monarchies occidentales et des futurs États-Nations, l'empire Ottoman se voulait universel. Il n'avait rien d'uniforme et adaptait la diversité des coutumes locales compatibles avec sa domination et celle de l'islam. Il superposait un appareil politico-militaire impérial au-dessus de multiples communautés imbriquées les unes dans les autres : confessionnelles, linguistiques, corporatives, confrériques, tribales, villageoises, etc., sans « corps intermédiaires », essence du « despotisme oriental » selon Montesquieu. Les plus importantes étaient les confessionnelles. Les « *dhimmi* » non musulmans (chrétiens, juifs, arméniens) conservaient leur statut personnel largement conçu, leurs juges, leurs services culturels, etc. ; ils étaient exclus des fonctions administratives et militaires, juridiquement inférieurs aux musulmans, surtaxés et objets de toutes sortes de discriminations. Les musulmans non sunnites étaient marginalisés, parce qu'exclus des fonctions administratives (alaouites, chiites, druzes...).

La modernisation des « Tanzimats » (XIXe siècle) a établi l'égale protection des lois et supprimé la « *djizya*[1] » ; mais elle a maintenu le système des communautés confessionnelles en les institutionnalisant (« système des *millets* ») et en les multipliant. En turc moderne, « *millet* » est le mot qui désigne « nation ». Les « *millets* » se sont sécularisés en leur sein. Les affaires mondaines relevaient de conseils représentatifs, les religieux ne conservant que celles des dogmes et du culte. Les musulmans n'ont rien connu de tel et mal vécu les réformes occidentalisantes, y compris la perte des marques vestimentaires de leur ancienne supériorité, réformes imposées par des militaires autoritaires et des diplomates pleins de morgue. Cette modernisation n'a pas empêché l'accélération du dépeçage de l'empire ; en particulier après l'adhésion de l'empire au Concert européen des nations (1856), qui aurait dû l'en préserver.

Pendant la Première Guerre mondiale, Français et Anglais se sont partagé le Machrek ottoman, partage confirmé par les mandats de la SDN. Trois États apparaissent notamment, l'Irak, la Syrie et le Liban, la séparation des deux derniers n'ayant rien d'évident et relevant de la volonté française d'offrir aux chrétiens majoritaires au mont Liban une entité historique très

[1] La *djizya* est un impôt de capitation très lourd qui ne pesait que sur les seuls « *dhimmi* ».

spéciale ottomane, mais réduite à la montagne, un vrai État avec le Nord, la côte, la Bekaa et le Sud qui n'en faisaient pas partie auparavant.

Dans les années 1960, la Syrie et l'Irak sont devenus des dictatures panarabes militarisées se réclamant du Baas laïcisant ; tandis que le Liban poursuivait l'expérience commencée sous le mandat français d'une démocratie fondée sur le communautarisme confessionnel hérité de l'empire ottoman ; un État économiquement prospère[2], mais dont l'identité restait incertaine, affectée après la « guerre des six jours » et « septembre noir » par de nombreux camps palestiniens et par la présence de l'OLP constituant une sorte d'État dans l'État, ce qui contribuera à provoquer le début d'une longue guerre dite « civile » (1975-1990) aux retournements et rebondissements multiples, les interventions armées répétées de la Syrie, d'Israël et même d'une force multinationale américano-italo-française.

Sous des auspices arabes, les députés libanais ont conclu les accords de Taëf (1989) qui amendent tout en le conservant le communautarisme confessionnel et autorisent (avec l'accord des Grandes Puissances) l'occupation et la tutelle militaire syrienne.

À l'époque, personne ne s'interrogeait sur l'existence à venir de l'Irak et de la Syrie en tant qu'États. À la veille de la guerre du Golfe, on parlait de l'Irak comme de « la quatrième armée du monde », même si la fin de la guerre avec l'Iran avait souligné la fragilité du régime tenu par des sunnites minoritaires[3] ayant chassé par la violence extrême les Kurdes dans les montagnes et écrasé les chiites majoritaires, y compris en asséchant leurs marais. En Syrie, Hafez el Assad imposait la domination d'une petite minorité alaouite (12%) maîtresse de l'Armée ; mais il avait dû affronter dans la violence en 1979 et en 1981-82 des révoltes sunnites dirigées par les Frères Musulmans, contraint même de bombarder la grande ville de Hama. La comparaison entre la Syrie baasiste et le Liban ressemblait à la fable du chêne et du roseau ; et chacun sait, dans la fable, lequel des deux est le plus solide.

Aujourd'hui, l'existence même de l'Irak et de la Syrie paraît menacée. Un prétendu Califat sunnite djihadiste ultra radical aux procédés terroristes sauvages s'est emparé de Mossoul, de ses banques, de son pétrole, des armements modernes américains de l'armée irakienne et DAECH s'organise militairement grâce à d'anciens officiers de Saddam Hussein. Le gouvernement chiite semble incapable de faire face, même avec l'aide militaire de l'Iran ; moins que les Kurdes qui se sont emparé de Kirkouk et de son pétrole. Les chefs tribaux sunnites que les Américains avaient réussi pendant un temps à mobiliser contre les jihadistes de Zarkaoui se réclamant

[2] On a parlé d'un « miracle libanais » et du Liban comme la « Suisse du Moyen-Orient ». Seul régime libéral de la région, il en devient le centre commercial et bancaire, alors qu'il n'a pas de ressources pétrolières.

[3] Les chiites comptent environ 54 % de la population arabe.

d'Al-Qaida paraissent s'accommoder de DAECH qui prétend maintenant étendre son Califat à la Syrie. En Syrie, il semble au Nord la composante la plus efficace contre le régime qui ne tient plus que grâce aux miliciens du Hezbollah chiite du Liban, aux Iraniens et surtout à l'intervention armée récente de la Russie. Il est combattu par des mouvements très divers dont des « salafistes » et Al-Nostra qui se réclame d'Al-Qaida ; l'ASL (Armée Syrienne Libre) en principe non djihadiste ne semble pas la force la plus puissante et les Kurdes, proches du PKK de Turquie, paraissent très efficaces, comme on l'a vu à Kobane. On ne sait pas si le partage entre États territoriaux tel qu'il existait se maintiendra ou non, d'autant plus que la « mondialisation » ébranle ce cadre politique de très différentes façons partout dans le monde. Débarrassé de la Syrie, d'Israël et pour l'instant de l'armée du Hezbollah intervenant en Syrie, le « roseau » libanais serait-il susceptible de connaître un nouveau moment heureux de « libanisme » ? Cette opportunité n'est-elle pas annulée par la très grave panne de la démocratie communautaire confessionnelle, faute de parvenir à un compromis entre les deux coalitions de gouvernement, qui a conduit à la prorogation du Parlement et l'impossibilité de procéder à l'élection présidentielle depuis plus d'un an ; situation que compliquent les manifestations interconfessionnelles inédites de jeunes urbains contre le personnel politique traditionnel à l'occasion du scandale des ordures, à un moment de crise aussi tragique qu'inextricable au Proche-Orient et de raz de marée de réfugiés qui susciterait plutôt le réflexe de l'immobilisme institutionnel ?

Nous examinerons successivement le passage du Mont Liban ottoman au Grand Liban (I) ; le « Pacte de 1943 » qui établit la démocratie communautaire confessionnelle ; en relevant qu'il ne correspond pas aux critères de la « démocratie consociationnelle » selon Arendt Lijphart concernant des sociétés segmentées verticalement de communautés religieuses, linguistiques, ethniques, etc[4] (II). On terminera par le problème identitaire du « libanisme » (III) que nous n'avons pas traité, faute de temps, lors du colloque « L'homme méditerranéen face à son destin ». À la fois parce qu'elle est importante pour le sujet ; mais aussi parce qu'elle permet de mieux saisir l'ampleur de la tragédie traversée par l'ensemble des pays du Machrek issus de l'héritage ottoman. Même si chacune de ces tragédies est aussi spécifique que complexe, le cas du Liban et de sa « guerre civile » de 15 ans constitue une sorte de « répétition générale ».

---

[4] Voir Arendt LIJPHART, *The politics of Accomodation, Pluralism and Democracy in the Netherlands,* University of California press, 1970 (2e édition). Du même auteur, *Democraty in Plural Societies, a comparative exploration,* Yale University Press, 1977. Et sa contribution in K. MC.RAE (éd.), *Consociational Democracy, Political Accomodation in Segmented Societies,* Carlton Library, 1974.

I- Du mont Liban ottoman au Grand Liban

Dans certaines zones montagnardes difficiles à contrôler, l'Empire ottoman concédait souvent de larges autonomies ; notamment au mont Liban peuplé de chrétiens (la plupart maronites) au Nord, de druzes et de chiites au Sud, avec de nombreuses vallées mixtes : « l'émirat de la Montagne ». Un émir investi par le Sultan, en principe druze, maître du Chouf, chef militaire et administratif devait payer à l'empire le tribut fiscal annuel et chapeautait des fermiers d'impôts (*muqatadji*) issus de grandes familles druzes ou chrétiennes, des « féodaux » (au sens large) au-dessus des paysans libres. Double exception : l'autonomie, mais aussi les privilèges des druzes. Ailleurs dans l'empire, les musulmans non sunnites, chiites d'Irak et du Liban, alaouites de Syrie… étaient exclus des fonctions administratives. Il s'agissait seulement de la montagne, à l'exclusion du Nord, de la côte, de la Bekaa et du Sud qui relevaient de l'administration ottomane ordinaire et des gouvernorats de Tripoli, de Damas et Acre.

A l'époque, les conflits dans la Montagne relevaient de luttes entre clans « féodaux ». Ils deviennent confessionnels à la suite de la guerre d'indépendance grecque : le Mont revient à Ibrahim, le fils de Mehmed Ali, maître de l'Égypte. Pour concentrer son pouvoir, contre les « féodaux », l'émir Cheab s'appuie à la fois sur les maronites et Ibrahim, soutenus par la France, contre le Sultan qui cherchait à reconquérir la région en s'appuyant sur les druzes, soutenus par les Anglais qui débarqueront sur les côtes. En 1845, l'empire impose deux « Caimacans », un chrétien dans le Kesrouan (Nord), un druze dans le Chouf ; et un conseil consultatif de six membres, chacun représentant l'une des six communautés (maronite, grecque orthodoxe, grecque catholique, sunnite, druze, chiite). Ainsi naissait la représentation communautaire confessionnelle.

Les conflits communautaires se combinent avec des conflits sociaux et politiques. Une couche de paysans maronites s'est enrichie par le commerce de la soie avec les soyeux lyonnais. Les « tanzimats » abolissent la surimposition des paysans chrétiens ; soutenus par le clergé maronite issu des couches populaires, les paysans maronites se soulèvent et les « féodaux » druzes prennent peur. En 1859, les chrétiens sont victimes de massacres auxquels participe le gouverneur de Beyrouth. Fuad Pacha impose le Statut Organique du Mont Liban (après une intervention armée française en 1860) de 1861. La montagne est administrée par un gouverneur chrétien, mais par un non libanais nommé par le sultan et responsable directement devant lui, entouré par un conseil consultatif de douze membres (deux par communauté). Les affrontements continuent, menés notamment par le maronite Youssef Karam, qui conduiront (1864) au doublement des conseillers chrétiens.

Depuis les Capitulations, la France s'est liée aux chrétiens du Liban[5]. Entre 1880 et 1890, elle entreprend la construction du chemin de fer Beyrouth-Damas-Alep. Les écoles missionnaires françaises (et américaines) se multiplient et la montagne surpeuplée se vide vers Beyrouth, la côte et l'émigration. Ces bouleversements génèrent une « renaissance culturelle arabe » dont les chrétiens sont souvent les porte-drapeaux, y compris sur le plan politique, mais aussi de façon contradictoire un repli de la Montagne sur elle-même.

Pendant la Grande Guerre, l'offensive ottomane vers Suez met fin à l'autonomie : criquets, surpopulation, blocus, famine entraînent un énorme exode maronite vers Beyrouth et la côte. Passons sur les contradictions entre les accords Sykes-Picot (1916) franco-anglais de partage des zones d'influence et le projet d'« État arabe » hachémite[6]. En 1918, Fayçal forme à Damas[7] un « gouvernement arabe » et fait flotter un drapeau chérifien à Beyrouth, ôté rapidement à la suite d'un débarquement anglo-français qui reconduit le conseil antérieur. La SDN confirme le mandat français au Liban et en Syrie. Après une tentative de compromis avec Fayçal pour une fédération sous mandat français avec un Liban autonome, la France se décide pour deux États (mars 1920), approuvée par le Conseil libanais et quelques représentants de la côte, confirmée par la conférence de San Rémo. Lâché par les Anglais, débordé par le Congrès Arabe de Damas se réclamant de la « Révolution arabe », Fayçal renonce après la bataille de Maysaloun. Millerand et le général Gouraud choisissent de donner aux chrétiens un Grand Liban avec l'Akkar (Nord), la Bekaa, la côte et le Jabal Amel (sud) en septembre 1920, fondé sur les communautés confessionnelles, chacune conservant son statut personnel et disposant d'un recrutement communautaire équitable dans la fonction publique.

À l'époque, les chrétiens représentaient 55% de la population[8]. Les sunnites s'opposaient à cette décision. Certains Grecs orthodoxes de la côte s'identifiaient d'abord comme Arabes ; les chiites de la Bekaa s'y opposaient davantage que ceux du sud ; les druzes se divisaient entre le clan Joumblatt favorable et le clan Arslan hostile. À la même époque, le général Gouraud impose une politique inverse en Syrie, divisée en quatre États (Damas, Alep, Un État alaouite et un État druze). La constitution libanaise de 1926 a été proclamée en pleine révolte druze. Les élections de 1932 conduisent à l'élection surprise à la Présidence de Mohammed Jisr, un

[5] Sous Louis XIII, la France décide de se faire protectrice des chrétiens du Liban.

[6] En fait, la correspondance de Mac Mahon au Chérif Hussein de La Mecque était plus vague et parlait d'un « califat » qui pouvait limiter l'État de Hussein au Hedjaz ; l'essentiel pour les Anglais étant que le Chérif de La Mecque retire sa légitimité à l'appel au djihad du Sultan. Les fils de Hussein imaginaient des royaumes arabes pour eux, chapeautés par Hussein.

[7] Conseillé par T.H. Lawrence, Fayçal est arrivé à Damas avant Allenby.

[8] Au seul Mont Liban, les chrétiens représentaient 80 % de la population. Dés 1932, dans le Grand Liban, ils ne comptaient qu'un peu plus de 51 %.

sunnite modéré soutenu par certains chrétiens. Le Haut commissaire Henri-Ponsot réalise un coup d'État contre ce résultat. La situation se stabilise en 1936 avec l'élection d'Emile Eddé. En dehors des partis parlementaires de notables (Le Bloc Constitutionnel de Al-Khoury et le Bloc National d'Emile Eddé), naissent à Beyrouth des organisations de jeunesses très militantes, les Phalanges Chrétiennes de Pierre Gemayel et les Scouts sunnites, ainsi qu'un parti moderniste suivant un modèle fascisant, le PPS d'Antoun Saadé se réclamant de la Grande Syrie (sur tout le Croissant Fertile). Un « Congrès de la côte » réunissant des chrétiens et des bourgeois sunnites se prononce pour le Grand Liban.

II- La démocratie communautaire libanaise et la « *consociatio* »

A- Le « Pacte National » de 1943

Socle de la démocratie communautaire confessionnelle du Liban indépendant, le « Pacte national de 1943 [9] » règle la répartition communautaire des sièges de députés à l'avantage des chrétiens selon le principe : six chrétiens pour cinq musulmans. L'essentiel n'est pas écrit : le Président de la République est chrétien, le premier ministre est sunnite, le président de l'assemblée est chiite, le commandement en chef de l'armée est chrétien, le chef d'état-major est druze.

La constitution de 1926 ressemble au texte de la IIIème République française et non à ce qu'elle est devenue en pratique après la crise du 7 mai 1877 : une présidence forte, mais pas toute-puissante, élue par les députés à la majorité des deux tiers pour un seul mandat de six ans ; ce qui pose des problèmes récurrents. Des présidents tentent de faire amender la constitution pour obtenir un second mandat ou une prolongation de leur pouvoir ; comme on le verra, il s'agit là de l'un des ingrédients habituels des crises internationales traversées par le Liban. Les accords de Taëf qui fondent la « Seconde République » après la « guerre civile » ont sensiblement réduit les pouvoirs du Président et renforcé ceux du premier ministre et de l'Assemblée.

En 1960, la représentation communautaire à l'Assemblée était la suivante : 30 maronites, 11 Grecs orthodoxes, 6 Grecs catholiques, 5 Arméniens, 1 protestant, 20 sunnites, 19 chiites, 6 druzes, 1 « autres ».

[9] Ce Pacte date de la reprise de contrôle du Liban par la France Libre grâce au général Catroux et aux Anglais.

B- La démocratie « consociatonnelle »

Il existe une théorie de la démocratie « consociationnelle » dont le principal concepteur est le Néerlandais Arendt Lijphart qui conviendrait à des sociétés segmentées verticalement par des appartenances confessionnelles, linguistiques, ethniques ou autres par opposition aux clivages horizontaux de classes. Ces démocraties ont en effet existé après la guerre (un peu plus tôt aux Pays-Bas) jusqu'au milieu des années soixante dans l'axe central de l'Europe ex-romaine (Pays-Bas, Belgique, Suisse) concernant aussi bien des pays unitaires que des fédérations, et non la plupart des fédérations (par exemple ni l'Allemagne, ni les USA, ni même le Canada). Ces « *consociatio* » ont aujourd'hui disparu aux Pays-Bas et en Belgique. Lijphart montre que la « *consociatio* » suppose une très forte imperméabilité des segments entre eux, comme c'est le cas au Liban[10], mais aussi un très haut niveau d'organisation de chaque communauté en son sein dans tous les secteurs (syndicats, associations de toutes sortes, écoles, universités, appareils culturels, etc.) et pratiquement autour d'un seul parti politique. Chaque communauté serait donc dirigée par une seule élite sociale et politique très légitime en son sein. Dans les faits, ces démocraties ne fonctionneraient pas « à la majorité », mais au compromis permanent entre les sommets des communautés ; celui-ci se réalisant d'autant plus aisément qu'il peut se conclure entre les sommets communautaires dans les coulisses et non sur la place publique ; il sera ensuite suivi sans mobilisations populaires intempestives.

Lijphart n'a probablement pas voulu imaginer un modèle pour les nouveaux États segmentés issus des décolonisations. En ce qui concerne les Pays-bas, il distinguait quatre « piliers » : le bloc protestant, le bloc catholique, le bloc libéral et le bloc socialiste. Son objectif était de montrer que dans certaines circonstances, des clivages partisans « superposés » correspondant aux conflits fondamentaux (séculiers/cléricaux ; centralistes /périphériques ; villes /campagnes ; possédants/non possédants) ne conduisent pas à l'instabilité ; alors que la science politique croyait généralement le contraire à l'époque. Clivages « superposés » : ici entre catholiques et protestants, clivages « verticaux » ; et clivages « horizontaux » entre possédants et non possédants ; et non des clivages « croisés », comme par exemple protestants et libéraux contre catholiques et socialistes. Cela ne concernait pas les sociétés essentiellement segmentaires des pays récemment décolonisés, mais plutôt la question des clivages superposés ou croisés des démocraties constituées ; mais la science politique a eu tendance à retenir ce modèle comme pouvant éventuellement convenir aux sociétés segmentaires en général.

---

[10] Les mariages mixtes sont rarissimes.

C- Le Liban du Pacte de 1943 ne correspond pas aux critères de la « *consociatio* »

1/ la proportion de six chrétiens pour cinq musulmans imaginée sous le mandat n'a vite plus eu aucun rapport avec les réalités. En 1981 – et cela s'est aggravé depuis – on comptait 63% de musulmans et 37% de chrétiens. Les accords de Taëf n'ont retenu que la parité moitié-moitié ; et ils ont maintenu la « troïka » présidence chrétienne, premier ministre sunnite, présidence de l'Assemblée chiite, alors que les chiites sont aujourd'hui plus nombreux que les sunnites et les chrétiens nettement minoritaires.

2/ Au Pays-Bas, il n'existait aucune règle juridique de représentation communautaire. Celle-ci résultait directement des élections. Au Liban, juridiquement, la représentation communautaire et le suffrage universel se combinent depuis 1932 de la façon la plus dysfonctionnelle possible. Dans chaque circonscription, la représentation communautaire est fixée par la loi. Par exemple, imaginons une circonscription avec deux députés chiites à élire et un chrétien. Il y a un collège électoral unique, principe du suffrage universel. Compte tenu du très fort clientélisme qui caractérise le Liban, ici, le député chrétien sera l'élu des chiites et non un représentant des orientations de la communauté chrétienne en général. Non seulement l'Assemblée sera clivée par les communautés, mais une partie importante des élus communautaires ne représentent que fort mal les orientations de leurs communautés. Ce problème le plus souvent ignoré des analystes est considérable. Depuis le retrait de la Syrie à la suite de l'attentat contre Rafic Hariri, deux coalitions s'opposent : celle du « 8 mars » et celle du « 14 mars ». La première rassemble les députés chiites (Hezbollah et Amal) et certains élus chrétiens qui sont déterminants dans l'équilibre des forces, dirigées par le général Aoun. Les élus druzes oscillent selon les moments entre les deux coalitions ; le « 14 mars » regroupe les sunnites et la majorité des élus chrétiens. On doit noter que la plupart des chrétiens élus qui suivent Aoun sont élus dans des circonscriptions à majorité chiite[11]. Beaucoup n'auraient pas été élus si les chrétiens avaient été les seuls admis à voter dans leur circonscription pour désigner les députés chrétiens. Il en va de même pour de nombreux élus chrétiens du « 14 mars » élus dans des circonscriptions à majorité sunnite.

3/ Loin d'être très consensuelles en leur sein autour d'une seule élite socio-politique, les communautés confessionnelles libanaises sont très divisées en leur sein et les fractions des différentes communautés sont très instables dans leurs alliances. Avant la « guerre civile », chez les chrétiens, on distinguait les Phalangistes, devenus le parti de Pierre Gemayel, le Bloc Libéral et National de Camille Chamoun, le Front Zghortiote de Soleiman

[11] Il y a des députés chrétiens réellement pro-syriens aussi ; en particulier dans la région de Zghorta dominée par le clan Frangié, au Nord proche de la Syrie.

Frangié et le Bloc National de Raymond Eddé, chacun s'étant doté de milices armées : les Phalanges de Bachir Gemayel, les « Tigres » de Chamoun, la « Brigade Marada » des Frangié, auxquelles il faudrait ajouter l'« Ordre des Moines libanais », les « Combattants du Cèdre », les « Tanzim », etc. Leurs conflits étaient inexpiables, allant jusqu'aux assassinats. Les druzes étaient et sont toujours divisés entre le clan Joumblatt, celui des leaders du PSP et le clan Arslan ; et les chiites entre Amal et le Hezbollah. Aujourd'hui, les chrétiens sont encore très divisés entre l'ancien leader des Forces Libanaises de la « guerre civile » (les milices chrétiennes unifiées), Samir Geagea de la coalition du « 14 mars » anti-syrienne et le général Aoun, l'ancien commandant en chef de l'armée à la fin de la « guerre civile », prétendant se faire élire président de la République à la fin du mandat d'Amin Gemayel, qui voulait mener la « guerre de libération nationale » contre la Syrie et le désarmement de toutes les milices, aujourd'hui pro-syrien et allié de la seule milice restante devenue une véritable armée plus puissante que l'armée libanaise, le Hezbollah chiite, dans la coalition du « 8 mars ».

4/ Ces divisions sont largement dues au clientélisme traditionnel autour des grands propriétaires ruraux qu'on désigne encore sous le vocable de « féodaux » ; même si l'urbanisation et le développement ont produit des organisations différentes comme les Phalangistes, Amal et le Hezbollah. Mais celles-ci utilisent volontiers l'intimidation par la menace de la violence, le racket, etc., et elles peuvent être divisées en leur sein, y compris au sein d'une même famille, comme les phalangistes entre Bachir Gemayel avant son assassinat et Amin Gemayel. Au cours de la « guerre civile », le personnel politique s'est compliqué : des chefs miliciens distincts des leaders traditionnels sont apparus, sans pour autant unifier leur camp. Les diverses milices chrétiennes s'étaient en principe unifiées au cours de la « guerre civile » dans les Forces Libanaises, un processus violent (assassinat de Tony Frangié, affrontement des phalangistes contre le clan Chamoun, etc.), mais les Forces Libanaises se sont ensuite divisées entre Elie Hobeika, son chef, prêt à s'entendre avec la Syrie, désavoué par Amin Gemayel et le Patriarche maronite, contre son second, Samir Geagea, qui le supplantera.

Le clientélisme traditionnel est renforcé par la règle du vote dans la circonscription de la naissance et non du lieu où l'électeur habite. Les patrons clientélistes financent les déplacements et utilisent leur poids politique réel ou supposé pour rendre possible ou faciliter la carrière des clients dans la fonction publique.

Ce fractionnement permet aux Puissances et aux voisins de jouer d'alliances réversibles nombreuses, avec non seulement les communautés, mais aussi leurs fractions. Le cas de l'opposition entre Samir Geagea et le général Aoun vis-à-vis de l'attitude à adopter à l'égard de la Syrie est particulièrement spectaculaire. Le général Aoun qui disait mener la « guerre de libération nationale » contre la Syrie et pour le désarmement de toutes les milices, est aujourd'hui l'allié du Hezbollah, la seule milice restante, plus puissante que l'armée libanaise et pro-syrienne ; et Samir Geagea, qui était le leader des Forces Libanaises qu'il ne voulait pas voir désarmées et qui acceptait les accords de Taëf, donc l'occupation syrienne, est aujourd hui l'un des principaux leaders chrétiens du « 14 mars » anti-syrien. Pendant la « guerre civile », contrairement à ce qu'on imagine aujourd'hui, les chiites se sont opposés entre eux. Ils ont provoqué de véritables massacres de Palestiniens, en particulier pendant ce qu'on a appelé la « guerre des camps », parce que les représailles israéliennes contre les raids de l'OLP frappaient d'abord le Sud chiite ; alors qu'aujourd'hui, après s'être affronté avec Amal, le Hezbollah érigé en mouvement de résistance nationale contre Israël procède lui même à des opérations militaires en territoire israélien (Katiouchas et missiles), a réussi non seulement à survivre et à se renforcer lors de trois guerres successives menées par Israël contre lui depuis la « guerre civile », et même à infliger la défaite à Tsahal en 2006.

D- Les illusions du « développementalisme »

À court et même à moyen terme, il serait illusoire d'imaginer que l'urbanisation et la modernisation auraient pour effet de dissoudre le communautarisme[12]. En Syrie, par exemple, la modernisation a favorisé la formation scientifique et technique prise en charge par l'État dans les rangs de l'armée des jeunes gens des minorités marginalisées non sunnites alaouites et druzes, alors que les jeunes issus des classes moyennes urbaines et de la bourgeoisie sunnites étaient beaucoup moins attirés par la carrière militaire. Les mêmes minorités se sont mobilisées dans les rangs du parti Baas panarabe laïcisant pour effacer leurs origines confessionnelles défavorables[13]. L'aile militaire a pris la direction de ce parti, puis sa composante alaouite dirigée par le clan Assad.

Pendant la période allant de 1958 à 1970, le Liban a connu une période de développement considérable et d'exode rural massif, à l'heure dite du « chehabisme ». Ces phénomènes ont bouleversé la scène. Sous la direction de l'imam Moussa Sadr, les chiites auparavant dirigés par des élites rurales traditionnelles ont obtenu l'institutionnalisation d'un Conseil Supérieur, sont devenus majoritaires dans les banlieues sud de Beyrouth, se sont formés et organisés dans Amal et, plus tard le Hezbollah (après la révolution islamique d'Iran). Dans un premier temps, l'exode rural et le développement de l'instruction renforcent, en les transformant, les groupes de solidarités confessionnels et même tribaux, claniques, etc. Le logement, l'installation, l'emploi, la survie dans les bidonvilles des banlieues dépendent de ces groupes de solidarités dont les formes idéologiques, en se combinant avec

[12] Voir Bertrand BADIE, *Le développement politique*, Paris, Economica, 3e éd., 1984.
[13] Le Baas a été fondé par un chrétien grec orthodoxe, Michel Aflak.

les clivages de classes, sont volontiers radicalisées en même temps que transformées. C'est ainsi que Moussa Sadr a fondé le « Mouvement des déshérités » et qu'il a tenté de transformer l'ashoura chiite et ses flagellants de rituel de soumission en rituel de rébellion. La radicalisation est aussi un réflexe de défense contre les menaces résultant des nouvelles conditions d'existence de la vie urbaine, à commencer par la dispersion de la famille large. On peut parier qu'à long terme, les nouvelles conditions modernes d'existence vont faire régresser le communautarisme, mais comme le disait J.M. Keynes, « à long terme, nous sommes tous morts ». À moyen terme, la modernisation produit en effet des tendances contradictoires : une partie de la jeunesse urbaine conteste de façon intercommunautaire les dictatures au Moyen-Orient (« printemps arabes ») ou le système clientéliste au Liban, comme on le voit avec le mouvement « vous puez », déclenché à propos du ramassage des ordures. Mais ces mouvements, sauf en Tunisie, ont mal tourné et peuvent susciter le déchaînement d'affrontements intercommunautaires de plus en plus sauvages comme en Syrie.

III- Démocratie communautaire, interventions extérieures, identité

Le fractionnement instable des différentes communautés confessionnelles libanaises offre aux grandes puissances et aux puissances régionales et voisines des possibilités très variées d'interventions, d'alliances, de retournements ou de rebonds dans cet État si peu militarisé par rapport à ses voisins, qui n'a pas participé aux guerres israélo-arabes, tout en étant placé dans l'épicentre de la zone des conflits du Moyen-Orient. La question « arabe » est présente depuis sa naissance et n'a jamais cessé de se poser. La présence au Liban de L'OLP palestinienne a précipité quinze ans de ce qu'on appelle abusivement la « guerre civile », puis l'occupation syrienne. « Guerre civile » ? Peut-on vraiment utiliser ce terme, alors qu'il s'est agi de véritables guerres interétatiques répétées auxquelles ont participé de façon majeure les armées syrienne et israélienne ?

Aux Pays-Bas, en Belgique, en Suisse, pays de démocratie « consociationnelle », les pressions ou menaces de l'environnement extérieur avaient conduit à souder davantage entre eux les segments ; à l'inverse de l'expérience libanaise. Mais l'histoire du Liban montre que ce pays a aussi connu des moments de « libanisme ».

A- De l'indépendance à la crise de 1958 et au « chehabisme »

1- De l'indépendance à la crise de 1958

Sous le mandat, l'appartenance du Liban au monde arabe a fait problème. Au moment du traité franco-libanais de 1936, le Congrès de la Côte réclamait l'« unité syrienne », étape vers l'« unité arabe » et des violences entre Phalangistes et scouts sunnites se développaient dans le quartier populaire de Basta. Inspiré par l'accord entre les bourgeoisies sunnites et chrétiennes de Beyrouth, le traité de 1943 a scellé un compromis : les chrétiens reconnaissaient l'« arabité » du Liban et l'adhésion à la Ligue des États Arabes ; les musulmans s'engageaient à ne pas dissoudre le Liban dans une Grande Syrie ou une « Patrie Arabe ».

Dès la guerre israélo-arabe de 1947-48 à laquelle le Liban n'avait pratiquement pas participé, on a pu mesurer la complexité du problème palestinien. En pleine insurrection druze, on avait vu Kamal Joumblatt choisir l'appartenance au Liban ; mais il n'avait pas renoncé à la solidarité arabe et il a contesté la passivité libanaise dans ce conflit. Cette attitude demeurera celle du principal leader druze plus tard ; or, la petite minorité druze joue un rôle déterminant dans l'équilibre intercommunautaire libanais. Kamal Joumblatt, le fondateur du PSP, sera le leader du « Front Islamo-Progressiste » pendant la « guerre civile » pour la défense des Palestiniens ; mais Walid Joumblatt sera avec Rafic Hariri l'ardent partisan du retrait de la Syrie, puis de la coalition du « 14 mars ».

En 1956, le Président Chamoun refuse de soutenir l'Égypte et souscrit à la « doctrine Eisenhower », ce qui entraîne la rupture avec les sunnites modérés, avec Frangié et des leaders chiites. Il remporte les élections de 1957 et envisage d'entreprendre un second mandat contre ses propres partisans modérés et le Patriarche maronite. Lors de la fusion de l'Égypte et de la Syrie dans la RAU (février 1958), des émeutes éclatent à Tripoli, Basta se couvre de barricades et une véritable insurrection gagne tout le pays contre un second mandat de Camille Chamoun. Après le renversement de la monarchie en Irak, les Américains débarquent sur les côtes libanaises (opération « Sérénade à l'aube »). Faute de rallier l'armée contre la menace d'une grève générale, Camille Chamoun démissionne.

2- Le « chehabisme »

Le commandant en chef de l'armée, le général Chehab, est élu Président et rassemble l'unanimité. Une longue période de « chehabisme » favorable au « libanisme » commence, prolongée sous la présidence de Charles Hélou. Mais la question palestinienne, combinée aux questions sociales résultant de l'exode rural, vont tout faire voler en éclat, en particulier l'exode rural des chiites vers les banlieues du sud de Beyrouth. Celui-ci produit une « ceinture de misère » en pleine période de développement accéléré.

B- La « guerre civile ».

1- Prémisses et déclenchement

Lors de la « guerre des six jours » (1967), le Liban refuse de soutenir l'Égypte et la Syrie, mais des bases de commandos palestiniens se constituent sur son territoire. En décembre 1968, Israël détruit au sol la flotte aérienne civile libanaise en représailles. Impuissante et passive, l'armée libanaise perd sa légitimité. Grèves et mobilisations exigent une armée de conscription. En 1969, l'armée ne parvient pas à couper la « piste Arafat » vers la Syrie, et Nasser impose au Liban l'égide de l'OLP dans les camps palestiniens. Le problème s'aggrave avec l'afflux de palestiniens après « septembre noir » (1970). A la suite des attentats de Lod et de Munich (1972), Israël intervient au Liban. Le président Frangié fait bombarder des camps en 1973, les milices confessionnelles se multiplient et recrutent en grand dans la « ceinture de misère ».

À la suite d'une embuscade phalangiste menée en riposte après le meurtre de quatre phalangistes, la « guerre civile » commence en avril 1975. Après une médiation syrienne et la constitution du gouvernement de Rachid Karamé, la situation se calme. Les affrontements sont très vite relancés en septembre entre sunnites et maronites à Tripoli et se généralisent dans tout le pays.

2- L'intervention syrienne et la création de la FAD.

Destruction du vieux centre de Beyrouth, « guerre des hôtels », « samedi noir » (6 décembre 1975), massacre de la Quarantaine, offensive de « la gauche » à Dammour et contre le fief de Chamoun à Sa'adiyat, la guerre progresse partout dans le pays, y compris la Montagne, l'OLP décide d'y participer et l'armée libanaise éclate. La « gauche libanaise » refuse le projet constitutionnel que la Syrie veut imposer, qui envisageait à peu près la même chose que ce qui deviendra beaucoup plus tard les accords de Taëf, parce qu'elle exige une déconfessionnalisation totale. Un général sunnite, commandant de la place de Beyrouth, se proclame Gouverneur politique du pays et demande la démission du Président Frangié, suivi en cela par les deux tiers des députés. La Saïqa, force armée palestino-syrienne, arrête une offensive de l'« Armée du Liban Arabe » sur Ba'abda, le siège de la présidence. Le Président Frangié démissionne, Elias Sarkis lui succède et il se tourne vers la Syrie avec l'accord de Pierre Gemayel. Le 1er juin, l'armée syrienne intervient avec 250 blindés. Après le massacre du camp palestinien de Tall al-Za'atar par des milices chrétiennes, l'armée syrienne restant passive, les Saoudiens convoquent un sommet arabe qui imposera la constitution d'une Force Arabe de Dissuasion (FAD,) dominée par les Syriens. Les objectifs des Syriens sont de démontrer aux chrétiens libanais qu'ils sont leur seule garantie du *statu quo*, le contrôle du pays et surtout des Palestiniens et de l'OLP. Israël n'est pas hostile à ce contrôle syrien sur l'OLP, mais dessine à la Syrie une « ligne rouge » : le fleuve Litani. Damas ne parvient pas à imposer le désarmement de l'OLP au sud, tandis qu'Israël noue une alliance avec des chrétiens du sud Liban et des contacts avec des leaders chrétiens, dont Bachir Gemayel, à la tête de la milice phalangiste, malgré les réserves de son père.

3- L'intervention israélienne au sud

Le voyage de Sadate à la Knesset provoque un tournant : la Syrie et l'OLP font partie du camp de la « fermeté ». En mars 1978, Israël intervient au sud Liban bien au-delà de la zone s'étendant jusqu'à dix kilomètres de la frontière dénommée « bande de sécurité » ; en juin, le major Haddad, chrétien du sud armé et aidé depuis déjà longtemps par Israël, empêche par les armes l'armée libanaise de se positionner au sud, près de Nabatiyye. L'OLP est contrainte, comme les Palestiniens, de remonter vers le Nord. Le 13 juin, le Conseil de Sécurité de l'ONU crée la FINUL. Le major Haddad proclame l'État du Liban Sud (18 avril 1979), ce qui vide de sa substance la création de la FINUL.

4- L'occupation syrienne, le « réduit chrétien » et le « maronitisme »

La « paix syrienne » au Liban n'est pas une partie de plaisir. La Syrie impose son contrôle partout, ses barrages, la censure de la presse, elle noyaute les partis, n'hésite pas à utiliser la violence, y compris l'assassinat (Kamal Joumblatt sera assassiné sur une route du Chouf, le 16 mars 1977, à proximité d'un barrage de la FAD). Côté chrétien, Bachir Gemayel conteste Elias Sarkis et le gouvernement de Selim Hoss considéré comme « technocratique » et sa politique d'« équilibre », jusqu'à s'opposer à la nomination de Victor Khoury à la tête de l'armée par un attentat meurtrier sur sa maison. Il développe un « maronitisme » populiste « anti-technocratique » dans le « réduit » chrétien du nord, un véritable « État dans l'État ». Cette politique provoque des affrontements avec la FAD (bombardement de Beyrouth-est), la Syrie s'opposant à ce « séparatisme » en germe. Les Frangié, qui s'y opposent aussi, seront attaqués par les armes dans leur fief de Zghorta où Tony, le fils de l'ancien Président Soleiman Frangié, trouvera la mort. La Syrie réagit violemment au nord et aux grèves, exigeant la démission de Sarkis à Beyrouth. Les ministres des États arabes de la FAD, les pressions du Conseil de Sécurité et du Président Carter et la menace de l'aviation israélienne obligent la Syrie à desserrer un peu son étreinte. La contestation intérieure syrienne des Frères Musulmans, commencée par le massacre de cadets alaouites à l'école d'artillerie d'Alep en juin 1979, qui conduira le régime à faire bombarder par ses avions la ville de Hama à deux reprises (1981 et 82), l'y contraint également.

5- L'offensive israélienne : « Paix en Galilée »

Bachir Gemayel ne s'en tiendra pas au « séparatisme » du « réduit chrétien ». Pour désenclaver Zahlé, ville chrétienne enclavée, il entreprend la construction d'une route entre la Montagne et la Bekaa et tend une embuscade à la FAD. Retournement. La Syrie assiège Zahlé ; siège levé après une médiation saoudienne. Un incident avec Israël conduit la Syrie à installer des missiles dans la Bekaa. Israël intervient, ravage le sud et bombarde le QG de l'OLP à Beyrouth ; Washington paraît compter sur

Bachir Gemayel et Israël pour imposer un grand Liban chrétien. En 1982, Israël lance l'opération « Paix en Galilée » contre la présence syrienne et pour éradiquer celle de l'OLP. Tsahal atteint Beyrouth, rejoint les Forces Libanaises et ferme les yeux sur les massacres dans les camps palestiniens (Sabra et Chatila). L'OLP résiste à Beyrouth-ouest, à la différence des Syriens, mais doit finalement accepter d'évacuer Beyrouth sous la protection d'une Force Multinationale franco-italo-américaine.

Bachir Gemayel élu Président est aussitôt assassiné. Élu, Son frère Amin, très implanté dans le Metn, choisit une autre ligne : l'appui sur l'armée et les alliances avec l'establishment sunnite. Contre lui, replié dans le « réduit chrétien », les Forces Libanaises multiplient les provocations contre les infrastructures de l'État. Le PSP et Amal s'opposent à ce qu'ils appellent la « phalangisation », créent le Front du Salut National avec Frangié et Karamé. Avec le soutien de la Syrie, ils exigent l'abrogation de l'accord israélo-libanais (du 17 mai 1983).

6- Le projet d' « intégration » syro-libanais de la Syrie tenu en échec

Le sommet arabe de Fez (9 septembre 1982) et son plan de paix approuvé par l'OLP font craindre à la Syrie la création d'un État palestinien qu'elle ne contrôlerait pas. Alliée à des dissidences de l'OLP, la Syrie contraint celle-ci à évacuer Tripoli.

Nouveau retournement. En 1983, Israël se retire du Chouf et le PSP druze massacre les chrétiens au chœur de la Montagne druzo-maronite et poursuit son avancée jusqu'à Souk Al-Gharb, arrêtée par les canons en mer du New Jersey américain. Pouvait-on encore croire à un Liban multiconfessionnel ? Américains et Français subissent des attentats très meurtriers signés « Jihad Islamique » contre le QG des « *marines* » et le siège du contingent français. Une brigade de l'armée rejoint Amal. La Force Multinationale quitte le Liban. Amal et le PSP effectuent leur jonction (15 février 1984). Damas paraît le seul recours possible. Après deux conférences de Réconciliation Nationale (à Genève et Lausanne), Khaddam, le négociateur syrien, mise sur l'aile modérée des Forces Libanaises dirigée par Elie Hobeika, le commandant en chef des Forces Libanaises, sur Amal et le PSP pour parvenir à rétablir un ordre. Le chef d'état-major des Forces Libanaises, Samir Geagea, se soulève contre cette perspective. Le PSP s'en prend à Amal, le principal allié de la Syrie, parce qu'il affronte les Palestiniens : ce qu'on a appelé « la guerre des camps » durera deux ans. Le Hezbollah chiite, beaucoup plus récent, au contraire, se rangera aux côtés des Palestiniens. En 1985, les Syriens réinvestissent Zahlé, Beyrouth (après avoir pilonné Beyrouth-est depuis la Bekaa) et massacrent les Palestiniens à Tripoli, alliés à des Frères Musulmans (le Tawhid). Un projet de « déconfessionnalisation » et d'« intégration » syro-libanaise s'esquisse à Damas, négocié avec Amal, Hobeika et le PSP. Amin Gemayel, l'armée et Samir Geagea désavouent Hobeika, qui sera démis de la direction des Forces

Libanaises en janvier 1986. Au Sud, les Palestiniens s'opposent aussi aux Syriens, notamment à Saïda, le Hezbollah tend à l'emporter sur Amal dans la « guerre des camps » et le Front du Salut National soutient l'OLP. Du côté chrétien, des perspectives différentes s'opposent. Certains exigent toujours un Grand Liban à dominante chrétienne, d'autres un Petit Liban chrétien séparé, d'autres encore une fédération de cantons, dont un canton chrétien destiné à regrouper tous les chrétiens du Moyen-Orient… A Beyrouth Ouest, les Syriens se heurtent aux réactions hostiles de tous, sauf de Amal. L'année 1986 est marquée par les affrontements entre le Mouvement du Salut National et Amal. Le 20 février 1987, 10 000 soldats syriens investissent Beyrouth Ouest ; toutes les milices y sont démantelées ; mais la Syrie ne pénètre pas dans la banlieue sud.

7- Du chaos aux accords de Taëf

À l'heure d'une nouvelle élection présidentielle, le chaos s'installe. Le candidat des USA et de la Syrie, Daher, est récusé par le Patriarche maronite et René Moawad, élu président, est aussitôt assassiné. Le commandant en chef de l'armée, le général Aoun, affiche ses prétentions. Amin Gemayel prolonge son mandat et souhaite désigner un gouvernement dirigé par le général. Selim Hoss, le Premier Ministre sunnite, s'y oppose et se proclame la seule autorité légitime au Liban. En février 1989, le général Aoun prêche la « guerre de libération nationale » contre la Syrie et il exige contre les Forces Libanaises le désarmement de toutes les milices. A la fin de la guerre entre l'Irak et l'Iran, la Ligue Arabe parvient à réunir des députés libanais à Taëf. Bénis par les grandes puissances, les « accords de Taëf » imposent la parité christiano-musulmane et confient le rétablissement de l'ordre à la Syrie. Le général Aoun tente de résister à Ba'abda. Le Hezbollah affronte Amal au sud. La participation de la Syrie à « Tempête du Désert » dans la guerre du Golfe conduit les USA à l'autoriser à bombarder Ba'abda. Le général Aoun se réfugie à l'ambassade de France.

C- L'après-« guerre civile »

1- Occupation syrienne, Rafic Hariri et la reconstruction, le Hezbollah et sa résistance

En Occident, les années 90 ne sont pas perçues comme un moment de « libanisme ». Sous la tutelle et l'occupation militaire implacable et pillarde de la Syrie, la reconstruction se développe, soutenue par les bourgeoisies chrétienne et sunnite. Un homme fort venu du Golfe apparaît comme le « père Noël » de la reconstruction affairiste, le sunnite Rafic Hariri, grand vainqueur des élections de 1992 boycottées par les chrétiens[14]. Le Président Hraoui est autorisé à prolonger son mandat pendant 3 ans (1995). En

[14] Rafic Hariri sera plusieurs fois Premier Ministre et le Président Hraoui l'admirait.

Occident, on perçoit le Liban de l'époque comme une sorte de protectorat syrien et un Monaco arabe ; en même temps, on y voit apparaître un nouvel « État dans l'État », celui du Hezbollah dans la banlieue sud de Beyrouth, le Sud et la Bekaa. En effet, dans la « guerre des camps », un retournement complet de situation s'est opéré en faveur du Hezbollah, seule milice à ne pas avoir été désarmée, alors que la Syrie s'est alliée avec l'Iran et a lâché son allié Amal. En 1992, un nouvel homme fort émerge à la tête du Hezbollah, après la mort de Messaoui ; son ancien numéro 2, Hassan Nasrallah. Il choisit d'assouplir le djihad religieux pour une certaine ouverture vers les autres communautés, en donnant la priorité à la guérilla contre l'État du Liban Sud et Israël. Israël réplique en utilisant les techniques américaines de la guerre « à distance » par voie aérienne (« zéro mort »), comme dans le cas de l'opération « Justice rendue » (1993) ; sans mesurer que les résultats allaient à l'envers du but recherché. Non seulement la guérilla se développait, mais le Hezbollah apparaissait davantage comme la « force de résistance nationale ». Le non-désarmement de sa milice au nom de la lutte contre l'occupation par Israël des « fermes de Chebaa[15] » semblait de plus en plus légitime et populaire. En 1996, l'opération « les Raisins de la colère », beaucoup plus destructrice et poursuivie par le bombardement de centrales électriques de Beyrouth, a pour effet de « libaniser » le Hezbollah. Le massacre de Cana qui était placé sous la protection de « casques bleus » Fidjiens met Israël en difficulté, ce qui conduit Ehoud Barak à sortir du Sud Liban unilatéralement, en abandonnant ses alliés chrétiens. Le Hezbollah réussit à prendre le contrôle de la région de façon très responsable, en évitant les exactions et les massacres, en sachant reconstruire avec l'aide de l'Iran.

8- L'assassinat de Hariri, la « révolution du Cèdre », le « 8 mars » et le « 14 mars »

Lorsque le Président Lahoud décide de prolonger son mandat en accord avec la Syrie, il provoque le rejet des chrétiens, mais aussi de Rafic Hariri et des sunnites, ainsi que les critiques de Walid Joumblatt et des druzes. Menacé ouvertement de mort comme Joumblatt, Rafic Hariri est assassiné dans l'explosion de sa Mercedes en 2005 ; ce qui déclenche un très grand mouvement de masse, la « révolution du Cèdre », mouvement « libaniste » contre l'occupation syrienne. Le Hezbollah riposte en rassemblant 500 000 personnes sur le slogan « arabisme, nationalisme, résistance », à l'origine de ce qu'on appelle le « mouvement du 8 mars ». L'opposition manifeste le 14 mars à la tête du quart ou du tiers de la population libanaise, origine du « mouvement du 14 mars ». Le Conseil de Sécurité de l'ONU demande une enquête sur l'attentat. Aux élections législatives de mai-juin, l'ancienne opposition du « 14 mars » l'emporte (72 députés sur 128). Le

---

15 En fait, il semble que ce minuscule territoire occupé par Israël appartiendrait non au Liban, mais à la Syrie.

doute gagne la Syrie elle-même[16]et le Hezbollah décide de participer au gouvernement. Il s'en retire quand le gouvernement déclare désirer un tribunal mixte pour juger les suspects de l'attentat contre Hariri et quand Walid Joumblatt exige le désarmement du Hezbollah. La Syrie se retirera du Liban, mais sans renoncer immédiatement aux attentats[17], pour contester la résolution 1559 du Conseil de sécurité exigeant son retrait.

En 2006, pour obtenir la libération par Israël d'un druze retenu prisonnier, le Hezbollah capture deux Israéliens ; ce qui a pour effet d'affoler le gouvernement libanais qui craint que le Liban subisse le même sort que Gaza après la capture du soldat Shalit, et qui perçoit là non plus un acte de résistance, mais un retour au djihad. Israël décide une opération « Juste rétribution » de grande ampleur dont le but est d'anéantir le Hezbollah : une opération aérienne, mais visant aussi la population censée se retourner contre le Hezbollah. Elle touchera le nouvel aéroport de Beyrouth, la banlieue sud et cherchera à tuer Nasrallah.

Le Hezbollah réplique en envoyant des missiles sur Israël ; Haïfa est atteinte ainsi que le navire amiral de la flotte. Des tirs de katiouchas tuent des civils, touchent des immeubles et provoquent la fuite de populations. Israël décide des opérations au sol. Des unités d'élite envoyées en reconnaissance sont tenues en échec et se heurtent à des missiles anti-chars. Israël lance l'opération « Toile d'acier » contre Bint Jbeil, la « capitale du sud », qui a plutôt pour effet d'entraîner le soutien à la résistance des Libanais. Deux bombes tombent à nouveau sur Cana où la FINUL est déployée. Le Conseil de sécurité envisage une FINUL plus musclée et la présence de l'armée libanaise acceptée par le Hezbollah, une résolution se prépare mêlant les chapitres 6 et 7, que certains désigneront comme la résolution « 6,5 ». Israël entreprend tout de même une offensive majeure jusqu'au Litani en mobilisant 30 000 hommes. Elle sera très destructrice, mais n'atteindra aucun de ses objectifs, si bien que la revendication de la victoire par le Hezbollah n'est pas apparue comme une forfanterie.

Les mouvements inédits intercommunautaires de jeunes urbains, sauf en Tunisie, ont mal tourné au Moyen-Orient et déclenché, particulièrement en Syrie, les pires déchaînements. On peut espérer que la « guerre civile » ait vacciné le Liban contre une telle évolution, mais sans doute au prix de l'immobilisme institutionnel. Et ce n'est pas garanti dans le contexte général du conflit entre chiites et sunnites, de la « guerre par procuration » entre les monarchies du Golfe et l'Iran, du chaos de la guerre en Syrie à laquelle se mêlent les Russes et des pays de l'OTAN, des réfugiés syriens au Liban (nettement plus d'un million), d'un gouvernement colonisateur et de faucons en Israël, de la menace d'une « intifada des couteaux », etc. Jusqu'à présent, les troubles armés djihadistes sunnites, surtout au nord, de Fatah Al-Islam ou

[16] L'assassinat de Ghazi Kanaan, l'ancien « proconsul » syrien au Liban, en est le signe.
[17] Attentats contre Samir Kassir, Gebran Tueni et d'autres.

d'Al-Qaïda, déclenchés souvent dans des camps palestiniens, ont été réduits par l'armée libanaise sans faire tache d'huile, mais le Liban n'est pas à l'abri. Les institutions sont paralysées par l'absence de compromis entre les deux coalitions de gouvernement, l'une et l'autre revendiquant d'avoir libéré le pays de l'occupation syrienne ou de celle d'Israël. En 2008, le Hezbollah est intervenu par les armes à Beyrouth pendant neuf jours contre les sanctions envisagées concernant l'officier de sécurité chiite de l'aéroport de Beyrouth et l'installation d'un réseau chiite parallèle de communication. Il a fallu un arbitrage à Doha, au Qatar, pour sortir de cette crise et trouver la majorité des deux tiers nécessaire à l'élection à la présidence du général Sleiman, qui avait tenu l'armée à l'écart du conflit. Personne de sensé ne saurait aujourd'hui considérer que la majorité des deux tiers devrait être abandonnée : c'est évidemment une condition du maintien de la présidence chrétienne. Faute de compromis, l'élection n'a pas eu lieu en 2015 et c'est aussi la raison de la prorogation du mandat des députés depuis deux ans. Mais il n'y a plus d'arbitrage possible de Taëf ou de Doha dans la situation actuelle du Proche-Orient.

Jean-Marie DEMALDENT
Professeur émérite de science politique
Université de Paris Ouest Nanterre La Défense
(ISP et membre associé du CEIR)

Les Anglais codificateurs du droit pénal maltais*

Si le processus de codification du droit pénal européen est relativement bien connu[1], il n'en va pas de même pour les entreprises similaires portant sur l'espace méditerranéen. En effet, si l'on excepte les exemples notables de l'Espagne, de la France et de l'Italie, rares sont les travaux consacrés, pour s'en tenir au XIXe siècle, aux premières codifications pénales de la Grèce[2], de la Turquie ottomane[3], de la Tunisie[4] ou de Malte. Bien sûr, il peut arriver que la rareté des travaux signe l'absence d'intérêt, mais dans ce cas, il existe des raisons particulières d'y prêter quelque attention. On observera, en premier lieu, qu'un certain nombre de ces entreprises ont été réalisées dans des contrées où le poids du religieux est particulièrement puissant : l'islam dans le monde ottoman, l'orthodoxie dans les territoires balkaniques, ou le catholicisme, à Malte par exemple. Une seconde raison pour s'intéresser à cette question réside dans le fait que parmi les acteurs de la codification pénale figurent des Anglais qui, du fait de leur tradition juridique, auraient dû éprouver le plus grand dédain à l'égard d'un travail de codification[5].

---

* Ce travail est dédié à la mémoire de Marie-Luce Pavia, qui fut la première trésorière de l'association « Méditerranées ».

[1] Voir par exemple R. MARTINAGE, *Codification et recodification du droit pénal en Europe au XIXe siècle (Angleterre–Belgique–France)*, Lille, 1999, muligr. Ce travail de synthèse a été entrepris sous l'égide de la mission de recherche droite et justice ; on peut consulter la note de synthèse à l'adresse suivante : http://www.gip-recherche-justice.fr/publication/codification-et-recodification-en-europe-au-xix-siecle-angleterre-belgique-france/ [consulté le 16 octobre 2015].

[2] 1834, Code pénal inspiré du Code bavarois de 1813 et du Code français de 1810 : L.-J. KOENIGSWARTER, « Mémoire sur le code d'instruction criminelle de 1853 pour l'empire d'Autriche… », *Séances et travaux de l'Académie des sciences morales et politiques*, 1854-4, p 300.

[3] Dès 1839, la réforme mise en place par le sultan Abd-ul-Medjid (Tanzimat) prévoit la nécessité de rédiger un code pénal, mais il faut attendre le 9 août 1858 pour que soit promulgué le premier Code pénal ottoman : G. YOUNG, *Corps de droit ottoman*, vol. 6, Oxford, 1906.

[4] 1861, Royaume de Tunis, *Qanun Al-Jinayat* [Code civil et pénal], Tunis, Matba'at al-Daoula al-Tunisiyya, 1277 [26 avril 1860].

[5] Voir cependant en matière de droit criminel anglais la tentative de codification de la fin du XIXe siècle : A. RICCIONI, « La codificazione del diritto penale inglese. James Fitzjames Stephen e il Criminal Draft Code », *Historia iuris*, 3/2013 – paper 7 [en ligne : http://www.historiaetius.eu/uploads/5/9/4/8/5948821/riccioni.pdf ; consulté le 20 novembre 2015] ; pour une vue d'ensemble sur la question de la codification en Angleterre et l'influence du Code français, voir G. GUYON, « Les partisans de la codification en Angleterre (XIXe

La présence anglaise en Méditerranée avait été stimulée par le long déclin de l'Empire ottoman puis, après 1815, par l'effondrement de l'Empire. Ils en profitèrent pour établir des dominions, leur permettant de contrôler efficacement le trafic maritime méditerranéen et, au-delà, de sécuriser la route des Indes. Base arrière de leurs ambitions orientales, Gibraltar, Malte, les îles ioniennes devinrent des points d'ancrage, et rapidement leur installation prend l'allure d'une colonisation, avec l'instauration d'un régime et d'institutions leur permettant de contrôler et d'orienter les sociétés insulaires. Dans un tel contexte, la justice criminelle et les règles pénales peuvent constituer des enjeux majeurs.

Dans la plupart des cas, la rédaction d'un code pénal marque une étape importante dans la construction d'un État souverain, fût-ce au prix d'une certaine rigueur, ainsi que l'illustre l'exemple du code napoléonien de 1810. Dans la tradition anglaise, et ce depuis l'*habeas corpus*, la férule pénale ne doit pas mettre en péril les droits essentiels de l'individu. Autrement dit, ici, l'État ne cherche pas à asseoir sa légitimité sur l'exercice d'un monopole de traitement des conflits. Rappelons que dans les pays de *Common Law* c'est environ 30%, seulement, des conflits de toute nature qui sont traités par la voie judiciaire. L'essentiel du contentieux est géré par des mécanismes, souvent proches de l'arbitrage et faisant la part belle aux processus sociaux de gestion conflictuelle, y compris pour les matières délictuelles de faible importance. Par conséquent, il eût été normal que les Anglais s'appuient sur des mécanismes locaux de gestion de conflits. En *Common Law* cette manière de faire n'est pas considérée comme une marque de défiance envers l'État ; elle est, en outre, en parfaite conformité avec la doctrine de l'*indirect rule*, en honneur au *Colonial Office.* Or, c'est une autre voie, celle de la codification, que les Britanniques mirent en œuvre pour les îles méditerranéennes. Lorsqu'on sait leur aversion pour ce symbole du *civil Law*, on ne peut que s'en étonner.

Il est vrai que, pour Malte, le recours à un droit codifié pouvait constituer la manière la plus simple de procéder puisque l'île disposait, depuis 1784, du code Rohan [6], regroupant à la fois les règles civiles, criminelles et commerciales, tant en ce qui concerne le droit substantiel que la procédure.

siècle). La question du droit pénal entre utilitarisme, modernisation du *common law* et modèle juridique français », Thèse Droit, Rennes 1, 2012.

[6] *Del Dirito Municipale di Malta Nuova compilazione con diverse altre constituzioni*, Malte, 1784. Cette compilation a été réalisée en deux étapes entre 1781 et 1784, à la demande du grand maître Emmanuel de Rohan-Polduc (1725-1797). Bien que le gouvernement de l'Ordre soit particulièrement autoritaire à l'égard de la population maltaise, le code est très marqué par l'influence des Lumières, à travers les modèles français et napolitain. Il a fait l'objet d'une nouvelle publication en 1843 (*Diritto municipale di Malta, compilato sotto de Rohan g.m., or nuovamente corredato di annotazioni*, Malte, 1843) et en 2001 : Cl. CARCERERI DE PRATI, « Le riforme giudiziarie a Malta nella seconda metà del XVIII secolo », *Codice di Malta 1777/1784* [de *Testi e documenti per la storia del processo*, vol. 3], Milan, 2001, p. VIII-XXX.

S'il est généralement désigné sous le nom de « code », il s'agit, en réalité, ainsi que le précise son titre, d'une compilation des règles en usage à Malte au XVIIIe siècle, où régnait un ordre normatif fondé sur un socle de droit romain, modifié par les pratiques féodales et coutumières et complété par quelques ajouts propres à la législation de l'ordre souverain[7]. Malgré ses imperfections ce texte reste en vigueur jusqu'en 1868, date à laquelle il fut remplacé par les *Leggi criminali per l'isola di Malta*[8]. Pendant toute cette période, les autorités britanniques se sont donc accommodées du Code. Peut-être mieux faudrait-il dire qu'elles ont accommodé le code, car après avoir tenté de faire plus que le Code Rohan, ils s'efforcèrent de faire mieux que le Code Rohan.

Plus que le Code Rohan

En première analyse, le vieux Code Rohan ne pouvait que rebuter les Britanniques, et ce pour deux raisons essentielles : la médiocrité de sa rédaction, mais aussi, plus profondément, parce qu'il s'appuyait sur des principes juridiques bien différents de ceux qui prévalent dans un système de *Common Law*. Outre ces raisons substantielles, certaines circonstances militaient en faveur d'une réforme. Le Code Rohan avait supprimé certaines libertés politiques autrefois reconnues à la population maltaise, ce qui suscitait bien des mécontentements[9]. Réformer la loi maltaise pouvait donc constituer pour les nouveaux maîtres un moyen de se concilier les bonnes grâces de l'opinion publique insulaire. Dans ces conditions, on peut se demander pourquoi les Anglais ne cherchèrent pas à modifier immédiatement la loi maltaise. Ici l'*indirect rule* ne peut être invoquée, puisqu'elle consiste à déléguer aux gouvernements locaux la gestion de certaines affaires. Or, justement, malgré quelques promesses, les Britanniques évitèrent soigneusement de s'appuyer sur les forces politiques maltaises et, défiance à l'égard du catholicisme aidant, ils préférèrent gérer l'île directement, par l'intermédiaire d'un commissaire. Or, c'est justement ce

---

[7] C. ILBERT, *Legislative Methods and Forms*, Oxford, 1901, réimpr., 2008, p. 170 et A. RAPISARDI, *Sacra hierosolymitana religio Profili storico-giuridici e relazioni internazionali*, mém. Histoire du droit, univ. de Macerta, 2011, p. 34.

[8] *Leggi criminali per l'Isola di Malta e sue dipendenze*, Malte, 1854 et la version bilingue (anglais, italien) : *Proclamation n° 1 of the 10th March 1854, promulgating Her Majesty's Order in Council, giving Effects to a Code of Criminal Law for the Island of Malta and its dependencies*, s. l. [Malte], s.d. [1854].

[9] Si le code Rohan ne modifie pas profondément l'ordre normatif, il n'en allait pas de même pour l'organisation institutionnelle ; il avait notamment supprimé le Conseil populaire qui était le défenseur des privilèges maltais. Mais la personnalité du prince de Rohan, unanimement apprécié par les insulaires, fit que les récriminations se reportèrent sur les courtisans et les juristes chargés de compiler la législation. F.A. DE CHRISTOPHORO D'AVALOS, *Tableau historique et politique de Malte et de ses habitans – jusqu'à la réunion de cette isle à la Grande-Bretagne*, Londres, 1818, p. 194-195.

que pouvait permettre le système hérité de l'Ordre. Alexander Ball érigea même en principe sa volonté de ne pas toucher à l'organisation constitutionnelle et juridique de Malte[10]. Sans doute faut-il voir dans le positionnement géographique de l'île, lui conférant un indéniable intérêt stratégique, la principale raison qui motiva la politique de Londres et de son représentant.

En réalité, jusqu'en 1813 la souveraineté britannique n'est pas clairement établie. Le traité d'Amiens de 1804 avait même rétabli l'Ordre dans ses prérogatives, tout en maintenant la souveraineté du roi de Naples. Au fond, il s'agissait de rétablir la situation qui prévalait avant l'arrivée des Français. Mais la reprise des hostilités empêcha l'application de ce traité. Avec souplesse, les Britanniques maintinrent le gouvernement de Sir Alexander Ball, anglais de naissance, mais agissant au nom du roi de Naples[11] ; il avait su se faire accepter dans l'opinion maltaise et joua un rôle déterminant dans la soumission à la tutelle britannique. Comme on le voit, dans cette première période, il n'était pas question de bouleverser trop profondément les ordres politique et juridique.

Car le Code Rohan avait au moins un avantage aux yeux des Anglais : issu d'une tradition romaniste, il faisait de la puissance publique le point focal de la construction juridique et, par-là, répondait aux besoins d'une administration dont le premier objectif était de s'implanter solidement. Ce sont donc des objectifs que l'on peut qualifier de géostratégiques qui conduisirent les Anglais à maintenir l'ancienne législation, malgré certains aspects qui pouvaient les choquer, notamment en matière pénale.

La principale source de la législation pénale est donnée par le Code Rohan, dont le premier chapitre est consacré à la procédure. La torture y est présente, mais elle est surtout utilisée dans les cas de trahison[12], à titre préalable, c'est-à-dire appliquée à des condamnés pour obtenir le nom de leurs complices[13]. À l'image des autres justices criminelles de tradition romaine, il n'est pas fait usage du jury. Pour la définition des infractions et de leurs sanctions, le livre cinq instaure une certaine légalité des

---

[10] Sur la *continuation strategy* du commissaire Ball, voir sa lettre au secrétaire d'État à la Guerre et aux colonies, datée du 28 février 1807 : *It has consistently been my uniform system to abstain from every kind of change except in case of absolute necessity*, cité par B. HUGH et H. DAVIES, *Coleridge's Laws: A Study of Coleridge in Malta,* nouvelle édition, Cambridge, Open Book Publishers, 2010, § 46, [en ligne, http://books.openedition.org/obp/353, consulté le 19/10/2015].

[11] Sur la presence de Ball à Malte, voir M. GALEA, *Sir Alexander Ball and Malta: The Beginning of an Era*, Malta, 1990. Son œuvre administrative a fait l'objet d'une description circonstanciée par le poète Samuel Taylor Coleridge, qui fut son assistant à partir de 1804, *The friend: a series of essays*, Londres, 1812.

[12] II, I, XXVII.

[13] À cet égard, le cas maltais est proche de la situation française du temps, puisque si la question préparatoire est supprimée en 1780, la question préalable ne le sera qu'avec l'édit du 8 mai 1788.

incriminations et des peines en distinguant, à la manière romaine, les crimes publics punis à l'initiative des représentants de l'État et les crimes privés poursuivis à la diligence des parties.

Au moins jusqu'en 1832 les Britanniques se servirent donc du code Rohan, mais en lui donnant une application inspirée des exigences d'une administration qui concentrait les pouvoirs civils et militaires entre les mains d'un commissaire, mais aussi, peut-être plus subtilement, qui s'accordait avec l'approche très souple qui était celle des *lawyers*, au tout début du XIXe siècle en matière de légalité des incriminations et des sanctions. L'affaire des rumeurs antisémites de La Valette éclaire bien cette manière de faire.

En mai 1805, la ville est secouée par des troubles liés à la diffusion de rumeurs antisémites. La justice réagit avec vigueur en condamnant les propagateurs de la rumeur à subir, conjointement, le fouet puis l'exil. L'examen des procédures montre que les juges ont probablement agi sur injonction directe du commissaire civil Ball. Une telle intrusion qui méconnaît gravement la séparation des pouvoirs était cependant possible, semble-t-il, au regard des règles constitutionnelles qui régissaient Malte à ce moment-là. Mais cette décision pose des problèmes d'une autre nature, tant elle semble contrevenir aux mécanismes de légalité des incriminations et des peines mis en œuvre par le Code. On remarque en effet que le Code Rohan prévoyait bien l'incrimination de diffusion d'écrits diffamatoires, mais pas les faits en cause qui sont d'une autre nature, puisqu'il s'agissait de rumeurs et non d'ouvrages imprimés ou manuscrits. Par ailleurs, si le Code Rohan prévoit bien les deux types de sanctions, il ne les inflige jamais simultanément ; il prévoyait en effet de punir les écrits diffamatoires d'une peine de galère ou à défaut de fouet, mais ne mentionne en aucun cas un cumul de sanctions. Pour comprendre le sens et la portée de cette décision, il faut se rappeler que ce n'est que récemment que le *Common Law* anglais a adopté l'idée selon laquelle la définition des infractions et de leurs sanctions constitue un monopole appartenant en propre au législateur. Avant 1974[14], il était admis que les juges pouvaient prononcer des arrêts de règlement en matière pénale, ce qui leur permettait, à l'occasion d'un litige, d'incriminer un fait jusqu'alors non explicitement interdit par le droit[15]. Autrement dit, la décision rendue en 1805 s'inscrit certes dans un contexte de force maltraitant la séparation des pouvoirs[16], mais, d'un autre côté, on peut y voir la mise en

---

14 C.L., 20 November 1974, *Director of Public prosecutions c. Withers*, AC, 1975, p. 842–878.

15 Ce pouvoir avait été encore confirmé par les Lords judiciaires dans l'arrêt Shaw : C. L., 4 mai 1961, *Shaw c. Director of Public Prosecutions*, AC., 1962, p. 220-294.

16 Le principe de la séparation des pouvoirs n'appartient pas en propre à la tradition de *Common Law* qui préfère la notion d'équilibre. Peu importe que des éléments relevant des trois pouvoirs traditionnels soient exercés par la même institution lorsqu'il existe un contre-pouvoir susceptible de balancer l'influence du premier. Pour comprendre la situation spécifique de Malte, il est intéressant d'observer le décalage entre les opinions exprimées par

œuvre d'une capacité d'extension normative par application du raisonnement analogique, tout à fait conforme à la tradition de *Common Law*[17].

Il n'en demeure pas moins qu'aux yeux des juristes de *Civil Law*, il s'agit là d'un bricolage induit, à la fois, par la nécessité de maintenir les équilibres intercommunautaires, mais aussi par les ambiguïtés institutionnelles, liées à l'absence de véritable statut pour la Malte anglaise. Peu après la mort de Sir Alexander Ball en 1809, l'incertitude va être levée par la nomination, à la fin de l'année 1813, du premier gouverneur, Sir Thomas Maitland[18], qui est chargé d'établir d'une manière pérenne la présence coloniale dans l'île. Commence alors une nouvelle période, qui verra la remise en cause du cadre normatif proposé par le Code Rohan.

Mieux que le code Rohan

Parmi les premières mesures prises par le gouverneur, figure l'institution d'une cour criminelle dont les statuts[19] énoncent certains principes jugés fondamentaux : outre l'abolition de la torture, on y retrouve les mécanismes de l'*habeas corpus*, de la *cross-examination* et du *plea bargaining,* tous très représentatifs du procès accusatoire de *Common Law*. Ce rappel de la tradition juridique anglaise ne pouvait que rendre plus manifeste encore l'écart avec la situation du droit positif maltais. Toutes ces difficultés ont été pointées par la commission royale chargée dès 1812 de faire rapport au gouvernement sur l'état du droit et des institutions maltaises. Elle recommande de confier au seul gouverneur la totalité des pouvoirs civils et militaires[20]. Mais alors, pourquoi n'avoir pas lancé immédiatement le chantier permettant d'aboutir à la refondation du cadre juridique qu'imposait la présence britannique ? En réalité, il semble bien qu'il n'ait pas été dans

---

Coleridge en tant que journaliste, et celle qui se met en œuvre lorsqu'il devient le secrétaire de Sir Alexandre Ball. Pour le journaliste, le principe de séparation des pouvoirs, bien que n'appartenant pas à la tradition anglaise, a une valeur universelle ; cependant, le secrétaire ne parvint jamais à convaincre le commissaire civil d'appliquer ce principe constitutionnel : B. HOUGH, H. DAVIS, *op. cit.*, p. 206.

[17] Ce processus d'extension qui utilise le raisonnement par analogie est caractéristique des systèmes normatifs clos et lacunaires, tels que peuvent l'être, à la fois, le *Common Law* et les systèmes coutumiers, mais aussi les systèmes de droit religieux. L'usage de la torture hors des cas prévus par le Code est en revanche en parfaite contradiction avec la tradition britannique ; or, il semble que le commissaire Ball ait cautionné de telles pratiques : voir B. HUGH et H. DAVIES, *op. cit.*, § 76.

[18] Tomas Maitland (1759-1824) a fait carrière dans l'armée puis dans l'administration coloniale anglaise. Nommé gouverneur de Ceylan en 1811, il occupe le même poste à Malte entre 1813 et 1824, en cumulant cette fonction et celle de *Lord High Commissioner* auprès de la République des îles ioniennes.

[19] Cités par J.-P. GRECH, *Criminal systems in Europe and North America. Malta,* Helsinki, 2006, p. 8–9.

[20] H.I. LEE, « The Developpement of the Malta Constitution. 1813-1849 », *Melita,* 1, 1952-1, p. 7-18, ici, p. 7.

l'intention de Maitland d'entreprendre un travail de fond sur la législation maltaise[21]. L'expérience conduite par Sir Alexander Ball montrait que le contrôle exercé à travers les institutions maltaises, dûment interprétées « à l'anglaise », pouvez suffire.

Il faut attendre 1823 pour voir évoluer la situation, non en raison d'une volonté politique, mais pour de simples raisons circonstancielles. Connaissant des ennuis de santé, un juge de la *High Court*, Sir John Richardson[22], vient séjourner quelque temps à Malte. Un éminent juriste maltais, Ignacio Bonavita[23], saisit alors l'opportunité pour envoyer à Richardson un mémorandum mettant en lumière l'urgente nécessité d'une réforme du droit criminel. En 1824 Richardson écrivit, à titre personnel, au bureau londonien chargé des colonies, qui le chargea en retour d'une mission d'investigation et de propositions de réforme. Il n'eut guère le temps d'achever son ouvrage, car étant rétabli, il regagna la mère patrie ; c'est donc un rapport fragmentaire que reçut le *Colonial Office* en 1826. Bien que non abouti, le travail de Richardson a permis de débloquer la situation, et cela d'autant que la disparition de Maitland en 1824 offrait de nouvelles perspectives. Pourtant le processus fut de nouveau bloqué à cause du *Chief justice* de Malte, Sir John Stoddart[24] qui s'opposa frontalement au gouverneur, aux juges maltais et même au *Colonial Office*.

Le conflit portait en particulier sur la composition de la commission chargée de réformer le droit criminel. Stoddart refusait qu'y figurent des Maltais, contrairement aux désirs du gouverneur. Il intriguera même auprès du *Colonial Secretary* pour être directement chargé du travail avec l'aide d'un juge de Gibraltar et de John Kirkpatrick, *Chief Judge* des îles ioniennes ; toutefois, comme ce dernier refusait de siéger en l'absence de représentants maltais, la commission fut élargie en novembre 1831 avec le complément de deux juges maltais, Claudio Bonnici et Ignazio Bonavita. La question était loin d'être anecdotique, car de la composition de la

---

[21] Ou, du moins, n'a-t-il pas eu le temps de réaliser un tel projet, car, selon B. ANDO (*op. cit.*, p. 78, note 30), Maitland aurait eu l'intention de substituer la procédure accusatoire au système inquisitoire.

[22] John Richardson (1771-1841) est nommé *puisne judge of the court of common pleas* en 1818, mais à partir de 1824 son état de santé l'oblige à se retirer à Malte. Pour occuper ses loisirs, il publie un journal, *The Harlequin, or Anglo-Maltese Miscellany*, dont il fit un puissant soutien du protestantisme.

[23] Ignazio Gavino Bonavita (1792-1865) est l'un des rares juristes maltais à pouvoir parler et écrire en anglais. Le 1er octobre 1827, il est nommé juge puis, en 1831, il est l'un des cinq membres de la commission chargée de la préparation des nouveaux codes maltais. Invité à Londres pour donner son avis sur le projet de code criminel, il est anobli par le roi en 1836.

[24] John Stoddart (1773-1856) : juriste de formation, il collabora au Times comme rédacteur en chef, puis comme principal éditeur ; mais le caractère radical de certains de ses articles entraîne sa mise à l'écart en 1816. À partir de 1826 il occupe des fonctions judiciaires à Malte. Il publie, entre 1820 et 1823, les trois volumes de son *Trial by Jury: a Speech on the opening of a Commission in Malta for establishing a modified Trial by Jury, translated from the Italian.* De retour en Angleterre en 1840 il s'adonne à des travaux de philologie.

commission dépendait le subtil équilibre entre principes issus de la tradition civiliste et du *Common Law*. Il est particulièrement significatif de noter la réaction de Kirkpatrick qui, confronté au même problème, n'hésita pas à s'appuyer sur les élites ioniennes. Peut-être faut-il voir ici la marque d'un philhellénisme bien présent chez les Anglais du XIXe siècle, qui considèrent avec admiration et sympathie les efforts d'émergence d'une nation grecque, perçue comme profondément européenne et cherchant à se libérer du joug ottoman. Avec Malte, la situation est toute différente et bien que l'Italien y régnât en maître, il n'est pas interdit de penser que certains Anglais voyaient d'abord dans le Maltais un catholique et, parfois, un presque musulman. À cela s'ajoute évidemment le caractère bien trempé d'un Stoddart, qui est persuadé de les persuader de la supériorité de son système par rapport aux règles maltaises.

Au départ, il était prévu de travailler à partir du projet de code pénal des îles ioniennes, mais le travail n'était pas suffisamment avancé pour servir utilement[25]. En fait, c'est à partir du code napolitain que la commission va travailler, en supprimant les éléments jugés inutiles et en adoptant un langage plus concis, plus proche aussi de celui utilisé dans les codes napoléoniens[26]. Dans la partie consacrée au droit pénal spécial, le premier titre traite des infractions au respect dû à la religion, mais là où le modèle napolitain consacrait treize articles décrivant par le menu les diverses manières de porter atteinte à la dignité de la religion catholique[27], le projet maltais est à la fois plus court, plus clément et plus large ; en effet, il traite non seulement du catholicisme, mais également de la religion anglicane et de toutes celles qui sont tolérées sur le territoire[28]. Même pour les cas les plus graves, il n'utilise jamais la peine de mort et n'aborde vraiment que les cas les plus gravement offensants.

Mais ce projet d'esprit libéral se heurta, une nouvelle fois, au mauvais vouloir de Stoddart qui s'oppose fermement à sa mise en œuvre. En 1836 une commission parlementaire est envoyée à Malte qui propose la suppression du poste de *Chief Justice* et le départ de son titulaire. À partir de 1839 la justice maltaise sera exclusivement entre les mains de magistrats originaires de l'île.

---

[25] Ce code n'a été publié et appliqué qu'une dizaine d'années plus tard pour le texte, voir *Codice penale degli Stati Uniti delle Isole Ionie*, Corfù, 1841 et pour l'analyse, S. VINCIGUERRA, « Codice penale degli Stati Uniti delle Isole Jonie (1841) », *Casi, fonti e studi per il diritto penale,* Ser. 2 : Le fonti, vol. 23.

[26] Sur l'élaboration de ce premier projet de code, voir M. DI PASSANO, « Le leggi penali napoletane e il primo progetto di Codice penale maltese : (1836) », *Diritto@Storia*, n° 3, mai 2004 [enligne, http://www.dirittoestoria.it/3/Lavori-in-Corso/Contributi/Contributi-web-Da-Passano-Codice-penale-Malta.htm, consulté le 10/10/2012].

[27] II, I, art. 92 à 104.

[28] À l'égard des religions tolérées, le code édicte des sanctions moindres, selon un dispositif que l'on retrouvera également dans l'article 169 du *Code pénal pour les États de S. M. le Roi de Sardaigne*, promulgué en 1839.

En 1841 le gouverneur, sir Henry Bouverie [29], apprend que le gouvernement se propose d'introduire temporairement un système inspiré de celui du royaume des Deux-Siciles, solution qui avait déjà été recommandée par la commission parlementaire de 1836. Estimant cette solution totalement inappropriée au cas maltais, le gouverneur Bouverie insista fortement pour que la solution soit trouvée dans le projet de code de 1835, mais après qu'il eut été examiné et révisé par Andrew Jameson, qui venait d'arriver dans l'île[30].

La renommée de ce juriste écossais, âgé seulement de 28 ans, ne dépassait guère en 1841 les limites d'Édimbourg où il exerçait comme avocat ; mais un persistant mal de gorge l'empêcha bientôt d'exercer sa profession et les médecins lui recommandèrent de faire une cure dans un lieu avec un climat plus sec et plus chaud. Fortuitement, le gouverneur et son secrétaire, sir Hector Greig, eurent l'occasion de rencontrer Jameson, probablement à Londres. Le personnage présentait à leurs yeux plusieurs intérêts : juriste écossais, il connaissait la tradition de *civil Law* et le droit romain, il semble également que sa culture juridique s'étendait à d'autres systèmes, notamment ceux du continent[31]. Il avait enfin aux yeux de certains de ses interlocuteurs le grand avantage de connaître l'italien, langue parlée par les élites maltaises.

Bouverie entreprit alors de le convaincre d'examiner le projet de code maltais, bien qu'il n'eût aucunement le pouvoir de l'associer à cette tâche. Jameson, qui se trouvait dans une passe professionnelle difficile, finit par accepter la proposition et le gouverneur entreprit de négocier avec le *colonial Secretary* la nomination de son protégé. Ce qui fut réalisé en juin 1842.

Jameson cependant craignait de ne pas être très utile, éloigné qu'il était de l'île de Malte, mais il pensa cependant être en mesure d'examiner le projet qui lui serait envoyé. Hector Greig lui envoya donc le projet de nouveau code criminel, dans l'état où il était. Cet envoi fut accompagné d'un texte qui constituait une sorte de cahier des charges permettant d'orienter le travail de Jameson. Il lui était demandé d'examiner le projet en repérant tout ce qui pourrait constituer, à ses yeux, des défauts, principalement en ce qui concernait les parties directement inspirées de la législation napolitaine, pour lesquelles il pourrait y avoir, selon Greig, un grand écart avec l'esprit libéral du droit anglais. Le secrétaire insista également sur l'intérêt que présentait la connaissance du droit romain ; dans une autre lettre Greig expliqua qu'il ne fallait pas que ce fût *an English lawyer* qui fut chargé du rapport, car, il était

[29] Sir Henry Frederick Bouverie (1783–1852), officier de l'armée, occupe le gouvernorat de Malte de 1836 à 1843.

[30] D. GOURDAY, « Andrew Jameson and the Origins of the Criminal Code of Malta », *Melita historica*, 209, vol. XV-2, p. 109-134, ici p. 113.

[31] Lettre d'Henry Bouverie à Jameson, 7 septembre 1841, cité par D. GOURDAY, *op. cit.*, p. 114.

certain que le résultat ne serait pas satisfaisant sans une véritable connaissance du droit romain.

Ces prescriptions se retrouvent, pour l'essentiel, dans la lettre de mission rédigée par le *Colonial Office*, qui constitue une sorte de *vade-mecum* pour la rédaction d'un code, exercice auquel les *lawyers* ne s'adonnent pourtant que bien rarement, ce document n'en est donc que plus intéressant.

D'une manière générale, la première tâche confiée à Jameson est d'examiner la cohérence d'ensemble du futur code avec les principes généraux du droit et de la procédure criminelle. En second lieu, il doit dresser la hiérarchie des sources utilisables, le droit romain et les règles en usage dans les autres pays étrangers, mais à chaque fois Jemeson devra s'interroger sur la compatibilité ou, du moins, l'absence d'incompatibilité avec l'esprit de la constitution britannique et les autres principes du droit anglais. Il s'agit bien de favoriser l'insertion de Malte dans l'ensemble des dominions britanniques. Enfin, en troisième lieu, il doit prendre en compte en même temps les règles locales, et les institutions du gouvernement maltais.

Le mémorandum aborde ensuite la délicate question du rôle des autorités maltaises dans ce processus de codification. Certes, le texte insiste sur « l'intérêt et peut-être la nécessité » de communiquer avec les autorités maltaises en ce qui concerne la seconde partie du code traitant de la procédure. Toutefois, le texte précise que les six mois qui pourraient être nécessaires pour recueillir ces informations complémentaires ne doivent pas être pris en considération pour fixer la rémunération, car il s'agit simplement d'une suggestion.

Cette formule est loin d'être anecdotique, puisqu'elle permet de comprendre que dans le débat opposant le gouverneur à Stoddart, c'est finalement en faveur de ce dernier que tranche le *Colonial Office*. Certes, le bureau londonien comprend l'utilité de prendre en compte les institutions locales et les traditions maltaises, mais ne met pas réellement Jameson en situation de réaliser une enquête sur place. L'avocat est dans une situation financière difficile qui ne lui permet guère de financer le voyage, aussi devra-t-il se contenter de procéder à distance, soit en correspondant avec les autorités maltaises, soit en rencontrant telle ou telle personne originaire de l'île et séjournant en Angleterre.

La meilleure de ses sources d'information reste finalement Hector Greig. Dans ce qui semble être le compte rendu d'une conversation entre les deux hommes, très peu de temps après l'acceptation de la mission par le *Colonial Office*, Grieg insiste sur les points qui lui paraissent essentiels : les aspects de la criminalité liée au mariage et aux questions sexuelles[32], la falsification des passeports, le pillage des épaves et les faits de corruption liée aux

[32] Il s'agit des questions liées à la prostitution, aux mariages clandestins, aux recels de grossesses, ainsi qu'aux avortements et infanticides.

autorisations pastorales. Tous ces éléments résultent vraisemblablement de l'expérience pratique tirée de l'examen des rôles de la justice criminelle maltaise ; en tout cas, ils semblent mettre en exergue tout ce qui, dans la vie quotidienne des Maltais, pouvait choquer un Anglais de bonne souche.

De retour à Édimbourg, Jameson s'empresse d'obtenir une entrevue avec un juge des îles ioniennes, autre exemple d'îles méditerranéennes qui se trouvaient à ce moment-là sous administration anglaise et qui, comme Malte, avaient connu une période d'administration française. Pour compléter son information il semble qu'il ait également consulté plusieurs codes rédigés par les États américains de Nouvelle-Angleterre, en particulier le code du Massachusetts promulgué en 1836.

Pour compléter l'information, on rechercha, dans les archives du *Colonial Office*, les rapports envoyés par Richardson et Kirkpatrick lors de la précédente entreprise de révision du code maltais. En vain, puisque les bureaux londoniens semblaient avoir perdu toute trace du travail accompli. On voit par là tout l'intérêt que l'administration portait à cette question. Il promet à son interlocuteur de lui en faire expédier depuis Malte.

À partir de septembre 1842, Jameson commence son travail de révision marqué par des échanges épistolaires avec le gouverneur et son secrétaire qui insistent, entre autres préoccupations, sur la nécessité de ne pas avantager la « *culture of the Roman Catholic Religion* » par rapport aux Églises d'Angleterre et d'Écosse, les deux formes de croyances de la mère patrie. Un an plus tard la tâche est accomplie et Jameson en porte le fruit, en personne, au *Colonial Office*. Après avoir reçu les remerciements d'usage, le secrétaire d'État Lord Stanley informe Jameson de sa décision de communiquer son travail à la commission formée des cinq juges maltais ainsi qu'aux autorités de l'île, afin qu'ils puissent bénéficier de ses suggestions.

En agissant de la sorte, le secrétaire d'État inversait, en quelque sorte, le mode opératoire prévu par Bouverie. Selon le gouverneur, si l'on pouvait partir du local, il fallait le soumettre au contrôle de cohérence qu'impose une codification de *Civil Law*. De la sorte, une fois édicté et mis en forme législative, le code pouvait acquérir cette perfection formelle et conceptuelle lui permettant de s'imposer au juge. En outre, faire retour au local, c'était prendre le risque que les manœuvres politiciennes reprennent la main. D'autant que le nouveau gouverneur, sir Patrick Stuart, insista pour que soient consultés en priorité la Commission des cinq juges et le Conseil législatif de Malte. Une fois cet obstacle surmonté, restait à traduire le texte, car jusqu'alors on avait travaillé sur un texte rédigé en anglais. Finalement, le 18 mars 1846, Jameson confie dans une lettre à son père[33] sa satisfaction de voir que ses suggestions ont été suivies dans une proportion plus large qu'il ne l'avait espéré.

---

[33] Citée par D. GOURDAY, *op. cit.*, p. 130.

Parallèlement Londres décide de doter Malte de nouvelles institutions, en particulier un Conseil de gouvernement de 18 membres qui se saisit du projet de code, dès sa première réunion. Les vieux réflexes prirent alors leur revanche. Parmi les membres du conseil figuraient trois ecclésiastiques qui voulaient introduire une clause remettant en cause l'équilibre entre les diverses confessions. Voulant faire du catholicisme romain la religion dominante, ils voulaient que les atteintes qui lui seraient portées soient sanctionnées plus durement que pour les autres Églises. C'était évidemment une proposition inacceptable aux yeux des Britanniques, et la réforme du Code pénal fut arrêtée jusqu'à ce que, en 1853, les autorités britanniques reviennent à la charge en imposant finalement le code modifié par Jackson ; c'est donc le 30 janvier 1854 que Malte put enfin bénéficier d'un code pénal dont beaucoup s'accordent à dire qu'il combine harmonieusement les avancées philosophiques de l'Europe des Lumières, le meilleur des principes libéraux du *Common Law* anglais, sans oublier les pratiques traditionnelles maltaises.

Entre les promulgations du code Rohan et des *Leggi criminali*, 70 ans s'étaient écoulés. Années au cours desquelles Malte s'est efforcée d'exister, malgré l'omnipotence de l'Ordre souverain, les occupations française puis anglaise, des langues officielles qui n'étaient pas celle du peuple, et une identité propre qu'il est encore aujourd'hui difficile de cerner. Mais au-delà de toutes ces circonstances, ce dont témoigne la longue gestation du code maltais, c'est peut-être ce qui fait l'une des singularités de l'espace méditerranéen. Loin de la *Mare nostrum* des Romains, la Méditerranée est devenue un lieu où coexistent toutes les altérités, de langue, de culture et de religion. Ce qui en fait aussi un espace rétif à l'uniformité. Faute de l'avoir compris, la France de Bonaparte fut rapidement exclue du jeu ; quant aux Anglais il leur a fallu sortir des habitudes normatives portées par les bureaux londoniens, pour enfin comprendre l'hybridation maltaise.

Pascal TEXIER
Professeur émérite d'histoire du droit
Université de Limoges
OMIJ (IAJ)

Jouvenel et le Liban.
À propos de ses archives limousines

Se trouve aujourd'hui en Limousin une partie des archives d'un Méditerranéen d'adoption — de courte durée, certes[1] — se mettant au service d'autres Méditerranéens : Henry de Jouvenel (1876-1935). Ses attaches familiales expliquent le versement de ses papiers aux archives départementales de la Corrèze ainsi qu'aux archives municipales de Brive-La-Gaillarde[2]. En marge d'une masse importante de documents retraçant son activité politique locale – Jouvenel fut sénateur de la Corrèze de 1921 à 1935 –, figure un ensemble de dossiers rappelant son séjour au Liban en tant que Haut-commissaire de la République française, de novembre 1925 à juin 1926. Il exerce cette fonction dans le cadre du mandat A s'exerçant sur le « Levant », en application de l'article 22 de la charte de la Société des Nations de 1919, disposant que « certaines communautés qui appartenaient autrefois à l'Empire ottoman ont atteint un degré de développement tel que leur existence comme nations indépendantes peut être reconnue provisoirement, à la condition que les conseils et l'aide d'un Mandataire guident leur administration jusqu'au moment où elles seront capables de se conduire seules. Les vœux de ces communautés doivent être pris d'abord en considération pour le choix du Mandataire. » Le mandat de la France concernant la Syrie et le Liban est approuvé le 24 juillet 1922 par le Conseil de la Société des Nations[3]. Son article premier ordonne, dans les trois ans à compter de l'entrée en vigueur du mandat, soit le 29 septembre 1923, l'élaboration d'un « statut organique » devant permettre au mandataire de gérer ensemble les différents pays placés sous mandat. Il « sera préparé d'accord avec les autorités indigènes et tiendra compte des droits, intérêts et vœux de toutes les populations habitant lesdits territoires. Il édictera les mesures propres à faciliter le développement progressif de la Syrie et du Liban comme États indépendants. En attendant la mise en vigueur du statut organique, l'administration de la Syrie et du Liban sera conduite en accord

[1] Rappelons qu'après avoir été Haut-commissaire de la République française en Syrie et au Liban, il gagne quelques années plus tard Rome en tant qu'ambassadeur, entre 1932 et 1933.

[2] Archives départementales de la Corrèze (désormais ADCo), 5J1-573. Concernant le fonds départemental, voir H. MOREAU, *Fonds Henry de Jouvenel, Répertoire numérique 5J 11-573, 1866-2007*, Tulle, 2011. Le fonds municipal a quant à lui bénéficié d'un nouveau classement en 1995 (éd. P. LAYOTTE, Sous-série 6S).

[3] Il trouve son origine dans la Conférence de la paix tenue à San Remo, le 25 avril 1920.

avec l'esprit du présent mandat. Le Mandataire favorisera les autonomies locales dans toute la mesure où les circonstances s'y prêteront[4]. » Des malentendus sont nés immédiatement quant à cette notion floue de « statut organique », selon que l'on considérait le mandat comme un moyen de contrôle sur les territoires concernés ou comme un marchepied vers leur autonomie[5]. Par ailleurs, envisage-t-on ici un processus constituant ? Qu'entendait-on par « autorités indigènes », « populations » et « développement progressif » ? Le plus dur reste à faire pour Henry de Jouvenel, après les échecs des précédents hauts-commissaires, et notamment celui du général Sarrail, quittant en 1925 le Liban et un climat délétère, qu'il a largement contribué à instaurer[6]. Alors que les insurrections armées persistent et que gonfle la contestation politique, le gouvernement français espère, en nommant cette fois-ci un civil, l'apaisement et la réalisation du statut organique[7].

Revenir sur l'ensemble de la mission libanaise de Jouvenel serait inutile et forcément incomplet. Inutile, étant donné la masse de travaux déjà réalisés sur ce sujet[8] ; incomplet si l'on s'appuyait uniquement sur les sources

---

[4] Le texte entier est disponible en suivant ce lien : http://mjp.univ-perp.fr/constit/sy1922.htm, consulté le 3 avril 2016.

[5] A. HOKAYEM, *La genèse de la constitution libanaise de 1926. Le contexte du mandat français, les projets préliminaires, les auteurs, le texte final*, Antelias, 1996, p. 75, décèle une ambiguïté initiale : « S'ajoutait un autre [problème], des plus importants à notre avis : qu'entendait-on par le terme "statut organique" ? S'agissait-il de l'ensemble des textes épars promulgués par la puissance mandataire dans le but de régler l'organisation politique et administrative des États qui lui étaient confiés, ou plutôt d'un texte plus cohérent voté par une constituante ? Là-dessus régnait une confusion totale qui persista jusqu'à l'élaboration de la constitution libanaise. » Le processus constituant cependant ne suffit pas : le statut organique prévu a bien pour ambition de couvrir l'ensemble du Levant. Si l'envergure du programme est d'ailleurs bien comprise par les premiers projets de statuts évoqués plus loin, la mise en œuvre est en revanche plus délicate.

[6] À partir de 1919, au diplomate François-Georges Picot succèdent trois militaires, les généraux Gouraud, Weygand et Sarrail, tous ayant échoué d'une part à pacifier durablement la Syrie, d'autre part à réaliser les objectifs de la Société des Nations.

[7] Cf. A. HOKAYEM, *op. cit.*, p. 191, citant cette note du 23 octobre 1925 de la direction des Affaires politiques et commerciales du Ministère des Affaires étrangères, adressée au ministre : « La nomination d'un civil aurait un effet apaisant en Syrie, surtout s'il pouvait apporter avec lui le statut organique tant attendu par les populations, statut qui donnerait aux États plus de liberté dans leur politique intérieure, à condition que les droits nécessaires à la puissance mandataire pour l'accomplissement de sa mission soient nettement réservées. » Note reproduite dans ADCo, 5 J, liasse 8.

[8] Pour la bibliographie essentielle, nous renvoyons notamment aux travaux de A. HOKAYEM, *op. cit.*, p. 165-284 ; C. MANIGAND, *Henry de Jouvenel*, Limoges, 1998, *passim* ; *ead.*, « Henry de Jouvenel, Haut-commissaire de la République française en Syrie et au Liban (1925-1926) », *Guerres mondiales et conflits contemporains*, décembre 1998, n° 192, p. 101-112. Voir aussi l'excellente introduction du répertoire numérique du Fonds *Henry de Jouvenel* réalisé par H. MOREAU, *op. cit.*, p. 4-27. Sur les enjeux de la présence française au Liban et en Syrie dans l'Entre-Deux-Guerres, voir les différentes contributions et la bibliographie (majoritairement anglo-saxonne) rassemblées par N. MÉOUCHY (dir.), *France, Syrie et Liban*

corréziennes ici exploitées[9]. On insiste souvent sur la collaboration active de Jouvenel à la constitution libanaise. Or, nous voudrions ici nous attarder précisément sur l'autre volet de sa mission qu'un retour précoce en France ne lui permet pas de concrétiser : la mise en place d'un statut organique pour tout le Levant. Appelé à d'autres fonctions, Jouvenel n'abandonne cependant pas l'idée de produire ce texte complémentaire de la constitution de 1926. En témoigne, parmi ses archives corréziennes, ce « Projet de statut organique » dactylographié et amendé de façon manuscrite[10]. On y retrouve d'une part cette fine prise de conscience des enjeux locaux, d'autre part une interprétation libérale du mandat A qui avait déjà guidé les travaux constitutionnels. En nous concentrant moins sur les détails techniques que sur l'économie générale de ce projet écrit par Jouvenel au retour de sa mission libanaise, nous verrons que la teneur de ces dispositions (II) était de nature à dissoudre les points d'achoppement sur lesquels s'étaient brisées les tentatives précédentes (I).

I- L'enlisement du projet de statut organique

En décembre 1925, le chantier qui attend Henry de Jouvenel est considérable. La feuille de route imposée par le texte du mandat A risque de n'être pas respectée, tant l'action de son prédécesseur au Haut-Commissariat a nettement compromis l'équilibre politique de la région[11]. Pour tenter de résoudre une crise qui s'enkyste, Jouvenel doit faire des choix dictés par l'urgence. Au détriment du statut organique…

La priorité donnée à la Constitution du Liban

L'incapacité des militaires à régler les problèmes en profondeur conduit le gouvernement français à choisir un civil pour occuper la fonction de Haut-commissaire de la République française. Bien qu'issu d'un milieu conservateur, Jouvenel se forge une conscience de gauche au contact de plusieurs sociétés et clubs parisiens aspirant à une réforme de l'État, toujours en marge des appareils partisans. Après avoir été journaliste et corédacteur en chef du *Matin* – qui, en l'accueillant, triple ses ventes entre 1905 et 1914 –, participé à la Première Guerre mondiale, d'abord à Verdun, puis en

---

1918-1946. Les ambiguïtés et les dynamiques de la relation mandataire, Damas, 2002, http://books.openedition.org/ifpo/3155, consulté le 14 avril 2016. Voir aussi, à titre d'exemple, G.D. KHOURY, *Une tutelle coloniale, le mandat français en Syrie et au Liban, écrits politiques de Robert de Caix,* Paris, 2006.

[9] Une enquête exhaustive suppose en effet l'analyse croisée des archives diplomatiques du ministère des Affaires étrangères et celles du Service historique de la Défense (cotes identifiées par H. MOREAU, *op. cit.*, p. 23-26).

[10] ADCo, 5 J 132.

[11] Cf. P. FOURNIÉ, « Le mandat à l'épreuve des passions françaises : l'affaire Sarrail (1925) », N. MEOUCHY (dir.), *op. cit.*, p.125-168.

mission diplomatique à Rome, il finit par embrasser une carrière politique : sénatoriale une bonne partie de sa vie, ministérielle par intermittence[12]. Son rôle dans les relations internationales s'affirme en prenant part à la commission des Affaires étrangères du Sénat et à la délégation française de la Société des Nations, à Genève. À travers ses différentes missions et prises de parole, Henry de Jouvenel apparaît comme un défenseur de la paix, le promoteur des instances internationales et de l'édification européenne. Sa maîtrise technique des dossiers internationaux et son pragmatisme en font le candidat idéal pour le Haut-Commissariat de la République française en Syrie et au Liban. Sans doute avec l'appui d'Aristide Briand, ministre des Affaires étrangères, Jouvenel est nommé le 8 novembre 1925.

Accostant avec son équipe à Beyrouth le 2 décembre 1925, le Haut-commissaire prend rapidement conscience de la réalité dont il s'est enquis au préalable par une série de rencontres en Europe et lors du trajet entre Marseille et Beyrouth [13]. Durant le mois qui s'est écoulé depuis sa nomination, Jouvenel a en effet préparé sa mission en se rendant à Londres afin d'aplanir quelques difficultés concernant le mandat britannique en Palestine et en Irak. Par ailleurs, il profite d'une escale à Alexandrie pour multiplier les rendez-vous avec les élites libanaises ayant fait le déplacement. Il sait la mission délicate, déclarant le lendemain de sa nomination vouloir simplement jouer le rôle d'arbitre[14].

A peine arrivé, il décide de remettre *sine die* le projet de statut organique qui ne satisfait personne : ni les élites locales, ni la Société des Nations, ni le gouvernement français. Jouvenel a l'intelligence de s'atteler immédiatement à l'élaboration d'un projet moins ambitieux, mais mené à son terme : la Constitution du Liban[15]. Deux jours après son arrivée, il confie au Conseil représentatif libanais le soin de la rédiger. L'initiative est de nature à faire baisser la tension et endiguer le risque d'une « algérisation » des États du Levant. Jouvenel participe évidemment aux travaux de rédaction avec l'aide, sur place, du Maître des Requêtes André Souchier et, à distance, du professeur de droit public Léon Duguit[16]. Le 23 mai 1926, la Constitution –

[12] En 1902, il est chef de cabinet du Garde des Sceaux, et en 1906 celui du cabinet du ministre du Commerce. Il est brièvement ministre de l'Instruction publique et des Beaux-Arts de mars à juin 1923, et de la France d'Outre-Mer de janvier à février 1924.
De manière plus constante, il est élu sénateur de la Corrèze de 1921 à sa mort en 1935.

[13] A. HOKAYEM, *op. cit.*, p. 195-197.

[14] Il insiste sur ce point dans l'entretien accordé au Figaro daté du 9 novembre 1925 et repris par C. MANIGAND, *Henry de Jouvenel*, Limoges, 1998, p. 206 : « Il ne faut pas confondre mandat et occupation militaire. Les soldats sont là pour rétablir l'ordre et pour le maintenir. Le commissaire doit remplir entre les peuples de races et de religions différentes un rôle d'arbitre. Pour remplir ce rôle, il faut une impartialité absolue. »

[15] Sur les dérives introduites par une gestion militaire du Mandat, cf. P. FOURNIÉ, *art. cit.*

[16] A. HOKAYEM, *op. cit.*, p. 246, rappelle la présence dans les fonds des archives départementales de la Corrèze d'une correspondance témoignant des liens d'amitié unissant les Duguit et les Jouvenel.

certes, vite modifiée[17] – est promulguée[18]. Reste la question du statut organique, prévu par l'article 1er. Sur ce plan, les échecs sont nombreux.

Un impossible statut ?

Les travaux portant sur un projet de statut organique devant harmoniser le soutien apporté aux États du Levant placés sous mandat français ont commencé en 1923. Il est manifestement difficile d'accorder les conceptions du ministère des Affaires étrangères, d'une part, et l'expérience des Hauts-commissaires qui se sont succédé au Liban, d'autre part. Une large gamme de propositions est alors présentée, allant de la restauration de la Grande Syrie à la mise en place de cinq entités indépendantes respectueuses des revendications identitaires. Le texte du mandat de 1922 étant assez elliptique, le champ d'interprétation est dès lors vaste et les points d'achoppement nombreux[19]. Dans un premier projet proposé par le ministère des Affaires étrangères durant le printemps 1924, il n'est pas question de donner trop de poids aux « autorités indigènes », consultées *a minima* et sans porter ombrage aux prérogatives étendues du mandataire[20]. Sur cette base discutée, vont se succéder projets et contre-projets tenant compte des inquiétudes du Haut-Commissariat et de son secrétariat général, confrontés à la réalité du terrain. Un équilibre semble impossible entre puissance mandataire et souveraineté des États. Sur le plan juridique, l'équation est insoluble et les circonvolutions des différents projets, découpés en règle générales et dispositions propres aux différents États ou provinces, n'y peuvent rien… Un espoir est permis avec la commission Boncour, constituée le 25 juin 1925[21]. Son projet se rapproche de la lettre du mandat en prévoyant une consultation la plus large possible des autorités locales et de

---

[17] Dès octobre 1927, le bicaméralisme est abandonné au profit d'une chambre unique, pour des raisons budgétaires. De nouvelles modifications en mai 1929 donnent un caractère beaucoup plus présidentialiste au régime.

[18] Sur les sources ayant servi à l'élaboration de cette constitution, cf. J. LAPIERRE, *Le mandat français en Syrie, origine, doctrine, exécution*, Paris, 1936, p. 117-119. Pour une mise en perspective de la constitution, cf. C. KOCH, « La Constitution libanaise de 1926 à Taëf, entre démocratie de concurrence et démocratie consensuelle », *Égypte/Monde arabe* 2, 2005 (http://ema.revues.org.ezproxy.unilim.fr/1739, consulté le 16 avril 2016).

[19] A. HOKAYEM, *op. cit.*, a publié le contenu des principaux projets, permettant des comparaisons (cf. annexes, p. 309 sq.). Des avant-projets ont aussi été préparés au Liban par des fonctionnaires du mandat (p. 82, n.1).

[20] Sur ces différents projets et leur édition, cf. A. HOKAYEM, *op. cit.*, p. 86 sq. et annexes p. 316 sq.

[21] Sur cette commission dirigée par Joseph Paul-Boncour, avocat de formation et député en charge des affaires étrangères, cf. E. RABBATH, *La constitution libanaise, origines, textes et commentaires*, Beyrouth, 1973, p.133 ; A. HOKAYEM, *op. cit.*, p. 159-160 et p. 331 pour le texte.

la population[22]. Il s'agit, tout en sauvegardant les intérêts réciproques, d'articuler la mise en place du statut organique et des constitutions propres aux différents États du Levant.

L'arrivée de Henry de Jouvenel lançant toutes les forces dans le chantier constitutionnel suspend les travaux de la commission Boncour. Le Haut-commissaire a t-il pour autant renoncé au statut organique ? Il quitte le Liban en juin 1926 pour la France, laissant croire qu'il ne s'agit que d'un séjour permettant de rendre compte à la commission des Affaires étrangères de la Chambre des Députés de son action au bout de quelques mois. Et d'évoquer la suite devant les députés : « Il ne faut rien entreprendre qui ressemble à de la colonisation que ni la Société des Nations ne veut, ni la Syrie ne peut supporter à cause de sa vieille civilisation et de son esprit critique. Que faire ? Un mandat très léger et sous la forme d'un traité… Un traité qui flatte au lieu d'un mandat qui blesse.[23] » La France doit selon lui désormais garantir les frontières, empêcher le recours aux armes et accompagner l'épanouissement des États du Levant. Imaginant l'avenir de ces derniers il suit une logique contractuelle. Dans une lettre adressée à Aristide Briand en janvier 1926, il affirme, au cœur de l'action : « Quand ces États auront voté une constitution, nous devrons obtenir d'eux qu'ils s'engagent les uns vis-à-vis des autres et tous vis-à-vis de nous par des traités de trente ans à garantir en commun leurs frontières extérieures, à ne pas recourir à la force et à recourir pour la solution des différends qui pourront s'élever entre eux à l'arbitrage de la France[24]. » Jouvenel croit en un « Locarno oriental », soit un pacte similaire à celui conclu le 16 octobre 1925, par lequel les principaux États européens s'engagent à respecter l'inviolabilité des frontières fixées par le traité de Versailles et préserver ainsi en Europe la sécurité collective. Jouvenel affirme déjà clairement cette intention dans une lettre du 21 décembre 1925 adressée à Briand : « Cette politique est conforme à celle qui nous a conduits à Locarno. Elle en découle logiquement. Pour mieux dire, elle est l'application à l'Orient de l'esprit de Locarno[25]. »

[22] Une lettre adressée à Aristide Briand le 2 novembre 1925, citée par A. HOKAYEM, *op. cit.*, p. 157, témoigne des crispations : « Il y a à l'origine un malentendu fondamental. Il ne s'agit pas d'administrer une colonie, ni même d'établir un protectorat ; il s'agit d'organiser un mandat, confié par la Société des Nations, lequel mandat concernant des populations sans doute assez anarchiques et divisées mais néanmoins appartenant à de très vieilles civilisations, ne saurait être que très large et fondé sur une consultation des populations elles-mêmes qui ne soit pas une duperie. »

[23] Citation tirée du procès verbal de la commission des affaires étrangères de la Chambre des Députés, 5 juin 1926, et reprise par C. MANIGAND, *art. cit.*, ici p. 110.

[24] Cf. C. MANIGAND, *art. cit.*, p. 110 (Archives du ministère des Affaires étrangères, série Levant, ss-série Syrie-Liban, vol. 229, lettre du 9 janvier 1926).

[25] J.-D. MIZRAHI, « La France et sa politique de mandat en Syrie et au Liban (1920-1939) », N. MÉOUCHY (dir.), *op. cit.*, http://books.openedition.org/ifpo/3166?lang=fr (consulté le 14 avril 2016), § 26 citant cette lettre du 21 décembre 1925 adressée à Briand : « Cette politique

Ne revenant jamais sur place, Henry de Jouvenel ne peut concrétiser l'ensemble de ses projets pour le Liban. Dans l'interprétation des textes de la Société des Nations et du Mandat A, les dissonances sont nombreuses entre le ministère des Affaires étrangères et Jouvenel en butte également à une partie de l'administration qu'il juge incompétente. Ses vues jugées trop libérales sont emportées par une interprétation serrée du mandat ; des hommes comme Gamelin, commandant des troupes du Levant ou Catroux, directeur des services du renseignement, craignent que le consensus politique construit par Jouvenel ne finisse par favoriser, à terme, les nationalismes[26]. Si Jouvenel est remplacé en septembre 1926 par le diplomate Henri Ponsot, sa réflexion sur le Liban ne s'arrête cependant pas là.

II- Les propositions de Jouvenel

Les archives corréziennes montrent que Henry de Jouvenel continue de nourrir, au-delà du terme de sa mission, des ambitions pour l'évolution du Levant ; il craint en effet pour l'équilibre politique de la région. Son « projet de statut organique » tente d'établir un indispensable consensus au moyen de quelques dispositions originales.

Ses craintes

Au moment de passer la main à Ponsot, Jouvenel s'alarme d'une situation qu'il faut absolument anticiper afin de ne pas brider une émancipation en marche. L'article 90 de la Constitution de 1926 permet encore au mandataire de garder la main, en dépit de la conquête constitutionnelle : « Les pouvoirs établis par la présente Constitution s'exerceront sous réserve des droits et des devoirs de la Puissance mandataire, tels qu'ils résultent de l'article 22 du Pacte de la Société des Nations et de l'Acte du Mandat[27]. » Les craintes de Jouvenel sont clairement établies dans une lettre du 3 septembre 1926 adressée au ministre des Affaires étrangères, écrite en réaction à un projet de statut qu'on lui a transmis. S'il ne nous est pas parvenu, Jouvenel nous permet d'en saisir la teneur : « Le projet que vous m'avez communiqué se passe du consentement des populations. C'est un statut imposé, ou, si l'on

---

est conforme à celle qui nous a conduits à Locarno. Elle en découle logiquement. Pour mieux dire, elle est l'application à l'Orient de l'esprit de Locarno. »

[26] Cf. J.-D. MIZRAHI, *art. cit,* § 32.

[27] L'article est abrogé seulement le 9 novembre 1943.

Cf. J.-D. MIZRAHI, *art. cit.*, § 27 : citant cette lettre : « Quand des pays sont libres de choisir leur constitution, leur régime électoral, de voter le budget et l'impôt [...], il est fatal qu'ils revendiquent la plénitude de leur indépendance nationale, à moins qu'elle ne leur apparaisse comme un danger. Ce danger peut bien être ressenti par les chrétiens du Liban, minorité qui risque l'écrasement. Les Arabes de Syrie n'ont pas les mêmes raisons d'accepter notre tutelle. Donc ils la combattent. Pourquoi le Ministère se refuse-t-il à apercevoir cet enchaînement ? »

préfère, accordé. Il est d'ailleurs large et généreux. (...) Le Ministère croit-il vraiment que le droit de *veto*, inscrit dans le projet de statut, protégera suffisamment le Mandat ? Le nouveau statut amènera les Syriens à réclamer la seule liberté qu'on ne leur accorde pas, la liberté nationale, et laissera le Haut-commissaire devant cette revendication, armé de son seul droit de veto, et obligé pour l'imposer de recourir à la force. C'est, à plus ou moins longue échéance, le recommencement des troubles[28]. »

Le « retard » constitutionnel de la Syrie, par rapport au Liban, peut servir de prétexte au renforcement du pouvoir mandataire par le biais du statut, comme le laisse entendre Jouvenel à la lecture du projet qui lui a été transmis. Quelles que soient ses craintes, un statut est finalement promulgué par le mandataire de manière unilatérale le 14 mai 1930 pour les États du Levant[29]. Il s'agit maintenant de faire vite, face aux velléités anglo-irakiennes. Un ensemble de constitutions plus ou moins avancées des différents États liées par quelques dispositions générales – les « Conférences des intérêts communs », essentiellement fiscaux – permet alors au mandataire de garder la main[30].

Mais revenons à Jouvenel et à l'année 1926. Un mois après avoir exprimé ses craintes auprès du ministre des Affaires étrangères quant à l'équilibre politique du Levant, le désormais ancien Haut-commissaire continue de travailler sur ce fameux statut organique. Le projet daté du 15 octobre 1926 versé aux archives départementales de la Corrèze traduit bien une clairvoyance basée sur une courte, mais efficace pratique du terrain[31].

Ses initiatives

Le texte de son projet est à la fois simple, libéral et pragmatique[32]. Les nombreuses corrections manuscrites que Jouvenel apporte au document dactylographié original attestent la recherche constante d'un statut équilibré. Tout d'abord, ses dispositions doivent inspirer la confiance : après avoir adopté le temps conditionnel, Jouvenel se ravise en employant le futur. Le ton est donné dès le court préambule : « Le gouvernement de la République française, désireux de hâter le moment où les communautés qui appartenaient autrefois à l'Empire ottoman et dont il est chargé de guider l'administration, pourront [et non plus : « pourraient »] se conduire seules, a

[28] Passage cité par J.-D. MIZRAHI, *art. cit.* §30.

[29] Haut-Commissariat de la République française en Syrie et au Liban, *Statut organique des États du Levant sous mandat français promulgué le 14 mai 1930*, Paris, 1930.

[30] Cf. J. LAPIERRE, « Le statut organique des États du Levant », dans *Revue générale de droit international public*, t. 37, 1930, p. 659-670. Ces « intérêts communs » ont pour finalité la gestion obscure et favorable au mandataire des recettes douanières. Cf. J.-D. MIZRAHI, *art. cit.*, § 21 et 41.

[31] ADCo, 5 J 132.

[32] Nous retranscrivons en annexe l'ensemble du texte en faisant apparaître ratures et corrections.

décidé de donner au Statut organique qu'il a reçu mandat d'élaborer la forme suivante : *etc.*[33] » Vingt-cinq articles suffisent ensuite à Jouvenel pour circonscrire l'ensemble des questions. Ceci est peu par rapport aux statuts organiques esquissés avant son arrivée à Beyrouth, qui tous se déclinent en titres et articles ordonnés parfois avec complexité. Celui finalement adopté en 1930 n'est d'ailleurs guère plus limpide.

La simplicité de cet « acte » – il le qualifie ainsi après avoir rayé le terme de « traité »[34] – vient du fait que Jouvenel compte sur l'élaboration rapide des constitutions des différents États. Il fait donc ici l'économie de dispositions particulières, ce que les projets proposés entre 1924 et 1926 s'évertuaient à faire.

À différentes reprises, l'auteur s'affranchit du texte du mandat en affirmant d'emblée que « la France reconnaît l'indépendance des populations placées sous son mandat dans les territoires détachés de l'Empire ottoman et la garantit pour trente ans[35] ». Certes, le raisonnement de Jouvenel louvoie autour des notions de territoires et d'État. Toutefois, si l'on se concentre sur l'intention de l'auteur, on retrouve ce fameux « esprit de Locarno » quand il est précisé que « les États actuellement constitués sur ces territoires peuvent à leur gré conserver ou modifier leur forme actuelle ; négocier entre eux pour se fédérer ou s'unir sans que la puissance mandataire y forme obstacle, à la seule condition qu'ils n'usent jamais les uns à l'égard des autres de la contrainte ni de la force[36] ». Jouvenel s'efforce de favoriser, autant que possible, l'accession à l'autonomie. On retrouve cette volonté dans l'évocation de l'*exequatur* dont bénéficient les consuls s'y trouvant en poste. Sa solution est d'ailleurs diamétralement opposée aux préconisations de l'article 3 de la charte du mandat qui dispose que « les relations extérieures de la Syrie et du Liban, ainsi que la délivrance des *exequatur* aux Consuls des Puissances étrangères seront du ressort exclusif du Mandataire ». L'article V du projet de Jouvenel, largement retouché par son auteur, prévoit que « toutefois, d'accord avec le Gouvernement de la République française, les États pourront nommer eux-mêmes des représentants à Paris et dans telles autres capitales et localités où cette représentation serait jugée nécessaire. Ils délivreront eux-mêmes l'*exequatur*

---

33 À titre d'exemples, voici les modifications apportées aux articles III et IV :
Art. III : « Dans le cas où les États ne parviennent [et non « parviendraient »] pas à résoudre par des négociations directes entre les différends susceptibles de les diviser, ils ont [et non « auraient »] recours à l'arbitrage de la puissance mandataire. »
Art. IV : « Si l'un des États se prétend [et non « prétendait »] lésé par [supprime : « croyait avoir à se plaindre »] de la décision arbitrale ainsi rendue, il peut [et non « pourrait »] introduire un appel devant la Cour permanente de Justice de La Haye qui juge [et non « jugera »] en dernier ressort ».

34 Article X.

35 Article I.

36 Article II.

aux représentants des puissances étrangères après entente avec le Gouvernement de la République française[37] ».

Ces précautions procèdent d'un pragmatisme que Jouvenel a manifestement cultivé lors de son séjour au Liban, conscient de la nécessité d'entretenir un dialogue permanent avec les représentants locaux. Il considère en outre le pouvoir mandataire avant tout comme un arbitre (article III) dont la décision est susceptible d'appel devant la Cour permanente de justice de La Haye (article IV) : « Si l'un des États se prétend lésé par la décision arbitrale ainsi rendue, il peut introduire un appel devant la Cour permanente de Justice de La Haye qui juge en dernier ressort. » Si Jouvenel commet une erreur en télescopant ici deux modes juridictionnels différents, il faut cependant mettre à son crédit la volonté de rester proche de l'article 20 de la charte du mandat de 1922 qui dispose que « le Mandataire accepte que tout différend, quel qu'il soit, qui viendrait à s'élever entre lui et un autre membre de la Société des Nations, relatif à l'interprétation ou à l'application des dispositions du mandat et qui ne serait pas susceptible d'être réglé par des négociations, soit soumis à la Cour permanente de Justice internationale prévue par l'article 14 du Pacte de la Société des Nations ». Or, aucun des auteurs des avant-projets de statut, plus confiants dans l'intervention de la puissance mandataire, n'aborde la possibilité de ce recours. *A contrario*, Jouvenel minore le rôle du mandataire. Il raye ainsi un article de son projet qui disposait qu'« au cas où un différend s'élèverait entre un État et le Conseil [des États ; *cf. infra*], il serait soumis à l'arbitrage du Haut-commissaire ».

Il introduit en outre des échelons intermédiaires que la charte du mandat ne préconise pas. Jouvenel prévoit tout d'abord des « conseillers » dont le rôle est décrit dans les articles X et suivants. En effet, « les États actuellement constitués sur les territoires détachés de l'Empire ottoman et placés sous le mandat français, dans le but, à la fois de garantir à leurs habitants les droits dont jouissent les membres des nations modernes et d'obtenir leur admission à la Société des Nations, d'assurer le respect de la liberté individuelle, de la liberté de conscience, de la liberté des cultes, de la liberté des écrits, de la liberté d'association, de l'inviolabilité du domicile, du droit de propriété, de l'égalité devant la loi et l'impôt ; d'autre part, de réaliser sur leur territoire le développement économique, l'instruction publique et le progrès social, recevront pour ces divers objets pendant la durée du présent acte, les conseils et l'assistance de la République française ». Ces conseillers, recrutés dans le cadre d'un contrat d'une durée d'au moins trois ans et inférieure à cinq ans, auront donc la mission de mettre sur pied les institutions les plus essentielles d'une « nation

[37] Afin d'en faciliter la lecture, nous donnons ici la version finale retenue par Jouvenel. Nous renvoyons à l'annexe pour prendre connaissance des différentes modifications apportées à cet article V.

moderne ». Selon l'article XI, ils devront « notamment[38] » veiller « 1° à l'application d'une saine politique financière et fiscale ; 2° au développement de l'instruction publique ; 3° à l'application d'un programme de travaux publics ; 4° à la mise en valeur du sol, du sous-sol et à l'organisation du crédit ; 5° aux travaux juridiques qui permettront de mettre la législation en harmonie avec les principes du droit moderne, tout en tenant compte des traditions et des coutumes locales ; 6° à une organisation de la justice garantissant les intérêts et les droits des étrangers et permettant aux ressortissants des États de bénéficier des mêmes garanties ». Qui sont ces conseillers, choisis par le Haut-commissaire[39] ? Se conformant au mandat, Jouvenel imagine d'abord, dans l'article XIII, des « conseillers français » ; puis il se ravise et barre le terme « français ». Un recrutement local lui semble donc souhaitable[40].

L'autre type de relais préconisé est un « Conseil des États » dont le fonctionnement est détaillé dans les articles XIV et suivants : « Lorsqu'un État ne croit pas devoir se conformer à l'avis d'un conseiller, il porte la question devant le Conseil des États dont la constitution est prévue par les dispositions qui suivent. Celui-ci fait connaître son avis au Haut-commissaire qui décide en dernier ressort ». Plus loin, dans l'article XXI : « Au cas où le Haut-commissaire a cru devoir passer outre, soit aux délibérations des Chambres, soit à la décision prise par le Gouvernement d'un État ; qu'il ait suspendu une décision prise ou pris au contraire un arrêté en lieu et place des pouvoirs défaillants, comme le mandat lui en donne le droit, il peut être fait appel de cette décision devant le Conseil des États. Dans le cas où celui-ci se prononce à l'unanimité contre le Haut-commissaire [ajoutant en surlignage : « les délégués français ne seront pas compris dans cette unanimité »], celui-ci doit suspendre sa décision jusqu'à l'arbitrage de la Société des Nations. Dans le cas contraire, elle est maintenue. » D'un tel échelon éloignant les pays concernés du mandataire et du Haut-commissaire, nulle trace dans les avant-projets, pas plus que dans le statut de 1930… On peut noter que le fonctionnement de ce conseil retient particulièrement l'attention de Jouvenel, à lire les corrections et les ajouts manuscrits de nouveaux articles précisant la constitution et la mission de ce Conseil, « composé de 7 membres désignés par les Chambres des députés des États et pour la durée de leur législature à raison de : 3 membres pour l'Etat de Syrie ; 2 membres pour l'État du Liban ; 1 membre pour l'État des

[38] « Notamment » étant ajouté après-coup.

[39] Article XII : « Ces conseillers seront liés aux États par des contrats de trois ans au moins et de cinq au plus, passés entre les États et le Haut-commissaire qui aura le choix des conseillers et pourra les remplacer. »

[40] On relève cette nuance dans cet article consacré au renouvellement possible de la mission de ces conseillers : « Ces contrats pourront être renouvelés à moins que le Haut-commissaire de la République française, d'accord avec le Gouvernement des États, n'estime que l'assistance d'un ou plusieurs conseillers [est supprimé « français »] est devenu inutile. »

Alaouites ; 1 membre pour l'État du Dj[ebel]. Druze. 20 des délégués du Haut-commissaire auprès des États[41]. » Il parvient à cette solution de représentation après avoir imaginé dans un premier temps un système beaucoup plus fin, mais aussi plus complexe[42]. La version retenue fait certes la part belle aux délégués du Haut-commissaire afin de rester dans la lignée du mandat. Le fonctionnement est cependant équilibré en introduisant une rotation permettant le respect des différents intérêts. L'article XVI dispose que « le conseil des États élit son Président pour une année. Les fonctions de Président ne peuvent être remplies plus de deux années consécutives par le représentant d'un même État. » Caution du bon fonctionnement de ce conseil, un secrétaire général a, selon l'article XVII, « pour mission de préparer les travaux et d'assurer l'exécution de ces décisions. Le secrétaire général est nommé par le Conseil des États pour une durée de cinq années. Pour les cinq premières années le secrétaire général sera nommé par le Haut-commissaire de la République française. »

Les articles suivants montrent l'étendue des compétences de ce conseil, en éloignant un peu plus l'emprise directe du mandataire sur des missions essentielles. L'article XIX précise que « la législation et l'exécution appartiennent au Conseil dans les matières suivantes : Douane ; Postes et Télégraphes ; Police sanitaire ; Système monétaire ; Marine marchande ; Protection de la propriété industrielle ; Service des Antiquités ; Émigration et Immigration ; Concessions des services publics intéressant plusieurs États ; Monopoles ; Questions d'ordre économique et financier. Le conseil dirige et gère les services et institutions que les États décideraient de mettre en commun. » L'article XX dresse quant à lui un véritable inventaire à la Prévert des compétences législatives du Conseil, promettant un grand *aggiornamento* juridique : « La législation appartient au Conseil, l'exécution appartient aux États dans les matières suivantes : Code Civil, code pénal, code foncier, code de commerce, code de procédure civile, code de procédure pénale, casiers judiciaires, Police aérienne, des voies ferrées et de la route. Protection de la santé publique et de l'enfance, Épiphytie et

[41] Article XV.

[42] Voici l'ancien article XV, entièrement rayé :

« Quel que soit le nombre, quelle que soit la forme des États, le Conseil comprend obligatoirement :

Un représentant de la région de	Damas
‘ ‘ ‘ ‘	d'Alep
‘ ‘ ‘ ‘	d'Alexandrette
‘ ‘ ‘ ‘	du Hauran
‘ ‘ ‘ ‘	de Beyrouth
‘ ‘ ‘ ‘	de Tyr et de Saïda
‘ ‘ ‘ ‘	de Tripoli
‘ ‘ ‘ ‘	des Alaouites
‘ ‘ ‘ ‘	du Djébel Druze
‘ ‘ ‘ ‘	des Bédouins. »

Épizootie. Poids et mesures, répression des fraudes. Mines, Carrières, Domaine public. Forces hydrauliques et courants électriques. Chambre de Commerces. Importation, vente, transport et détention des armes, poudres et munitions. Impôts dans la mesure où la Conférence jugera que l'unité est indispensable. Et toutes les autres matières que les États décideraient de classer parmi celles qui doivent faire l'objet d'une législation identique. »

Ce statut, aussi équilibré soit-il, reste lettre morte. Si le Haut-commissaire suivant, Henri Ponsot, abonde dans le sens de Henry de Jouvenel, les résistances politiques françaises ne permettent pas d'engager le processus mandataire dans une voie plus libérale, celle-là même qui vraisemblablement coûte à Jouvenel de n'être pas reconduit dans ses fonctions à l'automne 1926. Ce coup d'arrêt ne lui permet pas non plus de réaliser totalement les autres objectifs fixés par la charte du mandat, et sur lesquels il s'était également penché. En effet, en plus de la Constitution libanaise, Jouvenel a en quelques mois consacré beaucoup d'énergie à des chantiers guère moins complexes. Ses archives contiennent des dossiers rassemblés en vue de la réalisation de l'épineuse fusion judiciaire prévue par l'article 6 de la charte du Mandat disposant que « le Mandataire instituera en Syrie et au Liban un système judiciaire assurant tant aux indigènes qu'aux étrangers la garantie complète de leurs droits. Le respect du statut personnel des diverses populations et de leurs intérêts religieux sera entièrement garanti. En particulier le Mandataire exercera le contrôle de l'administration des Wakoufs en parfaite conformité avec les lois religieuses et la volonté des fondateurs. » On sait que Jouvenel multiplia les rencontres et les correspondances sur ce point[43]. Ses archives témoignent aussi de la volonté de faire appliquer, dès décembre 1925, l'article 14 de la charte du mandat portant sur la protection des « Antiquités » et la réglementation des pratiques archéologiques [44]. Un dossier compile en effet différents rapports et

[43] Sur la réforme judiciaire et la fusion des juridictions, voir les pièces rassemblées sur cette question dans ADCo, 5J193. Autorités laïques et ecclésiastiques (voir aussi dans ADCo, 5J 189 (s. d.) cette lettre inquiète du patriarche maronite abordant différents sujets et notamment celui de la fusion judiciaire), praticiens, politiques expriment tour à tour leur opinion sur cette question.

[44] Article 14 : « Le Mandataire élaborera et mettra en vigueur dans un délai de 12 mois à dater de ce jour une loi sur les antiquités conforme aux dispositions ci-après. Cette loi assurera aux ressortissants de tous les États membres de la Société des Nations l'égalité de traitement en matière de fouilles et de recherches archéologiques.
1° Par « antiquités » on devra entendre toute œuvre ou produit de l'activité humaine antérieurs à l'année 1700.
2° La législation sur la protection des antiquités devra procéder plutôt par encouragements que par menaces.
Toute personne qui, ayant fait la découverte d'une antiquité sans avoir l'autorisation visée au paragraphe 5, signale cette découverte à l'autorité compétente, devra recevoir une rémunération proportionnée à la valeur de la découverte.
3° Aucune antiquité ne pourra être aliénée qu'en faveur de l'autorité compétente, à moins que celle-ci renonce à en faire l'acquisition.

inventaires — notamment celui de la collection des vestiges archéologiques de l'Université Saint-Joseph, abritée par le musée de Beyrouth[45]. Ces exemples, associés à ceux du statut organique et de la Constitution libanaise, attestent les scrupules de Jouvenel quant aux différents aspects du mandat et sa volonté de concilier constamment, malgré l'adversité, l'intérêt des différentes parties. Le temps a toutefois joué contre lui.

Jacques PÉRICARD
Agrégé des facultés de droit
Professeur d'histoire du droit
Université de Limoges

Aucune antiquité ne pourra sortir du pays sans une licence délivrée par la dite autorité.
4° Toute personne qui par malice ou négligence détruit ou détériore une antiquité devra être passible d'une pénalité à fixer.
5° Tout déplacement de terrain ou fouille en vue de trouver des antiquités seront interdits sous peine d'amende, si ce n'est aux personnes munies d'une autorisation de l'autorité compétente.
6° Des conditions équitables seront fixées pour permettre d'exproprier temporairement ou à titre permanent les terrains pouvant présenter un intérêt historique ou archéologique.
7° L'autorisation de procéder à des fouilles ne sera accordée qu'à des personnes présentant des garanties suffisantes d'expérience archéologique. Le Mandataire ne devra pas, en accordant ces autorisations, agir de façon à éliminer sans motifs valables les savants d'aucune nation.
8° Le produit des fouilles pourra être réparti entre les personnes ayant procédé à la fouille et l'autorité compétente dans la proportion fixée par celle-ci. Si pour des raisons scientifiques, la répartition paraît impossible, l'inventeur devra recevoir une équitable indemnité au lieu d'une partie du produit de la fouille. »
[45] ADCo, 5 J 211. Voir aussi cet arrêté de Henry de Jouvenel du 26 mars 1926 (« n° 207, portant règlement sur les antiquités en Syrie et au Liban »), concrétisant la protection recherchée par la charte du mandat.

ANNEXE

Projet de statut organique présenté par Henry de Jouvenel, daté du 15 octobre 1926.
Archives départementales de la Corrèze, 5 J 132.

Projet de statut organique

Le Gouvernement de la République française, désireux de hâter le moment où les communautés qui appartenaient autrefois à l'Empire Ottoman et dont il est chargé de guider l'administration pourront[46] se conduire seules, a décidé de donner au statut organique qu'il a reçu mandat d'élaborer la forme suivante :

Article I

La France reconnaît[47] l'indépendance des populations placées sous son mandat dans les territoires détachés de l'Empire ottoman[48].

Article II

Les États actuellement constitués sur ces territoires peuvent à leur gré conserver ou modifier leur forme actuelle ; négocier entre eux pour se fédérer ou s'unir sans que la puissance mandataire y forme obstacle, à la seule condition qu'ils n'usent jamais les uns à l'égard des autres de la contrainte ni de la force.

Article III

Dans le cas où les États ne parviennent[49] pas à résoudre par des négociations directes entre eux les différends susceptibles de les diviser, ils ont[50] recours à l'arbitrage de la puissance mandataire.

- 2 -[51]

Article IV

Si l'un des États se prétend[52] lésé par[53] la décision arbitrale ainsi rendue, il peut[54] introduire un appel devant la cour permanente de justice de La Haye qui juge[55] en dernier ressort.

---

[46] Barre « pourraient ». Ajoute « pourront ».
[47] Barre « et garantit pour trente ans ».
[48] Ajoute « et la garantit pour 30 ans ».
[49] Corrige « parviendraient ».
[50] Supprime « auraient ». En surligne : « ont ».
[51] Nous respectons ici la pagination retenue par l'auteur.
[52] Corrige « prétendait ».

Article V

Pendant la période d'application du présent acte[56] la France se charge de représenter les États à l'extérieur et de protéger leurs ressortissants.

Toutefois, d'accord avec le Gouvernement de la République française[57], les États pourront nommer eux-mêmes des représentants à Paris[58]. Ils délivreront eux-mêmes l'*exequatur* aux représentants des puissances étrangères après entente avec le[59] Gouvernement de la République française.

Article VI

En échange de ces garanties d'indépendance et d'intégrité de la frontière extérieure que la France leur apporte, les États confient à la France la direction de l'organisation militaire[60] et des formations qui concourent au maintien de la sécurité générale.

- 3 -

Article VII

Quand le Haut-commissaire et les Gouvernements des États[61] auront déterminé d'accord :

1° que les troubles ont complètement cessé depuis trois ans

2° que les forces locales de police, gendarmerie et l'organisation militaire sont suffisantes pour assurer le maintien de l'ordre

3° que la liberté individuelle, la liberté de conscience, le libre exercice de toutes les formes de culte compatible avec l'ordre public et les bonnes mœurs, l'égalité de traitement entre tous les habitants, le droit des communautés à conserver leurs écoles et à enseigner dans leur propre langue, le droit de propriété sont établis et garantis, l'évacuation des troupes françaises commencera et s'opérera graduellement en commençant par les villes de l'intérieur et en se poursuivant vers la côte[62] sauf sur le territoire

---

53 Barre « croyait avoir à se plaindre de ».

54 Barre « pourrait ».

55 Corrige « jugera ».

56 Barre : « durée du traité par lequel elle garantit l'indépendance des États constitués sur les territoires détachés de l'Empire Ottoman ». En surligne : « période d'application du présent acte ».

57 Barre : « un conseil où ces États seront représentés assistera le Haut-commissaire de la direction de la politique extérieure ». En surligne : « période d'application du présent acte ».

58 En marge : « et dans telles autres capitales et localités où cette représentation serait jugée nécessaire ».

59 Barre : « Haut-commissaire ». Ajoute « Gouvernement de la République française ».

60 Barre : « à laquelle ils consacrent un cinquième de leur budget ». Ajoute « et des formations qui concourent au maintien de la sécurité générale ».

61 Ajoute en surligne : « les Gouvernements des États ».

62 Barre : « à moins que un ou plusieurs États réclament ». Ajoute : « sauf sur le territoire des États qui réclameraient ».

des États qui réclameraient leur maintien[63] ou que de nouveaux troubles attestant la puissance des forces locales n'obligent pas[64] la France à participer au rétablissement de l'ordre[65].

Article VIII

De même, le Haut-commissaire et[66] les Gouvernements des États détermineront d'accord le moment où la France demandera l'admission d'un ou plusieurs des États de la Société des Nations.

- 4 -

Article IX[67]

Les États actuellement constitués dans les territoires détachés de l'Empire ottoman et placés sous mandat français jouissent de leur liberté constitutionnelle. Les assemblées élues élaboreront les Constitutions, les lois organiques relatives au régime électoral, à l'organisation, aux relations des pouvoirs et services de l'État, à l'organisation des circonscriptions intérieures de l'État.

Ces textes deviennent définitifs lorsqu'ils ont reçu l'approbation du Haut-commissaire de la République française et ne peuvent être révisés que d'accord avec lui, tant que le présent acte sera en vigueur[68].

Article X[69]

Les États actuellement constitués sur les territoires détachés de l'Empire ottoman et placés sous le mandat français[70] dans le but, à la fois de[71] garantir à leurs habitants les droits dont jouissent les membres des nations modernes et d'obtenir leur admission à la Société des Nations, d'assurer le respect de la liberté individuelle, de la liberté de conscience, de la liberté des cultes, de la liberté des écrits, de la liberté d'association, de l'inviolabilité du domicile, du droit de propriété, de l'égalité devant la loi et l'impôt ; d'autre part, de

---

[63] Barre : « et que le Gouvernement de la République française y consente ». Ajoute en surligne : « et à la condition ».

[64] Barre : « obligeant ». Ajoute en surligne : « n'obligeant pas ».

[65] Rature puis barre : « dont elle jusqu'à l'expira [*sic*] »

[66] Barre : « le Conseil ». Ajoute en surligne : « les Gouvernements des États ».

[67] Supprime l'article IX : « Article IX : À ce moment, au présent traité sera substitué un traité d'alliance ». Corrige la numérotation des articles suivants.

[68] Barre « durera le présent traité, à moins qu'avant son expiration, les États soient admis dans la Société des nations ».

[69] Supprime l'article XI : « Le Chef de l'État est librement élu par les assemblées tant que durera le présent traité à moins qu'avant son expiration les États soient admis dans la Société des Nations. Son élection deviendra définitive après ratification du Haut-commissaire de la République française. » Corrige la numérotation des articles suivants.

[70] Barre « désireux d'une part ». En surligne : « dans le but ».

[71] Barre : « pour ». En surligne : « de ».

réaliser sur leur territoire le développement économique, l'instruction publique et le progrès social, recevront pour ces divers objets, pendant la durée du présent acte[72], les conseils et l'assistance de la République française.

- 5 -

Article XI

Cette assistance et ces conseils seront fournis d'une part, par un Haut-commissaire de la République française assisté du personnel nécessaire ; d'autre part, par les conseillers chargés de veiller[73]:

1° à l'application d'une saine politique financière et fiscale ;

2° au développement de l'instruction publique ;

3° à l'application d'un programme de travaux publics ;

4° à la mise en valeur du sol, du sous-sol et à l'organisation du crédit ;

5° aux travaux juridiques qui permettront de mettre lalégislation en harmonie avec les principes du droit moderne, tout en tenant compte des traditions et des coutumes locales ;

6° à une organisation de la justice garantissant les intérêts et les droits des étrangers et permettant aux ressortissants des États de bénéficier des mêmes garanties.

- 6 -

Article XII

Ces conseillers seront liés aux États par des contrats de trois ans au moins et de cinq au plus, passés entre les États et le Haut-commissaire qui aura le choix des conseillers et pourra[74] les remplacer[75].

Article XIII

Ces contrats pourront être renouvelés à moins que[76] le Haut-commissaire de la République française[77] d'accord avec le Gouvernement des[78] États n'estime[79] que l'assistance d'un ou plusieurs[80] conseillers[81] est devenue inutile[82].

---

[72] Barre « traité ». En surligne : « acte ».

[73] Ajoute : « notamment ».

[74] Corrige: « pourront ».

[75] Barre : « étant seul responsable de la bonne exécution des contrats ».

[76] Ajoute en marge : « Ces contrats pourront être renouvelés à moins que ». Supprime « Si ».

[77] Supprime : « et le Conseil ».

[78] « d'accord avec le Gouvernement » en surligne.

[79] Barre : « tombent d'accord à l'expiration des contrats ».

[80] Barre : « du ».

[81] Met au pluriel « conseillers » et barre « français ».

[82] Barre : « il ne sera pas conclu de contrat nouveau ».

Article XIV

Lorsqu'un État ne croit pas devoir se conformer à l'avis d'un conseiller[83], il porte la question devant le Conseil des États dont la création est prévue par les dispositions qui suivent[84]. Celui-ci fait connaître son avis au Haut-commissaire qui décide en dernier ressort.

Article XV[85]

Article XV[86]

Il est créé un Conseil des États composé de 7 membres désignés par les Chambres des députés des États et pour la durée de leur législature[87] à raison de

3 membres pour l'État de Syrie
2 membres pour l'État du Liban
1 membre pour l'État des Alaouites
1 membre pour l'État du Dj. Druze
2º des délégués du Haut-commissaire auprès des États[88].

Article XVI[89]

Le conseil des États élit son Président pour une année. Les fonctions de Président ne peuvent être remplies plus de deux années consécutives par le représentant d'un même État.

Article XVII[90]

La conférence ne peut délibérer que si les trois quarts des membres sont présents et que si chaque État est représenté[91].

Elle statue à la majorité des voix.

---

[83] Barre : « Au cas où un État croit ne pas devoir appliquer l'avis d'un conseiller » et ajoute en marge : « Lorsqu'un État ne croit pas devoir se conformer à l'avis d'un conseiller ».

[84] Ajoute en marge : « dont la création est prévue par les dispositions qui suivent ».

[85] Après ce titre, barre : « Quel que soit le nombre, quelle que soit la forme ».

[86] Répétition du titre sur le folio suivant, de manière manuscrite comme le reste de l'article. Les articles XV, XVI, XVII sont ajoutés de façon manuscrite sur feuilles volantes intercalées entre les pages dactylographiées.

[87] En surligne : « des États et pour la durée de leur législature ».

[88] Barre : « Le mandat des représentants des États prend fin avec les pouvoirs de l'assemblée qui les a désignés. ».

[89] Article manuscrit.

[90] Article manuscrit.

[91] Phrase barrée illisible : « par… délégués ».

Article XVIII[92]

Auprès du Conseil est placé un secrétaire général qui a pour mission de préparer les travaux et d'assurer[93] l'exécution de ces décisions. Le Secrétaire Général est nommé par le Conseil des États pour une durée de cinq années.

Pour les cinq premières années, le Secrétaire Général sera nommé par le Haut-commissaire de la République française.

- 7 -

Article XIX[94]

La législation et l'exécution appartiennent au Conseil dans les matières suivantes :

Douane
Postes et Télégraphes
Police sanitaire
Système monétaire
Marine marchande
Protection de la propriété industrielle
Service des Antiquités
Emigration et Immigration
Concessions des services publics intéressant plusieurs États
Monopoles " " "
Questions d'ordre économique et financier "" "

Le conseil dirige et gère les services et institutions que les États décideraient de mettre en commun.

- 8 -

---

[92] Article manuscrit.

[93] En surligne : « assurer l' ».

[94] En surligne, puis barré : « Article XV

Il est créé un conseil des États dont les membres sont désignés [suite en marge *Cf. infra*] ».

Barre : « Des États, le Conseil comprend obligatoirement :
Un représentant de la région de Damas
' ' ' ' d'Alep
' ' ' ' d'Alexandrette
' ' ' ' du Hauran
' ' ' ' de Beyrouth
' ' ' ' de Tyr et de Saïda
' ' ' ' de Tripoli
' ' ' ' des Alaouites
' ' ' ' du Djebel Druze
' ' ' ' des Bédouins »

En marge, barré : « les députés des États à raison de 3 membres pour l'État de Syrie, 2 membres pour l'État du Grand Liban, 1 membre pour l'État des Alaouites, 1 membre pour l'État du Djebel Druze.

Le mandat des représentants des États prend fin avec les pouvoirs de l'Assemblée qui les a désignés. ».

Article XX

La législation appartient au Conseil, l'exécution appartient aux États dans les matières suivantes :

Code Civil, code pénal, code foncier, code de commerce, code de procédure civile, code de procédure pénale, casiers judiciaires, Police aérienne, des voies ferrées et de la route. Protection de la santé publique et de l'enfance, Épiphytie et Épizootie. Poids et mesure, répression des fraudes. Mines, Carrières, Domaine public[95]. Forces hydrauliques et courants électriques. Chambre de Commerces. Importation, vente, transport et détention des armes, poudres et munitions. Impôts dans la mesure où la Conférence jugera que l'unité est indispensable. Et toutes les autres matières que les États décideraient de classer parmi celles qui doivent faire l'objet d'une législation identique[96].

Article XXI

Au cas où le Haut-commissaire a cru devoir passer outre, soit aux délibérations des Chambres, soit à la décision prise par le Gouvernement d'un État ; qu'il ait suspendu une décision prise ou pris au contraire un arrêté en lieu et place des pouvoirs défaillants, comme le mandat lui en donne le droit, il peut être fait appel de cette décision devant le Conseil des États.

Dans le cas où celui-ci se prononce à l'unanimité contre le Haut-commissaire[97], celui-ci doit suspendre sa décision jusqu'à l'arbitrage de la Société des Nations. Dans le cas contraire elle est maintenue.

- 9 -

Article XXII

Le budget du Conseil a pour objet de permettre le fonctionnement de ses services et de pourvoir aux charges financières résultant, pour chaque État, des obligations financières intéressant l'ensemble des États.

Les recettes du budget sont celles des services d'intérêt commun gérés ou concédés par la Conférence.

Le budget est voté au cours de la première session ordinaire du Conseil[98].

Le secrétaire général nomme l'ordonnateur et le trésorier payeur de son budget.

Les comptes budgétaires doivent être soumis au Conseil.

---

[95] Corrige « Domaines publics » en employant le singulier.

[96] Supprime un article XX prévoyant initialement :

« Article XX

Au cas où un différend s'élèverait entre un État et le Conseil, il serait soumis à l'arbitrage du Haut-commissaire ».

[97] En surligne, ajoute « les délégués français ne seront pas compris dans cette unanimité) ».

[98] Barre « de la Conférence » et ajoute « du Conseil ».

Article XXIIII [*sic*]

L'excédent des recettes sur les dépenses du budget du Conseil est réparti par ses soins entre les États, réserve faite d'un fonds de roulement qui ne pourra pas dépasser 500.000 livres. Cette répartition est assurée chaque année dans les dix jours qui suivent le règlement du budget de la Conférence.

Article XXIV[99]

Le Conseil des États arrêtera, d'un commun accord avec le Haut-commissaire, le montant[100] des sommes dont les États sous mandat sont redevables envers la France aux termes de l'art 15 de l'acte du 22 août 1922, et fixera les modalités de leur remboursement.

- 10 -

Article XXV

Les modifications qui pourraient survenir dans la forme et la constitution[101] des États ne changent rien aux dispositions du présent acte[102], et qui…[103]

Ces dispositions pourront, à la demande des États, être mises en vigueur pour une durée limitée de trente années[104].

[*illisible*] du 15 octobre 1926[105]

Les difficultés pour interprétation pouvant s'élever au sujet du présent acte seront arbitrées par le Ht C.t au cas où un État aurait ainsi à se plaindre de sa décision arbitrale[106], la question sera portée devant la Cour permanente de justice de la Haye[107].

---

[99] Article présenté de façon manuscrite sur une feuille volante intercalée.

[100] Barre : « de la dette et que les États sous mandat ont co [*sic*] ».

[101] Barre : « modification », et ajoute en surligne « constitution ».

[102] Barre : « obligations mutuelles contenues dans le » et ajoute en surligne : « dispositions du ».

[103] Barre : « engagent d'une part la République Française et d'autre part tout État constitué sur les territoires détachés de l'Empire Ottoman et placés sous le Mandat Français. »

[104] Phrase manuscrite.

[105] Phrase manuscrite.

[106] Barre : « il sera recouru à la co [*sic*] ».

[107] Phrase manuscrite.

Kuma/Une seconde femme *d'Umut Dağ (Autriche, 2012), ou l'histoire d'une émancipation*

S'inscrivant dans la lignée des cinéastes d'origine turque vivant en Europe, Umut Dağ, né en Autriche au sein d'une famille kurde, a présenté son premier long métrage *Kuma* à la Berlinale 2012, après avoir suivi, à compter de 2006, un cursus de réalisation à l'Académie du Film de Vienne sous la direction de Peter Patzak et Michael Haneke, et réalisé trois courts métrages. Cette fiction peut être perçue comme une synthèse entre les films de Fatih Akin relatifs aux immigrés turcs vivant à Hambourg, notamment *Gegen die Wand/Head On*[1] et *Auf der anderen Seite/De l'autre côté*[2], et celui de Deniz Gamze Ergüven, *Mustang*[3], ancré dans la Turquie contemporaine. *Kuma* se situe, en effet, à la fois spatialement et socialement dans la Turquie contemporaine et dans une communauté immigrée turque en Autriche. Synthèse renforcée par la thématique de la place des femmes présente dans les deux films les plus récents et par l'actrice Nihal G. Koldaş interprétant à la fois la grand-mère des jeunes filles dans *Mustang* et Fatma, la mère et grand-mère de *Kuma*.

Le début du film est riche à cet égard d'enseignements, car il révèle les liens établis entre des femmes d'âges différents et les pressions sociales qui s'exercent sur elles.

Tout débute par les pleurs d'une femme invisible à l'écran, seul un miroir au tain abîmé apparaissant, lui-même en partie recouvert par une serviette de bain. Ce premier plan, qui se déroule avant le générique, capte doublement l'attention du spectateur par les sons particuliers qui parviennent à ses oreilles (pleurs, hauts le cœur, robinet fuyant) et la réalité trouble, déformée, révélée par la glace. Il faut attendre presque une minute pour que la caméra s'éloigne et qu'un trio féminin soit réuni dans un même plan, avec un rai de lumière sur la jeune fille en habit de mariée, Ayse.

Une autre jeune femme, de bleu vêtue et la tête couverte, s'approche et dit rechercher sa mère (Fatma), l'interroge sur sa santé et réplique vertement à la jeune femme qui lui a fourni une réponse. La caméra va finalement les regrouper toutes les quatre et les filmer devant le miroir, procédant tout à la fois à un portrait de groupe disparate et à une mise à distance de la scène

[1] (Turquie, Allemagne, 2004).
[2] (Turquie/Allemagne, 2007).
[3] (Turquie, France, Allemagne, 2015).

pour le spectateur qui ne voit ces femmes que par leur reflet dans la glace. Processus accentué par l'expression ironique de la jeune fille en bleu, dont les propos « Oui, allons à ce merveilleux mariage » nous laissent d'ores et déjà entrapercevoir un décalage entre la réalité et l'apparence, seule visible à l'écran.

Cette illusion visuelle, composée comme un tableau aux couleurs blanche, rouge, bleu sur fond sombre, permet d'interroger la situation qui nous est présentée : sommes-nous dans le vrai ? Quelle est la place des femmes au sein de la structure familiale, notamment dans une communauté turque immigrée en Europe ?

Du faux (des situations, des règles appliquées) va naître la vérité : des relations entre les êtres, des sentiments, des relations juridiques…

I- D'une violation des règles juridiques…

Kuma est un film des faux-semblants, les situations juridiques présentées ne correspondant en rien à la réalité factuelle observée. Le faux s'érige en vrai et les règles juridiques sont détournées au profit de règles culturelles, considérées comme supérieures.

A- Un faux mariage

Si aucune indication ne nous est fournie quant à la communauté (sunnite, alevi, kurde ou chiite)[4] dans laquelle cette union traditionnelle est célébrée, en revanche elle se déroule bien dans un village et réunit deux familles, celle de la mariée originaire des lieux et celle du mari, émigrée à Vienne. Procédant à une ellipse en ne filmant pas la cérémonie du mariage, mais seulement la fête qui suit, afin de laisser planer un doute scénaristique, l'impression d'un faux mariage s'insinue cependant très vite. Pourtant le droit turc ne fait pas mystère des dispositions applicables en la matière. En effet, le code civil suisse ayant été reçu et adapté le 4 octobre 1926[5], l'article 134 § 18 du code civil turc prévoit que le mariage civil doit non seulement être célébré par l'officier d'état civil, mais également précéder le mariage religieux. À défaut, les deux membres du couple seront considérés comme concubins et l'article 230 alinéa 4 du Code pénal punira de deux à six mois de prison la célébration du mariage religieux avant le mariage civil. La Cour européenne des droits de l'homme a d'ailleurs considéré que la Convention européenne des droits de l'homme n'obligeait pas un État à reconnaître le

---

[4] Cf. F. Bilici, E. Massicard et S. Vaner, « Religion et société », dans A. Kazancigil, F. Bilici et D. Akagül (éd.), *La Turquie, d'une révolution à l'autre*, Librairie Arthème Fayard, 2013, coll. Pluriel, p. 133 sq.

[5] Cf. A. Basbugu-Yaraman, « La femme turque dans son parcours émancipatoire (de l'empire ottoman à la république) », *Cahiers d'études sur la Méditerranée orientale et le monde Turco-Iranien*, 1996 (21) : https://cemoti.revues.org/556

mariage religieux (*imam nikâhı*), ni à assimiler à un ayant-droit la femme d'un homme décédé avec lequel seule une union religieuse avait été contractée, à défaut d'un mariage civil[6].

L'impression qui domine malgré tout au début de ce film est celle d'un mariage arrangé entre deux familles, issues du même village, et d'un souci de trouver une épouse traditionnelle à Hasan, jeune homme élevé en Autriche.

La jeune épousée, Ayse, quitte sa famille pour suivre celle de son mari, regagnant aussitôt Vienne. Arrivée dans la capitale autrichienne au titre du regroupement familial, elle ne tarde pas à découvrir la supercherie, à la faveur de la nuit de noces qu'elle va passer avec Mustafa, le père/grand-père, et non Hasan, le jeune marié : « Ayse vient s'asseoir aux côtés de son nouveau mari. Tous deux sont filmés en plan large, de dos, comme accablés par le poids de la supercherie orchestrée par Fatma. Dans une chambre, celle-ci s'allonge, impassible, alors que ces enfants contrits supportent avec peine le son obscène d'une nuit de noces illégitime[7]. »

En choisissant d'illustrer cette nuit de noces par les sons plutôt que par les images du couple enlacé, le réalisateur en respecte la pudeur tout en en accentuant la violence, car l'apparentant à un viol dont il rend complices tous les membres de la famille. En effet, sur décision de Fatma atteinte d'un cancer, à la recherche d'une seconde mère pour ses jeunes enfants et d'une seconde compagne pour son époux, Ayse est choisie pour être l'épouse juridique d'Hasan et la concubine de Mustafa. Si la polygamie est interdite en Europe et en Turquie depuis 1926, celle-ci y semble malgré tout tolérée au titre des traditions[8], comme l'indique le cinéaste : « J'ai connu le phénomène de seconde femme en Turquie, même si ce n'est pas très courant. Dans certaines situations extraordinaires, comme c'est le cas dans le film avec la maladie de la mère, il arrive, dans certaines régions, que le mari prenne une seconde épouse[9]. »

Cette polygynie interdite ne pouvait reposer que sur un stratagème, ici ourdi par une femme dont la santé vacillante lui permet d'imposer ses vues à l'ensemble de sa famille : un mariage juridiquement célébré entre Hasan, le deuxième fils encore célibataire, et non une simple union religieuse avec Mustafa. C'est un faux statut civil et social qui est ici présenté non seulement aux autorités (turques et autrichiennes), mais également aux relations familiales : Ayse est l'épouse d'Hasan (et non de Mustafa).

---

[6] CEDH, Grande chambre, 2 novembre 2010, aff. ŞERIFE YIĞIT c. TURQUIE req. n° 3976/05 : http://hudoc.echr.coe.int/eng-press#{%22display%22:[%221%22],%22dmdocnumber%22:[%22876655%22]}

[7] C. MILLELIRI, « Secrets de famille », *Critikat.com*, 5 juin 2012 : http://www.critikat.com/actualite-cine/critique/une-seconde-femme.html

[8] Cf. A. AN-NA'IM (éd.), *Islamic Family Law in a Changing World: A Global Resource Book*, Londres, Zed Books, 2002.

[9] Dossier de presse de *Kuma*, p. 4.

La famille turque d'Ayse est-elle complice de ce stratagème ? Il est permis de le penser à la faveur des propos tenus par l'une de ses sœurs au moment du départ vers l'Autriche : « C'est ce qui pouvait t'arriver de mieux, petite sœur, ne l'oublie jamais », puis au téléphone une fois toute la famille réunie dans le salon viennois, en évoquant à mots voilés la nuit de noces : « Si ce n'est pas l'homme de tes rêves, ferme les yeux. »

« L'actualité des migrations passe par les suites des regroupements familiaux en Europe – les enfants de migrants gardant une nette tendance au mariage préférentiel avec une conjoint(e) venant du pays d'origine – (...)[10]. » Toutefois certains sont détournés aux fins d'une supériorité des règles culturelles sur les règles juridiques.

B- La supériorité des règles culturelles sur les règles civiles

A contrario de *Mustang* et de l'image répandue d'un patriarcat toujours latent en Turquie, nous sommes en présence d'une microsociété matriarcale. En effet, dans *Kuma* la majorité des hommes sont respectueux des femmes, qu'il s'agisse de Mustafa, malgré tout délicat avec Ayse, ou d'Hasan, qui n'hésite pas à prendre la défense de son épouse légitime.

Ils sont néanmoins soumis à l'autorité de Fatma. Cette dernière, malgré sa bonhommie, en particulier avec Ayse, règne sans partage sur son entourage familial et impose ses vues à tous, qu'il s'agisse de son époux, de son deuxième fils ou de ses filles, qu'elles soient mariées ou vivant encore au domicile parental. Comme le rapportent Feyza Ak Akyol et Nazli Ökten Gülsoy : « Les femmes dans ces familles occupent un rôle central et gèrent les relations entre leur mari et leurs enfants, ainsi qu'entre les deux familles d'origine. En outre, elles doivent sauvegarder l'honneur de la famille en suivant de près les manières de leurs filles et leurs relations avec le sexe opposé. Dans ce cadre, la relation entre la mère et la fille ne s'incarne pas seulement dans une simple transmission des valeurs et des normes : la mère se comporte comme un agent de contrôle social central[11]. »

Le seul qui semble échapper à sa loi est son fils aîné, déjà marié et vivant en Allemagne, peut-être en raison de son éloignement géographique et de son orthodoxie de pensée ?

Nombre de scènes sont tournées dans la cuisine et la salle de bain, qu'elles concernent les tâches ancillaires ou les discussions entre femmes ou avec toute la famille réunie. Il ressort de ces différentes séquences que les femmes sont enfermées dans une vie au service des autres. Pour Fatma et Ayse, faisant office de seconde épouse et de seconde mère, il n'est pas question d'épanouissement, mais d'un ensemble ininterrompu de tâches

---

[10] S. DE TAPIA, « Turquie », dans G. SIMON (éd.), *Dictionnaire des migrations internationales. Approche géohistorique*, Paris, Armand Colin, 2015, p. 320.

[11] F. AK AKYOL et N. ÖKTEN GÜLSOY, « Des mères aux filles : “des amours arrangées” ? », *Ethnologie française*, 2014/2, p. 293.

domestiques accomplies au service de cette petite communauté familiale : préparation des repas, tenue de l'appartement, courses… Pas de distractions, si ce n'est les réunions familiales réunissant plusieurs générations, familles, amis et voisins. Celles-ci se tiennent cependant dans un univers féminin, la cuisine devenue pièce de vie, dans laquelle les hommes viennent les saluer et quémander boissons et nourritures si celles-ci viennent à manquer dans le salon, qui leur est réservé. Cette répartition géographique des pièces de la maison renforce l'enfermement géographique et l'aliénation qui sont les leurs.

À cette claustration physique s'ajoute l'enfermement psychologique auquel les soumet Fatma, dans son souci de perpétuer au-delà des frontières de la Turquie les traditions de sa jeunesse, comme un îlot turc en terre étrangère. Ce sont les multiples remontrances adressées à ses filles sur le foulard bien placé et leur réputation dans le voisinage, mais également le refus du divorce pour sa fille aînée, arborant pourtant les stigmates des coups reçus de son époux : « Toute cette organisation affectueuse et vigilante est aussi pour chacun une prison. Le cadre du miroir, qui revient plusieurs fois comme celui de la fenêtre (on n'en voit aucune s'ouvrir) en sont des signes. *Une seconde femme* dresse le portrait d'une société fermée au sein de la société autrichienne où l'ancienne génération, pour tenir, maintient la cohésion d'un groupe, “gardant” la face[12]. »

Et le comble est atteint quand la relation extraconjugale d'Ayse avec Osman est découverte. Oubliant qu'elles vivent dans un pays européen, sa belle-mère Fatma et sa belle-sœur Kezban ne raisonnent qu'en termes de vengeance. Elles en viennent à réclamer le crime d'honneur, pourtant prohibé en Autriche et en Turquie, afin de réparer l'atteinte portée au *namus*, l'honneur familial[13]. Tout comme dans *Mustang* où la grand-mère acceptait, sous l'effet d'une domination masculine toujours présente, d'enfermer ses petites-filles dont l'honneur aurait été sali, Fatma et Kezban veulent punir Ayse pour avoir enfreint les règles culturelles dont elles sont les gardiennes en terre autrichienne.

Ainsi que le note Etienne O'Neill, « Les séquences d'intérieurs soulignent la mentalité de ce microcosme qui ne voit presque pas d'indigènes (les hommes sont exclus du drame). Après l'ouverture rapide et colorée, les plans serrés, les écrans noirs entre les épisodes contribuent à l'ambiance d'étouffement familial. Le coup de théâtre, qui fausse la donne du conflit culturel et générationnel, trahit (par inadvertance ?) la vérité sous-jacente d'un matriarcat féroce. Qui agit pour le bien[14]. » En illustrant la rencontre de deux cultures et de deux systèmes juridiques, *Kuma* développe

12 M. Humbert, « Une seconde femme (Kuma) », *Etudes*, 2012/6, p. 827.

13 İ. Merçil, « Les violences contre les femmes en Turquie : entre modernisation et traditionnalisme », *Confluences Méditerranée*, 2015/1 (92), p. 193-206.

14 *Positif* (617), juillet-août 2012, p. 144.

malgré tout l'idée d'une émancipation qui passe par les femmes et aboutit à la reconnaissance de droits pour les êtres.

II- … A la reconnaissance de droits pour les êtres

En s'intéressant aux personnages féminins, le réalisateur met en lumière deux cultures et, partant, deux systèmes juridiques, car si la mère souhaite transmettre son héritage maternel, ses filles élevées en Autriche sont soumises à d'autres influences, tandis que les jeunes femmes en Turquie, comme la jeune mariée, sont dans un environnement moins urbain, plus traditionnel, où elles sont soumises à l'autorité des familles (père, mère, anciens…). De ces télescopages culturels naissent des conflits entre femmes, mais aussi des évolutions.

A- La recherche d'un statut

À la faveur d'un événement inattendu – la mort subite du père/grand-père Mustafa, alors même que le décès de sa femme Fatma était redouté en raison de sa maladie – une ouverture vers l'extérieur s'opère. Alors même que cette microsociété était régentée d'une main de fer dans un gant de velours par Fatma, le modèle matriarcal va s'effriter et permettre à deux exclus d'accéder à un statut au sein de la famille.

C'est tout d'abord Ayse qui va tirer profit de la disparition de Mustafa. Alors que le fils aîné, la mère et ses filles se trouvent réunis sous un arbre après l'inhumation, elle se trouve être l'enjeu d'une discussion entre le fils aîné Baran, désireux de la renvoyer dans son village, car il l'assimile à la seconde épouse de son père, et Fatma qui souhaite qu'elle reste à Vienne. Pour la première fois, Ayse exprime son point de vue : elle souhaite rester en Autriche, considérant, sans l'énoncer, qu'en tant qu'épouse d'Hasan, elle n'est pas veuve. Désormais libérée de son statut de seconde femme, mais forte de son statut de jeune mère, elle n'apparaît plus comme une femme passive, et se propose même d'être source de revenus, tout comme un homme, afin de subvenir aux besoins de sa nouvelle famille. Cette première transgression, sous un angle économique, en préfigure d'autres.

En effet, elle va chercher à revendiquer son statut juridique en tentant d'attirer l'attention d'Hasan et, ainsi, espérer nouer une relation maritale avec lui. Ses espoirs étant déçus, elle va céder aux avances de son collègue de travail, Osman, car elle se sent protégée par son statut d'épouse. Comme l'analyse Jacques Mandelbaum : « La mort inopinée de Mustafa, (…) fait sortir Ayse de sa condition ectoplasmique. Libérée de son devoir matrimonial, la jeune femme s'ouvre peu à peu au désir, à l'autodétermination. Elle rompt ce faisant le pacte de la soumission et de l enfermement clanique qui en résulte. Cette émancipation, vécue par Fatma comme une trahison, occasionne un terrifiant déchaînement de violence[15]. »

C'est ensuite Hasan qui va pouvoir mettre des mots sur les maux qui sont les siens. En effet pour le réalisateur : « (...) la société turque attache beaucoup d'importance aux apparences extérieures. Le standing social de la famille est primordial. Comment la famille est-elle perçue par la société ? Tous ces questionnements vous mettent toujours sous pression (...), parce que vous ne pouvez pas être plus fort que ce que vous êtes réellement. Ce carcan social ne vous rend pas la vie très facile. Vous ne pouvez pas vous ouvrir aux autres de peur que tout ce que vous dites soit interprété comme une faiblesse, cela vous rend encore plus seul et isolé[16]. »

Ici la salle de bain, lieu du dévoilement des corps par excellence, devient le lieu de dévoilement des âmes, car les confidences s'y livrent, la parole s'y libère et la confiance entre les êtres s'instaure. Dans ce lieu clos, se met en place une égalité entre deux parias : l'homosexuel et la fausse épouse. Vivant au domicile parental et comme tel soumis à ses parents, Hasan s'est plié au mariage arrangé par sa mère à la fois pour exécuter un *desiderata* maternel et pour échapper aux interrogations sans fin sur un jeune homme toujours célibataire, l'homosexualité étant encore difficilement acceptée dans les familles turques. S'étant pour la première fois confié, une relation d'amitié va se nouer entre les deux supposés époux, qui va lui permettre à ce titre d'assumer sa différence et ainsi de devenir l'homme de la maison, en s'opposant à sa mère et sa sœur aînée, au sein de ce presque gynécée.

« Lui-même autrichien d'origine turque, Umut Dag déploie son récit dans un style très différent de celui que l'on associe habituellement au cinéma autrichien. Loin de la froideur formaliste d'Haneke ou de Seidl, la mise en scène de Dag est souple, subtile, en empathie avec tous ses personnages[17]. » Ayse et Hasan assumant leur statut, ils vont entraîner dans leur sillage les autres membres de la famille à accepter leurs différences.

B- L'acceptation des différences

Si la cuisine est le lieu des femmes par excellence, de leurs talents culinaires, de leur rôle de mère avec les jeunes enfants, il est aussi celui des paroles échangées, des confidences, mais aussi des discussions enflammées.

Nombre de scènes nous montrent Fatma et Ayse réunies, une fois les maris et enfants partis rejoindre leur travail ou l'école. Cette relation débute après la cérémonie de mariage où Ayse, pleurant lors des adieux à sa famille,

---

1 « "Une seconde femme" : histoire de famille en eaux troubles » http://www.lemonde.fr/cinema/article/2012/06/05/une-seconde-femme-histoire-de-famille-en-eaux-troubles_1713050_3476.html#scDKtEmb0WzSXx44.99

1 Dossier de presse de *Kuma*, p. 4.

1 S. KAGANSKI, « Une seconde femme », *Lesinrocks.com*, 5 juin 2012, http://www.lesinrocks.com/cinema/films-a-l-affiche/une-seconde-femme/ »

est épaulée par sa belle-mère : « Tout se passera bien », se poursuit à leur arrivée à Vienne où Fatma présente sa belle-fille aux voisins et au reste de la famille, puis au moment du coucher, après avoir préparé le lit nuptial, la rassure : « N'aie pas peur. Ça fait partie du mariage », « Ne t'inquiète pas. On s'occupera bien de toi. » Le lendemain, ce sont les explications sur l'organisation domestique et une allusion aux draps de la nuit de noces, avant, en fin de journée, de s'enquérir de son état en lui glissant un début d'explication : « Le faux mariage avec Hasan. Sans ça on n'aurait pas pu te faire venir. » Puis, à la faveur d'un léger malaise, Fatma lui livre les raisons de sa venue à Vienne : « S'il y a un problème. Écoute, je te les confie tous. D'accord ? » Sans mot dire, Ayse exprime son approbation en posant sa main sur celle de sa belle-mère.

Dans ces premiers échanges, c'est surtout Fatma qui parle, Ayse étant à la fois silencieuse et dans une attitude de soumission vis-à-vis de cette aînée qu'elle respecte, avec, la plupart du temps, les yeux et la tête baissés.

Cette tendre complicité se poursuit au pied du lit de Fatma, à l'hôpital, où se trouve réunie une partie de la famille. Et alors que la fille aînée cherche à rassurer sa mère sur la bonne organisation domestique, Fatma lui répond : « Ce n'est pas la peine. Ayse s'occupe des enfants », tout en tendant une main à sa belle-fille. Cette relation de confiance réciproque se poursuit une fois Fatma de retour à la maison, où le dévouement d'Ayse lui permet de reprendre pied.

Un renversement de situation intervient toutefois après le décès de Mustafa. Si le veuvage est difficile à vivre pour Fatma, Ayse, au contraire, s'épanouit à la fois dans son travail rémunéré à l'extérieur du domicile et dans son désir de vivre une vie de femme. La relation s'inverse, Fatma recherchant soutien et affection auprès de sa belle-fille et celle-ci, s'étant occidentalisée, raisonnant en termes d'argent gagné et d'investissement possible dans une nouvelle chaudière, alors même que l'ancienne n'est pas encore défectueuse... Peu à peu, une distance s'installe entre les deux femmes, qui relève désormais de deux modes de vie.

Parallèlement, Kezban, la fille aînée mariée, et Nurcan, la cadette, voient Ayse comme une intruse et n'hésitent pas à être désagréables avec elle, utilisant la barrière de la langue pour l'exclure de leurs conversations, et recourant à plusieurs reprises à des commentaires désobligeants. Cela se manifeste dès le lendemain de son arrivée à Vienne, où la cadette la qualifie d'« invitée ou mère de substitution ? », ou lorsque Ayse chantonne dans la cuisine, elle la réprimande : « Arrête de chanter, tu n'es plus dans ton village. » Et quand Ayse essaie de s'expliquer avec elle, celle-ci lui répond qu'un monde les séparant, Ayse ne peut donc la comprendre.

Quant à Kezban, sentant son statut de fille aînée remis en cause, elle va à plusieurs reprises s'en ouvrir, en vain, à sa mère. C'est le cas lors d'une sortie à l'aire de jeux des enfants, où elle ne comprend pas pourquoi Ayse est venue en Autriche pour aider sa mère, mais ne prépare plus les repas, la qualifiant de « parfaite étrangère », tout en se plaignant de son propre sort : « Je n'ai jamais été assez bien pour toi », « tu vis que pour cette fille, cette hors-la-loi. Tu la préfères à nous. Tu pourrais le regretter ! »

Il faut attendre la grossesse d'Ayse pour que cette dernière trouve à s'imposer dans la famille, en particulier vis-à-vis de Nurcan, qu'elle va traiter « d'égoïste et d'enfant mal élevée… et de bouseuse ! ».

Pourtant, lors du déchaînement de violence de Fatma, les deux sœurs viendront au secours de leur belle-sœur, en séparant leur mère de l'objet de son courroux, en appelant à la rescousse leur frère Hasan et en prodiguant des soins à Ayse.

Le changement interviendra avec la mort symbolique de la mère, tandis que ses enfants sont réunis autour de la table, en l'absence du grand-père Mustafa décédé et de la grand-mère Fatma, reléguée dans une chambre. Son éloignement géographique coïncide avec la fin du matriarcat laissant, qui laisse place à une égalité entre les hommes et les femmes dans laquelle la parole peut se libérer. Chacun y gagne une identité, Hasan devient l'homme de la maison, la fille aînée, épouse battue, pourra se défendre, Ayse reste dans sa nouvelle famille et Fatma, malade, doit se comporter comme une grand-mère et ne plus régir l'ensemble de la petite communauté.

La famille élargie se reconstitue et va vivre ensemble dans une harmonie retrouvée, passer d'une communauté refermée sur elle-même, suivant la critique souvent faite à la communauté turque, à une ouverture vers l'extérieur, en vue d'une possible intégration à la société autrichienne : « Le film s'achève en mode ouvert sur l'ombre de Fatma derrière la porte en verre dépoli : jolie métaphore d'un futur possible où les préventions s'évanouiront, les portes s'ouvriront et où l'on se parlera – enfin[18]. »

Si *Kuma* est l'histoire d'une émancipation d'une jeune femme arrivée de Turquie découvrant qui découvre la vie à l'occidentale et s'y intègre peu à peu, il peut également être vu comme une métaphore de la Turquie, arrimée à la modernité européenne, qu'elle soit matérielle ou juridique par le truchement du Conseil de l'Europe et de ses corollaires que sont la Convention européenne des droits de l'homme et la Cour, tout en étant toujours en quête d'adhésion à l'Union Européenne, depuis l'ouverture des pourparlers officiels le 3 octobre 2005.

Magalie FLORÈS-LONJOU
Maître de conférences HDR en droit public
Université de La Rochelle
Le blog Droit et cinéma : http://lesmistons.typepad.com/

[18] http://www.critique-film.fr/une-seconde-femme/

De l'homme total à l'homme éclaté

Dans la *Condition de l'homme moderne*[1], Hannah Arendt commence par poser les termes de sa réflexion - la différence entre le public et le privé[2] - et note plus loin l'importance du moi chez Descartes[3]. Cette double notation campe le décor dans lequel nous allons réfléchir : il existe une scène et des coulisses entre lesquelles l'homme évolue.

Mais de quel homme s'agit-il ? Dans quel espace juridique ? La culture historique française nous a familiarisés avec un individu qui, tel Janus, possède une double qualité : celle d'homme et celle de citoyen, que l'on retrouve dans les textes révolutionnaires[4]. Nous préférons parler d'une *persona* quand il s'agit de l'individu dans l'espace public, d'une *personula* quand il s'agit de l'individu dans l'espace privé[5] et d'un *egomet* pour l'individu qui est moins défini par des critères juridiques que par sa sensibilité[6].

---

[1] Titre original : *The Human Condition* (1958) ; trad. Calman-Lévy (1961). Réimpr. Paris, Pocket, 2010, 406 p. (édition ici utilisée).

[2] Ch. II : Le domaine public et le domaine privé (p. 59-121).

[3] « Une tendance persistante de la philosophie moderne depuis Descartes, sa contribution la plus originale peut-être à la philosophie, est le souci exclusif du moi, par opposition à l'âme, à la personne, à l'homme en général, la tentative de réduction totale des expériences, vécues par rapport au monde ou par rapport aux humains, à des expériences qui se passent entre l'homme et son moi », *ibid.*, p. 322.

[4] Rappelons que chaque constitution révolutionnaire est précédée par une Déclaration des droits de l'homme et du citoyen – et, dans le cas de celle de l'an III, d'une Déclaration des droits et des devoirs de l'homme et du citoyen -, et que l'Acte additionnel aux constitutions de l'Empire contient un titre VI qui en est la version napoléonisée, si l'on veut bien nous autoriser ce néologisme.

[5] En suivant encore en cela Hannah Arendt dans son analyse de l'opposition du public et du privé dans l'Antiquité : pour les Anciens, le privé, c'est ce qui est privé « des facultés les plus hautes et les plus humaines… Quand nous parlons du privé, nous ne pensons plus à une privation et cela est dû en partie à l'enrichissement énorme que l'individualisme moderne a apporté au domaine privé… Evénement historique décisif ; on découvrit que le privé au sens moderne, dans sa fonction essentielle qui est d'abriter l'intimité, s'oppose non pas au politique mais au social, auquel il se trouve par conséquent plus étroitement, plus authentiquement lié », *ibid.*, p. 77.

[6] *Persona*, *Personula* et *egomet* sont des thèmes que nous avons traités de manière éparse jusqu'à présent, dans les publications suivantes : « Personne, *persona* et contrat social », actes du XIXe colloque de l'AFHIP, 6 et 7 septembre 2007, Aix-en-Provence, PU, 2008, p. 187-210 ; « Personne et *res publica* en Europe dans les régimes absolus de l'Epoque moderne », in Jacques BOUINEAU (dir.), *Personne et res publica*, Paris, L'Harmattan « collection *Méditerranées* », 2008, vol. II, p. 9-51 ; « L'Islande médiévale et moderne constitue-t-elle une

L'homme total[7] unit dans une même réalité les trois dimensions de l'être (*persona*, *personula* et *egomet*), ce qui entraîne des difficultés de qualification juridique, auxquelles on se heurte de nos jours de manière répétée : comment, en effet, peut-on qualifier et, partant, protéger d'un côté une *persona* et une *personula*[8], et d'un autre côté un *egomet*[9], sachant qu'ils ne sont pas de même nature ?

L'homme éclaté juxtapose public, privé et intime, là où l'homme total les conjugue. L'homme éclaté apparaît à la faveur d'un double mouvement : l'individualisation absolue, née de Descartes et de la construction de l'État absolu, alors que l'homme total procède d'une immersion dans le monde et d'une fusion avec un autre *egomet*. L'homme total exprime l'empathie et le partage, l'homme éclaté l'individualisme et l'affirmation de soi dans la solitude[10]. Dans l'homme éclaté, on peut définir juridiquement ce qui

---

res publica ? », colloque de la Société d'Histoire du Droit et des Institutions des pays de l'Ouest de la France, 16-17 octobre 2008, Université de Versailles-Saint-Quentin, *Historia et Ius* n° 2, 2012 http://www.historiaetius.eu/uploads/5/9/4/8/5948821/bouineau.pdf ; « Devenir et limites des droits de l'Homme », colloque du CERDHAP, 18-23 mars 2012, in Jean-Charles FROMENT et Martial MATHIEU, *Droit et politique. La circulation internationale des modèles en question*, Grenoble, PUG, 2014, p. 381-394 ; « Crise de l'État contemporain, crise de la *res publica* ? », in Ali SEDJARI (dir.), *Gouvernance, risques et crises*, Paris, L'Harmattan, 2013, p. 31-48 ; « Lecture politique de la référence à l'Antiquité sous la Révolution française », *Historia e jus*, n° 3, 2013, http://www.historiaetius.eu/uploads/5/9/4/8/5948821/bouineau_3.pdf ; « Autour de la notion de *res publica* », *Historia e jus*, n° 5, 2014, http://www.historiaetius.eu/uploads/5/9/4/8/5948821/bouineau_5_respublica5.pdf ; « Individu, religion, pouvoir dans l'histoire européenne », in Ali SEDJARI, *Pouvoir et contre pouvoir à l'heure de la démocratie et des droits humains*, Paris, L'Harmattan, 2014, p. 81-106 ; « La solidarité chez Campanella », in Burt KASPARIAN (dir.), *Les espaces de solidarité. La famille, l'État, l'Europe et le monde*, Rennes, PUR, 2015, p. 97-115 ; « De quel homme parlent les droits de l'homme ? », in *Europe-Maroc : la migration africaine et les enjeux des droits de l'Homme*, colloque organisé les 21 et 22 mai 2014 à Rabat par l'Institut méditerranéen des droits de l'Homme et du droit humanitaire, http://historiaetius.yolasite.com/resources/BOUINEAU_8.pdf ; « Famille et *personula* » in *Pensée politique et famille*, XXIVe colloque de l'AFHIP, Dijon, 21 et 22 mai 2015, Aix-en-Provence, PU, 2016, p. 47-67 ; « *Valido* et *Prime Minister* : les exemples d'Olivares et de Walpole », in Manuel TORRES AGUILAR et Miguel PINO ABAD (dir.), *Burocracia, poder político y justicia. Libro-homenaje de amigos del profesor José María García Marín*, Cordoba, Dykinson, 2015, p. 179-198 ; « Les ambiguïtés de l'art officiel au XVIE siècle : l'exemple de la *Sainte Anne* de Léonard de Vinci » (en collaboration avec Loïc Charpentier), in J. BOUINEAU (dir.), *Antiquité, art et politique*, Paris, L'Harmattan, 2016, p. 179-209.

[7] C'est dans le dernier article cité, écrit en collaboration avec Loïc Charpentier, que nous avons avancé cette théorie.

[8] Que le terme de « citoyen » contenu dans les déclarations révolutionnaires peut assez bien rendre.

[9] Pour lequel le terme « homme » des déclarations révolutionnaires peut constituer une clef d'entrée.

[10] On pourrait nous objecter, en s'appuyant ou non sur Hannah Arendt – « L'amour, en raison de sa passion, détruit l'entre-deux qui nous rapproche et nous sépare d'autrui. Tant que dure son enchantement, le seul entre-deux qui puisse s'insérer entre deux amants est l'enfant,

constitue une *persona*, une *personula* et un homme intime, et c'est ce à quoi concourent les droits humains contemporains, que, depuis Hansa Mehta, on suggère en alternative de l'expression « droits de l'homme » ; par eux, il s'agit d'abord d'assurer aux femmes une part égale à celle des hommes, et ensuite de protéger le maximum de caractéristiques d'un individu en fonction de ses préférences et spécificités de tous ordres. Mais à nos yeux, il ne peut s'agir là que d'un être intime, non pas d'un *egomet*. L'être intime peut être atteint par le droit, car il peut se décliner en composantes objectives ; l'*egomet*, en revanche, un peu à l'image de ce qu'est la nation pour le corps social[11], est une abstraction, qui ne résulte pas de la somme de ses constituants[12].

Profondément semblables et profondément différents[13], les hommes peuvent choisir de mettre en relief ce qui les distingue ou ce qui les rapproche. Et parce que les différences et les ressemblances sont inséparables les unes des autres, le droit doit préserver en même temps des caractéristiques objectives et une essence profondément spécifique. À notre sens, la difficulté que l'on éprouve aujourd'hui à garantir les êtres dans leur singularité tient au fait que cette singularité est très difficile à cerner. Pour apporter notre pierre au débat, nous proposons de repartir de la philosophie politique, et de continuer à suivre Hannah Arendt. Le cadre d'abord : « ... la *polis* pour les Grecs, comme la *res publica* pour les Romains, était avant tout leur garantie contre la futilité de la vie individuelle, l'espace protégé contre cette futilité et réservé à la relative permanence des mortels, sinon à leur immortalité[14] ». L'espace public doit manifester le rejet de ce que les

---

produit de l'amour », *ibid.*, p. 308 –, que la définition que nous donnons de l'homme total n'est rien d'autre que celle de l'homme amoureux. En fait, Hannah Arendt raisonne dans un contexte qu'elle restreint elle-même en introduisant la notion d'enfant, qu'elle présente comme un « produit de l'amour », dans la mesure où bien des amours ne créent pas d'enfants.

[11] Ou l'ipséité constitutionnelle, pour reprendre l'analyse d'Alexandre VIALA, « Le concept d'identité constitutionnelle : approche théorique », in Laurence BURGORGUE-LARSEN (dir.), *L'identité constitutionnelle saisie par les juges en Europe*, Paris, Pedone, 2011, p. 8 et 15 : « L'identité d'un ordre juridique s'affirme ainsi par son inscription dans la durée et ce malgré les changements des éléments normatifs qui le constituent, qu'ils soient constitutionnels, législatifs, réglementaires ou de nature jurisprudentielle. Ses attributs changent mais lui-même demeure. »

[12] « Dès que nous voulons dire *qui* est quelqu'un notre vocabulaire même nous entraîne à dire *ce* qu'il est… toutes les définitions étant des déterminations ou interprétations de *ce qu'*est l'homme, de qualités par conséquent qu'il pourrait partager avec d'autres êtres vivants, alors que sa différence spécifique se découvrirait en déterminant quelle sorte de "qui" il est », Hannah ARENDT, *ibid.*, p. 238.

[13] « Si les hommes n'étaient pas égaux, ils ne pourraient se comprendre les uns les autres, ni comprendre ceux qui les ont précédés ni préparer l'avenir et prévoir les besoins de ceux qui viendront après eux. Si les hommes n'étaient pas distincts, chaque être humain se distinguant de tout autre être présent, passé ou futur, ils n'auraient besoin ni de la parole ni de l'action pour se faire comprendre », *op. cit.*, p. 321-232.

[14] *Ibid.*, p. 96.

Anciens avaient tant en exécration : l'*hybris*. Est-ce à dire que l'*egomet* est le lieu des instincts, un peu à l'image du « ça » freudien ?

« L'un des caractères du privé, avant la découverte de l'intime, était que l'homme n'existait pas dans cette sphère en tant qu'être vraiment humain, mais en tant que spécimen de l'espèce animale appelée genre humain. C'est pour cela précisément que l'Antiquité le méprisait[15]. » Ce qui n'était pas public était, pour les Anciens, régi par les mêmes règles que ce qui était public (le contrôle de soi par la raison), mais avec un risque de dérive plus grand dans le cas du privé que dans le cas du public. L'*egomet* n'est pas plus pour nous cet individu privé envisagé par l'Antiquité que le « ça » conçu par Freud. Il s'agit bien plutôt d'un niveau de conscience dans lequel l'être n'est soumis ni à sa raison, ni à ses instincts, mais simplement à une perception intuitive du monde et de lui-même, une perception par empathie, pour laquelle nous avons déjà utilisé la comparaison avec le système respiratoire de la grenouille, lequel se fait parfois par la peau, en osmose avec le milieu, ce qui écarte *de facto* l'*hybris*.

Pour synthétiser, disons que l'homme public est celui qui se définit grâce à des étiquettes officielles (« Docteur », « M. le Professeur », « Mme. la Présidente »...). L'homme privé se définit selon le même processus, mais au niveau du cercle de famille ou d'amis (« papa », « nos amis les Untels », « tati Ursule »...) : l'être y est envisagé dans une dimension qui lui intime l'ordre de jouer un rôle. L'art. 4 de la Déclaration des devoirs de 1795[16] synthétise admirablement la complémentarité entre la *persona* et la *personula* et l'énoncé de leur commune nature juridique. Si l'on veut bien nous suivre, on voit que la *personula* englobe à la fois ce que l'on qualifie souvent de privé et d'intime[17].

En revanche, l'*egomet* est constitué par cet être qui ne nomme pas celui ou celle qui est à côté de lui-même, mais qui est avec lui ou avec elle en état d'harmonie sensible, en osmose. L'*egomet* trouve à ses côtés un autre, lequel est là parce que c'est évident et que lui-même ne pourrait exister sans cette présence, tandis que cet autre n'est bien sûr ni un reflet, ni une image, ni une création (ce n'est pas Pinocchio), mais un écho de soi-même dans la courbure de l'espace-temps. La différence de nature entre l'*egomet* et la *persona*/*personula* est double : d'une part le système de perception et

---

15 *Ibid.*, p. 85. Ou, pour le dire avec Hegel : « Parce qu'il n'est *effectif* et *substantiel* que comme citoyen, l'individu singulier, tel qu'il n'est pas citoyen, et appartient à la famille, n'est que l'ombre *ineffective* et dépulpée », *Phénoménologie de l'Esprit*, Paris, Flammarion, 2008 (rééd.), p. 377.

16 « Nul n'est bon citoyen, s'il n'est bon fils, bon père, bon frère, bon ami, bon époux. »

17 On se souviendra ici encore de Hegel, quand il écrit : « En premier lieu, étant donné que la dimension éthique est l'universel en soi, la relation éthique des membres de la famille n'est pas la relation du sentiment ou le rapport de l'amour. La dimension éthique semble alors devoir être posée dans le rapport du membre *singulier* de la famille à la famille *toute entière* en tant qu'elle est la substance ; rapport tel que l'activité et l'effectivité du membre singulier n'ont qu'elle comme finalité et comme contenu », *op. cit.*, p. 375.

d'identification n'est pas le même dans les deux cas, d'autre part l'*egomet* ne prend véritablement sens et conscience de lui-même que par la présence d'autrui.

L'homme éclaté se meut au niveau de la *persona*, de la *personula*, voire de l'homme intime ; l'homme total ne peut exister qu'entre deux *egomet*.

Dès lors, comment atteindre l'homme total ? Il nous semble qu'on peut y parvenir de deux manières : soit en superposant les niveaux de conscience, c'est-à-dire en faisant correspondre une personne à chaque niveau, comme Montaigne l'a fait – *persona* en étant maire de Bordeaux et parlementaire, *personula* avec son épouse, *egomet* avec La Boétie[18] –, ou Henri II – *persona* : roi, *personula* : époux et père, *egomet* : amant[19] – ; soit en trouvant dans une personne la totalité de son être, son double peut-être ou la deuxième moitié de boule dont parlait Platon (comme Michel-Ange avec Tommaso Cavalieri, modèle du Christ triomphant de la fresque du *Jugement dernier* à la Sixtine). Mais l'exemple de Michel-Ange mériterait d'être approfondi, parce que sa liaison avec Tommaso indigne tellement les commentateurs qu'on l'a occultée – alors que Giorgio Vasari dans ses *Vitae*[20] est sans ambiguïté et que les poèmes que Michel-Ange lui a écrits (et auxquels Tommaso a répondu) confirment le fait s'il en était besoin –, cette liaison, donc, indigne tellement qu'il n'est pas simple de chercher à en comprendre la nature de l'intérieur[21]. L'exemple de Léonard de Vinci et de Salai semble plus aisé à comprendre : Léonard de Vinci a rencontré Salai, qui est partout dans sa peinture et dans sa vie, sans que l'on soit encore capable aujourd'hui de savoir quelle part Salai a prise dans la peinture de Vinci. Ils[22] sont devenus homme total chacun par leur rencontre réciproque.

C'est pourquoi, bien que nous soyons parti de la lecture d'Hannah Arendt nous sommes en désaccord avec elle quant au fond, pour qui l'homme privé est identique à l'homme intime – ce qui est au demeurant l'opinion commune. Nous dirons que l'homme privé est certes identique à l'homme intime, ou en d'autres termes que la *personula* est de même nature que la *personula intima*[23], même si elle ne renvoie pas exactement à la même réalité, mais que l'*egomet* est d'une essence différente. Le niveau de rupture entre l'homme privé et l'*egomet* se comprend à la lecture de la formule de

---

[18] Officier loyal, époux attentif, amant transfiguré par La Boétie, Montaigne a été un homme total par juxtaposition temporelle.

[19] Excellent roi, époux zélé, amoureux transfiguré par Diane, Henri II a été tout cela en même temps, mais il lui a fallu trois fonctions pour devenir un homme total par juxtaposition spatiale.

[20] Giorgio VASARI, *Les Vies des meilleurs peintres, sculpteurs et architectes*, Arles, Actes Sud, 2004 (trad. et éd. commentée sous la direction d'André Chastel), vol. II, p. 169-340.

[21] C'est ce que nous tentons dans l'article précité sur la *Sainte Anne*.

[22] Nous espérons l'avoir démontré dans notre travail sur la *Sainte Anne* pour ce qui concerne Léonard, mais ne connaissant pas de livre sur Salai nous ne pouvons de ce côté-là qu'émettre des conjectures.

[23] Notion conçue par Loïc Charpentier, in « Les ambiguïtés...», *op. cit.*

Montaigne quand il évoque La Boétie : « Parce que c'était lui, parce que c'était moi. »

Mais à notre sens, le Concile de Trente a tout fait basculer et aujourd'hui encore, atteindre l'homme total est bien plus difficile qu'au XVIe siècle, parce que nous avons du mal à cerner l'*egomet*. Par ailleurs, le renforcement de la *res publica*, aux XVIIe et XVIIIe siècles, estompe le triomphe de la sensibilité que la Renaissance avait connu en Europe, et d'où était issu l'*egomet*, ne laissant face à face qu'une *res publica* d'un côté et une *persona*/*personula* de l'autre[24]. Par ailleurs encore, en raison de l'apparition d'un nouveau regard porté sur le corps et d'une nouvelle morale au XVIIIe siècle, il nous faut aujourd'hui nous situer en réaction contre plusieurs siècles d'endoctrinement moral que n'avaient pas connus (ou pas de la même façon) les hommes de la Renaissance. Il nous faut nous libérer de toute une manière de voir lancée par le Concile de Trente, reprise par la Révolution et scellée par le XIXe siècle. Nous sommes à l'heure de l'homme éclaté, alors qu'à la Renaissance pouvait s'exprimer l'homme total.

L'homme public fonctionne sur le mode des conventions sociales en utilisant le langage des convenances. Il joue un rôle en tant que *persona* dans un espace public de type *res publica*. L'homme privé fonctionne sur le mode des habitudes familiales, en utilisant le langage commun d'un cercle restreint. Il joue un rôle convenu dans un espace familial.

Dans ces deux cas, il se dégage un sentiment de sécurité, de certitude : chacun sait jusqu'où il peut aller et quels sont les risques encourus en cas de dépassement. L'échange se fait sur des bases claires : il passe par le langage, les rites totémiques (le 14 juillet ou la réunion de famille), la domestication du corps (relations physiques autorisées, obligatoires ou interdites selon les protagonistes), etc. Il a pour objectif de faire en sorte que les individus puissent vivre entre eux dans une dimension que le droit vient sanctionner. L'individu n'y est accepté que dans la mesure où il n'outrepasse pas les normes du milieu et du moment. Les éventuelles contradictions entre les souhaits individuels et l'environnement ne sont recevables que tant qu'elles ne perturbent pas l'équilibre du groupe (qui commence au couple et se termine à l'humanité) : ainsi, selon les temps et selon les lieux, interdira-t-on soit partiellement, soit totalement, de parler de sa santé, de ses rêves, de ses peurs... L'ensemble de ces règles est régi par l'intellect et les « étreintes raisonnables » du Code civil. La plupart des vivants n'entrevoient même pas qu'il puisse y avoir autre chose.

L'*egomet* fonctionne sur le mode de l'empathie, de l'osmose, en utilisant le langage de la sensibilité. Il ne joue aucun rôle : il apprivoise l'autre, comme il est apprivoisé par lui.

---

[24] Nous nous situons uniquement, ici, dans les aires méridionales de l'Europe. La réflexion touchant aux aires septentrionales suppose d'introduire les notions de *commonwealth* et de *fellow*, que nous évoquerons ci-dessous.

Dans ce dernier cas, il se dégage un sentiment de solitude et de fusion : l'échange est éminemment précaire et fragile, car il ne tient qu'autant que la communication ne s'interrompt pas. Nulle base préfabriquée : tout est à construire en permanence et se décline au rythme des évolutions des deux parties en présence. L'échange a pour ambition de permettre aux deux êtres qui le vivent de comprendre qu'ils font partie d'un tout qui les dépasse et qui, seul, les fait être : leur union. Nulle étiquette ne peut y avoir cours et la magie s'évanouit dès lors que l'un des deux abandonne sa liberté et la liberté de l'autre au profit de la recherche d'une sécurité. La perception du monde devient un phénomène extérieur et commun aux deux qui l'effectuent en général au même rythme, car l'égalité est évidemment aussi inhérente à la réalisation de l'équilibre que la liberté. L'ensemble de ces sensations est régi par l'affect, ce qui est très loin de se limiter à la *copulatio carnalis* du droit civil.

L'expression de l'*egomet* permet seule de faire apparaître l'homme total. Il est cependant évident que dans le même temps, ni la *persona* ni la *personula* ne peuvent disparaître : il faut des cadres aux hommes, un espace pour flatter leur désir de puissance et des conventions sociales pour socialiser la reproduction de l'espèce et sa survie. En revanche, l'*egomet* agit en retour sur les deux autres composantes. D'abord parce que celui qui chemine à côté d'un *egomet* prend une part de celui qu'il accompagne tout en lui permettant d'exister et de se manifester. C'est pourquoi nous avons retenu l'expression d'« homme total » pour désigner cette union particulière, même si elle avait déjà été utilisée auparavant dans d'autres sens.

Comme disait Musset, « nous sommes nés trop tard dans un monde trop vieux » et tout a évidemment déjà été plus ou moins pensé[25]. Le premier à avoir utilisé l'expression d'homme total est Maine de Biran, quand il dit que l'homme perçoit par les sens et par l'esprit tout à la fois, et que celui qui perçoit convenablement par les deux moyens est un homme total. Sur cette base-là, Emile Durkheim a forgé le concept d'*homo duplex* : l'homme est à la fois un être individuel et un être social (homme privé/homme public, donc). De là, Marcel Mauss, son élève, a conclu que l'homme était en fait triple, façonné par la psychologie, la biologie et la sociologie. Hannah Arendt a repris Durkheim, en ajoutant que si, chez les Grecs, l'homme privé était un homme privé de sa dimension politique (seule noble aux yeux des Grecs), en ce qui la concernait, elle croyait que l'homme privé était un homme intime ; à notre avis, il y a là une approche typiquement anglo-saxonne. Quant à nous, dans notre thèse[26], nous avons mis l'accent sur la

---

[25] Cf. Bruno KARSENTI, *L'homme total. Sociologie, anthropologie et philosophie chez Marcel Mauss*, Paris, PUF "Quadrige", 2011 (réédition), XIV + 456 p.

[26] *1789-1799 : Les Toges du Pouvoir ou la Révolution de Droit Antique*, Toulouse, Association des Publications de l'Université de Toulouse-le-Mirail et éditions Eché, 1986, XLVII + 556 p.

triple dimension de l'homme – public, privé, intime –, mais nous n'avons pas alors parlé d'homme total.

Michel Foucault a parfaitement raison de parler « d'isomorphisme entre relation sexuelle et rapport social[27] » pour la période moderne. Nous croyons en effet que depuis le Concile de Trente, et a fortiori depuis le XVIIe siècle, nous sommes entrés dans l'ère de l'homme éclaté. C'est pourquoi nous proposons de voir d'abord l'espace en expansion (I), qui nous conduira de la Renaissance à l'absolutisme[28], avant d'envisager les espaces en rétention, qui nous mèneront du XVIIe au XXIe siècle (II).

Il n'y a pas seulement une différence de degré (l'*egomet* étant plus « vrai », par exemple, que les deux autres), mais une différence de nature entre les trois stades de l'être : la *persona* et la *personula* jouent leur partition sur la scène qu'ils ont choisie ; l'*egomet* se fond pour renaître à lui-même dans le regard de celui qui l'accompagne.

Dès lors, il va de soi que la *persona* et la *personula* ne peuvent qu'être modifiées par l'existence de l'*egomet*. Parallèlement, la difficulté à laisser advenir son *egomet* modifie le cadre philosophique et juridique de la société dans laquelle nous vivons. En tant que juriste, sensible aux mécanismes protecteurs de l'individu, nous proposons donc d'apporter notre contribution à la réflexion contemporaine, pour faire en sorte que la protection des droits humains ne débouche pas nécessairement sur le communautarisme.

I- Espace en expansion

La fin du Moyen Âge voit apparaître un courant révolutionnaire dans la conscience occidentale : la *devotio moderna*. Née de la peur que les malheurs des temps font peser sur l'Occident, elle place pour la première fois l'homme face à lui-même à l'heure où l'angoisse et les impérities structurelles rendent les constructions institutionnelles obsolètes. Alors, lumineux comme un rédempteur, l'*egomet* se manifeste dans le théâtre du monde ; il fait advenir l'intime[29]. Au début de l'époque moderne, la Réforme, née de la raison, autorise une approche privée de Dieu, dans le temps où la découverte de l'Amérique pousse à repenser l'espace public ; l'homme privé coudoie à parité l'homme public, car leurs causes sont communes.

---

[27] Michel FOUCAULT, *Histoire de la sexualité II. L'usage des plaisirs*, Paris, Gallimard, 1984 (réimpr. 2012), p. 279 ; il entend par là que la possession d'un corps traduit un rapport de domination.

[28] Afin de ne pas accroître démesurément la taille de cette contribution, et pour demeurer dans la thématique de cette rencontre, nous nous limiterons, sauf exception, à l'espace français, plus que d'autres influencé par la culture antique.

[29] Pour une présentation tout en nuances, se reporter à Jean-Claude MARGOLIN, *Erasme et la* Devotio moderna, Bruxelles, Musée de la maison d'Erasme, impr. 2007, 193 p.

L'*egomet* précède la *persona* et la *personula*. Les deux derniers cheminent en parallèle à mesure que se bâtit l'absolutisme, et rejettent l'*egomet*. Au XVIe siècle, tout semble possible : l'homme total peut éclore, parce que l'individu s'exprime pleinement (A) et qu'il peut triompher de la norme elle-même (B). La conception idéale des humanistes à propos de l'amitié n'est jamais loin ; elle provient du 9e livre de l'*Ethique à Nicomaque* d'Aristote[30], dans laquelle l'ami est un autre soi-même.

De Marsile Ficin au Concile de Trente coexistent donc deux tendances opposées : l'une intime, l'autre privée, et durant le temps de cette coexistence, mais à notre avis sur d'autres bases que celles avancées par Freud[31], s'étend l'âge d'or de l'homme total.

A- Homme total et individu

Avec Salai, Vinci réalise une synthèse nouvelle : celle d'une âme en deux corps. L'idée, qui vient de Diogène Laërce[32], n'est certes pas neuve. Elle prend seulement forme pour presque trente ans[33].

Cette rencontre, cette osmose entre eux[34], se retrouve à tous les niveaux et le dessin ithyphallique[35] – connu sous le nom d'*Ange incarné*[36] – réalisé par Léonard est là pour en témoigner[37]. Cette union a été relevée par presque tous les auteurs et a donné lieu aux interprétations les plus diverses, mais

---

[30] S'y ajoute la lamentation de Cicéron sur la mort d'Atticus dans le *Laelius De amicitia* – B. WELLER, « The Rhetoric of Friendship in Montaigne's *Essais* », *New Literary History* (The University of Virginia), 9 (1978), p. 503.

[31] « À une époque qui vit s'opposer une sensualité débridée et un sombre ascétisme, Léonard donna l'exemple d'un froid refus de la sexualité, qu'on n'attendrait pas d'un artiste et d'un peintre de la beauté féminine », Sigmund FREUD, *Un souvenir d'enfance de Léonard de Vinci*, Paris, Gallimard, 1997 (rééd. trad.), p. 66 ; plus loin, il répète l'idée en ces termes : « Qu'après avoir, dans son enfance, mis en œuvre son avidité de savoir au service d'intérêts sexuels, il ait réussi ensuite à sublimer en poussée d'investigation la plus grande part de sa libido, tel serait le noyau et le secret de son être », *ibid.*, p. 85.

[32] B. WELLER, *op. cit.*, p. 515, la reprend en parlant de Montaigne et de La Boétie : « It is not only that la Boétie's consciousness lives on his friend, but Montaigne in contemplating the dead of la Boétie rechearses his own death, as Achilles does in watching Patroklos slaughtered while he wears Achilles' armor. », Idem, p. 516.

[33] L'union entre Léonard de Vinci et Salai dure 28 ans.

[34] Que nous avons développée – pour le rappeler encore – dans notre article écrit en collaboration avec Loïc Charpentier, « Les ambiguïtés… », *op. cit.*.

[35] Qui vient, en complément de bien d'autres indices, nous confirmer que l'homme total est une réalité jubilatoire.

[36] Cette œuvre a gêné plusieurs érudits. Ainsi Emil MÖLLER, « Salai und Leonardo da Vinci », *Jahrbuch der kunsthistorischen Sammlungen in Wien*, N.F., 2, p. 139-161 ou A.E. POPHAM, *The Drawings of Leonardo da Vinci*, New York, Reynal & Hitchcock, 1945, III + 320 p., n'en font pas mention.

[37] Dessin que semble ignorer Freud, qui écrit : « … de Léonard… nous ne possédons que quelques dessins anatomiques relatifs aux organes génitaux internes de la femme, la position du fœtus dans le corps de la mère et autres choses semblables », Sigmund FREUD, *Un souvenir d'enfance…*, *op. cit.*, p. 68.

notamment à des analyses freudiennes de rapport à la mère menées à partir de l'identité de portrait entre *Saint Jean*, *L'Ange incarné* et *L'Ange de l'Annonciation*[38], ou à une raillerie violente de l'« homosexualité » en tant que telle[39].

Giuseppina Fumagalli met l'accent sur le mythe de l'androgyne primitif[40], ce qui autorise à se demander si Salai permettait à Vinci de retrouver l'unicité de la force créatrice : ils pourraient être unis en un seul corps, pour autant qu'ils tournent le dos aux apparences trompeuses (sens de l'*Allégorie des Plaisirs et de la Peine*[41]).

Au-delà des difficultés que plusieurs auteurs ont eues à imaginer une relation qui choquait leur conscience morale, essayons de comprendre, si possible, et si nous y parvenons, en entrant dans l'esprit du siècle, quelle a pu être cette relation. « Sur une page couverte de schémas de machines, il dessine le sexe de l'homme et de la femme pendant le coït : on croirait deux pénis qui s'effleurent, se caressent. Sur une autre, un pénis en coupe est pointé directement vers un derrière masculin maculé d'encre. Sur un troisième, où se trouve le croquis de l'incroyable bicyclette que Léonard aurait inventée, la main maladroite d'un assistant a fait une caricature obscène : un pénis monté sur pattes et nanti d'une queue se présente devant un orifice circulaire au-dessus duquel se lit le nom de l'élève préféré de Léonard, Salai… Chacun de ces "indices" est réfutable en soi ; par leur nombre, en revanche, ils me paraissent assez probants[42]. » Probants sans doute, mais de quoi ? Si on lit ces remarques avec un regard contemporain, on risque bien de ne pas comprendre. Léonard de Vinci et Salai vivent avant l'instauration de l'absolutisme qui, s'il a permis à la *res publica* d'advenir, a aussi mis en place un système de surveillance et de punition contre des hommes dont la liberté devenait une menace pour les structures : « Animalité déchaînée, on ne peut la maîtriser que par le *dressage et*

[38] Cf. par ex. : Darian LEADER, *Ce que l'art nous empêche de voir*, Paris, Payot, 2011 (trad.), 237 p.

[39] René POMMIER, *Freud et Léonard de Vinci. Quand un déjanté décrypte un géant*, Paris, Kimé, 2014, 135 p.

[40] Giuseppina FUMAGALLI, *Eros di Leonardo*, Milano, Officine Grafiche Aldo Garzanti, 1952, p. 85.

[41] Dessin d'Oxford représentant, sur un tronc unique, deux têtes (un vieillard et un adolescent), deux pénis et deux paires d'épaules. Dans ses *Notes*, Léonard écrit ceci : « Ceci est le plaisir avec la peine, et ils sont représentés comme jumeaux parce que l'un n'est jamais séparé de l'autre. Ils sont faits avec leurs dos tournés l'un contre l'autre parce qu'ils sont opposés l'un à l'autre. Ils sont fait sortant d'un même tronc parce qu'ils ont une seule et même base, parce que la base du plaisir c'est le travail avec la peine et que les plaisirs futiles sont la base de la peine » (cité par K.R. EISSLER, *Léonard de Vinci (étude psychanalytique)*, Paris, PUF, 1980, p. 129-130), ce qui reprend la philosophie de l'Antiquité à la fois sur l'usage des plaisirs, pour parodier Foucault, et sur la dimension pédagogique de l'amour. Cela nous autorise à avancer l'idée selon laquelle la relation de Vinci et Salai est bien une relation de type antique, ce qui n'est pas la conclusion de l'auteur de l'ouvrage.

[42] Serge BRAMLY, *Léonard de Vinci. Biographie*, Paris, Lattès, 2012, p. 197.

l'abêtissement. Le thème du fou-animal a été réalisé effectivement au XVIIIe siècle, dans la pédagogie qu'on a parfois tenté d'imposer aux aliénés », écrivait Foucault[43] en regardant deux siècles et demi plus loin.

Nous avons déjà eu l'occasion de présenter Salai[44] : « … il le baptise bientôt Salai – d'origine arabe, le mot (déformation probable d'Allah[45]) désigne en Toscane un esprit malin, une divinité malfaisante, un démon… » La vie que mène Léonard de Vinci est en tout point étrange pour un homme de notre époque, et singulièrement cet épisode durant lequel, à Florence, il fréquente la *casa Martelli*, dans laquelle, avec Rustici, Andrea del Sarto, Aristote de Sangallo et d'autres membres de la « Compagnie du Chaudron », il se livre à plusieurs excentricités, tant artistiques que ludiques[46]. Dès lors, se demander comment « il voit les relations qu'entretient son maître avec ce jeune homme [Melzi] aimable, bien élevé, fortuné – aussi différent de lui que le jour de la nuit. Il ne doit pas s'en accommoder facilement ; il n'a pas dû apprécier non plus de cohabiter à Florence avec Rustici[47] », se demander cela, donc, ne peut évidemment pas se faire avec nos critères, mais avec ceux des Anciens ; et en l'occurrence, puisqu'il s'agit de laisser aller sa joie de vivre, avec un autre regard que le regard théorique qui fait prévaloir la raison sur l'*hybris*, ou le regard contempteur qui assimile la joie de vivre et le plaisir des sens au péché ou à la perversion.

Léonard et Salai passeront encore plusieurs années ensemble avant que Vinci ne parte pour la France. Par ailleurs, que les carnets du maître portent des mentions de tension avec Salai[48] ne doit pas nous abuser : les deux sont italiens, or pour beaucoup d'Italiens, l'équilibre ne résulte pas de la contemplation de la quiétude, mais de la complémentarité dans le déséquilibre.

Pour toutes ces raisons, nous avançons l'idée selon laquelle Léonard de Vinci et Salai ont réalisé, pendant les vingt-huit années qu'ils ont vécues ensemble, un homme total.

B- Homme total et norme

Vinci et Salai sont des artistes, au mode de vie marginal. Si notre hypothèse se vérifie, doit-on en conclure que seules des personnalités hors

43 *Histoire de la folie à l'âge classique*, Paris, [Plon, 1961, éd. *princeps*], 10/18, 1964, p. 94.

44 « Les ambiguïtés…» (en collaboration avec Loïc Charpentier), *op. cit.*

45 « Dans le dictionnaire italien-français de l'abbé d'Alberti de Villeneuve (1772), je trouve pour *Sala* : "Se dit couramment à la place d'Allah – mot turc qui signifie Dieu." Léonard donne peut-être un surnom à son protégé parce que celui-ci porte le même prénom que Saltarelli qui lui a valu un procès : Giacomo, Jacopo… », Serge BRAMLY, *op. cit.*, p. 395-396 – n. 42.

46 *Ibid.*, p. 558-559.

47 *Ibid.*, p. 572.

48 « Salai, je veux faire la paix avec toi, pas la guerre. Plus jamais la guerre, car je capitule », cité par Serge BRAMLY, *ibid.*, p. 360.

norme peuvent atteindre l'homme total, parce que seule la remise en cause radicale des réalités structurelles est à même de permettre l'éclosion de l'*egomet* ? La dernière partie de la proposition est sans doute vraie : l'*egomet* ne saurait être atteint dans le conformisme, lequel ne tire sa logique que de l'alignement d'un esprit sur le comportement usuel. Il nous semble cependant que certains êtres peuvent apparaître à la fois comme *egomet*, parce qu'ils ont laissé advenir leur sensibilité et comme *persona* et *personula*, parce qu'ils n'ont pas choisi un mode de vie entièrement marginal.

Afin de rendre au mieux compte de l'esprit du siècle, nous nous proposons de retenir deux exemples dans lesquels ont été conciliés ces différents niveaux de l'être humain : le premier au plus haut sommet de l'État, dans une conjonction où coexistent *egomet*, *personula*, *persona* et construction de la *res publica* (a), le second au niveau de personnages privés, investis de fonctions publiques et capables de vivre simultanément au rythme de leur *egomet* (b).

a) Elaboration d'une nouvelle res publica

Henri II et Diane de Poitiers concilient *persona* et *egomet* : « Diane de Poitiers fut pour Henri le seul et véritable amour de sa vie, et… c'est à elle qu'il fut infidèle en donnant de nombreux enfants à sa femme légitime Catherine de Médicis. Mais précisément, si Diane voulut bien être aimée d'Henri, elle n'entendait pas être un obstacle à la naissance d'une lignée royale. Il reste que cette fidélité, au niveau royal, est à peu près sans exemple, et qu'elle donne la mesure de la passion d'Henri et de la profonde sagacité de Diane[49]. » Essayons de comprendre autrement la relation unique entre Henri et Diane. Avec Henri, s'ouvre un nouveau rapport entre l'être et le pouvoir : *egomet* du XVIe siècle, Henri rencontre sa moitié de boule[50] avec Diane, avec qui il forme un homme total ; roi consolidant les bases de l'absolutisme, il est peut-être aussi, en même temps, la première *persona* moderne.

La nature de cette relation est évidemment difficile à analyser. A notre avis on voit se mettre en place avec Henri II le véritable absolutisme, celui qui est *absolutus*[51], justement, qui ne doit sa source qu'à lui-même : Catherine est un ventre royal, Diane aime à la fois le roi en tant qu'*egomet* et en tant que *persona*. En effet, on sait que le château d'Anet, construit par Philibert de l'Orme pour elle, et en fait pour eux deux, Diane et Henri, regorge de symboles qui clament leur amour ; tel est le cas notamment des

[49] Adrien THIERRY, *Diane de Poitiers*, Chaintreaux, France-Empire, 2012 (rééd.), p. 50.

[50] Si on veut bien nous autoriser cette familiarité issue de l'image proposée par Platon des boules primordiales, à laquelle il a déjà été fait allusion ci-dessus.

[51] Ce qui signifie « délié ».

initiales entrelacées et traversées par une flèche[52], ou « les chiffres de Diane de Poitiers et d'Henri II, surmontés de têtes d'amours ailés[53] ». *Egomet*, dans la pierre du moins. Mais on sait aussi que Diane était une femme d'affaires, ce qui permettrait de comprendre son dessein politique[54].

Par ailleurs, le château d'Anet apporte deux autres témoignages : au troisième niveau de façade, « au centre, surplombant la plaque de marbre noir gravée de l'épitaphe de Diane de Poitiers à feu son mari Louis de Brézé, un édicule de couronnement est décoré de deux branches de laurier encadrant un cartouche en cuivre aux chiffres de Diane et du roi. En partie sommitale enfin, un autre cartouche, aujourd'hui disparu, était porté par des lévriers dressés sur leurs pattes arrière. Il présentait les armes de Louis de Brézé et sa couronne de comte traversée par le croissant de Diane. Ces derniers éléments dépassaient en hauteur le faîtage du toit, en sorte qu'ils étaient visibles de toutes les parties du château y compris du jardin[55]. » La symbolique familiale, celle qui met en jeu la *personula*[56], se trouve donc impliquée dans le décor figuratif d'Anet.

Ainsi, Diane s'exprime-t-elle aux trois niveaux qui, depuis les Grecs, permettent de penser l'être humain : la cité, la famille et l'individu. Elle le fait bien qu'elle soit une femme, ce qui démontre que cette capacité n'est pas liée au sexe mâle. Et elle le fait au sein d'un individualisme encadré, qui est comme la marque de fabrique du siècle dans lequel elle vit. Mais, par ailleurs, dans la mesure où elle rencontre sa moitié de boule – toujours pour reprendre le mythe platonicien – avec Henri, qui lui aussi vit la même chose grâce à elle, ils forment à eux deux un homme total.

b) Egomet et norme nouvelle

Par la dénonciation qu'il fait de la couardise, La Boétie ouvre la porte à l'*egomet*. Par le rôle politique qu'il joue dans son temps, où la construction de l'absolutisme se fait en alternative au pouvoir pontifical de Trente, Montaigne met en contact deux mondes : celui de l'*egomet* (les *Essais*[57] sont un livre à clef, on le verra ci-dessous, mais aussi un livre destiné à

[52] Daniel LELOUP, *La château d'Anet. L'amour de Diane de Poitiers et d'Henri II*, Paris, Belin-Herscher, 2001, p. 29.

[53] *Ibid.*, p. 33.

[54] « Mais l'historien impartial tend à expliquer les soins quasi maternels de Diane pour Catherine et ses enfants par l'impulsion, non d'un regret de briser la vie sentimentale de la jeune Dauphine – ce serait aller trop loin – mais d'un désir caché de racheter les souffrances qu'elle pouvait causer en se rendant le plus utile possible au couple princier », Adrien THIERRY, *op. cit.*, p. 56.

[55] Daniel LELOUP, *op. loc. cit.*

[56] Cf. notre article, « Famille et *personula* », *op. cit.*

[57] Il y eut, comme on sait, quatre temps dans les modifications du texte : 1580, 1582, 1588, et des corrections ultérieures. Mais ces modifications ne changent pas la nature du texte, ni de ce qui est transparent, ni de ce qui est opaque, cf. Fausta GARAVINI, *Monstres et chimères…*, *op. cit.*, p. 16.

provoquer, ce qui est moins souvent relevé[58]) et celui de la *persona*[59]. On sait que Montaigne voulait faire de son œuvre une sorte de châsse au « *Discours de la Servitude volontaire* (la seule œuvre que Montaigne avait exclue de l'édition des autres textes de La Boétie qu'il avait préparée justement en 1571)[60] ». Le premier livre des *Essais* est ainsi conçu : ch. 1-19 : conduite du gentilhomme pendant les guerres (*persona*) ; ch. 19-38 : partie centrale, avec des couples symétriques par rapport au centre (lequel est constitué par le ch. 28 « De l'amitié » et les sonnets de La Boétie) (*egomet*) ; ch. 39 à la fin : vie privée (*personula*). « Mais l'essentiel de sa production demeure le *Discours*, dont Montaigne voulait faire le noyau de son propre livre (chap. 28), s'inspirant des exemples de la peinture contemporaine : un tableau parfait au centre (le *Discours*), entouré de "grotesques"... de fait, symétriquement par rapport à la pièce centrale se répondent, de part et d'autre, des couples de chapitres dont Butor met les liens en évidence[61]. » Des couples, constitués d'entités imparfaites, qui encadrent la seule construction parfaite : la dualité est imparfaite, mais alliée à l'entité parfaite, elle constitue un élément de l'homme total.

À notre avis, Montaigne écrit par sa sensibilité[62], qui est le mode de perception et de restitution de l'*egomet*, de l'incertitude impressionniste[63] ; contrairement à l'analyse, qui est du domaine de la *persona* ou de la *personula*. Toutefois, il fait prévaloir la raison sur l'*hybris*, d'où la construction équilibrée[64].

---

[58] « Montaigne défie et il renverse les idées admises. Comme il défend les sorcières et les "cannibales", il restaure la cohérence de personnages que tous considéraient comme déconcertants et suspects, et qu'il croit calomniés. Il inverse les défaites en victoires : la vie d'Alcibiade fut la plus noble et la plus pleine ; Julien était le bienfaiteur de son peuple, et il n'a pas été vaincu par le Galiléen. » : Geralde NAKAM, « Sur deux héros des *Essais*, Alcibiade, Julien l'Apostat », *Actes du Congrès de l'Association Guillaume Budé*, Paris, Les Belles Lettres, 1975, p. 669.

[59] Sa *personula* se développera, à notre sens, après le décès de La Boétie.

[60] Fausta GARAVINI, *Itinéraires à Montaigne. Jeux de texte*, Paris, Champion, 1995 (trad.), p. 68.

[61] *Ibid.*, p. 69.

[62] Il veut chercher l'« étranger » qui est en lui, comme le rappelle Fausta GARAVINI, *Monstres et chimères : Montaigne, le texte et le fantasme*, Paris, Champion, 1993 (trad.), p. 9 ; « ... les *Essais* apparaissent comme un grand spectacle avec une multitude de personnages, où se côtoient des guerriers, des bandits, des saints, des empereurs, des philosophes : autant de masques du sujet. Masque ou miroir du sujet... », *ibid.*, p. 250.

[63] Montaigne « juge les choses *et* il s'interroge sur sa manière de les voir. Son incertitude prend donc la forme d'un *dédoublement*, dont il décrit les formes pour lui-même et qu'il propose à son lecteur comme un défi à relever », Philipp KNEE, *La parole incertaine : Montaigne en dialogue*, Paris, Hermann, 2013, p. 9.

[64] « Montaigne refuse une vision globale et organisée de la réalité, donc une forme d'expression systématique : les *Essais* sont, au fond, dès le début, un "livre des tournants", toujours à la découverte de nouveaux points de vue, de paradoxes apparents, de contradictions, de doutes », Fausta GARAVINI, *Itinéraires..., op. cit.*, p. 72 ; « Ce livre a pour fonction d'élaborer un discours rationnel qui brime les ruades de l'"esprit", donc qui tienne

Comme nous le relevions ci-dessus, *les Essais* sont un livre à clef[65] qui veut montrer la diversité des perceptions de l'être [66], celui que nous nommons l'*egomet*, par rapport à l'unicité du personnage officiel dont chacun d'entre nous se vêt, celui que nous nommons la *persona*[67] ; c'est pourquoi il peut ne pas y avoir d'incompatibilité entre d'apparentes contradictions de tempérament, dès lors que ces dernières ne sont pas sur le même plan : « Comment peut-il [Montaigne, qui se dépeint comme de caractère difficile] avoir vécu une amitié si parfaite avec un caractère si peu enclin aux obligations sociales et familiales ? Chez Montaigne, l'amitié forme un cadre à une écriture », remarque Philippe Desan[68] ; nous suggérons une réponse : parce que les obligations sociales font intervenir la *persona*, les obligations familiales la *personula* et l'écriture laisse s'exprimer l'*egomet*, et ce qui s'y lit doit être approché avec des critères spécifiques. Voilà qui explique à notre sens pourquoi, « au fil de l'écriture, loin de trouver sa place définitive dans un seul chapitre, l'amitié traverse les *Essais* sans pour autant se fixer là où on l'attend[69] », parce que ce n'est pas une relation *gay*, c'est une manière d'être au monde, de le percevoir, c'est la mise en œuvre de l'*egomet* et de l'homme total, non pas parce qu'« ils se fondaient l'un en l'autre, non pas tel un écrivain dans son pseudonyme, mais comme deux écrivains cultivent leurs idées en partenariat : discutant souvent, fréquemment en désaccord, mais *absorbant* constamment[70] », mais parce qu'ils étaient « un », non pas deux, comme le dit fort explicitement Montaigne et comme telle est la réalité de l'homme total. Cette évidence explique l'attitude de Montaigne au moment du décès de La Boétie : ce dernier lui explique que sa maladie est contagieuse. Il demande donc à Montaigne de ne pas rester avec lui, or celui-ci ne le quitte pas[71]. Comment

---

les "monstres" à distance ; abandonné à lui-même, ce "cheval eschappé" risque de se perdre dans les terrains vagues de l'indicible, en proie aux chimères dont les griffes pourraient mettre en pièce le sujet… », Fausta GARAVINI, *Monstres et chimères…*, *op. cit.*, p. 12.

[65] « Le texte ne parle pas nécessairement de ce qu'il dit, et ce qui compte le plus c'est peut-être ce qu'il ne dit pas, mais qu'il montre d'un signe qu'il faut voir », Fausta GARAVINI, *ibid.*, p. 13.

[66] *Ibid.*, p. 14-15.

[67] « Le texte, tout texte, mais surtout le texte-réflexe, qui parle de lui-même, se produit comme une dispute entre *je* et l'*autre* : "Les autres forment l'homme ; je le recite" (III,2, 804b [782]) », *Ibid.*, p. 26. C'est pourquoi nous pensons que les remarques sur les « états » de l'un et de l'autre sont secondaires dans leur relation, à l'inverse de ce qu'avance Jean-Michel DELACOMPTEE, *Et qu'un seul soit l'ami. La Boétie* – Paris, Gallimard, 1995, p. 92 sq ; quant à imaginer que Montaigne a pu faire preuve de calcul dans sa relation avec La Boétie (comme le fait Philippe DESAN, *Montaigne, une biographie politique*, Paris, Odile Jacob, 2014, 727 p., dont la masse d'érudition sera difficile à dépasser), nous en sommes aux antipodes.

[68] Philippe DESAN, *op. cit.*, p. 161.

[69] *Ibid.*, p. 167.

[70] Sarah BAKEWELL, *Comment vivre ? Une vie de Montaigne en une question et vingt tentatives de réponse,* Paris, Albin Michel, 2013 (trad), p. 146.

[71] *Ibid.*, p. 147-148.

aurait-il pu le faire, en effet, quand la vie n'a évidemment plus de sens pour lui, puisqu'il va mourir à moitié et l'homme total qu'il était mourir totalement ? L'écriture des *Essais* était dès lors, pour Montaigne, le seul moyen de faire survivre cet homme total qui, dans les faits, ne pouvait plus exister : « Il se loge encore chez moi si entier et si vif, que je ne le puis croire ni si lourdement enterré, ni si entièrement éloigné de notre commerce[72]. »

C'est pourquoi le fait d'écrire est, en soi, pour Montaigne, l'expression de son lien avec La Boétie, car le premier texte écrit connu de Montaigne est le récit qu'il fait à son père de la mort de La Boétie ; le double décès d'Étienne et de son père font que, pour lui, l'écriture constitue « la bouée pour se sauver de la mort[73] ». La question qui revient sans cesse est donc celle-ci : quelle est la nature de la relation entre Montaigne et La Boétie ? Le sujet a fait couler des fleuves d'encre.

Sarah Bakewell adopte un regard fort distancié. À propos de la célèbre formule – « s'amena à se plonger et à se perdre dans la mienne » –, elle écrit : « Pareil discours n'était pas étranger aux conventions. La Renaissance est une époque où, alors que le moindre soupçon d'homosexualité suscitait l'horreur, les hommes s'écrivaient par routine comme des adolescents enamourés[74]. Ils étaient habituellement moins épris l'un de l'autre que d'un idéal élevé d'amitié, puisé dans la littérature grecque et latine… Ce modèle fascina Montaigne et La Boétie : probablement étaient-ils en quête quand ils se connurent. La brièveté de leur temps partagé leur épargna la désillusion[75]. »

Françoise Charpentier parle de « coup de foudre[76] », à la suite duquel Montaigne « tient à marquer (et cela dès 1580) le caractère exceptionnel de cette identification réciproque, qui permet à chacun de s'aimer en l'autre dans une contemplation fascinée, satisfaisant un narcissisme à peine secret[77] ».

---

[72] MONTAIGNE, « À monsieur de Mesmes », in *Les règles du Mariage de Plutarque*, repris in *œuvres complètes d'Estienne de La Boétie*, vol. II, p. 9-10.
[73] Fausta GARAVINI, *Monstres et chimères…*, *op. cit.*, p. 33.
[74] « Sur la question de l'amour et de l'amitié, voir M.D. SCHACHTER, « "That Friendship which possesses the soul" : Montaigne loves La Boétie », *Journal of homosexuality*, n° 41, 3-4, 2001, p. 5-21, et W.J. BECK, « Montaigne face à l'homosexualité », *BSAM*, 6e série, 9-10, janvier-juin 1982, p. 41-50.
[75] Sarah BAKEWELL, *op. cit.*, p. 132.
[76] Françoise CHARPENTIER, « Figure de La Boétie dans les *Essais* de Montaigne », *Revue française de psychanalyse*, I (1988), p. 182. Elle établit un parallèle entre la *Princesse de Clèves* et la rencontre entre Montaigne et La Boétie, qui se fait par la réputation antérieure (pour une analyse opposée, v. Jean-Michel DELACOMPTEE, *op. cit.*, p. 91-92, et 103 sq.).
[77] Françoise CHARPENTIER, *op. cit.*, p. 183. Selon nous, ils ne s'aiment pas l'un dans l'autre, ils s'aiment parce qu'ils forment un homme total.

Pour Fausta Garavini, qui s'inscrit dans une analyse freudienne[78], « serait donc parfait le lien qui permettrait la fusion des âmes et en même temps des corps. Malheureusement, le sexe faible "par nul exemple n'y est encore peu arriver, et cette autre licence grecque[79] est justement abhorrée par nos mœurs" (186-187a [185])... En d'autres termes ; n'était le blâme du monde – et la censure du sur-moi – c'est dans la relation homosexuelle que pourrait être réalisée la plénitude de l'union dans la chair et dans l'esprit[80]. » L'auteur poursuit en démontrant en quoi cette union était une union amoureuse, en se basant sur les mots qui closent le passage cité en référence : « C'estoit un amour se terminant en amitié », ce qui est évidemment la pensée commune dans l'Antiquité[81] : la mort de La Boétie ôte *de facto* à leur relation le caractère de l'amour et la transforme en amitié idéalisée. Si nous suivons cette analyse, nous pouvons donc avancer l'idée que ce qu'ils ont vécu est de l'amour et qu'au moment où il écrit, Montaigne éprouve de l'amitié ; Montaigne se moule ainsi parfaitement dans le modèle de la philosophie antique. Et cet amour, qui a permis l'apparition de l'homme total créé par leur rencontre, n'est pas un amour « homosexuel » au sens moderne du terme, car la réalité était perçue de manière différente durant l'Antiquité. Pausanias, dans le *Banquet*[82], oppose les amours vulgaires, qui ne concernent

---

[78] Même si Montaigne vit dans un temps où la frustration n'est peut-être pas la même que celle que l'on connaît à l'époque de Freud.

[79] Montaigne sait que c'est une licence vue avec ses propres yeux, mais que chez les Grecs, ce n'est pas une licence, c'est une norme. Françoise Charpentier, qui mène une analyse freudienne et qui stigmatise la relation homosexuelle, note qu'elle est « non nommée, et bizarrement accordée au masculin pour "cet" et au féminin pour "grecque". » Elle est « justement abhorrée » : « Pulsion de dire, et censure » (*op. cit.*, p. 186). Essayons de proposer une autre analyse. Montaigne est un légaliste : le Concile de Trente a créé un nouvel ordre moral, et même si l'ordonnance de Blois ne transpose pas les décisions tridentines *in extenso*, elle édicte des normes qui en sont issues. Le monde bascule vers l'affirmation d'un pouvoir politique, dans lequel l'*egomet* qui avait pu éclore au XVIe siècle vit avec Montaigne et La Boétie ses derniers feux.

[80] *Monstres et chimères...*, *op. cit.*, p. 45.

[81] L'amour doit se muer en *philia* (amitié) quand le garçon est devenu trop vieux ; et alors que l'amour est éphémère en raison de l'âge où il est autorisé, l'amitié va jusqu'à la mort, Michel FOUCAULT, *Histoire de la sexualité II*, *op. cit.*, p. 261. Toutefois, dans le *Banquet*, Xénophon met en scène Socrate qui dit qu'il faut affranchir l'amour de l'attachement physique, c'est du reste ce qui se passait à Sparte où ceux qui aimaient le corps des garçons étaient « infâmes » [*République des Lacédémoniens*, II, 12-15], mais dans le *Banquet*, il ne dit pas que l'amitié doit succéder à l'amour, mais que les amants doivent être amoureux de l'amitié, Michel FOUCAULT, *op. cit.*, p. 301-302. Et « Le texte du Pseudo-Lucien insiste surtout sur un point important. Il s'agit, dans cette affection qui persiste après l'adolescence, de la constitution d'un lien où le rôle de l'éraste et celui de l'éromène ne peuvent plus être distingués, l'égalité étant parfaite et la réversibilité totale. Et c'est ce qui se passait déjà pour Oreste et Pylade ou Achille et Patrocle qui, quand ils ont cessé d'être jeunes, jouaient les deux rôles », Michel FOUCAULT, *Histoire de la sexualité III. Le souci de soi*, Paris Gallimard, 1984 (réimpr. 2012), p. 293.

[82] 181, b-d [cité par Foucault].

que l'acte (qu'il s'accomplisse avec un homme ou une femme), et l'amour noble, qui ne peut s'adresser qu'au sexe masculin[83].

On sait que la formule « parce que c'était lui, parce que c'était moi » date de l'édition de Bordeaux, et qu'il a d'abord écrit « parce que c'était lui », simplement. Par ailleurs, « ... la scène de la rencontre est traitée précisément comme une *scène* : comme la scène classique en littérature de la rencontre où naît l'amour. Dépouillé de l'habit quotidien de sa charge[84], La Boétie est transféré dans un décor différent, où il apparaît lui-même différent, dans le rôle d'un autre personnage[85]. Et cet "ailleurs" est le lieu d'une grande fête, un spectacle somptueux et baroque. Dans le souvenir et dans l'imaginaire de Montaigne, ce sont les planches où se produit – coup de foudre et coup de théâtre – le sacre de l'enchantement amoureux[86].

La construction spéculaire, la mise en valeur de l'exacte égalité dans l'élan, sont donc une acquisition tardive, un ajout sur manuscrit. Pendant des années Montaigne a imprimé et réimprimé son livre en y consignant une image univoque et unilatérale de lui-même et de son rapport avec La Boétie : pendant des années il a déclaré son identification avec son ami, son annulation dans l'autre[87], sans expliciter si l'affection était réciproque : il a donc vécu cette liaison, dans le souvenir, comme une partie solitaire, sans attribuer à l'autre joueur des coups analogues aux siens. La réciprocité sur l'exemplaire de Bordeaux signifierait-elle alors un regret tardif, le soupçon d'une correspondance moins parfaite, d'une symbiose moins totale qu'il ne l'avait cru, et la tentative de l'exorciser par la symétrie de la formule[88] ? » A notre avis, non, parce que quand on vit l'homme total avec un autre, on oublie que soi-même on existe, et il n'est pas évident de comprendre que soi (qui n'existe plus à ses propres yeux) devient pour l'autre le moteur de la vie[89]. Telle est encore la raison qui nous oppose à l'analyse de Sarah

---

[83] Michel FOUCAULT, *Histoire de la sexualité II, op. cit.*, p. 245.

[84] Nous dirons de sa *persona*.

[85] Nous n'analysons pas les choses de la sorte : à notre avis l'écriture met en jeu l'*egomet*, et donc Montaigne perçoit le monde de manière sensible.

[86] Ici aussi, nous percevons la réalité d'une autre manière : comme pour Léonard de Vinci rencontrant Salai, il s'agit de la compréhension qu'il se trouve en face de sa moitié de boule, ce qui permet de comprendre que Montaigne ait d'abord vu que La Boétie c'était lui-même, avant qu'il ne comprenne qu'il était lui aussi, Montaigne, partie intégrante de quelque chose d'unique, non pas d'un amour dans lequel, justement, les âmes restent juxtaposées, mais d'une fusion née de la coïncidence de leurs êtres, en réalité n'existant qu'à moitié avant de se connaître et qui ne deviennent entiers que par l'association avec l'autre, mais où « entier » veut donc dire fondus et mêlés, à l'individualisation impossible. Contra, cf. Philippe DESAN : « Dans la mesure où l'ami se donne entièrement à l'autre, la liberté de l'un se transforme inévitablement en servitude pour l'autre... », *op. cit.*, p. 166-167.

[87] Nous dirions plutôt sa renaissance par l'autre.

[88] Fausta GARAVINI, *Monstres et chimères..., op. cit.*, p. 51.

[89] « La présence de l'autre est absence à moi-même ; l'absence de l'autre me permet de retrouver mes facultés et mon identité, donc il découvre que La Boétie était "a necessary

Bakewell, quand elle écrit : « Les amitiés de la Renaissance, comme celles de l'Antiquité, étaient censées se nouer à la lumière claire et rationnelle du jour. D'où leur valeur philosophique. L'aveu par Montaigne que cet amour "ne se peut exprimer" n'entre pas dans ce cadre. En vérité, il admet : "Cette-ci n'a point d'autre idée que d'elle-même, et ne se peut rapporter qu'à soi"[90]. » Certes : dans l'Antiquité, la relation – qui est aussi physique – est un modèle et constitue une institution politique ; dans la France de l'époque, l'idée d'une relation sexuelle exposerait à la sanction de l'Église, et donc le couple ne peut pas se présenter comme une institution politique, mais est obligé de se replier sur soi, « ne se peut rapporter qu'à soi ». Cette dimension intime, qui n'existe pas dans l'Antiquité, alliée avec la dimension publique sur un autre registre permet l'apparition de l'homme total.

La comparaison que Montaigne fait de La Boétie avec Socrate confirme ce lien ; et la notation, qui sera supprimée dans les dernières éditions, « je lisois sous sa robe longue une vigueur soldatesque[91] » ne laisse pas de doute : « C'est le gascon, qu'il trouve beau, militaire et mâle. Donc la "vigueur soldatesque" de La Boétie est bien sa vigueur mâle. La séduction subie par Montaigne est à la fois morale et physique[92]. »

II- Espaces en rétention

Le XVIe siècle a vu la forme la plus achevée de l'homme total, entée sur la vigueur de l'individu et les souvenirs antiques ; le XVIIe siècle scellera le triomphe de la norme devant laquelle capitulera l'homme total. Du Concile de Trente à la Révolution française (A), l'*egomet* disparaît, et désormais *res publica* et *persona* s'affrontent, et émerge la *persona intima*. De la Révolution française à nos jours (B), dans un premier temps le corps est mis à l'écart alors que, depuis 1968, on pratique un amalgame entre corps et *egomet*.

Quant à la méthode, contrairement à celle que nous avons suivie dans la partie précédente, nous partirons moins de situations humaines ayant valeur d'*exempla* que d'un faisceau de regards permettant de situer l'être humain au sein de l'ensemble collectif. Pour le XVIe siècle, les trois relations que nous avons citées nous paraissent emblématiques de la construction de l'individu dans la nouvelle *res publica* – même si nous sommes conscient que bien des individus ont vécu différemment –, tandis que pour la partie qui va du XVIIe siècle à nos jours, ces regards nous paraissent révéler l'esprit d'un

fiction" (B. Weller, *art. cit.*, p. 519) », Fausta GARAVINI, *Monstres et chimères…*, *op. cit.*, p. 60

[90] Sarah BAKEWELL, *op. cit.*, p. 134.

[91] I, 17, 659a-c [643].

[92] Fausta GARAVINI, *Monstres et chimères…*, *op. cit.*, p. 57.

temps durant lequel, pour suivre Foucault[93], les relations de l'être avec son corps sont difficiles même si, de manière inconnue ou marginale, d'autres voies ont été retenues.

A- Individu et pouvoir : l'homme écartelé

Depuis le Concile de Trente, il faut se confesser et tout dire : la chair devient la racine de tous les péchés[94]. François de Sales[95], en recopiant Pline[96], vante l'éléphant monogame, qui ne couvre sa femelle qu'une fois tous les [deux ans, dit Pline] trois ans, ignore l'adultère, et se purifie après l'acte sexuel avant de rejoindre le troupeau[97]. L'anathème jeté par Clément d'Alexandrie sur le corps et son assimilation au péché triomphent : pour son salut, il faut nier son corps. L'homme total est *ab initio* condamné. L'homme est séparé de son corps. Il se réduit à un jeu de rôles et de masques (a), à un sexe assimilé à une fonction sociale et politique (b).

a) De la Cour à la province

Dans toute l'Europe, quels que soient les régimes ou les États[98], en raison du silence qui se fait sur le corps, l'individu se limite à un rôle : *persona*, il doit s'incarner dans une fonction ; *personula* il se réduit à un statut.

Le tableau du Louvre représentant le chancelier Séguier entrant dans Paris[99] constitue un exemple parfait de cette imitation dans laquelle les serviteurs du roi et, au-delà, l'ensemble des régnicoles – par une cascade bien connue qui part de la Cour et descend jusque dans les provinces – s'enferment. Chacun, selon son rang et la place fonctionnelle qu'il occupe dans la hiérarchie sociale, essaie de se penser en majesté. Séguier participe de très près au pouvoir, massacre quand il faut[100], se hausse et se pousse jusqu'à être fait ministre d'État. Qui est Séguier ? Où est l'homme ? Possède-t-il un *egomet* ? Quelle vision un homme de cette trempe peut-il avoir de sa fonction et des hommes ?

Il suffit de parcourir la littérature ou les traités de droit, de regarder les tableaux de l'époque pour mesurer tout ce que le monde est devenu. Des

[93] Michel FOUCAULT, *Surveiller et punir*, Paris, Gallimard, 2015 (1975), 362 p.
[94] Michel FOUCAULT, *Histoire de la sexualité I. La volonté de savoir*, Paris, Gallimard, 1976 (réimpr. 2012), p. 28.
[95] *Introduction à la vie dévote*, III, 39 [cité par Foucault].
[96] *Histoire naturelle*, VIII, 5, 13 [également cité par Foucault].
[97] Michel FOUCAULT, *Histoire de la sexualité II... op. cit.*, p. 25-26.
[98] Tout en conservant à l'esprit la distinction entre les pays de *res publica* et ceux de *commonwealth.*
[99] *cf. infra*, fig. 1.
[100] Qu'on songe aux Nus-Pieds de Normandie en 1639.

silhouettes sans chair, à la sensibilité enfouie sous les convenances[101] qui, en tout état de cause et en dernier recours, doivent avoir le dernier mot.

La modélisation est d'autant plus forte que l'art officiel mêle habilement politique et famille[102], assimilant famille royale et famille divine, faveur du roi et grâce divine, bref ordre politique et ordre moral en dehors duquel le salut n'est pas. Les individus deviennent les meilleurs relais de la conscience globale. Partant de l'analyse de Kantorowitz sur les deux corps du roi, Foucault imagine la dualité Couronne/condamné [103] ; nous proposons : *persona/egomet*. La *persona* est constituée par le rôle que chacun joue dans la société, l'*egomet* laisse entière l'ambiguïté de l'être, qui ne se socialise pas par intégration, mais par imitation. L'exemple que Foucault prend de l'exercice militaire rend parfaitement compte du phénomène : « Au XVIe siècle, l'exercice militaire consistait surtout à mimer tout ou partie du combat, et à faire croître globalement l'habileté ou la force du soldat ; au XVIIIe siècle l'instruction du "manuel" suit le principe de l'"élémentaire", et non plus de l'"exemplaire" »[104]. C'est-à-dire que, dans la logique de la culture chrétienne, l'homme s'élevait vers un modèle – le premier et le principal étant le Christ – avec toute sa foi, toute sa sensibilité et toutes ses misères ; à l'âge classique le modèle doit être en soi, ingéré de manière uniforme. On est passé de l'empathie à la duplication, de l'*exemplum* à l'identitaire, de l'initiation au contrôle des connaissances[105]. « L'exercice, devenu élément dans une technologie politique du corps et de la durée, ne culmine pas vers un au-delà ; mais il tend vers un assujettissement qui n'a jamais fini de s'achever[106]. »

De plus, l'affirmation de la *res publica* s'accompagne d'un enfermement généralisé : chacun se retrouve dans des cadres et le pouvoir à Versailles. Les régnicoles ne sont plus que des *personae* ou des *personulae*. En 1656 est créé l'Hôpital général et apparaît ce que Foucault appelle le « grand

---

[101] Un des exemples les plus pittoresques est constitué par le passage (acte II, scène 3) de l'*Horace* de Corneille qu'il faut évidemment lire en acrostiche :

S'attacher au combat contre un autre soi-même,
Attaquer un parti qui prend pour défenseur
Le frère d'une femme et l'amant d'une sœur,
Et rompant tous ces nœuds, s'armer pour la patrie
Contre un sang qu'on voudrait racheter de sa vie,
Une telle vertu n'appartenait qu'à nous ;
L'éclat de son grand nom lui fait peu de jaloux…

[102] Que l'on songe par exemple à certains tableaux de Pannini, par ex. la *Décoration de la Place Navonne pour la naissance du Dauphin* – *cf. infra*, fig. 2.

[103] Michel FOUCAULT, *Surveiller…*, *op. cit.*, p. 37.

[104] *Ibid.*, p. 185.

[105] « Au temps "initiatique" de la formation traditionnelle (temps global, contrôlé par le seul maître, sanctionné par une épreuve unique), le temps disciplinaire a substitué ses séries multiples et progressives », *Ibid.*, p. 187.

[106] *Ibid.*, p. 190.

renfermement[107] » des pauvres et des aliénés : « Dans son fonctionnement, ou dans son propos, l'Hôpital général ne s'apparente à aucune idée médicale. Il est une instance de l'ordre, de l'ordre monarchique et bourgeois qui s'organise en France à cette même époque[108] » ; il trouve des équivalents dans les *Zuchthäusen* allemandes [109] ou les *houses of correction* puis *workhouses* anglaises[110]. « Tard encore dans le XVIIIe siècle, Malesherbes défendra l'internement comme un droit des familles qui veulent échapper au déshonneur… Le classicisme éprouve une pudeur devant l'inhumain que la Renaissance jamais n'avait ressentie… C'était sans doute une très vieille habitude du Moyen Âge de montrer les insensés [111]. » Et si on libère effectivement les fous sous la Révolution française, c'est en les assimilant aux bêtes malfaisantes[112].

À terme la famille, et singulièrement la famille bourgeoise, devient une institution qui vient doubler l'encadrement exercé par l'État[113]. Et dès lors la société est vue en termes de groupes sociaux, qui ne sont plus seulement des *status*, mais qui unissent des caractéristiques économiques et des manières d'être, qui créent, en somme, des genres sociaux[114], venant doubler les genres individuels.

b) Apparition du genre

Dans un premier temps[115] le pouvoir écrase donc ceux des régnicoles qui sortent du rôle que leur *persona* leur assigne ; cependant, dès la fin de l'âge classique, la norme commence à être intégrée : s'il veut s'extraire de sa *persona*, le régnicole ne peut plus exprimer son *egomet*, mais il peut s'affirmer au sein d'une *persona intima*, dans laquelle le genre joue un rôle de premier plan : les régnicoles deviennent des acteurs au sein d'un espace qui nie leur spécificité, ou les condamne à retenir l'une d'entre elles pour se

---

[107] Michel FOUCAULT, *Histoire de la folie…*, *op. cit.*, p. 10.
[108] *Ibid.*, p. 57.
[109] *Ibid.*, p. 59.
[110] *Ibid.*, p. 60.
[111] *Ibid.*, p. 85.
[112] *Ibid.*, p. 244.
[113] Les tableaux de Pieter Claesz Soutman et de Frans Hals sont parmi les plus emblématiques. Du premier, on peut citer *Portrait de Paulus van Beresteyn et sa famille* (v. 1635), Paris (Louvre) – Seymour SLIVE et alii, *Frans Hals*, Munich, Prestel Verlag, 1989, fig. 16, p. 36 - ; du second *Paulus van Beresteyn* (v. 1620), Paris (Louvre) – *Ibid.*, fig. 6, p. 146 – et *Catharina Both van der Eem* (v. 1620), Paris (Louvre) – *ibid.*, fig. 7, p. 147.
[114] Pour rester dans la peinture de la même époque, mettons en regard la *Fête villageoise* de Cornelis Dusart – cf. *infra*, fig. 3 – et le *Bal sur la terrasse d'un palais* de Hieronymus Janssens – cf. *infra*, fig. 4.
[115] Pour Foucault, jusqu'aux Lumières, « il doit y avoir, dans cette liturgie de la peine, une affirmation empathique du pouvoir et de sa supériorité intrinsèque. Et cette supériorité ce n'est pas simplement celle du droit, mais celle de la force physique du souverain s'abattant sur le corps de son adversaire et le maîtrisant », *Surveiller…*, *op. cit.*, p. 60.

définir tout entier : « Le droit de punir a été déplacé de la vengeance du souverain à la défense de la société[116]. »

Rousseau, qui réfléchit sur un homme nouveau, s'inscrit dans une vision dualiste très classique. Essentiellement intellectuel, son regard désincarné[117] va fonder une nouvelle rigueur morale, celle des républicains[118]. Son *Emile* constitue ce moment dans lequel, plus que dans le *Contrat social* encore, peut-être, il ne considère plus que le citoyen, c'est-à-dire la *persona* faite d'un comportement austère, et qui plus est radicalement différent en fonction du sexe. Au rebours d'une sensibilité qu'on lui attribue souvent parce qu'il se montre attentif aux émotions nées de la nature, nous pensons qu'il soumet en fait sa sensibilité aux convenances de la *persona*. L'authenticité de l'*egomet* n'est plus de mise : l'homme de nature ne connaît son plein épanouissement que lorsqu'il signe le contrat social, c'est-à-dire dès lors qu'il devient citoyen[119]. Faut-il voir là une reprise des idées de l'Antiquité ? Dans la forme, sans doute et c'est généralement ainsi qu'on le fait, mais dans le fond ce n'est pas certain. La signature du contrat social, parce qu'elle fait changer l'homme de nature[120], ne peut pas être vue comme la transposition que les Anciens opéraient en fonction des moments où l'homme agissait[121]. Bien plus, elle exclut qu'il puisse y avoir d'autre voie que celle de la

---

[116] Michel FOUCAULT, *Surveiller…*, *op. cit.*, p. 107.

[117] « Le souvenir de La Boétie est pour Montaigne un étalon lui permettant d'orienter sa critique des coutumes et du paraître, mais pas de se détourner de la vie sociale au nom d'une intimité qui en éviterait les blessures. Si Montaigne et Rousseau font de l'amitié un repère, le premier l'inscrit dans l'élan qui le porte vers les autres, afin d'exercer avec eux son jugement et de *régler* sa sociabilité ; le second s'y rapporte en se défiant des autres, en se rétractant dans une expérience solitaire où il situe le sentiment de sa propre bonté. C'est pourquoi Rousseau exalte une amitié déçue, manquée ou imaginée ; Montaigne une amitié perdue mais réelle et réussie. Quand l'amitié se présente à la conscience des hommes, pour Rousseau c'est comme un idéal auquel l'homme qui sent peut adhérer dans sa solitude ; pour Montaigne c'est comme un mode de sociabilité dont l'homme qui juge peut nourrir sa recherche », Philipp KNEE, *La parole incertaine, op. cit.*, p. 142.

[118] Il faut consulter Fayçal FALAKY, *Social contract, masochist contract* : *aesthetics of freedom and submission in Rousseau*, Albany, State University of New York Press, 2014, XII, 224 p. L'auteur y rappelle bien que pour Rousseau dans l'*Emile*, le besoin sexuel n'existe pas en soi, qu'il n'est qu'un produit dû aux images indécentes (p. 47, et v. p. 50 le parallèle qu'il fait entre Pascal et Rousseau), ce qui le conduit naturellement à dissocier amour (qui connote avec la pureté) et désir (qui relève de l'économie d'échange) (p. 94).

[119] A ce moment-là, il peut atteindre le mythe de cet homme extraordinaire, littéralement régénéré, né de nouveau à lui-même, et qui ne connaît pas le désir sexuel, *ibid.*, p. 155.

[120] Il quitte l'état de nature pour entrer dans la société.

[121] Etre individuel, chef de famille, citoyen. Trois états dans lesquels l'homme était toujours constitué en même temps d'un corps et d'un esprit, alors que pour Rousseau, le corps s'arrête au moment de la signature du contrat social ; l'être humain devient un personnage de composition, dénué d'une véritable existence charnelle, pour lequel le rôle social, l'appartenance à un genre et une sensibilité éthérée interdisent à jamais le passage au stade de l'*egomet*.

société[122], sauf à tomber dans la sauvagerie : « À chaque individu, sa place ; et en chaque emplacement, un individu[123]. » En revanche, que le discours des hommes de la Révolution ait fait de l'intégrité républicaine – idéalisée et empruntée à l'Antiquité – la base d'une *persona* nouvelle et asexuée ne fait aucun doute[124].

Holberg[125], qui ne s'est jamais marié, est un des rares auteurs des Lumières à ne pas être misogyne et, peut-être, à avoir préféré un style de vie antique[126]. Dans son *Voyage de Niels Klim dans le monde souterrain*[127], il accorde la parité dans les fonctions publiques en décrivant le royaume des Potuans[128], et pousse la facétie jusqu'à attribuer aux femmes les vertus des hommes et leurs défauts aux hommes quand il décrit le gouvernement de Cockleku[129]. Au-delà de l'humour se dessine une liberté de ton par laquelle il décèle ce que l'on qualifiera bien plus tard de « genre ». Il va en effet à contre-courant du mouvement qui se dessine à son époque, celui de la normalisation[130].

Les *Molly houses*[131], qui ont servi de sujet à une pièce de théâtre[132], constituent-elles la première brèche dans cette vaste entreprise ? C'est peu probable. Certes, nous sommes ici dans une société de *commonwealth* et non de *res publica*, mais l'esprit global du temps joue aussi : le dressage auquel on assiste à la caserne, à l'école ou à l'hôpital fonctionne de la même

[122] « D'un côté, le criminel désigné comme l'ennemi de tous, que tous ont intérêt à poursuivre, tombe hors du pacte, se disqualifie comme citoyen, et surgit, portant en lui comme un fragment sauvage de nature ; il apparaît comme le scélérat, le monstre, le fou peut-être, le malade et bientôt l'"anormal" », Michel FOUCAULT, *Surveiller…*, *op. cit.*, p. 120.

[123] *Ibid.*, p. 168.

[124] « Jusqu'à l'Empire, la référence romaine a véhiculé, d'une manière ambiguë, l'idéal juridique de la citoyenneté et la technique des procédés disciplinaires », *Ibid.*, p. 172.

[125] Cf. Jacques BOUINEAU, « Lecture européenne du droit naturel », XXe colloque de l'AFHIP, 14-15 mai 2009, (Poitiers), Aix-en-Provence, PU, 2010, p. 167-169.

[126] Cf. Lars Roar LANGSLET, *Den store ensomme - en biografi om Ludvig Holberg* [*Le grand solitaire – une biographie de Ludvig Holberg*], Oslo, Forlaget press, 2001, p. 325-328.

[127] Dernière traduction française par Priscille DUCET et Christian HUBIN, Paris, José Corti, 2000, 258 p.

[128] Ch. II, « Arrivée de l'auteur chez les habitants de la planète Nazar ».

[129] « Les femelles possèdent toutes les autres dignités, tant civiles que militaires et religieuses. Ils s'imaginent tous que l'ordre de la nature veut, ainsi, que les femmes doivent gouverner, battre leurs maris, les envoyer moudre le grain, leur faire balayer la maison, coudre, tisser. La raison dont les femelles se servent pour justifier cette coutume est que la Nature, ayant donné aux mâles la force du corps, a voulu par là les destiner aux fonctions les plus pénibles et les plus basses », ch. IX, « Voyage de Klim autour de la planète de Nazar ».

[130] « Dans la discipline, les éléments sont interchangeables puisque chacun se définit par la place qu'il occupe dans une série, et par l'écart qui le sépare des autres », Michel FOUCAULT, *Surveiller…*, *op. cit.*, p. 171.

[131] Rictor NORTON, *Mother Clap's Molly House. The Gay Subculture in England 1700-1830*, London, GMP Publishers Ltd, 1992, 302 p.

[132] « Mother Clap's Molly house », in Mark RAVENHILL, *Plays : 2*, London, Methuen Drama, 2008, p. 1-152.

manière dans les *molly houses*, où celui que l'on finira par appeler un siècle plus tard l'« homosexuel » fait apparaître un genre nouveau, celui du troisième sexe, défini comme les deux autres par ses rites, ses signes d'appartenance et sa manière de vivre une autre « normalité ». Vue comme l'antithèse de la société convenable, la contre société des *molly houses* obéit elle aussi à une discipline[133] et lance un des premiers communautarismes visibles à partir du genre.

Alors on peut dire que l'Antiquité est morte.

B- Pouvoir et individu

« Au silence, à la reconnaissance en miroir, à ce jugement perpétuel, il faudrait ajouter une quatrième structure propre au monde asilaire tel qu'il se constitue à la fin du XVIIIe siècle : c'est l'apothéose du personnage médical [. .] Le médecin n'a pu exercer son autorité absolue sur le monde asilaire que dans la mesure où, dès l'origine, il a été Père et Juge, Famille et Loi, sa pratique médicale ne faisant bien longtemps que commenter les vieux rites de l'Ordre, de l'Autorité et du Châtiment[134]. » L'« intolérance collective » s'amplifie au XIXe[135], et on vient à condamner ce qui est « contre nature[136] », et donc à isoler un pervers, proche des délinquants ou des fous[137]. C'est la naissance d'un « corps de classe », et Michel Foucault fait le rapprochement avec le sang bleu de la noblesse : « Le "sang" de la bourgeoisie, ce fut son sexe[138]. »

Cela viendrait-il de l'Antiquité ? On dit que le renforcement de l'austérité dans les rapports sexuels, prônée par les moralistes des deux premiers siècles ap. J.-C., procéderait du développement de l'individualisme à cause de l'affaiblissement des structures d'État, qui porteraient les hommes à chercher des règles de conduite personnelle chez les philosophes. Voilà qui est discutable pour Foucault, car les liens collectifs demeurent forts. À ses yeux, il faut distinguer individualisme (degré d'indépendance par rapport au groupe), valorisation de la vie privée (familiale), et rapport à soi (conduites que l'on recherche pour s'améliorer soi-même). Pour lui, les mesures

133 « En résumé, on peut dire que la discipline fabrique à partir des corps qu'elle contrôle quatre types d'individualités, ou plutôt une individualité qui est dotée de quatre caractères : elle est cellulaire (par le jeu de la répartition spatiale), elle est organique (par le codage des activités), elle est génétique (par le cumul du temps), elle est combinatoire (par la combinaison des forces). Et pour ce faire, elle met en œuvre quatre grandes techniques : elle construit des tableaux ; elle prescrit des manœuvres ; elle impose des exercices ; enfin, pour assurer la combinaison des forces, elle aménage des "tactiques" », Michel FOUCAULT, *Surveiller...*, *op. cit.*, p. 196.

134 Michel FOUCAULT, *Histoire de la folie...*, *op. cit.*, p. 280 et 284.

135 IDEM, *Histoire de la sexualité I*, *op. cit.*, p. 44.

136 *Ibid.*, p. 54.

137 *Ibid.*, p. 56.

138 *Ibid.*, p. 164.

d'austérité sexuelle de l'époque viennent de l'intensification du rapport à soi[139].

Le sexe est donc au cœur de la société, dans un monde qui, depuis la Révolution française ne veut pour ainsi dire plus en entendre parler. La fuite s'avérant illusoire (a), il faut se résoudre à fragmenter l'être ; ainsi se fait jour celui que nous qualifions d'homme éclaté (b), celui auquel les sociétés occidentales du XXe siècle chercheront à offrir une protection, des protections plus exactement en fonction des différents éclats qui définissent les individus aux yeux de nos contemporains.

a) Illusion de la fuite

L'homosexuel devient un « personnage », sa sexualité « lui est consubstantielle, moins comme un péché d'habitude que comme une nature singulière... Il ne faut pas oublier que la catégorie psychologique, psychiatrique, médicale de l'homosexualité s'est constituée du jour où on l'a caractérisée – le fameux article de Westphal en 1870, sur les "sensations sexuelles contraires" peut valoir comme date de naissance – moins par un type de relations sexuelles que par une certaine qualité de la sensibilité sexuelle, une certaine manière d'intervertir en soi-même le masculin et le féminin. L'homosexualité est apparue comme une des figures de la sexualité lorsqu'elle a été rabattue de la pratique de la sodomie sur une sorte d'androgynie intérieure, un hermaphrodisme de l'âme. Le sodomite était un relaps, l'homosexuel est maintenant une espèce[140]. »

Pourquoi commencer cette réflexion sur l'illusion de la fuite par des considérations sur l'homosexualité ? C'est que celle-ci peut être retenue comme instrument d'analyse du phénomène de surveillance des individus depuis la fin de l'époque classique[141]. Parce qu'elle dénonce par son affirmation visible la nouvelle normalisation, de laquelle les tentatives de fuite sont innombrables.

Elles peuvent d'abord prendre l'aspect de révoltes normées (*persona* du révolutionnaire de 89, uniforme du socialiste du XIXe). Héritage de l'Antiquité ? La vertu de la chasteté existe chez Philostrate[142], Xénophon[143] ; Platon[144] établit un lien entre abstinence et accès à la vérité. Il n'y a pourtant

[139] Michel FOUCAULT, *Histoire de la sexualité III, op. cit.*, p. 57-60.
[140] IDEM, *Histoire de la sexualité I, op. cit.*, p. 59.
[141] « Toute une problématique se développe alors : celle d'une architecture qui n'est plus faite simplement pour être vue (faste de palais), ou pour surveiller l'espace extérieur (géométrie des forteresses), mais pour permettre un contrôle intérieur, articulé et détaillé – pour rendre visibles ceux qui s'y trouvent ; plus généralement, celle d'une architecture qui serait un opérateur pour la transformation des individus : agir sur ceux qu'elle abrite, donner prise sur leur conduite, reconduire jusqu'à eux les effets du pouvoir, les offrir à une connaissance, les modifier », IDEM, *Surveiller..., op. cit.*, p. 202-203.
[142] *Vie d'Apollonius de Tyane*, I, 13 [cité par Foucault].
[143] *Agésilas*, 6 [cité par Foucault].
[144] *Banquet*, 217 a – 219 e [cité par Foucault].

pas de continuité entre pensée antique et pensée chrétienne. Dans l'Antiquité, l'austérité est une exception, un « "luxe" par rapport à la morale couramment admise[145]. » Dans la pensée chrétienne, la chair et tout ce qui s'y rapporte, c'est-à-dire tout ce qui porte vers un plaisir quelconque, est stigmatisée[146]. L'imprégnation est si forte que quelqu'un comme Freud parlant de Léonard de Vinci en fait une de ses bases de réflexion[147].

Les tentatives de fuite peuvent aussi résulter d'une autre approche de la famille. La famille bourgeoise du XIXᵉ est bien monogamique, mais d'apparence ; en fait c'est un groupe (avec les domestiques, les enfants...) dans lequel chacun joue son rôle[148]. Celui qui transgresse les codes est voué à être stigmatisé, ou à se stigmatiser lui-même, et la folie le guette, dont Van Gogh témoigne dans *L'homme à l'oreille coupée*[149]. L'individu seul ne peut pas aller contre l'entreprise de normalisation[150].

En mai 68, c'est toute une jeunesse qui crie sa révolte et affirme le droit de « jouir sans entraves ». Si les publications sur le sujet sont très nombreuses[151], les idées reçues le sont autant. D'abord, comme tout phénomène sociologique, Mai 68 est devenu un objet d'étude ; comme toujours en pareil cas, la présentation qu'on en fait varie d'un observateur à l'autre[152] et les ambiguïtés demeurent nombreuses[153]. Ensuite, la « libération

---

[145] Michel FOUCAULT, *Histoire de la sexualité II, op. cit.*, p. 30-31.

[146] Le tableau de Cornelis van Haarlem, *Een monnik en een begijn*, est à ce titre explicite ; *cf. infra*, fig. 5.

[147] « Il [Léonard de Vinci] nous apparaît donc comme un homme dont le besoin et l'activité sexuels étaient extraordinairement diminués, comme si une plus haute aspiration l'avait élevé au-dessus de l'ordinaire nécessité animale des hommes », Sigmund FREUD, *Un souvenir d'enfance..., op. cit.*, p. 120-121.

[148] Michel FOUCAULT, *Histoire de la sexualité I, op. cit.*, p. 63.

[149] Cf. *infra*, fig. 6.

[150] « L'individu, en tant qu'irremplaçable, contient également par définition une part indisciplinable qui n'est pas nécessairement assimilable à du désordre. Cet indisciplinable en soi est traqué par l'organisation panoptique de la société. Et la traque est extensive. Elle n'est nullement concentrée dans les lieux carcéraux ou asilaires. Le fonctionnement panoptique permet l'extension de la surveillance, au-delà des murs. La prison est partout. L'asile est partout. Chaque individu est toujours sur le point d'être désigné comme fou ou prisonnier parce que sa part d'indisciplinarité le rend à jamais soupçonnable », Cynthia FLEURY, *Les irremplaçables*, Paris, Gallimard, 2015, p. 133.

[151] 147 p. de catalogue de la BnF (mais « Mai 68 » peut désigner simplement une date). On trouvera un instrument de travail précieux (index, bibliographie des livres parus de 2007 à 2014) dans Philippe ARTIERES et Michelle ZANCARINI-FOURNEL (dir.), *68, Une histoire collective [1962-1981]*, Paris, La Découverte, 2015, 849 p. Le fil des événements est retracé dans Jean-François SIRINELLI, *Mai* 68, Paris, Fayard, 2008, 331 p. Pour les affiches, *cf.* le catalogue de vente aux enchères (24 janvier 2014) Vernot de Pas, de divers documents, dont des affiches de Mai 68 (cote BnF : DELTA-88419), p. 61-63.

[152] Par exemple, l'ouvrage d'Antonio MORETTI, *Gilles Deleuze e l'ideologia del sessantotto. Dialettica e differenza*, Milano, ed. Mimesis Eterotopie, 2014, 156 p. se présente comme une analyse de philosophie politique qui part de Hegel et de Marx.

[153] Elles sont bien mises en lumière par l'enquête de Julie PAGIS, *Mai 68, un pavé dans leur histoire*, Paris, Fondation nationale des sciences politiques, 2014, 339 p.

sexuelle » de Mai 68 doit être relativisée[154]. Enfin, celle-ci n'a vraiment pris corps que par l'affirmation des droits des femmes [155] et de ceux des homosexuels [156], intervenus avec la création du MLF (Mouvement de Libération des Femmes) le 26 août 1970 et du FHAR (Front Homosexuel d'Action Révolutionnaire) début 1971. Mais dès lors que le genre est propulsé sur le devant de la scène politique, il fait apparaître l'homme éclaté. Celui qui tire du fond de lui-même un élément certes essentiel, mais qu'il considère comme déterminant et qui en vient à éclipser tous les autres, n'exprime pas un *egomet* susceptible de donner naissance à un homme total et rend problématique la défense par le droit des composantes de chacun. Il exprime une solitude descriptive, celle de l'homme éclaté, même si certaines saillies tonitruantes, notamment du FHAR, ouvrent des perspectives entièrement nouvelles[157].

b) Homme éclaté

L'assimilation entre homosexuel et personnage efféminé se retrouve constamment au XIXe, mais déjà chez Apulée, Dion de Pruse, Epictète, Sénèque, Platon, Aristophane[158]. Il ne s'agit pas, dans l'Antiquité, de la condamnation d'une « homosexualité » dont personne ne parle, mais du renoncement aux marques du rôle viril[159]. Et Diogène Laërce[160] stigmatise Démosthène pour la même raison : « Lorsque, dans le jeu de relations de plaisir, on joue le rôle du dominé, on ne saurait occuper valablement la place du dominant dans le jeu de l'activité civile et politique[161]. » Freud ne fera pas autre chose en écrivant à propos de Léonard de Vinci : « Son trait le plus frappant n'était-il pas d'avoir transformé le fait de téter le sein maternel en celui d'en recevoir la tétée, donc en passivité et par là en situation d'un

---

[154] Régis REVENIN, *Une histoire des garçons et des filles. Amour, genre et sexualité dans la France d'après-guerre*, Paris, Editions Vendémiaire, 2013, p. 16-19.

[155] Kristina SCHULZ, « Feminist Echoes of 1968. Women's Movements in Europe and the United States », in Ingrid GILCHER-HOLTEY (ed), *A Revolution of Perception ? Consequences and Echoes of 1968*, New York-Oxford, Berghehn, 2014, 206 p.

[156] La création du FHAR a été publiée par Sartre dans le journal *Ce que nous voulons : tout !* – journal publié du 23 septembre 1970 au 29 juillet 1971 (consultable en microfilms à la BnF : MICR D 474).

[157] Dans la manifestation du 1er mai 1971, un membre du FHAR lance « dans un immense éclat de rire mêlé de colère : "Les pédés sont dans la rue ! Vive la Révolution totale ! Les lycéens sont mignons ! Nous sommes tous des obsédés sexuels ! Vive l'amour ! Bureaucrates, faites-vous enc..., c'est un plaisir fou ! À bas la famille ! CRS, desserrez les fesses ! Gauchistes vous aussi ! À bas la dictature des normaux." », Philippe ARTIERES et Michelle ZANCARINI-FOURNEL (dir.), *op. cit.*, p. 624.

[158] Foucault indique les passages des auteurs qu'il cite : *Métamorphoses*, VIII, 26 sq., *Discours*, IV, 101-115, *Entretiens*, III, I, *Controverses*, I. Préface, 8, *Phèdre*, 239 c-d, *Thesmophories*, v. 130 *sq*.

[159] Michel FOUCAULT, *Histoire de la sexualité II, op. cit.*, p. 28-29.

[160] *Vie des philosophes*, VI, 2, 34 [toujours cité par Foucault].

[161] Michel FOUCAULT, *op. cit.*, p. 285.

caractère indubitablement homosexuel[162] ? » Et Freud démontre que si on est « homosexuel » c'est parce qu'on a eu une mère qui a éclipsé le père.

Et si l'on se reporte à l'une des sources de Mai 68, la publication du Comité d'Action Révolutionnaire de la Sorbonne[163], on n'est peut-être pas si éloigné que cela de ce qu'avance Freud, aussi paradoxal que cela puisse sembler. L'accent est en effet mis dans cette publication sur la lutte politique révolutionnaire au sens de la Commune ; le changement de la société n'est que le changement des formes politiques. Certes, il y a bien autre chose, mais dans ce numéro qui concentre les moments forts de mai/juin[164], rien n'est dit sur le changement de l'être : il faut simplement faire advenir un homme révolutionnaire, pour lequel chaque caractéristique sera un élément de définition au sein du grand tout des « travailleurs ». Il est à noter qu'on ne s'adresse jamais aux femmes : égales implicites ? Cela n'est pas vraiment dit. Outre une vision globale de l'être, de ses incertitudes et de ses contradictions, outre l'ignorance profonde des rêves du prolétariat, outre les confusions entre domination institutionnelle et valeurs culturelles, ce qui manque à notre avis, c'est l'expression d'une sensibilité au-delà de la lutte révolutionnaire. C'est d'ailleurs pourquoi il y est dit quelque part que les étudiants doivent aller aux champs et à l'usine ; mais ce n'est là que la vulgate du maoïsme.

Individu et structure : comment exister sans entrer dans le communautarisme, car « s'individuer suppose de ne pas croire, et notamment de ne croire en aucun statut[165] » ? Depuis la fin des années 1980, un certain nombre d'Anglo-saxons[166] parlent de « citoyenneté sexuelle ou "intime" ». L'approche est très anglo-saxonne et fait appel à la notion de *fellow*, qui n'est à notre sens pas plus totale que celle de *persona* ou de *personula*, en cela qu'elle part d'une définition extérieure de l'être[167], au lieu de privilégier une manière intérieure de sentir, qui permet l'éclosion de l'*egomet* ; car seule la sortie du dualisme permettra de quitter l'homme

[162] Sigmund FREUD, *Un souvenir d'enfance…*, *op. cit.*, p. 116.

[163] *Le Comité d'Action Révolutionnaire de la SORBONNE. Fascicule n° 1 MAI 68. FASCICULE RÉALISÉ PAR DES CAMARADES DE CET EX-COMITÉ* (document consultable à la salle des livres rares et précieux à la BnF).

[164] Le fascicule semble être du 2 juin.

[165] Cynthia FLEURY, *op. cit.*, p. 131.

[166] Sonia CORREA, Rosalind PETCHESKY et Richard PARKER, *Sexuality, Health and Human Rights*, New York, Routledge, 2008 ; David EVANS, *Sexual Citizenship: The Material Construction of Sexualities*, Londres, Routledge, 1985 ; Kenneth PLUMMER, « The Square of Intimate Citizenship », *Citizenship* Studies 5(3), p. 237-253 ; Jeffrey WEEKS, « The Sexual Citizen », *Theory, Culture and Society*, vol. 15, n° 3-4, p. 35-52. Tous ces auteurs sont cités par Jeffrey WEEKS, *Sexualité*, Lyon, PU, 2014 (trad.), p. 191.

[167] Les « droits humains sexuels » du mouvement LGBT ne sont en fait qu'une qualification « officielle » d'un genre nouveau. Le jugement du tribunal de Tours d'octobre 2015, autorisant la rectification d'un acte de naissance pour faire apparaître un « sexe neutre » confirme de manière technique ce que nous avançons ici.

éclaté que nous connaissons actuellement, pour revenir à l'homme total des Anciens ou de ceux de la Renaissance, ou pour comprendre la différence entre individualisme et individuation[168]. Toutefois, Jeffrey Weeks évoque les « droits humains sexuels[169] » revendiqués par le mouvement LGBT ; n'y aurait-il pas là le préalable indispensable pour sortir du dualisme et faire advenir les conditions de l'homme total et enterrer l'homme éclaté… pour autant que ces droits ne débouchent pas sur des catégories telles que nous les connaissons aujourd'hui[170].

Le 11 janvier 2015 (attentats contre *Charlie* et manifestation à Paris) est née, à notre avis, la liberté du vivant. Peut-être la première grande cause qui ait fait sortir les peuples de l'individualisme néo-libéral, dans lequel les formes d'autocontrôle et d'autorégulation « constituent une dimension centrale du nouvel espace mondialisé[171] ». Nous n'avons pas varié d'un pouce depuis les dénonciations de la servitude volontaire faites par La Boétie ; Jeffrey Weeks est même peut-être encore plus pessimiste, qui écrit : « Nous ne sommes jamais tant prisonniers, semble-t-il, que lorsque nous sommes le plus libres[172]. » Les populations contemporaines souhaitent « pouvoir décider de leur vie en harmonie avec les principes d'attention mutuelle, de responsabilité, de respect et de transparence[173] », ce qui constitue selon nous la définition d'un homme nouveau, qui aspire de

[168] Cynthia FLEURY, *op. cit.*, p. 197.

[169] Jeffrey WEEKS, *op. cit.*, p. 192.

[170] Lorsque Jeffrey Weeks écrit : « La mondialisation a permis de créer une identité gay et lesbienne internationale qui dépasse les frontières de l'Occident », *op. cit.*, p. 205, il dresse le portrait non pas d'un *egomet*, mais d'une *persona*, celle du gay qui, se définissant de la sorte, ne change pas le fond du phénomène d'identification ou de définition, mais simplement l'emballage. En revanche, nous le suivons lorsqu'il précise : « Les droits humains sexuels proposent un modèle pour combattre à la fois le fanatisme, qui ne trouve son compte que dans les modes de vie traditionnels d'un passé révolu, et le relativisme, soit descriptif soit normatif, qui refuse toute forme de distinction » (*ibid.*, p. 208), car ces droits humains envisagés de la sorte sont à nos yeux la condition pour pouvoir dépasser toute forme de *persona*. À n'en pas douter, ce repli sur soi signe la disparition de l'attention portée à l'autre et donc la possibilité d'aller vers lui par osmose : « L'individualisme contemporain est une individuation pervertie au sens où l'individu est persuadé que la recherche de son autonomisation peut se passer de la production qualitative de liens sociaux, ou plutôt qu'il est possible de l'instrumenter pour son seul profit. », Cynthia FLEURY, *op. cit.*, p. 194.

[171] Jeffrey WEEKS, *op. cit.*, p. 194. Il tient beaucoup à cette notion de « cosmopolitisme » et d'« espace mondialisé », qu'il faut, à notre sens, manier avec grande précaution. Les Occidentaux qui rêvent de ce type de construction, avec un « cadre juridique commun » (*ibid.*, p. 206), songent en général que leurs valeurs vont triompher à la surface de la terre ; en cela ils n'ont guère changé depuis la Renaissance. Nous imaginons plutôt que tous les humains qui auront le désir et la faculté matérielle puissent se penser dans le monde avec des critères de sensibilité et non plus des *a priori* juridiques. Dès lors, les voies d'accès pour y parvenir seront évidemment diverses et les législations qui en rendront compte différeront d'une sphère culturelle à l'autre, car la globalisation n'a pas fait disparaître les particularismes.

[172] *Op. cit.*, p. 194.

[173] *Ibid.*, p. 200.

nouveau à l'homme total, mais sur des bases sans doute différentes de celles du XVIe siècle, car prenant avant tout en compte « l'altérité de l'autre[174] ».

Alors s'ouvre la porte pour une autre réflexion sociale. Elle a d'abord pris la forme de l'affirmation des droits fondamentaux – et Marie-Luce y a consacré beaucoup de temps. Elle revêt aujourd'hui l'aspect des droits humains que l'on entend nommer ici et là. S'appuiera-t-elle demain, une nouvelle fois, sur l'enseignement que l'Antiquité nous a légué, celui qui permet à l'homme d'être

non seulement le capitaine de son âme, pour reprendre les mots de William Ernest Henley dans *Invictus* (1875)[175], mais lui-même, tout simplement[176] ?

Jacques BOUINEAU
Agrégé des facultés de droit
Professeur d'histoire du droit
Université de La Rochelle – CEIR

[174] Selon la formule d'Ulrich BECK, « The Cosmopolitan Society and its Enemies », *Theory, Culture and Society*, n° 19 (1-2), p. 17-44, cité par Jeffrey Weeks, *op. cit.*, p. 204.

[175] Dans la nuit qui m'environne,
Dans les ténèbres qui m'enserrent,
Je loue les dieux qui me donnent
Une âme à la fois noble et fière.

Prisonnier de ma situation,
Je ne veux pas me rebeller,
Meurtri par les tribulations,
Je suis debout, bien que blessé.

En ce lieu d'opprobre et de pleurs,
Je ne vois qu'horreur et ombres
Les années s'annoncent sombres
Mais je ne connaîtrai pas la peur.

Aussi étroit que soit le chemin,
Bien qu'on m'accuse et qu'on me blâme :
Je suis maître de mon destin ;
Et capitaine de mon âme.

[176] A l'heure où nous achevons ce travail, la réflexion la plus récente à ce sujet se trouve dans le livre d'Alain Touraine sorti le 24 septembre dernier : *Nous, sujets humains*, Paris, Seuil, 2015, 416 p.

Fig. 1 : Charles Le Brun, *Le chancelier Séguier entrant à Paris* (1660), Paris (Louvre)

Jacques BASCHET, *Peinture française du moyen âge à nos jours*, Paris, Les éditions de l'illustration, 1970, p. 22

Fig. 2 : Gian Paolo Panini,
Décoration de la Place Navonne pour la naissance du Dauphin (1729)

Ferdinando ARISI, *Gian Paolo Panini*, Soncino, Edizioni dei Soncino, 1991, p. 23

Fig. 3 : Cornelis Dusart, *Fête villageoise* (1684),
Haarlem (Musée Frans Hals) – détail

Arne TUMMERS (éd.), *Celebrating in the Golden Age*, Haarlem, Frans Hals Museum et Rotterdam, NAi Publishers, 2011, p. 28

Fig. 4 : Hieronymus Janssens, *Bal sur la terrasse d'un palais* (1659), Lille (Palais des Beaux-Arts) – détail

Anne TUMMERS (éd), *Celebrating in the Golden Age*, Haarlem, Frans Hals Museum et Rotterdam, NAi Publishers, 2011, p. 34

Fig. 5 : Cornelis van Haarlem, *Un moine et une béguine* (1591), Haarlem (Musée Frans Hals)

̄udith NIESSEN, *Cornelis van Haarlem (1562-1638)*, Haarlem, Frans Hals Museum – Rotterdam, naioto uitgevers, 2012, p. 59

Fig. 6 : Vincent Van Gogh, *L'homme à l'oreille coupée et à la pipe* (1889), coll. Privée

Jan HULSKER, *The New Complete Van Gogh Paintings, Drawings, Sketches. Revised and enlarged edition of the Catalogue raisonné of the works of Vincent Van Gogh*, Amsterdam, J. M. Meulenhoff – Philadelphie, John Benjamins, 1996, p. 383.

D'Athènes à Jérusalem : le saut qualitatif de la pensée juridique occidentale

Je dédierai ces quelques réflexions à la mémoire de Marie-Luce Pavia en les plaçant sous les auspices de Léo Strauss qui a su, par une formule pertinente, mettre en évidence les racines méditerranéennes de notre modernité juridique. Chacun sait que Fernand Braudel a fait de la Méditerranée l'enjeu majeur de sa vision de l'histoire européenne. L'apport de Léo Strauss, moins connu, mais singulièrement mis en lumière, chez les juristes, par Michel Villey[1] est très intéressant. Il consiste à situer les origines philosophiques de la modernité juridique occidentale dans le relais qui s'opéra, en termes d'hégémonie culturelle, entre la civilisation gréco-romaine et la civilisation judéo-chrétienne. Ce passage de témoin, ce « saut qualitatif d'Athènes à Jérusalem » pour reprendre la formule du philosophe allemand[2] constituerait le tournant majeur par lequel la pensée juridique tourna le dos à l'empire du droit naturel classique et ouvrit la voie au droit naturel moderne qui contient en germes ce qu'on appellera le positivisme juridique.

Il faut commencer par rappeler quels sont les effets majeurs de ce basculement historique : entre ces deux civilisations, un pas considérable a été franchi dans la façon d'envisager le *logos*, c'est-à-dire la raison (comme l'indique l'étymologie du mot logique). S'il s'agit d'un côté comme de l'autre de l'associer au divin, la différence fondamentale entre la pensée gréco-romaine et le judéo-christianisme réside dans la « localisation » de cette entité supra-sensible qui ordonnerait le monde et qui s'imposerait aux hommes. Chez les Grecs sur lesquels s'alignera la théologie romaine avant que celle-ci ne s'efface au profit du christianisme, le divin est enchâssé dans la nature. Aussi transcendant soit-il par rapport à l'homme, il est immanent au *cosmos*. Aucune trace d'universalisme ne peut alors y être décelée. Dans la tradition judéo-chrétienne, au contraire, le *logos* est extérieur (transcendant) au monde et c'est dans l'esprit de cette émancipation que s'inscrit l'invention (la révélation) du Dieu unique, car dès l'instant où le

[1] M. VILLEY, *La formation de la pensée juridique moderne,* Préface S. Rials, Paris, PUF-Léviathan, 2003.

[2] L. STRAUSS, « Progress or return ? », in *Jewish philosophy and the crisis of modernity,* Albany New-York, SUNY Press, 1997.

divin acquiert une transcendance que les païens ne lui reconnaissaient pas : il n'est plus le reflet de la diversité naturelle des choses auxquelles les Grecs l'arrimaient. Au polythéisme de ces derniers, se substitue alors un monothéisme qui préfigure l'universalisme auquel l'homme devra plus tard son arrachement à la nature et, ce faisant, sa liberté.

La conséquence de ce saut qualitatif est considérable pour la pensée juridique. Celle-ci va progressivement, dans la logique de ce changement de civilisation, connaître un tournant subjectiviste qui prendra sa forme définitive au terme d'une période pluriséculaire : le droit ne sera plus considéré comme un donné objectivement connaissable à partir de l'observation de la nature des choses, mais comme un artefact de l'intelligence construit par le sujet et produit par l'homme désormais en mesure de se donner sa propre loi.

Cette sortie du monde hellénistique et cette mutation judéo-chrétienne dont Jérusalem est l'épicentre constituent donc les racines d'une modernité juridique occidentale qui ne se cristallisera définitivement qu'au XVIIIème siècle, à l'heure de la Déclaration des droits de l'homme et du citoyen du 26 août 1789. Dans l'attente et notamment sous l'empire de la chrétienté médiévale, à l'heure particulière de Saint-Thomas d'Aquin, le judéo-christianisme restera longtemps mêlé à la tradition aristotélicienne issue d'Athènes pour laisser prospérer la doctrine ancienne du droit naturel. Mais le tournant moderne, assumé par le théologien Guillaume d'Occam au crépuscule du Moyen Âge, s'inspire de ce chemin par lequel, d'Athènes à Jérusalem, la pensée s'est détournée du monde gréco-romain pour créer les conditions de l'universalisme (I) et du volontarisme juridiques (II). Tels sont les deux aspects de cette mutation que je voudrais développer.

I- D'Athènes à Jérusalem, ou la préfiguration de l'universalisme

La première étape vers la modernité juridique est l'invention de l'universalisme, car le sujet n'est réputé maître de son sort et apte à créer le droit qu'à la condition d'être libéré de tout ce qui le rattache à une terre ou une communauté. Son autonomie suppose son déracinement, sa désintrication par rapport à ce qui le particularise et implique, par voie de conséquence, son universalité. En arrachant le *logos* à la diversité du *cosmos*, l'invention (ou la révélation) du Dieu unique par le judaïsme est bien évidemment de nature à créer les conditions de l'idée universaliste. Mais c'est surtout le christianisme qui, dans le renversement qu'il incarne et la dissidence qu'il organise au sein de la tradition judaïque en assurant le relais « de Jérusalem à Bethléem », renferme avec la plus grande intégrité, les conditions de cet universalisme (A). En logeant la transcendance dans le cœur de chacun, le christianisme préfigure l'universalisme du droit naturel moderne (B).

A- De Jérusalem à Bethléem

C'est que le Dieu des chrétiens n'est pas seulement celui du peuple élu, mais s'ouvre à toute l'humanité, aussi bien « aux Juifs qu'aux gentils » comme le dira plus tard Saint-Paul. De Jérusalem à Bethléem, le message chrétien universalise définitivement le divin et libère l'homme, par voie de conséquence, non seulement du *cosmos,* mais aussi de la cité. Dieu ne s'adresse plus aux hommes d'une communauté particulière ou d'un peuple privilégié, mais à l'humanité entière. La contribution du christianisme ne s'arrête pas en si bon chemin. L'émergence du sujet, dont l'universalisation du *logos* constitue la condition essentielle, prend forme à la faveur d'un scandale : le mythe de l'incarnation. « Au commencement était le Verbe (le *logos*), disent les premières lignes de l'Évangile de Jean, et le Verbe est devenu chair, et il a séjourné parmi nous. » Non seulement cette idée de personnification de Dieu scandalise les Grecs qui ne voyaient le *logos* nulle part ailleurs que dans la nature des choses, mais elle ébranle aussi les certitudes du judaïsme. C'est qu'en imaginant Dieu incarné dans la personne de Jésus qui a souffert et a été crucifié, ce dogme heurte le principe de la toute-puissance divine contenu dans l'Ancien Testament.

Ainsi, comme le souligne Luc Ferry, « on peut soutenir que la personnalisation du divin, notamment dans le christianisme qui, à la différence du judaïsme, le met en scène incarné dans l'humain, constitue déjà une première forme de sécularisation des principes transcendants. Car personnaliser le divin, voire l'humaniser, n'est-ce pas finalement le rapprocher de nous bien davantage que ne pourraient jamais le faire les principes de l'ordre cosmique ? Si Dieu a créé l'homme à son image, ne sont-ils pas, au final, plus proches l'un de l'autre que ne peuvent l'être l'esprit et la nature[3] ? »

Si le judaïsme est parvenu à détacher le divin de l'ordre cosmique dans lequel les Grecs l'avaient maintenu, le christianisme l'incarne dans la chair. D'abord dispersé de façon immanente dans la nature des choses (polythéisme), le *logos* s'extériorise ensuite en faisant l'objet d'une centralisation (monothéisme) pour devenir enfin un sujet humain (christianisme).

Or, la construction du sujet, embryonnaire et d'ordre exclusivement théologique sous la plume des évangélistes, constituera plus tard le centre de gravité des théories modernes du droit naturel. La construction conventionnelle de cette figure abstraite, le sujet, est le socle sur lequel repose toute la modernité juridique. Elle permet de saisir la différence qui

[3] L. FERRY, *Qu'est-ce qu'une vie réussie ?*, Paris, Grasset, 2002, p. 63.

sépare le droit naturel ancien du droit naturel moderne. Parce que cette figure fut totalement ignorée du premier et sa construction exclusivement imputable au second, tout oppose les deux « moments » du jusnaturalisme. En cessant de l'arrimer aux éléments du monde sensible et sublunaire pour le loger dans l'univers idéel et transcendantal de la raison du sujet, la philosophie moderne a renversé le droit naturel qui devient, *a contrario* de ce qu'il était chez les Anciens, un droit naturel de facture universaliste.

B- L'universalisme du droit naturel moderne

Le droit naturel moderne est d'abord un droit universel. Il suffit de convoquer la logique pour saisir l'évidence de cette caractéristique. Dès l'instant, en effet, où le droit n'est plus indexé à la nature des choses, il perd toutes les qualités dont celle-ci était réputée l'alimenter. Chacun sait qu'à l'instar des climats et des reliefs, la nature est riche, contingente et variée. En se délestant d'une telle luxuriance et d'une telle diversité, le droit naturel moderne n'a plus la consistance du droit naturel ancien. Il gagne en légèreté. Sa vacuité accroît son degré d'abstraction et garantit son universalité. Voilà un droit qu'il est désormais impropre de qualifier de « naturel », mais préférable, à l'exemple d'Emmanuel Kant, de regarder comme « rationnel ». Un droit dont l'intemporalité et l'immutabilité ne sont pas imputables à une quelconque substance sensible dont il est littéralement dépourvu, mais à son caractère intelligible et désincarné, symbole d'une Raison moderne et universelle à laquelle le monde situé ne saurait opposer le moindre particularisme. Pareille invariance est inconcevable chez les classiques tenants du droit naturel ancien pour lesquels, à l'instar de Saint-Thomas, le droit n'est pas rigide, mais lié à la mouvance et à la hiérarchie des êtres. Comme le souligne Simone Goyard-Fabre, « le réalisme (du droit naturel ancien) signifie clairement que le droit ou le juste naturel est corrélatif à la nature des choses à laquelle, avec une souplesse remarquable, il s'adapte et s'ajuste[4] ».

À l'universalisme (rigide) du droit naturel moderne, s'oppose alors le relativisme (souple) du droit naturel ancien[5]. Mais il convient de ne pas se

---

[4] S. GOYARD-FABRE, *Les embarras philosophiques du droit naturel,* Paris, Vrin, 2002, p. 54.

[5] La relativité et la souplesse du droit naturel ancien, lequel est censé reproduire l'indomptable variété du *cosmos*, empêche l'émergence, dans le monde antique et médiéval, d'un droit international, c'est-à-dire un droit cosmopolitique fondé sur l'hypothèse d'une nature humaine commune à toutes les nations. Ce *jus cogens,* uniformément valable entre tous les États qui sont réputés détenir, par-delà leur diversité, la même valeur juridique, ne pouvait être envisagé à l'époque où le monde des Cités grecques tenait pour barbare tout ce qui lui était étranger. Il faudra attendre l'œuvre de Hugo Grotius pour connaître les premières conditions de possibilité pour penser le droit international qui ne peut être conçu qu'en termes de droit naturel moderne et universel. Sur la philosophie du droit international, cf. notamment A. LEJBOWICZ, *Philosophie du droit international. L'impossible capture de l'humanité*, Paris, PUF, 1999.

méprendre sur la portée d'un tel relativisme. On a tendance en effet à prêter au relativisme une connotation éminemment subjectiviste et moderne qui ne rentre en aucun cas dans les schémas de pensée du droit naturel ancien. Pourfendu notamment par une partie de l'Église catholique dominée par la tendance néo-thomiste des idées de Jean-Paul II, le relativisme moderne profite à l'individu qui est libre de caler égoïstement son mode de vie sur les valeurs de son choix. La souplesse et l'adaptabilité naturelles du droit naturel des Anciens ne sont pas de cette eau-là. Il s'agit au contraire d'un relativisme dont seuls profitent les groupes et les communautés à l'exclusion de l'individu. Inexistant en tant que tel, celui-ci demeure plongé dans une hétéronomie qui se présente au contraire comme source d'autonomie au profit de la collectivité particulière dans laquelle il est absorbé.

À l'inverse, dans la perspective du droit naturel moderne dont le saut qualitatif d'Athènes à Jérusalem préfigure l'avènement, ce sont les communautés qui s'effacent au profit de l'individu. Et cet individu, détaché de sa livrée communautaire et livré à lui-même, ayant acquis sa propre autonomie, se trouve alors fort logiquement noyé dans un universel abstrait que la philosophie rationaliste des Lumières regardera comme le propre de l'humanité[6]. Tandis que dans la tradition ancienne du droit naturel, depuis Aristote jusqu'à Saint-Thomas d'Aquin, les groupes et les communautés étaient considérés comme réels, l'universalisme dont sera empreint le droit naturel moderne ne connaît que l'individu. La pensée de Guillaume d'Occam qui assume au XIVème siècle, de façon cohérente, le saut qualitatif d'Athènes à Jérusalem, constitue une étape importante dans la construction de l'individu. Le théologien d'Oxford n'attribue en effet d'existence intangible et perceptible qu'aux entités *ut singuli*. Les entités collectives ne relèvent plus, selon lui, que du monde intelligible alors que seul l'individu demeure une réalité sensible. La famille, la Cité, la société politique n'existent pas. Ce ne sont là que des *noms*, de pures conventions postulées par le sujet pensant. Ce nominalisme ne reconnaît plus l'univers comme un *cosmos* ni la nature comme une totalité finalisée. Ce n'est plus une essence. Elle est muette, aveugle, perçue comme un agrégat d'individualités isolées. Seuls existent concrètement Pierre, Paul, telle pierre, tel arbre tandis que les catégories générales ou les classes d'objets individualisés – la Pierre, l'Arbre – ne sont que des classifications intellectuelles qui traduisent une représentation et une mise en ordre systématique du réel par le sujet pensant. Les universaux n'ont de réalité que purement nominale.

Par où on l'on voit, selon un paradoxe qui révèle toute la dimension métaphysique de la philosophie nominaliste, que la chasse aux universaux à

[6] Sur la querelle entre le rationalisme qui voit le propre de l'humanité dans l'aptitude des hommes à s'arracher à leurs particularismes et le romantisme qui le situe au contraire dans leur inscription au sein d'une humanité particulière et d'une culture, cf. R. LEGROS, *L'idée d'humanité*, Paris, Grasset, 1990.

laquelle elle s'est livrée au moyen d'un lucide et empirique regard porté sur la réalité aura pour résultat la promotion et la réification d'un nouvel universel : l'Homme. La lame du rasoir d'Occam aura fini par substituer une entité abstraite à toutes celles qu'elle a su éradiquer. Partie en croisade contre la métaphysique d'Aristote, elle aura cédé aux sirènes d'une nouvelle métaphysique : celle des droits de l'Homme. Mais qui s'en plaindra, sinon Michel Villey[7] et les tenants contemporains de la philosophie néo-thomiste emmenés par Leo Strauss ou Alasdair Mac-Intyre ? Les universaux sont des fictions agissantes dont la fonction est de satisfaire les exigences morales qui ont le privilège de triompher à une époque donnée. Il va de soi qu'entre celle où dominait une société holiste et la période moderne où les rapports sociaux sont structurés autour de l'individu, la figure de ces universaux a changé. De pluriels qu'ils étaient, les universaux ont fini par fondre en une seule figure : l'individu abstrait. La mutation, lente et multiséculaire, est la réplique, depuis le Moyen Âge jusqu'aux Lumières, du saut qualitatif d'Athènes à Jérusalem qui vit le monothéisme se substituer aux divinités olympiennes.

Ce lent processus d'universalisation qui substitue la logique individualiste à la logique communautaire est celle qu'a empruntée, sur le terrain politique, le modèle français, troquant son ancienne répartition en ordres contre une société atomiste et jacobine au sein de laquelle les corps intermédiaires se sont effacés pour laisser l'individu seul face à l'État. On comprendra au demeurant fort bien qu'au XVIIème siècle, alors que l'atomisation du corps social, qui n'a pas eu besoin d'attendre la Révolution française[8], a déjà bien sérieusement entamé son processus, les premiers recensements de la population font leur apparition. L'usage de cette nouvelle technologie sociale et démographique montre combien les individus sont maintenant considérés de façon abstraite comme des monades isolées et décontextualisées dont la valeur ne dépend plus d'une quelconque appartenance communautaire ou d'un quelconque patrimoine héréditaire.

Il en découle alors, s'agissant proprement des conséquences politiques du jusnaturalisme, une nouvelle forme de relativisme, de facture subjectiviste, qui profite au seul individu au détriment du groupe. La société ne peut le tolérer qu'en se dotant d'un instrument de régulation objective artificiel et d'essence volontariste : la Loi. D'Athènes à Jérusalem, semblable élan volontariste se manifesta dans la figure du Décalogue.

---

7 M. VILLEY, *Le droit et les droits de l'homme*, Paris, P.U.F., Questions, 1983.
8 A. DE TOCQUEVILLE, *L'Ancien Régime et la Révolution* (1856), Paris, Gallimard, 1952.

II- D'Athènes à Jérusalem ou la préfiguration du volontarisme

Aux yeux de Léo Strauss, le légicentrisme de la Déclaration des droits de l'homme et du citoyen du 26 août 1789 qui renvoie à la loi de soin de concilier l'exercice de ces droits universels avec l'intérêt général est un lointain héritage du volontarisme judéo-chrétien (B). Un volontarisme qui trouve sa plus éclatante illustration dans le dogme du péché originel. L'idée que la Raison s'est radicalement désolidarisée de la nature des choses pour se loger universellement dans l'intimité du sujet trouve dans ce mythe, en matière de morale, une incontournable illustration (A).

A- Le mythe volontariste du péché originel

À l'universalisme et au subjectivisme s'ajoute le volontarisme dans la liste des éléments philosophiques de la tradition judéo-chrétienne qui nourriront la modernité juridique en amont de la contribution de Guillaume d'Occam. À travers le mythe du péché originel, s'affirme la thèse selon laquelle la morale n'est plus le résultat de la connaissance de la nature, mais le fruit de la volonté. Elle n'est plus un donné mais un postulat ou une convention de l'esprit. Sa validité n'est plus liée à son contenu intrinsèque, mais, au terme d'une convention arrêtée, à la qualité ou à la compétence institutionnelle de la personne d'où émane la prescription morale. Ce dogme judéo-chrétien se fonde en effet sur le présupposé selon lequel l'homme est souillé, depuis la chute d'Adam, par le péché d'avoir tenté, en cueillant le fruit défendu, de connaître la vérité. La raison humaine s'en trouve alors, à titre de sanction divine, fragilisée. Obstruée par cette vulnérabilité, elle n'a plus l'aptitude de découvrir le vrai ni de discerner le juste de l'injuste par la simple contemplation du *cosmos*. Les valeurs morales deviennent inaccessibles à cette raison profane et objective, celle que les Grecs assimilaient à la prudence et qui sert à connaître plutôt qu'à vouloir (ce qu'Emmanuel Kant appellera la raison pure en opposition à la raison pratique). Seuls les faits lui sont susceptibles de connaissance. Il en résulte que l'homme doit s'en remettre à la loi pour connaître les valeurs qui doivent orienter son comportement social. Le droit est alors assimilé à la morale et au commandement. Il prend une tournure prescriptive qu'on retrouve d'abord dans les préceptes bibliques sous la forme du « Tu ne tueras point » puis qui se laïcisera dans la loi positive de l'État. Le mythe d'Abraham aux termes duquel celui-ci obéit, en s'apprêtant à exécuter son fils, aux ordres divins sans prendre en considération leur contenu, contient en germe le positivisme juridique qui constituera l'aboutissement et la marque spécifique du droit moderne. Le père d'Isaac n'accorde au message divin auquel il s'apprête à se ranger que la valeur qui résulte de l'autorité dont il émane (Dieu) et non celle qui est tirée de son contenu, au demeurant injuste (le meurtre de son fils). C'est que le juste et l'injuste deviennent, dans l'esprit du dogme du péché originel, des notions toutes relatives qui ne sauraient bientôt n'être réduites qu'à la dichotomie légal/illégal. Et voilà le droit indexé aux caprices du législateur et arrimé à la Loi, au grand dam de Michel Villey qui ne cessera de pleurer, tout au long de son œuvre, la défunte autonomie du Droit que les Anciens surent conserver en le réputant équivalent à l'ordre juste et harmonieux de la nature. C'est essentiellement à la théologie que cet auteur particulièrement attaché à la philosophie classique d'Aristote impute cette perte d'autonomie dont souffrira – selon lui – le droit moderne. Un droit qui ne se laisse plus découvrir en termes indicatifs par la seule contemplation de l'ordre naturel des choses, mais qui se décline, sous l'influence du judéo-christianisme, en termes moraux inspirés du Décalogue et du message des Évangiles dont la forme impérative et autoritaire se retrouvera dans la législation souveraine et codifiée des États modernes[9].

En dépit des dangereuses affinités qu'on ne peut manquer de relever entre le volontarisme du dogme du péché originel et le légalisme, voire l'autoritarisme, ce mythe a le mérite de montrer que la vérité axiologique n'existe pas et qu'il faut dès lors l'autorité pour dire ce qui doit être. C'est dans cette liaison entre volontarisme et relativisme que résident les germes du subjectivisme et, par voie de conséquence, les prémices de la liberté. La raison (le *logos*, le divin) n'est plus dans le *cosmos* ; elle lui est extérieure, dans un dieu transcendant auquel l'homme, plus tard, se substituera. Cet homme dont la raison, extérieure au monde qui l'entoure, ne sera plus objective ni contemplative, mais subjective et constructive. Elle sera kantienne : puisqu'il n'y a pas de vérité axiologique immanente aux choses naturelles, la raison doit la construire artificiellement. La raison deviendra une *praxis*. Et c'est dans ce néant que l'homme doit sa liberté. Plongé dans la vacuité axiologique de la nature, le voilà inéluctablement conduit, pour reprendre les enseignements de l'existentialisme sartrien qui est finalement très proche de l'idée judéo-chrétienne de responsabilité, à s'autodéterminer : l'homme est condamné à être libre[10]. Telle est la condition humaine que Pic

[9] À propos de cette influence théologique qui aurait considérablement amoindri l'autonomie du droit en le faisant dépendre de la morale et de la volonté, Michel Villey visait en particulier les écrits de Saint-Augustin et surtout le fameux décret de Gratien, ce moine italien qui posa au XIIème siècle les fondements du droit canonique en identifiant le droit naturel aux paroles de l'Écriture sainte. Cf. M. VILLEY, « Incidences théologiques », in *Leçons d'histoire de la philosophie du droit*, Paris, Dalloz, 2002, p. 37 ; « Sources et portée du droit naturel chez Gratien », *ibid*, p. 189.

[10] Le vertige qu'inspire à l'homme une telle liberté serait à l'origine des dogmes religieux qu'il s'est forgés, à l'instar du péché originel, pour alléger le poids de la responsabilité qu'elle lui procure. Comme le disait le philosophe athée Paolo Flores d'Arcais lors d'un débat avec le cardinal Ratzinger, devenu plus tard souverain pontife, « la norme, le devoir-être (le *sollen*), n'existe pas dans la nature. Elle naît avec l'homme, qui a créé au cours de son histoire une infinité de normes, contradictoires et incompatibles entre elles (…) L'homme est donc le

de la Mirandole, déjà, avait définie en 1482 dans l'*Oratio de hominis dignitate*, en mettant en scène Dieu au moment où celui-ci s'apprête à créer l'homme après avoir épuisé au cours de la Genèse tous les matériaux nécessaires à la confection de l'univers, et lui dit : « Je ne t'ai donné ni place déterminée, ni visage propre, ni don particulier, ô Adam, afin que ta place, ton visage et tes dons, tu les veuilles, les conquières et les possèdes par toi-même. La nature enferme d'autres espèces en des lois par moi établies. Mais toi que ne limite aucune borne, par ton propre arbitre, entre les mains duquel je t'ai placé, tu te définis toi-même. (...) Je ne t'ai fait ni céleste ni terrestre, ni mortel ni immortel, afin que souverain de toi-même, tu achèves ta propre forme librement, à la façon d'un peintre ou d'un sculpteur. Tu pourras dégénérer en formes inférieures, comme celles des bêtes, ou, régénéré, atteindre les formes supérieures qui sont divines[11]. » Ne sachant rien de sa propre nature[12], l'homme est condamné à s'autodéterminer et à faire œuvre de volonté. La souveraineté de l'homme pour définir les valeurs « repose ainsi plus que paradoxalement sur le fondamental postulat de sa finitude et de son incapacité radicale à accéder naturellement au vrai[13] ».

C'est dans cet arrière-fond philosophique que gisent les prémices des droits de l'homme : une atmosphère marquée, sur fond de scepticisme, par un déficit de confiance à l'égard de la raison profane et objective pour accéder aux valeurs et, sous l'influence de la théologie, par la substitution de la volonté à la connaissance comme instrument d'accès à ces valeurs. De là vient l'étroite et objective complicité entre universalisme et volontarisme dont la Déclaration des droits de l'homme et du citoyen de 1789, lointaine héritière sécularisée du message judéo-chrétien, est l'étrange reflet, comme en atteste le renvoi systématique au législateur auquel procèdent ses dispositions pour permettre la conciliation entre l'exercice des droits de l'homme et l'intérêt général.

---

créateur et le maître de la norme. Mais il trouve intolérable le poids de cette responsabilité colossale. Se reconnaître seigneur et maître de la norme, c'est en effet savoir que le *cosmos* est vide de sens (...) et donc : ni individuellement ni socialement nous ne pouvons supporter d'être ce que nous sommes, créateurs et maîtres de la norme. Nous devons imaginer que la norme nous vient de l'Autre (d'En-Haut, d'Avant), et que notre seule responsabilité à nous consiste à ne pas la violer. Responsabilité limitée, tolérable, maniable. Le mal naît de la violation (de la désobéissance originelle !), tout mal est même la preuve d'une faute : sacrifices, rites et punitions peuvent l'expier et "nous délivrer" du mal » (in J. RATZINGER et Paolo FLORES D'ARCAIS, *Est-ce que Dieu existe ? Dialogue sur la vérité, la foi et l'athéisme*, Paris, Manuels Payot, 2006, p. 152).

[11] PIC DE LA MIRANDOLE, 1482, in *Œuvres philosophiques*, Paris, PUF, 1993.

[12] Sartre dira qu'à défaut de nature humaine, il existe une condition humaine (J.-P. SARTRE, *L'existentialisme est un humanisme*,1945, Paris, rééd. Gallimard, 1996).

[13] D. CAYLA, « Langage », in *Dictionnaire de philosophie politique*, P.U.F.-Quadrige, 2003, p. 381.

B- La Déclaration des droits de l'homme et du citoyen ou la tension entre universalisme et volontarisme

Cette autonomie absolue dont jouit l'individu émancipé de ses chaînes communautaires et abandonné à la vacuité moderne d'un droit naturel abstrait et universel entraîne alors des conséquences, du point de vue de la théorie générale du droit et de l'État, qui correspondent aux conclusions qu'avait tirées Hobbes de son contractualisme. Dans la parfaite continuité du volontarisme hobbésien, la voie vers laquelle pareil relativisme éthique conduit l'individu est celle du légicentrisme. Quand l'auteur du *Léviathan*[14] présentait l'autorité de l'État comme le fruit d'un calcul rationnel que l'homme effectuait pour sortir d'un état de nature livré au choc de droits subjectifs soustraits à toute normativité objective, il annonçait le tropisme légicentriste de la Déclaration des droits de l'homme et du citoyen du 26 août 1789. Quand il renversait l'ordre des priorités en réputant naturels non plus le droit objectif, désormais conçu comme un artefact, mais les droits subjectifs dont l'absolutisme permettra à chaque bénéficiaire d'en livrer sa propre et relative définition, il dessinait les contours de l'étroite complicité entre le relativisme des Modernes et le volontarisme étatique. En clair, quand le droit naturel revêt une tournure définitivement et universellement abstraite, le vide substantiel qui en résulte est aussitôt comblé, conformément à la logique de l'appel d'air, par l'instrument de la loi positive. Tel est l'intrigant paradoxe dont se nourrit pareille complicité objective entre l'universalisme dans lequel les droits de l'Homme sont réputés s'inscrire et le relativisme éthique qui en découle et dont profite la loi : décrété par la raison, cet universalisme qui s'affiche en 1789 libère les consciences individuelles de leurs vieilles et pesantes livrées pour les plonger en même temps dans un relativisme et un vide axiologiques que seule la loi peut artificiellement conjurer.

Aussi voit-on la Déclaration des droits de l'homme et du citoyen du 26 août 1789 renvoyer systématiquement à la loi le soin de mettre en œuvre les droits qu'elle répute universels et naturels. Après avoir postulé le caractère naturel et imprescriptible de ces droits à l'article 2 du solennel document, et décrété, ce faisant, un universalisme qui prend congé des attaches concrètes auxquelles l'homme avait été longtemps amarré, le Constituant de 1789 comble aussitôt l'espace laissé vacant par cette émancipation de l'individu en invitant le législateur à faire différemment – et rationnellement – ce que la tradition et les préjugés avaient jusqu'à présent réalisé. C'est ainsi à la Loi seule que revient le soin de définir les bornes de la liberté (art. 4), de déterminer ce qui est répréhensible (art. 5), d'exprimer la volonté générale (art. 6), de fixer les cas dans lesquels peut être arrêtée

[14] Th. HOBBES, *Léviathan. Traité de la matière, de la forme et du pouvoir de la république ecclésiastique et civile*, trad. F. TRICAUD, Paris, Dalloz, 1999.

une personne (art. 7), d'établir les peines susceptibles de frapper les délinquants et les criminels (art. 8), d'imposer les conditions (exceptionnelles) dans lesquelles une personne peut être arrêtée avant d'être jugée (art. 9), d'indiquer les limites de la liberté de conscience (art. 10) et d'expression (art. 11), de constater les cas de nécessité publique autorisant les atteintes à la propriété privée (art. 17). Le Léviathan-législateur est seul à même d'encadrer le jeu concurrentiel de l'exercice par les individus de leurs propres droits subjectifs et de rendre compatible leur exercice avec l'intérêt général. Autrement dit, la loi est l'unique instrument auquel est reconnue la légitimité de relativiser des droits que l'universalisme abstrait de l'École du droit naturel moderne répute absolus. Ainsi, par le renvoi systématique à la loi auquel elle procède pour organiser la mise en oeuvre concrète des droits naturels subjectifs dont elle proclame l'évidence, le texte du 26 août 1789 témoigne du succès, en France, de ce discours relativiste et hobbésien selon lequel, dans la continuité de René Descartes, la vérité est inaccessible à l'expérience sensible. Étrangère à toute démarche cognitiviste, la préservation des droits naturels subjectifs de l'homme s'impose comme une opération de volonté. Or, toute la préoccupation des révolutionnaires consistait à confier cet office à l'autorité qui fût la plus légitime possible. Leur conviction penchait tout naturellement en faveur du législateur, incarnation de la volonté générale, car cette fonction ne devait pas être, dans leur esprit, directement confiée à la volonté particulière du juge sans que la société ne coure le risque de sombrer dans l'insécurité juridique[15].

Le droit naturel n'étant plus considéré, à la manière des Anciens, comme objectif et extérieur aux exigences des individus, il devient un droit rationnel au sens kantien du terme. Or, on sait qu'avec Kant, admirateur de la Révolution française au point d'avoir, le jour même de la prise de la Bastille, emprunté sous le coup de l'émotion un chemin inhabituel lors de sa rituelle promenade quotidienne, les droits de la personne ne sont pas des données naturelles, mais correspondent à une idée pure et *a priori* de la raison. Selon l'heureuse formule de Simone Goyard-Fabre dans une étude sur la philosophie kantienne des droits de l'Homme, ceux-ci « ne sont pas de ce monde : ils appartiennent à l'horizon transcendantal, et du point de vue phénoménal, il n'y a pas de droits de l'Homme[16] ». En tant qu'ils renvoient, dans l'élan rationaliste des Lumières, à une égalité abstraite entre les individus, les droits de l'homme sont des noumènes, des choses en soi auxquelles il est impossible d'accéder expérimentalement et qui dès lors, susceptibles d'interprétations diverses, exposent la société sinon à la guerre

---

[15] Une insécurité juridique imputable notamment, comme chacun sait, au caractère foncièrement rétroactif de la jurisprudence laquelle, en imposant une signification de la loi au terme du processus d'interprétation judiciaire, rend opposable au justiciable une norme que celui-ci n'était pas réputé connaître.

[16] S. GOYARD-FABRE, *La Déclaration des droits ou le devoir d'Humanité : une philosophie de l'espérance*, Droits, n° 8, 1988, p. 41.

de tous contre tous, tout du moins au spectre de l'arbitraire jurisprudentiel. C'est pourquoi, pour les définir, le relais législatif s'affichait comme la solution idéale, légitime et salutaire lors des débats de la Constituante en vue de la rédaction de la Déclaration de 1789. Objet d'un traitement législatif de protection, les droits naturels ainsi proclamés furent soumis à un processus de « civilisation » ou de raffinement consistant à les extraire de la nature pour les fondre dans les lois de la cité. Leur sort fut confié pendant longtemps à la discrétionnaire marge de manœuvre du politique. Telle était la stratégie des Constituants qui voulurent éloigner du mieux possible les droits de l'Homme de l'emprise de la jurisprudence que Robespierre voulait bannir du vocabulaire. Leur ancrage dans le droit positif prenait alors le vocable de « libertés publiques[17] ».

La tension, qui n'échappe pas à la vigilance du lecteur de la Déclaration de 1789, entre universalisme et légicentrisme, traduit bien cette paradoxale corrélation, typiquement moderne, entre l'affirmation d'une supériorité des droits subjectifs de l'Homme sur l'État et la souveraineté absolue de la loi positive. Alors que le texte fondateur rappelle en effet, sur le ton déclaratif, les « droits naturels » de l'Homme en les présentant comme antérieurs à la constitution de toute association politique, il investit en même temps le législateur, pour chacun d'entre eux, du soin d'organiser les garanties et les limites de leur exercice. Le paradoxe est d'autant plus frappant qu'avec cette transformation des droits naturels en libertés publiques qu'opère le relais législatif pour assurer la fameuse métamorphose de l'Homme en Citoyen, très présente dans l'œuvre de Jean-Jacques Rousseau dont l'article 6 de la Déclaration de 1789 porte la trace, le modèle français de garantie des droits n'est pas loin d'honorer, comme le fit remarquer Stéphane Rials[18], la conception burkienne des droits de l'Homme : loin de regarder ces derniers comme de pures abstractions, pareille conception les tient en effet pour réductibles à la culture particulière dans laquelle ils sont mis en œuvre ! Dans une telle perspective, les libertés publiques ne seraient rien d'autre que les droits des Français et la loi qui les sanctuarise n'exprimerait, quant à elle, qu'une volonté générale… particulière.

Mais l'analogie avec l'anti-universalisme du discours contre-révolutionnaire s'arrête là, car les « droits des Anglais » dont l'auteur des

---

[17] L'expression « droits fondamentaux » n'apparaîtra que bien plus tard, lorsqu'en se dotant d'un juge de la loi à l'instar de nombre de ses voisins, la France finira par se convertir, dans un contexte propice au dépassement de la modernité, aux exigences de la démocratie constitutionnelle. Soustraits à l'emprise du législateur, les droits fondamentaux résulteront alors d'un processus inverse de « re-naturalisation » des droits subjectifs sur fond de réhabilitation de la figure du juge (Qu'il soit permis de renvoyer à A. VIALA, *Droits fondamentaux (Notion)*, in *Dictionnaire des droits fondamentaux*, sous la dir. de D. CHAGNOLLAUD et G. DRAGO, Dalloz, 2006, p. 303 à 319).

[18] S. RIALS, *La Déclaration des droits de l'homme et du citoyen,* Paris, Hachette-Pluriel, 1988., p. 353.

Réflexions sur la Révolution de France[19] affirmait l'existence en l'opposant à la fiction des droits de l'homme ne sont pas, à la différence des libertés publiques françaises, posés par une volonté arbitraire – législative, en l'occurrence – mais sécrétées par la tradition selon une dynamique qui n'est pas sans présenter quelque similitude avec les critères de définition du droit naturel ancien. Dès lors, aussi circonscrit soit-il au cadre national dans lequel il est pratiqué, le légicentrisme français répond finalement mieux à la logique abstraite de l'universalisme des droits de l'homme qu'à celle, concrète, du particularisme qui hante la rhétorique contre-révolutionnaire. L'acte d'édiction de la loi pour protéger les libertés publiques est en effet une démarche dont l'artificialisme n'est pas étranger au postulat du caractère universel des droits de l'Homme qui relève, par-delà l'évident constat d'une Nature infiniment variée et accidentée, d'un décret de la raison et d'un coup de force théorique dignes de la plus pure tradition du jusnaturalisme moderne. Cette tension entre universalisme et volontarisme est au fondement d'un modèle qui a trouvé son universelle traduction dans la Déclaration française des Droits de l'Homme et du Citoyen du 26 août 1789.

Loin d'avoir fait table rase du passé[20], la philosophie qui inspira cette Déclaration n'a pas soudainement émergé du néant. Elle est redevable, comme l'a montré Tocqueville dès les premières pages de *L'Ancien régime et la révolution*[21], d'un héritage judéo-chrétien qui a su, au sortir de la domination du monde gréco-romain, arracher le sujet à son enracinement cosmologico-éthique pour le livrer, dans l'élan de la révélation du Dieu unique, à un monde dans lequel les valeurs deviennent universelles et transcendantes. En arrachant les valeurs à leur ancrage dans le *cosmos*, la transcendance leur fait perdre toute consistance et réclame, plus que paradoxalement, l'intercession de la loi. Si le christianisme est une religion de l'amour, il hérite d'abord du judaïsme qui est une religion de la Loi, donc de l'interdit et de la transgression. De surcroît, en tant que religion du sujet, lequel est désormais réputé souverain dans l'office de discriminer entre le juste et l'injuste, le christianisme fonde la liberté, c'est-à-dire la responsabilité et, par voie de conséquence, la culpabilité. En inventant la Loi

---

[19] E. BURKE, *Réflexions sur la Révolution de France*, trad. (1791), rééd. Paris-Genève, Slatkine, 1980.

[20] C'est le grief, au demeurant, qu'invoqua avec le plus d'acharnement l'idéologie contre-révolutionnaire contre la tournure que prirent en France les événements de 1789 : l'historiographie contemporaine baptise un tel reproche du vocable de « tabularasisme ». Portés par une philosophie rationaliste, les hommes de la Révolution, jeunes et exaltés, auraient installé à travers les réformes de l'Assemblée constituante, une législation égalitaire totalement oublieuse de l'expérience historique et de la diversité des traditions de l'ancienne France. Les personnalités les plus emblématiques de cette croisade anti-rationaliste furent, à l'époque des événements, le libéral Edmund Burke (Cf. *Réflexions sur la Révolution de France*, 1790) et le traditionnaliste Joseph de Maistre (Cf. *Considérations sur la France*, 1797).

[21] A. DE TOCQUEVILLE, *L'Ancien Régime et la Révolution*, *op. cit.*, p. 68 sq.

pour répondre au vertige que procure la transcendance des valeurs, le judéo-christianisme rend parfaitement lisible la complicité objective entre la loi et l'universalisme dont le texte révolutionnaire de 1789 est particulièrement révélateur.

Alexandre VIALA
Agrégé des facultés de droit
Professeur de droit public
Université de Montpellier - Directeur du CERCOP

Vocations religieuses et stratégies successorales dans la Babylonie de Hammurabi

Le titre de ce colloque dédié à la mémoire de M.-L. Pavia, *L'homme méditerranéen face à son destin*, évoque immanquablement à l'orientaliste que je suis l'expression akkadienne « aller à son destin » (*ana šimtišu alāku*), un euphémisme couramment employé dans les textes juridiques mésopotamiens pour signifier « mourir ». Ce sont en effet de bien tristes circonstances qui nous ont réunis à La Rochelle, pour honorer le souvenir de celle qui est « allée à son destin » et qui lui a fait face aussi, avec courage et dignité. En hommage à son œuvre, il sera donc question ici de femmes et d'héritage, deux thèmes qui ont été explorés par M.-L. Pavia et qui seront abordés sous l'angle des droits cunéiformes.

Le droit des successions est par définition celui qui prétend organiser le destin de chacun de nous, du moins dans sa dimension patrimoniale. Recueillir les biens d'un proche est un acte qui dépasse largement la simple transmission matérielle des choses : c'est aussi s'inscrire dans une histoire familiale pour en perpétuer les mythes fondateurs ou les tragédies destructrices. Hériter signifie donc prendre sa place dans la généalogie de la famille, une place qui, dans de nombreuses civilisations, est assignée différemment selon que l'on est un homme ou une femme. Le Proche-Orient ancien ne fait pas exception.

Au deuxième millénaire avant n. è., période la mieux documentée pour notre sujet, le droit des successions s'y présente schématiquement de la manière suivante : le système qui prévaut dans le sud mésopotamien (Babylonie) est celui des successions *ab intestat*, tandis que le nord (Assyrie) connaît et pratique le testament. Dans les deux cas, l'aîné – qui n'est pas forcément le plus âgé – peut être avantagé, soit par le droit commun qui lui accorde une part double ou un préciput prélevé sur l'ensemble du patrimoine, soit par un acte de volonté du chef de famille prenant la forme d'un testament ou d'une donation qui ne sera pas rapportée à la succession[1].

[1] Sur le droit des successions en général, cf. F.R. KRAUS, « Vom altmesopotamischen Erbrecht. Ein Vortrag », dans *Essays on Oriental Laws of Succession*, SD 9, 1969, p. 1-17 ; G. CARDASCIA, « Panorama des successions *ab intestat* » dans J.-L. HAROUEL (éd.), *Histoire du droit social. Mélanges en hommage à Jean Imbert*, Paris, 1989, p. 135-141; M. REDE, « Famille et transmission du patrimoine à Larsa. Une approche anthropologique », dans L. MARTI (éd.), *La famille dans le Proche-Orient ancien : réalités, symbolismes et images*,

Les filles héritent une part inférieure en présence de fils, ou la totalité du patrimoine si elles sont seules[2]. Le plus souvent, elles reçoivent leur part successorale sous la forme d'une dot, conçue comme un avancement d'hoirie. Rien cependant n'oblige le père à gratifier sa fille, qui ne peut donc se prévaloir d'un droit sur le patrimoine paternel et bénéficie tout au plus d'une faveur. Par ailleurs, même si la dot reste la propriété de l'épouse, elle n'en a pas la disposition, car la gestion de ses biens est confiée à son mari. Elle-même n'en possède qu'une toute petite partie pour son usage personnel et ne peut rien donner à son conjoint, par exemple pour garantir ou rembourser une dette[3]. Tout est donc fait pour que la dot soit inaliénable afin d'être transmise aux enfants intacte (ou augmentée), ou bien restituée à la famille d'origine.

Il en va de même pour le douaire, laissé à la discrétion du mari et probablement consenti après la naissance du premier enfant[4]. Ce gain de survie de la veuve est lui aussi destiné à passer ultérieurement entre les mains des descendants ou, à défaut, à revenir dans la famille de l'époux.

Les règles successorales féminines se placent ainsi dans un cadre familial organisé autour du mariage. Le destin d'une femme honorable est d'épouser un homme et d'avoir des enfants, d'où des prérogatives limitées ou contrôlées sur les richesses qu'elle apporte chez son mari. En Mésopotamie comme ailleurs, l'objectif des règles successorales est de maintenir la cohérence et la consistance des patrimoines de chaque lignage, en réduisant les possibilités de transfert de l'un vers l'autre.

Le modèle matrimonial est à ce point ancré dans la culture juridique qu'il touche même celles qui n'ont pas vocation à être mariées, à savoir les

---

Actes de la 55e Rencontre Assyriologique Internationale Paris 6-9 juillet 2009, Winona Lake, 2014, p. 317-340.

[2] Sur le droit successoral féminin, cf. J. KLÍMA, « La position successorale de la fille en Babylonie ancienne », *ArOr* 18, 1950, p. 150-186 ; Z. BEN BARAK, « Inheritance of Daughters in the Ancient Near East », *JSS* 25, 1980, p. 22-33 ; K. GROSZ, « On Some Aspects of the Position of Women at Nuzi », dans B. LESKO (éd.), *Women's Earliest Records*, Brown Judaic Studies 166, 1989, p. 167-180 ; T. KÄMMERER, « Zur sozialen Stellung der Frau in Emar », *UF* 26, 1994, p. 169-208 ; S. DÉMARE-LAFONT, « Inheritance Law of and through Women in the Middle Assyrian Period » dans D. LYONS, R. WESTBROOK (éd.), *Women and Property in Ancient Near Eastern and Mediterranean Societies*, colloque organisé en 2003 au Center for Hellenic Studies de l'université de Harvard et édité en ligne (http://chs.harvard.edu/CHS/article/display/1219).

[3] A. VAN PRAAG, *Droit matrimonial assyro-babylonien*, Amsterdam, 1945, p. 174 ; pour un point de vue plus nuancé, cf. R. WESTBROOK, *Old Babylonian Marriage Law*, AfO Beiheft 23, 1988, p. 94, qui pense que le mari pouvait utiliser la dot en cas de nécessité.

[4] C'est ce que semble sous-entendre le § 150 du Code de Hammurabi en écartant la revendication des enfants qui tenteraient de récupérer le douaire de leur mère, devenue veuve : « Si un homme offre à sa femme un champ, un verger, une maison ou un bien meuble et dresse un acte scellé pour elle, après la mort de son mari, ses enfants ne revendiqueront pas contre elle. La mère donnera son patrimoine à celui de ses fils qu'elle aime ; elle ne (le) donnera pas à un étranger (à la famille). »

religieuses. L'archétype est incarné par les religieuses-*nadītum* de l'époque paléo-babylonienne (première moitié du deuxième millénaire avant n. è.). Considérées comme les épouses secondaires des divinités qu'elles doivent servir, elles sont à ce titre astreintes au célibat et à la chasteté[5]. Par privilège, certaines peuvent se marier sans porter d'enfant, mais ces cas sont marginaux[6]. Issues souvent de milieux aisés, elles reçoivent une dot, elles aussi, au moment de leur entrée dans ce qu'on pense être un cloître. Mais à la différence des épouses, les religieuses ont elles-mêmes la gestion de leurs biens et se comportent la plupart du temps comme de redoutables femmes d'affaires. Alliant fortune et autonomie, elles paraissent constituer, à contre-courant du schéma traditionnel, un modèle d'émancipation et d'indépendance, une sorte d'exception à la règle de la primauté des hommes dans le champ familial[7].

En réalité, leur condition juridique est très conforme au droit commun des successions féminines, qui sont pensées dans un cadre essentiellement masculin. Lorsqu'on donne des biens de valeur à ces femmes, c'est parce qu'elles les conserveront sans pouvoir y toucher, puis les transmettront à un ou plusieurs héritiers déterminés. Les successions féminines sont ainsi imprégnées de l'esprit des substitutions : recevoir pour donner, servir d'intermédiaire ou de courroie de transmission, « faire pont et planche » comme on disait en droit féodal, voilà le destin des femmes mésopotamiennes, au moins dans le champ de l'hérédité.

C'est dans ce contexte qu'il faut analyser les stratégies patrimoniales des familles, où les femmes sont utilisées comme vecteurs de dévolution de biens destinés à d'autres qu'elles.

Les exemples qui vont suivre viennent de Babylonie et remontent au XVIIIe siècle avant n. è. On va d'abord regarder les dispositions du Code de Hammurabi concernant ces religieuses pour comprendre les règles de dévolution successorale qui les gouvernent. À la lumière des principes énoncés dans le Code, on se penchera ensuite sur les illustrations pratiques fournies par la documentation de Sippar, une ville proche de Bagdad et qui est notre principale source d'information sur le sujet.

---

[5] Sur le statut et le rôle social des religieuses-*nadītum* de Sippar, cf. R. HARRIS, « The *nadītu* women », dans R.D. BIGGS et J.A. BRINKMAN (éd.), *Studies presented to A.L. Oppenheim, June 7, 1964*, Chicago, 1964, p. 106-135 ; EADEM, *Ancient Sippar. A Demographic Study of an Old-Babylonian City (1894-1935 B.C.)*, PIHANS 36, Leiden, 1975, p. 305-311 ; E. STONE, « The Social Role of the *Nadītu* Women in Old Babylonian Nippur », *JESHO* 25, 1982, p. 50-70 ; U. JEYES, « The *Nadītu* Women of Sippar », dans A. CAMERON et A. KURHT (éd.), *Images of Women in Antiquity*, Londres, 1993, p. 260-271.

[6] Sur ces religieuses-*nadītum* de Marduk, cf. L. BARBERON, *Les religieuses et le culte de Marduk dans le royaume de Babylone*, Archibab 1, Mémoires de NABU 14, 2012.

[7] Cf. R. HARRIS, « Bibliographical notes on the *nadītu* women of Sippar » *JCS* 16, 1962, p. 1-12 ; EADEM, *nadītu women…*, p. 123-124 ; EADEM, *Ancient Sippar…*, *passim* ; J. RENGER, « Untersuchungen zum Priestertum in der altbabylonischen Zeit, 1. Teil », *ZA* 58, 1967, p. 110-188, spécial. p. 150-153.

I- Les droits successoraux des religieuses d'après le Code de Hammurabi

Le plus célèbre monument législatif de Mésopotamie fut composé vers 1750 avant n. è. par le non moins célèbre roi Hammurabi de Babylone. Les 282 paragraphes que contient la stèle abordent la plupart des champs du droit, et notamment, aux §§ 178-183 **[1]**, le droit successoral des religieuses.

Les différentes catégories évoquées dans ces lois (*ugbabtum*, *nadītum*, *sekretum*, *qadištum*, *kulmašitum*, *šugitum*) nous restent assez obscures et force est de reconnaître que nous n'avons aucune information sur la nature de leurs occupations religieuses. Comme elles ne sont jamais rattachées à un culte précis ou à une fonction déterminée dans un temple, il est préférable d'éviter le terme de « prêtresse » à leur sujet. Certaines d'entre elles vivaient dans un cloître : c'est le cas des *nadītum*s du dieu Šamaš dont on parlera plus loin, et qui sont citées aux §§ 178-181 du Code. D'autres pouvaient se marier sans avoir d'enfant : c'est le statut particulier des *nadītum*s du dieu Marduk et des *šugitum*s évoquées aux §§ 182-183 du Code. D'autres encore participaient à la vie séculière, comme par exemple les *qadištum*s, qui semblent intervenir dans les accouchements[8].

Les §§ 178-180 fixent le cadre général, valable pour les trois dernières catégories citées, mais peut-être aussi plus largement pour toutes les autres.

La syntaxe des lois, parfois lourde et redondante, repose sur un style casuistique, habituel dans la production scientifique mésopotamienne : le législateur commence par exposer un cas dans la protase, exprimée au conditionnel, puis donne la solution dans l'apodose, rédigée à l'indicatif.

Le § 178 commence par une longue protase de quatre lignes qui détaille la situation de base :

> « S'il y a une religieuse-*ugbabtum*, une religieuse-*nadītum* ou une religieuse-*sekretum* à qui son père a offert une dot et rédigé une tablette, et que dans la tablette qu'il a rédigée, il n'a pas écrit qu'elle peut donner sa succession à qui elle veut et ne lui a pas donné toute latitude (pour ce faire), »

Vient ensuite l'énoncé de la règle dans l'apodose :

> « après que le père sera allé à son destin, (= sera mort), ses frères (à elle) prendront son champ et son verger et ils lui donneront nourriture, huile et vêtements correspondant à la valeur de sa part successorale et rendront ainsi son cœur satisfait. »

À l'alinéa suivant, le scribe envisage l'hypothèse où les frères n'exécutent pas leur obligation :

[8] Sur la *qadištum*, cf. J. Goodnick Westenholz, « Tamar, *Qĕdēšā*, *Qadištu*, and Sacred Prostitution in Mesopotamia », *HTR* 82, 1989, p. 245-265, spécial. p. 252.

> « Si ses frères (à elle) ne lui donnent pas nourriture, huile et vêtements correspondant à la valeur de sa part successorale et ainsi ne rendent pas son cœur satisfait, »

Le rédacteur répète les mêmes termes en ajoutant une négation, au lieu d'introduire l'alternative par un terme laconique comme « Sinon » ou « À défaut », sans doute parce que la concision est perçue comme un risque de contournement ou de contresens, volontaire ou non.

Le paragraphe se termine par la seconde apodose :

> « elle pourra donner son champ et son verger au cultivateur qui lui conviendra et son cultivateur l'entretiendra. Tant qu'elle vivra, elle aura l'usufruit du champ, du verger et de tout ce que son père lui avait donné (mais) elle ne pourra pas vendre ni donner en garantie pour un autre. Son héritage appartient à ses frères. »

La religieuse privée de revenus a donc la gestion et l'usufruit de ses biens dotaux puisqu'elle peut recruter elle-même un cultivateur et exiger de lui une part de la production des terres. En revanche, elle ne peut les aliéner ; seuls ses frères en ont la propriété, comme l'indique la dernière phrase.

Le § 178 nous apprend donc plusieurs choses importantes : la dot doit être attribuée par le père et consignée dans un acte écrit, qui énumère précisément les biens remis à la femme. Cet acte prend manifestement la forme d'une donation rapportée à la succession : au moment du partage, les frères récupèrent en effet les terres et versent à la place à leur sœur une rémunération régulière sous forme de rations calculées d'après le rendement des champs qu'elle détenait. À défaut de cette rente, elle conserve l'usufruit du domaine jusqu'à sa mort. Dans le cas envisagé ici, la religieuse récupère donc un domaine foncier que son père va ainsi faire fructifier : étant immobilisés, les terrains seront exploités au mieux des intérêts économiques de sa fille et par extension de sa famille. Les tablettes de Sippar montrent effectivement le soin qu'apportent ces femmes à la mise en valeur des champs et des vergers, et l'âpreté des négociations avec les métayers pour récupérer la meilleure partie des récoltes[9]. Leurs efforts leur assurent un certain train de vie correspondant à leur rang social élevé. Théoriquement, leurs frères doivent leur garantir ce même standing lorsqu'ils reprennent la gestion du patrimoine à la mort du père, mais on sait en pratique, toujours par les tablettes de Sippar, qu'ils y mettent parfois beaucoup de mauvaise volonté[10].

---

[9] Cf. R. HARRIS, *Ancient Sippar…*, p. 213-257 ; S. DÉMARE-LAFONT, « Quelques femmes d'affaires au Proche-Orient ancien », dans A. GIROLLET (éd.), *Le droit, les affaires et l'argent. Célébration du bicentenaire du Code de commerce, Actes des Journées internationales de la Société d'histoire du droit, Dijon 2007*, MSHDIPB 65, 2008, p. 25-36, spécial. p. 30-31.

[10] C'est ce que montrent certains procès intentés par les religieuses contre leurs frères pour obtenir la remise de leur dot ou le versement de leurs rations d'entretien ; cf. par exemple AbB 10 10 ou encore CT 6 7a.

Le § 179 présente la variante du § 178 : le père a donné une dot à sa fille par écrit, mais cette fois, il l'a expressément autorisée à transmettre les biens à qui elle veut. Le texte commence exactement comme le précédent :

> « S'il y a une religieuse-*ugbabtum*, une religieuse-*nadītum* ou une religieuse-*sekretum* à qui son père a offert une dot et rédigé une tablette, et que dans la tablette qu'il a rédigée »

Mais la dernière partie de la phrase de la protase est affirmative :

> « il a écrit qu'elle peut donner sa succession à qui elle veut et lui a donné toute latitude (pour ce faire), »

L'apodose prévoit donc logiquement que la religieuse choisira son héritier et écarte toute revendication de ses frères :

> « après que son père sera allé à son destin (= sera mort), elle donnera sa succession à qui elle voudra. Ses frères ne revendiqueront pas contre elle. »

À première vue, la loi semble donc reconnaître à la religieuse la pleine propriété de sa dot. En réalité, comme on le verra plus loin avec les textes de Sippar, l'éventail du choix est restreint puisqu'elle peut désigner l'un de ses frères au lieu de s'adresser à tous solidairement pour son entretien. Le texte admet ainsi que l'indivision du § 178 puisse être rompue par la volonté de la fille, avec le consentement paternel.

Le § 180 envisage le cas où le père ne donne pas de dot à sa fille religieuse. Son entretien est sans doute assuré par son père tant qu'il est vivant. Elle est ensuite autorisée à venir à la succession paternelle en tant qu'usufruitière, sa part revenant automatiquement à ses frères après sa mort.

Ces trois paragraphes posent donc la règle suivante : la religieuse n'a que l'usufruit de sa dot, qu'elle l'ait reçue en avancement d'hoirie (§ 178) ou qu'elle la prenne lors du partage successoral au décès du père (§ 180). Elle est en principe entretenue par ses frères indivis (§ 178), sauf si son père l'a autorisée à désigner l'un d'eux comme héritier (§ 179).

Le § 181 envisage le cas particulier de la jeune fille qui a été vouée à une divinité par son père alors qu'elle était encore jeune, peut-être même enfant. Pour cette raison, elle n'a pas été dotée, l'opération intervenant probablement plus tard, au moment de son entrée au couvent. Le chef de famille décède, sans doute prématurément et son patrimoine est partagé : sa fille n'a droit qu'à une portion réduite (un tiers de sa part[11]), peut-être parce

11 En ce sens, G.R. DRIVER et J.C. MILES, *The Babylonian Laws*, vol. II, Oxford, 1955, p. 73, E. SZLECHTER, *Codex Hammurapi*, Rome, 1977, p. 12 et A. FINET, *Le Code de Hammurapi*, 2e éd., LAPO 6, 1983, p. 105. *Contra* M. ROTH, *Law Collections from Mesopotamia and Asia Minor*, 2e éd., SBL-WAW 6, Atlanta, p. 141-142 note 38, pour qui le code raisonne sur un partage entre trois héritiers, la religieuse non dotée recevant ainsi une part entière, soit un tiers de la succession ; dans le même sens déjà, R. HARRIS, *Ancient Sippar*…, p. 307.

que les deux tiers restants financeront son éducation et les frais de sa consécration, qui sont à la charge de ses frères. Là encore, elle n'aura que l'usufruit des biens reçus. La règle est donc identique à celle du § 178 ; seule change la quotité attribuée à l'héritière du fait des circonstances.

Les deux derniers paragraphes (§§ 182-183) s'intéressent à une catégorie de religieuses qui, contrairement aux précédentes, sont autorisées à se marier sans toutefois pouvoir enfanter : il s'agit de la religieuse-*nadītum* de Marduk de Babylone (§ 182) et de la religieuse-*šugitum* (§ 183).

À propos de la première, le Code dispose qu'elle a droit à un tiers de part d'enfant en pleine propriété si elle n'a pas reçu de dot du vivant de son père. Le statut de la religieuse explique cette solution : étant mariée, elle est prise en charge par son époux pour son entretien quotidien, ce qui réduit son accès au patrimoine paternel ; ayant vocation à avoir des enfants, par adoption ou par l'intermédiaire d'une concubine ou d'une épouse secondaire faisant office de « mère porteuse », elle leur transmettra ses biens, conformément au droit commun de la dot en Mésopotamie. Il y a certainement des terres parmi ces biens, comme le laisse supposer la référence au service (« et elle n'accomplira pas le service »). Il y a là une allusion aux obligations dues par les tenanciers de la couronne, qui reçoivent des domaines plus ou moins vastes en rémunération des activités qu'ils fournissent pour le palais. Traditionnellement, ce sont les hommes qui accomplissent ces services, et les maris quand le bien grevé est attribué à une héritière.

S'agissant de la religieuse-*šugitum*, le Code indique (§ 183) que la dot consignée dans une donation et remise au mari tient lieu de part successorale. On peut s'interroger sur la raison d'être de ce texte, qui semble énoncer une évidence de droit commun, à savoir que la dot représente un avancement d'hoirie. En réalité, la loi semble surtout écarter les possibles fraudes à cette règle, liées au fait que la dot est détenue par le mari : la femme pourrait prétendre qu'elle n'a rien reçu et revendiquer une participation à la succession. L'acte de donation (« document scellé ») suffira à écarter cette prétention, ce qui laisse supposer que la tablette était conservée dans la maison familiale avec le reste des archives.

Au total, le Code de Hammurabi nous montre donc que les religieuses n'ont pas de privilège successoral et qu'elles sont logées à la même enseigne que les autres filles de famille. Elles dépendent du bon vouloir de leur père pour leur dot, et de la bonne volonté de leurs frères pour leur entretien. Même s'ils sont légalement tenus de leur apporter un soutien économique, ils ne s'empressent pas toujours d'exécuter cette obligation, comme le montrent les actes de la pratique de Sippar, qu'il s'agit d'examiner maintenant.

II- Les actes de la pratique de Sippar

Pendant les trois premiers siècles du deuxième millénaire avant n. è., la ville de Sippar abrita une communauté de religieuses-*nadītum*, vouées au dieu Šamaš, dieu du soleil, de la lumière, et par extension de la justice, qui était aussi le dieu tutélaire de la ville. Ces filles de bonnes familles recevaient une dot, on l'a dit, qui était souvent constituée de biens immobiliers (champs, vergers, maisons) et parfois aussi de biens mobiliers de valeur, comme des esclaves ou des objets en bois (lits ou chaises). Célibataires, elles vivaient dans un espace délimité par une clôture et constitué de petites maisons individuelles où elles résidaient avec une servante, sur un modèle qui rappelle celui des béguines de l'Europe du Nord au Moyen Âge.

Il y a un contraste saisissant entre la vie religieuse de ces femmes, plutôt contemplative pour ce qu'on en comprend, et leur forte implication personnelle dans la gestion de leur patrimoine. Beaucoup des textes les concernant sont rédigés « à la porte du cloître » (*ina bāb gagîm*), pour reprendre l'expression utilisée dans les textes pour désigner l'espace intermédiaire entre le cloître et le monde séculier. C'est là qu'elles concluent leurs contrats, négocient les transactions financières et perçoivent les revenus de leurs domaines.

La consécration de ces jeunes filles n'est donc pas seulement un signe de prestige social, c'est aussi un placement financier rentable. Les biens qui leur sont attribués deviennent inaccessibles aux tiers pendant toute la durée de leur vie. L'intérêt est évident pour les biens mobiliers, en particulier pour les esclaves, qui peuvent ainsi échapper aux revendications des créanciers d'un chef de famille.

Telle est la situation envisagée dans le rescrit du roi Samsu-iluna[12] [2], fils et successeur de Hammurabi à la fin du XVIIIe siècle avant n. è. Le souverain est saisi par les juges de la ville de Sippar de deux questions de droit concernant les religieuses-*nadītum*. La première porte sur la prise en charge des moniales non dotées, qui incombe à la ville de plus en plus souvent du fait de la paupérisation des bonnes familles dans un contexte de crise économique grave [13]. La seconde question, qui nous retiendra davantage, traite des droits du créancier face à un débiteur récalcitrant : un juge nommé Awil-Sin assigne en justice un certain Mar-Šamaš pour exiger le remboursement de sa créance, faute de quoi il va saisir l'esclave de sa fille, religieuse vivant dans le cloître de Sippar. Interrogé par les magistrats sur la licéité de cette démarche, le roi répond que la fille ne peut, dans ces conditions, être tenue pour responsable des dettes de son père ou de ses frères et que ses biens sont insaisissables. Le fait de vivre dans la clôture

---

[12] C. JANSSEN, « Samsu-iluna and the Hungry *nadītums* », *NAPR* 5, 1991, p. 3-39.
[13] Cf. C. JANSSEN, *Samsu-iluna…*, p. 10-11.

place donc la religieuse et son patrimoine hors de portée des créanciers. On peut imaginer qu'un débiteur aux abois ou malhonnête sera tenté d'utiliser ce moyen frauduleux pour s'appauvrir, et c'est sans doute ce scénario qu'Awil-Sin a en tête lorsqu'il intente son action contre Mar-Šamaš.

L'avantage est encore plus net pour les biens fonciers, qui sont en quelque sorte gelés. Leur exploitation est confiée à des métayers qui veillent au rendement des sols et des vergers, et rendent compte de leur travail à la religieuse. Lorsqu'elle est amenée à vendre une partie de son domaine, ce qui est plutôt rare, elle le fait en présence d'un membre de sa famille, ce qui laisse supposer qu'elle n'en a pas la pleine disposition[14]. Et de fait, ces terres sont manifestement détenues en mainmorte, ce qui les rend inaliénables et indisponibles, comme le stipulent parfois les contrats en précisant que la donataire « ne peut pas faire ce qu'elle veut (et) ne peut pas (les) vendre[15] ».

Ainsi immobilisés, ces biens ont vocation à revenir à la famille au décès des religieuses. C'est ce qu'indiquent les clauses fréquentes d'usufruit viager conclues à leur profit, qui induisent la restitution de leurs biens après leur mort. On pourrait objecter que certaines d'entre elles transmettent leur patrimoine par le biais de l'adoption[16]. Mais la plupart du temps, l'adoptée – qui est toujours féminine et qui acquiert elle aussi le statut de *nadītum* – est une nièce, qui va donc prendre le relai de sa parente et prolonger le statut de mainmorte des biens qu'elle recueille. Même si les motifs de ces adoptions ne sont pas toujours explicites, on peut supposer soit que la famille souhaite perpétuer une tradition tout en mettant sa fortune à l'abri, soit qu'il n'y a pas encore d'héritier masculin disponible ou capable.

Au moment où le père rédige la donation pour sa fille, il prend souvent soin de préciser la destination finale des biens qu'il lui attribue. Lorsque le lien de parenté est précisé, il s'agit le plus souvent des frères indivis de la bénéficiaire, ou de l'un d'eux nommément désigné. Dans ce dernier cas, la substitution fidéicommissaire permet de favoriser un héritier et de contourner la règle du partage égalitaire en vigueur à Sippar.

Tel est le cas par exemple dans un contrat de l'époque de Hammurabi **[3]**, où des parents donnent à leur fille Aya-inib-ilatim une maison de 36 m^2 qui représente sa part successorale. Quoique son statut ne soit pas précisé, on sait par le recoupement avec d'autres documents qu'il s'agit d'une

---

14 Tel est le cas par exemple de Nakulatum, une *nadītum* qui vend, conjointement avec sa mère ou belle-mère 144 m^2 de champs lui venant de son père (CT 8 44a // CT 48 31). Voir aussi MHET II/1 52, où Anna-binatum vend une surface de 108 m^2 avec sa mère ; cf. R. HARRIS, *Ancient Sippar…*, p. 215.

15 *mala libbiša ūl imaṣīma ana kaspim ūl inaddin*; cf. par exemple CT 47 58/58a ou VS 9 199.

16 La pratique est bien attestée, non seulement dans le milieu des religieuses-*nadītum* (cf. R. HARRIS, *nadītu woman…* p. 128-130) mais aussi en-dehors (cf. M. STOL, « The Care of the Elderly in Mesopotamia in the Old Babylonian Period », dans M. STOL et S.P. VLEEMING (éd.), *The Care of the Elderly in the Ancient Near East*, SHCANE 14, p. 59-117, spécial. p. 97-104).

religieuse. Il est tentant d'imaginer que la maison qu'elle reçoit se situe à l'intérieur de la clôture et constitue son domicile (comme au texte **[4]**, où cette localisation est expressément indiquée) ; ainsi s'expliquerait qu'elle ne tire aucun revenu de ce bien et reçoive une rente biannuelle pour son entretien. La surface cependant est supérieure à la taille des habitations de religieuses, qui ressemblent plutôt à des cellules[17].

Quoi qu'il en soit, Aya-inib-ilatim n'a que l'usufruit de la maison, qu'elle pourra occuper sa vie durant, ainsi que le précise la clause précédant le serment : « Tant qu'Aya-inib-ilatim vivra, elle aura la jouissance de la maison ». À sa mort, le bien sera transmis à son frère Warad-kubi, comme l'indique expressément la deuxième phrase du texte (« Son héritier est Warad-kubi son frère »). L'arrangement décidé par les parents garantit ainsi un logement viager à la fille tout en protégeant les droits du lignage, représenté par le fils, qui est le destinataire ultime de la maison. Nous avons bien affaire à une substitution fidéicommissaire.

Une autre tablette **[4]** illustre aussi le système des substitutions : un nommé Ili-rabi donne à sa fille Ayatum un champ, des moutons, une vache, une servante et deux maisons, dont une, toute petite, dans le cloître.

Il faut dire un mot à propos des animaux mentionnés ici. Les cinq têtes de bétail « qui ne meurent pas » sont des biens mobiliers qu'il faudra renouveler pour maintenir intacte la consistance de la dot. L'expression est assez fréquente – on la retrouve au texte **[5]** avec une variante (« et ne se perdent pas ») ; elle traduit une obligation à la charge de la religieuse, qui devra utiliser le croît de ce petit troupeau pour remplacer les moutons morts ou perdus. Quant à la vache, elle porte un nom, ce qui n'est pas inhabituel en Mésopotamie, nom qui en l'occurrence signifie « Propriété du dieu Sin », non pas parce qu'elle appartient au cheptel du temple de ce dieu, qui n'est pas attesté à Sippar, mais parce que Sin est associé aux bovins, symboles de fertilité.

Ayatum vivra donc des revenus de ce patrimoine, mais peut-être pas durant toute son existence. La clause sur la jouissance viagère manque en effet, ce qui laisse supposer que, comme au § 178 du Code de Hammurabi, les terres reviendront dans la famille au décès du père.

L'héritier n'est pas nommément désigné, mais sera choisi par Ayatum parmi ses frères : elle désignera « celui qu'elle aimera et qui l'honorera », ce qui nous ramène à la situation envisagée au § 179 du Code de Hammurabi, où la religieuse peut donner sa succession « à qui elle voudra ».

La formule utilisée au texte **[4]** se décompose en deux verbes qui correspondent à deux réalités juridiques distinctes. Il y a en premier lieu le

---

[17] Le texte **[4]** mentionne 12 m², surface que l'on retrouve dans plusieurs autres documents, avec quelques variantes. R. HARRIS, *Ancient Sippar…*, p. 311, établit à environ 36 m² la taille maximale des maisons, tout en soulignant que plusieurs religieuses pouvaient y résider ensemble, ce qui réduit l'espace d'habitation de chacune.

choix d'un héritier, qui est rendu par le verbe « aimer », qu'on trouve notamment dans le Code en référence à l'enfant qui recueille le douaire constitué pour la veuve, désigné comme « celui de ses fils qu'elle aime[18] ». En second lieu, l'obligation d'entretien est rendue par le verbe « craindre, honorer, respecter », qui est souvent employé à propos du devoir des enfants envers leurs parents âgés, qu'ils sont tenus de soutenir financièrement[19]. Au Proche-Orient ancien, la vocation successorale, au moins pour l'héritier institué (ou préféré) est conditionnée par l'exécution de cette prestation[20].

Ayatum pourra donc choisir, mais son choix est contraint : l'héritier sera le frère qui l'entretiendra après le décès du père, lorsque les biens seront revenus dans la famille. C'est ce même scénario que le législateur a en tête au § 179 du Code : la religieuse donnera sa succession à l'un de ses frères en compensation de son entretien, et les autres ne pourront pas le contester.

Le dernier texte **[5]** correspond plutôt à la situation décrite au § 178 : Uknitum y reçoit une dot, qui comporte à peu près les mêmes éléments que celle d'Ayatum au texte **[3]**, avec davantage de surfaces de champs et de biens mobiliers. L'indivision des frères est ici très claire puisqu'ils sont collectivement héritiers de leur sœur et devront tous contribuer au versement de sa rente. On peut imaginer que s'ils manquent à leur obligation, Uknitum pourra reprendre les biens et s'en servir pour son entretien, comme le prévoit le § 178.

Dans ces trois exemples, la religieuse est gratifiée d'un patrimoine qu'elle conservera sa vie durant et qu'elle devra restituer à l'identique ou augmenté des plus-values qu'elle aura réalisées. On comprend alors qu'une bonne partie de son existence et de son énergie aient été consacrées à la gestion des domaines et des troupeaux qui lui étaient confiés. Inaliénables et indisponibles, ces biens devaient être conservés intacts pour les générations futures et garantir la stabilité du lignage.

Dans la plupart des donations d'un père à sa fille à Sippar, l'héritier ultime est masculin. Le but des substitutions est ainsi de maintenir le privilège successoral des fils sur les filles. Mais il permet aussi, lorsqu'un frère est nommément désigné, de fabriquer un aîné contre la coutume successorale locale. À Sippar en effet, les partages étaient égalitaires ; un

---

[18] *ana mārīša ša irammu*, § 150 Code de Hammurabi XXXII : 21-22 ; cf. *supra* note 4 pour l'ensemble du texte. On notera que, du point de vue du père, le fils préféré promu au rang d'aîné sans être forcément le plus âgé, est désigné comme l'héritier « qui est agréable à son œil » (*ša īnšu mahru*, § 165 Code de Hammurabi xxxiv : 35).

[19] Cf. M. STOL, *Care of the Elderly…* p. 59-117 ; K. VEENHOF, « Old Assyrian and Ancient Anatolian Evidence for the Care of the Elderly », dans STOL et S.P. VLEEMING (éd.), *The Care of the Elderly in the Ancient Near East*, SHCANE 14, p. 119-159. C'est également dans ce sens qu'il faut comprendre le quatrième commandement de la Bible : « Honore ton père et ta mère ».

[20] Cf. les exemples relevés par M. STOL, *Care of the Elderly…*, p. 71-82 et par K. VEENHOF, *Care of the Elderly…*, p. 136-137.

moyen de contourner le droit commun consistait donc pour le père à consacrer sa fille à Šamaš en lui faisant une donation grevée d'une obligation de fidéicommis. De cette manière, les biens étaient protégés et venaient augmenter la part successorale du bénéficiaire ultime.

De telles stratégies successorales, fondées sur une conception lignagère de la famille, renforcent le caractère patrilinéaire de la famille mésopotamienne, en limitant de manière significative les transferts de biens aux femmes. Ces pratiques sont pour l'instant principalement documentées dans le cercle des religieuses-*nadītum* de Sippar. L'information manque pour les deux autres catégories mentionnées dans le Code, l'*ugbabtum* et la *šugitum*. Il est difficile de savoir si les biens qui leur sont dévolus obéissent aux mêmes règles. Le rescrit de Samsu-iluna **[2]** semble cependant montrer que, au moins à l'égard des esclaves, c'est leur localisation à l'intérieur de la clôture qui les rend insaisissables, et non pas leur attribution à la religieuse. Jusqu'à présent, rien n'indique que l'*ugbabtum* et la *šugitum* résident elles aussi à l'écart, si bien que leur patrimoine mobilier pourrait être saisissable.

Reste que le Code **[1]** associe les trois sortes de religieuses dans ses dispositions, notamment à propos des substitutions, ce qui laisse supposer qu'elles ont une condition juridique semblable.

Ce facteur a certainement favorisé le développement des mécanismes successoraux qui viennent d'être décrits, mais un élément démographique a pu aussi jouer un rôle. Dans les familles riches, l'absence d'héritier masculin peut conduire à la dispersion des biens attribués aux filles, ce qui menace directement la cohésion du patrimoine. Les substitutions apparaissent alors comme une sorte de coup d'attente dans un jeu tactique où les femmes servent de passerelle entre le père et ses fils, parce qu'ils sont soit trop jeunes pour prendre la tête des affaires familiales, soit trop occupés eux-mêmes à les faire fructifier.

Loin d'être un modèle d'autonomie, la religieuse babylonienne est donc plutôt un rouage dans un système pensé pour livrer le destin des femmes aux choix des hommes.

Sophie DÉMARE-LAFONT
Agrégée des facultés de droit
Professeur d'histoire du droit
Université de Paris II Panthéon-Assas – EPHE-SHP

TEXTES

[1] Code de Hammurabi §§ 178-183

§ 178 S'il y a une religieuse-*ugbabtum*, une religieuse-*nadītum* ou une religieuse-*sekretum* à qui son père a offert une dot et rédigé une tablette, et que dans la tablette qu'il a rédigée, il n'a pas écrit qu'elle peut donner sa succession à qui elle veut et ne lui a pas donné toute latitude (pour ce faire), après que le père sera allé à son destin (= sera mort), ses frères (à elle) prendront son champ et son verger et ils lui donneront nourriture, huile et vêtements correspondant à la valeur de sa part successorale et rendront ainsi son cœur satisfait.
Si ses frères (à elle) ne lui donnent pas nourriture, huile et vêtements correspondant à la valeur de sa part successorale et ainsi ne rendent pas son cœur satisfait, elle pourra donner son champ et son verger au cultivateur qui lui conviendra et son cultivateur l'entretiendra. Tant qu'elle vivra, elle aura l'usufruit du champ, du verger et de tout ce que son père lui avait donné (mais) elle ne pourra pas vendre ni donner en garantie pour un autre. Son héritage appartient à ses frères.

§ 179 S'il y a une religieuse-*ugbabtum*, une religieuse-*nadītum* ou une religieuse-*sekretum* à qui son père a offert une dot et rédigé une tablette, et que dans la tablette qu'il a rédigée, il a écrit qu'elle peut donner sa succession à qui elle veut et lui a donné toute latitude (pour ce faire), après que son père sera allé à son destin (= sera mort), elle donnera sa succession à qui elle voudra. Ses frères ne revendiqueront pas contre elle.

§ 180 Si un père n'offre pas de dot à sa fille qui est une religieuse-*nadītum* du cloître ou une religieuse-*sekretum*, après que le père sera allé à son destin (= sera mort), elle aura une part d'héritier sur le patrimoine paternel et elle en aura l'usufruit tant qu'elle vivra. Sa succession appartient à ses frères seulement.

§ 181 Si un père voue (sa fille) au dieu en tant que religieuse-*nadītum*, religieuse-*qadištum* ou religieuse-*kulmašitum* et qu'il ne lui offre pas de dot, après que le père sera allé à son destin (= sera mort), elle aura un tiers de sa part successorale dans le patrimoine paternel et elle en aura l'usufruit tant qu'elle vivra. Sa succession appartient à ses frères seulement.

§ 182 Si un père n'a pas offert de dot à sa fille qui est religieuse-*nadītum* de Marduk de Babylone et qu'il n'a pas rédigé de document scellé, après que le père sera allé à son destin (= sera mort), elle aura un tiers de sa part successorale avec ses frères dans le patrimoine paternel et elle n'accomplira pas le service. Une religieuse-*nadītum* de Marduk donnera sa succession à qui elle veut.

§ 183 Si un père a offert une dot à sa fille qui est une religieuse-*šugitum*, l'a donnée au mari et a rédigé un document scellé, après que le père sera allé à son destin (= sera mort), elle n'aura pas de part successorale dans le patrimoine paternel.

[2] Rescrit de Samsu-iluna (extrait)

Dis à Sin-naṣir, Nuratum, Sin-iddinam, au *kârum* de Sippar et aux juges de Sippar-Amnanum (…) : ainsi parle Samsu-iluna.
(…)
(2e cas) Les chefs des religieuses-*nadītum* de Šamaš m'ont en outre appris ceci : « Le juge Awil-Sin a une créance d'argent au débit de Mar-Šamaš, un homme de Sippar. Du fait que ce dernier n'a pas remboursé, il a saisi Mar-Šamaš en disant : "Si (…) je ne reçois rien, je prendrai l'esclave de ta fille religieuse-*nadītum* de Šamaš qui habite dans le cloître." Voilà ce qu'il lui a dit. » Voilà ce qu'ils m'ont appris.
(Réponse du roi) Une religieuse-*nadītum* de Šamaš qui habite dans le cloître n'est pas responsable des dettes (…) de la maison de son père et de ses frères. (…) Un créancier qui saisirait (les biens d')une religieuse de Šamaš pour les dettes (…) de la maison de son père et de ses frères, cet homme est un ennemi de Šamaš !

[3] MHET II/2 856

(Tablette concernant) 36 m² de maison, à côté de Nur-Šamaš, part successorale d'Aya-inib-ilatim, fille de Mar-Ištar, que Mar-Ištar son père et Sin-nuri sa mère lui ont donnés.

Son héritier est Warad-kubi, son frère.

Deux fois par an, il (Warad-kubi) donnera à sa sœur 200 litres d'orge et 4 litres d'huile.

Tant qu'Aya-inib-ilatim vivra, elle aura la jouissance de la maison […]

Ils ont juré par Šamaš, Aya, Marduk et Hammurabi.

Par-devant Etel-pi-Sin fils de Erra-nada, Sariqum fils d'Ili-abu le …, Mar-erṣetim fils de Warad-Erra, Sin-aham-iddinam fils d'Ibbatum, Iqip-Aya fils de Šamaš-ilum, Šerum-bani fils d'Ibni-Sin, Mar-Baya fils de Šamaš-…, Ili-iddinam fils d'Ipqatum.

Date

[4] CT 4 1b

2 hectares de champ dans le district de Tubqum, à côté du champ de Zaniriqum et à côté du champ de Rakibum, à un bout il y a Dalkiya, à l'autre bout il y a le verger de Šubna-hizu,

5 têtes de petit bétail qui ne meurent pas,

1 vache (nommée) Makkur-Sin,

1 servante nommée Hami-še-arši,

1 maison ancienne, autant qu'il y en a, ..., à côté de la maison de Bur-Adad et à côté de la maison de Šerik-Aya, à un bout il y a Sin-abum,

12 m^2 de maison dans le cloître, à côté de la maison d'Eli-eressa et à côté de la maison d'Erišti-Aya,

tout cela, c'est ce qu'Ili-rabi son père a donné à Ayatum sa fille.

Elle donnera sa succession parmi ses frères à celui qu'elle aimera et qui l'honorera.

Ils ont juré par Šamaš, Aya, Marduk et Hammurabi le roi.

Par-devant Munawwirum, Ibni-ilum, Kurrum, Aham-arši, Ašqudum.

Date.

[5] CT 45 29

1,5 hectare de champ dans le district d'Atašum, à côté (du champ) d'Ilum-Amurru, à côté (du champ) d'Ilšu-ibbišu et à côté (du champ) de Lamassi, fille de Šamaya,

1,2 hectare de champ sur le canal Irnina, à côté (du champ) d'Ipquša et à côté (du champ) d'Ilšu-ibbišu,

... de champ dans celui de Šumum-libši,

36 m^2 de maison à côté de la maison d'Ahum-waqar

2 ...

1 esclave (nommé) Ana-Šamaš-taklaku,

1 servante ...

5 têtes de petit bétail qui ne meurent pas et ne se perdent pas,

1 marmite en cuivre d'une capacité de 20 litres,

tout cela, c'est ce qu'Ea-šarrum a donné à Uknitum sa fille.

Ses frères sont ses héritiers.

Ils donneront à Uknitum 10 litres d'huile et des vêtements (pour une valeur d')un sicle d'argent.

Ils ont juré par Šamaš, Aya, Marduk et Hammurabi.

Par-devant Ilšu-ibbišu, Imgur-Šamaš fils de Šamayyatum, Tappa-wedim, Riš-Šamaš ... (reste cassé).

Liste des abréviations

AbB 10	F.R. Kraus, *Briefe aus kleineren westeuropäischen Sammlungen*, Altbabylonische Briefe 10, Leiden, 1985.
AfO Beiheft	Archiv für Orientforschung Beiheft, Horn.
ArOr	Archiv Orientalni, Prague.
CT	Cuneiform Texts from Babylonian Tablets in the British Museum, Londres
HTR	The Harvard Theological Review, Cambridge.
JCS	Journal of Cuneiform Studies, Philadelphie.
JESHO	Journal of the Economic and Social History of the Orient, Leyde.
JSS	Journal of the Semitic Studies, Manchester.
LAPO	Littératures anciennes du Proche-Orient, Paris.
NAPR	The Northern Akkadian Project Research, Gand.
MHET II/1	L. Dekiere, *Old Babylonian Real Estate Documents from Sippar in the British Museum Part 1 : Pre-Hammurabi Documents*, Mesopotamian History and Environment Series III Texts Volume II, Gand, 1994.
MSHDIPB	Mémoires pour la Société d'histoire du droit et des institutions des anciens pays bourguignons, comtois et romands, Dijon.
PIHANS	Publications de l'Institut historique-archéologique néerlandais de Stamboul, Istanbul/Leyde.
SBL-WAW	Society of Biblical Literature – Writings from the Ancient World, Atlanta.
SHCANE	Studies in the History and Culture of the Ancient Near East, Leyde.
SD	Studia et Documenta ad iura Orientis antiqui pertinentia, Leyde.
UF	Ugarit Forschungen, Kevelaer/Neukirchen-Vluyn.
VS	Vorderasiatische Schriftdenkmäler der königlihen Museen zu Berlin, Berlin.
ZA	Zeitschrift für Assyriologie und vorderasiatische Archäologie, Berlin.

Libertas, qui in legibus consistit (Cic. agr. 2. 100) Pour se libérer de l'« Heutiges Römisches Recht »

I- Le thème, l'hypothèse de travail et les lignes de vérification

a. Le thème. *Le rapport essentiel entre la liberté, l'organisation collective et la loi*

Le thème de la réflexion qui suit est le lien entre la liberté, l'organisation collective et la loi.

Il est évident qu'il existe un lien. La question de la liberté n'existe pas sans l'organisation collective et l'organisation collective n'existe pas sans la question de la liberté. Entre la liberté et l'organisation collective, la loi est le terme moyen.

Selon Marc. *D.* 40.5.53 pr., *libertas non privata sed republica res est*[1]. Cependant, il nous faut considérer, avec Gai. *D.* 3.4.1.1, que l'organisation collective est le lieu de rencontre de la *positio studii du privatum ius* et de la *positio studii du publicum ius*. L'organisation « des *societates*, des *collegia* et autres semblables (*huiusmodi*) *corpora* » est « *ad exemplum rei publicae* », « *tamquam in re publica* » (c'est-à-dire, observons, le *municipium*).

* Les thèses soutenues dans cette communication ont été présentées une première fois au XVIIe Congrès international de Droit romain « Liberté et abus dans le droit privé romain », Capanello Lido, 1er-4 juin 2014.
Une littérature très vaste correspond à la complexité du thème. Pour des raisons de temps et d'espace, je me limite à doter le texte d'une « bibliographie » indiquant les œuvres que j'ai utilisées pour le libellé et que je crois être utiles pour d'autres qui seraient intéressés pour approfondir le sujet. Dans les notes de bas de page, je me limite à indiquer les références doctrinales en relation plus immédiate avec les affirmations particulières contenues dans le texte.

[1] WOLODKIEWICZ, 2011.

b. L'hypothèse de travail. *Deux conceptions contemporaires (« romanistes ») de la* libertas : *l'une entièrement fausse/irréelle et l'autre presque vraie/réelle*

On rencontre, dans la doctrine romaniste, deux conceptions de la liberté, qui sont plus que différentes : opposées ; elles sont dues à la place différente/opposée de la loi entre la liberté et l'organisation collective. Je les indique immédiatement, dans une première approximation, en rappelant deux écrits romanistes du XXe siècle.

La première conception (« première », non seulement dans le temps, mais aussi, et beaucoup plus, pour son succès et sa diffusion) est formulée de façon exemplaire par Fritz Schulz dans les *Prinzipien des römischen Rechts* (1934), selon qui « dem römischen Freiheitsbegriff ist die Begrenzung immanent ». La « Begrenzung » est fournie par la loi.

Comme indice, si ce n'est comme preuve de l'existence (bien que faible) d'une seconde conception, je peux citer l'écrit de jeunesse (1973) d'un cher ami et collègue, récemment disparu (Carlo Venturini), selon lequel « nella pubblicistica dei *populares*[2] » la *libertas* est opposée à la domination d'un groupe oligarchique et est la participation effective des citoyens à la vie de la République (en fait, mon collègue écrit « dello Stato ») garantie par les lois, les assemblées populaires et le tribunat.

Pour faire une première intégration de ce dernier écrit et de la conception de la liberté évoquée ici, je dois cependant immédiatement préciser que, même selon un auteur comme Cicéron (qui n'est certes pas *popularis*), il est possible – et même il convient – d'établir entre la liberté et la loi un rapport, non pas de limitation de la seconde par rapport à la première, mais de véritable identité entre elles. En effet, Cicéron écrit que : *legum* [...] *omnes servi sumus ut liberi esse possīmus* (*pro Cluen.* 146 [66 av. J.-C.]) et, surtout, *libertas in legibus consistit* (*de l. agr.* 2.100 [63 av. J-C.]).

Les constructions juridiques qui sont à la base des deux conceptions sont deux syllogismes, respectivement : a) la loi est le commandement des représentants et, par conséquent, elle en limite la liberté ; b) la loi est le commandement des associés sur eux-mêmes et, par conséquent, elle en est la liberté.

De ces deux conceptions de la liberté, une seulement (la première) est commune à la science juridique « d'aujourd'hui » (aussi bien historiographique que positive) et une seulement (la seconde, opportunément intégrée) est romaine.

---

[2] VENTURINI, 1973 ; cf. MURONI **2013.**

c. Les lignes de vérification. *Une reconstruction (nécessairement ample, même dans sa dimension temporelle, donc schématique) de l'état de l'« art », pour reprendre la réflexion*

La partie initiale de la « vérification », de l'existence et de l'importance de ces deux conceptions de liberté, organisation collective et loi, veut être une reconstruction synthétique de l'état de l'« art » juridique sur notre thème.

À cette fin, il faut faire un bon nombre de pas en arrière pour (pouvoir) considérer une époque et une matière toutes deux vastes et diversifiées.

En effet, dans la formation (naissance et déroulement) du droit de l'époque contemporaine (*rectius* : « même » du droit de l'époque contemporaine), la recherche et l'affirmation de la solution du problème de satisfaire (collectivement, bien sûr) la demande de liberté joue précisément et explicitement un rôle important.

En outre, les éléments systématiques du « discours » contemporain sur la liberté sont toujours nombreux (même si la manière de les traiter n'est pas toujours synchronique) et, dans sa reconstruction (même intentionnellement synthétique), on ne peut omettre de prendre en considération (synoptique) certains de ces éléments. Par conséquent, les éléments considérés ci-après sont : α) les approches scientifiques (historique et juridique) et normative ; β) les points de vues de droit privé et de droit public ; γ) les aspects de la défense et de l'exercice de la liberté et ceux (respectivement, étroitement liés) du contenu et de la formation de la loi ; δ) les plans (de la conception théorique et du régime opérationnel) de l'organisation collective.

Enfin, bien qu'il s'agisse d'un problème que l'on doit/veut résoudre positivement, il a été abordé pendant les deux siècles de l'époque que nous examinons (XVIIIe et XIXe siècle) par le biais de l'étude du droit romain : de manières toujours essentielles, mais profondément différentes entre elles, au cours de chacun de ces deux siècles. Dans la France révolutionnaire du XVIIIe siècle, le droit romain est considéré universellement comme le « modèle » juridico-historique de démocratie. C'est pour cette raison – inquiétante ! – qu'il est détesté par le « père de la pensée libérale », le modéré Montesquieu[3] et, par conséquent, par ses partisans/épigones, qui lui opposent (ce n'est pas par hasard) le modèle juridico-historique anglais de « constitution ». C'est pour la même raison que le « modèle juridico-historique romain » est étudié et proposé de nouveau par le « père de la démocratie contemporaine », Jean-Jacques Rousseau[4] (et si possible, de façon encore plus « inquiétante »), il est traduit par les révolutionnaires jacobins dans l'unique « constitution démocratique contemporaine ». Dans l'Allemagne postrévolutionnaire du XIXe siècle, cette opposition

---

[3] THOUSSON 2003 ; GROSS 2004.
[4] THOUSSON 2003 ; GROSS 2004.

fondamentale et, avec celle-ci, le danger de la démocratie, sont mis de côté par la science juridique (toute rigoureusement romaniste) par la réécriture d'un droit romain inédit/inouï (« *heutig* ») auquel (avec un raffinement extrême) on fait prendre la physionomie de son antagoniste.

La satisfaction de la demande de liberté reste (et cela ne peut en être autrement) le problème juridique (formulé de différentes façons) d'aujourd'hui.

En ce qui concerne notre thème, l'état actuel de l'art juridique peut, cependant, se résumer dans la brève séquence d'une double déclaration d'échec. La première déclaration est la « reconnaissance/dénonciation » (laquelle, semble-t-il, propose de nouveau [bien que de façon inaperçue et partielle] ce qui était déjà formulé par Jean-Jacques Rousseau), de la part des juristes, de l'inconsistance dogmatique de l'institution de la « représentation politique » pour l'expression de la volonté de la collectivité (avec la « surprise » du manque d'attention et de réaction des opérateurs des institutions). La seconde déclaration est « la reconnaissance/dénonciation » (cela, par contre, pour la première fois, tout au moins dans les trois derniers siècles), de la part des philosophes du droit, de l'incapacité de trouver d'autres possibilités[5].

La cause de l'échec global peut être trouvée dans l'opération de bouleversement du droit romain en son contraire, au XIXe siècle, et dans l'acceptation de cette « opération », au XXe siècle ; opération qui est même blindée par la dissociation de l'étude du droit romain (rendu « historique » dans le pire sens) des problèmes de droit positif (comme le dénonce Paul Koschaker).

L'étude du droit romain doit recommencer à jouer, aujourd'hui, son rôle majeur pour la réouverture de la réflexion (*de iure condito* e *condendo*) sur le problème de la liberté, de l'organisation collective et de la loi.

II- Le XVIIIe siècle. De l'Ancien Régime/Monarchie absolue au nouveau régime constitutionnel : le droit romain et la dialectique scientifique et normative pour la « Grande Révolution »

a. Le but. *La recherche dialectique de la liberté, en liaison avec l'organisation collective et la loi, entre les types historiques de liberté, d'organisation collective et de loi*

Le but déclaré, poursuivi et atteint au XVIIIe siècle est la transition (« révolutionnaire ») du sommet et de la crise de l'« Ancien Régime » de la « Monarchie absolue », caractérisé par le pouvoir illimité du gouvernement

[5] LENOBLE - MAESSCHALK 2009.

(considéré au sens large et indifférencié), à l'affirmation du « nouveau régime constitutionnel », dont l'idée de loi, nouvelle et renforcée (la « Constitution »), est caractérisée par son contenu essentiel, qui consiste précisément dans la « défense de la/des liberté/s » = « limitation de ce pouvoir[67] ».

En fait, la « défense de la liberté », en tant que contenu qualifiant de la loi, est l'aspect le plus immédiatement et le plus facilement perceptible du « problème de la liberté ». Par conséquent, c'est même le premier dont on cherche et affirme la traduction sur le plan du régime opérationnel. Cependant, une partie de la science juridique du XVIIIe siècle (précisément celle qui a recours et qui soutient le recours au Droit romain) arrive à la conclusion que cet aspect n'est que secondaire/perfectionnant de l'aspect, par contre, primaire/fondant l'exercice de la liberté comme (manière de) formation qualifiante de la loi. En outre, on recherche et affirme non seulement la traduction de cet aspect « primaire » sur le plan du régime opérationnel (en agissant aussi du point de vue et avec la technique du droit privé), mais aussi le « principe » sur le plan de la conception théorique.

b. La méthode. *Les reconstructions scientifiques de deux « modèles » juridiques-historiques alternatifs entre eux (anglais-moderne contre romain-antique) pour la reproposition normative de l'un des deux*

La méthode utilisée, dans la recherche de la liberté, au XVIIIe siècle, a un rôle central et considérable que tout le monde partage.

La recherche a lieu au sein de – et est promue par – une culture qui cherche, dans les institutions juridiques et en prêtant attention à l'histoire, les solutions des problèmes (que l'on appellerait aujourd'hui) « socio-économiques » de son époque ; c'est-à-dire : une culture qui comprend et gère (ou bien essaie de comprendre et de gérer) la réalité grâce à la combinaison des sciences juridique et historiographique.

La recherche est dialectique. Dans une première phase, en prévalence scientifique, la recherche reconstruit et compare entre eux des « modèles » juridiques-historiques. Ceux-ci sont – selon tous les « chercheurs » – au nombre de deux et seulement de deux : le modèle de la Constitution anglaise moderne et le modèle du droit romain ancien, et, entre tous ces chercheurs, il y a une importante convergence sur leurs caractéristiques. Dans la seconde phase, en prévalence normative, la recherche construit deux types conséquents de « constitution ».

Le point de vue qui anime la recherche est donc « constitutionnel », c'est-à-dire principalement de droit public. Toutefois, pour obtenir des résultats de la recherche, ce qui fait la différence (comme on l'a dit) est le

---

[66] *Déclaration des Droits de l'Homme et du Citoyen* du 26 août 1789 et *Constitution* du 3 septembre *1791 mais aussi Déclaration et Constitution du* 24 juin *1793*.

[67] ROBESPIERRE, 10 mai 1793 ; cf. GALY 1932 ; ORLANDO 1912 ; ORLANDO 1949.

recours à un « principe » ; celui-ci est d'ordre techniquement « contractuel », c'est-à-dire d'une matière – du moins considérée comme – proprement de droit privé.

c. Les résultats scientifiques opposés. *Les définitions, du point de vue du droit public, de deux « systèmes » juridiques alternatifs entre eux sur le plan du régime opérationnel (représentatif contre démocratique) ; dont la discriminante sur le plan de la conception théorique n'est, cependant, définie qu'à propos du système de modèle romain et en recourant à la technique du droit privé romain (le « contrat de société » pour la constitution d'un « corps d'associés », et donc du Peuple).*

L'unicité de l'objectif et le partage de la méthode de la recherche (même avec – comme nous l'avons déjà dit à propos de l'objectif – des spécificités qui ne sont pas insignifiantes) débouchent, cependant, sur une divergence antithétique dans les « jugements de valeur », qui sont exprimés à l'égard des deux « modèles » juridiques-historiques.

En 1748, le Baron de Montesquieu (dans son très célèbre essai intitulé, de façon significative, *Esprit des lois*), après avoir affirmé que les Romains avaient réduit l'Europe en esclavage, reconstruit et propose, pour le rétablissement de la liberté, le « modèle » anglais-moderne (« féodal ») de « constitution ». Il en trouve l'élément essentiel (en son absence « tout serait perdu ») dans le « moyen pour la défense de la liberté » constitué par l'équilibre des trois « pouvoirs », législatif, exécutif, judiciaire. Il s'agit donc d'abord de la division de ces pouvoirs entre des hommes ou des groupes d'hommes, qui se distinguent les uns des autres, mais qui ne sont pas différents entre eux si ce n'est, précisément, pour la titularité-exercice de l'un ou de l'autre des trois pouvoirs. Cela postule une institution complexe, le Parlement, dans laquelle il y a – pareillement – la titularité et l'exercice du pouvoir législatif, du pouvoir exécutif et (au moins en partie) du pouvoir judiciaire[8].

En 1762, Jean-Jacques Rousseau (dans son essai tout aussi célèbre et intitulé de façon tout aussi significative *Contrat Social*) après avoir affirmé que les « Anglais croient être libres, mais ils se trompent lourdement », reconstruit et propose, pour rétablir la liberté, le modèle romain-ancien (« antiféodal ») de droit. Il en trouve l'élément essentiel pour l'exercice de la liberté (« le seul principe ») dans le contrat de société, c'est-à-dire dans la formation de la loi considérée exclusivement comme le commandement absolument général des associés/citoyens sur eux-mêmes, auxquels l'exercice du pouvoir de gouvernement – subordonné – est, par conséquent, inhibé au sens strict et propre, et attribué aux magistrats[9]. Cela postule une

[8] SIEYÈS 1789 ; cf. SIEYÈS 1970 ; ZAPPERI 1970.
[9] ROUSSEAU 1762.

institution intermédiaire, la magistrature du Tribunat, qui garantit l'équilibre entre les citoyens-souverains et les magistrats-gouvernants.

Comme on le voit, dans les deux reconstructions scientifiques les deux aspects de la liberté sont présents et déterminants : sa défense et son exercice ; mais dans un ordre différent. Montesquieu part de la reconnaissance de la défense de la liberté dans la détermination législative de l'équilibre des trois pouvoirs, pour arriver à la reconnaissance de la formation de la loi dans le commandement parlementaire. Rousseau part de la reconnaissance de l'exercice de la liberté dans la formation de la loi en tant que commandement général par les associés/citoyens sur eux-mêmes et en dialectique avec son exécution par le gouvernement, pour arriver à la reconnaissance de la détermination législative du Tribunat (la magistrature intermédiaire entre le Peuple et le Gouvernement) comme moyen de défense de la liberté.

La différence dans l'ordre de l'analyse, entre la reconstruction de Montesquieu et celle de Rousseau, dépend d'une profonde différence méthodologique. Montesquieu décrit les institutions principales du modèle juridico-historique anglais-moderne sans en fournir le principe théorique. C'est pour cela que, durement, mais correctement, le juriste Raymond Carré de Malberg écrit que la construction de Montesquieu est une construction en l'air : « la théorie de Montesquieu sur les trois pouvoirs est, à certains égards, une construction en l'air. Le chapitre *de la Constitution d'Angleterre* raisonne sur les titulaires de ces pouvoirs [...] en prenant ceux-ci tels qu'il les trouve historiquement constitués. Mais, rationnellement, d'où ces autorités tirent-elles leur puissance [10] ? » Au contraire, Rousseau reconstruit le « modèle » juridico-historique romain-ancien avec la rigueur argumentative d'un théorème, à partir du « principe » du « contrat de société ». Comme Rousseau même tient à le souligner, nous aussi devons toujours souligner que le « principe » ou, mieux, le « seul principe » de toute sa reconstruction et de sa proposition est la conception théorique du peuple au moyen de l'institution contractuelle de la société (sans laquelle la reconstruction tomberait et sa proposition serait infondée, donc vaine).

Cependant, il ne faut pas s'arrêter à ces premières constatations. D'une part, ce qui est « en l'air », c'est la reconstruction de Montesquieu, pas la construction qu'il évoque. Quand (en 1748) Montesquieu fait publier l'*Esprit des Lois*, le « système représentatif » a été défini même sur le plan de la conception théorique depuis déjà – presque exactement – un siècle. Il s'agit de la doctrine de Thomas Hobbes (*Léviathan*, 1651) du « *pactum unionis* », qui produit la *persona artificialis* [11]. D'autre part, de façon correspondante, la contribution dogmatique de Rousseau ne s'épuise pas dans la doctrine (posée à la base de son « modèle » organisationnel) du

[10] Carré de Malberg 1922.
[11] Lobrano **2011-2012.**

« contrat de société », qui produit la « réunion ou union d'hommes concrète ». Cette « contribution » comprend, de façon déterminante, la capacité de la société, ainsi produite, de prendre un « corps », qui en constitue la nouvelle (mais toujours concrète) unité[12]. Le *pactum unionis* et le contrat social peuvent sembler similaires (et ils sont souvent rapprochés), mais ils manifestent leur profonde diversité dans leurs « produits » ; en premier lieu sur le plan de la conception théorique : la « personne artificielle » abstraite (puis « juridique ») ou le « corps » sociétaire/social concret. Les régimes opérationnels respectifs sont parallèlement différents-opposés. La personne juridique abstraite doit opérer et opère avec les représentants de la volonté (définis comme « institutionnels », « organiques » ou « politiques ») ce qui met hors-jeu [l'assemblée de] les « contractants ». Le corps sociétaire/social concret, par contre, peut opérer et opère avec ses membres ; mais grâce à l'organisation du processus volitif/décisionnel, selon lequel le commandement général de[l'assemblée de]s associés est complété par l'exécution particulière de leurs « commissaires », ce qui rend les représentants inutiles[13].

d. Les résultats normatifs opposés. *Les propositions (en conséquence) de deux types de Constitution alternatifs entre eux, caractérisés par deux types de liberté et de loi alternatifs entre eux (jusqu'au « coup d'Etat de 9 Thermidor » de l'an II de la République [27 juillet 1794] ou bien jusqu'à la fin du Congrès de Vienne et à la bataille de Waterloo [9 et 18 juin 1815]).*

Les deux systèmes juridiques, alternatifs entre eux, tirés de différents modèles historiques, se traduisent en deux types de « constitutions », pareillement alternatifs entre eux. Le premier, chronologiquement, est celui (encore monarchique) s'inspirant de Montesquieu et du modèle anglais, dont les textes normatifs-clés sont la *Déclaration des droits de l'homme et du citoyen* de 1789 et la Constitution de 1791 (sans oublier la – très importante – Constitution des Etats-Unis d'Amérique de 1787)[14]. Le second (mais le premier républicain) est celui qui s'inspire de Rousseau et du modèle romain, dont les textes normatifs-clés sont la *Déclaration des droits de l'homme et du citoyen* de 1793 et la Constitution de la même année.

Avec ces textes normatifs, le parcours du débat du XVIIIe siècle est achevé, bien qu'il ne soit pas clos.

Les deux aspects de la liberté, sa défense et son exercice, et les aspects correspondants de la loi, le contenu et la formation, sont également présents et déterminants dans les deux propositions normatives. Ces « aspects » deviennent même les deux piliers constitutionnels, c'est-à-dire, en rétablissant l'ordre logique (ainsi que rousseauiste) : au début, le « processus

[12] Rousseau 1762 ; cf. Silvestrini 2010.
[13] Rousseau 1762 ; cf. AaVv. 1965-68.
[14] Lobrano 2012 [2013].

de formation de la volonté collective [ou générale] », et ensuite l'institution du « système des garanties ».

À propos de l'exercice de la liberté (lié à la formation de la loi), nous pouvons résumer le débat du XVIIIe siècle et ses débouchés normatifs précisément dans les deux syllogismes opposés que nous avons déjà annoncés, *supra*, au paragraphe I.c, consacré à la vérification des hypothèses de travail. Sur l'affirmation commune selon laquelle la liberté est l'autodétermination, le premier syllogisme qui doit être formulé est : « la loi est le commandement des représentants sur les citoyens et, par conséquent, elle limite la liberté de ces derniers ». Par ce syllogisme, tiré du modèle anglais, le siège de la « limitation » passe du « gouvernement » à la « liberté ». Le second syllogisme est : « la loi est le commandement des associés-citoyens sur eux-mêmes et, par conséquent, c'est leur liberté ». Par ce syllogisme, tiré du « modèle » romain, l'exercice de la loi est (comme c'était le cas dans les formulations de Cicéron) l'exercice de la liberté. En effet, la *Déclaration* de 1789, aux articles 4 et 5, place la *limitation* (les « bornes ») à l'intérieur de la définition même de la liberté, et situe la provenance de cette limitation dans la loi (la liberté consiste à faire ce qui n'est pas « interdit par la loi ») ; la Constitution de 1791 attribue le pouvoir/devoir de faire la loi au Parlement exclusivement. Cette même Constitution est exclusivement l'œuvre des représentants. Au contraire, la *Déclaration* de 1793, aux articles 6 et 9, supprime l'idée de « loi limitation de la liberté » et la Constitution de la même date attribue le pouvoir/devoir de faire la loi au Peuple des Citoyens exclusivement, réunis dans les « Assemblées primaires » des Communes de la République (qui étaient alors au nombre d'environ 44 000) ; la Constitution est approuvée par ces Assemblées.

À propos de la défense de la liberté, la formule, pour résumer les résultats scientifique et normatif du XVIIIe siècle a été énoncée en 1793 par Robespierre, avec l'illustration de son projet de Constitution. Cette formule, libérée des évaluations politiques de son auteur et réduite à une pure et simple reconstruction historico-juridique, est : « Jusqu'ici, les politiques, pour défendre la liberté, n'ont pu imaginer que deux moyens. L'un est l'équilibre des pouvoirs, et l'autre le tribunat[15]. » Le premier « moyen » est propre au « modèle » juridico-historique anglais, le second est propre au « modèle » juridico-historique romain.

Entre les deux Constitutions, celle de « modèle » anglais et celle de « modèle » romain, la différence – basée sur la liberté – est, comme on le voit, considérable : il s'agit des traductions normatives de deux « systèmes » juridiques non seulement différents entre eux, mais véritablement alternatifs.

Le conflit entre les partisans des deux types de constitution a lieu même matériellement, aussi bien avec la « Terreur » qu'avec les « guerres de

---

[15] ROBESPIERRE, 10 mai 1793 ; CATALANO 1974.

Napoléon » (« Robespierre à cheval » [selon Mme de Staël] et « dernière lutte du terrorisme révolutionnaire contre la société civile [...] en mettant à la place de la révolution permanente la guerre permanente » [selon Karl Marx et Friedrich Engels])[16].

Le phénomène général de l'asynchronisme dans l'élaboration des éléments entrant dans la « dialectique » sur la liberté est clair, même dans l'approche normative. Du point de vue du droit public, les deux « solutions » s'opposent de façon parallèle et complète dès la fin du XVIIIe siècle, à travers les deux « types » constitutionnels[17]. Du point de vue du droit privé, on ne trouvera au début que le *Code Civil* du 21 mars 1804 (30 ventôse de l'an XII), voulu par Napoléon et dont on connaît bien la matrice romaine (qui a même été récemment repensée). Pour compléter la comparaison des solutions, même du point de vue du droit privé, il faudra attendre (après le travail scientifique marqué par l'œuvre de Friedrich Carl von Savigny avec les intégrations/corrections de Bernhard Windscheid) le *BGB* du 18 août 1896 – 1er janvier 1900 (ainsi que l'*Aktiengesetz* du 30 janvier 1937).

Du point de vue du droit public, on peut reconnaître dans la question « fédérale » un autre facteur d'asynchronisme : dans l'« approche » scientifique elle est seulement évoquée et expressément renvoyée ; dans l'« approche » normative, le « fédéralisme » introduit par la Constitution fédérale des États-Unis (adoptée par la « Convention de Philadelphie » le 17 septembre 1787) est le premier, et à ce jour le plus grand résultat contemporain de modèle anglais[18].

III- Le XIXe siècle. La construction scientifique moniste de l'ordre post- et contre-révolutionnaire : le droit romain et le « *Staat* »

a. Le but. *L'affirmation moniste d'un seul type possible de liberté en liaison avec un seul type possible d'organisation collective et de loi*

Au XIXe siècle, la recherche dialectique de la liberté entre les modèles juridiques-historiques (recherche qui, par l'interprétation de ceux-ci et leur proposition dans d'autres systèmes juridiques, interroge, divise et fait entrer violemment en conflit les hommes du XVIIIe siècle) est remplacée par l'affirmation moniste d'un seul type de liberté.

Il peut être ici utile de rappeler que cela est possible parce qu'au XIXe siècle, même au centre du monde qu'on appelle « occidental », la dialectique « politiquement » importante s'installe dans le domaine de la science économique, qui soustrait à la science juridique son statut privilégié

[16] Marx - Engels 1845.
[17] Lobrano 2009.
[18] Rousseau 1762 ; Rousseau [1765] 1825.

pour la compréhension et le gouvernement (ou, mieux, pour les tentatives de compréhension et de gouvernement) de la réalité. Le droit, par conséquent, est rabaissé au rang de « Überbau ».

Cependant, la conception moniste du droit, que le XVIIIe siècle produit et transmet, n'est pas sans importance pour la dialectique à épistémologie économique de ce siècle, laquelle exclut, de toute façon, l'option juridique démocratique, en croyant indiscutable le modèle juridico-historique anglais-moderne, ouvertement anti-démocratique[19].

Les tentatives du XIXe siècle de continuer l'étude scientifique et la proposition normative du modèle juridico-historique romain-ancien ne résistent que dans la première partie du siècle et (peut-être à cause du principe, énoncé par les linguistes, de conservation des zones périphériques) dans des zones géopolitiques « marginales[20] ».

b. La méthode. *La suppression progressive du modèle juridique-historique romain antique par la superposition du modèle juridique-historique anglais moderne, auquel est ainsi donné un sens absolu*

La transition, entre le débat prérévolutionnaire du XVIIIe siècle et l'ordre postrévolutionnaire du XIXe siècle, commence dès la fin de 1700, avec la liquidation matérielle des partisans du « modèle juridique-historique romain-ancien[21] ». Robespierre est arrêté le 9 Thermidor de l'An II de la République [27 juillet 1794] et guillotiné le jour suivant. Vingt ans après, le 18 juin 1815, l'aventure napoléonienne se termine par la défaite de Waterloo.

La transition se développe immédiatement par une « approche » normative, qui, comme on l'a observé, est trop élémentaire pour mériter que l'on en parle trop[22]. Il s'agit de l'abrogation de la *Déclaration* et de la Constitution de 1793 et du retour (à partir de la *Déclaration* et de la Constitution de 1795, jusqu'à nos jours, sauf quelques remarquables « exceptions[23] ») aux formules du modèle juridique-historique anglais-moderne. Dans la République française d'aujourd'hui, la *Déclaration* de 1789 est de nouveau en vigueur et les États-Unis ont toujours appliqué la Constitution de 1787 (basée elle-même sur le modèle juridique-historique anglais-moderne) sans besoin d'apports importants du XIXe siècle[24].

La transition est, au contraire, perfectionnée par une « approche » scientifique nettement plus élaborée et intéressante. Approche comprenant deux moments consécutifs, où l'on recourt – surtout – d'abord à l'une, puis à l'autre des épistémologies historiographique et juridique : en utilisant, par

[19] MARX 1867-1894.
[20] GILLIÉRON 1902-12 ; BARTOLI 1945 ; TODD 2011.
[21] DETTI - GOZZINI 2000.
[22] MATTEUCCI 1976.
[23] LOBRANO 1994.
[24] LOBRANO 1994.

conséquent, des outils distincts, mais toujours (au moins généralement) sur le plan de la conception théorique de l'organisation collective et avec des résultats, enfin, synergiques.

Dans un premier temps (en recourant à l'épistémologie historiographique), le modèle juridique-historique romain-ancien est déclaré obsolète et le modèle juridique-historique anglais-moderne est déclaré actuel. Le nouvel outil dogmatique utilisé est la catégorie évolutionniste du « progrès[25] ».

Dans un second temps (en recourant à l'épistémologie juridique), le modèle juridique-historique romain-ancien est même effacé au moyen de la superposition du, et remplacé par, le modèle juridique-historique anglais-moderne. Le nouvel outil dogmatique utilisé est la catégorie abstraite de la personnalité juridique.

Tant la déclaration historiographique d'obsolescence-irrecevabilité que l'effacement-remplacement juridique touchent le modèle juridique-historique romain-ancien dans ses deux « aspects » : la défense de la liberté, avec le contenu de la loi qui lui est liée, et l'exercice de la liberté, avec la formation de la loi qui lui est attachée. Cependant, l'attaque est lancée de façon directe contre l'aspect de l'exercice de la liberté avec la formation de la loi liée, qui – comme nous l'avons déjà dit – en représente l'aspect de fond et déterminant.

Un asynchronisme est, donc, aussi décelable au sein de la réflexion scientifique du XIXe siècle sur la liberté. Cette réflexion part de l'épistémologie historiographique pour se développer avec l'épistémologie juridique. À son tour, la réflexion faite avec l'épistémologie juridique procède du point de vue du droit privé, sur le plan de la conception théorique de l'organisation collective et sous l'aspect de l'exercice de la liberté et de la formation de la loi, pour atteindre le point de vue du droit public, sur le plan du régime opérationnel, sous l'aspect de l'institution de défense de la liberté considérée comme le contenu de la loi.

On trouve, enfin, un asynchronisme entre la réflexion scientifique et sa traduction normative de droit privé, qui s'exprimera essentiellement pendant le siècle suivant.

c. Le premier résultat scientifique : une Histoire inouïe. *L'affirmation de l'inéluctabilité de la « liberté des Modernes » contre la proposition de la « liberté des Anciens »*

Le premier résultat scientifique (historiographique) est exprimé, en particulier, dans l'œuvre de Benjamin Constant, notamment dans l'une de ses leçons universitaires, tenue le 13 février 1819 dans le contexte d'un cours à l'Athénée royal de Paris et intitulée *De la liberté des Anciens comparée à*

[25] LANARO 1997.

celle des Modernes, qui deviendra une partie de son *Cours de politique constitutionnelle*.

Dans cette leçon (qui a eu une très grande fortune, mais qui est boiteuse), Constant (remplissant sa fonction de passeur de la dialectique du XVIIIe siècle vers le monisme du XIXe) introduit, par rapport au débat du XVIIIe siècle sur la liberté en liaison avec la loi, des nouveautés significatives. Pour cela, et avec cela, Constant, qui – en ligne avec Montesquieu – limite son analyse au plan du régime opérationnel des organisations collectives, agit de façon radicalement innovante sur la conception même de l'histoire[26].

Selon Constant, l'exercice de la liberté ancienne des Romains consiste dans la participation de tous les citoyens (« collective ») à la formation de la loi. La liberté des Modernes (que Constant, toujours en ligne avec Montesquieu, considère avec complaisance) consiste, par contre, dans le droit – pour chacun – d'exprimer son opinion, de choisir son activité économique, d'utiliser et d'abuser de sa propriété, de se réunir avec d'autres personnes : dans les limites de lois qu'il ne fait pas, parce que « même dans les États les plus libres l'individu n'est pas souverain[27] ».

Pour dire en quoi consiste la différence entre les « deux libertés », Constant part donc des reconstructions faites par les philosophes du XVIIIe siècle, mais en innovant de façon déterminante. En particulier, il déforme la formulation rousseauienne de la liberté des Anciens, en affirmant l'incompatibilité entre l'exercice de la liberté de chacun et de tous comme participation aux décisions collectives et l'exercice de la liberté de chacun et de tous comme options individuelles. Par là, le citoyen romain, libre de participer à la formation de la loi, serait pour cette même raison esclave comme particulier[28]. Parallèlement, le prix à payer pour la jouissance de la liberté individuelle serait la perte de la « souveraineté ». La « querelle » des deux libertés restera fixée dans ces termes absurdes, comme le montre – par exemple – au XXe siècle, un épigone de Benjamin Constant : Isaiah Berlin.

Cette nouveauté sur le plan du régime opérationnel collectif est fonctionnelle à la nouveauté épistémologique (c'est-à-dire historiographique) pour laquelle la cause décisive de la différence entre deux libertés, celle « des Anciens » et celle « des Modernes », réside dans leur relation temporelle. Il s'agit de la conception dogmatique nouvelle et triomphante de l'histoire considérée comme un « progrès » ; une conception, d'ailleurs, qui n'a pas été introduite par Constant, mais à laquelle Constant fait accomplir la mission antirévolutionnaire pour laquelle elle avait été créée. C'est sur la base de cette conception de l'histoire que la « liberté des Anciens » devient en soi « antédiluvienne » (Karl Marx [1851]) et « morte » (Juan Bautista Alberdi

---

[26] NIETZSCHE 1874 ; cf. NIETZSCHE 1888.

[27] CONSTANT 1819 ; cf. PASQUINO 1987 ; FERRY [1984] 1999 ; FEZZI 2012.

[28] SAINT JUST 15 aprile1794 ; CATALANO 1971 ; HECKETSWEILER 2008.

[1871]). Il est désormais historiquement inadmissible de penser que les Anciens auraient déjà pu vouloir et/ou avoir la liberté et la loi des Modernes ou que les Modernes pourraient encore vouloir et/ou avoir la liberté et la loi des Anciens. L'histoire (la *Geschichte des menschlichen Geistes*, comme l'écrit Georg Wilhelm Friedrich Hegel [1837]) passe inéluctablement d'une liberté à l'autre selon une direction indéfectible.

d. Le résultat scientifique supplémentaire : un Droit romain inouï. *L'affirmation de la nécessité/éternité de la « personnalité juridique » abstraite et, par conséquent, de l'État-source-unique-du-droit (qui doit, donc, exprimer sa volonté par l'intermédiaire de représentants physiques) contre la conception de la « société corps » concrète et par conséquent du Peuple (qui peut donc s'exprimer par l'articulation du processus volitif-décisionnel entre le commandement général par l'assemblée des associés/Citoyens et l'exécution particulière par les* magistri/magistratus*)*

Dans le résultat scientifique général du XIXe siècle (qui affirme le « modèle » juridique-historique anglais-moderne et qui liquide le « modèle » juridique-historique romain-ancien) le résultat juridique spécifique suit (pas seulement dans le temps) le résultat historiographique spécifique, mais va au-delà de ce résultat.

Les résultats historiographiques et juridiques ont, par conséquent, un élément en commun et des éléments différents, qui ne sont toutefois pas en opposition entre eux.

L'élément en commun est (logiquement, selon la leçon de Rousseau) la concentration/prévalence prioritaire de l'attention sur l'aspect de l'exercice de la liberté en liaison avec la formation de la loi (plutôt que sur l'aspect de la défense de la liberté en liaison avec le contenu de la loi).

Au contraire, les éléments différents, mais cohérents dans leur succession, sont respectivement : α) l'obsolescence/irrecevabilité historique du modèle ancien et donc l'actualité (exclusive) du modèle moderne ; β) l'« oblitération »/effacement juridique du modèle ancien, remplacé par le modèle moderne[29].

La science juridique obtient donc cette « oblitération » avec la méthode d'effacement le plus efficace depuis toujours : « en écrivant dessus », dans les textes de la tradition juridique romaine, les « signes » d'une autre tradition juridique, la tradition anglaise. Dans les textes de droit romain, la conception dogmatique unitaire de l'organisation collective comme une *societas corpus* (une *societas* donc concrète : *corporalis*) est remplacée par la conception dogmatique unitaire de l'organisation collective comme une personne juridique (une personne donc abstraite). Parallèlement, le régime opérationnel unitaire, qui consiste dans le processus volitif de la *societas/corpus*, divisé en commandement législatif de l'assemblée des

[29] CATALANO 1980.

associés et en exécution administrative de ses *magistri/magistratus*, est remplacé par le régime opérationnel unitaire qui consiste dans l'acte volitif des représentants de la personne juridique[30].

Comme nous l'avons déjà affirmé, pour la conception théorique unitaire de l'organisation collective, la notion de personne juridique (avec le nom, rappelons-le, de *persona artificialis*) avait été déjà employée au milieu de 1600, de façon déterminante, dans la réflexion du droit public anglais[31].

En harmonie, peut-être, avec le pragmatisme anglo-saxon affirmé, la construction juridique du XVIIe siècle semble partir de la définition du régime opérationnel (l'affirmation de la nécessite du chef/représentant pour la constitution de la collectivité en unité, c'est-à-dire l'affirmation qu'il est nécessaire de priver les membres de la collectivité du pouvoir décisionnel la concernant) et arriver à la définition de la conception théorique (l'affirmation qu'il est nécessaire d'expulser les membres de la collectivité considérée comme une « unité »)[32].

Si le fait de rappeler la doctrine juridique de Hobbes à propos de la doctrine juridique de Montesquieu renforce cette dernière en lui fournissant une base sans cela absente, rappeler la doctrine de Hobbes à propos de la doctrine romaniste allemande du XIXe siècle affaiblit cette autre, en lui ôtant sa soi-disant nouveauté, qui est réduite (en harmonie peut-être avec le dogmatisme teutonique affirmé) à mettre, dans la formulation/argumentation, la conception théorique avant le régime opérationnel. De toute façon, c'est précisément cette construction parlementaire du XVIIe siècle dans sa totalité (construction d'ascendance féodale médiévale) (c'est-à-dire le *pactum unionis*, produisant la personne artificielle[/juridique] abstraite, œuvrant par le biais de la volition de ses chefs/représentants) qui, pendant le XIXe siècle, est attribuée au droit romain privé et public (en remplacement/oblitération, donc, du contrat de société, produisant le corps social [concret], œuvrant par le biais du processus volitif de son assemblée souveraine et de ses *magistri/magistratus servi*).

Pour compléter ce résultat juridique, il faut réécrire au XIXe siècle le Droit romain que l'on connaissait (jusqu') au XVIIIe siècle et, donc, il faut des romanistes à la hauteur de cette tâche. Les contributions marquantes sont celles des deux plus grands juristes du XIXe siècle : les romanistes allemands Friedrich Carl von Savigny et Theodor Mommsen.

L'opération de réécriture est faite à partir des deux points de vue : celui du droit privé et celui du droit public.

C'est à Savigny (*System des heutigen römischen Rechts*, de 1840-1848) que – comme il semble – l'on doit, aussi et même surtout du point de vue du droit privé, soit le développement de la notion de personne juridique abstraite comme « sujet artificiellement créé par la loi », soit le fait de la

30 LOBRANO 2011-2012.

31 HOBBES 1651 repris de SAVIGNY 1840-49 ; cf. TRICAUD 1982 ; LESSAY 1992.

32 HOBBES 1651 ; cf. GLIOZZI 1996.

rendre absolue (avec l'effacement/remplacement de la notion de « société-corps » concrète qui en est le résultat implicite)[33].

C'est encore à Savigny que l'on reconnaît la paternité du bond en avant qualitatif dans la théorisation de la représentation[34]. Cependant, Savigny garde encore (comme, par exemple, avant lui Christian Friedrich von Glück dans sa monumentale *Ausführliche Erläuterung der Pandekten*[35], 34 vol., Erlangen *1790-1830*) la mémoire du régime opérationnel du processus décisionnel articulé en *iussum* du *dominus* et *administratio* de son subalterne. L'admission par Savigny de l'existence de ce régime opérationnel rend non nécessaire (parce que, au maximum, facultatif) le recours au régime opérationnel de la représentation de la volonté ; ce qui constitue clairement une faute importante dans la doctrine de ce même juriste[36]. Cette faute sera réparée par ceux qui (comme le fait Bernhard Windscheid en étalant une assurance que ne soutient aucun argument [*Lehrbuch des Pandektenrechts*, Düsseldorf 1862-1870]) excluent que le *iussum* du *pater* et/ou du *dominus* ne puisse jamais être un commandement vers le fils ou le serviteur, qui négocie pour lui, et affirment par contre qu'il s'agit exclusivement d'une autorisation à un tiers[37]. Le rôle d'oblitérateur ultime et décisif de la complexe technique démocratique républicaine est joué, donc, par ceux qui, comme Windscheid, se chargent d'en effacer/remplacer les signes de son élément structurel et dynamique le plus intime : la division/scansion de l'acte de volonté dans le processus décisionnel articulé en *iussum* du *dominus* et administration du subalterne. Selon la logique du Pandectisme, la précision de Windscheid est une exigence absolue, mais, selon la logique tout court, c'est une interprétation forcée évidente. Cette « précision » achève ce qui serait sinon inachevé, à savoir la construction de Savigny, mais elle en est aussi le point faible. La thèse de la destination au tiers du *iussum* du *pater/dominus*, dernière brique de la Baliverne du Pandectisme, sera la première à céder[38].

Dans le *System* de Savigny, à côté du point de vue prévalent du droit privé, il y a aussi une place pour celui du droit public. De façon spéculaire, dans la production scientifique de Mommsen, dont on connaît la formation pandectiste, l'œuvre de reconstruction du « droit de l'État romain » commence et se termine par deux écrits, traitant les associations

[33] HEISE 1807 ; cf. GALGANO F. 2010 ; FLUME 1977 ; SCHMIDT 1987 ; BIROCCHI 1995 ; KÖBLER 2010.
[34] MICELI 2008.
[35] GLÜCK 1790-1830.
[36] SAVIGNY 1840-49.
[37] WINDSCHEID 1862-70 ; cf. BRUTTI 2011 ; SEAZZU 2015.
[38] ORESTANO 1983.

essentiellement privées : *De collegiis et sodaliciis Romanorum*[39] (1843) et *Zur Lehre der römischen Korporationen*[40] (publication posthume : 1904).

De façon parfaitement cohérente avec ce parcours scientifique, dans la première ligne de la première page de l'*Abriss des römischen Staatsrecht* (ouvrage qui en réalité conclut [1893] la réflexion romaniste du XIXe siècle et qui est pensé pour les exigences des juristes positifs), Mommsen écrit solennellement (ce qui convient à la formulation du postulat majeur qui fonde sa construction et qui contient même – *in nuce* – tout le théorème juridique avec tous ses corollaires), mais aussi avec une grimace (la tautologie) : « Das römische Staatsrecht [...] wie alles Recht den Staat voraussetzt[41]. »

C'est la formulation la plus nette de la conception théorique de la collectivité publique comme personne juridique abstraite et c'est à partir de – et en vertu de – cette formulation/postulat que la manière de Mommsen de traiter le *publicum ius* romain renverse et supplante (comme le précise Mommsen lui-même dans le « Vorwort » de la première édition du *Römisches Staatsrecht*) l'idée proposée dans les traités précédents (pas seulement ceux des « philosophes » du XVIIIe siècle) même sur le plan du régime opérationnel.

Il est en effet remarquable que, dans ce « Vorwort », Mommsen indique, comme exemple des innovations radicales qu'il a introduites, l'effacement de la précédente interprétation romaniste de l'institution de la défense de la liberté (le tribunat) et son remplacement par une interprétation complètement différente[42]. Cependant, l'engagement de fond, profus dans le *RS* et repris dans l'*Abriss*, concerne en premier lieu et surtout l'aspect de la formation de la loi et, donc, de l'exercice de la liberté.

Dès 1849, tout de suite après la déclaration des « Grundrechte des deutschen Volkes » (par la « deutsche konstituierende Nationalversammlung », réunie dans la Paulskirche de Francfort, du 18 mai 1848 jusqu'au 31 mai 1849), l'encore jeune Mommsen avait écrit, dans *Die Grundrechte des deutschen Volkes mit Belehrungen und Erläuterungen*, que « l'importance du libre droit d'assemblée et de réunion pour la liberté est si grande qu'elle est claire même pour un enfant ». Toutefois, dans l'essai de Mommsen, alors que l'importance reconnue aux assemblées des citoyens est déjà parfaitement évidente, le rôle juridique attribué à celles-ci est déjà parfaitement inconsistant[43]. La manifestation de cette inconsistance est la formation de la loi. En 1893, le vieux Mommsen, qui conclut l'*Abriss* a désormais traduit dans une reconstruction historique-dogmatique très solide ce qui est présent et ce qui est absent dans l'affirmation

39 TROPER 1998.
40 VON LÜBTOW 1955.
41 MOMMSEN 1893 ; CASAVOLA 2006.
42 MOMMSEN, 1877-1888.
43 MASI DORIA 2006.

de jeunesse. En 1893, Mommsen écrit : « Tout acte accompli par le magistrat même ou par un de ses mandataires est un acte de la communauté » ; « comme la *lex privata*, la *lex publica* est toute norme fixée par le magistrat » ; « La magistrature, l'incorporation du concept d'État et la porteuse du pouvoir public, ne peuvent pas être conçues comme ayant une base juridique dans la volonté générale de la citoyenneté, car cette volonté ne peut pas devenir efficace d'elle-même ; au contraire, dans l'idée romaine la magistrature romaine est plus ancienne que le peuple. C'est elle qui, la première, a créé le peuple, et le mandat, sans lequel de toute façon une représentation n'est pas concevable, et elle va du prédécesseur au successeur, idée que dans l'ordre de l'interrègne [...] on a gardée [depuis le *regnum*] jusqu'à l'avènement du principat[44]. »

C'est sur la « nouveauté » spécifique du régime opérationnel que se fixe la critique immédiate. Comme l'a observé Guglielmo Nocera (*Il potere dei comizi e dei suoi limiti*, 1940), le romaniste danois Johan Nikolai Madvig (*Verfassung und Verwaltung des römischen Staates*, 1881) dénonce dans son « Introduction » le « manque de base indispensable » d'une exposition du droit public romain qui (comme celle de Mommsen) commence par la magistrature en laissant de côté le peuple (et le Sénat). L'ouvrage de Madvig, comme toute la doctrine précédente en matière de droit (même) public romain, est, cependant, tout simplement dépassée par la nouvelle doctrine de Mommsen, dont la force réside justement dans ses parfaites cohérences et fonctionnalité à la triomphante conception théorique de la « personne juridique » ; conception théorique par laquelle la pensée des autres romanistes – même de ceux qui, comme Madvig, font résistance – semble avoir été colonisée, mais à laquelle conception est Mommsen celui qui fait entièrement accomplir la mission antidémocratique pour laquelle elle avait été forgée[45].

IV- Le XXe siècle. L'exécution normative (de droit positif, surtout privé) et didactique (de droit romain, surtout privé) de la construction scientifique du XIXe siècle (avec des contestations isolées)

a. L'exécution normative sur le plan de la conception théorique et du point de vue du droit privé, en particulier le droit civil. *Le remplacement de la « société » du* Code Napoléon *par la « juristiche Person » du* BGB

L'innovation normative introduite par les auteurs du BGB – *Bürgerliches Gesetzbuch* – dans la ligne de la conception théorique de

[44] MOMMSEN 1893 ; TOSATO [1957] 1989.
[45] HEGEL 1821 ; cf. HEGEL 1817.

Savigny, est très importante. Dans le code de droit civil du « Deutsches Reich », résultat de 20 ans de travail intense, signé le 18 juillet 1896 par le Kaiser Wilhelm II et entré en vigueur le 1er janvier 1900, la matière des sociétés est placée sous le titre de « Juristische Personen ».

L'innovation est évidente : en 1804, le Code Napoléon traitait encore la matière « des engagements des associés à l'égard des tiers » comme la section II du chapitre III « Des Engagements des Associés entre eux et à l'egard des Tiers » du titre IX « Du Contrat de Société ». On observera : « En 1804, si "la révolution est terminée" le *Code Napoléon* en reste largement tributaire. "On nous a fait [...] un *Code Civil* où il n'est question ni de personnes juridiques, ni d'associations, ni de fondations. Le *Code Civil* consacre tout un titre à la société civile, sans même trancher la question de la personnalité[46]." »

En France, le thème de la « personne juridique », qui n'était pas traité dans le *Code Napoléon*, sera abordé du point de vue législatif seulement – comme par hasard – par la « loi spéciale » du 1er juillet 1901.

b. L'exécution normative sur le plan du régime opérationnel et du point de vue du droit privé: en particulier du droit commercial. *La « répudiation de la souveraineté de l'assemblée des associés » dans l'Aktiengesetz (entre « managerial Revolution » et « Führerprinzip »)*

L'innovation introduite dans le droit commercial, ce segment du droit privé, et plus précisément dans le régime opérationnel des sociétés commerciales, est donc une innovation normative tout aussi importante, bien qu'elle soit absolument la conséquence de (ou bien qu'elle succède à) la précédente

Dans l'Allemagne nazie, l'*Aktiengesetz* (*Gesetz über Aktiengesellschaften und Kommanditgesellschaften auf Aktien*[47]) réforme, le 30 janvier 1937, l'*HGB* (*Handelsgesetzbuch*) datant du 10 mai 1897. Le § 70 de l'*AktG* énonce : « • Der Vorstand hat unter eigener Verantwortung die Gesellschaft so zu leiten, wie das Wohl des Betriebs und seiner Gesellschaft und der gemeine Nutzen von Volk und Reich es fordern. • Der Vorstand kann aus einer oder mehreren Personen bestehen. Ist ein Vorstandsmitglied zum Vorsitzer des Vorstand ernannt, so entscheidet dieser, wenn die Satzung nichts anderes bestimmt, bei Meinungsverschiedenheiten im Vorstand. »

La réforme de 1937 marque l'histoire et le système du droit commercial mondial.

La réforme est aujourd'hui décrite – et elle avait été, à l'époque, promue et soutenue – comme application du « Führerprinzip » national-socialiste à la matière des sociétés par actions[48].

---

[46] SALEILLES 1910 ; GAUDEMET 1914 ; HACHEMI - FRACHERY 2007.
[47] GALGANO F. 2013.
[48] BÄHR 2004 ; BÄHR 2006 ; cf. SCHLEGELBERGER 1937.

Toutefois, elle s'insère dans la « managerial Revolution » du début du XXe siècle et est aujourd'hui décrite – et elle a été, à l'époque, promue et soutenue – comme la « séparation entre la propriété et la fonction du capital[49] ».

Avec cette loi, le « principe de souveraineté de l'assemblée », sur lequel la « société par actions du XIXe siècle s'était basée », est ainsi remplacé par la règle de la concentration du pouvoir délibératif entre les mains des « administrateurs ». Dans le régime précédent, en effet, « les associés cumulaient, réunis en assemblée, tous les pouvoirs sociaux, y compris ceux concernant l'exercice de l'entreprise ; les administrateurs étaient, par contre, de simples exécuteurs des délibérations de l'assemblée, auxquels on pouvait imposer des directives et donner des ordres à propos d'actes de gestion de la société ». Avec la réforme de 1937, « les administrateurs tendent à s'affranchir de la direction et du contrôle des actionnaires, à se présenter comme une "technostructure" qui s'auto-coopte et qui se fait l'arbitre, à sa discrétion, du destin de l'entreprise ». Il est intéressant de remarquer qu'« en Grande-Bretagne et aux États-Unis le phénomène ne fait pas l'objet d'une régulation législative directe » à cause d'« un contrôle [de la part] des actionnaires qui n'est plus efficace (ou pas suffisamment efficace) » et que « la déchéance de l'assemblée atteindra son extrême limite en Hollande, où la réforme de 1971 enlève à l'assemblée le pouvoir de nommer les administrateurs, qui peuvent se coopter périodiquement, sur simple proposition de l'assemblée ».

Certainement innovatrice, la réforme de 1937 est donc loin d'entrer en contradiction avec la science juridique du XIXe siècle (de Savigny et de Mommsen) ; au contraire, elle en postule et, parallèlement, en complète, sur le plan du régime opérationnel, la traduction normative déjà commencée avec le *BGB*. Cette réforme se place, en effet, dans la ligne de « l'accentuation de la personne juridique », et elle a des points de contact avec la transition de la conception de la société comme contrat (théorie du contrat) vers la conception de la société comme institution (théorie institutionnaliste).

En reprenant une observation introductive (voir *supra,* § 1.b), il convient de rappeler ici qu'en 1934, donc seulement trois ans avant l'*Aktiengesetz* et toujours en Allemagne, les *Prinzipien des römischen Rechts* di Fritz Schulz avaient paru (un petit ouvrage auquel on avait attribué un grande autorité et qui est une sorte de concentré en pilules aussi bien du *System* de Savigny que du *Staatsrecht* de Mommsen). Dans cet ouvrage, l'auteur consacre, très justement, un chapitre à la « Liberté », mais il l'ouvre, de façon discutable, avec les mots : « Dem römischen Freiheitsbegriff ist die Begrenzung immanent ». Exactement comme dans la *Déclaration* de 1789, dans cette

---

49 BURNHAM 1941 ; GALGANO A. 1996 ; GALLINO 2004 ; ASQUINI [1959] 1961; D'ALESSANDRO 1988 ; FORTUNATO 2013 ; RATHENAU 1918 ; RATHENAU 1960.

pilule du XXe siècle de la science romaniste du XIXe, la *potissima pars* de la liberté – son « *principium* » – est donc sa « limitation ». La nouveauté est que, tandis que les législateurs de 1789 voulaient reproduire le « modèle » constitutionnel anglais contre le « modèle » juridique du peuple romain, le romaniste de 1934 parle de Droit romain. Parallèlement, exactement comme dans la Constitution de 1791, le régime opérationnel de société établi en 1937 exproprie les associés (cette fois « particuliers ») du pouvoir décisionnel en faveur des représentants.

L'*Aktiengesetz* peut donc être considéré comme le point d'arrivée normatif du processus commencé près de deux siècles plus tôt (avec la réflexion scientifique de l'*EdL*, en 1748) – c'est-à-dire et enfin – en alignant le régime opérationnel des organisations collectives privées sur celui des organisations publiques « de modèle anglais », déjà perfectionné au XVIIIe siècle. Francesco Galgano parle directement d'« analogie [...] tra la costituzione dello Stato e quella della società per azioni[50] ».

c. L'exécution didactique. *L'enseignement largement répandu du droit romain public et privé (de ce dernier en particulier, à travers le « droit commercial romain ») du régime opérationnel exclusivement représentatif de* societates, collegia, res publicae *et* huiusmodi corpora

La science romaniste, même récente, en matière de *societates*, *collegia*, *res publicae* (*municipia et coloniae*) et *huiusmodi corpora*, semble dépendre, dans l'exposé de leur organisation et fonctionnement, de la réflexion scientifique du XIXe siècle et en corroborer les résultats normatifs.

Sur le plan de la conception théorique de l'organisation collective, cela est démontré de la façon la plus évidente qui soit, précisément par la doctrine de Riccardo Orestano, considéré comme le chercheur qui, plus que tout autre au siècle dernier, a examiné de façon critique la réflexion correspondante du XIXe siècle. En réalité, la doctrine d'Orestano est parfaitement en ligne avec le monisme de cette réflexion. En effet, selon Orestano, les juristes romains, jusqu'au « droit de Justinien », ont accompli une grande partie du – sinon tout – « il lento e faticoso processo di *astrazione* e di *unificazione* [l'italique est mien, et remarquez l'ordre des deux substantifs] che porta all'idea di una personalità corporativa ». Orestano écrit cette affirmation dans le *Problema delle fondazioni in diritto romano* de 1959 (en accord avec les études de son Maître, Emilio Albertario [notamment « *Corpus* e *universitas* », 1933] et en citant le *Diritto romano*, écrit par Emilio Betti en 1935). Cependant, Orestano réaffirme l'existence du « processus d'abstraction » accompli en particulier à propos des *corpora ex distantibus* (comme, précisément, le *populus*) dans *Il problema delle persone giuridiche in diritto romano* (1968) où (page 157) il écrit de « smaterializzazione del popolo ». Il est repris, à son

[50] COTTINO 2013.

tour, par Galgano, dans le *Trattato di diritto civile*[51], écrit en 2010. Il s'agit d'une continuité doctrinale digne d'être mentionnée.

Sur le plan du régime opérationnel de l'organisation collective la continuité de la science romaniste du XXe siècle avec la réflexion scientifique du XIXe siècle et ses résultats normatifs semble tout aussi évidente. Dans la science romaniste du XXe siècle, l'attention pour le pouvoir et le rôle des assemblées des organisations collectives est, en effet, si modeste qu'on peut la dire absente, par rapport à l'attention pour le pouvoir et le rôle de leurs *magistri* et *magistratus*. Cette modeste, trop modeste, attention se manifeste envers les assemblées de toutes les *species* du *genus* associatif (y compris les *civitates*).

Toujours sur le plan du régime, il faut mentionner spécifiquement la (relativement récente : 1983) doctrine de l'« esclave manager ». Malgré l'écho combiné (au moins du point de vue terminologique) d'idéologies historiographiques et juridiques-économiques du XIXe/XXe siècle (la « forme de production esclavagiste » et la « révolution directoriale »), cette doctrine attire très opportunément l'attention sur la donnée – que nous ont transmise les sources anciennes – de la nature servile des administrateurs-mandataires des entreprises collectives. De cette façon, l'Auteur reprend aussi la question de la liaison entre la liberté et le pouvoir décisionnel collectif, ou plus précisément (selon la terminologie de notre distinction) entre l'exercice de la liberté et la formation de la loi[52]. La formulation romaniste dominante-répandue (que nous avons définie comme portant une « très modeste attention pour le pouvoir des associés et de leurs assemblées ») interdit cependant même à cette doctrine d'attribuer attention (que je pense, par contre, nécessaire) sur le pouvoir déterminant des *domini* à – on peut dire de façon interlocutoire – « donner des instructions » à leur *servus communis*. Le résultat (que je trouve, par conséquent, paradoxal) est que, dans la gestion de droit romain des entreprises collectives, le pouvoir serait simplement aux mains de non-libres.

d. Contestations isolées. *Les deux thèses (dans l'attente d'une synthèse) de l'extranéité à l'expérience antique romaine du régime opérationnel de la représentation de la volonté et de la conception théorique de la personnalité juridique*

Déjà en 1922, un grand romaniste qui s'est ensuite converti à la sociologie, Max Weber, avait remarqué le caractère antidémocratique, la datation moderne et l'origine géopolitique anglaise de la représentation de la volonté (que l'on peut qualifier d'« organique » ou « institutionnelle »)[53].

---

[51] Cf. PEPPE 2010 et GROTEN 2015.

[52] DI PORTO 1984.

[53] WEBER [1922] 1976 ; MÜLLER 1966 ; BILANCIA 2000.

Selon Weber, en effet, les organisations représentatives ne sont pas démocratiques, mais ploutocratiques (comme en Angleterre), parce que le représentant régulièrement élu n'est lié à aucune instruction, mais est *dominus* seul de sa conduite ; il dépend seulement de sa conviction et non pas des intérêts exprimés par ses délégants, dont il est le seigneur (« Herr ») et pas le serviteur (« Diener »), et tout cela est une caractéristique de la modernité.

La thèse de Weber est extrêmement intéressante de façon objective, au-delà, éventuellement des intentions mêmes de son auteur. En effet, ce n'est pas seulement la liaison entre l'exercice de la liberté et la formation de la loi qui y est mise en évidence, mais ce lien est compris de façon particulièrement pénétrante. L'alternative de Weber est : ou le représentant [ici, comme on l'a dit, « institutionnel »] est libre de vouloir/décider et par conséquent ses délégants ne sont pas libres, ou le représentant n'est pas libre de vouloir/décider et donc ses délégants sont libres. Cela implique une interprétation du rapport nécessairement/toujours non paritaire, mais hiérarchique entre les représentants et les représentés, sur lequel nous devons revenir et nous y reviendrons. Mais je dois observer dès à présent qu'à mon avis la thèse de Weber, pour qu'elle soit pleinement partageable, devrait être précisée. En effet dans le rapport ancien romain républicain, même ceux qu'il appelle « représentants » ont du pouvoir, c'est-à-dire une discrétionnalité, bien qu'ils soient internes au pouvoir/discrétionnalité de ceux qu'il appelle « représentés », et par conséquent entre les uns et les autres une dialectique s'établit.

En tout cas et bien que seulement implicitement, la thèse de Weber donne raison, dans l'interprétation du droit de société romain-ancien, à Rousseau, et tort à Savigny et Mommsen.

Cinquante ans après, quelqu'un le fera de façon explicite. En 1962, un romaniste de l'Université de Besançon, Jean Cousin (alors qu'il participait, à l'Université de Dijon, aux journées d'étude pour la commémoration du 200e anniversaire du *Contrat social*) « constate », dans sa contribution intitulée « J.-J. Rousseau, interprète des institutions romaines dans le *Contrat social*[54] », que la science des XIXe/XXe siècles est absolument muette à propos de cette interprétation, qui par ailleurs occupe un quart de tout le *Contrat*. Mais en 1974, Pierangelo Catalano publie *Populus Romanus Quirites* dont la page de titre porte déjà une citation de J.-J. Rousseau : « Le Peuple Romain [...] ce modèle de tous les peuples libres » et, à l'intérieur, pour la défense du *populus Romanus* « concret » (des *Quiriti*, justement),

Capogrossi Colognesi a consacré trois monographies à Weber : *Le radici della modernità (Max Weber 1891-1909)*, 2e éd. Roma 1997 ; *Economie antiche e capitalismo moderno. La sfida di Max Weber*, Bari-Roma 1990 ; *Max Weber e le economie del mondo antico*, Roma-Bari 2000.

[54] COUSIN 1964.

formule la critique démolisseuse de « “Magistrat” e “Volk” nel pensiero di Mommsen e gli sviluppi della visione dello “Stato astratto” ». En 1990, Catalano revient sur le sujet (« Il *populus Romanus* e il problema delle persone giuridiche ») en étendant son discours aux « associations et municipalités » qui, à son avis, sont tout aussi concrètes, c'est-à-dire tout autant non personnes juridiques que le *populus Romanus*[55]. La thèse de Catalano (c'est du moins ainsi que je l'interprète) n'est pas que les juristes romains ne sont pas arrivés, ou ne sont arrivés que tardivement et imparfaitement, à l'extrapolation de la notion de personne juridique (Orestano), mais c'est qu'ils ont choisi – et poursuivi-réalisé – de mettre en place une solution totalement différente.

La thèse de Weber s'inspire essentiellement du plan du régime opérationnel ; la thèse de Catalano s'inspire essentiellement de la conception théorique. Les deux thèses, en niant, respectivement, la romanité de la concentration du pouvoir dans les représentants et la romanité de la notion de personne juridique, se complètent l'une l'autre.

V. Le droit romain pour rétablir la dialectique scientifique et normative. Le régime opérationnel des societates/collegia et des res publicae/municipia : la « souveraineté de l'assemblée des associés »

a. La question à se poser. *Dans l'expérience juridique romaine, la volition unitaire des organisations collectives : est-ce le commandement des représentants et, par conséquent, elle limite alors la liberté des représentants ; ou est-ce le commandement des associés et, par conséquent, leur liberté ?*

Cette tentative de reconstruction des « recherche et affirmation » juridiques contemporaines de la liberté (en référence aux organisations collectives et, par conséquent, en liaison avec la « loi – manifestation collective de volonté, c'est-à-dire prise collective de décisions ») nous a amené à trouver deux solutions : chacune d'elles complexe et fortement unie à l'intérieur (c'est-à-dire constituée de plusieurs éléments, tous nécessaires, qui se rappellent réciproquement) et alternatives entre elles : spéculaires et opposées. Cependant, ces deux solutions ont été indiquées alternativement, l'une au XVIIIe siècle et l'autre au XIXe siècle, comme la solution du droit romain. Au XXe siècle et jusqu'à nos jours, la conservation des indications qui se sont affirmées au XIXe prévaut, mais des visions critiques ont vu le jour, récupérant – bien que très partiellement – la dialectique du XVIIIe siècle.

---

[55] CATALANO 1990.

Notre effort final est, maintenant, de tenter de nous orienter dans ces deux évaluations antithétiques de ces deux solutions antithétiques, en essayant de dire quelle est la « solution » romaine.

Vu les caractéristiques de cohésion et de spécularité, que nous avons rappelées, chaque élément des deux solutions trouvées est la pleine expression de la spécificité de chaque solution dans son ensemble, et son opposé est retrouvable dans l'autre solution. Ce qui a rendu historiquement possible l'asynchronisme de traitement-utilisation de ces éléments sans jamais en entamer l'existence globale et les relations réciproques, rend maintenant possible pour nous le « raccourci » de l'examen de la partie pour le tout, c'est-à-dire même de certains de ces éléments seulement, pour nous orienter en faveur d'une solution, ou de l'autre, dans son ensemble. Dans notre discours, limitons notre examen au seul aspect des « exercice de la liberté – formation de la loi » (déterminants à l'égard de l'aspect des « défense de la liberté – contenu de la loi », dont nous ne parlerons pas maintenant) et sur le seul plan du régime opérationnel (pour la raison utilitariste de sa plus grande simplicité de démonstration par rapport au plan dogmatique, dont nous ne parlerons pas non plus). Cet « examen » se servira, cependant, des deux points de vue : celui du droit privé (c'est-à-dire en référence aux « associations ») et celui du droit public (en référence à la *res publica* mais en les limitant aux seuls *municipia*, vu la quantité [excessive pour l'économie de cette contribution] d'informations concernant le *populus Romanus*]). En ce qui concerne l'homologie (c'est-à-dire le fait d'être aussi bien interchangeable qu'intégrable réciproquement) des deux points de vues (au moins) dans le domaine spécifique des corps collectifs, je renvoie directement au témoignage de Gaius (*D.* 3.4.1.pr.-3 et plus en général, tout le titre 3.4) ainsi que, avant lui, de Cicéron (*rep.* 1.39) et, (bien) après lui, de Mommsen, Kornemann, Daremberg-Saglio, de Robertis, etc.[56]

En reprenant l'opposition de syllogismes, formulée pour résumer la confrontation du XVIIIe siècle (§ 1.d), la question, à laquelle cet examen – limité – veut donner une réponse, peut être ainsi formulée : dans les corps collectifs romains la prise de décision est-elle le commandement des représentants (et par conséquent, elle limite la liberté des représentés), ou le commandement des associés (et par conséquent c'est leur liberté) ?

Je dois aussi, *in limine*, rappeler que (toujours dans la modeste économie de notre raisonnement) le but de cet examen n'est pas de faire un exposé complet et détaillé de l'activité en général et notamment de l'activité normative des assemblées des organisations collectives (les associations et les villes), mais – seulement – d'en confirmer l'existence institutionnelle. En effet, l'existence de cette activité (même en faisant abstraction du critère quantitatif de sa fréquence, à condition qu'elle soit précisément « institutionnelle » et non pas *extra* ou *contra ius*) exprime et témoigne que

---

[56] MOMMSEN 1843 ; DAREMBERG-SAGLIO « Lex collegii ».

la nature de ces assemblées et de chacun de leurs membres est essentiellement différente, et même opposée par rapport à celle que les assemblées mêmes et leurs membres auraient en son absence. Évidemment, aussi bien la nature de leurs magistrats que le rapport entre les associés et leurs magistrats sont différents/opposés. Nous allons nous servir, pour cet examen (qui, comme nous allons le voir, nous réserve d'intéressantes surprises) des données déjà recueillies par la science romaniste d'aujourd'hui.

b. La réponse historiographique (surprenante ?). *La compétence législative générale répandue et constante des assemblées des* corpora *(collèges et Mairies), complétée par l'exécution administrative / de négociation de leurs* magistri *et* magistratus

α *Collegia*

Comme l'observait déjà Mommsen, le mot *collegium* n'indique pas un *genus* d'agrégation, différent de la *societas*, mais une *societas* à *causa perpetua* et c'est de cette première spécificité décisive (la *causa perpetua*) que proviennent donc, non pas les « différences », mais les autres « spécificités » du *collegium* par rapport à la *societas*, à partir du nombre minimum des membres (trois pour la *species collegium*, deux pour le *genus societas*) pour continuer par l'organisation institutionnelle intérieure (nécessaire, donc, à la *species collegium*).

Une étude détaillée sur les « associations populaires dans l'Espagne romaine », avec une attention particulière, mais pas exclusive, aux IIe et IIIe siècles, constate que, aussi bien à Rome que dans les provinces, *collegium* est le mot le plus répandu pour indiquer les associations[57]. Dans cette même étude, on observe en outre que (notamment en Espagne) parmi les *collegia*, la typologie la plus largement attestée est la typologie funéraire, mais la seconde est celle ayant un but économique où l'on trouve outre les collèges pour le recouvrement de l'annone, les collèges pour le déroulement du commerce et de l'industrie privée.

Dans l'organisation des *collegia*, selon les reconstructions résultant de l'étude fondamentale de Jean Pierre Waltzing (1895-1900) et des articles des grands dictionnaires spécialisés en matière d'antiquité (« *Collegium* » in Pauly-Wissowa, *RE*, 1901 ; « *Lex collegii* » in Daremberg et Saglio, *DAGR*, 1904), on trouve la catégorie de la « loi » sous deux profils, strictement liés : celui de la loi constitutive du collège (*lex collegii*) et celui de son activité « législative », toutes deux intérieures, évidemment, mais toutes deux encore évidemment d'importance extérieure.

Les lois constitutives, les *leges collegiorum*, sont conçues comme les plus semblables, parmi les *leges privatae*, aux *leges rogatae*. Il faut une proposition initiale, dont l'auteur assume – par là – le rôle de fondateur

---

[57] SANTERO SATURNINO 1978.

(*constitutor*). La loi, cependant, est l'œuvre des associés mêmes, mieux des soi-associants : « *lex ab ipsis constituta* » (*CIL* XIV, 2112, l. 6-7). Cette sorte d'« autonomie statutaire », constamment reconnue/attribuée avec solennité aux associants/associés pendant au moins douze siècles, c'est-à-dire pendant la période de la culture juridique gréco-romaine, depuis les lois de Solon jusqu'au *CIC* de Justinien, en passant pour les *Douze Tables*, s'exerce à travers un *pactum* (ou *pactio : His [sodalibus] potestatem facit lex [XII tabularum], pactionem quam velint sibi ferre, dum ne quid ex publica lege corrumpant ; sed haec lex videtur ex lege Solonis translata esse*)[58]. J'observe, en passant, que la comparaison avec la définition de la loi par Papinien est ici facile (*D.* 1.3.1) *Lex est* [...] *communis rei publicae sponsio*, mais aussi avec les vers de Virgile, et ce n'est pas un hasard s'ils sont mis comme épigraphe du *Contrat social* (*Aen.* 11.320 s.) : « – *foederis aequas // dicamus leges* [*sociosque in regna vocemus*] ». Le *pactum* est donc rendu contraignant par un serment ou des stipulations additionnelles. Ce premier acte constitutif du *collegium* peut être, ensuite, modifié par ceux qui, justement en sa vertu, sont membres de plein droit du *collegium* et en forment, donc, le *populus* (*CIL* VI, 10234, l. 4 ; XIV, 2112, 3, 1, 27 ; 29671). Les modifications peuvent concerner aussi bien la composition du *collegium* (avec l'admission de nouveaux associés [*CIL* VI, 10294 ; 10395]) que ses règles [*CIL* V, 825][59] .

Outre la « constitution » de la *lex collegii* et ses modifications, la législation ordinaire, qui s'exprime par *decreta* [*collegii*], relève elle aussi de la compétence du « peuple » c'est-à-dire de l'assemblée des associés (*CIL* V, 5272 ; VI, 6660 ; *Bull. della comm. Archeol. Com. di Roma*, 1888, p. 110, n. 1). Le spécialiste italien d'associationnisme romain, Francesco Maria de Robertis, étant donné que « L'insieme dei membri [dei *collegia*] prendeva il nome di *populus* » affirme que « esso costituiva l'organo deliberante supremo sia in materia normativa che elettorale, giudiziaria e amministrativa » et que « quindi la organizzazione delle associazioni [pur a "carattere privato" e con "scopi e funzioni private"] rivela una costituzione schiettamente democratica, modellata su quella cittadina[60] ».

On a donc plus spécifiquement observé (en ce qui concerne, cette fois, les *societates publicanorum* – mais il n'y a aucune raison de ne pas considérer cette observation comme étant de portée générale) que la compétence de l'« assemblée générale » est de prendre les « décisions les plus importantes » pour la société. La source de cette observation « plus spécifique » (qui semblerait avoir été formulée pour la première fois par Claude Nicolet, en 1979) consiste en des passages de Cicéron désormais très connus : *De domo sua*, 28.74 (*publicorum societates* [...] *decreta fecerunt*) ;

---

[58] VICO 1721.
[59] DIOSONO 2007.
[60] DE ROBERTIS 1971.

in L. Calp. Pis. 18.41 (*decreta publicanorum*) ; *pro Sest.* 14.32 (*societas vectigalium* [...] *decrevisset*) ; in P. Vat. 3.8 (*societatum* [...] *decreta*) et en particulier sec. *in Verr.* 2.71.173 s., où l'« assemblée générale » est indiquée par la locution « *multitudo sociorum*[61] ». L'utilisation de cette expression justement par l'auteur de la définition la plus célèbre de *res publica* (1.39) et, donc, de *populus*, comme *coetus multitudinis iuris consensu et utilitatis communione sociatus*, est frappante.

β. *Municipia*

Nous prenons de plus en plus conscience de la « donnée » que l'Empire romain est, essentiellement, la relation des Villes, pourvues d'une autonomie – pouvons-nous dire – considérable, avec l'Empereur ; auquel il revient, mais qui également assure, le gouvernement central[62]. Cette prise de conscience est, cependant, encore trop générale pour mettre en question – si ce n'est en termes quantitatifs – la conception juridique mommsenienne de l'Empire comme « autocratie » (bien que « tempérée »). L'« Empire municipal », dont on parle aujourd'hui, est, peut-être, moins monolithique ; il n'est, sûrement, pas plus démocratique-républicain que celui qu'avait conçu Mommsen. La doctrine de Mommsen est en effet encore très répandue ; doctrine selon laquelle dans les Villes ou, mieux, exclusivement à l'intérieur de chaque Ville, les *pauci* (les magistrats et le conseil) commandent sur la *multitudo* (citoyens) en exerçant un pouvoir local de la même nature que le pouvoir général de l'Empereur ; c'est-à-dire aussi structurellement concentré et dynamiquement descendant. Étant supposé que les deux pouvoirs (civique/local et impérial/général) sont de même nature et ne sont que quantitativement différents, le pouvoir des élites citoyennes peut être plus ou moins faible, il est seulement et simplement en concurrence avec le pouvoir impérial, qui peut être parallèlement et inversement, plus ou moins fort. La science historique-juridique n'a plus ainsi que la tâche de sonder le rapport quantitatif entre ceux qui, en fait, sont deux manifestations et deux pôles d'un même pouvoir.

Par contre, il est possible et on doit, précisément à partir de la « donnée » générale de la nature citoyenne/municipale de l'Empire, réexaminer la donnée spécifique de son processus décisionnel. De ce processus décisionnel il faudra examiner aussi bien les deux aspects, intérieur et extérieur, des « éléments modulaires » essentiels de l'Empire, les Villes, que la contribution de l'Empereur, pour essayer d'en étudier immédiatement (et se promettre, pour l'avenir, d'en mieux explorer) la conception démocratique-républicaine[63]. Ce qui n'est pas une entreprise facile, à cause notamment de la variété de *status* des Villes et de

[61] CIMMA 1981, BONA 1992.

[62] LUZZATTO 1967 ; NÖRR 1966 ; CRACCO RUGGINI 1989 ; SPAGNUOLO VIGORITA 1996 ; MEROLA 2001 ; CAPOGROSSI COLOGNESI 2004 ; CRACCO RUGGINI 2010.

[63] CRACCO RUGGINI 2010.

modifications temporelles (au cours des siècles) et les probables variétés dans l'espace (en particulier entre la partie orientale et la partie occidentale de l'Empire) de ce processus. Cependant, nous sommes aidés en cela par la tendance bien connue à l'uniformité organisationnelle de l'Empire, qui trouve son affirmation – plutôt qu'une impulsion – dans la constitution de Caracalla de 212, par laquelle est formalisée, précisément, l'uniformité déjà existante de *status* des Villes selon l'archétype municipal ; jusqu'à la perte de l'usage du mot technique de *municipium* (ainsi que de celui de *colonia*) remplacé par le mot général *civitas*.

En ce qui concerne l'aspect intérieur du pouvoir « municipal », cet examen nous permet – ou nous oblige – à faire certaines constatations intéressantes. On a observé, en effet, que l'activité des comices dans les Municipalités est attestée par les sources anciennes pendant au moins six siècles : du IIIe siècle av. J.-C. jusqu'au IVe siècle apr. J.-C. Il a été attesté qu'à l'origine, parmi leurs compétences, les comices municipaux avaient celle de « modifier les lois introduites dans les municipalités par les magistrats romains », ainsi que celle de « ratifier les traités » pour lesquels ils attendent de la délibération des comices « l'hospice et le patronage qui, tout en étant conférés aux citoyens romains, conservent les formes extérieures d'un traité ». Dans la partie occidentale de l'Empire, à l'intérieur de chaque Ville, au moins jusqu'à la moitié du IIIe siècle « le peuple garde un poids non négligeable avec ses pressions ou grâce aux voix ». Dans la partie orientale de l'Empire, la conservation du pouvoir traditionnel des assemblées des Villes grecques est « modifiée » (non « diminuée ») seulement par l'attribution, proprement romaine, de la présidence et du droit d'initiative aux magistrats[64].

L'exercice, par l'assemblée de tous les citoyens de chaque Ville, de la réglementation – qu'on a dit – intérieure à chaque Ville (et qui est, évidemment, proportionnée à l'« autonomie » de chaque Ville par rapport aux normes de la généralité du peuple romain) est la preuve d'un processus décisionnel dont la logique – en tant que logique – le dépasse. La logique démocratique/républicaine (participative et ascendante) identifiée dans l'exercice – par l'assemblée des citoyens de chaque Ville – de la réglementation intérieure à sa Ville, postule et doit trouver une confirmation (sinon elle sera démentie) dans le rôle de toutes les Villes dans l'exercice de la réglementation générale. Eh bien, la logique unitaire de la participation populaire semble avoir véritablement sa manifestation nécessaire même dans l'aspect extérieur du gouvernement de la Ville. Heureusement, un bref écrit récent de Remo Martini (2001) faisant autorité, nous aide ici (en nous évitant, plus que l'effort, le risque d'une synthèse fastidieuse de la littérature qui du reste n'est pas très vaste) ; écrit intitulé « Sulla partecipazione

---

64 RODRÍGUEZ NEILA 2003 ; RODRÍGUEZ NEILA 2008 ; TANFANI 1906 ; JACQUES 1984 ; LA ROCCA 2005.

popolare ai *concilia* provinciali nel tardo impero ». Dans la description rapide, mais incisive de l'état de l'art dans ce domaine, Martini observe, d'abord, que le thème des « assemblee provinciali [...] tema estremamente interessante, fino ad oggi non ha riscosso soverchia attenzione da parte dei romanisti [...] di esso non è praticamente traccia nei manuali [... mentre ...] se ne sono occupati abbastanza gli storici » ; ils (en particulier Jürgen Deininger) se sont demandé si « questi concilii [...] fossero organi rappresentativi e se denunciassero o meno una tendenza separatista » (notez l'alternative envisagée par la doctrine romaniste du XXe siècle !). Martini remarque donc que n'est « jamais affronté » « il problema [...] della competenza, ossia degli argomenti giuridici che essi [i *concilia*] avrebbero potuto quanto meno discutere e che a loro volta si potrebbero ricostruire dai provvedimenti imperiali (rescritti o editti) indirizzati ai *provinciales* o ai vari *concilia* o anche al prefetto del pretorio ». Martini souligne encore « l'attività di controllo svolta dai concilii sul comportamento dei funzionari imperiali e specialmente dei governatori provinciali » pour se concentrer à la fin sur la « composition » et le « fonctionnement » « di questi *concilia* [in particolare] nel IV e V sec. D.C. » Sur ce dernier point, Martini semble partager la thèse d'André Piganiol, à savoir que « nel passaggio dal principato al tardo impero l'assemblea provinciale avrebbe cambiato la sua composizione [... da ...] "bourgeois délégués par les municipalités" [... a ...] organo "des propriétaires fonciers et d'une étroite oligarchie municipale" ». Cependant (conclut Martini, mais avec une argumentation qui n'est pas complètement claire pour moi) la « participation populaire » à chaque Concile aurait été de toute façon encore garantie par le libre-accès des « plébéiens » de la Ville hôte. Pour les objectifs de mon examen, il est suffisant de souligner, dans l'étude de Martini, outre les constatations négatives à propos de la faible attention de la doctrine juridique [!] contemporaine pour ces *concilia* et à propos du recours à la catégorie de la « représentation » pour leur interprétation, même et surtout le « soulignement » positif de leur « activité » d'évaluation de la conduite du délégué du Prince, le Gouverneur provincial, développée (tout au moins jusqu'au prétendu « Dominat ») dans les assises provinciales par les délégués élus par chaque Ville.

Dans la province sarde (et corse) de l'Empire romain, l'ancienne compétence des Villes de ratifier les traités se manifeste encore non pas au IIIe ou IVe siècle, mais au XIVe siècle, et plus précisément en 1388, quand le traité signé entre le Roi Jean d'Aragon, et le plus célèbre et dernier véritable *iudex* sarde (une femme !) Éléonore d'Arborée, est ratifié par le concile du « Judicat », appelé « Corona de Logu » et composé par les délégués des conciles moins importants (« Coronas de Curatorias[65] ») formés par les délégués des *Villae* (« Biddas »).

[65] SINI 1997.

c. Pour comprendre et gérer la problématique juridique (même « gegenwärtige »). *Le régime opérationnel unitaire complexe des « corps » collectifs dans le droit romain, c'est-à-dire l'efficacité de la démocratie républicaine*

Je dois toujours rappeler la fondamentale homologie organisationnelle des Villes (*municipia*) et des associations privées (notamment les *collegia*). La donnée décisive pour notre tentative de raisonnement est l'activité législative/normative (de l'assemblée) du « *populus* » dans les deux organisations collectives et, par conséquent, leur « constitution franchement démocratique ».

En effet, nous avons vu, à propos des associations privées, que la « constitution démocratique » se manifeste dans la prise des « décisions les plus importantes » de la part de leurs « assemblées générales », et à propos des Villes/Municipalités, nous avons vu que la « constitution démocratique » elle-même se manifeste de façon « logiquement » cohérente dans les deux dimensions nécessaires de leur organisation, intérieure et extérieure.

Cette « donnée » sur le régime opérationnel des organisations collectives romaines, dont témoignent encore les études contemporaines, surtout historiographiques, est surprenante, si on la compare aux inattentions courantes pour les assemblées et la réduction des actions sociales aux actions des « représentants » par les études juridiques contemporaines. Nous nous trouvons, avec cela, face à la contradiction entre la « donnée historique » tirée des sources anciennes et leur « interprétation juridique ».

Cette contradiction émerge avec une force particulière quand elle est intérieure aux études juridiques. Elle est, par exemple, particulièrement évidente précisément chez le juriste italien qui a écrit le plus sur la matière des « corporations » romaines, Francesco Maria De Robertis[66]. Dans le même ouvrage, il met ensemble la constatation (déjà mentionnée) que le « *populus* » des *collegi* et des Villes est « l'organo deliberante supremo » d'« una costituzione schiettamente democratica » et l'affirmation (en citant Riccardo Orestano) de la « vocation », dès l'époque républicaine, « all'astrazione necessaria per attingere al concetto di persona giuridica e in particolare per attribuire propria individualità ai complessi di persone organizzati in associazione » et avec l'attribution (en conséquence) du pouvoir d'exprimer la volonté de cette « personne » à ses « représentants ».

Mais, à la contradiction entre la donnée historique et l'interprétation juridique, n'échappent pas non plus certains juristes qui, précisément pour lui échapper, ont tenté de se débarrasser de la « donnée » : aussi bien en la survolant (comme on le fait communément : voir dans le § précédent, l'observation en ce sens de Remo Martini sur les différentes attitudes des

[66] DE ROBERTIS [1955] 1981 ; voir aussi DE ROBERTIS 1932 ; DE ROBERTIS 1938 ; DE ROBERTIS 1955 ; DE ROBERTIS 1971 ; cf. DE ROBERTIS 1972 ; GAGLIARDI 2006 ; GOLINO 2011 ; GOLINO 2012.

historiens et des juristes en matière de *concilia provinciales* de Ville), qu'en la niant. Parmi ces derniers, je ne peux ne pas citer, pour le point de vue du droit public, l'exemple offert par Theodor Mommsen, tandis que je peux mentionner, pour le point de vue du droit privé, celui que nous offre Alvaro D'Ors. Non seulement Mommsen a affirmé que le mot *populus*, quand il indique le souverain, ne signifie pas l'ensemble des citoyens, mais la personne juridique de l'État ; il a aussi cherché à faire disparaître, déjà pour le début du principat, les *comices municipaux*, pour lui gênants, ainsi que les comices généraux du peuple romain. La thèse de cette « disparition » n'a pas de suites comme la thèse de D'Ors, qui a « expliqué » la donnée épigraphique d'une délibération du siècle d'Auguste, par laquelle les membres (et pas seulement les magistrats !) d'une association espagnole de pêcheurs et de commerçants de poissons, décident de rendre hommage à un certain Caio Letilio, *duumvir quinquennalis* de *Carthago Nova* (*CIL* II, Supp.[67] *5.929*), avec l'hypothèse que la délibération précède la constitution formelle de l'association. Cette explication, purement hypothétique, n'est pas accueillie par les autres chercheurs, qui continuent à reconnaître dans cette dédicace l'exercice d'« une des fonctions de l'assemblée de chaque collège légalement constitué » (Santero 1978 ; cf. Waltzing 1085)[68].

La seule façon de se soustraire à la contradiction entre la donnée historique et l'interprétation juridique est de se charger de comprendre un processus décisionnel qui, à son tour, comprend aussi bien la manifestation de volonté de l'assemblée que la manifestation de volonté des *magistri/magistratus* (je ne parlerai pas ici de questions de régime opérationnel de grande importance, mais supplémentaires, comme la fonction de l'assemblée restreinte des décurions).

L'historien le plus important du phénomène associatif ancien, Jean-Pierre Waltzing, ne pourrait être plus clair à ce propos[69]. Selon sa reconstruction, depuis l'époque la plus ancienne « l'administration se partageait entre l'assemblée et les chefs », mais « L'assemblée générale de tous les membres était ordinairement souveraine, comme dans la cité » et encore au Ve siècle apr. J.-C. « il semble […] que l'organisation collégiale soit restée démocratique […] L'assemblée générale rendait toujours ses décrets pour gérer les affaires de la corporation […] ses chefs ne faisaient qu'exercer ses décisions[70] ».

L'*ingenuitas*[71] de l'historien est remarquable et presque admirable : il enregistre la « donnée », extraordinaire pour nous, de l'« obéissance » des « chefs » sans chanceler ni se demander comment cela était (et,

[67] D'ORS 1953.
[68] Cf. BONA 1992.
[69] PARETO [1901] 1984 ; MENNELLA - APICELLA Napoli.
[70] WALTZING 1896.
[71] MORALES *et alii* 2009.

éventuellement, est encore) possible. Mais ça, c'est précisément (pour utiliser des catégories rendues fameuses) le « *Beruf*[72] » ou la « *Aufgabe*[73] » des juristes.

La difficulté de la science juridique à prendre en charge le pouvoir des assemblées « populaires » peut – peut-être – s'expliquer par un conditionnement a-technique/politique (propre, selon Hans Kelsen, à cette science) pour servir le pouvoir politique du moment[74]. Il y a véritablement des phases historiques (comme dans la question à l'examen, le XIXe siècle) où triomphe la volonté des juristes de plier les institutions pour servir les exigences de la classe dominante ; il y a cependant aussi des phases historiques (comme dans la question à l'examen, le XXe siècle) où la volonté de quelques juristes de trouver les institutions pour servir les exigences démocratiques est rendue vaine par le manque de technique.

En effet, les romanistes, qui opèrent dans l'horizon de la « représentation », sont conditionnés par le monolithisme volitif de celle-ci, laquelle n'admet pas la collaboration entre le représenté et le représentant : le premier est – techniquement – « remplacé » par le second.

Contre la doctrine dominante de la concentration par remplacement de la volition collective chez les magistrats/représentants (« *Herren* »), il faut donc récupérer la doctrine de son articulation participative entre assemblée des associés et leurs magistrats/serviteurs (et, donc, en étudier de nouveau les nombreuses manifestations).

Le souhait est valable aussi – si ce n'est surtout – dans la perspective opérationnelle *de iure condendo*.

Giovanni LOBRANO
Professeur de droit romain
Université de Sassari

---

72 SAVIGNY 1814 ; SAVIGNY 1815 ; cf. KANTOROWICZ 1911.
73 JHERING 1857 ; cf. GONZALEZ Vicen 1987 ; LABRUNA 1999 ; LLOREDO ALIX 2010.
74 BERUMEN CAMPOS 2011.

Bibliographie

AA.VV., *Gouvernés et gouvernants – Recueils de la Société Jean Bodin pour l'histoire comparative des institutions*, T. 23-27 [actes du Colloque Bruxelles 1962] Bruxelles, 1965-68

ALBERDI J. B., *Peregrinación de Luz del Día o Viajes y aventuras de la Verdad en el Nuevo Mundo*, Buenos Aires, 1874

ALBERTARIO E., « *Corpus* e *universitas* nella designazione della persona giuridica », in ID., *Studi di diritto romano. I. Persone e famiglia*, Milano 1933

ARON R., *Les Étapes de la pensée sociologique,* Paris, 1967

ASQUINI A., « *I battelli del Reno* », in *Rivista delle società*, 1959 ; à présent in ID., *Scritti*, III, Padova, 1961

BÄHR J., « Modernes Bankrecht und dirigistische Kapitallenkung. Die Ebenen der Steuerungen im Finanzsektor des "Dritten Reichs" » in GOSEWINKEL D., Hg., *Wirtschaftskontrolle und Recht in der Nationalsozialistischen Diktatur* [Das Europa der Diktatur, 4] Frankfurt a. M., 2004

BÄHR J., « Unternehmens- und Kapitalmarktrecht im "Dritten Reich": die Aktienrechtsreform und das Anleihestockgesetz », in BÄHR J., BANKEN R., Hg., *Wirtschaftssteuerung durch Recht im Nationalsozialismus. Studien zur Entwicklung des Wirtschaftsrechts im Interventionsstaat des "Dritten Reichs"* [Das Europa der Diktatur, 9] Frankfurt a. M., 2006

BARTOLI M. G., *Saggi di linguistica spaziale*, Torino, 1945

BERLIN I., « Montesquieu », in ID., *Against the Current: Essays in the History of Ideas*, New York 1955 ; 2a ed. 1980, trad. fr. di Berelowitch A., in *À contre courant,* Paris, 1988

BERUMEN CAMPOS A., « La enseñanza del derecho y el conservadurismo de los juristas », in *Alegatos*, 77, Ene-Abr. 2011

BILANCIA F., *La crisi dell'ordinamento giuridico dello Stato rappresentativo*, Padova, 2000

BIROCCHI I., « Persona giuridica nel diritto medievale e moderno », in *Digesto delle discipline privatistiche. Sezione civile*, XIII, 1995

BONA F., « Le *societates publicanorum* e le società questuarie nella tarda Repubblica », in MARRONE M., a cura di, *Imprenditorialità e diritto nell'esperienza storica* [atti del Convegno di Erice 22-25 novembre 1988] Palermo, 1992

BRUTTI M., *Il diritto privato nell'antica Roma*, 2a ed., Torino, 2011

BURNHAM J., *The Managerial Revolution: What is Happening in the World*, New York, 1941

CAPOGROSSI COLOGNESI L, *Persistenza e innovazione nelle strutture territoriali dell'Italia romana. L'ambiguità di una interpretazione storiografica e dei suoi modelli*, Napoli, 2002

CAPOGROSSI COLOGNESI L. - GABBA E., a cura di, *Gli statuti municipali*, Pavia, 2006

CAPOGROSSI COLOGNESI L., « La genesi dell'Impero municipale », in *Roma e America. Diritto Romano Comune*, 18/2004

CAPOGROSSI COLOGNESI L., *Storia di Roma tra diritto e potere. La formazione di un ordinamento giuridico*, Bologna, 2014

CARRÉ DE MALBERG R., *Contribution à la Théorie générale de l'Etat*, II, Paris, 1922 (rist. fotomecc. Paris, 1962);

CASAVOLA F. P., « Mommsen nella romanistica italiana », in *Diritto@Storia*, N. 5 - 2006

CATALANO P., « Constitutionnalisme latin et constitution de la République romaine de 1848 (à propos du droit public romain du tribunat) », in REVERSO L. (dir.), *Constitutions, républiques, mémoires. 1849 entre Rome et la France*, Paris 2011

CATALANO P., « Il *populus romanus* e il problema delle persone giuridiche », in BERTONE T., BUCCI O., a cura di, *La persona giuridica collegiale in diritto romano e canonico.* Aequitas romana *ed* aequitas canonica [= Atti del III e IV Colloquio (Roma 24-26 aprile 1980 e 13-14 maggio 1981) *Diritto romano - Diritto canonico*], Roma, 1990

CATALANO P., « *Un concepto olvidado : "poder negativo"* in AA.VV., *Progetto Italia-America Latina. Ricerche giuridiche e politiche, Materiali*, IX/1, *Costituzionalismo latino*, I [atti del Seminario di Studi, Roma, 25-27 febbraio 1977] Sassari s.d. [1980]

CATALANO P., *Diritto e persone. Studi su origine e attualità del sistema romano*, 1, Torino, 1990

CATALANO P., *Populus Romasnus Quirites*, Torino, 1974

CATALANO P., *Tribunato e resistenza*, Torino, 1971

CERAMI P. - DI PORTO A. - PETRUCCI A., *Diritto commerciale romano. Profilo storico*, 2a ed., Torino, 2004

CERAMI P. - PETRUCCI A., *Diritto commerciale romano.* Profilo storico, 3a ed., Torino, 2010

CIMMA Maria Rosa, *Ricerche sulle società di publicani*, Milano, 1981

CLAUDE N., « Réflexions sur les sociétés de publicains : Deux remarques sur l'organisation des sociétés des publicains à la fin de la république romaine », in EFFENTERRE H. v., éd., *Points de vue sur la fiscalité antique*, Paris, 1979

CONSTANT B., *De la liberté des anciens comparée à celle des modernes* [Discours prononcé à l'Athénée royal de Paris, 1819] in ID., *Ecrits politiques*, nuova edizione a cura di Gauchet M., Paris, 1997

COTTINO G., « Introduzione. Dal "vecchio" al "nuovo" diritto azionario : con qualche avviso ai naviganti », in COTTINO G. e SARALE Marcella, a cura di, *Società per azioni. Costituzione e finanziamento*, Asiago, 2013

COUSIN Jean, « J.-J. Rousseau interprète des institutions romaines dans le Contrat social », in AA.VV., *Études sur le Contrat social de Jean-Jacques Rousseau. Actes des journées d'étude organisées à Dijion pour la commémoration du 200e anniversaire du Contrat social*, Paris, 1964

CRACCO RUGGINI Lellia, « Città tardoantica, città altomedievale: permanenze e mutamenti », in *Anabases - Traditions et réceptions del'Antiquité*, 12, 2010, *Mélanges Leandro Polverini*

CRACCO RUGGINI Lellia, « La città imperiale » in GABBA E. e altri, *Storia di Roma*, IV, *Caratteri e morfologie*, Torino, 1989

D'ALESSANDRO F., « Il diritto delle società dai "Battelli sul Reno" alle "Navi vinchinghe" », in *Foro italiano*, 1988

D'ORS A., *Epigrafía jurídica de la España romana*, Madrid, 1953

DAREMBERG V. et SAGLIO E., *Le Dictionnaire des Antiquités Grecques et Romaines*, "*Lex collegii*" s.v.

DE ROBERTIS F.M., « Contributi alla Storia delle Corporazioni a Roma », in *Annali del Seminario giuridico-economico dell'Università di Bari*, I, 1932

DE ROBERTIS F.M., « Nuovi contributi alla storia delle corporazioni romane », in *Iura*, 6, 1955

DE ROBERTIS F.M., « Personificazione giuridica e ardimenti costruttivi nella compilazione giustinianea », in *Studi in onore di Francesco Santoro-Passarelli*, VI, Napoli, 1972

DE ROBERTIS F.M., *Il diritto associativo romano*, Bari, 1938

DE ROBERTIS F.M., *Il fenomeno associativo nel mondo romano. Dai Collegi della Repubblica alle Corporazioni del Basso Impero*, Napoli, 1955, rist. Roma, 1981

DE ROBERTIS F.M., *Storia delle corporazioni e del regime associativo nel mondo romano*, I-II, Bari s.d. (ma, in "Prefazione" : 1971)

DETTI T. - GOZZINI G., *Storia contemporanea. I. L'Ottocento*, Milano, 2000

DI PORTO A., « Il diritto commerciale romano. Una "zona d'ombra" nella storiografia romanistica e nelle riflessioni storico-comparative dei commercialisti », in AA.VV., *Nozione, formazione e interpretazione del diritto dall'età romana alle esperienze moderne. Ricerche dedicate al prof. F. Gallo*, III, Napoli, 1997

DI PORTO A., *Impresa collettiva e schiavo manager in Roma antica (II sec. a.C.-II sec. d.C.)*, Milano, 1984

DIOSONO Francesca, Collegia. *Le associazioni professionali nel mondo romano*, Roma 2007;

FAGUET E., *Politique comparée de Montesquieu, Rousseau et Voltaire* [1902], ristampa Genève, 1981

FERRY L., *Philosophie politique. I. Le droit : la nouvelle querelle des anciens et des modernes*[2], Paris, 1999 [1a ed. 1984]

FEZZI L., *Il rimpianto di Roma.* Res publica, *libertà "neoromane" e Benjamin Constant agli inizi del terzo millennio*, Milano, 2012

FLUME W., *Allgemeiner Teil des Bürgerlichen Rechts*, I. Band, 1. Teil, *Die Personengesellschaft*, Berlin/ Heidelberg/ New York/ Tokyo, 1977

FORTUNATO S., « Battelli del Reno e scorribande vichinghe: un difficile compito per il giurista », in *I Battelli del Reno. Rivista* on line *di diritto ed economia dell'impresa* (della Università Aldo Moro di Bari) 27 marzo 2013

GAGLIARDI L., *Mobilità e integrazione delle persone nei centri cittadini romani. Aspetti giuridici, I. La classificazione degli* incolae, Milano, 2006

GALGANO A., *La Rivoluzione Manageriale – Ripensare la Qualità Totale,* Milano, 1996

GALGANO F., *Diritto commerciale*, II. Le società, 18° ed., ristampa agg., Bologna, 2013

GALGANO F., *Trattato di diritto civile: le categorie generali, le persone, la proprietà, la famiglia, le successioni, la tutela dei diritti*, 2° ed. Padova, 2010

GALLINO L., « Capitalismo predatore », in *La rivista del manifesto*, n. 48, marzo 2004

GALY F., *La notion de constitution dans les projets de 1793*, Paris, 1932

GARCÍA GARRIDO M.J., *El comercio, los negocios y las finanzas en el Mundo Romano*, Madrid, 2001

GAUDEMET M.E., « Raymond Saleilles et le Code Civil allemand », in AA.VV., *L'œuvre juridique de Raymond Saleilles*, Paris 1914

GEENENS R. - ROSENBLATT Helena (ed.), *French Liberalism from Montesquieu to the Present Day*, Cambridge, 2012

GERKENS J.-F. « Chronique de la 55ème session de la Société Internationale Fernand de Visscher pour l'Histoire des Droits de l'Antiquité à Rotterdam (18 au 22 septembre 2001) », in *RIDA - Revue Internationale des Droits de l'Antiquité*, L, 2003

GIARDINA A. e altri, a cura di, *Società romana e produzione schiavistica*, Bari-Roma, 1981 (in particolare, per gli aspetti giuridici, il vol. 3. *Modelli etici, diritto e trasformazioni sociali*)

GILLÉRON J. - ÉDMONT É., *Atlas linguistique de la France*, 9 vols, Paris, 1902-1910, supplément 1920

GLIOZZI E., « Persona giuridica », in *Enciclopedia Treccani delle scienze sociali*, 1996

GLÜCK C.F. von, *Ausführliche Erläuterung der Pandekten*, 1790-1830 = *Commentario alle Pandette*, Libri XIV-XV tr. e annotati da BONFANTE P., Milano, 1907

GOLINO Claudia, « Gli Ordini e i Collegi professionali nelle esperienze di civil Law a di common Law », in *JUS*, vol. 1, 2012

GOLINO Claudia, *Gli Ordini e i Collegi professionali nel mercato. Riflessioni sul modello di ente pubblico professionale*, Padova, 2011

GONZALEZ Vicen F., « Rudolf von Jhering y el problema del método jurídico », in *Anuario de Filosofía del Derecho*, t. IV, 1987

GROSS J.-P., « Jean-Jacques Rousseau », in *Annales historiques de la Révolution française*, 337, 2004, 196-199 [en ligne le 15 février 2006] "compte rendu" de TROUSSON R., *Jean-Jacques Rousseau*, cit.

GUARINO A., *La democrazia a Roma*, Napoli, 1979

HACHEMI Anissa et FRACHERY Th., « Genèse juridique et philosophique de la notion de personnalité morale », in AA.VV., *La personnalité publique* [Colloque 2007 – Université Panthéon - Assas - Paris II – Master 2 DPA - Droit Public Approfondi] consultabile nel 'sito internet' del Master

HECKETSWEILER L., « La liberté romaine comme autonomie », in REVERSO L., *La république romaine de 1849 et la France*, Paris, 2008

HEGEL G.W.F., *Grundlinien der Philosophie des Rechts oder Naturrecht und Staatswissenschaft im Grundrisse*, Berlin, 1820, vordatiert auf 1821

HEGEL G.W.F., *Enzyklopädie der philosophischen Wissenschaften im Grundrisse*, Heidelberg, 1817

HEISE A., Grundriss eines Systems des gemeinen Civilrechts zum Behuf von Pandecten-Vorlesungen [1807] 3. verb. Ausg., Heidelberg, 1819

HOBBES Th., *Leviathan or the Matter, Forme, & Power of a Common-wealth Ecclesiasticall and Civill*, London, 1651

HOUDOY R.J.A., *Le droit municipal. Première partie : De la condition & de l'administration des Villes chez les Romains*, Paris, 1876

JACQUES F., *Le privilège de la liberté. Politique impériale et autonomie municipale dans les cités de l'Occident romain (161-244)*, Rome, 1984

JAUME L., *La Liberté et la Loi. Les origines philosophiques du libéralisme*, Paris, 2000

JHERING R. VON, *Geist des römischen Rechts auf den verschiedenen Stufen seiner Entwicklung*, 4 Bde., Leipzig, 1852-1865

JHERING R. VON, « Unsere Aufgabe », in *Jahrbücher für die Dogmatik des heutigen römischen und deutschen Rechts*, I,1, April 1856

KANTOROWICZ H. , « Was ist uns Savigny ? », in *Recht und Wirtschaft*, I, 1911

KÖBLER Ulrike, *Werden, Wandel und Wesen des deutschen Privatrechtswortschatzes*, Frankfurt a. M., 2010

LABRUNA L., « Unsere Aufgabe » in *Iura*, 50, 1999 [pubbl. 2003]

LA ROCCA A., « Diritto di iniziativa e potere popolare nelle assemblee cittadine greche », in AMARELLI F., ed., *Politica e partecipazione nelle Città dell'Impero romano*, Roma, 2005

LANARO G., *L'evoluzione, il progresso e la società industriale. Un profilo di Herbert Spencer*, Firenze 1997

LARRÈRE C., « Montesquieu and Liberalism. The Question of Pluralism », in KINGSTON R. (ed.), *Montesquieu and his Legacy*, New York, 2009

LENOBLE J., MAESSCHALK M., *L'action des normes. Éléments pour une théorie de la gouvernance*, Sherbrooke, 2009

LESSAY F., « Le vocabulaire de la personne », in ZARKA Y. Ch. (dir.), *Hobbes et son vocabulaire*, senza indicazione di città (ma Parigi), 1992

LLOREDO ALIX L., « El positivismo jurídico como paradigma de pensamiento (a propósito de Rudolf von Jhering) », in *Papeles de teoría y filosofía del derecho*, 1, 2010

LOBRANO G., « "Principe de subsidiarité" et convergence méditerranéenne » (relazione al Seminario scientifico internazionale *Convergences des politiques juridiques. Pour un développement commun dans l'espace euro-méditerranéen*, Casablanca, 7-9 octobre 2010) in *Diritto@Storia*, n. 9, anno 2010 (on-line)

LOBRANO G., « *Code Napoléon* e Diritto romano: lo stato della riflessione scientifica (con qualche integrazione) », in *Bicentenaire du Code Napoléon* [Atti del Seminario internazionale, Corte (Corsica), 1–2 novembre 2004] in BASTIEN-RABNER Françoise et J.-Y. COPPOLANI (dir.), *Napoléon et le Code civil*, Ajaccio, 2009

LOBRANO G., « Comuni, repubblica e federazione tra diritto romano e diritto inglese », in ONIDA P.P.Y, VALDÉS LOBÁN E., a cura di, con la collaborazione di Otero L.S. y Hernández Aguilar O., *Identidad e Integración Latinoamericana y Caribeña* [Atti del II Seminario en el Caribe Derecho Romano y Latinidad, La Habana - Pinar del Rio, Cuba, 12-14 de febrero de 2004] NAPOLI …

LOBRANO G., « Dal punto di vista del Diritto romano: la questione di fondo anche per la Autonomia e lo Statuto "speciali" della Regione Sardegna : sapere e volere darsi una "forma di governo" democratica », in CARDIA Mariarosa, a cura di, *Un nuovo Statuto per la Sardegna del XXI secolo* [= *Presente e futuro. Periodico dell'Associazione tra ex Consiglieri Regionali della Sardegna*, n. 22, anno 2009 ; Atti del ciclo di seminari « 1948-2008 : 60 anni di autonomia in Sardegna. Verso un nuovo Statuto speciale » organizzato dalla « Associazione tra ex Consiglieri regionali della Sardegna »], Cagliari, 2010

LOBRANO G., « Fondamento giusromanistico e prospettive europee del 'principio di sussidiarietà'. Il ruolo dei municipi/comuni" in DAMMACCO G., SITEK B., URICCHIO A., a cura di, *Integrazione e politiche di vicinato : Nuovi diritti e nuove economie*, Bari 2012

LOBRANO G., « Il dovere della memoria storica e della riflessione giuridica. La "Costituzione di Cadice" : tra "liberalismo metropolitano" e "democrazia americana" (1812-2012) », in *Roma e America. Diritto romano comune*, n. 33, anno 2012 (pubbl. 2013)

LOBRANO G., « Il Municipio "das Fundament unserer Civilisation" : una ipotesi di ricerca giuridica », in CAPOGROSSI COLOGNESI L. e TASSI SCANDONE Elena, a cura di, *Vespasiano e l'impero dei Flavi* [Atti del Convegno, Roma, 18-20 novembre 2009], Roma, 2012

LOBRANO G., « La questione federale : sintesi giuridica dello scontro politico proto-contemporaneo (e attuale) tra democrazia e liberalismo », in FODDAI Maria Antonietta, a cura di, *Il Canada come laboratorio giuridico. Spunti di riflessione per l'Italia* [Atti del Seminario di Sassari, 26 giugno 2013], Napoli, 2013

LOBRANO G., « Prefacio. Por qué es necesario y urgente estudiar los municipios. De la definición de sus problemas actuales a la búsqueda de la solución romana », a Maria das Graças PINTO DE BRITTO, *Los Municipios de Italia y de España : Ley general y ley modelo*, Madrid, 2015

LOBRANO G., « Problèmes de l'Autonomie en Sardaigne. Falsification des "grands mots" : mauvaise terminologie, très mauvaise dogmatique », in COPPOLANI J.-Y. et FAZI A., dir., *Mélanges offerts à la mémoire de Claude Olivesi. Insularité, institutions et politique*, Ajaccio, 2013

LOBRANO G, « République et Démocratie anciennes avant et pendant la Révolution », in VOVELLE M., *Révolution et république : l'exception française*, Paris, 1994

LOBRANO G., « Saperi e poteri locali : un problema costituzionale e la sua soluzione in chiave storica-sistematica », in DERIU Romina, a cura di, *Sviluppo e saperi nel Mediterraneo*, [Atti del Convegno *Saperi mediterranei e sviluppo tra memoria e trasmissione*, Università degli studi di Sassari <DEISS e Scuola di Dottorato in Scienze sociali> - AIS, Sassari, 2-3 aprile 2009] Milano, 2012

LOBRANO G., « Città, municipi, "cabildos" », in *Roma e America*, 18, 2004 [ma pubbl. 2005] e in SCHIPANI S., a cura di, Mundus novus. *America. Sistema giuridico latinoamericano* [Atti Congresso internazionale, Roma 26–29 novembre 2003], Roma, 2005

LOBRANO G., « Contratto sociale contro rappresentanza : lo straordinario schema giusromanistico di J.-J. Rousseau », in AA.VV., *Rousseau, le droit et l'histoire des institutions [Actes du Colloque international pour le tricentenaire de la naissance de Jean-Jacques Rousseau (1712-1778)* organisé à Genève le 12, 13 et 14 septembre 2012], Aix-Marseille, 2013

LOBRANO G., « La alternativa attuale tra i binomi istituzionali : "persona giuridica e rappresentanza" e "società e articolazione dell'*iter* di formazione della volontà". Una ìpo-tesi (mendeleeviana) », in *Diritto@Storia*, N. 10, 2011-2012

LOBRANO G., « La théorie de la *res publica* selon l'Empereur Justinien (*Digesta Iustiniani* 1.2-4) », in *Diritto@Storia*, 8/2009 ; con integrazioni e tradotto in lingua portoghese, ID., « *A* teoria da *res publica* (fundada sobre a "sociedade" e não sobre a "pessoa jurídica") no *Corpus Juris Civilis* de Justiniano (*Digesto* 1.2-4) », in *Seqüência : estudos jurídicos e políticos*, Florianópolis : Editora da UFSC, Vol. 29, No 59, 2009 (mais publié 2010)

VON LÜBTOW U., *Das römische Volk. Sein Staat und sein Recht*, Frankfurt a. M., 1955

LUZZATTO G. I., « Impero e città », in *Labeo*, 13, 1967 (« Lettura » di NÖRR D., *Imperium und Polis in der hohen Prinzipatszeit*, cit.)

MALMENDIER Ulrike, Societas publicanorum. *Staatliche Wirtschaftsaktivitäten in den Händen privater Unternehmer*, Köln – Weimar – Wien, 2002

MANENT P., *La Cité de l'homme,* Paris, 1997

MANTOVANI D. e PELLECCHI L., a cura di, Eparcheia, autonomia *e* civitas Romana. *Studi sulla giurisdizione criminale dei governatori di provincia (II sec. a.C. - II sec. d.C.)*, Pavia, 2010

MARRONE M., a cura di, *Imprenditorialità e diritto nell'esperienza storica* (Atti Convegno della « Società italiana di storia del diritto » presso il centro di cultura scientifica « Ettore Majorana » di Erice nei giorni 22-25 novembre 1988), Palermo, 1992

MARTINI R., « Sulla partecipazione popolare ai concilia provinciali nel tardo impero », in *Atti dell'Accademia Romanistica Constantiniana*, VOL. 13, 200

MARX K. - ENGELS F., *Die heilige Familie oder Kritik der kritischen Kritik gegen Bruno Bauer und Konsorten*, Fankfurt a.M., 1845

MARX K., « Der achtzehnte Brumaire des Louis Napoleon », in *Die Revolution. Eine Zeitschrift in zwanglosen Heften*, 1852, I

MARX K., *Das Kapital*, I., Hamburg - New York 1867 ; II 1885 e III 1894, éd. par ENGELS F., e IV 1905-10 (*Theorien über den Mehrwert*) éd. par KAUTSKY K.

MASI DORIA Carla, « Nota di lettura » a Mommsen Th., *De collegiis et sodaliciis Romanorum* e *Zur Lehre von den römischen Korporationen* [Antiqua 92] Napoli 2006

MATTEUCCI N., *Organizzazione del potere e libertà. Storia del costituzionalismo moderno*, Torino, 1976

MENNELLA G. e APICELLA Giuseppina, *Le corporazioni professionali nell'Italia romana : un aggiornamento al Waltzing*, Napoli, 2000

MEROLA Giovanna Daniela, *Autonomia locale - governo imperiale. Fiscalità e amministrazione nelle province asiane*, Bari, 2001

MICELI Maria, *Studi sulla rappresentanza nel diritto romano*, I, Milano, 2008

MOMMSEN Th., *Abriss des römischen Staatsrechts*, Leipzig, 1893

MOMMSEN Th., *Römisches Staatsrecht*, I, Leipzig, 1887 ; II/I-II, Leipzig, 1877 ; III/1-2, Leipzig 1888

MOMMSEN Th., De collegiis et sodaliciis Romanorum, Kiliae [Kiel], 1843

MONTESQUIEU Ch.-L. de Secondat, *De l'esprit des lois*, Amsterdam, 1748

MORALES E.. AGUIRRE ROJAS C.A., *Mandar Obedeciendo. Las lecciones políticas del neozapatismo mexicano*, Rosario, 2009

MÜLLER Ch., *Das imperative und freie Mandat. Überlegungen zur Lehre von der Repräsentation des Volkes*, Leiden, 1966

MURONI Adriana, « Sull'origine della *libertas* in Roma antica : storiografia annalistica ed elaborazioni giurisprudenziali », in *Diritto@Storia*, **anno XII - 2013 - quaderno N. 11**

NIETZSCHE F., *Menschliches, Allzumenschliches : Ein Buch für freie Geister*, II, 1886 (éd. critique de Colli G. et Montinari M., München, 1988)

NIETZSCHE F., *Unzeitgemässen Betrachtungen. Zweites Stück : Vom Nutzen und Nachtheil der Historie für das Leben*, Leipzig, 1874

NÖRR D., *Imperium und Polis in der hohen Prinzipatszeit*, München, 1966

ORESTANO R., « Idea di progresso, esperienza giuridica romana e "paleoromanistica" » in AA.VV., *Alle origini della sociologia del diritto*, Milano, 1983

ORESTANO R., *Il problema delle fondazioni in diritto romano*, Torino, 1959

ORESTANO R., *Il problema delle persone giuridiche in diritto romano*, Torino, 1968

ORLANDO V.E., « Introduzione generale » a JELLINEK G., *La dottrina generale del diritto dello Stato*, tr. it. di Petrozziello M., Milano, 1949

ORLANDO V.E., « Prefazione » a JELLINEK G., *Sistema dei diritti pubblici subiettivi*, tr.it. dalla 2ª ed. ted. di Vitagliano G., Milano, 1912

PANGLE T., *Montesquieu's Philosophy of Liberalism,* Chicago, 1973

PARETO W., « mention » de l'œuvre de Waltzing (cit.) in *Zeitschrift für Sozialwissenschaft*, IV, 1901, 684 (à présent in ID., *Œuvres complètes*, Tome VI, Genève – Paris, 1ère éd. 1966, 2e éd. 1984)

PASQUINO P., « Emmanuel Sieyès, Benjamin Constant et le gouvernement des modernes, Contribution à l'histoire du concept de représentation politique » in *Revue française de science politique*, 37e année, n° 2, 1987

PEPPE L., « Il problema delle persone giuridiche in diritto romano » in AA.VV, *Studi in onore di Remo Martini*, III, Milano, 2010

PETRUCCI A., Mensam exercere. Studi sull'impresa finanziaria romana (II. sec. a.C.-metà del III sec. d.C.), Napoli, 1991

PETRUCCI A., Profili giuridici delle attività e dell'organizzazione delle banche romane, Torino, 2002

RATHENAU W., « La realtà delle società per azioni », in *Rivista delle Società*, 5,4-5, 1960

RATHENAU W., *Vom Aktienwesen. Eine geschäftliche Betrachtung*, Berlin, 1918

RIDA - Revue Internationale des Droits de l'Antiquité, 3e Série, Tome XLVIII 2001 (on y trouvera plusieurs contributions sur les thèmes et problèmes juridiques des sociétés commerciales dans l'Antiquité, et singulièrement dans l'Antiquité romaine)

ROBESPIERRE M., *Sur la Constitution* [discours imprimé par ordre de la Société des Jacobins] 10 mai 1793

RODRÍGUEZ NEILA J. Fr., « Los *comitia municipales* y la experiencia institucional romana », in BERRENDONNER Clara, CÉBEILLAC-GERVASONI Mireille et LAMOINE L. (dir.), *Le quotidien municipal dans l'Occident romain*, Clermont-Ferrand, 2008

RODRÍGUEZ NEILA J.-Fr., « Políticos municipales y gestión pública en la Hispania romana », in *Polis. Revista de ideas y formas políticas de la Antigüedad Clásica*, 15. 2003

ROUSSEAU J.-J., *Du Contrat social ou Principes du droit politique*, Amsterdam, 1762

ROUSSEAU J.-J., *Projet de Constitution pour la Corse* [1765] in MUSSET-PATHAY V.D., *Œuvres inédites de JJ Rousseau*, Paris, 1825

SAINT JUST L.-A., *Sur la Police générale, sur la justice, le commerce, la législation et les crimes des factions*, rapport à la Convention nationale du 26 germinal an II [=15 avril 1794]

SALEILLES R., *De la personnalité juridique. Histoire et théories (Vingt-cinq leçons d'introduction à un cours de droit civil comparé sur les personnes juridiques)*, Paris, 1910

SANTERO SATURNINO J.M., *Asociaciones populares en Hispania romana*, Sevilla, 1978

SAVIGNY F.C. VON, *Vom Beruf unserer Zeit für Gesetzgebung und Rechtswissenschaft*, Heidelberg, 1814

SAVIGNY F.C. VON, *System des heutigen römischen Rechts*, 8 Bde., Berlin, 1840-49

SAVIGNY, F.C. VON, « Über den Zweck dieser Zeitschrift » [1815] in AA. VV., *Thibaut und Savigny. Ihre programmatischen Schriften*, 2. Aufl., hrsg. von Hattenhauer H., München, 2002

SCHLEGELBERGER F., « Fuhrerprinzip im Aktienrecht » in *Mitteldeutsche National Zeitung*, 29/01/1937

SCHMIDT K., *Einhundert Jahre Verbandstheorie im Privatrecht, Aktuelle Betrachtungen zur Wirkungsgeschichte von Otto v. Gierkes Genossenschaftstheorie*, Göttingen, 1987

SCHULZ F., *Prinzipien des Römischen Rechts*, Berlin, 1934

SEAZZU G., « Sui processi di formazione della volontà collettiva : appunti in tema di *iussum* e negozi con il terzo », in D'ORSOGNA D. - LOBRANO G. - ONIDA P.P., a cura di, *Città e Diritto. Studi per la partecipazione civica. Un 'Codice' per Curitiba*, Napoli, 2015

SERRAO F., *Impresa e responsabilità a Roma nell'età commerciale*, Pisa, 1989

SHKLAR Judith N., « Montesquieu and the New Republicanism », in *Machiavelli and Republicanism*, Cambridge, 1990

SIEYÈS E.J, « Note explicative, en réponse », de Sieyès à la « Lettre de M. Thomas Paine à M. Emmanuel Syèyes [*sic*!] », Paris, le 8 juillet 1791, in *Supplément à la Gazette nationale au Samedi* 16 juillet 1791 (à présent in SIEYÈS E., *Œuvres*, Genève - Paris, 1989, 3 vol. non paginés, II)

SIEYES E., *Qu'est-ce que le Tiers état*, Genève, 1970

SIEYÈS E.J, *Dire sur le veto royal*, **à la séance du 7 septembre 1789** de l'Assemblée nationale, texte établi par François-Jean Baudouin, imprimeur de l'Assemblée nationale, 1789

SIEYÈS E.J., *Observations sur le rapport du comité de constitution, concernant la nouvelle organisation de la France*, Versailles, 1789

SILVESTRINI GABRIELLA, *Diritto naturale e volontà generale. Il contrattualismo repubblicano di Jean-Jacques Rousseau*, Torino, 2010

SINI F., Comente comandat sa lege. *Diritto romano nell* Carta de Logu *d'Arborea*, Torino, 1997

SPAGNUOLO VIGORITA T., *Città e Impero. Un seminario sul pluralismo cittadino romano*, Napoli, 1996

SPECTOR Céline, *Montesquieu. Liberté, droit et histoire*, Paris, 2010

STELLA RICHTER M., « *Antecedenti e vicende della società a responsabilità limitata* », in *S.r.l. Commentario dedicato a Giuseppe B. Portale*, Milano, 2011

TANFANI L., *Contributo alla storia del Municipio romano* [1906] r. an. Roma, 1970

TODD E., *L'origine des systèmes familiaux*, Paris, 2011

TOSATO E., « Sovranità del popolo e sovranità dello Stato » [1957] ora in ID., *Persona, società intermedie e Stato. Saggi*, a cura di Tosato A. e G.L., Milano, 1989

TRICAUD F., « An Investigation Concerning the Usage of the Words "Person" and "Persona" in the Political Treatises of Hobbes », in VAN DER BEND J.G. (ed.), *Thomas Hobbes, His View of Man*, Amsterdam, 1982

TROMBETTA Angela, *Savigny e il sistema. Alla ricerca dell'ordine giuridico*, Bari 2008

TROPER M., *Pour une théorie de l'État*, Paris, 1994

TROUSSON R., *Jean-Jacques Rousseau*, Paris, 2003

VENTURINI C., « *"Libertas"* e *"dominatio"* nell'opera di Sallustio e nella pubblicistica dei *"populares"* », in *Studi per Ermanno Graziani*, Pisa, 1973

VICO G., *De constantia iurisprudentis*, Napoli, 1721

WALTZING J.P., *Étude historique sur les corporations professionnelles chez les Romains depuis les origines jusqu'à la chute de l'Empire*, 4 vol., Louvain, 1900 (T. 1. *Le droit d'association à Rome. Les collèges professionnels considérés comme associations privées*, 1895. - T. 2. *Les collèges professionnels considérés comme institutions officielles*, 1895. - T. 3. *Recueil des inscriptions grecques et latines relatives aux corporations des Romains*, 1899. [1900]. - T. 4. *Indices. Liste des collèges connus, leur organisation intérieure, leur caractère religieux, funéraire et public, leurs finances*, 1900 ; deux éditions anastatiques, à

Rome et à Bologne, ont été réalisées en 1968 à partir du travail de Waltzing)

WEBER M., *Wirtschaft und Gesellschaft. Grundriss der verstehenden Soziologie* [1922] 5. Aufl. hrsg v. Winckelmann J., Tübingen, 1976

WINDSCHEID B., *Lehrbuch des Pandektenrechts*, Frankfurt a. M. 1862-70 (*Diritto delle Pandette*, tr. di Fadda C. - Bensa, P.E. II, Parte seconda, Torino, 1904)

WOŁODKIEWICZ W., « *Libertas non privata sed publica res est* », in LABRUNA L. e CASCIONE C., a cura di, *Civis Civitas Libertas, Index per Franco Salerno*, Napoli, 2011

ZAPPERI R., « Introduction » a SIEYÈS E., *Qu'est-ce que le Tiers état ?*, Genève, 1970

Sources latines à disposition pour servir une introduction juridique (jus) au droit. Virgile, E. 1, 293

Virgile, l'Homère romain. On ne dévoilera pas ici, en sollicitant le poète, la première volée d'une nouvelle *Introduction historique au droit*. D'autres choses, plus pressantes pour le temps présent, sont à rendre compte à l'aide des Romains : les « monstres » de notre mythologie du droit ; en fait, des catastrophes dogmatiques si, évidemment, on a le juridique romain comme référentiel pour ce comparatisme dans le temps. L'Énéide, ouvrage éminemment juridique et en cela romain, permet une nouvelle réflexion critique sur le droit actuel pour interroger, d'un esprit héroïque (J.-B. Vico), le positivisme de toute époque. Le sérieux de cette « traque » tient à ses fondements : loin d'être une critique du droit faisant la part belle à la mode politique du temps (une époque, la dogmatique marxiste des *Critical legal studies*), le « feu » romain a l'autorité juridique pour lui : *scientia iuris* ! Pour cette *Introduction juridique au droit* — insistons : JURIDIQUE (lat. *jus*) — à destination des étudiants de première année (qu'il est encore temps de sauver du destin de manœuvre qu'on leur assigne), Virgile est un fer de lance et un guide : celui de la tradition juridico-dogmatique culte (issue de la *Jurisprudentia* romaine) en résistance perpétuelle contre la réduction/altération positiviste du droit.

Introduction

J'insisterai en ouverture sur quelques points de façon extrêmement lapidaire : 1. ce que nous appelons le « droit » est une invention méditerranéenne antique [1] ; 2. le méditerranéen droit romain (les Romains parlent de *jus*) est le premier à se penser comme une

[1] Dernièrement, A. SCHIAVONE, *Ius. L'invention du droit en Occident*, Paris, Belin, 2008.

science[2] ; 3. en recueillant l'ensemble du système juridique romain, Justinien donne au VIe siècle le coup d'envoi de la tradition dite « romano-germanique[3] » ; 4. cette tradition est aujourd'hui exploitée au niveau européen : les fondements romains du droit privé, notamment du droit des obligations[4] ; 5. concentrés sur cette « évolution » du droit romain, les Romanistes (à la manière des Pandectistes) ne s'interrogent guère sur les déviations (sélections inclues) à l'intérieur du système, et ce depuis son commencement, son principe[5] ; 6. c'est oublier une partie importante de la fonction du droit romain pour aujourd'hui : sa fonction dialectique (au sens platonicien : démarche permettant de remonter jusqu'au vrai, jusqu'aux idées) et, par là-même, critique (art d'analyser et de juger, en distinguant les qualités et les défauts)[6] ; 7. elle nous rappelle (malgré la résistance du latin dans le droit actuel) que nous avons, nous modernes, notre propre « mythologie » du droit : en somme, que la mythologie (gr. *muthos* : discours, propos, paroles dont le sens importe ; lat. *mythos* : fable, récit fabuleux) ne s'arrête donc pas aux Grecs et aux Anciens,[7] mais qu'elle continue, progresse dans le temps, en évoluant ; 8. que cette mythologie disciplinaire, spéciale, est partie d'une plus grande mythologie, moderne, entendue comme l'ensemble

---

[2] M. VILLEY, *Le droit romain*, Paris, Presses universitaires de France, 1993 (9e éd.), p. 35 sq. (Chapitre III : « Naissance de la théorie du droit ») : « Je veux maintenant parler d'un troisième stade dans le développement du droit romain ; sans prétendre, d'ailleurs, à une chronologie très rigoureuse. À partir du Ier siècle avant notre ère, alors que le préteur n'a pas encore fini d'enrichir la pratique judiciaire, le droit romain commence à recevoir une forme nouvelle : qu'on pourrait appeler scientifique. […] Nous devons aux Romains l'*existence* d'une théorie du droit. Avant l'époque cicéronienne, il n'existait qu'une pratique juridique. Aujourd'hui "le droit" est, de plus, une théorie, que l'on apprend dans les manuels ou dans les codes, avant de se lancer dans la pratique. Il est une façon de concevoir le monde, ses personnes, ses choses, sous l'angle juridique, comme les mathématiques et la physique sont une façon de saisir par l'esprit les choses sous un autre angle. Ce furent des Romains qui les premiers, à ce qui semble, ont eu l'idée de construire le droit sous cette forme fondamentalement nouvelle. […] Toutes les grandes forces du monde antique semblent donc avoir concouru à la formation historique du droit romain. »

[3] R. DAVID - C. JAUFFRET-SPINOSI, *Les grands systèmes de droit contemporains*, Paris, Dalloz, 1992 (10e éd.), p. 17.

[4] Cf. R. ZIMMERMANN, *The law of obligations: roman foundations of the civilian tradition*, Oxford, Herdruk, 1997 (2e éd.).

[5] P. CATALANO, *Diritto e persone. Studi su origine e attualità del sistema romano*, I, Turin, Giappichelli, 1990, p. VII.

[6] Voir généralement V°« Critique », *Dictionnaire historique de la langue française*, Paris, Le Robert, 2010 (4e éd.), p. 574.

[7] Ensemble des mythes et des légendes propres à une civilisation, spécialement la civilisation gréco-romaine. Cf. E. HAMILTON, *La mythologie. Ses dieux, ses héros, ses légendes*, Verviers, Marabout Université, 1978.

des croyances et représentations s'imposant au sein d'une collectivité, avec tout le système de langage institué qui le sous-tend (le discours, les mots, le signe)[8] ; 9. que le lieu de sécrétion, de production « mythologique » contemporain a quitté la Méditerranée : événement historique qui explique que la latinité du droit soit en crise et, par là-même, une certaine conception du droit (sa dé-romanisation en cours ?)[9]. Tous ces aspects interrogent, me semble-t-il, sur l'homme méditerranéen face à son destin : du point de vue juridique !

---

[8] Cf. R. BARTHES, *Mythologies*, Paris, Seuil, 1957. Du même auteur : *L'aventure sémiologique*, Paris, Seuil, 1985.

[9] De même que l'on parle en théologie de « déshellénisation » du christianisme sous l'influence de la réforme luthérienne, on peut aujourd'hui s'interroger sur le processus (en cours) de « dé-romanisation » du droit. On se rappellera à ce sujet du discours Pape Benoît XVI prononcé à Berlin le 22/9/2011 devant le *Bundestag* : « La culture de l'Europe est née de la rencontre entre Jérusalem, Athènes et Rome – de la rencontre entre la foi au Dieu d'Israël, la raison philosophique des Grecs et la pensée juridique de Rome. Cette triple rencontre forme l'identité profonde de l'Europe » (BENOÎT XVI, *Discours au monde. Textes choisis et présentés par l'abbé Eric Iborra*, Paris, Artège, 2013, p. 124). Thème développé et mis en rapport avec celui de la déshellénisation dans le discours de Ratisbonne du 12/9/2006 (Rencontre avec les représentants du monde des sciences) : « La revendication de déshellénisation du christianisme qui, depuis le début de l'époque moderne, domine de façon croissante le débat théologique, s'oppose à la thèse selon laquelle l'héritage grec, purifié de façon critique, appartient à la foi chrétienne. Si l'on y regarde de plus près, on peut observer que ce programme de déshéllénisation a connu trois vagues, sans doute liées entre elles, mais qui divergent nettement dans leurs justifications et leurs buts. La déshellénisation apparaît en relation avec les préoccupations de la Réforme du XVIe siècle. Étant donné la tradition des écoles théologiques, les réformateurs font face à une systématisation de la foi, entièrement déterminée par la philosophie, pour ainsi dire une détermination extérieure de la foi par une pensée qui n'émanait pas d'elle. De ce fait, la foi n'apparaissait plus comme une parole historique vivante, mais comme enfermée dans un système philosophique. Face à cela, la *sola scriptura* cherche la figure primitive de la foi, telle qu'elle se trouve à l'origine dans la parole biblique [...]. La théologie libérale des XIXe et XXe siècles a amené une deuxième vague dans ce programme de déshellénisation, dont Adolf von Harnack est un éminent représentant. [...] L'idée centrale qui apparaît chez Harnack est le retour à Jésus simple homme et à son message simple, qui serait antérieur à toutes les théologisations et aussi à toutes les hellénisations. Ce message simple représenterait le véritable sommet de l'évolution religieuse de l'humanité. Jésus aurait congédié le culte au bénéfice de la morale. En définitive, on le représente comme le père d'un message moral philanthropique. Le souci de Harnack est, au fond, de mettre le christianisme en harmonie avec la raison moderne, précisément en le libérant d'éléments apparemment philosophiques et théologiques comme, par exemple, la foi en la divinité du Christ et en la trinité de Dieu. En ce sens, l'exégèse historico-critique du Nouveau Testament, telle qu'il la voyait, réintègre de nouveau la théologie dans le système de l'Université. Pour Harnack, la théologie est essentiellement historique et, de ce fait, rigoureusement scientifique. Ce qu'elle découvre de Jésus par la voie critique est pour ainsi dire l'expression de la raison pratique [...]. La méthode en tant que telle exclut la question de Dieu et la [fait] apparaître comme une question non-scientifique ou préscientifique. Mais, de ce fait, nous nous trouvons devant une réduction du rayon de la science et de la raison, qu'il faut mettre en question. [...] Il me faut encore évoquer brièvement la troisième vague de déshellénisation, qui a cours actuellement. Au regard de la rencontre avec la pluralité des

Je reviens sur l'intitulé de ma communication : sources latines, méditerranéennes, pour servir une INTRODUCTION JURIDIQUE AU DROIT, à notre « droit ». Permettez-moi d'insister d'entrée sur le mot « juridique », en référence immédiate au *jus* romain (et plus largement, grâce au préteur pérégrin, au *ius gentium* : science juridique mise à disposition de tous les peuples de Méditerranée). Une dimension juridique qui, en ce sens étymologique bien précis (référence à *jus* et non pas à « droit »), exclut de mon propos deux types d'exercices : 1) une introduction historique au droit (pour ne pas dire historiciste, avec tout le potentiel d'aplatissement, de nivellement, de neutralisation des différences et finalement de pacification que la méthode implique[10]) ; 2) une introduction au droit qui ne soit pas « juridique » (par exemple, une introduction politique au droit, comme a pu l'écrire le juriste M. Miaille : *Une introduction critique au droit*, Paris, 1976[11]). Ma communication part d'ailleurs d'un constat

cultures, on dit volontiers aujourd'hui que la synthèse avec l'hellénisme, qui s'est opérée dans l'Église antique, était une première inculturation du christianisme qu'il ne faudrait pas imposer aux autres cultures. Il faut leur reconnaître le droit de remonter en deçà de cette inculturation vers le simple message du Nouveau Testament, pour l'inculturer à nouveau dans leurs espaces respectifs. Cette thèse n'est pas simplement erronée mais encore grossière et inexacte. Car le Nouveau Testament est écrit en grec et porte en lui-même le contact avec l'esprit grec. […] Les décisions fondamentales, qui concernent précisément le lien de la foi avec la recherche de la raison humaine, font partie de la foi elle-même et constituent des développements qui sont conformes à sa nature » (*op. cit.*, p. 25 sq.)

[10] *Contra* : E. PERROT, *Précis élémentaire d'histoire du droit français public et privé*, Paris, Sirey, 1930, p. IX et sq.

[11] Recension par P. PESCATORE, « Une critique du système juridique français (Réflexions sur l'ouvrage de M. Miaille), *Revue internationale de droit comparé*, vol. 30 n° 2, 1978, p. 543-548. Pour une présentation efficace de l'ouvrage, qu'il nous soit permis de citer *in extenso* quelques passages de ce compte-rendu lui-même très critique : « À dire vrai, l'ouvrage de M. Miaille est moins une introduction critique au droit qu'une discussion critique des cours d'introduction au droit donnés dans les universités françaises et, par cet intermédiaire, des bases mêmes du système juridique français — le droit d'une société "dominée par le mode de production capitaliste" (p. 95). Ainsi, la couleur est annoncée : c'est bien d'une critique marxiste du système juridique français qu'il s'agit. Le propos de l'auteur est de démystifier le monde des idées et des concepts qui servent à expliquer les bases du droit en vigueur et de mettre ainsi en évidence les données réelles qui, selon lui, en forment le soubassement. […] L'ouvrage est subdivisé en trois parties dont la première traite de l'épistémologie, en d'autres termes, de la méthode juridique. Selon l'auteur, aucune des méthodes que l'on voit pratiquer par les juristes ne satisfait aux exigences scientifiques : ni le positivisme, incapable de prendre une position critique face au réel ; ni l'idéalisme juridique, prisonnier des mirages sans valeur explicative. La seule voie qui permette de donner du droit une explication vraiment scientifique est l'interrogation marxiste, du fait qu'elle place au début de la réflexion la question qui importe réellement : "Quel type de droit produit tel type de société ou pourquoi tel droit correspond à telle société" (p. 75-77). […] La deuxième partie de l'ouvrage est intitulée : "L'art juridique et les contradictions sociales dans un mode de production capitaliste". Ici, on trouve une critique d'un certain nombre de notions juridiques fondamentales, démasquées pour en faire apparaître le "contenu de classe". La notion de sujet

actuel : quand sont généralement formulées des critiques « externes » à l'endroit de l'ordre moderne (politiques, épistémologiques, sociologiques, économiques), qu'il s'agisse de réflexions idéologiquement progressistes ou conservatrices[12], jamais n'est conçue une critique tout simplement « juridique » (en référence précisément au *jus* en tant que mode d'analyse, grille de lecture)[13]. Un comble pour les

---

de droit ? Il n'est pas naturel, dit M. Miaille, que tous les hommes soient sujets de droit, cela ne constitue pas un progrès en soi ; cette notion a été inventée en réalité pour permettre l'échange et l'exploitation capitaliste (p. 132 et s.). L'État ? Expression d'un certain état des rapports de production, reflet donc de la base économique (p. 145), dont la mission est d'assurer un seul type d'ordre, une seule catégorie de paix : l'ordre de la société capitaliste (p. 150). L'État n'est rien d'autre que la forme sociologique dans laquelle la classe bourgeoise exerce son pouvoir (p. 152 sq.). Quant aux classifications juridiques — droit objectif/droit subjectif, droit public/droit privé, choses/personnes — elles ne sont pas le reflet d'une quelconque objectivité, mais des structures de pensée mises en place pour servir la production et l'échange capitaliste (p. 172, 181, 197). [...] C'est encore l'intérêt de la bourgeoise capitaliste qui explique la prédominance, dans le système juridique français, du droit législatif, "instrument de la rationalité du nouveau mode de production, le capitalisme". [...] En conclusion de cette partie, il est dit que le système juridique fonctionne bien comme "le reproducteur des rapports sociaux dominants". Dans la moindre des institutions juridiques, dans la procédure apparemment la plus courante, dans la pratique la plus banale se loge "l'idéologie de la société capitaliste". Les notions d'intérêt général, de bien commun, de justice ne constituent rien que "l'imagerie des rapports sociaux réels" (p. 276). La dernière partie de l'ouvrage a un caractère surtout descriptif. Intitulée "Science et idéologies juridiques", elle aborde le problème de la philosophie du droit. Les philosophies traditionnelles — des doctrines théologiques et idéalistes jusqu'au positivisme juridique, y compris l'école phénoménologique et le structuralisme — sont renvoyées dos à dos comme autant d'expressions du "fétichisme juridique", c'est-à-dire des tentatives d'expliquer par des notions magiques un système de droit qui n'est autre chose que l'expression des rapports sociaux dominants (voir spécialement les concluions p. 376 sq.). Une restriction cependant à cette condamnation globale : l'auteur reconnaît la vertu révolutionnaire de la doctrine du droit naturel (p. 318 sq.). [...] Ceci nous amène à une dernière observation critique, la plus fondamentale. Aucune personne ayant l'esprit ouvert, aucune personne douée de sens historique ne voudra nier la pertinence de certaines parmi les interrogations marxistes de l'importance du courant doctrinal et du mouvement politique qu'elles ont déclenchés. L'erreur consiste à ériger la pensée de Marx en dogme intangible » (conclusion que P. Pescatore avait précédemment annoncée : « En effet, toutes les analyses, toutes les démonstrations de ce livre sont fondées sur un ensemble de notions admises *a priori* sans la moindre justification. L'ouvrage a de ce fait un caractère essentiellement dogmatique [...] basé en effet sur toute une série d'idées toutes faites. »)

[12] Voir par exemple V° « Conservatisme », *Dictionnaire de philosophie politique* (dir. Ph. Raynaud, S. Rials), Paris, Presses Universitaires de France, 1996, p. 115-117 (article de Ph. Béneton). On peut d'ailleurs regretter l'inexistence d'une somme complète, scientifique, sur les multiples critiques du monde moderne. Cf. A. Compagnon, *Les antimodernes. De Joseph de Maistre à Roland Barthes*, Paris, Gallimard, 2005.

[13] Voir néanmoins M. Villey, *Critique de la pensée juridique moderne*, Paris, Dalloz, 1976 (en fait, une critique de la pensée jus-naturiste moderne et contemporaine dans son ignorance de l'art judiciaire et, en amont, de l'« ordre » du réel). Nous choisissons ici de reporter une partie importante de la recension qu'a donnée de cet ouvrage G. Gérard en 1979, *Revue Philosophique de Louvain*, vol. 79 n° 33, p. 111-114 : « Ce n'est pas tant la pratique quotidienne de la justice dans les

tribunaux qui doit être mise en cause [crise du milieu des années soixante-dix] que la manière dont, aujourd'hui encore, le droit est réfléchi : le problème se situe principalement au niveau de la *théorie du droit* et de la représentation qu'elle donne de l'activité judiciaire ; ceci, dans la mesure où cette représentation reste, pour l'essentiel, tributaire des catégories léguées par la philosophie moderne (entendons celle qui s'est développée sur cette période de l'histoire qu'on nomme Temps Modernes). Ce qui caractérise en effet les nombreuses théories du droit qu'ont produites les modernes, c'est l'ignorance plus ou moins complète dont elles témoignent à l'endroit de la dimension spécifique de l'art judiciaire. La philosophie moderne a donné du droit une image inexacte ; ce qu'elle décrit dans ses théories du droit, c'est en fait autre chose que le droit. Par conséquent, ce contre quoi portent les accusations dirigées aujourd'hui contre la justice, ce n'est pas à proprement parler le droit dans sa spécificité, mais plutôt ces principes tirés de la pensée moderne dans lesquels on a voulu voir erronément le ressort de la démarche juridique. L'intention de l'a. est de briser cette confusion en proposant une théorie du droit qui soit proportionnée à son objet, c'est-à-dire attentive au caractère propre de la fonction du juriste. Ce qui ne peut être fait, nous assure-t-il, qu'en rompant avec les principes de la philosophie moderne et en renouant avec ceux de l'ancienne philosophie : entendez la tradition aristotélicienne dont s'est nourrie la pratique des jurisconsultes romains. En clair : "Il n'y aurait pas tant de marxistes si cette ancienne philosophie n'était pas tombée dans l'oubli" (p. 186). La philosophie moderne – de Grotius à Hegel, en passant par Hobbes, Wolff, Kant, Fichte, pour n'en citer que quelques-uns parmi les plus illustres – a fondé l'ensemble de sa vision du droit sur une funeste confusion avec la morale, sur une réduction du *Jus* à la *Lex* (légalisme moderne) ; confusion qui était en germe depuis les origines de l'Occident chrétien puisque l'a. en découvre les premiers linéaments chez saint Paul et les Pères de l'Église qui tendent progressivement à éliminer le droit dans sa spécificité en l'intégrant à la loi religieuse, aux prescriptions que Dieu adresse à l'individu pour réglementer sa conduite. De là notre conception normativiste du droit que nous comprenons spontanément comme un ensemble de règles contraignant l'individu à certains types de comportements sous peine de sanction. La philosophie moderne – en ce sens théologie déguisée – a repris et développé cet héritage en l'ajustant à la mentalité nouvelle caractérisée par la montée de l'humanisme et de l'individualisme, la scolastique espagnole des XVIe et XVIIe siècles faisant ici fonction de relais. Les prescriptions divines deviennent les principes innés, naturels, *a priori* et, de ce fait, inaliénables et sacrés, qui ont leur source dans la conscience ou la raison de la personne humaine et à partir desquels on cherchera désormais à déduire l'ensemble du droit comme un système de normes (par exemple le fameux droit de propriété). Ce qu'en gros l'a. critique dans pareille représentation du droit, c'est son caractère foncièrement abstrait et formel ; le droit ainsi conçu devient inutilisable dans le concret de la pratique judiciaire qui, chaque fois, confronte le juge avec des cas d'espèce, à moins de verser dans l'injustice. Bref, dans cette optique, Marx est entièrement justifié lorsqu'il dénonce l'idéalisme des droits de l'homme qui ne servent que de couverture hypocrite à la domination d'une classe. Mais, voilà, le droit n'est pas ce qu'en ont dit les philosophes modernes. Une véritable philosophie du droit, soucieuse dans la définition qu'elle en donne de la démarche spécifique du juriste, c'est celle qu'on peut trouver dans le texte de l'*Éthique à Nicomaque* d'Aristote, pour qui la justice *particulière* — distinguée expressément de la justice *générale*, c'est-à-dire au sens moral — a pour fin d'attribuer à chacun sa part. À preuve, c'est cette conception du droit que nous trouvons agissante chez les fondateurs de la discipline juridique, les Romains, et même – quoiqu'elle n'y soit plus, dans la majorité des cas, reconnue comme telle – chez les praticiens modernes. L'a. commente comme suit la définition aristotélicienne : la fonction spécifique du juriste est de dire, d'indiquer (et non d'ordonner) la mesure du juste partage entre citoyens dans un groupe social. Cette juste proportion, le juriste ne la tire pas d'une prescription morale, elle n'a pas son fondement dans la raison ou la conscience pratique du sujet humain, mais elle existe dans l'être ou, comme aime encore à la dire l'a., dans la *nature*, en l'occurrence la réalité sociale. Le rôle du juriste est par conséquent d'en prendre connaissance ; sa besogne est essentiellement *théorique*, de l'ordre de l'observation et de la spéculation. [...] Il ne s'agit pas tout d'abord, on l'aura compris, de ce que Grotius et ses successeurs entendaient lorsqu'ils parlaient de droit naturel. Mais il ne s'agit pas

juristes ! qui omettent de se rappeler d'où ils viennent. Très certainement l'effet secondaire, à retardement, de l'équivalence admise entre « droit » et *jus*[14]. Or, à l'intérieur du « droit », la critique la plus fondée (je dirais disciplinairement) et, par là-même, la plus neutre, c'est celle qui provient, surgit, de la mémoire du droit lui-même : autrement dit, pour le juriste, des fondements, des principes, des idées (Platon) de sa propre pensée : sa racine « professionnelle » – contre son temps s'il le faut. Ajoutons sur la forme d'un axiome : *il n'y a qu'une manière de raisonner sur les fondements du droit : en repartant des fondements eux-mêmes.* Que peut nous dire le « juridique » romain (plus exactement : le « juridique » *tout court*) fonctionnellement à notre droit ? Qu'est susceptible de révéler cet exercice de droit comparé, non pas dans l'espace, mais dans le temps avec, aux extrêmes (mais attention : dans le système), les Romains et nous[15] ?

Vaste question que je n'aborderai ici, faute de temps et d'espace, que de façon très restreinte en considérant (et c'est déjà trop) l'« Homère romain » : Virgile, le « poète de Rome », et son œuvre capitale, très romaine : l'Éneide[16]. Œuvre indissociable dans sa

---

davantage du pur et simple fait, car ce qui existe – l'actuel – s'avère le plus souvent injuste : "il y a aussi des cités où on laisse les voleurs courir" (p. 214). La nature n'est donc pas purement et simplement réductible au réel observable : il y a une réalité qui est naturelle et une autre qui l'est moins ou même qui ne l'est pas du tout [...] ».

[14] Cf. M. LAURIA, Ius. *Visioni romane e moderne*, Naples, L'arte tipografica, 1967 (3e éd.).

[15] Déjà L. HECKETSWEILER, « *Populus*. Éléments romains d'une restitution doctrinale de la catégorie juridique », *Revue Diritto@Storia* (*Rivista Internationale di Scienze Giuridiche e Tradizione Romana*), n° 11, 2013 : « L'écart [...] peut être porté à sa plus grande amplitude si l'on choisit – en mettant des œillères (recommandation de Max Weber) – de se passer provisoirement des intermédiaires de l'histoire du droit pour appréhender véritablement, sans le truchement explicatif et souvent rassurant des échelles de gris, le saut réalisé entre les juristes romains et le droit actuel. Plus exactement entre le *Corpus iuris* (qui contient la position des jurisprudents romains – la *Iurisprudentia*) et ce que, avec neutralité, on appellera la 'doxa", c'est-à-dire l'ensemble des opinions généralement admises, convenues aujourd'hui sur tel sujet : opinions enseignées, professées, donc aisément identifiables dans la manualistique (qui est un reflet de la "doctrine"). Il s'agit d'un procédé (à strictement parler) plutôt "extrémiste" puisque ce qui est recherché, c'est la confrontation des extrêmes dans le temps pour faire ressortir, certes les continuités plus ou moins trompeuses, mais surtout les décalages (moins perceptibles si l'on historicise). Des extrêmes (des plus anciens aux plus modernes) mais surtout des extrêmes quant aux propriétés, aux qualités respectives : le système du *ius* (système du bon et de l'équitable) et l'ordre du droit – *ius* ne pouvant raisonnablement être traduit par "droit" sans passer complètement à côté du système. Se limiter à cette présentation de deux tout synchroniques – un peu comme deux langues dans la théorie structuraliste (F. de Saussure, G. Dumézil) – permet de s'émanciper de tout diachronisme : on resserre ainsi l'analyse sur la technique, ce qui permet de raisonner en absolu. »

[16] Voir, généralement, P. GRIMAL, *Virgile ou la Seconde Naissance de Rome*, Paris, Flammarion, 1985.

structure, son objet et sa technique de la science juridique romaine, de la *Jurisprudentia* (et ce jusqu'à Justinien) : aspects bien vus et minutieusement auscultés depuis un siècle par, entre autres savants, C. Ferrini, J. Carcopino, F. Stella Maranca, Th. Haecker (et plus récemment par G. Dumézil, D. Nörr, P. Catalano, F. Sini) [17]. L'Énéide : épopée en XII chants relatant l'aventure d'Énée et de ses compagnons fuyant Troie ; voyage maritime (Odyssée) et geste terrestre (Iliade) d'un seul tenant qui s'achève une fois les anciennes pénates asiatiques[18] fixées en Italie, dans le Latium : cette terre d'où surgira Rome, son empire et son « droit » (*jus*).

C'est au latin juridique de Virgile que nous aurons affaire et aussi, plus encore, à ses traducteurs modernes qui, c'est peu dire, sont manifestement mal à l'aise avec la terminologie juridique romaine (je pense par exemple à Vélez Sársfiel, le père du Code civil argentin et traducteur de la célèbre épopée en 1888[19]). Terminologie qui a été définie par un grand romaniste italien du XXe siècle (le professeur B. Biondi) comme « première et élémentaire dogmatique juridique[20] ». Je précise à ce stade la méthode que je suivrai : à l'aide du *Jus* romain (que Virgile a consigné pour nous dans son travail dogmatique écrit en latin), il s'agira de repérer, « traquer » en quelque sorte, ce que l'on peut appeler les « monstres » de notre mythologie à nous : rien d'autres, nous le verrons, que des catastrophes dogmatiques, matricielles, importées (à leur insu ou non) par les traducteurs modernes dans la grande œuvre ; en français bien sûr, mais aussi dans les autres langues dites « vernaculaires ». Est ici à disposition, dans

---

[17] C. FERRINI, *Quid conferat ad iuris criminalis historiam homericum hesiodorumque poematum studium*, Berolini, S. Calvary, 1881; J. CARCOPINO, *Virgile et les origines d'Ostie*, Paris, Presses Universitaires de France, 1968 (2e éd.) ; F. STELLA MARANCA, « Il diritto romano e l'opera di Virgilio », *Historia. Studi storici per l'antichità storica*, IV n° 3, 1930, p. 577-605 ; TH. HAECKER, *Vergil Vater des Abendlandes*, München, Hegner-Bücherei, 1931 ; G. DUMÉZIL, *Idées romaines*, Paris, Gallimard, 1969 ; D. NÖRR, « Zum Traditionalismus der römischen Juristen », *Festschr. für W. Flume*, vol. I, Köln, Schmidt, 1978, p. 153 sq. ; P. CATALANO, V° « augur », « augurium », « auspicia », *Enciclopedia Virgiliana*, vol. I, Rome, Treccani, 1984 (respectivement p. 399 et sq., 400 et sq., 423 et sq.), V° « Giustiniano », vol. II, 1985, p. 759 sq., V° « ius/iustitia/Iustitia », vol. III, 1987, p. 66 sq. (puissant appareil bibliographique mis à disposition) ; F. SINI, *'Fas et iura sinunt' (Verg., Georg. 1, 269). Contribuito allo studio della nozione romana di 'fas'*, Sassari, Dessì, 1984.

[18] P. GRIMAL, *Virgile ou la Seconde Naissance de Rome*, *op. cit.*, p. 188.

[19] *La Eneida en la República Argentina*. Traducción de D. Vélez Sársfield y J.C. Varela, Buenos Aires, F. Lajouane, 1888.

[20] B. BIONDI, « La terminologie romana come prima dommatica giuridica. Contribuito alla storia del linguaggio giuridico », *Studi in onore di V. Arangio-Ruiz* II, Naples, Jovene, 1953, p. 73 sq.

l'effort comparatiste à but récupératif, un moyen de redécouverte du « juridique » *tout court* et, par ricochet, de détachement (constructif) de la pensée moderne relative au « droit ». Il faut bien sûr accepter momentanément, follement peut-être, de changer de référentiel, accepter de déposer nos armes, sortir de soi-même pour aller avec l'autre ; mais, j'insiste : à l'intérieur de la tradition juridique – langue latine oblige !

Pour donner un aperçu de ce « potentiel » (qui existe en puissance, opposé à « actuel »), je ne considèrerai qu'un seul passage du premier chant, le vers 293 (première occurrence de *jus* dans l'Énéide) : séquence où Jupiter dévoile le *fatum*, le grand destin romain (de paix et de « droit ») que portent, sans le savoir, les Troyens en exil. *E.* 1, 293 : je développerai l'argument en considérant successivement deux niveaux d'analyse : I. le niveau comparatiste de la terminologie, en évoquant le texte latin (« en *jus* ») avec, en regard, la traduction vernaculaire (« en droit ») ; II. le niveau dogmatique du « juridique » romain, en considérant les solutions antiques pour elles-mêmes : libérées ainsi, en connaissance de cause, de notre propre conception du « droit », mais toujours susceptibles de servir la vie du temps présent[21]. Autrement.

I- Comparaison terminologique : en *JUS* / en « DROIT »

In media res. Sept années après la guerre de Troie, Énée est contraint par une tempête à accoster en terre d'Afrique. Junon, qui a précédemment soutenu les Grecs contre les Troyens, ne veut pas de Rome. Jupiter rassure Vénus : il lui prédit l'établissement des Troyens en Italie et la fondation de la puissance romaine – futur retour de l'âge d'or sur terre. C'est l'objet des vers 291-3, traduits ainsi par E. Pessonneau (Paris, 1879)[22] :

« Alors les guerres cesseront, et l'humeur farouche des hommes s'adoucira. L'antique Bonne foi, Vesta, Quirinus avec son frère Remus, donneront des lois au

Aspera tum positis mitescent saecula bellis / Cana fides, et Vesta, Remo cum fratre Quirinus / Jura dabunt...

---

[21] Cf. P. KOSCHAKER, *Europa und das römische Recht*, München, C.H. Beck, 1953 (2e éd.).

[22] *Œuvres de Virgile. Traduction nouvelle accompagnée du texte latin et précédée d'une notice bibliographique et littéraire*, Paris, Garnier, 1979. Parmi les très nombreuses traductions de l'*Énéide* à disposition, on consultera notamment celles de A. BELLESSORT, Paris, Les Belles Lettres, 1925 (pour les livres 1 à 6) et 1936 (livres 7 à 12), de J. PERRET, Paris, Gallimard, 1991, de M. RAT, Paris, Flammarion, 1993 et, dernièrement, de P. VEYNE, Paris, Albin Michel/Les Belles Lettres, 2012.

monde »

Je précise : les éditions françaises ou étrangères de Virgile traduisent généralement *jura* (pluriel de *jus*) par « lois » (*law*, *legge*, *Gesetz*)[23]. Cette « glose » moderne (lat. *glosa* : mot qui a besoin d'être expliqué) doit elle-même être commentée, sous quatre angles : disqualification, perte, ajout, alignement.

1. Disqualification

Le juriste, dont la distinction disciplinaire est de qualifier (déterminer la nature juridique d'une réalité pour savoir le régime applicable), admettra volontiers que la traduction est porteuse d'une disqualification, au sens de déclassement : déclasser pour reclasser dans une autre catégorie. En effet, sous la plume des interprètes, le *jus* devient « loi ». Or, à Rome, le *jus*, ce n'est pas la « loi » : il y a un terme spécifique (et une autre catégorie) pour désigner ce que, nous, nous appelons la « loi », c'est *lex*[24]. Et Virgile, attentif aux mots et à leur sens, n'emploie pas celui de *leges* (« lois » au pluriel), mais bien celui, distinctif[25], de *jura*.

2. Perte

Qu'est-ce que l'on perd à ce remplacement ? Beaucoup. Car en escamotant de la sorte *jus* (*jura*), on laisse s'échapper l'essentiel que les mailles du filet interprétatif prétendaient saisir. Ce que l'on manque ici, c'est la cohérence systématique du passage fondée sur le

[23] Cf. trad. ang. (classique) H.R. FAIRCLOUGH, Cambridge, Loeb Classical Library, 19 6 ; plus récemment, trad. it. R. SCARCIA, Roma, Rizzoli, 2002 et trad. all. G. BINDER, Stuttgart, Reclam, 2008.

[24] A. ERNOUT-A. MEILLET, *Dictionnaire étymologique de la langue latine. Histoire des mots*, Paris, Klincksieck, 2001 (retirage de la 4e éd., 1959), p. 353-4. Cf. A. MAGDELAIN, *La loi à Rome. Histoire d'un concept*, Paris, Les Belles Lettres, 1978. Bonne conclusion de L. Germain en recension de ce dernier ouvrage (dans *L'Antiquité classique*, vol. 49, Paris, 1980, p. 538) : « Au terme de cette analyse, il apparaît que l'ouvrage est important pour son apport à la théorie des origines de la notion de *lex* et de celle de *jus*. Cet apport est nouveau, dans sa conception et dans son expression, et il montre ce que l'analyse littéraire peut donner lorsqu'elle est maniée de main de maître. Faudrait-il émettre une réserve ? Le titre serait plus précis s'il indiquait qu'il s'agit de la *lex* romaine et non de la loi, car ce dernier mot a un sens différent pour nous. »

[25] Même constat dressé (s'agissant cette fois du vocabulaire maritime de Virgile déclassé par ses traducteurs européens) par M. JAL, *Examen des passages de l'Eneide qui ont trait à la marine*, Paris, Imprimerie royale, 1843, p. 19 sq.

retour de l'âge d'or (ou de Saturne)[26], c'est-à-dire techniquement du droit naturel : *jus naturale*. Selon la pensée « juridico-religieuse » romaine en effet, à l'âge premier (primordial) de paix entre les hommes s'est substitué l'âge de fer, celui des divisions et des guerres (deux aspects du droit des gens à Rome : le *jus gentium*). Aux Géorgiques (*G.* 2, 474), Virgile précise : la déesse Justice (*Iustitia*) est la dernière à avoir quitté l'Italie ; cette terre de Saturne où les hommes furent spontanément, naturellement justes (*E.* 7, 204 : *Saturni gentem haut vinclo nec legibus aequam*)[27]. Or, si l'on « troque » le *jura dabunt* par l'expression « donneront des lois » au vers 293, on ne comprend pas, du point de vue juridique s'entend, ce retour futur de l'âge d'or, ranimé par le souffle divin de *Fides*, *Vesta* et *Quirinus* : manque la catégorie juridique romaine du *jus naturale* comme charnière interne, comme pont d'ordre systématique reliant passé et futur. Ce n'est pas tout : recouvré ce temps béni des dieux (état naturel de paix et de justice entre les hommes) sous l'empire de la *civitas* italique, ces trois « auxiliaires » de la Justice (et, par là-même, de Jupiter lui-même[28]) se manifesteront dans leur fonction juridique propre, spécifique : l'antique bonne foi aux cheveux blancs (*Fides* : confiance, respect de la parole donnée, honnêteté), Vesta (déesse de l'harmonie familiale et de la concorde civile), Quirinus (divinité patronne des *quirites*, c'est-à-dire de la communauté civile, du peuple régi par le droit quiritaire). Bref, on l'aura compris (quand bien même la saveur conceptuelle antique puisse apparaître confuse à nos yeux modernes), ces trois divinités ne peuvent pas donner des « lois » (à la manière de Moïse qui les reçoit du Seigneur)[29] sans rater, oublier complètement en chemin les tenants et aboutissants du système juridique très romain évoqué par le poète : une théologie civile à vocation universelle.

[26] Voir à ce sujet A.M. GUILLEMIN, « L'unité de l'œuvre virgilienne », *Revue d'Etudes Latines* 26, Paris, 1948, p. 194 sq ; V. BUCHHEIT, *Der Anspruch des Dichters in Vergils Georgika. Dichtertum und Heilsweg*, Darmstadt, Wiss. Buchgesellschaft, 1972, p. 178 et sq ; J. BEAUJEU, « Le frère de Quirinus (à propos de Virgile, Enéide, I. 292 et de Properce IV, 1.9) », *Mélanges de philosophie, de littérature et d'histoire ancienne offerts à P. Boyancé*, Rome, Publications de l'Ecole française de Rome, 1974, p. 57 sq.

[27] Cf. G. BARRA, « Le "Georgiche" di Virgilio e il mito dell'étà dell'oro », *Atti Conv. Virgil. sul bimill. delle Georgiche*, Naples, Istituto Universitario Orientale, 1997, p. 149 sq.

[28] Sur la connexion de Fides et Vesta avec Jupiter, voir A. WLOSOK, « Virgil als Theologe : Jupitter pater omnipotens », *Gymnasium* 90, Heidelberg, 1983, p. 197 sq.

[29] Cf. A. ERNOUT-A. MEILLET, *Dictionnaire étymologique de la langue latine*, cit., p. 354.

3. Ajout

À cette perte répond un ajout très substantiel, sorte de « valeur ajoutée » du traducteur au (seul) contenu du texte. Il faut faire brièvement la lumière sur cet apport (qu'il soit conscient ou non) pour comprendre l'économie interne de ce remplacement : la fonction de cette commutation des termes, des concepts et des normes correspondants. Aussi, quel ajout coïncide avec le déclassement du lat. *iura* ? La loi bien sûr (on ne trouve pas le mot dans le vers 293) et, plus profondément, une certaine conception du droit ainsi reflétée (*obiter dictum* : le « droit » qui n'existe pas en tant que tel à Rome, n'existe que le *jus*). Cette conception générale du droit (projection sur l'Antiquité d'une plus systématique théorie générale du droit, l'*Allgemeine Rechtslehre* selon la formule allemande), on peut ici en indiquer quelques aspects constitutifs [30] ; tout en gardant, c'est important, Virgile à l'esprit.

α – le « droit » procède fondamentalement de la loi, entendue comme la règle ou l'ensemble des règles obligatoires établies par l'autorité souveraine ; pas d'écho chez Virgile de cette primauté.

β – le « droit » est l'ensemble des règles positivement en vigueur, « effectives » dans l'État (et seulement celles-ci) ; pas d'écho chez Virgile de cette effectivité.

γ – le « droit » est indépendant, comme isolé par la science de la morale et de la religion ; pas d'écho chez Virgile de cette séparation de principe.

Bien d'autres aspects de ce rapport entre les textes pourraient être considérés. À ce stade, limitons-nous à pointer du doigt ces quelques petits « monstres » modernes insinués dans la traduction parce qu'intégrés dans/par l'esprit de celui qui traduit : *monstrum* au sens latin de fait prodigieux, étonnamment déformé, déplacé, au regard de l'information romaine. Là résident, cristallisés sur le vieil arbre, nos tendances, nos modes, les « arrêts » de notre temps.

4. Alignement

Certes, il faut bien traduire ! mais reconnaissons la grave déperdition quant à l'expérience juridique latine au motif du seul

[30] Voir généralement *Vocabulaire juridique* (dir. G. CORNU), Paris, Presses Universitaires de France, 2007 (8ᵉ éd.), notamment V° « droit », « loi », « effectivité », « vigueur » et « positif » (respectivement p. 333, 560, 345, 946, 695).

entendement : petit « tour de passe-passe » où la dogmatique cède en quelque sorte à la pastorale. À vouloir appliquer un concept, une catégorie générale de l'esprit à une intuition sensible particulière de façon à ce qu'il y ait connaissance ou jugement (la subsumption dans la philosophie kantienne [31]), on force, on comprime, on écrase finalement les données : en l'occurrence, les *jura* disparaissent sous les « lois » de l'interprète. À trop vouloir caresser une idée familière (juridiquement), on ne pénètre rien de ce qui nous est étranger, quitte à altérer, à effacer par renversement – une subversion – le sens de ce qui nous résiste. Cet aplanissement de données correspond généralement à un alignement (plus ou moins assumé) du droit romain à la *via recta* moderne : une fonction (cachée) de « traduction » pour aujourd'hui, traduction au sens d'adaptation et peut-être d'occupation au sens colonial du terme (« colonisation » du droit romain selon la formule de J. Scheid[32]). Il en résulte (on le perçoit bien avec le vers 293) une véritable « catastrophe dogmatique », si bien sûr les termes continuent à constituer la première et élémentaire dogmatique juridique.

II- Dogmatique juridique actuelle

Après la « pastorale », j'en arrive au second temps de l'analyse : celui de la « dogmatique » juridique romaine[33], en considérant les solutions antiques pour elles-mêmes, dégagées par là-même des incrustations de notre droit, mais… toujours susceptibles de servir la vie ! J'envisagerai ici trois points, autant de paliers pour un petit exercice de philologie juridique appliquée : récupération, requalification, scrupule.

1. Récupération

---

[31] Consulter le *Dictionnaire historique de la langue française* (dir. A. REY), Paris, Le Robert, 2010, p. 2206. Le verbe « subsumer », comme terme de philosophie (kantienne), signifie « appliquer à l'intuition sensible la catégorie de l'entendement qui en assure l'unité ».

[32] J. SCHEID, *La religion des Romains*, Paris, Armand Colin, 2007, p. 17.

[33] C'est-à-dire des catégories du droit. Voir à ce sujet E. CHEVREAU, *Introduction historique au droit des obligations*, Paris, Litec, 2007, p. 14 : « Le terme "catégorie dogmatique" peut de prime abord sembler déplacé dans un système juridique [celui de Rome] dominé par la casuistique. Pourtant il traduit bien l'effort doctrinal – unique par rapport aux autres droits de l'Antiquité – amorcé par la *iurisprudentia* à partir du Ier siècle av. J.-C. Il se concrétise par la conception lente hésitante de classification des obligations selon leurs sources, c'est-à-dire en fonction des actes ou des faits juridiques qui leur donnent naissance. Cette appréhension intellectuelle – à l'image du modèle philosophique de l'espèce et du genre – se poursuit tout au long du droit classique avec un dernier sursaut chez Justinien. »

Il ne s'agit donc pas/plus de conquérir l'Antiquité en la « colonisant » de nos propres représentations du droit, mais au contraire de récupérer, de retrouver, d'inventer comme un trésor – théorie de la connaissance chez Aristote – ce qui précisément fait saillie, relief, avec elles : ce qui déborde, ce qui dépasse, au-delà (ou plutôt en-deçà) des commodités rassurantes de traduction/classification et finalement de rejet. En somme, il faut déposer les armes (pacificatrices et illusoires ; redoutables néanmoins quant à la *damnatio memoriae* qu'elles entretiennent) et accepter le trouble (recommandation de Schopenhauer[34]) qu'il peut y avoir à plonger dans le référentiel, le « logiciel » du juridique romain : pour reconquérir véritablement, rejoindre, capter à nouveau. Et si je parle ici de « relief », c'est en référence à *jura*, terme utilisé en de multiples occurrences par Virgile pour servir à exprimer, comme dans le vers 293, les rapports juridiques existant à l'intérieur du monde entendu au sens romain, cicéronien, comme une cité commune de dieux et d'hommes. Cela va à contresens de notre modernité du droit fondée sur le principe de laïcité [35] ? Peu importe ou plutôt : précisément ! La recherche philologique appliquée au juridique n'en sera que plus féconde et l'immersion plus maximale.

2. Requalification

Si *jura* n'est pas « lois », qu'est-ce que c'est ? Abstraction faite du recours à tout expédient, à toute convention de traduction. On répondra au mieux à la question générale en distinguant le « quoi ? » du « comment ? ».

α – Quoi ? Ce qui est donné, ce sont des *jura* entendus comme les « aires d'action ou de prétention »[36] des trois divinités (respectivement

[34] A. SCHOPENHAUER, *Le monde comme volonté et comme représentation* I, 416. Cf. F. NIETZSCHE, *La naissance de la tragédie,* § 1 qui note à ce sujet : « Dans le même passage, Schopenhauer nous décrit le frisson d'effroi qui saisit l'homme lorsqu'il s'aperçoit soudain que les phénomènes l'égarent et que le principe de causalité semble mis en défaut. Si nous ajoutons à cet effroi le délicieux ravissement que l'éclatement du principe d'individuation fait monter du tréfonds de l'homme, ou plutôt de la nature, nous entreverrons l'essence du dionysiaque, que l'idée d'ivresse traduit le plus adéquatement pour nous. Que ce soit sous l'empire du breuvage narcotique dont parlent les hymnes de tous les peuples primitifs, ou à l'approche du printemps qui émeut la nature entière, d'un prodigieux frémissement de joie, on voit s'éveiller ces mouvements dionysiens qui, s'intensifiant, abolissent la subjectivité de l'individu jusqu'à ce qu'il s'oublie complètement » (nous empruntons ici la traduction de C. HEIM, Paris, Gontier, 1964, p. 20 sq.).

[35] Cf. V° « laïcité », *Dictionnaire de la culture juridique* (dir. D. ALLAND - S. RIALS), Paris, Presses Universitaires de France, p. 913 sq. (article de J. MORANGE).

[36] Expression célèbre de G. DUMÉZIL, *Idées romaines*, cit., p. 41.

Fides, Vesta, Quirinus). Des aires regagnées dans le futur parce que perdues par le passé en raison de l'installation du dur et farouche état de guerre entre les hommes : ainsi l'antique bonne foi recouvrera ses « droits », tant dans ses rapports avec les hommes que, c'est connexe, dans les rapports (sociaux) des hommes entre eux[37]. Il est clair ici que les *jura* ne sont pas à strictement parler des règles impératives imposées à l'homme, sortes de « lois » divines. Au contraire, l'action humaine dans l'histoire se présente comme la condition terrestre de cette restauration du cadre saturnale. On comprend bien dès lors la présence – à côté de Fides – et de Vesta (dont le temple à Rome conservait les pénates de la cité, pénates ramenées de Troie par l'action énergique d'Énée) et de Quirinus (qui souligne, en le divinisant, l'activité pacificatrice de l'empereur Auguste). À nouveau, à partir de Rome (dont Jupiter lui-même est contraint d'accepter le destin – *fatum*), du Latium et d'Italie, les « fonctions » divines pourront être données, transmises, propagées : délivrées pour être reçues des hommes, de tous les hommes d'ailleurs (*renovatio in melius* comme le concevra plus tard I. de Séville dans ses *Etymologies*). Réception, on le comprend, qui implique la piété, c'est-à-dire l'accomplissement des obligations correspondantes : chez Virgile, « pieux » veut dire « juste » (*justus*).

β – Comment ? Précisons le fonctionnement technique de ces *jura*. Cela permet d'en pénétrer la puissance – perdue depuis, malgré la résistance des termes et, dans une moindre mesure, des concepts et des normes correspondantes. Insistons sur Fides, personnification de la fidélité et de la confiance. La « bonne foi » (*bona fides*) n'est pas une notion vaguement morale et psychologique (erreur de perspective moderne/laïque chez R. Monier[38] par exemple), mais, plus fort, la fonction juridique et religieuse à la fois de la déesse Fides, son *jus*. Fides est la divinité garante de la bonne foi, de la confiance, de la loyauté, de l'exécution honnête de ses engagements et devoirs. Mais son domaine de garantie, son *jus*, ne se restreint pas au droit – réglementaire – des obligations ou des biens (comme on le conçoit aujourd'hui, et de plus en plus faiblement sous l'influence de l'autonomie de la volonté), il porte sur tout le « droit » : *bona fides* est

[37] C'est en ce sens qu'il faut apprécier la « fonction » des dieux à Rome : cf. J. SCHEID, *La religion des Romains*, cit., p. 128 sq.

[38] R. MONIER, *Petit vocabulaire de droit romain*, Paris, Domat-Montchrestien, 1934 (2e éd.), p. 41.

la technique primordiale et universelle de celui-ci, valable même sans « loi ». On comprend que, dans le panthéon romain, Fides ait sa place dans l'entourage immédiat de Jupiter (qui d'ailleurs, au vers 292, mentionne la vieille déesse aux « cheveux blancs » en première position du retour divin).

On le voit : c'est tout une conception du « droit » comme phénomène de civilisation qui est ici suggérée par le Romain Virgile. Pour nous modernes, le risque est toujours celui d'« enregistrer » le phénomène à l'aide de nos cadres actuels de pensée et de réception, au spectre nécessairement plus étroit (du fait des divisions successives entre ce qui est droit et ce qui n'est pas droit) : la théorie du droit par exemple, discipline que les anglo-saxons qualifient, non sans intérêt pour notre étude, de *Legal theory*.

3. Scrupule

J'ai évoqué précédemment la tendance qu'il y a pour le droit moderne à investir, en forçant, le « juridique » romain. L'exercice de traduction est à cet égard révélateur et, en retour, d'une utilité insoupçonnée. Car, en partant du renversement qu'il opère (ici, la « loi » en lieu et place de *jus*), on découvre, à la lumière cathartique romaine, notre propre mythologie du droit, avec ses licornes et autres centaures : autant de belles proies pour le fauve ! Je considérerai moins ces monstres pris individuellement que le mécanisme général qui les abrite, les contient : mécanisme de droit bien huilé, à l'égard duquel le juridique romain est une suite de scrupules (lat. *scrupulum* : petit cailloux), de grains de sables – en fait de rochers cyclopéens qui nous viennent tout droit de la *Jurisprudentia*, de la *scientia iuris*, de nos racines juridiques. Aussi, toujours en rapport avec le vers 293, seulement quatre « petits cailloux » seront lancés dans le mécanisme, au cœur de la machine. Ouverture de la chasse et « lapidation » de grand style donc :

• Scrupule n° 1 : LEX. Les divinités ne font pas la « loi », au sens formel (aujourd'hui le texte voté par le Parlement disposant d'un primat organique) ; à Rome, la « loi » (*lex*) est ce que le peuple constitue lui-même dans ses comices : en juridique, c'est la seule définition de la « loi », définition contractualiste, sociétaire (concrètement sociétaire), seule justification d'ailleurs, conformément au droit des obligations, du caractère impératif de la *lex publica* (le fameux « *iussum populi* »). Techniquement donc, en toute rigueur technico-dogmatique romaine, l'acte du Parlement, n'est pas et ne pourra jamais être une « loi » (aux mieux, les Romains auraient parlé de « sénatus-consulte »)[39], sauf bien sûr à changer le sens des mots en considération de l'évolution du droit entre hier et aujourd'hui : ce qui est le cas. Mais alors une question annexe se pose : comment qualifier cette mutation ? D'erreur, ou de faux ? Ou de dernière mutation technologique ? Reconnaissons que cette question d'ordre sémantique doit être posée : elle touche aux « universaux » du droit – pas moins !

• Scrupule n° 2 : (*PARS*) *PRINCIPIUM* (→ principe premier). S'il y a primauté à Rome (de *primus* : premier) de quelque chose, ce n'est pas de la loi mais de la justice (*iustitia*)[40] – véritable porte d'entrée du système auquel le *ius* (le « droit ») doit tendre. Cohérentes de ce point de vue les définitions :

α – de la *jurisprudentia* comme science, comme technique de repérage du juste et de l'injuste[41] ;

β – du *ius* comme art, recherche du bon et de l'équitable (deux catégories techniques, dogmatiques, du juridique romain)[42] ;

γ – enfin, des « juristes » eux-mêmes appelés (par le savoir et l'étude de cas) à séparer le juste de l'injuste (Justinien, Livres 1ers des Institutes et du Digeste).

• scrupule n° 3 : *IUSTITIA*. Les *iura*, c'est très clair ici, ne sont pas « conditionnés » au critère d'effectivité pour être valables[43]. Autrement dit : ils ne sont pas subordonnés, soumis à leur réalisation positive pour exister : ils « sont » sans cela, indépendamment de leur « force obligatoire ». Par-là, ils dénotent avec notre conception (assez idolâtre) du droit positif : ensemble des règles de droit en vigueur, contraignantes, effectivement appliquées, dans un espace à un temps t. En fait, des enfers, Virgile nous murmure à l'oreille : le *ius* n'est pas fait (fait positif et, pour cette seule qualité, « juridique »). Décalage fondamental qu'escamote, annule, la traduction par « loi » (civile, positive). Et disons-le tout net : si le *ius* est « conditionné » à quelque chose, ce n'est pas au fait (positivement observable et admis dans un espace/un temps donné), c'est à la justice (*Iustitia*). Virgile s'inscrit ici dans la tradition de la

---

39 Cf. P. KRUGER, *Histoire des sources du droit romain*, Paris, Thorin, 1894 (trad. Brissaud), p. 109 sq.

40 A. BURDESE, « Sul concetto di giustizia nel diritto romano », *Ann. Storia del diritto romano*, Milano, Giuffrè, 1973, p. 103 sq.

41 I. 1.1.1.

42 D. 1.1.1 pr.

43 Voir P. CATALANO, *Diritto e persone*, cit., p. VII et 50.

Jurisprudentia romaine : rappelons en effet que le latin, à la différence du grec ancien ou des langues vernaculaires, use de la même racine étymologique pour exprimer et justice (*iustitia*) et « droit » (*ius*) : de là une perception du phénomène juridique très différente de la nôtre (fondamentalement ordonnatrice).

• Scrupule n°4 : NOTITIA (connaissance). Les *iura* ne sont pas des « lois » : au sens cette fois où ils ne correspondent pas à la catégorie de « règle juridique » ou de « règle de droit » : toute norme juridiquement obligatoire, contraignante, par opposition à d'autre règles qui, parce qu'elles ne sont pas « contraignantes », ne sont pas juridiques ; ainsi la morale, la conscience, dont le non-respect n'ouvre pas à une sanction mais à une simple réprobation morale. Ainsi donc, quand on se propose de traduire *iura* par « lois », on « passe », même inconsciemment, la conception romaine au filtre de notre conception de la loi (qui, on le voit, n'est pas neutre) : conception laïque (athée dans ses prémisses) tant dans son élaboration (volonté humaine) que dans son exécution (l'obligation ne découle que de l'autonomie de la volonté). En résulte, à ces deux niveaux, un isolement presque mécaniste de la « loi » de la religion et de la morale. Et les trois divinités n'entrent évidemment pas dans le groupe « select » des autorités « qualifiées » (« homologuées » par les hommes, compétentes en cela : le grand B. Windscheid aurait dit « autorisées ») pour produire la loi au sens matériel : ensemble du droit positif d'un pays, ensemble des règles. La pensée juridique romaine est toute autre. Très clair ici Virgile qui, dans ses *jura* donnés par les divinités, intègre (totalement : le *ius* est une totalité) ce que nous appelons la « morale » : ensemble de normes, de règles de conduite propres à une société donnée ou tenues pour universellement valables – des « valeurs » que les dieux personnifient (bonne foi, harmonie domestique et civile, citoyenneté) : valides ici, indépendamment de toute condition de « réception » (admettre ou refuser ne change rien à la validité de ces *iura*, même virtuelle). Tout cela est en cohérence avec la *Jurisprudentia* romaine quand elle se définit elle-même comme la connaissance (*notitia*) des choses humaines et divines (en se rappelant la grande leçon de J.-B Vico[44] : les divinités païennes n'ont fait que personnifier des valeurs tenues en haute estime par les hommes, avec tout le système d'« ob-

[44] La *Scienza Nuova*, Naples, 1725.

ligation » ou plutôt de « re-ligation » qui va avec – la piété au sens large[45].

D'autres aspects pourraient être considérés comme, par exemple, le subjectivisme qu'abrite la notion de « droit » lui-même. Mais ce serait un lieu commun que de rendre compte ici de l'abîme séparant les « jus-naturalismes » ancien et moderne si efficacement mis en lumière par M. Villey il y a près d'un demi-siècle[46].

Je conclus (de façon tout aussi lapidaire que j'ai commencé) : 1. Virgile est un terrain d'exercice fécond pour une introduction « juridique » au droit (les occurrences de *jus*, *jura* et autres termes voisins y sont nombreuses, sur le riche modèle du vers 293) ; 2. L'exercice nous indique une voie sûre : le « juridique » peut servir une nouvelle critique du droit (critique sérieuse, scientifiquement fondée, neutre, en ce qu'elle opère de l'intérieur, à partir précisément des fondements, pour le juriste, de sa propre pensée : de sa mémoire disciplinaire)[47] ; 3. face au droit positif (un droit qui s'est partiellement coupé, isolé, privé de ses propres fondations), l'exercice consiste à objecter, de façon constructive, dialectique, l'argumentaire technico-dogmatique complet – véritable travail d'ingénierie (dont Justinien, heureusement, nous a conservé le mode d'emploi, la boîte à outil) ; 4. critique interne donc, mais en même temps (parce qu'elle vient de loin), non conditionnée par nature aux lois, aux solutions du temps : elle est au contraire là pour en pointer nos modes, pour nous en libérer. Quelle modalité d'action pour libérer le juriste des déviations et superpositions conceptuelles liées à l'évolution moderne, occidentale, du système dit « romano-germanique » ? La chasse (armés du *ius*, du juridique romain, de la philologie juridique) aux « monstres » de notre temps, les monstres de la mythologie moderne (abstractions, idéologies, déformations de tout type, conceptions modernes du droit : positivisme, normativisme, institutionnalisme, étatisme, individualisme, subjectivisme[48], effectivité, athéisme, *case law*, etc.) qui occupent le

---

45 Cf. L. HECKETSWEILER « *Juris Religiosissimus.* Observations sur la dévitalisation de la formule en droit », *Le droit international. Aspects politiques*, vol. I, Paris, L'Harmattan (Coll. Méditerranées), 2014, p. 71 sq.

46 M. VILLEY, *Critique de la pensée juridique moderne*, Paris, Dalloz, 1976.

47 De là la nécessité d'une « introduction » critique sur la base de la *scientia iuris* : voir déjà R. ORESTANO, « Progetto di una introduzione allo studio della "scientia iuris" », *Il Foro Italiano*, vol. 106, Roma, 1983, p. 7 sq.

48 G. GIOFFREDI, « Osservazioni sul problema del diritto soggettivo nel diritto romano », *BIDR*, vol. 70, Rome, 1967, p. 227 sq.

droit actuel, tant privé que public. Bien des monstres, les principaux à vrai dire, sont déjà présents depuis le XIXe siècle ; bien d'autres ont surgi depuis et il serait urgent que soient recensées analytiquement leurs différentes générations.

Laurent HECKETSWEILER
Maître de Conférences en histoire du droit
Université de Montpellier I

Pouvoir et religion dans le destin historique de Castille : les siècles clés

On peut dire que l'existence d'une idée qui transcende le destin du pouvoir temporel est commune aux divers royaumes européens. En réalité, c'est le lien qui établit entre eux une fraternité et qui, en bonne mesure, fait de l'Europe chrétienne médiévale une unité. Une unité fondée sur l'acceptation commune par les pouvoirs temporels de ce dépassement politique. C'est là, en somme, ce qui l'éloigne le plus d'une Europe moderne qui commence, dès le début du XVIème siècle, à distinguer et séparer la religion de la politique. Avec quelque exception d'importance, bien entendu. Je parle naturellement de l'Espagne et de sa monarchie catholique. Je crois que rien ne peut être ajouté au sujet de la conviction contre-réformiste de Charles Quint, de Philippe II et des autres Habsbourgs[1] qui lui ont succédé. Voici bien des années, Salvador de Madariaga soulignait quelque chose dont il convient aujourd'hui de se souvenir, à savoir que déjà à l'époque des rois catholiques, les idées de nationalité et de religion étaient déjà fondues l'une dans l'autre, de telle manière que les intérêts civils et religieux constituaient une seule et même chose.

En 1530, un García de Loaysa plein d'énergie, conseiller et confesseur de Charles Quint, adressait à son roi depuis Rome, le 18 novembre, ces propos catégoriques et sans appel : « Que Votre Majesté rejette sans attendre davantage la fantaisie de convertir les âmes à Dieu. Occupez-vous

---

[1] Parmi plusieurs autres œuvres du même style et de la même tendance religieuse, il convient de distinguer celle de Felipe DE LA TORRE, *Institución de un Rey Cristiano*, Amberes 1556, dédiée précisément à Philippe II au debut de son règne. L'auteur y égrène les obligations correspondant à l'« office de roi » par rapport à la justice, les ministres et les officiers publics, la manière de gouverner le peuple, la défense active de la religion catholique, etc. Dans l'*Historia de Felipe III, Rey de España, escrita por Don Bernabé VIVANCO, Ayuda de Cámara suyo y del Rey Felipe IV...*, connue sous le nom de *Memorias de Matías de NOVOA*, en CODOIN LX, Madrid 1875, vol. I, œuvre au ton panégyrique aisément detectable et qui date de 1585, à la p. 56 l'auteur relève de manière scrupuleuse ce que l'on peut considérer comme représentant le discours programmatique de Philippe III devant le Consejo de Estado. Les termes dans lesquels il s'exprime interdisent toute confusion : « Hame parecido advertiros de dos cosas muy necesarias para la estabilidad y aumento de mis coronas. La primera, las materias de Estado que tratáredes se ajusten con los preceptos de la Ley divina... La segunda, las guerras que hubiere de emprender, así para defender la fe católica como para ofender los enemigos della, quiero que las fiuerzas que se han de poner de nuestra parte sean suficientes para conseguir victoria...»

dorénavant de convertir les corps à votre obéissance [2]... » Comment interpréter ces mots proférés par l'un des plus fermes soutiens de ce dépassement politique traduit en mission divine[3] ? Bien que par cette phrase accablante Loaysa semblât vouloir terrasser le désir impérial d'écraser l'hérésie en Allemagne, cela ne veut nullement dire que son intention véritable n'était toute autre : il briguait en fait à empêcher que cette louable ambition – qui avait mérité et ferait encore l'objet d'autant d'efforts de sa part – n'entrave d'autres buts aussi importants, voire davantage et même parfois plus urgents sans doute [4]. Somme toute, il prétendait peut-être redresser la direction du gouvernement de son souverain vers ce que la raison d'État circulant alors en Europe demandait à chaque prince, à savoir : défendre, maintenir et même accroître la monarchie dont l'administration lui avait été confiée par la volonté de Dieu, sans pour autant oublier d'autres moyens de défense de la foi catholique[5].

---

[2] *Colección de Documentos Inéditos para la Historia de España* (CODOIN), vol. XIV, Madrid 1849, p. 101-102.

[3] Il me paraît intéressant de rapporter ici quelques-uns des mots de Leandro MARTINEZ PEÑAS, dans ce qui fut sa thèse de doctorat où le *confesor del Rey en el Antiguo Régimen,* Madrid 2007, p. 946, constituait un tribunal : « La doble posición del confesor como integrante de la Iglesia y miembro de la estructura administrativa estatal supuso que en numerosos asuntos fuera el confesor la figura que actuara como intermediario entre ambos ámbitos, tanto a nivel interno de la monarquía española como externo, en varias de las cuestiones más espinosas suscitadas entre la jerarquía eclesiástica romana y la Corona de España ». Toutefois, ce n'était pas vraiment la position adoptée sur le sujet par Francisco de QUEVEDO, qui dans ses *Grandes Anales de quince días,* extr. de ses *Obras completas*, I, Madrid 1969, p. 740 s'exprimait ainsi : « ... me pareció que esta caridad que su majestad tiene en quitar las ocasiones de divertimento con ocupaciones seglares de los religiosos, debía extenderse a no proseguir en hacer consejeros de Estado a los confesores: porque no hay cosa más diferente que Estado y conciencia, ni más profana que la razón de Estado... Decir que tiene dependencia la confesión y el consejo de Estado, no es cosa practicable, pues lo uno se gobierna por sumas, y lo otro por aforismos y leyes y conveniencias: lo uno quiere doctores, lo otro experimentados; aquella profesión es de teólogos, ésta de prevenidos y astutos. »

[4] Les propositions de Loaysa quant à la responsabilité de la couronne en ce qui concerne la défense du catholicisme se muent clairement en censure le 30 octobre 1595 dans l'éloge qu'il fait du livre de Jacobo VALDÉS, *De dignitate regnum regnorumque Hispaniae,* Granada 1602. Non seulement il soutient le livre, mais il apporte encore un enthousiasme non feint dans ce qui suit : « No tengo que advertir sino solo de los grandes servicios que los Reyes de España, particularmente los de Castilla, han hecho a la Iglesia, pues en tantos centenarios de años no hicieron otra cosa sino pelear para plantar la religión, los Moros que vencieron las iglesias que edificaron, las donaciones que les dieron, las ordenes militares que instituyeron... Y al fin los de España, plantaron la fe en un mundo, esto baste, que V.M. lo toca todo... » Dans une lettre envoyée de Rome à Charles Quint le 14 juin 1530, Loaysa lui rappelle : « ... Algún día me dijo V.M. que deseaba emplear su vida en defensión de la fe, porque con otra cosa no os parecía poder recompensar las infinitas mercedes que de Dios aviades recebido. Agora comienza el tiempo en que V.M. entienda si eran hipócritas y falsas aquellas palabras... » In CODOIN, vol. XIV, p. 26.

[5] C'est ainsi que s'explique la volonté de Loaysa de maintenir en tout temps l'empereur au plus près des intérêts du Saint Siège, fussent-ils ou non directement en lien avec des questions relatives à la foi catholique. Gotthilf HEINE dans son intéressante recension des *Cartas al*

Mais ne soyons pas dupes, admettre ce qui vient d'être dit n'empêche pas que la position des contre-réformés espagnols semble être elle aussi, parfois, plus près d'une politisation de la foi catholique, d'une instrumentalisation de la religion officielle. Comme je l'ai expliqué il y a des années à ce propos[6], ceux qui adoptent une attitude réputée orthodoxe reliant très étroitement religion catholique et politique, tout comme ceux que l'on appelle « politiques », fondent leur pensée sur des approches aussi pragmatiques les unes que les autres et, au fond, sur des objectifs assez proches. Face à la raison d'État des uns se dresse la raison d'État des autres comme un défi. Contre ceux que l'on qualifie de « politiques » se placent ceux qui adhèrent à la ligne officielle et même ultra-catholique qui ont, eux aussi, leur propre raison d'État, à laquelle ils ne sont pas prêts à renoncer, celle-là même qui considère religion catholique (pas n'importe quelle religion) et politique comme étant imbriquées[7].

Emperador Carlos V en los años 1530-1532, por su confesor Garcia de Loaysa, Berlín 1848, en rapporte une écrite depuis Rome le mercredi de la semaine sainte dans laquelle l'intervention impériale est urgente avant que ne se réalise une éventualité particulièrement préjudiciable aux États de l'Église et dont l'origine se trouve dans le sac de Rome de 1527. Le pape demande l'aide de l'empereur pour les affaires délicates de Ferrare, Modène et Reggio qui, d'après ce que nous apprennent ces lettres, étaient quasiment perdues, même si dans le cas de Ferrare, il considérait que le pape faisait preuve de clairvoyance. Concrètement, quant à Modène et Reggio « es la justicia tan dudosa que el juez puede gratificar á la parte que quisiere, en especial V.M. que es juez 'de jure et de facto' que quiere decir según los legistas que puede quitar y poner según la equidad y buen albedrío, parecele a su Beatitud según esto que siendo V.M. tan virtuoso y tan verdadero amigo suyo que es razon que todas las formas de gratificar que se pudieran inventar se han de efectuar en su favor, resume en claro romance que lo que desea es que en esta causa haga V.M. por él cuanto un hombre puede hacer por otro salva la conciencia… y con tal confianza pone este negocio en sus manos… » Loaysa se montre favorable à la requête du pape, qu'il tient « por amigo verdadero y mas provechoso que todos los principes juntos… con todos los otros ha de tener V.M. amicicia aparente y con temor, con este ha de ser la amistad entrañable… cada dia teneis del necesidad y el de V.M. » Il argumente avec conviction le fait qu'il s'agit de territoires qui furent perdus pour le Saint Siège au moment du sac de Rome alors qu'auparavant quatre papes, Julien, Léon, Adrien et Clément , les avaient possédés de manière paisible, et il insiste « que se perdió cuando vuestro exercito sin vuestra culpa prendió al Pontifice… » Il conseille à Charles Quint qu'il « menosprecie a siete Duques y se abrace con la voluntad del Pontifice que parece que cumple con la voluntad de Dios, pues restituis a la Iglesia lo que con ocasión de vuestras fuerzas se perdió, á todos parecerá bien y la conciencia quedará mas segura ».

[6] J.M. GARCIA MARIN, « La doctrina de la soberanía del monarca (1250-1700) », en *Teoría política y gobierno en la Monarquía Hispánica*, Madrid 1998, p. 315-321.

[7] L'exposé doctrinal le plus clair à propos de l'instrumentalisation de la religion à des fins politiques a été dressé par Fray Juan de SALAZAR, *Politica española,* 1616. On a utilisé l'édition de Madrid de 1997 où, dans les p. 151-152 on proclame comme une évidence que « Con este escuadron de letrados, que son por la mayor parte religiosos o eclesiásticos seglares (a quienes los Católicos Reyes, por el respeto que les tienen, gracias y mercedes que les hacen, tienen de su parte), fortifican su imperio y monarquía, no menos que con los presidios y tercios de soldados; porque… en un imperio tan grande y de naciones tan diversas fuera facil rebelar unas o otras… contra el príncipe… quien las tiene sujetas y rendidas y obedientes… son los hombres doctos y eclesiásticos, en especial los religiosos y

Quoi qu'il en soit, il faut se conduire avec quelque peu de prudence dans cette complexe affaire des fondements religieux ou politiques des États. Il semblerait parfois que ce soient les intérêts exclusivement politiques qui président à des actions spécifiques de certains États (par exemple, la monarchie catholique), tandis que pour d'autres ce seraient les intérêts strictement religieux qui prédominent. C'est à peine si les motifs religieux sont intervenus dans nombre d'actions politiques, diplomatiques et surtout militaires espagnoles des XVIe et XVIIe siècles, la religion n'ayant pas non plus servi forcément de prétexte pour d'autres types d'actions. Sans doute est-ce la raison pour laquelle Francesco d'Andrea, l'illustre juriste et politicien napolitain habile, écrit en 1678, pour que tout le monde en ait connaissance : « La religion sert aux princes de manteau, ils en changent à mesure que changent leurs intérêts, comme nous en changeons au fil des saisons[8]. »

Olivares lui-même, le premier ministre de Philippe IV, interprétera cette façon de concevoir l'action politique comme un service rendu à la raison d'État de la couronne. Son désir d'aider les catholiques français face à la pression exercée par les protestants ne se traduira pas dans la pratique en un vrai soutien envers eux. Ce sera plutôt l'inverse. La raison d'État imposera l'idée que venir en aide aux huguenots français, au lieu de le faire en faveur des « bons catholiques » de la France, sera la politique la plus efficace, par conséquent la plus rentable, pour éroder le pouvoir de son plus grand et plus implacable ennemi : le roi de France[9]. Sans doute s'agissait-il purement et simplement de raisons d'opportunisme politique, comme maintes fois il y a en avait eu et qui avaient justifié un généreux soutien économique aux hérétiques. C'était, somme toute, le même soutien refusé aux « réligionnaires » qui avaient mis toute leur confiance dans l'Espagne catholique, la patrie de la Contre-Réforme, alors qu'ils s'acharnaient à lutter pour conserver leurs croyances religieuses sur les terres du Très-Chrétien[10].

---

predicadores… de suerte que predicando ellos… al pueblo que es voluntad de Dios obedecer a los reyes y que a los trabajos y miserias que padecen en esta vida corresponderá en la otra eterno premio… por donde no se rebelan… aunque lo deseen… aunque estén avenenados. »

[8] Francesco D'ANDREA, *Lettere a G.A. Doria, a cura di* Imma ASCIONE, Napoli 1995, lettre du 31 décembre 1678, p. 99.

[9] R.A. STRADLING, *Europa y el declive de la estructura imperial española, 1580-1720*, Madrid 1992, p. 105-106.

[10] L'action d'Olivares possédait un sens en partie différent et en partie similaire à celui qu'avait adopté Philippe II un siècle auparavant. Certes, la situation des deux monarchies était relativement distincte, tout comme c'était encore le cas à l'époque de Philippe IV. Et pourtant, les défiances et les suspicions réciproques entre les deux couronnes demeuraient les mêmes. Pour la régente l'aide offerte par Philippe II pouvait obéir aux príncipes de la raison d'État, refermant ainsi un piège duquel la France ne pourrait pas sortir sans difficultés. Dans la lettre de Philippe II à D'Ossance, écrite de Madrid le 15 décembre 1561, figurent suffisamment d'éléments qui permettent de connaître tant la situation réelle de la monarchie française que la sincérité des offres du souverain espagnol par l'intermédiaire de son embassadeur Tomás

C'est à peu près à la même époque, concrètement en 1624, que l'on trouve, dans un mémoire adressé à Philippe IV par un fonctionnaire du Conseil des Indes portant sur la longue et épuisante guerre contre les hérétiques flamands, une attaque des plus lucides et des plus étonnantes contre la politique officielle conduite par une persécution religieuse démesurée. Voici la teneur du texte : « Si ceux-là [les hérétiques flamands] se refusent à sortir de leur obstination, pourquoi devons-nous continuer cette guerre, qui dure maintenant depuis soixante-six ans, si nuisible, qui nous cause tant de préjudices en provinces... de laquelle nous ne saurons tirer aucun profit... ? Si nous le faisons en vue d'élargir et de répandre la foi, d'autant plus ce serait à faire en... Afrique, plus près de notre terre, où l'infidélité pullule... car le Christ a ordonné que personne n'entre dans sa loi à force d'artillerie, de piques ou de coups de mousqueton[11]... »

Perenot. Nous allons voir quelques passages de cette longue lettre : « ... en tiempo del Rey Francisco primero, y del Rey Enrico, marido de la Reina, hubo algún principio de estos males, y en tiempo del Rey Francisco su hijo se descubrieron más a las claras y hubo alborotos y desacatos, y se remedió todo por mano de los buenos Consejeros que entonces había, y que este daño se había despertado y crecido despues que la Reina se aconseja con los que agora tenía a par de sí, que era necesario y conveniente para el remedio de ello quitar la raíz y echar de a par de sí a los malos Consejeros, que habían sido causa de tantos males, y tenían puesto al Reino en tal estado, así en la Religión como en todo lo demás, señalando en esto al Almirante y al Cardenal de Chatillon; y que si no quería o no podía apartar de sí al señor de Vendoma y al Príncipe de Condé, por ser de la sangre, que no los apartase; mas que juntamente se sirviese de los ministros de su suegro, marido e hijo, que tambien habían sabido aconsejar y tener el Reino en tanta paz y sosiego y estorbado las revueltas... que agora había, y que este sería un gran principio para que las cosas se encaminasen bien... La reina deseaba que S.M. no diese favor ni calor ni fomentase a ninguna de las partes de aquel Reino, para que sucediese alboroto y echasen mano a las armas, podía tener por cierto que S.M. en ninguna manera fomentaría ni daría alas a ninguno de los súbditos del Rey Cristianísimo para que se moviesen... y esperar a la determinación del Concilio General que está comenzando en Trento, y desterrar los predicadores herejes... respondió [el Obispo de] Limoges que... nunca... se había pensado por la Reina madre de mover la guerra, y que así lo tenían ellos que nunca S.M. [Felipe II] lo había creído Della, ni menos creían que el Rey nuestro Señor se la huviese querido mover, porque conocían su bondad... y el celo que tenía a la conservación de la paz... » Dans une autre lettre de l'évêque de Limoges au duc d'Albe, datée du 20 novembre 1561 à Aranjuez, en réponse aux altercations publiques avancées par Philippe II, il est dit que : « Encarga... la Reina al... Embaxador [de Felipe II] que declare a S.M. Católica que cuanto a obediencia de los súbditos de aquel reino, el Rey Cristianísimo y ella no tienen menos que han siempre tenido los Reyes de Francia... está como forzada de usar de los remedios susodichos [blandura y no dureza], conociendo... que haciéndolo de otra manera... ella dividiría el Reino, lo metería en sangre, perdería la obediencia... por el contrario, entreteniendo los unos y los otros dulcemente, como ella lo hace, aguardando la ayuda... de Nuestro Señor, ella ve... los unos y los otros caminar... al servicio y obediencia del Rey... » In *Archivo Documental Español, publicado por la Real Academia de la Historia*, tomo III. Negociaciones con Francia, Madrid, 1951, p. 175-177 et 189.

[11] J. LARRAZ LOPEZ, *La época del mercantilismo en Castilla, 1500-1700*, Madrid, 1963, p. 104. Le commentaire de l'auteur qui suit ce magnifique document nous intéresse aussi. Je rapporterai dans une large mesure ses propres mots, sans doute bien plus parlants que les commentaires que je pourrais en faire : « Simpática es, al punto de vista económico, la crítica

Par ailleurs, et sans minimiser l'esprit de la croisade qui animait la politique de Charles Quint et des Habsbourg qui lui succédèrent, il ne faut pas ignorer que l'empereur considérait les luthériens comme les vrais ennemis de l'Espagne. Je veux dire par là que la question n'en montre pas moins son visage strictement politique. Il est certain que Charles Quint, tête pensante de l'*Universitas Christiana*, bras armé de l'Église, s'est parfaitement rendu compte du danger social et politique que ces hérétiques représentaient, de sorte qu'il en est venu à les considérer comme séditieux et insurgés. Ce jugement est clairement exprimé dans cette déclaration impériale : « Il faut voir s'il est possible de procéder contre eux comme contre des séditieux, tapageurs, et agitateurs troublant la république et qui viseraient à se rebeller[12]... »

---

del desgaste... de las energías nacionales sobre los campos de batalla de Europa. » Pour autant le contraire était aussi pertinent, à savoir « el estancamiento en el interior de Castilla de toda la plata que de América viniera, excusada ya de... sufragar la guerra. Replegarse... al solar castellano... era... económicamente acertado, pero si... Castilla se dedicaba a confinar en su territorio un mar de metales preciosos procedente de América... olvidando la propia experiencia nacional y la sabiduría de la escuela de Salamanca, el país... no hubiera ganado gran cosa » (p. 104-105).

[12] Voir J. PÉREZ, *Humanismo en el Renacimiento español,* Madrid, 2013, p. 133, d'où est extraite la référence. Bien sûr, la répression exercée contre les foyers des luthériens en Espagne était suffisamment forte pour que l'hérésie ne se propageât pas. Il y avait pour cela des moyens bien connus, à l'efficacité et à la force éprouvées. Sans doute cela n'empêchait-il pas qu'il y eût à l'extérieur quelques foyers pas assez actifs pour être détectés par les autorités espagnoles elle-mêmes à l'étranger. Dans sa lettre du 27 mai 1568, adressée au secrétaire Gabriel de Zayas, Francés de Alava, ambassadeur de Philippe II à Paris rapportait : « Aquí en Paris ha habido un señalado hereje que ha seguido al príncipe de Condé y a sus secuaces... el cual se llama Ramos, hombre muy conocido en todas las Universidades desos reinos, por su latinidad y que ha tenido siempre tan grande crédito... en esas Universidades, que aquí se contaba protector de la nacion española, y los herejes españoles traductores de la Biblia se han sustentado aquí debaxo de su calor y sombra... [conviene] desengañar por el Santo Oficio las dichas Universidades de que este hombre es heretiquísimo, porque... he visto llegar aquí grandes de España... preguntando por Ramos con una fe en él ignorante y ciega... Diversas vecez he escripto a S.M., al Duque de Alba y a Madama el inconveniente grande que es dexar venir a estas Universidades de Francia estudiantes del Pais Baxo... » In *Archivo Documental Español, publicado por la Real Academia de la Historia,* tomo XIV. Negociaciones con Francia, vol. X, p. 300-301. Un des Espagnols, sévillan pour être plus précis, qui s'enfuit terrifié d'Espagne au milieu du XVIe siècle par crainte de l'Inquisition pour avoir embrassé la religion réformée, Cipriano Valera, fut l'auteur en 1588 d'un fort intéressant travail contre l'autorité pontificale et contre la messe. Sa vigueur intellectuelle, révélée par sa traduction de Calvin et par son professorat, lui servit à occuper des postes importants à Oxford et Cambridge. La reédition de son ouvrage *Del Papa,* attaque furieuse contre l'autorité suprême de l'Église, a eu lieu récemment (2010) à Séville. L'auteur justifie son entreprise à la p. 11 par ces mots : « El intento y motivo que me ha movido a escribir estos dos tratados del papa y de la misa no ha sido... sino un gran deseo... de que los de mi nación gocen de las mismas misericordias que el Señor ha hecho en estos últimos tiempos a las muchas naciones de la Europa, dándoles libertad de conciencia... Duéleme mucho de que mi nación, a la cual el Señor Dios ha dado tanto ingenio, habilidad y entendimiento para las cosas del mundo..., en

Je crois qu'il importe de retenir cette idée qui assombrissait les réflexions d'un empereur considéré par nombre de gens comme le champion du catholicisme, tout comme elle tiendrait l'instinct politique de son fils Philippe II sur le qui-vive. La raison tenait au danger évident que les guerres de religion, qui bouleverseraient gravement la cohésion de nos voisins français (singulièrement entre 1561 et 1568), effrayaient autant par elles-mêmes que par le risque de contagion qu'elles pouvaient produire en Espagne.

Même si, dans le cas espagnol, la menace des protestants n'eut jamais la puissance qu'elle devait connaître en France. Le caractère délictueux des foyers hérétiques apparus en Castille et la carrure de provocateurs subversifs ou séditieux attachée à ses chefs mettait en relief avec quelle extrême gravité la contestation religieuse était perçue au cœur de la monarchie catholique. Dès lors, il était logique que Philippe II prît pour doctrine un rejet violent de la Réforme. Les foyers luthériens découverts à Séville et à Valladolid en 1559 avaient produit une grande consternation aussi bien chez Charles Quint que chez Philippe II. Certes l'action violente, tenace et plus qu'efficace de l'Inquisition espagnole parvint finalement à réduire de manière drastique le danger qui menaçait l'horizon en 1559. Braudel a à cet égard une explication convaincante des faits et, de manière tangible, de l'ascendant que le phénomène luthérien devait acquérir en Espagne et dans la monarchie catholique. Ici « la situation a évolué rapidement. L'Espagne que rencontre Philippe II est déjà passée à la Contre-Réforme, à la répression brutale, sans que cela résulte de l'action personnelle du roi, mais bien plutôt du temps, de son temps, de l'enchaînement des événements d'un bout à l'autre de la chrétienté, de l'essor de Genève et de Rome, vastes flux spirituels qui entraînèrent Philippe II lui-même, mais qu'il ne créa pas à proprement parler »[13].

Il est dès lors compréhensible que nous voyions la même situation se reproduire dans toutes ses nuances à l'époque d'Olivares. Il semble curieux que l'une des réactions de Philippe II fût d'aider la régente française Catherine de Médicis de manière « désintéressée », sans doute pour éviter que les doctrines hérétiques françaises ne s'infiltrent dans la catholique Espagne. Il était préférable de contribuer à l'élimination du danger en France plutôt que d'avoir à le faire en Espagne même. Néanmoins, il était pareillement logique que la régente fût méfiante envers la politique énergique que prônait Philippe II, elle qui préférait l'emploi de moyens plus doux pour obvier à la confrontation entre les bandes rivales de son pays. Sans doute, de vieux ressentiments, des mensonges et des suspicions entre

---

las cosas de Dios, que le va la salud de sus ánimas, o ir al Cielo, o ir al Infierno, sea tan tonta y tan ciega que se deje… tiranizar del papa… ».

[13] F. BRAUDEL, *El Mediterráneo y el mundo mediterráneo en la época de Felipe II,* 2, Madrid 1987, p. 408-409.

les deux nations empêchèrent-ils de parvenir à un accord. Entre autres raisons parce que la régente ne croyait guère à la sincérité du roi catholique. Son aide militaire pouvait davantage cacher envers la France des plans d'une autre nature, stratégique cette fois. Les documents sur cette question sont abondants et il n'entre pas dans mes intentions de m'appesantir sur le sujet.

Je n'entends cependant pas mettre un terme à des questions d'une importance aussi fondamentale du point de vue de l'appréhension de la gestion politique de la monarchie sans mentionner une autre lettre de Loaysa lui-même, datée du 8 juin 1532 à Rome. Maravall l'avait déjà considérée dans ses études quand il en a conclu que le représentant impérial à Rome cherchait dans son texte une solution plus profitable, à tous points de vue, à la cohabitation politique entre les deux religions que l'affrontement permanent : « Parmi les erreurs luthériennes [il serait convenable de choisir] la dissimulation ou... des trèves entre hérétiques et chrétiens, en permettant que chacun croie selon sa volonté... jusqu'au concile à venir permettant à tous de vivre selon leurs rites sans s'en empêcher les uns les autres[14]... »

De la même façon, on ne peut pas oublier que maintes fois l'opinion publique exprimée par le biais des procureurs près les Cortes avait défini sa position, non seulement en se montrant de l'avis de Loaysa, mais en allant plus loin dans la considération du problème religieux comme quelque chose d'étranger aux intérêts réels de la monarchie et, qui plus est, d'ouvertement contradictoire avec ces intérêts. Maravall lui-même nous offre un exemple fort éclairant à cet égard, relatif aux Cortes de Madrid tenues en 1588 et en 1593. Lors des premières, en 1588, l'un des procureurs risque l'interpellation suivante : « La religion catholique, sa cause et sa défense sont communes à toute la chrétienté, et si ces guerres sont importantes à cet égard, il ne revient point aux royaumes de Castille de supporter toute la charge pendant que les autres royaumes, princes et républiques les observent[15]. »

Comme nous le savons bien, en prônant la séparation entre religion et politique comme un fait accompli, ce qui sera aussi bien le cas pour le couple religion et science que pour le couple religion et droit, Machiavel était venu rompre ce long concours de siècles entre les deux grandes sphères d'action de l'homme. Désormais, les adeptes du Florentin, y compris les papes de la Rennaissance et du Baroque, accepteront ses thèses avec toutes leurs conséquences. Les antimachiavéliens, dont les Espagnols au premier chef, tâcheront de le réfuter en retournant ses propres arguments. Charles Quint nous a laissé bien des propos politiques, publics ou privés, exprimant son engagement envers la religion catholique. Or cela n'empêche que, comme je l'ai déjà signalé, la sécurité de l'État constituant pour lui un objectif indispensable, il juge quelquefois sur le plan politique les luthériens

---

[14] J.A. MARAVALL, *La oposición política bajo los Austrias*, Barcelona 1972, p. 114-115.
[15] *Ibidem*, p. 115 et 116.

subversifs, séditieux, des gens qu'il fallait attaquer pour défendre l'ordre politique établi en Espagne.

Il n'est dès lors pas étrange, à côté de bien d'autres motifs, qu'Erasme lui-même, appelé à plusieurs reprises à la cour espagnole, ait dédicacé et offert personnellement au jeune Charles son manuel *Institutio principis christiani*. Aussi bien cet ouvrage que l'*Enchiridion milites christiani* étaient passés en Espagne, apportant l'un et l'autre le même message : la *philosophia Christi*[16]. Marcel Bataillon nous décrira à la fin un Erasme triomphant de ses détracteurs qui, craignant son évangélisme modéré, se limitaient à le rapprocher de Luther. Selon le grand hispanisant français, « Erasme est bien plus que le conseiller de l'empereur Charles : il est pour ainsi dire le conseiller commun à tous les princes en ce qui concerne le grand sujet de la paix chrétienne et de la cause de l'Evangile[17]. » Plus tard, Philippe II en viendra à affirmer dans une plaidoirie angoissée que « en perdant la religion [catholique], je perdrais mes États » et cela parce que la poursuite des intérêts de Dieu « est ce à quoi je m'attache le plus ». Au temps de Philippe IV, Olivares euphorique en viendra à dire que « Dieu est espagnol et combat de nos jours avec notre nation[18] ».

Il est clair qu'à partir de la décennie de 1670 la bipartition de l'Europe en deux secteurs à l'idéologie opposée semblait être quelque chose qui ne se discutait plus. Il y avait d'un côté le groupe dit des « réligionnaires » dans

---

16 Voir M. BATAILLON, *Erasmo y España*, México 1950, p. 74, 75 et 80, où l'auteur écrit que « ... el príncipe según el corazón de Erasmo dista mucho del de Maquiavelo. Un rey no merece el nombre de cristiano sino cuando su política está dominada por la *Philosofia Christi*. La monarquía con la que sueña el filósofo, monarquía temperada por la aristocracia y la democracia, supone un contrato tácito entre el príncipe y los súbditos. El arte de reinar se resuelve en definitiva en el arte de mantener la justicia en el interior del reino, y de conservar la paz con las demás naciones. »

17 *Ibidem*, p. 153.

18 G. PARKER, « Felipe II y el legado de Cristóbal Colón », dans *La política de Felipe II. Dos estudios*, Valladolid 1996, p. 91. Du même auteur, *La gran estrategia de Felipe II*, Madrid 1998. Voir en particulier le chapitre 3 : « Con Dios de nuestra parte », p. 145-203. Enfin *Felipe II, La biografía definitiva*, Barcelona, 2012, p. 212 et s. et 360 sq. où le thème est traité en profondeur. Comme, à son époque, le remarquera MARAÑÓN, *El Conde-Duque de Olivares*, p. 306 : « Los sueños de imperialismo y de monopolio de la catolicidad estaban tan ligados a lo que era la esencia y la razón de existir de la Casa de Austria, que jamás los hubiera podido renunciar quién, como Olivares, era, ante todo, fiel hasta el fanatismo de la Corona. » Je crois intéressant de mentionner que le peuple n'est pas spécialement étranger à ces démonstrations de foi, bien souvent portées par le fanatisme, à l'exemple de ses gouvernants. A. RODRIGUEZ VILLA, *La Corte y Monarquía de España*, nous presente un exemple qui vaut la peine d'être ici retranscrit : « Domingo 13 [de julio de 1636], entrando en San Felipe à las doce horas del día para oir misa un hombre muy bien puesto, y hincándose de rodillas dixo <alabado sea el Santísimo Sacramento y la Virgen Santísima concebida con mancha de pecado original>... habiéndole dicho uno de los circunstantes que por qué decía disparates, respondió que no lo eran, tornándolo a decir... se levantó un alboroto en la iglesia, desenvainándose muchas espadas y tirando las mugeres de chapinazos al herege. Prendiéronle... y lo llevaron à la Inquisición ya herido. »

l'historiographie, à la tête desquels se trouvait l'Espagne ; de l'autre côte, ceux qu'on appelait les « rationnalistes », qui rassemblaient des intellectuels français, hollandais ou anglais essentiellement. Comme Paul Hazard le relevait voici plus d'un demi-siècle : « Les premiers sont chrétiens, et les autres anti-chrétiens ; les premiers croient au droit divin et les autres au droit naturel ; les premiers se sentent à l'aise dans une société qui se divise en classes inégales ; les seconds ne songent qu'à l'égalité[19]. » Nul besoin de dire que les uns et les autres défendaient des postulats idéologiques quasiment inconciliables s'étendant aux domaines les plus divers des croyances et du savoir : aussi bien philosophiques que politiques, religieux, sociaux, etc.[20].

Il est pour le moins choquant qu'un juriste réputé, en même temps que doctrinaire pragmatique et politique, de la trempe du napolitain Francesco D'Andrea confesse dans une lettre à son ami Andrea Doria en 1680 : « Parmi les religions il ne s'en trouve pas de plus contraire à la monarchie que le calvinisme ; et les États de Hollande ne se seraient pas transformés en république s'ils n'avaient accueilli à bras ouverts ladite religion. Chose bien connue par Philippe II qui pour cette raison sut que la révolte serait perpétuelle. Et si les autres États qui en plusieurs époques se sont révoltes contre le roi notre seigneur avaient changé de religion, il n'aurait pas été facile aux Espagnols de les ranger de nouveau sous leur domination[21]. »

Quoi qu'il en soit, la présence de gouvernements laïques et leur consolidation ultérieure au cours du Moyen Âge n'étaient certainement pas pour l'Église des motifs de quiétude pacifique. Au fur et à mesure que ces gouvernements réussissaient à augmenter leur part de pouvoir politique jusqu'à atteindre une position de monopole effectif, l'Église perdait

---

[19] P. HAZARD, *La crisis de la conciencia europea,* Madrid, 1961, « Prefacio », p. 9. Dans les p. 10 et 11, il écrit quant à la nécessité éprouvée par beaucoup de changer les choses pour construire le futur que « se relegaba a lo divino a cielos desconocidos e impenetrables ; el hombre, y solo el hombre, se convertía en la medida de todas las cosas… era menester construir una filosofía que renunciara a los sueños metafísicos, siempre engañosos… había que edificar una política sin derecho divino, una religión sin misterio, una moral sin dogmas. Había que obligar a la ciencia a no ser más un simple juego del espíritu, sino decididamente un poder capaz de dominar la naturaleza; por la ciencia, se conquistaría sin duda la felicidad. »

[20] Comme l'a signalé A. DOMINGUEZ, dans son étude introductive au *Tractatus Theologicus-politicus*, de Spinoza de 1670 : un des plus grands représentants de la pensée philosophico-politique en Europe affirme : « Aunque no suprima la religión, el Tratado Teológico-político constituye una verdadera revolución intelectual. En él se enfrentan dos concepciones de la vida humana, la religiosa y la laica, en un momento crucial de la historia europea, entre la Reforma religiosa… y la Revolución política… Spinoza, con este tratado, cierra 'ante litteram' la época del absolutismo monárquico y de las reformas religiosas y abre los tiempos de la democracia y de las reformas sociales… », in *Tratado Teológico-político*, Madrid, 1986, p. 33 et 34.

[21] F. D'ANDREA, *Lettere a G.A. Doria,* a cura di Imma ASCIONE, Napoli, 1995, lettre du 1[illegible] juin 1680, p. 158-159.

progressivement sa prépondérance. L'Espagne n'est pas exclue de ce processus. Madariaga a déjà alerté sur ce phénomène en affirmant que « l'Etat espagnol, quoique identifié de manière spirituelle à la foi catholique, ne s'est jamais soumis à l'Église romaine[22] ». Il en ira de même pour le développement du contrôle des pouvoirs législatif, judiciaire et fiscal. Ces fonctions étant du ressort exclusif des nouveaux officiers publics, dont le nombre ne cessait de s'accroître, le recul de l'ingérence ou même la simple influence de l'Église sur les affaires séculières seront de plus en plus visibles et significatives. Ce ne sera plus qu'une question de temps pour que la séparation des deux pouvoirs devienne une réalité, ce qui aura lieu à l'âge moderne[23].

Il n'est pas nécessaire de rappeler autrement que de manière sommaire que quelle qu'en soit la forme et l'intensité, l'homme n'ambitionne rien tant que le pouvoir. Mais si nous parlons de la plus haute expression du pouvoir, entendue dans sa manifestation la plus originale, alors nous visons le pouvoir politique. Et le pouvoir politique a toujours eu besoin de se légitimer de quelque manière ; de là procède le sempiternel recours à la fiction. Dans l'acception qui nous occupe, on pourrait même parler d'une « fiction nécessaire[24] ». Durant le Moyen Âge – et bien longtemps avant – le recours le plus éculé dans le temps et dans l'espace consistait à faire croire à la société politique que l'origine de ce pouvoir ne résidait pas moins qu'en Dieu. Le droit lui-même, création de l'homme pour réguler et rendre viable la coexistence avec ses congénères, fut historiquement tout plein de fictions de tous types : quant à la justice, la liberté, l'ordre à imposer dans la société, l'inégalité ou l'égalité des personnes et des biens, la capacité juridique, la

22 S. DE MADARIAGA, *España. Ensayo de Historia contemporánea*, Madrid, 1989, p. 32. Un peu avant, il avait affirmé que « Fernando es un político… De España no quiere hacer un espíritu, sino un Estado. Su visión es positiva y nacional. »

23 J. STRAYER, « La laicizzazione Della Società in Francia e in Inghilterra nel XIII secolo », in *Storia. Amministrazione. Costituzione. Annale dell'Istituto per la Scienza dell'Amministrazione Pubblica*, 17/2009, p. 8-14. Et dans les p. 16-17 il insistera sur le thème en notant que « una vez conquistado el monopolio virtual del poder, el soberano se sentía obligado a añadir nuevas funciones a su gobierno y a aumentar el número de hombres que lo asistían en la administración… la definición de los poderes de quien gobierna elaborada por los juristas del Doscientos se transformó en algo similar a una teoría del Estado soberano ». Dans les p. 14-15 il insistera sur des cas extrêmes qu'il convient à présent de signaler : la multiplicacion des fonctionnaires laïques au service du roi en France et en Angleterre constitue un des phénomènes majeurs entre les XIIIe et XVe siècles ; ce sont ces fonctionnaires qui se transformeront en piliers du gouvernement du futur État moderne ; l'Église ne put que contempler de manière désarmée ce phénomène, tandis qu'elle manquait de force d'attraction pour des hommes de valeur formés pour son service ; tous ces serviteurs royaux comprirent l'utilité qu'il y avait pour eux à demeurer fidèles à l'État dans la mesure où leur poids social et la dignité dont ils jouissaient procédaient de la charge qu'ils détenaient. Sur ce sujet, voir également F. DI DONATO, « Il senso politico e istituzionale della laicità », *Ibidem*, p. 50 sq.

24 Telle est la qualification que donne J.A. MARINA, *La pasión del poder. Teoría y práctica de la dominación*, Barcelona 2008, voir p. 135-145, 209 sq.

personnalité, etc. Fréquemment, un argument identique a servi aux détenteurs du pouvoir pour parvenir à des solutions différentes, voire opposées.

Les nouveaux appareils d'État surgis après la dissipation des brumes du Moyen Âge commencèrent pour la plupart à parler un langage différent. Il s'agissait alors de nouvelles conceptions politiques, de nouvelles formes d'articulation des constructions sociales. C'étaient en réalité des États territoriaux, proto-nationaux et indépendants de tout autre pouvoir. Chacun d'entre eux sera identifié sans en avoir conscience comme *Corpus rei publicae mysticum* par les juristes au service des rois, qui s'appropriaient ainsi des concepts élaborés patiemment par la doctrine ecclésiastique[25].

Je ne voudrais pas m'étendre davantage sur une question comme celle de la raison d'État, bien assez débattue au sein de la doctrine moderne, spécialement par les philosophes du droit. Il existe nénamoins un point fondamental, dont je tiens à rendre la substance. Il s'agit de savoir s'il a été donné – et, si c'est ainsi, jusqu'à quel point – un certain rapprochement entre les deux conceptions sur la « matière de l'État » et sa raison, ou, ce qui est la même chose, si la fin justifie les moyens avec le regard posé sur l'objectif fondamental de la conservation ou de l'agrandissement des royaumes. À ce sujet je veux rapporter ici les paroles d'un auteur qui, de manière téléologique, entre sans nul doute dans la catégorie des « réligionnaires ». Je me réfère à Fray Juan Márquez, augustin et titulaire de la chaire de vêpres en théologie à l'université de Salamanque. Dans les mots qu'il adresse « au lecteur » dans son livre *El gobernador cristiano*, dédié au duc de Feria sous le patronage duquel il est publié, Márquez tente d'apporter la réponse à une question que celui-ci, courtisan et homme d'État de haute volée, lui pose. Il lui demande la manière de trouver un point de rencontre entre les príncipes de la raison d'État et ceux de l'Église catholique. Dit en d'autres termes que ceux de la contradiction évidente entre les deux argumentaires : jusqu'à quel point le temporel et le spirituel pouvaient-ils se concilier dans l'exercice du pouvoir (« Jusqu'où pourrait-on en user sans offenser la religion », demandait Feria). L'inquiétude du noble politique et militaire était plus que justifiée. Sauf à procéder à partir d'évidents scrupules de conscience surgis dans des situations susceptibles d'être traitées de manière différente et auxquelles il devait en permanence faire face dans son activité de gouvernement, il y avait, en outre, une autre cause beaucoup plus concrète, de meilleur aloi et de plus grande distinction. Il partait du fait que « quelques princes de l'Ancien Testament s'aidaient de dissimulations, qu'ils arrivaient au mensonge, ils faisaient des guerres (à ce qu'il semble), pour une simple question de point d'honneur et de vengeance… et on estime que si ces faits avaient un sens, par eux on pouvait justifier tous les autres, et que s'ils n'en

[25] E.H. KANTOROWICZ, *Los dos cuerpos del rey. Un estudio de teología política medieval*, Madrid 1985, p. 188 et 212-215, entre autres.

avaient pas, ils serviraient de consolation pour beaucoup… ». La réponse du savant religieux, par la simplicité de son énoncé, démontre déjà au grand jour quelle est sa position sur le sujet : « La plus grande difficulté du gouvernement chrétien a toujours semblé être la confrontation des moyens humains avec la loi divine : parce que si on avait recours à tous ces moyens, la conscience se mettrait en danger : et si on ne recourait à aucun, les fins seraient mises en péril au détriment du bien commun. Cette considération, on l'a tenue à Cruz à tous ceux qui ont désiré excuser des scrupules et elle-même éveilla chez le Sire Duc de Feria les pensées qu'il me communiqua par lettre[26]… »

José María GARCÍA MARÍN
Professeur émérite d'histoire du droit
Université Pablo de Olavide – Séville

[26] F.J. - MARQUEZ, *El Governador Christiano*, éd. utilisée, celle de Salamanda, 1612.

Application sans interprétation : Beccaria et l'interprétation de la loi

Au XVIIIe siècle la doctrine juridique des Lumières théorisa la conception de la rigide séparation de la phase de la création de la règle juridique (législation), de celle de son application à l'espèce concrète (juridiction). Les juristes donnèrent un caractère, pour ainsi dire, « sacré » à la loi, source unique du droit. Par conséquent, confiance absolue dans le législateur, défiance profonde envers le juge.

L'interprétation judiciaire fit l'objet d'une critique qui, au nom de la sûreté juridique, visait une application syllogistique de la loi. L'interprétation de la loi était considérée comme une activité de création de droit, à savoir une activité normative. Si l'interprétation est une forme de création de la règle juridique, elle doit être interdite au juge et confiée exclusivement au législateur. On théorisa donc une application sans interprétation.

En Italie cette doctrine fut accueillie avec enthousiasme surtout par Cesare Beccaria (1738-1794), auteur en 1764 du célèbre *Dei delitti e delle pene*.

I- L'histoire d'un rêve : *appliquer sans interpréter*

Cette histoire peut être considérée comme l'histoire d'un rêve ou, selon un autre point de vue, l'histoire d'un cauchemar. Il s'agissait du rêve d'abolir le rôle du juge et de transformer le jugement en activité purement mécanique et automatique. Fruit d'un rationalisme exacerbé, théorique et loin de la réalité, cette conception dérivait de l'imitation et de l'exaltation des sciences naturelles et de leur méthode. Au nom de la séparation des pouvoirs, la juridiction aurait dû se borner à appliquer la règle juridique sans l'interpréter, grâce au syllogisme judiciaire[1].

[1] Cf. G. TARELLO, *Storia della cultura giuridica moderna*, I, *Assolutismo e codificazione del diritto*, Bologne 1976, *ad indicem* ; P. ALVAZZI DEL FRATE, *L'interpretazione autentica. Divieto di* interpretatio *e 'riferimento al legislatore' nell'Illuminismo giuridico*, Turin, 2000 ; P. COSTA, « I 'padroni della legge': Legge, interpretazione, libertà nell'illuminismo giuridico », *Rivista di diritto costituzionale*, VI (2001), p. 14-39 ; J. KRYNEN, « Le problème et la querelle de l'interprétation de la loi en France, avant la Révolution : essai de rétrospective médiévale et moderne », *Revue historique de droit français et étranger*, LXXXVI (2008), p. 161-197 ; *Interpretation of Law in the Age of Enlightenment. From the*

Ce « formalisme interprétatif », fondé sur le culte de la loi claire et précise, se révélait fascinant, schématique et simple à comprendre. L'interprétation étant considérée comme une activité purement cognitive (à savoir une fonction de la connaissance), le juge aurait dû simplement découvrir la seule interprétation exacte de la loi, car chaque énoncé normatif possède sa signification unique. C'est uniquement si le texte est obscur, ou ambigu, qu'il faut l'interpréter pour faire apparaître sa signification exacte. Par conséquent, l'interprétation n'est pas nécessaire si le texte est clair (selon une lecture mal entendue du brocard *in claris non fit interpretatio*).

Face au juge créateur de l'Ancien Régime – caractérisé par l'ampleur des pouvoirs interprétatifs dont il disposait – les Lumières théorisaient le juge « bouche de la loi ». Il est inutile de rappeler les célèbres citations de Montesquieu qui considérait la fonction juridictionnelle « en quelque façon nulle », parce que le juge n'a pas le droit d'interpréter la loi, mais seulement de l'appliquer à la lettre. Le même Montesquieu concluait qu'il « n'y a point de citoyen contre qui on puisse interpréter une loi, quand il s'agit de ses biens, de son honneur, ou de sa vie[2] ». Il faut noter que l'utilisation de la locution interpréter contre confirmait la signification péjorative du terme interprétation, considéré comme synonyme de corruption de la loi. À cet égard, le souhait de Voltaire : « Que toute loi soit claire, uniforme et précise : l'interpréter, c'est presque toujours la corrompre[3] » est également célèbre.

Le but de ces réformes théorisées était d'assurer la prédictibilité absolue des jugements. C'était réaliser l'illusion scientiste : la création des « machines jugeantes »[4].

Le « rêve » – on le sait – ne fut qu'éphémère. Après la Révolution, il fut effacé par le pragmatisme du Code civil qui, avec l'art. 4, restitua au juge ses fonctions interprétatives[5].

II- Pietro Verri

Les représentants de ce courant furent, en Italie, les intellectuels milanais de l'*Accademia dei Pugni*, les frères Pietro et Alessandro Verri, et Cesare Beccaria.

Rule of the King to the Rule of the Law, sous la dir. de Yasutomo Morigiwa, Michael Stolleis, Jean-Louis Halpérin, London-New York, 2011.

2 MONTESQUIEU, *Esprit des Lois*, VI/3.

3 VOLTAIRE, *Lois civiles et ecclésiastiques* (1765), in *Dictionnaire philosophique*, in *Œuvres complètes de Voltaire*, dir. L. Moland, XIX, Paris, 1879, p. 626.

4 Cf. R. COLSON, *La fonction de juger. Étude historique et positive*, Paris, 2006.

5 Cf. *Le titre préliminaire du Code civil*, sous la direction de G. FAURÉ et G. KOUBI, Paris, 2003 (notamment les articles de J. CHEVALLIER, R. LIBCHABER, M. DAURY-FAUVEAU) et H. MONHAUPT, « Il divieto del diniego di giustizia nell'articolo 4 del *Code Civil* come emancipazione del giudice », *Giornale di storia costituzionale*, n. 14 (2007), p. 101-124.

L'intervention la plus explicite à propos de la théorie de l'interprétation des lois fut celle de Pietro Verri[6] (1728-1797) qui publia en 1766 un article intitulé *Sur l'interprétation des lois* dans la revue *Il Caffè*[7].

Après avoir établi l'importance de la séparation des pouvoirs (« une chose est le législateur, une autre chose est le juge »), Verri affirmait que « le juge devient législateur si on lui permet d'interpréter la loi ». Le juge « ne peut pas être le souverain », il doit « faire observer les lois : le législateur ordonne, le juge fait respecter les ordres » et « si le juge devient législateur, la liberté politique est menacée[8] ». Afin de garantir la séparation des pouvoirs « il faut donc que le juge soit obligé d'être un simple exécuteur de la loi ; il doit appliquer la loi dans le sens pur et essentiel des paroles et dans sa disposition littérale », car « interpréter signifie se substituer à celui qui a écrit la loi et rechercher la décision que le législateur aurait vraisemblablement prise dans le cas où la loi n'est pas claire. Interpréter signifie faire dire au législateur plus que ce qu'il a dit et [...] cela est la mesure du pouvoir législatif que le juge s'est arrogé[9] ». « Une nation – concluait Pietro Verri – qui recherche sa liberté politique doit interdire aux juges toute possibilité d'interpréter les lois[10] ». Même si l'influence de Montesquieu était très évidente, le texte nous paraît intéressant et efficace.

III- Cesare Beccaria

Cesare Beccaria (1738-1794) fut le plus célèbre des juristes italiens du XVIIIe siècle, auteur en 1764 du traité *Des délits et des peines*[11]. Traduit en français en 1765, le livre doit son succès surtout au *Commentaire* que

---

[6] Cf. C. CAPRA, « Verri, Pietro », *Dizionario biografico dei giuristi italiani*, sous la dir. de I. Birocchi, E. Cortese, A. Mattone, M.N. Miletti, Bologne 2013, II, p. 2036-2039.

[7] « Sulla interpretazione delle leggi », *Il Caffè*, 1766, p. 374-385. Cf. G. FRANCIONI-S. ROMAGNOLI (éd.), *Il Caffè (1764–1766)*, Milan, 2005.

[8] P. VERRI, « Sulla interpretazione delle leggi », *op. cit.*, p. 381.

[9] *Ibid.* « Donc interpréter la loi transforme le juge en législateur et fait confondre les deux personnes que sont le législateur et le juge qui doivent rester séparées pour protéger la liberté politique d'une nation. »

[10] *Ibid.*

[11] La bibliographie sur Beccaria est très riche. Cf., parmi les études les plus récentes, Ph. AUDEGEAN, *La philosophie de Beccaria : savoir punir, savoir écrire, savoir produire*, Paris, 2010 ; I. BIROCCHI, « Beccaria, Cesare », *Dizionario biografico dei giuristi italiani*, sous la dir. de I. BIROCCHI, E. CORTESE, A. MATTONE, M.N. MILETTI, Bologne, 2013, I, p. 200-204 ; *Cesare Beccaria : la controverse pénale, XVIIIe-XXIe siècle*, sous la dir. de Michel PORRET et Élisabeth SALVI, Rennes, 2015 ; *Attualità e storicità del « Dei delitti e delle pene » a 250 anni dalla pubblicazione*, sous la dir. de Giovanni ROSSI et Francesca ZANUSO, Naples, 2015 ; *Dei delitti e delle pene a 250 anni dalla pubblicazione: la lezione di Cesare Beccaria*, Milan, 2015.

Voltaire lui dédia en 1766[12].

Si ses doctrines en droit pénal furent vraiment révolutionnaires pour l'époque et justement célèbres, sa théorie de l'interprétation fut certainement moins originale, mais également d'un certain intérêt. Il théorisa fortement le syllogisme judiciaire et une application de la loi sans aucune interprétation de la part du juge.

Le chapitre IV de son *Traité des délits et des peines* est consacré justement à *L'interprétation des lois*. Beccaria, en s'inspirant des doctrines juridiques des Lumières, considérait que la sécurité juridique pouvait être assurée uniquement par la séparation des pouvoirs et le syllogisme judiciaire. L'interprétation de la loi, dans cette perspective, aurait été interdite au juge et réservée au législateur, selon le brocard *Ejus est interpretari legem cujus est condere*. Les juges, affirmait-il, « ne peuvent avoir le droit d'interpréter les lois pénales, par la raison même qu'ils ne sont pas législateurs[13] ».

« Quel sera donc le légitime interprète des lois ? – se demandait Beccaria – Le souverain, c'est-à-dire le dépositaire des volontés actuelles de tous ; mais non le juge, dont le devoir est seulement d'examiner si tel homme a fait ou n'a pas fait une action contraire aux lois[14]. »

Le juge doit procéder à travers le syllogisme parfait et se borner à appliquer la loi :

> « Dans le jugement de tout délit, le juge doit agir d'après un raisonnement parfait. La première proposition est la loi générale ; la seconde exprime l'action conforme ou contraire à la loi ; la conséquence est l'absolution ou le châtiment de l'accusé. Si le juge est contraint de faire un raisonnement de plus, ou s'il le fait de son chef, tout devient incertitude et obscurité.
> Rien n'est plus dangereux que l'axiome commun, qu'il faut consulter l'esprit de la loi. Adopter cet axiome, c'est rompre toutes les digues, et abandonner les lois au torrent des opinions. Cette vérité me paraît démontrée, quoiqu'elle semble un paradoxe à ces esprits vulgaires qui se frappent plus fortement d'un petit désordre actuel que des suites éloignées, mais mille fois plus funestes, d'un seul principe faux établi chez une nation[15]. »

La culture et la mentalité peuvent se différencier d'un juge à l'autre et cela nuit à la certitude et à la prédictibilité des jugements :

---

[12] VOLTAIRE, *Commentaire sur le livre des délits et des peines par un avocat de province*, Genève, 1766. Le livre de Beccaria, selon Voltaire, « est en morale ce que sont en médecine le peu de remèdes dont nos maux pourraient être soulagés », p. 1-2.

[13] C. BECCARIA, *Des délits et des peines*, traduit de l'italien par Collin DE PLANCY, Paris, 2002, ch. IV, p. 16.

[14] *Ibid.*, p. 17.

[15] *Ibid.*

> « Chaque homme a sa manière de voir ; et un même homme, en différents temps, voit diversement les mêmes objets. L'esprit d'une loi serait donc le résultat de la logique bonne ou mauvaise, d'un juge, d'une digestion aisée ou pénible, de la faiblesse de l'accusé, de la violence des passions du magistrat, de ses relations avec l'offensé, enfin de toutes les petites causes qui changent les apparences, et dénaturent les objets dans l'esprit inconstant de l'homme.
> Ainsi, nous verrions le sort d'un citoyen changer de face, en passant à un autre tribunal, et la vie des malheureux serait à la merci d'un faux raisonnement, ou de la mauvaise humeur de son juge. Nous verrions le magistrat interpréter rapidement les lois, d'après les idées vagues et confuses qui se présenteraient à son esprit. Nous verrions les mêmes délits punis différemment, en différents temps, par le même tribunal, parce qu'au lieu d'écouter la voix constante et invariable des lois, il se livrerait à l'instabilité trompeuse des interprétations arbitraires[16]. »

La solution indiquée par Beccaria était la clarté des textes législatifs et leur application littérale aux espèces concrètes :

> « Lorsque les lois seront fixes et littérales, lorsqu'elles ne confieront au magistrat que le soin d'examiner les actions des citoyens, pour décider si ces actions sont conformes ou contraires à la loi écrite ; lorsqu'enfin la règle du juste et de l'injuste, qui doit diriger dans toutes leurs actions l'ignorant et l'homme instruit, ne sera pas une affaire de controverse, mais une simple question de fait, alors on ne verra plus les citoyens soumis au joug d'une multitude de petits tyrans[17]. »

Grâce à l'application des lois « à la lettre, chaque citoyen peut calculer exactement les inconvénients d'une mauvaise action » et prévoir réellement le jugement des tribunaux. « Cette connaissance – affirmait Beccaria – pourra le détourner du crime. Il jouira avec sécurité de sa liberté et de ses biens ; ce qui est juste, puisque c'est le but de la réunion des hommes en société[18]. »

La nécessité d'interpréter les lois dérivait souvent de leur obscurité : « Si l'interprétation arbitraire des lois est un mal, c'en est un aussi que leur obscurité, puisque alors elles ont besoin d'être interprétées[19]. » Les lois doivent être rédigées « en langue vulgaire », car

> « cet inconvénient sera bien plus grand encore, si les lois ne sont pas écrites en langue vulgaire. Tant que le texte des lois ne sera pas un livre familier, une sorte de catéchisme, tant qu'elles seront

[16] *Ibid.*, p. 17-18.
[17] *Ibid.*
[18] *Ibid.*
[19] *Ibid.*, ch. V « De l'obscurité des lois », p. 20.

> écrites dans une langue morte et ignorée du peuple, et qu'elles seront solennellement conservées comme de mystérieux oracles, le citoyen, qui ne pourra juger par lui-même des suites que doivent avoir ses propres actions sur sa liberté et sur ses biens, demeurera dans la dépendance d'un petit nombre d'hommes dépositaires et interprètes des lois. Mettez le texte sacré des lois entre les mains du peuple, et plus il y aura d'hommes qui le liront, moins il y aura de délits ; car on ne peut douter que, dans l'esprit de celui qui médite un crime, la connaissance et la certitude des peines ne mettent un frein à l'éloquence des passions[20]. »

La simplification des sources juridiques, envisagée par les Lumières, suggérait à Beccaria la rédaction des codes complets, simples, clairs et écrits dans la langue habituelle du peuple. « Heureuses – concluait Beccaria – les nations chez qui la connaissance des lois ne serait pas une science[21] ! »

Paolo ALVAZZI DEL FRATE
Professeur d'histoire du droit
Université de Roma III

[20] *Ibid.*
[21] *Ibid.*, ch. VII « Des indices du délit, et de la forme des jugements », p. 25.

Les conflits de civilisations devant la Cour de Cassation : Quel destin pour les systèmes juridiques des pays musulmans ?

Évoqué en hommage à la mémoire de Marie-Luce PAVIA, le thème de l'homme méditerranéen face à son destin vient ici se décliner en un sujet qui mérite quelques précisions. Le titre de la présente contribution est composé d'une expression inattendue pour les juristes, celle de conflits de civilisations, elle-même reliée aux systèmes juridiques de pays musulmans envisagés comme un tout, l'ensemble étant promu au rang de catégorie du contentieux judiciaire.

L'expression de conflits de civilisations ou de conflits de cultures, tenue pour équivalente, est familière à la doctrine internationaliste privatiste[1], pour y être aussi communément admise que critiquée[2]. Elle est adoptée pour rendre compte de situations juridiques de droit privé reliées à plusieurs ordres juridiques nationaux présentant une dimension particulière : au conflit (ordinaire) de lois ou de juridictions, s'ajoute un second conflit d'une autre ampleur qui, bien que sous-jacent, serait distinctif. On devine que cette spécificité est à rechercher dans la dimension axiologique du conflit : le conflit de normes juridiques est subsumé par un conflit de valeurs qui vient démentir le postulat savignien de la communauté de droit[3]. Mais il ne s'agirait pas de n'importe quel conflit de valeurs.

Les dommages-intérêts punitifs du droit des États-Unis d'Amérique ne relèvent assurément pas de la conception du droit français de la responsabilité civile que l'on sait ancrée dans le principe de la réparation

---

[1] P. MERCIER, *Conflit de civilisations et droit international privé. Polygamie et répudiation*, Droz, 1972 ; J. DÉPREZ, *Droit international privé et conflits de civilisations*, RCADI, T. 211, 1988, p. 36 ; L. GANNAGÉ, *Les méthodes du droit international privé à l'épreuve des conflits de culture*, RCADI, T. 357, 2013, p. 20 ; M.-C. NAJM, *Principes directeurs du droit international privé et conflits de civilisations*, Dalloz, 2005 ; Kh. ZAHER, *Conflit de civilisations et droit international privé*, L'Harmattan, 2009.

[2] Cf. J. DÉPREZ, *op. cit.*, p. 36 ; L. GANNAGÉ, *op. cit.*, p. 20.

[3] Riche de sens chez Savigny, la communauté de droit est plus que l'héritage commun du droit romain cimenté par le christianisme ; la notion est appelée à contenir la souveraineté et l'indépendance des États pour considérer sur un pied d'égalité le droit national et les droits étrangers afin de permettre l'application des normes étrangères : cf. L. GANNAGÉ, *op. cit.*, p. 1 6 sq.

intégrale[4]. Pour autant, aucun conflit de civilisations ou de cultures n'est ici identifié, de sorte qu'un écart significatif[5] entre des systèmes juridiques peut bien révéler un conflit de valeurs sans pour autant relever de la catégorie internationaliste-privatiste des conflits de civilisations.

L'exemple montre que l'acception du conflit de civilisations ou de culture qui a cours en droit international privé est spécifique à l'identité personnelle ou familiale de l'individu ou d'un groupe, définie par des règles juridiques d'une inspiration axiologique différente de celle du for depuis lequel elle est considérée[6]. Cette définition ne purge pas l'expression de conflits de cultures ou de civilisations de tout défaut. La pratique dite de la gestation pour autrui, interdite en droit français par la Cour de cassation en 1991[7], mérite sans doute de figurer au rang des conflits de cultures ou de civilisations, tant le conflit de valeurs est aigu et les débats intenses lorsque se pose la question des effets juridiques du tourisme procréatif dans l'ordre juridique français[8]. Cette pratique étant licite en Ukraine, en Inde, aux États-Unis d'Amérique ou en Grèce, le conflit de civilisations ne saurait en l'occurrence s'apparenter à une confrontation entre l'ordre juridique français et une autre « aire culturelle[9] », serait-elle hétérogène. L'opposition entre

---

[4] L'ordonnance n° 2016-131 du 10 février 2016 portant réforme du droit des contrats, du régime général et de la preuve des obligations entrant en vigueur le 1er octobre 2016 n'a pas retenu la suggestion faite à l'article 1371 de l'avant-projet CATALA d'introduire les dommages-intérêts punitifs en droit français (cf. *Avant-projet de réforme du droit des obligations et de la prescription rédigé sous l'égide de l'Association Henri Capitant et sous la direction de Pierre Catala*, La documentation française, 2006) ; il convient néanmoins d'observer que, sur le terrain de la responsabilité contractuelle, l'article 1217 de l'ordonnance ne clarifie guère la mesure des dommages-intérêts et, partant, leur fonction exacte, entre compensation du préjudice subi ou simple réparation par équivalent de la prestation promise ; de son côté l'avant-projet de loi portant réforme de la responsabilité civile prévoit la création d'une amende civile empruntant pour partie sa nature aux dommages-intérêts punitifs en cas de faute délibérée et lucrative (art. 1266 c. civ.), le montant de l'amende étant déterminé par le gain ou l'économie réalisée par son auteur et affecté à un fonds d'indemnisation en lien avec la nature du dommage subi ou, à défaut, au trésor public : http://www.textes.justice.gouv.fr/art_pix/avpjl-responsabilite-civile.pdf consulté le 28 mai 2016.

[5] Mais non suffisant pour que les dommages-intérêts punitifs soient considérés comme contraires en soi à l'ordre public international : Civ. 1, 1er décembre 2010, *Rev. crit.* 2011.93, note H. GAUDEMET-TALLON ; comp. les observations nuancées de F.-X. LICARI, note sous Poitiers, 26 fév. 2009, *Clunet* 2010.1230 ; pour une discussion en droit civil, cf. PH. BRUN, dans *L'indemnisation*, Trav. Assoc. Capitant, T. LIV, 2004, p. 155 sq.

[6] Plus généralement, sur ce thème, cf. E. JAYME, *Identité culturelle et intégration. Le droit international privé post-moderne. Cours général*, RCADI, T. 251, 1995.

[7] Ass. Plén. 31 mai 1991, *Bull. civ.* 1991, n° 4 ; *D.* 1991.318, note J.-L. AUBERT, p. 417, rapp. Y. CHARTIER, note Thouvenin ; *JCP* 1991.II.21752, comm. J. BERNARD, concl. DONTENWILLE, note TERRE ; *Defrénois* 1991.948, obs. MASSIP ; *Rev. trim. dr. civ.* 1991.517, obs. HUET-WEILLER.

[8] Parmi une abondante littérature, cf. D. SINDRES, « Le tourisme procréatif et le droit international privé », *Clunet* 2015.431 et s.

[9] J. DÉPREZ, *op. cit.*, *passim.*

États permissifs et États prohibitifs mérite-t-elle d'être érigée au rang de conflit de civilisations ou de cultures, alors que ces États sont réputés avoir en partage une civilisation commune ? Faut-il comprendre que l'indéniable conflit de valeurs mis en évidence par la gestation pour autrui serait soluble dans une communauté de civilisation envisagée globalement et par ailleurs observable ? Ce type d'interrogations montre suffisamment le caractère fuyant de la notion de conflit de cultures ou de civilisations.

Le second point qui mérite clarification concerne les systèmes juridiques des pays musulmans, ici envisagés comme un tout dans le temps et dans l'espace. Semblable unité est assurément illusoire. Il s'agira d'observer les rapports entre l'ordre juridique français et certains systèmes juridiques étatiques empruntant tout ou partie de leurs règles au droit musulman. Il ne s'agit donc pas d'évoquer le droit musulman ou islamique en général, *fiqh*[10], droit dont l'unité est au demeurant relative, quoique réputée se réaliser par une référence commune à la *charia*[11]. Au surplus, il ne serait guère plus satisfaisant de considérer que les ordres juridiques étatiques inspirés du droit musulman forment une unité. Le droit comparé montre qu'il existe une certaine hétérogénéité de ces systèmes juridiques tenant au degré de fidélité des règles juridiques étatiques à la *charia* et, corrélativement, à leur degré d'étatisation et de laïcisation[12]. Ce dernier mouvement incite également à ne pas figer dans le temps les systèmes juridiques des pays musulmans et à ne pas sous-estimer les phénomènes d'acculturation en Méditerranée[13]. Le droit y connaît, là comme ailleurs, une évolution de nature à affecter les fondements, le cas échéant religieux, des règles de droit. Ainsi, progressivement dépouillé de son particularisme religieux, l'ordre juridique d'inspiration islamique peut se rapprocher de systèmes juridiques nationaux réputés relever d'aires culturelles différentes, ce dont témoigne clairement la législation tunisienne dès l'indépendance[14], tandis que les législations marocaine[15] et algérienne[16]

---

[10] Sur le glissement de sens qui de sa définition première comme savoir ou connaissance de la loi de Dieu devient par extension les normes qui sont le produit de cette connaissance, cf. L. GANNAGÉ, *op. cit.*, p. 47 sq.

[11] Sur la question dans son ensemble, cf. A. GAMBARO, R. SACCO et L. VOGEL, *Le droit de l'occident et d'ailleurs, Traité de droit comparé*, LGDJ, 2011, p. 349 sq.

[12] Cf. J.-L. HALPÉRIN, *Profils des mondialisations du droit*, Dalloz, 2009, p. 219 sq., identifiant dans la distinction des pays de droit musulman et pays de droit mixte une apparente consolidation des modèles traditionnels.

[13] Cf. X. PERROT, J. PÉRICARD, *La rencontre des droits en Méditerranée. L'acculturation en question*, PULIM, 2014.

[14] Tel fut le cas du Code tunisien de statut personnel de 1956 proclamant sa fidélité à la *charia* mais abolissant le mariage polygamique et la polygamie dans le sillage de l'indépendance, sur lequel cf. M. MAHFOUD, « Acculturation et codification en Tunisie à partir du XIXe siècle », dans X. PERROT ET J. PÉRICARD, *op. cit.*, p. 51 sq. ; sur le système tunisien de droit international privé issu du code de 1999, *cf.* M. EL ARBI HACHEM, « Le code tunisien de droit international privé », *Rev. crit.* 1999.227 ; *adde*, L. GANNAGÉ, *op. cit.*, p. 91, n° 74 parlant d'« exception tunisienne ». La Constitution de la République tunisienne du 27 janvier 2014 perpétue ce pluralisme entre référence à l'Islam dont, selon le Préambule, « les

conservent une empreinte religieuse en dépit des évolutions entourant le mariage polygamique et la répudiation maritale. L'évolution législative en France est pareillement un facteur de rapprochement entre ces ordres juridiques nationaux[17]. L'écart axiologique peut, parfois, ne plus relever de l'évidence et le conflit de civilisations ou de cultures devenir discutable s'il devient tributaire d'analyses doctrinales divergentes d'institutions étrangères, ou du mode d'interprétation de la loi ou du jugement étranger par l'ordre juridique du for. Ceci conduit à une observation importante sur le sens que revêt l'expression de conflits de civilisations en droit international privé. Ces conflits se situent au plan des relations juridiques privées interindividuelles. À ce niveau « micro-juridique », le conflit peut surgir avec des « aires culturelles » diverses, et pas uniquement avec les ordres juridiques nationaux empruntant au droit islamique. Les arrêts *Chemouni* rendus par la Cour de cassation témoignent de ce que la reconnaissance du mariage polygamique peut aussi se présenter comme une institution de droit hébraïque. Il s'agissait en l'occurrence du mariage d'un Tunisien de confession juive marié en la forme religieuse mosaïque avec une Française en première noce puis avec une Tunisienne en seconde noce[18]. Le conflit de civilisations du droit international privé ne saurait être évalué à un niveau « macro-juridique » auquel il conviendrait d'apprécier le seuil à partir duquel mesurer un écart civilisationnel ou culturel suffisant entre les ordres juridiques nationaux en communication. La légitimité de l'expression internationaliste-privatiste de conflits de cultures ou de civilisations ne semble

---

finalités sont caractérisées par l'ouverture et la tolérance » et l'égalité de droits entre hommes et femmes prévu à l'article 27 al. 1er : « Les citoyens et les citoyennes sont égaux en droits et en devoirs. Ils sont égaux devant la loi sans discrimination », http://www.legislation.tn/sites/default/files/news/constitution-b-a-t.pdf, consulté le 16 mai 2016.

[15] Dahir N° 1.04.22 du 3 février 2004 portant promulgation de la loi n° 70.03 portant code de la famille, encadrant le mariage polygamique notamment par une autorisation juridictionnelle et une possibilité d'opposition de l'épouse (art. 40 sq.) ; cf. E. RUDE-ANTOINE, « Le mariage et le divorce dans le Code marocain de la famille. Le nouveau droit à l'égalité entre l'homme et la femme », *Droit et Cultures* 2010.43 sq.

[16] Loi n° 84-11 du 9 juin 1984 portant code de la famille, modifiée par l'ordonnance n° 05-02 du 27 février 2005, encadrant le mariage polygamique par une information préalable de la première comme de la seconde épouse et une autorisation juridictionnelle (art. 8 sq.) ; cf. *Code de la famille, Code de la Nationalité & Code de l'État Civil*, Berti Editions, Alger, 8ème éd., 2013.

[17] On pense bien sûr au divorce pour altération définitive du lien conjugal introduit aux articles 237 et 238 du Code civil par la loi du 27 mai 2004, que la doctrine civiliste a volontiers comparé à un mode de répudiation.

[18] Ch. civ. (1ère sect.), 28 janv.1958, *Rev. crit.* 1958.110, note JAMBU-MERLIN, *D.* 1958.265, note LÉONAN, *JCP* 1958.II.10488, note LOUIS-LUCAS ; Ch. civ. (1ère sect.) 19 fév. 1963, *Rev. crit.* 1963.559, note G. H., *Clunet* 1963.986, note PONSARD ; *Rec. Gén. Lois* 1963, note DROZ ; B. ANCEL et Y. LEQUETTE, *Les grands arrêts de la jurisprudence française de droit international privé*, Dalloz, 5ème éd., 2006, n° 30-31.

guère pouvoir se fonder sur les notions, trop vastes, de culture ou de civilisation[19].

Ces deux séries d'observations n'empêchent pas d'isoler comme objet d'étude le mouvement jurisprudentiel qui façonne la réception par l'ordre juridique français des systèmes juridiques des pays musulmans. La description esquissée sera nécessairement enfermée dans certaines limites : les limites conceptuelles qu'offrent les méthodes du droit international privé, d'une part, et les limites temporelles de la seconde moitié du XXe siècle et du début du XXIe siècle, d'autre part. Pourtant, le beau thème de l'homme méditerranéen face à son destin inviterait à enrichir la perspective d'un regard plus vaste embrassant des périodes plus anciennes, notamment celle au cours de laquelle la construction de l'empire colonial « invente », selon la belle formule de Claude Bontems, un droit local face aux traditions islamiques des pays conquis[20]. Le dessin des systèmes juridiques musulmans envisagé ici sera donc bien incomplet, puisque sera délaissée la question de l'acculturation de la période antérieure entre le droit local et droit colonial. L'observation sera ici portée sur la seconde séquence de mise en communication entre l'ordre juridique français et certains systèmes juridiques musulmans, résultant des flux migratoires liés à la décolonisation.

La réception dans l'ordre juridique du for d'institutions ou de concepts juridiques inconnus invite à tenter de vaincre la différence, ce que le droit international privé cultive banalement en recourant à la notion d'équivalence. Notion matricielle[21], l'équivalence permet de rapprocher une norme étrangère (loi ou jugement) d'une norme du for qui lui ressemble peu ou prou, afin de permettre son insertion dans l'ordonnancement juridique d'accueil. Pareille méthode sollicitant la plasticité des concepts juridiques ne se conçoit qu'à l'égard de notions présentant entre elles un certain degré de commensurabilité, que l'on sait fuyant dans les hypothèses dites de conflits de civilisations. Peut-être faut-il préférer à la notion d'équivalence celle de pluralisme normatif, mieux à même de rendre compte du conflit de valeurs sous-jacent mais aussi de la capacité de l'ordre juridique du for à surmonter la différence axiologique des normes en conflit[22]. Sur cette voie, la question

---

[19] Sur lesquelles, cf. J.-M. FERRY dans S. MESURE et P. SAVIDAN, *Le dictionnaire des sciences humaines*, PUF, Quadrige, 2006, v° civilisation et culture ; pour une discussion sur la notion de culture, cf. L. GANNAGÉ, *op. cit.*, p. 20 sq.

[20] Sur l'exemple algérien, cf. C. BONTEMS, *Le droit algérien musulman à l'époque coloniale. De l'invention à la codification*, Slatkine, 2014 ; « Le droit musulman algérien à l'époque coloniale : une hypothèse », dans X. PERROT et J. PÉRICARD, *op. cit.*, p. 21 sq.

[21] Cf. PH. MALAURIE, « L'équivalence en droit international privé », *D.* 1962. Chr., p. 129 ; H. GAUDEMET-TALLON, « De nouvelles fonctions pour l'équivalence en droit international privé ? », dans *Le droit international privé : esprit et méthodes. Mélanges en l'honneur de Paul Lagarde*, Dalloz, 2005, p. 303 sq. ; S. GODECHOT-PATRIS, « Retour sur la notion d'équivalence au service de la coordination des systèmes », *Rev. crit.* 2010.271.

[22] Sur le pluralisme juridique ou normatif et dans une perspective publiciste, cf. D. ALLAND et S. RIALS, *op. cit.*, v° pluralisme juridique, par H. MOUTOUH ; dans une perspective privatiste

est par exemple de savoir si l'on peut assimiler un mariage polygamique à la catégorie juridique du mariage telle que le droit français la conçoit, ou si une répudiation unilatérale est pareillement une forme admissible de désunion ? Le pluralisme normatif permet de contourner l'obstacle de la qualification de l'institution étrangère en dépit de son particularisme confessionnel et inégalitaire.

À la rencontre de l'ordre juridique français, le destin des systèmes juridiques des pays musulmans semble d'abord guidé par un pluralisme normatif que l'on peut qualifier de bien tempéré avant d'être contrarié par un ordre public dont l'intensité se renforce au contact des droits fondamentaux ou au gré d'un objectif de politique législative du for.

I- Le destin des systèmes juridiques musulmans guidé par un pluralisme normatif bien tempéré

La question est de savoir si l'ordre juridique d'accueil peut recevoir l'institution issue du droit islamique dans la catégorie correspondante du for pour lui permettre d'y déployer tout ou partie de ses effets. On prendra l'exemple du mariage polygamique et celui de la répudiation unilatérale.

A- Le mariage polygamique

Il n'est pas évident de résoudre le problème que pose le mariage polygamique au regard des qualifications du for. La conception monogamique du mariage est affirmée en droit civil à l'article 147 du Code civil, aux termes duquel on ne peut contracter un second mariage avant la dissolution du premier, la disposition étant considérée par les tribunaux comme internationalement impérative[23]. La prohibition de la polygamie n'est pas uniquement civile. L'article 433-20 du code pénal punit l'époux bigame de peines d'un an d'emprisonnement et de 45 000 € d'amende, tout comme l'officier public qui aurait connaissance d'un premier mariage non dissout impliquant un époux dont il célèbrerait le nouveau mariage. C'est peu dire que le mariage polygamique ne saurait être mis sur le même plan que le mariage monogamique, ce qui fit dire au Doyen Carbonnier qu'il rendait l'Islam « plus étranger à notre âme que n'importe quel autre système de droit[24] ».

internationaliste et comparatiste, cf. D. BUREAU et H. MUIR WATT, *Droit international privé*, Themis, 4ème éd., T. I, n° 551 « Globalisation et pluralisme normatif » ; *adde*, J. VANDERLINDEN, *Les pluralismes juridiques*, Bruylant, 2013.

[23] Art. 147 c. civ. « On ne peut contracter un second mariage avant la dissolution du premier », érigé en loi de police par la jurisprudence : Civ. 1, 3 fév. 2004, *Rev. crit.* 2004.395, note B. ANCEL.

[24] J. CARBONNIER, « Terre et ciel dans le droit du mariage », *Etudes Ripert*, T. I, p. 341.

Au plan de l'analyse, l'attention portée à la différence de valeurs sous-tendues par les deux types de mariages ne saurait cependant occulter totalement la « fonction[25] » sociale commune de l'institution. Il s'agit dans les deux cas d'organiser juridiquement les liens personnels et patrimoniaux entre époux et leur incidence à l'égard de leur éventuelle progéniture et des tiers. Pareil raisonnement permet de dépasser la conception civiliste du mariage répondant aux besoins et aspirations de la société française pour adopter une catégorie de rattachement appropriée au traitement international d institutions étrangères éloignées du modèle civiliste. Cette démarche internationaliste ne doit pas masquer une autre considération liée au contexte post-colonial. Une exigence de cohérence a pu contribuer à imposer à l'ordre juridique français de ne pas rejeter des unions polygamiques précédemment admises au cours de la période coloniale sur la base de la personnalité des lois [26]. C'est ainsi que la Cour de cassation devait abandonner sa jurisprudence de 1933[27] rejetant la polygamie pour opérer un revirement avec les arrêts *Chemouni* des 28 janvier 1958 et 19 février 1963, admettant la qualité d'épouse légitime définitivement acquise par un mariage valablement contracté à l'étranger conformément à la loi compétente suivant le droit international privé français[28]. Cette analyse juridique ouvrant la voie à une certaine reconnaissance jurisprudentielle de la polygamie ne saurait cependant en effacer les implications sociologiques, à deux égards au moins. D'abord la polygamie ne semble guère être un facteur favorisant l'insertion des familles concernées dans la société française. En outre, ce statut profondément inégalitaire enfermerait la femme dans la vie domestique[29]. Souhaitant contenir le multiculturalisme dans certaines limites, le législateur n a pas été insensible à ces considérations. La polygamie est considérée comme un obstacle à l'intégration dans la vie sociale, ce qui est perceptible

---

25 H. BATIFFOL, *Aspects philosophiques du droit international privé*, Dalloz, 1956, rééd. 2005, Présentation Y. LEQUETTE, n° 19, p. 43.

26 Cf. P. LAMPUÉ, « Les conflits de lois interrégionaux et interpersonnels dans le système juridique français », *Rev. crit.* 1954.249.

27 Req. 14 mars 1933, *Consorts Cousin de Lavallière c. Epoux de la Bernardie*, *S.* 1934.I.161, rapport Pilon, note Solus, affaire qui concernait un administrateur colonial français ayant épousé en Guinée deux sœurs originaires de ce pays selon le rite local et fait légataires universels les trois enfants naturels qu'il avait eus avec elles. Se fondant sur le bénéfice du mariage putatif pour prétendre échapper à la qualité d'héritière réservataire de leur grand-mère, les consorts Cousin de Lavallière se virent opposer l'absence de bonne foi tant par la Cour de Nîmes que par la Cour de cassation.

28 Civ. 1re sect., 28 janvier 1958, *Chemouni*, *Rev. crit.* 1958.110, note JAMBU-MERLIN ; *D.* 1958.265, note LEONAN ; *JCP* 1958.II.19488, note LOUIS-LUCAS ; *Clunet* 1958.776, note PONSARD ; Civ. 19 février 1963, *Rev. crit.* 1963.559, note G. H. ; *Clunet* 1963.986, note PONSARD ; *Rec. Gén. Lois* 1963.315, note G. DROZ ; B. ANCEL et Y. LEQUETTE, *op. cit.*, nos 30-31.

29 Sur ces questions, cf. B. ANCEL et Y. LEQUETTE, *op. cit.*, nos 30-31, et les réf. ; B. ANCEL, « Le statut de la femme du polygame », dans *Le droit de la famille à l'épreuve des migrations transnationales*, LGDJ, 1993, p. 105 sq.

tant en droit des étrangers qu'en droit de la nationalité. C'est ainsi que la polygamie interdit le regroupement familial dans les conditions prévues à l'article L 411-7 du CESEDA[30]. En droit de la nationalité, la polygamie est expressément retenue à l'article 21-4 du Code civil comme un défaut d'assimilation empêchant l'acquisition de la nationalité française par mariage. Cela montre que la reconnaissance du mariage polygamique n'en demeure pas moins tempérée, tant sur la question de la validité de l'union que sur celle de ses effets.

Un premier tempérament provient de la loi applicable à l'autorisation du mariage. Qu'elle soit tirée de l'article 3 du Code civil ou de l'article 202-1 alinéa 1er du Code civil introduit par la loi du 17 mai 2013 ouvrant le mariage aux personnes de même sexe, la compétence de principe de la loi personnelle de chacun des époux devrait autoriser en France une union polygamique au regard du seul statut permissif de l'époux en dépit du statut prohibitif de l'épouse. Or, l'empêchement, qui résultait auparavant de l'article 3 du Code civil, a été bilatéralisé par la jurisprudence : la validité de l'union polygamique est subordonnée à la loi personnelle permissive tant de l'épouse que de l'époux. Est ainsi rejetée par la Cour de cassation l'hypothèse dite de polygamie passive dans laquelle la femme française se marierait avec un époux étranger ayant un statut personnel permissif et d'ores et déjà marié[31]. Il faut ajouter que le mariage polygamique ne saurait être célébré en France. Relayant un ordre public jouant naguère dans son effet plein en dépit de la conformité de l'union aux lois personnelles des époux[32], l'article 147 du Code civil érigé en loi de police par la Cour de cassation ferait aujourd'hui obstacle à une telle possibilité. Encore faut-il nuancer le propos puisque le délit pénal de bigamie concerne l'officier public et non l'autorité consulaire étrangère. La question reste donc posée de savoir si une autorité consulaire étrangère pourrait valablement célébrer en France une union polygamique. La jurisprudence est à cet égard ancienne et contrastée[33]. L'hypothèse serait en tout état de cause limitée à des époux à statut permissif et de commune nationalité[34].

---

[30] Art. L 411-7 CESEDA : « Lorsqu'un étranger polygame réside en France avec un premier conjoint, le bénéfice du regroupement familial ne peut être accordé à un autre conjoint. Sauf si cet autre conjoint est décédé ou déchu de ses droits parentaux, ses enfants ne bénéficient pas non plus du regroupement familial.
Le titre de séjour sollicité ou obtenu par un autre conjoint est, selon le cas, refusé ou retiré. Le titre de séjour du ressortissant étranger polygame qui a fait venir auprès de lui plus d'un conjoint, ou des enfants autres que ceux du premier conjoint ou d'un autre conjoint décédé ou déchu de ses droits parentaux, lui est retiré. »

[31] Civ. 1, 24 sept. 2002, *Rev. crit.* 2003.271, note B. BOURDELOIS.

[32] Instruction générale sur l'état civil, n° 548, citant Paris, 7 juin 1994, *D.* 1994, IR.17[illegible] ; Dijon, 23 mai 1995, *JCP* 1996, éd. G, IV.176.

[33] Paris, 5 avril 1990, *D.* 1990.424, note F. BOULANGER, rejetant la demande en divorce fondée sur la bigamie, par une épouse marocaine contre un époux s'étant marié une première fois devant le Cadi et une seconde fois devant le consul du Maroc à Paris et retenant que la

Mais, dès lors que la jurisprudence ne suit guère la suggestion doctrinale d'une trilatéralisation de l'empêchement tiré de l'une des lois personnelles[35], la règle de conflit de lois française, conçue pour le mariage monogamique, ne saurait s'appliquer simultanément aux diverses branches d'une union plurale. En conséquence, le mariage avec une Française d'un étranger de statut polygame qui épouserait ensuite à l'étranger une femme à statut permissif sans que la première union ait été dissoute n'affecterait pas la validité du premier mariage. D'autant moins qu'aucune nullité virtuelle n'est ici concevable, le constat de l'union d'un conjoint déjà marié à une Française n'étant pas de nature à invalider la seconde union en l'absence de décision judiciaire en ce sens[36]. Face à cette inaptitude fonctionnelle de la règle de conflit de lois à prendre en compte la première union, diverses suggestions ont été faites en doctrine pour résoudre ces difficultés[37]. La jurisprudence semble adopter une voie moyenne, somme toute assez libérale dans ses derniers développements, quoique les solutions demeurent discutées.

Une première solution, que l'on qualifiera de libérale ou de permissive selon le point de vue, valide le second mariage consommant la polygamie sans que le premier mariage soit, lui, affecté, mais déplace le débat sur le terrain des effets de cette seconde union. L'arrêt *Baaziz* du 17 février 1982 illustre cette tendance, recherchant sans doute une voie moyenne consistant à déclencher un ordre public de proximité contre les effets du second mariage invoqué en France à l'encontre de la première épouse[38]. Cette solution privilégie l'intégrité de la règle de conflit de lois désignant la commune loi permissive des seconds époux par rapport au statut personnel monogame de la première épouse française. Elle est néanmoins dénoncée pour l'incohérence consistant à « affirmer que le mariage polygamique est valable pour lui refuser ensuite les effets que notre droit attache habituellement à ce type d'union, c'est en réalité revenir au moins partiellement sur la validité de celui-ci[39] ».

L'autre solution serait de considérer comme nul le second mariage alors même que le mari et la seconde épouse auraient un statut permissif commun,

---

bigamie ne se heurte pas à la conception française de l'ordre public international ; *contra* TGI Paris, 8 avril 1987, *Rev. crit.* 1988.73, note Y. L.

34 En ce sens, cf. Versailles, 28 oct. 1999, *D.* 2000, IR, p. 13, annulant le mariage d'une Française et d'un Égyptien par le Consul d'Egypte ; *contra*, B. ANCEL et Y. LEQUETTE, *op. cit.*, n° 30-31.6 ; pour un état de la discussion, cf. I. FADLALLAH, *Rép. dr. int.*, Dalloz, v° polygamie.

35 Cf. les réf. dans B. ANCEL ET Y. LEQUETTE, *op. cit.*, n° 30-31.5, p. 276.

36 Cf. Civ. 2, 9 oct. 2014 et Civ. 2, 12 fév. 2015, *Clunet* 2015.621, note E. RASLER ; Civ. 2, 5 nov. 2015, *Clunet* 2016.554, note M. FARGE.

37 Sur lesquels cf. M. FARGE, note sous Civ. 2, 5 nov. 2015, *Clunet* 2016.562.

38 Civ. 1, 17 fév. 1982, *Baaziz*, *Rev. crit.* 1983.275, note Y. LEQUETTE ; *Clunet* 1983.606, note PH. KAHN.

39 Y. LEQUETTE, note sous Civ. 1, 6 juillet 1988, *Rev. crit.* 1989.77.

tout en ménageant le bénéfice du mariage putatif à certaines conséquences de la seconde union. Atteindre la validité du second mariage provoque néanmoins deux séries de difficultés. Sur le terrain de la compétence directe tout d'abord, il est légitimement fait observer que les juridictions françaises n'apparaissent pas le mieux placées pour annuler un mariage célébré à l'étranger [40]. Il est reproché à cette dernière analyse de surestimer l'*instrumentum*, pour convaincre que la nullité pourrait s'appliquer au mariage en tant qu'acte privé et ainsi épargner l'acte public étranger[41]. Expérimentant cette voie, la jurisprudence a cependant paru préférer l'inopposabilité à la nullité [42]. Mais qu'il s'agisse de nullité ou d'inopposabilité, préserver ainsi le statut personnel monogame de la première épouse engendre une division de l'état des personnes engagées dans la seconde union, alors que celle-ci est célébrée en conformité à leur loi nationale. Sur le terrain du conflit de lois ensuite, l'annulation du second mariage peut être méthodologiquement discutée dès lors que cette sanction est un des rouages d'une mécanique conflictuelle venant s'appliquer de manière rétrospective à des droits acquis à l'étranger. La référence jurisprudentielle de l'arrêt Chemouni à une union polygamique célébrée « en conformité avec la loi ayant compétence en vertu du droit international privé français » ne fut guère de nature à lever le doute sur la teneur de la règle de conflit de lois[43], tandis que le nouvel article 202-1 alinéa 1er du Code civil reste pareillement conçu pour les unions monogamiques. S'insérant dans des débats méthodologiques contemporains, le choix pourrait être fait de cantonner la règle de conflit aux mariages monogamiques pour appliquer la méthode de la reconnaissance[44] aux unions polygamiques. Ce passionnant débat internationaliste privatiste n'est pas uniquement méthodologique. Asseoir sur ce mode la circulation internationale des situations juridiques[45] demande une certaine communauté de valeurs, qui est précisément supposée faire défaut dans des conflits de civilisations ou de cultures. Il nous semble

[40] En ce sens, cf. P. LAGARDE, « Sur la vulnérabilité des situations juridiques », dans *Mélanges en l'honneur de Pierre Mayer*, LGDJ 2015, p. 441 sq., spéc., p. 447.

[41] Cf. P. MAYER et V. HEUZE, *Droit international privé*, LGDJ, 11ème éd., 2014, n° 329.

[42] Civ. 1, 6 mai 2009, *Rev. crit.* 2009.493, 3ème esp., note P. LAGARDE.

[43] Cass. Ch. civ., 1ère sect.1, 28 janvier 1958, préc.

[44] Sur laquelle cf. P. LAGARDE, « Développements futurs du droit international privé dans une Europe en voie d'unification », *RabelsZ* 2004.225 ; « La reconnaissance, mode d'emploi », dans *Mélanges H. GAUDEMET-TALLON*, Dalloz, 2008, p. 481 sq. ; (dir.), *La reconnaissance des situations en droit international privé*, Pédone, 2013 ; *La méthode de la reconnaissance est-elle l'avenir du droit international privé ?*, *RCADI* 2014, p. 9 sq. ; H. FULCHIRON, « La reconnaissance au service de la libre circulation des personnes et de leur statut familial dans l'espace européen », dans *Mélanges B. AUDIT*, LexisNexis 2014, p. 783 sq. ; P. MAYER, « Les méthodes de la reconnaissance en droit international privé », dans *Mélanges P. LAGARDE*, Dalloz, 2005, p. 547 sq.

[45] Sur cette thématique, cf. A. BILYACHENKO, *La circulation internationale des situations juridiques*, Thèse, La Rochelle, 2016.

cependant que la question mériterait d'être considérée à la faveur des évolutions législatives récentes encadrant plus strictement les unions polygamiques au Maroc ou en Algérie.

Le second tempérament concerne la mesure des effets du mariage polygamique admis à se déployer en France. Ces effets sont dans la dépendance de la loi nationale que désignera la règle de conflit de lois applicable, laquelle variera selon que l'effet recherché est la sanction de l'obligation alimentaire ou un des autres effets de l'union. Divers facteurs de complications pourront en outre affecter la loi nationale compétente, par exemple en cas de changement de nationalité des intéressés intervenant entre le moment où l'union polygamique est célébrée et celui où ses effets sont invoqués[46]. Dans tous les cas, il sera demandé à l'ordre public de faire le départ entre les effets admis à se déployer en France et ceux qui, jugés indésirables, seront repoussés. Après s'être montrée de plus en plus sensible à la nationalité française de l'épouse dont les droits seraient atteints par la concurrence d'une autre épouse de nationalité étrangère[47], la Cour de cassation semble revenue à une solution plus libérale[48]. Le droit positif montre une extension des effets admis à se déployer en France, depuis l'obligation alimentaire de la seconde épouse[49], à la vocation dans la succession immobilière de son mari[50] ou au bénéfice d'une pension de réversion résultant de la reconnaissance de la qualité de conjoint survivant[51], la circonstance que le premier mariage soit annulé ou non étant indifférente[52].

Déjouant l'ordre logique des questions, la détermination de la mesure des effets de l'union polygamique est de nature à rejaillir sur la question de la reconnaissance de la validité de l'union polygamique dans le for. Sauvegarder le statut personnel monogamique de la première épouse par l'annulation de la seconde union, tout en ménageant à la seconde épouse les ressources du mariage putatif de la loi française, est majoritairement considéré comme une solution de compromis entre les intérêts des deux épouses. Cela n'en revient pas moins à priver de validité une union qui a pu produire de nombreux effets à l'étranger. Aussi Monsieur Paul Lagarde a-t-il

---

[46] Pour une discussion, cf. B. ANCEL et Y. LEQUETTE, *op. cit.*, n° 30-31.9.

[47] Civ. 2, 1er décembre 2011, *Rev. crit.* 2012.339, note P. LAGARDE, marquant un durcissement par rapport à la jurisprudence antérieure depuis Civ. 1, 6 juillet 1988, *Baaziz*, *Rev. crit.* 1989.71, note Y. LEQUETTE.

[48] Civ. 2, 5 nov. 2015, *Clunet* 2016.562, note M. FARGE.

[49] Civ. 1re sect., 28 janvier 1958 et 19 fév. 1963, *Chemouni*, préc.

[50] Civ. 1, 3 janvier 1980, *Bendeddouche*, *Rev. crit.* 1980.331, note H. BATIFFOL ; *Clunet* 1980.327, note M. SIMON-DEPITRE, *D.* 1980.I.549, note I. POISSON-DROCOURT ; B. ANCEL et Y. LEQUETTE, *op. cit.*, n° 61.

[51] Soc. 5 mars 1992, n° 90.-10.575 ; Civ. 2, 2 mai 2007, *Dr. fam.* 2007.comm. 99, note A. DEVERS ; Civ. 2, 14 février 2007, *Clunet* 2007.14, note I. BOURDELOIS.

[52] Civ. 2, 9 octobre 2014 et 12 février 2015, *Rev. crit.* 2015.621, note E. RALSER.

suggéré de subordonner le déclenchement de l'ordre public destiné à annuler la seconde union à la considération des effets tant du premier que du second mariage, et spécialement de la durée des communautés de vie[53]. Cette démarche peut assurément se recommander d'un ordre public attentif « aux circonstances concrètes de l'espèce[54] », et ne saurait, au demeurant, être réduit à un raisonnement par la quantité. Monsieur Michel Farge[55] observe avec justesse que cette suggestion doctrinale peut s'analyser en une variante du contrôle de proportionnalité que l'on sait issu des méthodes d'interprétation des droits fondamentaux et très débattu en doctrine depuis sa promotion par la Cour de cassation[56]. Appliquer cette méthode aux mariages polygamiques semble « concevable, sinon souhaitable[57] », sans qu'il soit nécessaire de compliquer le raisonnement en se référant aux droits fondamentaux. L'issue serait alors de puiser dans les ressources du conflit de lois le moyen d'annuler la seconde union si, dans la balance des intérêts en présence, la préservation du statut personnel monogamique de la première épouse paraît devoir s'imposer, ou celui d'admettre la validité de la seconde union dans le cas contraire, par la méthode de la reconnaissance sans qu'il soit nécessaire, par conséquent, de recourir à la règle de conflit de lois.

Les droits fondamentaux fourniraient une méthode de raisonnement évitant tout dogmatisme : celui, d'une part, de la position absolutiste consistant à privilégier le mariage monogamique de la première épouse française en sacrifiant sans discernement les effets durables d'une union polygamique ; celui, d'autre part, de la position relativiste encourageant une reconnaissance systématique de la seconde union au détriment des intérêts de la première épouse. La voie ainsi ouverte garantirait un pluralisme normatif conjuguant des conceptions sociales et juridiques différentes du mariage. Elle permettrait également de mettre en œuvre avec réalisme la méthode de la reconnaissance qui nous semble ici préférable à l'application d'une règle de conflit de lois conçue pour le mariage monogamique.

---

53 P. LAGARDE, note sous Civ. 1, 1er décembre 2011, *Rev. crit.* 2012.339, spéc., p. 343, l'enjeu étant en l'espèce la pension de réversion ouverte au conjoint survivant par le décès du mari qui, en droit interne, mérite d'être partagée entre les différents conjoints survivants veufs ou précédemment divorcés.

54 H. BATIFFOL et P. LAGARDE, *Droit international privé*, T. I, LGDJ, 1993, n° 358.

55 M. FARGE, note sous Civ. 2, 5 nov. 2015, *Clunet* 2016.565.

56 B. LOUVEL, « Réflexions à la Cour de cassation », *D.* 2015.1326 ; PH. JESTAZ, J.-P. MARGUENAUD, Ch. JAMIN, « Révolution tranquille à la Cour de cassation » 2014.2061 ; Ch. JAMIN, « Juger et motiver. Introduction comparative à la question du contrôle de proportionnalité en matière de droits fondamentaux », *Rev. trim. dr. civ.* 2015.263 ; S. GUINCHARD, F. FERRAND et T. MOUSSA, « Une chance pour la France et le droit continental : la technique de cassation, vecteur particulièrement approprié au contrôle de proportionnalité, *D.* 2015.278 ; P. DEUMIER, « Repenser la motivation des arrêts de la Cour de cassation ? » *D.* 2015.2022 ; P.-Y. GAUTIER, « Contre la balance des intérêts : hiérarchie des droits fondamentaux », D. 2015.2189 ; « Eloge du syllogisme », JCP 2015.2189.

57 M. FARGE, *ibid.*

B/ La répudiation unilatérale

La répudiation unilatérale est un mode de désunion conjugale qui est « unilatérale, discrétionnaire, maritale et extrajudiciaire [58] ». Aussi brièvement décrite, cette situation juridique paraît fort éloignée de la conception française du divorce, connue pour présenter, à ce jour, un caractère judiciaire et égalitaire, son caractère non-discrétionnaire devant être sérieusement mis en doute depuis la création du divorce pour altération définitive du lien conjugal par la loi du 26 mai 2004. Dans les systèmes juridiques des pays musulmans, l'institution de la répudiation connaît des variantes[59]. Si le *talâk* vérifie le caractère inégalitaire et discrétionnaire de la définition, il n'en va pas de même pour les deux autres formes de répudiation. Le *khôl* est la répudiation qu'exerce la femme moyennant une compensation au mari. Le *tatlîk* est une répudiation prononcée à la demande de la femme, par un juge se substituant au mari en cas de défaut d'entretien ou de violences imputables à ce dernier. Le *chiqqaq*, ou divorce pour cause de discorde, est ouvert en droit marocain, semble-t-il, à la seule épouse nonobstant l'opposition de son mari. La casuistique ouverte par ces variantes montre que le *khôl* peut être assimilé à une forme de divorce par consentement mutuel et le *tatlîk* à un divorce pour faute. De ces trois modes de répudiation, le *talâk* semble le plus difficile à rapprocher du divorce *more gallico*[60]. Le *chiqqaq* du droit marocain pose une difficulté inédite. Conçu pour compenser l'inégalité du *talâk*, réservé au seul époux[61], les tribunaux du for devront apprécier si l'égalité entre époux est satisfaite alors que les deux cas de divorce sont ouverts, l'un à l'homme, l'autre à la femme, mais non indifféremment à chacun. Convertie dans les mécanismes du droit international privé, la question est de savoir si une appréciation globale de la loi étrangère ou du jugement étranger est de nature à laver le *talak* comme le *chiqqaq* du grief d'inégalité entre époux, ou si l'interprétation *in concreto* de l'ordre public demande de constater *in casu* que l'atteinte à l'ordre public égalitaire est consommée sous le seul rapport du cas de divorce mis en œuvre, peu important l'éventuelle demande (reconventionnelle ?) en divorce qui pourrait symétriquement être exercée par un autre époux[62].

---

58 I. FADLALLAH, *Rev. crit.* 1984.333.

59 Pour un approfondissement sous l'angle des méthodes du droit international privé, cf. Roula EL-HUSSEINI, « Le droit international privé français et la répudiation islamique », *Rev. crit.* 1999.427.

60 Pour une discussion du rapprochement entre répudiation unilatérale et divorce judiciaire, cf. R. EL-HUSSEINI, *ibid.*, n°s 20 sq.

61 Sur les intentions du législateur marocain, cf. Kh. ZAHER, « Plaidoyer pour la reconnaissance des divorces marocains », *Rev. crit.* 2010.321 *ad notam* 31.

62 Pour une discussion méthodologique quant à la mise en œuvre de l'exception d'ordre public, cf. M.-C. NAJM KOBEH, « La Cour de cassation française et la répudiation musulmane », *Clunet* 2015.789, spéc., p. 794 sq.

En jurisprudence, la question de l'accueil des répudiations unilatérales se présente dans l'instance indirecte. Il s'agit de reconnaître le jugement étranger ou l'acte public étranger de répudiation, au moyen d'une demande d'*exequatur* formée par le mari répudiant, ou de fonder sur la répudiation étrangère la fin de non-recevoir que ce dernier opposerait à la demande en divorce ou en contribution aux charges du mariage présentée par l'épouse au juge français[63]. Mais quelle que soit la voie procédurale empruntée, la reconnaissance de la répudiation n'est pas évidente en raison de son caractère inégalitaire et discriminatoire. Néanmoins, la Cour de cassation devait s'engager dans un revirement de jurisprudence par un arrêt du 3 novembre 1983 en retenant que ce mode de dissolution du mariage n'était pas contraire à l'ordre public dans une affaire opposant deux Marocains mariés au Maroc et résidant en France[64]. Deux facteurs au moins[65] d'explication sont identifiés.

Le changement de cap est d'abord rattaché à un glissement législatif du droit français vers une conception du mariage plus contractuelle qu'institutionnelle, s'accordant mieux avec la conception du droit musulman. Ouvrant le divorce pour rupture de la vie commune, la loi française du 11 juillet 1975 pouvait ainsi paraître davantage en adéquation avec une répudiation islamique perçue comme un mode de résiliation unilatérale d'un mariage s'analysant en un contrat à durée indéterminée. Cette conception contractualiste du mariage sera amplifiée par les évolutions législatives ultérieures. En créant le divorce pour altération définitive du lien conjugal, la loi du 26 mai 2004 autorise le prononcé du divorce après une séparation de fait de deux ans. Véritable innovation législative par rapport au divorce pour rupture de la vie commune[66], le divorce pour altération définitive du lien conjugal a pu être analysé en doctrine comme un mode de répudiation *more gallico*, rapprochant à cet égard droit français et droit

[63] La possibilité d'appliquer ces modes de répudiation dans l'instance directe, c'est-à-dire devant le juge français saisi au fond, était rendue improbable, hors droit conventionnel, par la structure unilatérale de la règle de conflit de lois française de l'article 309 du Code civil qui, dans ce domaine du divorce, conférait à la loi française un domaine très important ; au demeurant, la jurisprudence française ne reconnaît pas de mode purement religieux de désunion ; cf. Versailles, 23 mars 1995, *Rev. crit.* 1996.699, note H. GAUDEMET-TALLON.

[64] Civ. 1, 3 novembre 1983, *Rev. crit.* 1984.325, 1ère esp., note I. FADLALLAH ; *Clunet* 1984.329, note Ph. KAHN ; *JCP* 1984.II.20131, concl. GULPHE ; B. ANCEL et Y. LEQUETTE, *op. cit.*, n° 63 ; la Cour de cassation avait antérieurement amorcé une évolution importante dans un arrêt *Dahar*, en considérant que pouvait être accueillie la répudiation reçue par un tribunal algérien aux motifs que l'acte de répudiation « avait ouvert une procédure à la faveur de laquelle chaque partie avait fait valoir ses prétentions et ses défenses », Civ. 1, 18 déc. 1979, *Rev. crit.* 1981.88, note B. ANCEL.

[65] Le revirement de jurisprudence est généralement relié à un éclairage doctrinal ayant facilité une meilleure compréhension de la répudiation par les tribunaux ; en ce sens, cf. B. ANCEL et Y. LEQUETTE, *op. cit.*, n° 63-64.5, citant I. FADLALLAH, « Vers la reconnaissance de la répudiation musulmane par le juge français ? », *Rev. crit.* 1981.17.

[66] Cf. J. HAUSER, *J.-Cl. Droit civil*, art. 237 et 238, n° 26.

musulman[67]. Le rapprochement des droits français et marocain était encore accentué par un *dahir* du 10 septembre 1993 imposant l'enregistrement de la répudiation par le juge, ce que confirmera la loi marocaine publiée le 5 février 2004 relative au Code de la famille instituant par ailleurs le divorce pour discorde dans un esprit égalitaire[68]. Cette judiciarisation imposée de la répudiation et le nouveau divorce pour altération définitive conjugale semblaient ainsi faire converger inexorablement droit marocain et droit français. À ce mouvement de rapprochement des législations nationales de part et d'autre de la Méditerranée s'ajoutait l'avènement d'un droit conventionnel quasi contemporain de l'arrêt *Rohbi*.

La convention franco-marocaine du 10 août 1981 relative au statut des personnes et de la famille est certainement le second facteur expliquant le revirement de jurisprudence de l'arrêt *Rohbi*. L'article 13 du traité impose au moyen d'une règle matérielle une équivalence entre les actes constatant la répudiation et un jugement de divorce[69]. Gommant le caractère encore extrajudiciaire de la répudiation, la convention facilitait en apparence ce mouvement de convergence.

Favorisée par ce contexte, alors que la convention de 1981 n'était pas applicable, la reconnaissance de la répudiation unilatérale est également légitimée dans l'arrêt *Rohbi* par une appréciation fonctionnelle de ses effets. La Cour précise que si la répudiation est un mode de dissolution du mariage laissé à la discrétion du mari, ses effets sont tempérés par les garanties pécuniaires accordées à la femme. Il est en outre précisé que la révocabilité de la répudiation est destinée à ménager une période de transition à même de favoriser le rapprochement des époux. Cette motivation souligne combien les aspects les plus choquants de la répudiation unilatérale peuvent finalement être ramenés à des équivalents fonctionnels du droit français du divorce. Le terme de revirement prend ici tout son sens dans la mesure où la jurisprudence précédente considérait au contraire l'unilatéralité de la répudiation et son caractère discrétionnaire comme les raisons mêmes de son

---

67 Cf. Ph. MALAURIE et H. FULCHIRON, *La famille*, Defrénois, 2006, n° 682 : « Le droit français connaît désormais une forme de répudiation. Si l'on définit en effet la répudiation comme le droit discrétionnaire reconnu aux époux ou à l'un d'eux de mettre fin unilatéralement au mariage, comment ne pas retenir une telle qualification pour le divorce pour altération définitive du lien conjugal ? Certes le mot est choquant, mais la réalité l'est plus encore. Et l'on ne manquera pas de s'interroger sur la cohérence d'un droit qui lance l'anathème sur les répudiations musulmanes, tout en l'inscrivant dans ses normes internes » ; dans le même sens, cf. F. TERRÉ et D. FENOUILLET, *La famille*, Précis Dalloz, 2011, n° 208.

68 Cf. Kh. ZAHER, *ibid.*

69 Art. 13 : « Les actes constatant la dissolution du lien conjugal homologués par un juge au Maroc entre conjoints de nationalité marocaine dans les formes prévues par la loi nationale produisent effet en France dans les mêmes conditions que les jugements de divorce prononcés à l'étranger. »

rejet. La jurisprudence *Rohbi* ne resta pas isolée et fut suivie d'autres décisions de la Cour de cassation[70].

Les exemples du mariage polygamique et de la répudiation unilatérale montrent que le conflit de cultures ou de civilisation n'empêche pas toute articulation entre les ordres juridiques, dès lors qu'est à l'œuvre un certain pluralisme. Dans les deux exemples, la démarche procède d'une approche fonctionnelle des catégories juridiques, condition d'un dépassement de leurs différences axiologiques ou d'un renouvellement de la méthode de droit international privé mise en œuvre. Cette orientation procède d'un choix méthodologique tributaire de la hiérarchie des finalités que s'assigne une discipline dont l'objet est non seulement de coordonner les ordres juridiques en vue de favoriser l'harmonie internationale des solutions, mais aussi de déterminer, ce faisant, une réglementation de fond appropriée. Cette dernière se présentera dès lors comme le produit du conflit entre l'ordre public du for et l'éventuelle reconnaissance de l'identité culturelle étrangère[71]. L'exemple des répudiations *more islamico* est à cet égard parfaitement révélateur de l'inversion des perspectives dans le temps. Le pluralisme normatif n'est plus jugé suffisant pour assurer une équivalence fonctionnelle dès lors que l'ordre public s'intensifie, d'une part, dans son contenu au contact des droits fondamentaux et dans son déclenchement tiré de la proximité et, d'autre part, au gré d'un objectif de politique législative du for.

II- Le destin des systèmes juridiques musulmans contrariés par un ordre public fondé sur les droits fondamentaux ou une évolution législative du for

Le mouvement qui sera ici décrit montre que le libéralisme initié par la jurisprudence *Rohbi* fut assez sévèrement critiqué par la doctrine française[72] et étrangère[73], principalement sur le terrain de l'inégalité ainsi créée dans la

[70] Civ. 1, 8 déc. 1987 et 6 juillet 1988, *Rev. crit.* 1989.733, note M.-L. NIBOYET.

[71] Comp. M.-C. NAJM KOBEH, *art. préc.*, p. 807 sq., pour qui, dans le « débat sous-jacent de valeurs » (II) il y aurait un « faux conflit de l'ordre public et du droit à l'identité culturelle » (A) et un « vrai conflit relatif aux finalités du droit international privé » (B). Il ne nous semble pas justifié de refouler le conflit entre l'ordre public et le droit à l'identité culturelle, tant il se pose avec acuité. Au demeurant, il n'est pas impossible de concilier ordre public et différence culturelle. Par exemple, si la répudiation unilatérale est ouverte à la femme, le cas échéant, avec un autre cas de divorce que celui ouvert au mari, l'atteinte à l'ordre public égalitaire est loin d'être évidente dès lors que la symétrie s'observe à tous égards (admission des modes de preuves, étendue du pouvoir juridictionnel, aménagement des conséquences financières, etc.). La seule subsistance de cas de divorce attitrés selon le genre n'est plus constitutive d'un conflit de civilisations.

[72] Cf. I. FADLALLAH, *Rev. crit.* 1984.333 ; F. MONÉGER, « Vers la fin de la reconnaissance des répudiations musulmanes par le juge français ? » *Clunet* 1992.348.

[73] Pour des réf. de doctrine tunisienne, cf. B. ANCEL et Y. LEQUETTE, *op. cit.*, n° 63-64.10.

situation juridique des femmes à l'égard des hommes. Sensible à cette analyse, la Cour de cassation entreprit de réagir sur le terrain de la fraude, afin d'enrayer des répudiations unilatérales qui avaient en outre l'avantage de pouvoir être obtenues rapidement dans le pays d'origine, célérité au demeurant favorable aux juridictions étrangères en cas de procédures parallèles, la tentative de conciliation et l'instauration de mesures provisoires lors de la tentative de conciliation prévues en droit français reportant mécaniquement l'instance en divorce à l'assignation. Mais le moyen tiré de la fraude à la loi était discutable, en raison de la compétence naturelle des autorités et de la loi du pays d'origine à l'égard du statut personnel de leurs ressortissants. En vérité, les répudiations migratoires relevaient davantage de fraude à la compétence des juridictions françaises, dès lors que le couple était domicilié en France. C'est donc l'ordre public garantissant les droits fondamentaux qui fut finalement sollicité. L'ordre public du for sera également appelé à intervenir dans le domaine du mariage homosexuel, contre la loi étrangère prohibitive.

A- Le renforcement de l'ordre public garantissant les droits fondamentaux

La constance de la Cour de cassation à raisonner sur le terrain de l'ordre public n'en montre pas moins une certaine diversité dans l'objet assigné au mécanisme d'éviction de la norme étrangère. La séquence jurisprudentielle construite dans l'instance indirecte sur le terrain des répudiations unilatérales produira en outre des effets dans l'instance directe, s'agissant de la mise en œuvre par le juge français de la loi étrangère d'inspiration islamique.

Dans l'instance indirecte, l'ordre public est intervenu successivement à trois égards contre les répudiations unilatérales.

Ce fut tout d'abord l'ordre public procédural qui fut invoqué pour justifier le rejet des répudiations unilatérales. Restaurant une jurisprudence *Dahar*[74], la Cour de cassation contrecarrait l'article 13 de la convention franco-marocaine de 1981 assimilant les répudiations unilatérales à des jugements en s'appuyant sur l'exigence procédurale pour l'épouse d'être présente ou loyalement représentée à la répudiation, cette exigence étant elle-même tirée de la convention franco-marocaine du 5 octobre 1957 d'aide mutuelle judiciaire et d'*exequatur*. Le conflit de civilisations est occulté par le motif procédural de non-reconnaissance visant à assurer le respect des droits de la défense. Pareille exigence mérite certainement d'être élargie à une vérification du droit d'accès au juge, composante du procès équitable de l'article 6§1 de la Convention européenne des droits de l'homme. Une norme étrangère de procédure ou de fond qui dresserait *in concreto* des

[74] Civ. 1, 6 juin 1990, préc.

obstacles juridiques ou financiers à l'accès au prétoire de l'épouse répudiée justifierait à ce seul égard d'être rejetée.

La Cour de cassation prit ensuite appui sur un ordre public alimentaire exigeant que les compensations pécuniaires octroyées à l'épouse soient suffisamment amples, non sans souligner parfois l'illégitimité du transfert de la charge financière sur la communauté française qui résulterait d'une insuffisance de la contribution alimentaire de l'époux répudiant [75]. L'exigence alimentaire pouvant tout aussi bien se recommander du droit marocain, dont le code de statut personnel prévoyant que le mari répudiant doit remettre à son épouse un don de consolation fixé compte tenu des moyens et de la situation de la femme répudiée, le conflit de civilisation est démonétisé par le motif de non-reconnaissance. Comme précédemment, il s'agit d'opposer un motif banal de non-reconnaissance laissé à l'appréciation du juge requis. L'ordre public alimentaire invoqué pourrait tout aussi bien trouver à s'appliquer à l'égard d'un jugement de divorce en provenance d'un autre pays avec lequel il n'existe aucun conflit de civilisations ou de culture.

Enfin, c'est en intégrant à l'ordre public du for le principe d'égalité des époux tiré de la Convention européenne des droits de l'homme[76], que la Cour de cassation en vint progressivement à une position de rejet de principe des répudiations unilatérales, dès lors que l'épouse est domiciliée en France. L'affirmation de ce principe dans les célèbres arrêts du 17 février 2004 rencontrera deux séries d'obstacles.

Il fallut d'abord affronter le conflit entre les Conventions franco-marocaines de 1957 et 1981 et la Convention européenne des droits de l'homme. La Cour de cassation éluda habilement le conflit de traités en intégrant l'égalité entre époux à l'ordre public français prévue par la conventions de 1957 et que ménage celle de 1981[77]. La Cour de cassation dut ensuite composer avec l'orthodoxie du maniement *in concreto* de l'exception de l'ordre public. Une répudiation algérienne ne consommant aucune fraude et ménageant à l'épouse des contreparties financières ainsi que le respect de ses intérêts procéduraux fut de nouveau considérée comme digne de reconnaissance en dépit de son caractère unilatéral[78].

Le destin de ce courant prétorien tempéré fut scellé par les cinq arrêts du 17 février 2004 considérant des répudiations marocaines et algériennes comme contraires au principe de l'égalité entre époux tiré de la Convention

[75] Cf. B. ANCEL et Y. LEQUETTE, *op. cit.*, n° 63-64.12.

[76] Art. 5 du protocole additionnel n° 7 du 22 juin 1984, à la Convention européenne de sauvegarde des droits de l'homme et des libertés fondamentales de 1950.

[77] Civ. 1, 11 mars 1997, *Clunet* 1998.110, note PH. KAHN ; *D.* 1997.400, note M.-L. NIBOYET ; *JCP* 1998.I.101, n° 3, obs. H. FULCHIRON.

[78] Civ. 1, 3 juillet 2001, *Douibi*, *Rev. crit.* 2001.704, note L. GANNAGÉ ; *Clunet* 2002. 81, note PH. KAHN ; *D.* 2001.3378, note M.-L. NIBOYET ; *JCP* 2002.II.10039, note TH. VIGNAL ; *Droit et Patrimoine* 2001, n° 97, p. 116, obs. F. MONÉGER ; *LPA* 2002, n° 108, p. 11, note P. COURBE.

européenne des droits de l'homme, dès lors qu'est vérifiée une condition de proximité avec le for tenant, *a minima*, au domicile de l'épouse en France[79]. Le contraste entre l'absolutisme d'une solution fondée sur les droits de l'homme et la relativité de sa condition de déclenchement résultant de l'éventuelle étroitesse des liens avec l'ordre juridique français n'est pas nécessairement source d'incohérence dès lors que l'ordre public de proximité n'empêche pas le jeu de l'ordre public atténué[80]. Seule une répudiation intervenue à l'étranger sans attaches avec le for au moment de son prononcé autoriserait à reconnaître ainsi la preuve d'une liberté matrimoniale recouvrée sur ce mode, les effets de la répudiation demeurant potentiellement soumis à un ordre public atténué appelé à réagir si une instance indirecte s'ouvre en France[81]. À notre sens, il serait exorbitant que l'ordre public égalitaire s'oppose à la reconnaissance d'une répudiation unilatérale au cas où l'un des époux, ou les deux, deviendraient justiciables des juridictions françaises postérieurement à son prononcé et alors qu'aucune attache avec le for n'existait à ce moment[82]. Adopter la solution contraire reviendrait à considérer comme toujours mariés les couples dont l'union a été dissoute sur ce mode dans leurs pays d'origine, mais qui pourraient ultérieurement avoir un intérêt à se prévaloir en France de leur liberté matrimoniale. Les vertus de l'ordre public de proximité ne sont pas celles de l'ordre public atténué. Il conviendrait de distribuer leurs effets selon qu'il s'agit d'une situation constituée à l'étranger avec ou sans rattachement à l'ordre juridique du for apprécié à ce stade[83]. Dès lors que le conflit de civilisations n'existait pas au moment de la création de la situation juridique en l'absence de points de contacts entre les deux ordres juridiques nationaux, l'ignorer rétrospectivement conduit à exacerber la différence culturelle ou civilisationnelle. La prise en compte du temps écoulé depuis le moment de la constitution de la situation juridique démonétise le conflit de civilisations dans le temps, donc dans l'espace, l'ordre public de proximité ne méritant plus selon nous d'être déclenché en l'absence d'attaches avec le for *ab initio*.

La jurisprudence de 2004 n'a connu depuis lors aucun infléchissement. Il se pourrait même que l'on assiste à un certain durcissement. La Cour de

---

[79] Civ. 1, 17 février 2004, *Rev. crit.* 2004.423, note P. HAMMJE ; *Clunet* 2004.423, note L. GANNAGÉ ; *D.* 2004.824, concl. CAVARROC, et 815, chron. P. COURBE ; *JCP* 2004.II.10128, note H. FULCHIRON ; *Defrénois* 2004.812, obs. J. MASSIP ; B. ANCEL et Y. LEQUETTE, *op. cit.*, n° 64.

[80] Sur le recul de la distinction entre l'effet plein et l'effet atténué de l'ordre public, cf. L. GANNAGÉ, *op. cit.*, p. 163.

[81] Sur l'ordre public atténué, Civ. 1ère sect., 17 avril 1953, cf. B. ANCEL et Y. LEQUETTE, *op. cit.*, n° 26.

[82] *Contra* Kh. ZAHER, *Rev. crit.* 2010 et les auteurs cités *ad notam* 54 et 55.

[83] Pour un état de la discussion, cf. L. GANNAGÉ, « L'ordre public international à l'épreuve du relativisme des valeurs », TCDFIP, 2006-2008, Pédone, 2009, p. 205 sq.

cassation reste en effet insensible aux modifications législatives intervenues à l'étranger, au rebours des intentions égalitaires de la réforme marocaine de 2004, résultant notamment de la création d'un divorce pour discorde réputé aussi égalitaire que judiciaire[84], ou de la réforme du droit algérien[85]. Dans sa nouvelle configuration[86], la loi marocaine ouvre par exemple aux deux époux l'accès au divorce sous contrôle judiciaire, mais en conditionne l'invocation par l'épouse à l'autorisation de celui-ci[87]. Symétriquement, le divorce dit pour préjudice est seulement ouvert à l'épouse, tandis que le divorce par consentement mutuel est ouvert aux deux époux de manière égalitaire. Quant au divorce pour discorde, la portée du texte est discutée. Certains auteurs le considèrent ouvert à l'épouse, offrant ainsi une sorte de bilatéralisation compensatrice de l'inégalité des autres formes de divorce, non sans tirer argument du divorce pour altération définitive du lien conjugal créé par le législateur français de 2004[88]. D'autres auteurs, au contraire, perçoivent dans le divorce pour discorde un ferment inégalitaire tenant à ses conditions de mise en œuvre[89]. Semblable discussion est éclairante quant à la notion de conflits de civilisations ou de cultures, dès lors que l'écart axiologique entre la norme étrangère et les valeurs du for, ici l'égalité entre époux lors de la dissolution du mariage, ne semble plus relever de l'évidence. Faut-il comprendre que le conflit de civilisations serait soluble dans les résultats d'une analyse juridique conditionnée à une connaissance du droit étranger ? Il est indéniable que les mouvements législatifs réformateurs que l'on observe au Maroc et en Algérie sont de nature à rapprocher ces systèmes juridiques de l'ordre juridique français. Ils demeurent cependant inaptes à désactiver les conflits de civilisations ou de cultures perçus comme une différence de nature et non de degré[90]. Les

---

[84] Sur les intentions du législateur marocain, cf. KH. ZAHER, *art. préc.*, *ad notam* 31.

[85] Sur laquelle cf. K. SAIDI, « La réforme du droit algérien de la famille : pérennité et rénovation », *Rev. int. dr. comp.* 2006.119 sq. ; *adde*, M.-C. NAJM KOBEH, *art. préc.*, p. 798.

[86] Sur laquelle cf. F. SAHERANE, *J.-Cl. Dr. comp.*, v° Maroc, Fasc. Le statut personnel.

[87] Ce cas de divorce est soumis à l'autorisation du juge précédée d'une tentative de conciliation avec débat en chambre du conseil. La consignation de l'acte de divorce ne peut être faite qu'une fois que le mari aura déposé les sommes fixées par le Tribunal au titre d'obligations financières suite à la dissolution du mariage. Le divorce est alors prononcé sans que la femme puisse s'y opposer.

[88] Cf. Kh. ZAHER, *Rev. crit.* 2010.322 *ad notam* 38 ; F. SAHERANE, art. préc., n° 222.

[89] En ce sens, cf. F. LAROCHE-GISSEROT, « Le nouveau Code marocain de la famille : innovation ou archaïsme ? », *Rev. int. dr. comp.* 2005.335 ; G. LARDEUX, note sous Civ. 1 4 novembre 2009, *D.* 2010.543 ; M.-C. NAJM KOBEH, « La Cour de cassation française et la répudiation musulmane », *art. préc.*, p. 802 sq.

[90] Considérant en ce sens que l'avancée législative marocaine est sans effet sur l'appréciation de la répudiation maritale, cf. la citation approbative par M.-C. NAJM KOBEH, art. préc., spéc., p. 804, de A. MEZGHANI, « Quelle tolérance pour les répudiations ? » *Rev. int. dr. comp.* 2006.62, spéc., p. 67 : « L'institution [de la répudiation] ne peut changer de nature du seul fait que la femme peut, par ailleurs, obtenir le divorce dans les mêmes conditions que son mari. Sa nature n'est pas affectée par sa périphérie. Le juge du for n'est pas appelé à recevoir dans

conflits de civilisations ou de culture sont ainsi amplifiés par un ordre public conjuguant droits fondamentaux et proximité au détriment des nuances entre effet plein et effet atténué de l'ordre public. La bataille se joue autour de l'ordre public[91], dès lors que dans l'orthodoxie méthodologique, l'ordre public de proximité, aujourd'hui dominant[92], recommande de ne pas distinguer entre la création d'une situation et sa reconnaissance tandis que, par ailleurs, le débat contemporain sur la méthode de la reconnaissance invite au contraire à considérer plus attentivement leur importance et à redessiner la frontière entre l'une et l'autre[93].

Dans le sillage des arrêts de principe de 2004, la Cour de cassation jugea le divorce marocain sous contrôle judiciaire contraire à l'ordre public égalitaire dans un arrêt du 4 novembre 2009[94]. Dans des décisions ultérieures relatives à des répudiations marocaines et algériennes et rendues en 2013[95], la Cour de cassation perpétue un examen *in concreto* pour apprécier le respect de l'ordre public égalitaire, peu important « les nouvelles voies de droit ouvertes à l'épouse ». D'autres arrêts rendus en 2013 et 2014 seront l'occasion d'abandonner un motif de rejet souvent utilisé, selon lequel la répudiation « prive l'autorité judiciaire de tout pouvoir autre que celui d'aménager les conséquences financières de la dissolution du mariage[96] ». Soucieuse de cohérence, la Cour de cassation entend ainsi tirer les conséquences de la restriction du pouvoir du juge dans le divorce pour altération définitive du lien conjugal introduit en 2004 en droit français. Elle maintient également l'exigence de proximité, c'est-à-dire la vérification d'une résidence, d'un domicile en France ou d'une nationalité française de l'épouse. C'est peu dire que, dans l'instance indirecte, conditionner les droits

---

son intégralité l'ordre juridique étranger. Il s'agit pour lui d'appliquer telle ou telle règle ou de donner effet à telle ou telle institution. C'est donc bien au regard de la répudiation qu'il convient de se prononcer. L'ordre juridique dans sa globalité ne peut lui servir de cheval de Troie. »

91 Ce qui explique sans doute que le rapport annuel de la Cour de cassation contienne une étude sur l'ordre public, sur laquelle cf. J. GUILLAUME, « L'ordre public international selon le rapport 2013 de la Cour de cassation », *D.* 2014. 2121.

92 Sur le triomphe de l'ordre public de proximité, cf. L. GANNAGÉ, *op. cit.*, p. 168 sq.

93 Sur ce thème débattu, cf. P. LAGARDE (dir.), « La méthode de la reconnaissance est-elle l'avenir du droit international privé ? Conférence inaugurale, session de droit international privé », 2014, *RCADI*, T. 371, 2015.

94 Civ. 1, 4 nov. 2009, *Rev. crit.* 2010.369 et le commentaire critique préc. de Kh. ZAHER.

95 Civ. 1, 23 oct. 2013, n° 12.21-344, *Bull. civ.* I, n° 204 rejetant une décision marocaine de divorce sous contrôle judiciaire ; Civ. 1, 23 octobre 2013, n° 12-25.802, *Bull. civ.* I, n° 205 rejetant une répudiation algérienne pour violation de l'art. 1er d) de la Convention franco-algérienne du 27 août 1964 et l'art. 5 du protocole additionnel à la Convention européenne des droits de l'Homme ; cf. F. MONÉGER, « Le code marocain de la famille de 2004 devant la Cour de cassation », *Rev. crit.* 2014.247.

96 Civ. 1, 23 octobre 2013, pourvoi n° 12-21.344, inédit ; Civ. 1, 14 mai 2014, *Bull. civ.* 2014, I, n° 89 ; Civ. 1, 24 sept. 2014, n° 13.21.751, *JurisData*, n° 2014-022130, sur lesquels, cf. M.-C. NAJM KOBEH, *art. préc.*

de l'homme à la proximité sont une composante majeure du conflit de civilisation, tout autant qu'un facteur de « marginalisation des courants réformateurs au sein du monde arabo-musulman[97] ».

Dans l'instance directe, lorsque le juge français doit appliquer la loi étrangère, il convient pareillement de vérifier le respect de l'ordre public égalitaire tiré de la Convention européenne des droits de l'homme et des exigences du Règlement européen dit Rome 3 relatif à la loi applicable au divorce et à la séparation de corps, entré en vigueur le 21 juin 2012. Cet instrument du droit de l'Union Européenne promeut une approche abstraite de l'égalité entre époux, commandant d'évincer la loi étrangère contrevenante pour lui substituer la loi du for[98]. La question est donc de savoir si seuls les cas de divorce ouverts aux deux époux sont susceptibles d'être appliqués par le juge français.

Les jurisprudences des Cours d'appel semblent ici assez contrastées[99]. Certaines juridictions prononcent, en application de la loi marocaine, des divorces pour préjudice demandés par l'épouse, alors que d'autres considèrent au contraire que ce cas de divorce est contraire à l'ordre public français, car réservé à l'épouse. Pour autant, ces mêmes juridictions n'appliquent pas la loi du for comme le demanderait l'article 10 du règlement « Rome 3 » et privilégient la loi étrangère marocaine en prononçant des divorces pour discorde, en relevant que ce cas est ouvert aux deux époux et qu'il prévoit les conditions de la réparation du préjudice subi par l'époux lésé. S'agissant du divorce pour discorde, les observateurs relèvent l'embarras des juridictions du fond dans le maniement de dispositions demandant de tenir compte de la responsabilité de l'époux pour la réparation du préjudice de l'époux lésé, mais non pour le prononcé du divorce lui-même. Il faut conclure avec Madame Françoise Monéger qu'« il faut bien constater une grande hétérogénéité dans la pratique faite de ce divorce en France[100] ».

Ceci nous porte à la même observation que précédemment. Le type de discussion consistant soit à analyser la loi étrangère pour identifier les éventuelles atteintes à l'ordre public égalitaire qu'elle pourrait recéler, soit à en « adapter » les dispositions, nécessiterait à tout le moins une unité dans l'interprétation judiciaire de la loi étrangère, seule à même de garantir

[97] L. GANNAGÉ, « Le relativisme des droits de l'homme dans l'espace méditerranéen. Regards du Proche-Orient sur la reconnaissance en France des répudiations de droit musulman », *Rev. int. dr. comp.* 2006, p. 101 sq., spéc., p. 112.

[98] Art. 10 : « Lorsque la loi applicable au divorce en vertu des articles 5 et 8 (...) n'accorde pas à l'un des époux en raison de son appartenance à l'un ou l'autre sexe, une égalité d'accès au divorce ou à la séparation de corps, la loi du for s'applique. »

[99] Cf. les réf. citées par F. MONÉGER, art. préc., *Rev. crit.* 2014.252 ; *adde* P. MURAT (dir.), *Droit de la famille*, Dalloz action, n° 512-447, par M. FARGE et n° 524-224, par A. DEVERS.

[100] Art. préc., *Rev. crit.* 2014.258.

l'intégrité des lois étrangères et de réserver les mécanismes d'éviction aux authentiques hypothèses de conflits de civilisations ou de cultures.

Au demeurant, il n'est pas interdit de penser qu'un raisonnement mettant en balance les intérêts de chacun des époux permettrait de résoudre les problèmes posés. La dissymétrie des cas de divorce ouverts aux époux ou aux épouses qui s'observe dans la loi marocaine ou algérienne est un obstacle à leur application dès lors que l'ordre public s'apprécie *in concreto*, au regard du seul cas de divorce invoqué, sans qu'il soit possible d'apprécier l'éventuelle restauration de l'équilibre conjugal qui résulterait des voies de droit ouvertes à l'autre époux par la même loi étrangère. À cet égard, le raisonnement suggéré plus haut pour le mariage polygamique pourrait tout aussi bien s'appliquer ici. Mettre en balance les intérêts en présence autoriserait à examiner si l'atteinte portée à l'égalité entre époux est de nature à empêcher l'application de la loi étrangère invoquée, dès lors que l'autre époux bénéficie de son côté de ressources jugées suffisantes dans la loi applicable pour contourner l'obstacle d'une inégalité *prima facie*. Si, par delà la dissymétrie des cas de divorce, des prétentions équivalentes peuvent être formulées par chacun des époux, un équilibre global pourra résulter du droit de chacun à former des demandes sur le terrain alimentaire, indemnitaire, ou en matière d'autorité parentale.

B/ L'ordre public garantissant le mariage international pour tous

Lors de l'adoption en France de la loi du 17 mai 2013 ouvrant le mariage aux personnes de même sexe, de nouvelles règles de conflit de lois ont été introduites aux articles 202-1 et 202-2 du Code civil[101]. Or, ces règles de conflit de lois n'entendent pas seulement répondre à la question de la loi applicable aux conditions de fond et de forme du mariage, entre personnes de nationalité différentes. Perpétuant la solution traditionnelle du conflit de lois en matière d'état et de capacité[102], le nouvel article 202-1 alinéa 1er du Code civil s'en remet fidèlement à la loi personnelle de l'intéressé pour le mariage hétérosexuel comme pour le mariage homosexuel. Il est aussitôt prévu à l'alinéa second que cette solution de principe sera écartée pour garantir le droit au mariage international pour tous[103]. Dans la mesure où

[101] Sur le commentaire des aspects internationaux, cf. *e.g.* H. FULCHIRON, « Le mariage entre personnes de même sexe en droit international privé au lendemain de la reconnaissance du mariage pour tous », *Clunet* 2013.1055 ; S. GODECHOT-PATRIS et J. GUILLAUME, « La loi n° 2013-404 du 17 mai 2013 ouvrant le mariage aux personnes de même sexe. Perspectives de droit international privé », *D.* 2013.1756 ; P. HAMMJE, « Mariage pour tous et droit international privé. Dits et non-dits de la loi du 17 mai 2013 ouvrant le mariage aux personnes de même sexe », *Rev. crit.* 2013.773.

[102] Conformément à l'article 3 alinéa 3 du Code civil, bilatéralisé par la jurisprudence française aux lendemains de la codification : Paris, 13 juin 1814, *Busqueta*, *S.* 1814.2.393 ; B. ANCEL et Y. LEQUETTE, *op. cit.*, n° 1.

[103] La loi n° 2014-873 du 4 août 2014 pour l'égalité réelle entre les hommes et les femmes a supprimé l'adverbe « toutefois », ce qui n'est pas sans importance sur l'extension de cette

l'éventuelle loi personnelle prohibitive de l'un ou l'autre des futurs époux sera évincée au profit de la loi permissive du domicile ou de la résidence de l'autre, le législateur a choisi de neutraliser le plus largement possible la loi personnelle prohibitive. Pour extensive qu'elle soit, cette solution traduit la recherche d'un certain équilibre. Le législateur n'a ni décidé l'éviction systématique de la loi personnelle prohibitive en choisissant un autre facteur de rattachement, lui-même assorti le cas échéant d'une clause spéciale d'ordre public, ni d'abandonner le rattachement de principe à la loi personnelle en pareil domaine. Pour autant, la compétence de la loi personnelle prohibitive est bien réduite, puisque désactivée par la loi permissive de la résidence, du domicile ou de la nationalité de l'un ou l'autre des futurs époux. Le rattachement exigé avec la loi permissive est certes réel, mais sa consistance assez faible dès lors qu'il n'est pas exigé pour chacun des futurs époux alors que le bénéfice de la loi française est bilatéralisé.

Ce schéma général du mariage international pour tous s'est trouvé confronté au statut personnel musulman prohibitif, marocain en l'occurrence, et compliqué par la Convention franco-marocaine de 1981. Telle était la configuration du litige devant la Cour de cassation, laquelle était saisie sur pourvoi du Procureur général près la Cour d'appel de Chambéry de l'opposition au mariage d'un français et d'un marocain qui avait été rejetée par la Cour de Besançon. Dans un arrêt rendu le 28 janvier 2015 accompagné d'un communiqué de presse, la Cour rejette le pourvoi par substitution de motifs, en considérant que la loi marocaine prohibitive désignée par l'article 5 de la Convention franco-marocaine du 10 août 1981, devait être écartée car manifestement incompatible à l'ordre public selon l'article 4 de la même convention. La décision est remarquable par le contenu de l'ordre public qui est opposé par la Cour de cassation à la loi personnelle prohibitive désignée par la règle de conflit de lois conventionnelle. L'ordre public est en effet la réplique de la règle de conflit de lois de droit commun de l'alinéa 2 de l'article 202-1 du Code civil, de sorte que les commentateurs n'ont pas manqué de s'interroger sur cette hybridation méthodologique entre règle de conflit de lois et exception d'ordre public réalisant par là-même un alignement du droit conventionnel sur le droit commun[104]. Le conflit axiologique est ici patent entre l'idéologie égalitaire promue par le législateur français de mai 2013 et le statut personnel musulman prohibant l'homosexualité. Le conflit de cultures ou de civilisations ne présente pas ici une physionomie différente des cas précédents. Défendu contre le mariage polygamique ou la répudiation,

solution dans le cadre du droit conventionnel ; en ce sens, cf. S. GODECHOT-PATRIS et J. GUILLAUME, note sous Civ. 1, 28 janvier 2015, *Clunet* 2015.605.

[104] Civ. 1, 28 janvier 2015, *Clunet* 2015.598, note S. GODECHOT-PATRIS et J. GUILLAUME ; p. 613 ; note T. VIGNAL ; p. 622, note B. MATHIEU ; *Rev. crit.* 2015.403, note D. BODEN; p. 405, note S. BOLLEE et B. HAFTEL ; p. 406, note P. HAMMJE ; p. 409, note P. DE VAREILLES-SOMMIERES.

l'égalitarisme conjugal se présente en une variante destinée à garantir l'accès au mariage sans distinction de genre. Quelques observations méritent d'être faites ici sous l'angle des conflits de civilisation ou de cultures.

Sur le terrain des sources tout d'abord, la Cour de cassation entreprend une œuvre singulière et audacieuse. En insérant dans le droit conventionnel une clause d'ordre public reproduisant la règle de conflit de droit commun de l'article 202-1 alinéa 2 du Code civil, la Cour de cassation se substitue au législateur dans les rapports bilatéraux franco-marocains. Elle prive la Convention de tout l'effet utile que peut permettre une *lex specialis* adaptant les solutions à la spécificité des rapports privés internationaux entre les deux États. En l'occurrence, la solution conventionnelle de l'article 5 renvoyait à la loi personnelle le soin de définir les conditions de fond du mariage, dont les empêchements[105]. L'article 55 de la Constitution garantissant à la règle de conflit de lois conventionnelle un statut supra-législatif, on pouvait penser la règle conventionnelle abritée des conséquences de la loi française du 17 mai 2013. Cette objection tirée du respect de la hiérarchie des normes pourrait cependant être vaincue par le pouvoir judiciaire d'interprétation des traités internationaux que, depuis 1996, la Cour de cassation estime en effet relever de l'office des juridictions judiciaires[106]. Pareille explication n'en demeurerait pas moins insuffisante en l'espèce. D'une part, il est douteux que le pouvoir d'interprétation du juge autorise à découvrir dans la Convention une clause d'ordre public aussi conquérante, dès lors qu'à l'époque de la conclusion du traité, le mariage n'était pas ouvert aux personnes de même sexe en France comme au Maroc. Il pouvait sembler justifié de laisser les Parties contractantes se saisir des conséquences de la loi française de mai 2013. D'autre part, le législateur de mai 2013 ouvrant le mariage aux personnes de même sexe avait, semble-t-il, souhaité réserver les conventions bilatérales intéressant le statut personnel avec des États n'admettant pas le mariage homosexuel[107], tout comme la circulaire du 29 mai 2013[108] et la réponse ministérielle du 4 février 2014[109]. Les précautions du législateur à l'égard du droit conventionnel n'ont visiblement pas intimidé la Cour de cassation.

---

[105] Art. 5 : « Les conditions du fond du mariage, telles que l'âge matrimonial et le consentement de même que les empêchements, notamment ceux résultant des liens de parenté ou d'alliance, sont régies pour chacun des futurs époux par la loi de celui des deux États dont il a la nationalité. »

[106] Civ. 1, 19 décembre 1995, *Banque africaine de développement c. Banque of credit and commerce international et autres*, *Rev. crit.* 1996.966, note B. OPPETIT ; *Gaz. Pal.* 28 et 29 juin 1996.2, note G. COHEN-JONATHAN ; *RGDIP* 1996.600, note ALLAND.

[107] En ce sens, cf. S. GODECHOT-PATRIS et J. GUILLAUME, note sous Civ. 1, 28 janvier 2015, *Clunet* 2015.599.

[108] Sur laquelle, cf. CH. BIDAUD-GARON , « Mariage pour tous : la circulaire ! », *JCP* 2013.729.

[109] Rép. Min. n° 37404 : JOAN Q 4 février 2014, p. 1034.

L'arrêt du 28 juin 2015 est également remarquable quant au champ spatial qu'il entend donner au droit au mariage pour tous. Sont appelés à être acteurs du conflit les ordres juridiques nationaux permissifs du rattachement effectif de l'une des personnes (loi nationale, de la résidence ou du domicile), sans que soit exigé un quelconque lien avec l'ordre juridique français, de sorte que le doute est permis quant à la nature conflictuelle ou substantielle du mécanisme de l'article 202-1 alinéa 2 dont est issu l'ordre public nouvellement promu. Le législateur prodigue les bienfaits de la loi française nouvelle aux couples dont l'un des membres est inséré par la nationalité, le domicile ou la résidence dans une société partageant cette conception égalitariste du mariage. Cette conception qui s'attache à l'environnement axiologique des personnes intéressées l'emporte sur l'orthodoxie méthodologique, laquelle recommanderait de déclencher l'ordre public sans considérer le point de vue d'un ordre juridique par ailleurs non désigné par la règle de conflit de lois qu'il s'agit de corriger. Le déclenchement de l'exception d'ordre public international n'est plus conditionné par un rattachement jugé suffisant à l'ordre juridique français, comme cela est le cas pour l'ordre public de proximité. Avec l'arrêt du 28 juin 2015, la condition de déclenchement de l'exception d'ordre public se situe dans la communauté de valeurs qui est censée résulter du rattachement par la nationalité, la résidence ou le domicile de l'un ou l'autres des futurs époux. Cette nouvelle figure de l'exception d'ordre public est paradoxalement substantielle et sélective.

Sur le terrain du conflit de civilisations ou de cultures, il est intéressant d'observer que l'indifférence de sexe devient un principe si essentiel qu'il est hissé au niveau d'une exception d'ordre public que la Convention qualifie de manifeste. Le conflit de civilisations prend ici une physionomie que l'on pourrait qualifier d'expansive. En faisant de la règle de conflit de droit commun une exception d'ordre public conventionnelle, la Cour de cassation donne un rayonnement au mariage homosexuel défini par les critères de rattachements de la règle de conflit de lois. Au-delà des interrogations que suscite cette hybridation de la règle de conflit de lois et de l'exception d'ordre public, le conflit de civilisations prend ici une allure toute conquérante. Il ne s'agit plus de s'interroger, comme précédemment avec le mariage polygamique ou la répudiation unilatérale, sur la mesure des effets admissibles d'une institution étrangère éloignée des conceptions du for, mais de désarmer l'ordre juridique étranger en désactivant la compétence législative qui lui est traditionnellement, et ici conventionnellement, reconnue. Ce conflit de civilisations à front renversé est une nouvelle étape dans le destin des systèmes juridiques des pays musulmans.

François-Xavier MORISSET
Maître de Conférences en droit privé
Université de La Rochelle

La recherche sur l'embryon et les cellules souches embryonnaires. L'approche du juriste

Condisciple sur les bancs de la Faculté de droit de Montpellier, puis Collègue, c'est surtout à titre d'Amie que nous avons tenu à contribuer à l'hommage rendu à Marie-Luce Pavia. À cette fin, nous avons choisi comme thème de nos propos « La recherche sur l'embryon et les cellules souches embryonnaires. L'approche du juriste ». Ce thème a été retenu car nous savons combien notre Amie était sensible aux questions de bioéthique qu'elle n'hésitait pas à intégrer dans le champ d'application de ce qui était pour elle une valeur fondamentale, à savoir : le principe de la dignité de la personne humaine[1].

En ce qui nous concerne, nous avons voulu traiter de ce sujet, malgré son caractère sensible, car il est au cœur de nos préoccupations depuis plusieurs décennies, que ce soit dans le cadre de nos enseignements ou de nos recherches[2]. Il est de surcroît d'une très grande actualité, comme nous le verrons dans les développements qui vont suivre.

Le sujet nous préoccupe car ce qui est, ici, source de débats, c'est le statut de l'embryon que le droit français se refuse à considérer comme une personne au sens juridique du terme, c'est-à-dire un sujet titulaire de droits et d'obligations[3]. À défaut d'être une personne, serait-il alors une simple

---

[1] Allant en ce sens, cf. notamment M.-L. PAVIA, *La découverte de la dignité de la personne humaine* : La dignité de la personne humaine (M.-L. PAVIA, Th. REVET dir.), Economica, 1999, p. 3-23. – Sur sa dernière contribution, cf. *La dignité de la personne humaine* : Libertés et droits fondamentaux (R. CABRILLAC dir.], Dalloz, 2013, 19e éd., p. 175-195. Plus spécialement, sur les applications du principe en droit de la bioéthique, cf. n° 300.

[2] Sur nos derniers développements visant la recherche sur l'embryon, cf. A. LAMBOLEY, *Les droits fondamentaux de l'enfant* : Libertés et droits fondamentaux (R. CABRILLAC dir.], Dalloz, 2015, 21e éd., p. 339 et 340.

[3] Sur le refus de la jurisprudence à considérer l'enfant à naître comme une personne juridiquement protégée, cf. en droit pénal, Cass. crim., 30 juin 1999 : *D.* 1999, 710, note VIGNEAU ; *Defrénois* 1999, art. 37047, note MALAURIE ; *JCP* G 2000, II, 10231, note FAURÉ, cassant Lyon 13 mars 1997 : *D.* 1997, 557, note SERVERIN ; *JCP* G 1997, II, 22955, note FAURÉ ; *Defrénois* 1997, art. 36578, note MALAURIE. – Cass. ass. plén., 29 juin 2001 : *JCP* G 2001, II, 10569, rapp. SARGOS, concl. SAINTE-ROSE, note RASSAT ; *D.* 2001, 2907, note PRADEL ; *Méd. et Droit* 2002, n° 52, p. 6, note LAMBOLEY. – Cass. crim. 25 juin 2002 : *D.* 2002, 3099, note PRADEL ; *JCP* G 2002, II, 10155, note RASSAT. – 4 mai 2004 : *D.* 2004, 3097, note PRADEL. – Sur cette jurisprudence, cf. J. SAINTE-ROSE, *L'enfant à naître : un objet destructible sans destinée humaine ?* : *JCP* G 2004, I, 194.

chose comme pourrait le laisser croire son utilisation en tant que matériau de laboratoire[4], ce que refusent tous ceux qui restent attachés à tout le potentiel humain qu'il renferme[5]. Face à cette alternative entre « personne » et « chose », la voie médiane qui pourrait être retenue ne se situerait-elle pas dans la notion d'« être humain », formulée, pour la première fois, par la loi Veil du 17 janvier 1975 relative à l'interruption volontaire de grossesse[6], dans son article 1er, aux termes duquel il était dit que « la loi garantit le respect de l'être humain dès le commencement de la vie » ? C'est à un mot près la même formule qu'a retenue, à son tour, la première loi de bioéthique du 29 juillet 1994 relative au respect du corps humain[7] dans l'article 16 du Code civil, selon lequel la loi « garantit le respect de l'être humain dès le commencement de sa vie[8] », ce principe n'étant lui-même que le corollaire du respect de la dignité de la personne humaine[9].

Cette incertitude ou cette ambiguïté quant à la qualification de l'embryon est lourde de conséquences dans la mesure où, selon la définition que retiendra le législateur, il pourra soit interdire, soit autoriser la recherche.

La première option, celle de l'interdiction de principe de toute recherche sur l'embryon, est celle qu'a retenue, dans un premier temps, le législateur (I), avant que la seconde, celle de l'autorisation de principe, n'ait les faveurs de la loi du 6 août 2013 tendant à modifier la loi n° 2011-814 du 7 juillet 2011 relative à la bioéthique en autorisant sous certaines conditions la recherche sur l'embryon et les cellules souches embryonnaires[10] (II).

---

[4] Pour une nouvelle réflexion sur la *summa divisio*, V.E. LAZAYRAT, J. ROCHFELD et J.-P. MARGUENAUD, *La distinction des personnes et des choses* : *Dr. famille* 2013, étude 5.

[5] Cf. notamment, allant en ce sens, A. MIRKOVIC, *Statut de l'embryon, la question interdite* ! : *JCP* G 2010, doctr. 99.

[6] L. n° 75-17 : *JO* 18 janv. 1975. – Sur la constitutionnalité de la loi, cf. Cons. const., 15 janv. 1975, n° 74-54 DC : *JO* 16 janv. 1975 ; *D.* 1975, 529, note HAMON ; *JCP* G 1975, II, 18030, note BEY.

[7] L. n° 94-653 : *JO* 30 juill. 1994. - Sur la constitutionnalité de ce texte, cf. Cons. const., 27 juill. 1994, n° 94-343-344 DC : *JO* 29 juill. 1994 ; *D.* 1995, 237, note MATHIEU.

[8] Sur la transfert de ce texte dans le Code de la santé publique au chapitre I du titre premier du livre deuxième concernant l'IVG, V. art. L. 2211-1.

[9] Sur ce principe à valeur constitutionnelle depuis la décision du 27 juillet 1994, préc. note 7, cf. notamment B. MATHIEU, *La dignité de la personne humaine : quel droit ? quel titulaire ?* : *D.* 1996, chron. 282. – Ph. PEDROT, *La dignité de la personne humaine à l'épreuve des technologies biomédicales*, Mélanges Christian Bolze, Éthique, droit et dignité de la personne (Ph. PEDROT dir.], Économica, 1999, p. 51.

[10] L. n° 2013-715 : *JO* 7 août 2013. – Sur la constitutionnalité de ce texte, cf. Cons. const., 1er août 2013, n° 2013-674 DC : *JO* 7 août 2013 ; *JCP* G 2013, n° 904, Aperçu rapide, B. MATHIEU, *Recherche sur l'embryon : une jurisprudence en demi-teinte*.

I- L'interdiction de principe de la recherche avant la loi du 6 août 2013

Dans le droit antérieur à la loi du 6 août 2013, le premier texte à avoir formellement interdit la recherche sur l'embryon était la seconde loi de bioéthique du 29 juillet 1994 relative au don et à l'utilisation des éléments et produits du corps humain, à l'assistance médicale à la procréation et au diagnostic prénatal[11] (A), que modifièrent, par la suite, les lois relatives à la bioéthique des 6 août 2004[12] et 7 juillet 2011[13] (B).

A- La seconde loi de bioéthique du 29 juillet 1994 qui, pour la première fois, avait formellement interdit la recherche sur l'embryon était un texte à la fois novateur et de large portée.

- Le texte était novateur dans la mesure où, sous l'empire du droit antérieur, les recherches sur l'embryon ne faisaient l'objet d'aucune réglementation, mais donnaient seulement lieu à des réflexions éthiques et à des avis ou recommandations, surtout après la création, par décret présidentiel du 23 février 1983[14], du Comité Consultatif National d'Éthique pour les sciences de la vie et de la santé, dont le premier avis du 22 mai 1984 portait sur « les prélèvements de tissus d'embryons et de fœtus humains morts, à des fins thérapeutiques, diagnostiques et scientifiques[15] ». Cet avis, auquel on doit la célèbre formule selon laquelle « l'embryon ou le fœtus doit être reconnu comme une personne humaine potentielle qui est, ou a été, vivante et dont le respect s'impose à tous », fut suivi d'un autre, en date du 15 décembre 1986, intitulé « Avis relatif aux recherches et utilisation des embryons humains *in vitro* à des fins médicales et scientifiques[16] » et dont l'intérêt était grand car en distinguant les recherches autorisées sous conditions et celles qui devaient être définitivement interdites[17], il jetait les

---

[11] L. n° 94-654 : *JO* 30 juill. 1994. – Sur la constitutionnalité de la loi, cf. Cons. const., 27 juill. 1994, préc. note 7.

[12] L. n° 2004-800 : *JO* 7 août 2004. – Sur la constitutionnalité de la loi, cf. Cons. const., 29 juill. 2004, n° 2004-498 DC : *JO* 7 août 2004.

[13] L. n° 2011-814 : *JO* 8 juill. 2011.

[14] D. n° 83-132 : *JO* 25 févr. 1983. – Sur la consécration législative du CCNE, cf. L. n° 94-654, 29 juill. 1994, préc., art. 23, et pour un commentaire de cette disposition, Ch. BYK, *Chronique Bioéthique* : *JCP* G 1995, I, 3848, n° 10. – Sur l'élargissement de ses compétences et les précisions apportées à son statut, cf. L. n° 2004-800, 6 août 2004, préc., art. 1er, codifié C. santé publ., art. L. 1412-1 à 1412-6, et pour un commentaire de ces nouvelles dispositions, J.-R. BINET, *La loi relative à la bioéthique*, 1re partie : *Dr famille* 2004, étude 22, n° 7 à 11.

[15] Avis n° 1, publié par le CCNE pour son Xe anniversaire *in* Les avis de 1983 à 1993, p. 9.

[16] Avis n° 8, publié in Les avis de 1983 à 1993, préc., p. 113.

[17] Sur cette distinction opérée par l'avis n° 8, cf. C. NEIRINCK, *L'encadrement juridique de la recherche sur l'embryon* : L'embryon humain. Approche multidisciplinaire (B. FEUILLET-LE MINTIER dir.], préface A. KAHN, Economica, 1996, p. 145-156.

bases des principes fondamentaux de la recherche sur l'embryon *in vitro*, que reprendront les législations postérieures.

- Le texte était de large portée dans la mesure où le principe d'interdiction de toute recherche sur l'embryon n'était assorti que d'une seule exception.

L'interdiction de « toute expérimentation sur l'embryon » était un principe que formulait l'ancien article L. 152-8 du Code de la santé publique, dans l'alinéa 2, que complétait l'alinéa 1er du même article en disposant que « la conception *in vitro* d'embryons humains à des fins d'étude, de recherche ou d'expérimentation est interdite ». Cette double interdiction était, de surcroît, renforcée par les sanctions pénales que prévoyaient les articles 511-19 et 511-18 du Code pénal ou les articles L. 152-17 et L. 152-18 du Code de la santé publique[18].

L'exception au principe d'interdiction était celle que formulait l'alinéa 3 de l'ancien article L. 152-8 en ouvrant à l'homme et à la femme formant le couple la faculté d'accepter par écrit que soient menées « des études » sur leurs embryons à la triple condition qu'elles aient une finalité médicale, qu'elles ne portent pas atteinte à l'embryon et qu'elles aient reçu un avis conforme de la Commission nationale de médecine et de biologie de la reproduction et du diagnostic prénatal prévue par l'ancien article L. 184-3 du Code de la santé publique[19].

B- Les lois relatives à la bioéthique des 6 août 2004 et 7 juillet 2011 avaient, en ce qui les concerne, pour caractéristique commune de se démarquer de la loi de 1994 sur deux points : le premier visait le champ d'application des recherches ; le second, les dérogations au principe d'interdiction.

- Quant au champ d'application des recherches, la loi de 2004 avait, pour sa part, assimilé aux recherches sur l'embryon celles sur les cellules souches embryonnaires, avant que la loi de 2011 n'ajoute les recherches sur les lignées de cellules souches. La loi de 2004 avait, par ailleurs, institué de nouvelles interdictions et sanctions, toujours en vigueur. Ainsi en est-il non seulement du clonage reproductif[20] ou du clonage thérapeutique[21], mais

[18] Sur les sanctions pénales réprimant la violation de la double interdiction de sept ans d'emprisonnement et de 700 000 F d'amende, cf. D. VIGNEAU, *« Dessine-moi » un embryon* : *Les Petites Affiches*, 14 décembre 1994, numéro spécial, p. 62.

[19] Sur cette triple condition, cf. C. NEIRINCK, *op. cit.*, note 18. – D. VIGNEAU, *op. cit.*, note 19. – Cf. également D. n° 97-613, 27 mai 1997 relatif aux études menées sur des embryons humains *in vitro* : *JO* 1er juin 1997.

[20] C. civ. art. 16-4, al. 3 ; C. santé publ., art. L. 2151-1 ; C. pén., art. 214-1 à 214-4 et 215-1 à 215-4. – Sur la qualification du clonage reproductif de crime contre l'espèce humaine, puni de trente ans de réclusion criminelle et d'une amende de 7 500 000 €, cf. M. BENILLOUCHE, *Les crimes contre l'espèce humaine et la loi du 6 août 2004* : *Les petites affiches,* 18 févr. 2005, numéro spécial (G. FAURÉ dir.), Révision des lois bioéthiques, p. 82

[21] C. santé publ., art. L. 2151-4 ; C. pén., art. 511-18-1.

également de la constitution par clonage d'embryon humain à des fins de recherches[22]. Demeure également prohibée, depuis la loi de 2011, la création d'embryons transgéniques ou chimériques[23].

- Quant aux dérogations au principe d'interdiction, elles ont été introduites, d'abord timidement, par la loi de 2004, puis, plus audacieusement, par la loi de 2011.

La loi de 2004, après avoir repris dans l'alinéa 1er de l'article L. 2151-5 du Code de la santé publique que « la recherche sur l'embryon humain est interdite[24] », et reconduit, dans l'alinéa 2 du texte, la possibilité, « à titre exceptionnel », des études ne portant pas atteinte à l'embryon, qu'avait instaurée la loi susvisée de 1994, avait innové en disposant dans l'alinéa 3 du même texte que « par dérogation au premier alinéa et pour une période limitée à cinq ans[25] », les recherches sur l'embryon et les cellules souches embryonnaires pouvaient être autorisées, dès lors qu'elles étaient susceptibles de permettre des progrès thérapeutiques majeurs et à la condition de ne pouvoir être poursuivies par une méthode d'efficacité comparable en l'état des connaissances scientifiques du moment[26]. Conduites sur des embryons fécondés *in vitro* qui ne faisaient plus l'objet d'un projet parental ou sur ceux qui, à la suite d'un diagnostic préimplantatoire, se révélaient porteurs d'anomalies génétiques conduisant le couple à abandonner son projet parental, ces recherches supposaient préalablement le consentement éclairé du couple, donné après un délai de réflexion de trois mois et toujours révocable. Elles devaient également, avant d'être entreprises, être l'objet d'une autorisation donnée par l'Agence de la biomédecine[27]. Il faut enfin savoir que le non-respect de ces diverses conditions pouvait donner lieu à des sanctions pénales[28].

---

22 C. santé publ., art. L. 2151-2 ; C. pén., art. 511-18.

23 L., art. 40 complétant C. santé publ., art. L. 2151-2.

24 Sur la réaffirmation du principe d'interdiction et sur les débats parlementaires auxquels ce principe donna lieu, cf. J.-R. BINET, *La loi relative à la bioéthique, commentaire de la loi du 6 août 2004*, 3e partie : *Dr. famille* 2004, comm. 28, spéc. n° 106 à 109.

25 Le délai de cinq ans courait à compter de la publication du décret en Conseil d'État pris pour l'application des dispositions nouvelles. Cf., à ce propos, D. n° 2006-121, 6 févr. 2006 relatif à la recherche sur l'embryon et les cellules souches embryonnaires et modifiant le Code de la santé publique (dispositions réglementaires) : *JO* 7 févr. 2006.

26 Sur les difficultés d'application de ces exigences, cf. Ph. PEDROT et B. PAUVERT, *La législation applicable aux cellules souches embryonnaires* : *Les Petites Affiches*, 18 févr. 2005, numéro spécial, préc. note 20, p. 77.

27 Sur cette nouvelle instance créée par la loi de 2004, cf. C. santé publ., art. L. 1418-1 à L. 1418-8. Pour des commentaires de ces nouvelles dispositions, J.-R. BINET, *La loi relative à la bioéthique,* 1re partie, étude préc. *supra* note 14, spéc. n° 11 à 17. – C. LISANTI, La loi n° 2004-800 du 6 août 2004 relative à la bioéthique : *Rev. Dr. & santé*, sept. 2004, p. 12, spéc. n° 24. – Dictionnaire Permanent, Bioéthique et biotechn., Bull. 140, août 2004, p. 6790 et 6791.

28 C. pén., art. 511-19 ; C. santé publ., art. 2163-6.

La loi de 2011, tout en reconduisant la plupart des dispositions prises en 2004, s'était montrée plus audacieuse en apportant, dans l'article L. 2151-5 du Code de la santé publique, plusieurs innovations consistant non seulement à assimiler à la recherche sur l'embryon et les cellules souches embryonnaires la recherche sur les lignées de cellules souches, comme cela a déjà été dit, mais également à rendre pérennes ces types de recherches, sans limitation de durée, et à en étendre la portée en substituant à la notion de progrès thérapeutique celle de progrès médical, ce qui permettait d'y inclure le diagnostic et la prévention[29].

Malgré les assouplissements que lui ont ainsi apporté les lois de 2004 et 2011, la réglementation de la recherche sur l'embryon et les cellules souches embryonnaires va connaître un changement de cap radical en passant d'un système d'interdiction assorti de dérogations à celui d'autorisation aux conditions strictes, comme cela sera vu ci-après.

II- L'autorisation de principe de la recherche depuis la loi du 6 août 2013

D'origine sénatoriale[30], la loi du 6 août 2013 opère un changement radical d'orientation, que n'avait pas pu réaliser le législateur en 2011. À ce propos, il est bon de rappeler que ce dernier fut partagé entre ceux qui souhaitaient que l'on maintienne le principe d'interdiction, assorti de dérogations, et ceux qui préféraient un régime d'autorisation aux conditions strictes, avant d'opter finalement en faveur de la première solution, qu'avaient soutenue les députés, dans un souci de cohérence avec l'article 16 du Code civil exigeant le respect de l'être humain dès le commencement de sa vie, comme cela a déjà été dit, alors que les sénateurs, au nom du progrès de la science, s'étaient prononcés en faveur de la seconde solution, avant de s'aligner, en deuxième lecture, sur la position de l'Assemblée Nationale, soucieuse de maintenir un « interdit symbolique ».

Le principe retenu par la loi de 2013, celui de l'autorisation strictement encadrée, qui va à l'inverse du précédent, a nécessité une nouvelle rédaction de l'article L. 2151-5 du Code de la santé publique et a donné lieu au décret du 11 février 2015 relatif à la recherche sur l'embryon et les cellules souches embryonnaires et à la recherche biomédicale en assistance médicale à la

[29] Pour un commentaire de ces nouvelles mesures dérogatoires, cf. J.-R. BINET, *La loi du 7 juillet 2011 : une révision mesurée du droit de la bioéthique* : *Dr. famille* 2011, étude 21, spéc. n° 14. – Cf. également, au plan réglementaire, D. n° 2012-467, 11 avr. 2012 relatif à la recherche sur l'embryon et les cellules souches embryonnaires et aux études sur l'embryon : *JO* 12 avr. 2012 ; *Dr. famille* 2012, alerte 33.

[30] Sénat, prop. de loi n° 576, 1er juin 2012 et pour un commentaire de ce texte M. BRUGGEMAN : *Dr. famille* 2012, alerte 45.

procréation[31]. Pour mieux mesurer la portée de la nouvelle réglementation, nous nous proposons, dans un premier temps, d'en faire une approche textuelle (A) et, dans un second temps, une approche critique (B).

A- L'approche textuelle de la nouvelle réglementation

Cette première voie d'approche de la nouvelle réglementation va mettre en évidence ses principales innovations, qu'elles visent la recherche sur l'embryon et les cellules souches embryonnaires ou la recherche biomédicale en assistance médicale à la procréation.

- Quant à la recherche sur l'embryon et les cellules souches embryonnaires, le principe d'autorisation qui, désormais, la gouverne, n'est en rien absolu, étant assorti de conditions strictes vérifiées par l'Agence de la biomédecine qui peut soit autoriser, soit refuser le protocole de recherche, ceci sous le contrôle du juge administratif, comme en atteste une décision rendue sous l'empire du droit antérieur par la Cour administrative d'appel de Paris, le 10 mai 2012[32].

Telles qu'elles sont énoncées par le nouvel article L. 2151-5-I du Code de la santé publique, les conditions exigées sont au nombre de quatre. Selon ce texte, un protocole de recherche conduit sur un embryon humain ou sur les cellules souches embryonnaires issues d'un embryon humain ne pourra être autorisé par l'Agence de la biomédecine que si la pertinence scientifique de la recherche est établie, si elle s'inscrit dans une finalité médicale, s'il est impossible, en l'état des connaissances scientifiques, de mener une recherche similaire sans recourir à des cellules souches embryonnaires ou à des embryons, la dernière obligation étant que le projet et ses conditions de mise en œuvre respectent les principes éthiques relatifs à la recherche sur l'embryon et les cellules souches embryonnaires[33].

Les autres conditions d'autorisation de la recherche, exigées par la loi de 2013 dans le nouvel article L. 2151-5-II du Code de la santé publique, ne constituent pas vraiment une innovation dans la mesure où le législateur n'a fait que reprendre, à son compte, la plupart des dispositions des lois de

---

31 D. n° 2015-155 : *JO* 13 févr. 2015 et pour un commentaire de ce texte, J.-R. BINET, Recherches sur l'embryon : nouveau cadre réglementaire : *Dr. famille* 2015, comm. 84.

32 Pour un commentaire de cette décision remettant en cause l'autorisation par l'Agence de la Biomédecine d'un protocole de recherche, aux motifs qu'elle aurait dû établir qu'il n'existait pas de méthode alternative, comme l'exigeait l'ancien article 2151-1 du Code de la santé publique, cf. J.-R. BINET, *Recherche sur l'embryon : pas d'autorisation sans respect des conditions légales* : *JCP* G 2012, act. 640. – À son propos, cf. également Ch. BYK, *Chronique de Bioéthique* : *JCP* G 2013, 950, n° 24.

33 Pour des commentaires de ces exigences, cf. notamment, J.-R. BINET, *Recherche sur l'embryon : fin d'un symbole éthique et abandon d'une illusion thérapeutique* : *JCP* G 2013, n° 905, Aperçu rapide. – L. LAMBERT-GARREL et F. VIALLA, *L'exception devient principe : à propos de la recherche sur l'embryon et les cellules souches embryonnaires* : *D.* 2013, Point de vue, 1842. – V. DEPADT-SEBAG, *La recherche sur l'embryon et les cellules souches embryonnaires : de l'exception au principe* : *RJPF* 2013-10/1. – A.-M. LEROYER, Chron. Législation française, : *RTD civ.* 2013, p. 895.

bioéthique de 2004[34] et 2011[35]. Est ainsi reprise la règle selon laquelle toute recherche ne peut être menée qu'à partir d'embryons conçus *in vitro* dans le cadre d'une assistance médicale à la procréation et qui ne font plus l'objet d'un projet parental. Ont également été reconduites les règles disposant que la recherche suppose préalablement le consentement écrit du couple dont sont issus les embryons ou du membre survivant du couple, dûment informés des possibilités d'accueil des embryons par un autre couple[36], ou d'arrêt de leur conservation[37]. Comme sous l'empire du droit antérieur, le consentement doit aussi être confirmé à l'issue d'un délai de réflexion de trois mois, et sa révocabilité sans motif n'est pas remise en cause. La seule modification notable apportée par la loi nouvelle vise la durée de la révocabilité qui, auparavant, ne connaissait pas de limite dans le temps, alors qu'aujourd'hui, la règle veut que le consentement soit révocable « tant que les recherches n'ont pas débuté ». On relèvera, enfin, que la loi de 2013 a maintenu, dans l'article L. 2151-7-1 du Code de la santé publique, créé par la loi de bioéthique du 7 juillet 2011, la clause de conscience en vertu de laquelle « aucun chercheur, aucun ingénieur, technicien ou auxiliaire de recherche quel qu'il soit, aucun médecin ou auxiliaire médical n'est tenu de participer à quelque titre que ce soit aux recherches sur des embryons humains ou sur des cellules souches embryonnaires ».

- Quant à la recherche biomédicale en assistance médicale à la procréation, sa particularité est, pour l'heure, d'être réglementée uniquement par voie de décret, en l'occurrence par le décret précité du 11 février 2015[38]. Cette situation tient au fait que la loi de 2013 a purement et simplement supprimé du nouvel article L. 2151-5 le régime spécifique des études sur l'embryon qui était prévu au VI de l'ancien article pour permettre certaines recherches en AMP[39]. C'est pour pallier un tel état de fait, dénoncé par le Conseil d'État, lorsqu'il fut saisi du projet de décret, que le Gouvernement, dans le cadre du projet de loi relatif à la santé[40], présenta un amendement[41], adopté en première lecture, par l'Assemblée Nationale, le 10 avril 2015. Inséré dans l'article 37 du

---

[34] C. santé publ., ancien art. L. 2151-5, al. 4.

[35] C. santé publ., ancien art. L. 2151-5-III.

[36] Sur les conditions d'accueil d'un embryon par un autre couple cf. C. santé publ., art. L. 2141-5 et L. 2141-6, modifiés L. n° 2011-814, 7 juill. 2011, art. 35.

[37] Cf., à ce propos, C. santé publ., art. L. 2141-4, modifié L. n° 2011-814, 7 juill. 2011, art. 34.

[38] Art. 3 insérant au titre II du chapitre V du livre 1er de la première partie du Code de la santé publique, consacré aux « recherches biomédicales », une section 3 intitulée « Dispositions particulières aux recherches biomédicales menées dans le cadre de l'assistance médicale à la procréation » que réglementent les articles R. 1125-14 à R. 1125-25.

[39] Sur les textes antérieurs à la loi de bioéthique de 2011 d'où était issu l'ancien article 2151-5, VI, V., sous l'empire de la 2e loi de bioéthique du 29 juillet 1994, préc., art. L. 152-8, al. 3 ; sous l'empire de la loi du 6 août 2004, préc., art. L. 2151-5, al. 2.

[40] Proj. n° 2302, déposé sur le bureau de l'Assemblée Nationale, le 15 oct. 2014.

[41] Amendement n° 2509.

projet de loi, l'amendement en question complète l'article L. 2151-5 du Code de la santé publique par un V disposant que « des recherches biomédicales menées dans le cadre de l'assistance médicale à la procréation peuvent être réalisées sur des gamètes destinées à constituer un embryon ou sur l'embryon *in vitro* avant ou après son transfert à des fins de gestation si chaque membre du couple y consent. Ces recherches, est-il ajouté, sont conduites dans les conditions fixées au titre II du livre 1er de la première partie du présent Code ».

La soumission des recherches entreprises dans le cadre de l'AMP au régime général des recherches biomédicales, aussi protecteur soit-il de l'être humain[42], est loin de faire l'unanimité parmi les scientifiques. Certains craignent en particulier que, par rapport au droit antérieur, où le régime des études sur l'embryon était impérativement « au bénéfice de l'embryon » et ne portait « pas atteinte à l'embryon », rien ne s'oppose, sous le nouveau régime des recherches, à ce que l'embryon soit détruit par les interventions des chercheurs. Jacques Testart, père du premier bébé éprouvette français et directeur de recherche honoraire à l'INSERM, estime également que la porte est ouverte pour intensifier la recherche sur l'embryon lui-même, avec un double risque, celui de création d'embryons pour la recherche, celui de transfert possible *in utero* des embryons après recherche. Le Professeur Alain Privat, neurobiologiste, ancien directeur de recherche à l'INSERM et spécialiste des cellules souches, attire, pour sa part, l'attention sur l'équivoque que comporte l'expression « de recherches biomédicales menées dans le cadre de l'AMP », la formulation utilisée ne voulant pas dire que ces recherches auront pour but de traiter l'infertilité du couple, mais plutôt d'être « un prétexte pour faire davantage de recherches sur l'embryon ». Il souligne aussi les risques de dérives eugénistes que comporte le nouveau texte adopté par les députés, dans la mesure où ce texte ne contient aucune précision sur la nature des recherches qui pourront être effectuées, ce qui rend infini le champ des possibles[43].

Aux critiques plus générales de la nouvelle réglementation, seront, pour finir, consacrés les développements qui vont suivre.

---

[42] Cf. allant en ce sens, L. n° 88-1138, 20 déc. 1988 relative à la protection des personnes qui se prêtent à des recherches biomédicales : *JO* 22 déc. 1988, plus connue sous le nom de loi « Huriet-Sérusclat ». – Sur le remaniement important que subit la loi de 1988 à l'occasion de la transposition de la directive 2001/20/ CE du Parlement européen et du Conseil du 4 avril 2001 concernant le rapprochement de dispositions législatives, réglementaires et administratives des États membres relatives à l'application de bonnes pratiques cliniques dans la conduite d'essais cliniques de médicaments à usage humain, cf. L. n° 2004-806, 9 août 2004 relative à la politique de santé publique, art. 88 à 97 : *JO* 11 août 2004. – À relever également les dernières modifications apportées par la loi n° 2012-300 du 5 mars 2012 relative aux recherches impliquant la personne humaine : *JO* 6 mars 2012, sachant que l'entrée en vigueur de ce nouveau texte reste, pour l'heure, indéterminée, faute de la publication des décrets d'application prévus par l'article 11 de la loi.

[43] Sur ces divers arguments, cf. *Gènéthique* 14 avril 2015.

B- L'approche critique de la nouvelle réglementation

Cette seconde voie d'approche de la nouvelle réglementation, telle qu'elle résulte de la loi du 6 août 2013, va permettre de souligner un certain nombre de critiques dont elle a été l'objet, au plan aussi bien de la forme que du fond.

- Les critiques de forme tiennent principalement au caractère précipité du dépôt de la proposition de loi devant le Sénat, le 1er juin 2012, soit moins d'un an après la publication de la loi de bioéthique du 7 juillet 2011, et de son vote, également rapide, en première lecture, le 4 décembre suivant, sans qu'il n'y ait eu de véritable concertation, ni urgence à légiférer. On pourrait même aller plus loin en se demandant si l'initiative ainsi prise par les auteurs de la proposition de loi n'intervient pas au mépris des dispositions de l'article 46 de la loi de 2011, imposant certaines procédures préalables pour « tout projet de réforme sur les problèmes éthiques et les questions de société soulevés par les progrès de la connaissance dans les domaines de la biologie, de la médecine et de la santé[44] ». Ces dispositions, codifiées dans les articles L. 1412-1-1 et L. 1412-3-1 du Code de la santé publique, prévoient, entre autres, un débat public, sous forme d'états généraux, organisés à l'initiative du Comité Consultatif National d'Éthique, après consultation des commissions parlementaires permanentes compétentes et de l'Office parlementaire d'évaluation des choix scientifiques et technologiques. Or, comme le remarque le sénateur Dominique de Legge, chargé de défendre une question préalable tendant à un retrait de la proposition de loi[45], « le moins que l'on puisse dire est que toutes ces étapes ont été allègrement ignorées », la proposition en cause n'ayant donné lieu à aucun débat public, ni à la moindre consultation d'experts, ni à aucune concertation d'élus, ni à aucune publicité[46]. Avant même que la loi ne soit définitivement votée, le Gouvernement fut pourtant saisi de la question par

---

[44] Sur cette première critique, cf. allant également dans le même sens, J.-R. BINET, *Recherche sur l'embryon : une double rupture* : *JCP* G 2012, veille 1326 ; *Dr. famille* 2013, comm. 22. – L. LAMBERT-GARREL et F. VIALLA, *L'exception devient principe : à propos de la recherche sur l'embryon et les cellules souches embryonnaires*, préc. note 33. – V. DEPADT-SEBAG, *La recherche sur l'embryon et les cellules souches embryonnaires : de l'exception au principe*, préc. *ibid.* – A.-M. LEROYER, Chron. Législation française, Droit des personnes, préc. *ibid.*

[45] Sur cette question préalable, cf. débats Sénat, séance du 4 décembre 2012.

[46] Comp. avec le long travail préparatoire auquel a donné lieu la loi de bioéthique de 2011. À relever notamment le rapport Claeys et Vialatte de 2008, rendu au nom de l'Office parlementaire d'évaluation des choix scientifiques et technologiques sur « L'évaluation de l'application de la loi n° 2004 du 6 août 2004 relative à la bioéthique ». – À citer également le rapport final d'Alain Graf sur les « États généraux de la bioéthique », rendu public le 16 juillet 2009. – Sur ce « débat citoyen », lancé en janvier 2009 et clôturé le 23 juin cf. C. BERGOIGNAN-ESPER, *Les états généraux de la bioéthique, un tournant dans la réflexion* : *D.* 2009, 1837. – Pour un entretien sur le rapport final avec C. BYK, J.-R. BINET et B. MATHIEU, intitulé « *Une refondation de la bioéthique ?*, cf. *JCP* G 2009, La semaine du droit. Entretien, 208.

plusieurs parlementaires[47], sans qu'il n'apporte vraiment d'explications, se contentant de répondre, *a posteriori*, que la loi de 2013 a été précédée de nombreux débats, puis de discussions à l'Assemblée Nationale et au Sénat[48].

- Les critiques de fond, encore plus essentielles, qu'il convient de relever, tiennent aux risques que fait peser la loi de 2013 sur l'embryon en consacrant son instrumentalisation ou, si l'on préfère, sa réification et ce, au mépris des principes fondamentaux du droit français que sont, entre autres, le respect de la vie et de la dignité de la personne humaine, serait-elle « potentielle » ou « en devenir », comme le formule le Comité Consultatif National d'Éthique, dans plusieurs de ses avis, les deux premiers, déjà cités, datant du 22 mai 1984[49] et du 13 décembre 1986[50], le plus récent du 21 octobre 2010[51]. De ces critiques, que reprennent bon nombre de commentateurs de la loi[52], le Gouvernement fut également saisi à l'occasion de questions ministérielles [53]. Comme précédemment, la réponse tardive qu'il vient de donner, le 16 juin 2015[54], reste assez laconique, faisant simplement valoir la décision favorable du Conseil constitutionnel du 1er août 2013 [55], ainsi que les dispositions limitatives à la recherche sur l'embryon qu'impose la loi.

Les autres critiques à l'encontre de la loi de 2013 tiennent à son opportunité. On est, en effet, en droit de s'interroger sur le bien-fondé de l'inversion des principes qu'opère la réforme, alors qu'un tel changement ne répond pas véritablement à un impératif scientifique, contrairement à ce que

---

47 Rép. min. n° 29361 : *JOAN Q* 18 juin 2013, p. 6258. – n° 32267 : *JOAN Q* 16 juill. 2013, p. 7378. – n° 33078 : *JOAN Q* 23 juill. 2013, p. 7615. – n° 33958 : *JOAN Q*, 30 juill. 2013, p. 7952.

48 Rép. min. 16 juin 2015 : *JOAN Q*, p. 4488. – Sur cette réponse tardive aux questions susvisées, V. *Dr. famille* septembre 2015, n° 9, p. 6.

49 Avis n° 1, préc. note 15. – Sur ce premier avis structurant durablement les réflexions ultérieures sur l'embryon, cf. J.-R. BINET, *Trente ans, le bel âge de la personne humaine potentielle* : *Dr. famille* 2014, repère 6.

50 Avis n° 8, préc. note 16.

51 Avis n° 112, intitulé « Une réflexion éthique sur les cellules d'origine embryonnaire humaine, et la recherche sur l'embryon humain *in vitro* ». À relever la distinction qu'opère cet avis entre l'expression « personne humaine potentielle » et « personne humaine en devenir » selon qu'il n'existe plus ou qu'il existe encore un lien humain entre le couple de futurs parents et leur futur enfant.

52 Sur la crainte d'une désacralisation de la personne humaine en devenir et de la réduction de l'embryon à un simple matériau de laboratoire, cf. L. LAMBERT-GARREL et F. VIALLA, *L'exception devient principe : à propos de la recherche sur l'embryon et les cellules souches embryonnaires*, comm. préc. note 33. – Allant dans le même sens, J.-R. BINET, *Recherche sur l'embryon : fin d'un symbole éthique et abandon d'une illusion thérapeutique*, comm. préc. note 33. – À propos des reproches faits au législateur d'avoir adopté un texte contraire aux principes fondamentaux de respect de l'être humain, V. A.-M. LEROYER, chron. préc., note 33.

53 Rép. min. n° 29361, 18 juin 2013 ; - n° 33078, 23 juill. 2013, préc. note 47.

54 Préc. note 48.

55 Préc. note 10.

prétendaient les promoteurs du projet de loi. Il ne l'est pas dans la mesure où il existe aujourd'hui des alternatives à la recherche sur l'embryon et les cellules souches embryonnaires avec non seulement l'utilisation des cellules souches issues du sang de cordon ombilical[56], mais surtout les découvertes du Japonais Shinya Yamanaka et du Britannique John Gurdon, récompensés par le prix Nobel de médecine 2012, pour leurs recherches sur la transformation de cellules adultes en cellules souches, ces cellules souches reprogrammées, dites « iPS », étant susceptibles de régénérer les tissus de l'organisme et de bouleverser ainsi tout le domaine thérapeutique pour des maladies liées notamment au vieillissement, telles que : cancer, infarctus, diabète ou maladie de Parkinson[57]. Saisi de cet autre problème par le jeu des questions ministérielles[58], le Gouvernement dans sa réponse susvisée du 16 juin 2015[59], une nouvelle fois, ne prend pas vraiment parti, dans la mesure où il estime que la recherche doit encore reposer sur l'utilisation à la fois des cellules souches embryonnaires, des cellules souches adultes et des cellules souches pluripotentes induites (iPS), sachant que ces trois axes de recherche « se fertilisent mutuellement », et que, de toute façon, il reste « attentif à toute découverte dans ce domaine ».

Parvenu au terme de cet exposé qui a mis en lumière les questions délicates que soulève la recherche sur l'embryon et les cellules souches embryonnaires humaines au regard des grands principes éthiques et juridiques que sont la dignité de la personne humaine et le respect de l'être humain dès le commencement de sa vie, pour reprendre la formule de l'article 16 du Code civil, qu'il nous soit permis de conclure en disant que par l'adoption de la loi du 6 août 2013, la France, pays des droits de l'Homme, a franchi là un premier pas vers l'abandon de ses principes humanistes qu'elle avait, jusqu'alors, toujours su défendre, face à l'utilitarisme des pays anglo-saxons. Une telle démarche nous semble pour le moins fort regrettable.

Annie LAMBOLEY
Professeur émérite de droit privé
Université de Montpellier I

[56] Cf. à leur propos, Communiqué du CCNE du 19 avr. 2012, *Cellules souches issues du sang du cordon ombilical : une richesse à exploiter ?* – Pour un commentaire de ce communiqué, cf. *Dr. famille* 2012, alerte 34.

[57] Sur ces alternatives très prometteuses à la recherche sur l'embryon et les cellules souches embryonnaires, cf. notamment, L. LAMBERT-GARREL et F. VIALLA, *L'exception devient principe : à propos de la recherche sur l'embryon et les cellules souches embryonnaires*, comm. préc. note 33. – J.-R. BINET, *Recherche sur l'embryon : fin d'un symbole éthique et abandon d'une illusion thérapeutique*, comm. préc. note 33. - A.-M. LEROYER, chron. préc., note 33.

[58] Rép. min. n° 29361, 18 juin 2013 ; – n° 33078, 23 juill. 2013 ; – n° 33958, 30 juill. 2013, préc. note 47.

[59] Préc. note 48.

Un oxymore éclairant ? Le « coup d'État démocratique » et la transition constitutionnelle en Égypte

L'invitation à rendre hommage à Marie-Luce Pavia[1] imposait, par sa biographie comme par ses convictions, de porter son regard vers l'autre rive de la Méditerranée et de scruter l'histoire en train de se faire lors des « printemps arabes ». Ceux-ci ont été l'occasion d'un regain d'intérêt pour la science constitutionnelle des transitions[2], avec une place particulière accordée aux questions du fait religieux[3] et de la protection des Droits de l'Homme[4] et, bien sûr, à la problématique de l'édification d'un système démocratique[5].

À propos de cette dernière question, un événement et sa justification attiraient l'attention de qui formait le projet de se pencher sur les transitions démocratiques en cours. En Égypte, le 3 juillet 2013, le président élu Mohamed Morsi fut déposé par le Conseil Suprême des Forces Armées. Le Président de la Haute Cour constitutionnelle d'Égypte assura l'intérim de la Présidence de la République et le général al-Sissi prit la suite des Frères Musulmans dans la conduite de la transition. L'interrogation sur la nature de l'évolution constitutionnelle égyptienne envahissait les commentaires : s'agissait-il d'une révolution ou d'un coup d'État ? Il apparaissait certes nettement que l'armée reprenait d'autorité le pouvoir mais l'isolement des Frères Musulmans et les moyens constitutionnels exceptionnels dont s'était doté Morsi conduisaient à une manifestation massive de rejet le 30 juin. Un

[1] Il faut saluer Jacques Bouineau et l'équipe du CEIR pour le cœur et la determination mis dans l'organisation de ce colloque, rendant un très bel hommage à Marie-Luce Pavia durant ces deux journées. Je remercie également Eric Sales pour les précieux éclairages concernant l'histoire constitutionnelle et politique turque lors de discussions au sein du CERCoP ; toute erreur serait néanmoins de mon seul fait.

[2] Est assez illustrative la création en 2013 de la collection « transition et justice » parmi les publications de l'Institut universitaire Varenne. Voir aussi, par exemple, DANIELCUC-COLODROVSCHI, PHILIPPE (2014) et TOUZEIL-DIVINA (2015). Encore récemment, le 22 janvier 2016 un colloque sur la justice constitutionnelle et les transitions constitutionnelles a été organisé au Conseil constitutionnel.

[3] DANIELCUC-COLODROVSCHI, PHILIPPE (2015).

[4] CHAMPEIL-DESPLATS (2015).

[5] MEDHI (2014).

ancien ministre de Hosni Moubarak, responsable du parti libéral, avança qu'il était alors question d'un coup d'État démocratique.

L'usage de cette expression n'était pas inédit ; son emploi justifiait le coup de force, cherchait à rassurer les chancelleries étrangères et à éviter que les États-Unis et l'Union Européenne ne suspendent leurs programmes d'assistance. Elle ne manquait pas, cependant, de faire écho à un article paru un an auparavant dans le *Harvard International Law Journal*, signé du constitutionnaliste Ozan O. Varol, intitulé « The Democratic Coup d'État ». S'appuyant sur une analyse comparée des coups d'État turc (1960), portugais (1974) et égyptien (2011), l'auteur dessine dans cet article les caractéristiques d'un coup d'État militaire qui ne serait pas si éloigné d'une révolution populaire en ce qu'il aboutirait à la tenue d'élections démocratiques.

L'article met en évidence de manière assez originale[6] la contribution qu'une armée peut apporter à la transition constitutionnelle démocratique d'un pays et invite à ne pas se laisser aveugler par l'opposition entre les notions de soulèvement populaire et de coup d'État militaire, pour relever les logiques pertinentes à l'œuvre dans un changement de régime. Surtout, il encourage les constitutionnalistes à réintégrer le monde des faits pré-constitutionnels dans leurs analyses pour expliquer par des inférences causales la création des normes constitutionnelles. Il s'inscrit ainsi dans une perspective empirique de droit constitutionnel comparé comme celle du *constitutional design* qui cherche à construire une ingénierie constitutionnelle des transitions propre à consolider leurs buts[7] .

Cependant, qu'un coup d'État militaire puisse déboucher sur l'instauration d'une démocratie constitutionnelle ne signifie pas nécessairement qu'il soit fondé de dégager les critères objectifs qui permettraient d'établir une relation de cause à effet entre un putsch et un avenir démocratique. Il peut être notamment difficile d'être convaincu que cette formule n'ait pas pour seul dessein de servir à légitimer une prise de pouvoir politique, qu'elle puisse résumer un autre discours qu'une doctrine idéologique.

Le juriste, alors, ne peut éviter de se poser la question suivante : est-il possible de qualifier d'objectivement démocratique une révolution ou un coup d'État ? En d'autres termes, le recours à une catégorie juridique post-constitutionnelle – la démocratie – est-elle d'un quelconque secours pour analyser un événement pré-constitutionnel tel qu'un soulèvement populaire

---

[6] La littérature internationale s'intéresse majoritairement aux relations entre civils et militaires : JOANA (2007). Sur le rôle tenu par l'armée dans les différents pays arabes connaissant des soulèvements révolutionnaires, voir DROZ-VINCENT (2013).

[7] HIRSCHL (2014), p. 158-159.

ou un coup d'État, le cas échéant fomenté par l'armée[8] ? La question fondamentale est celle du rapport du droit, du juriste, au pouvoir constituant.

La notion de coup d'État démocratique ne désigne pas, dans l'esprit de son promoteur, une théorie qui trouverait nécessairement application dans certains types d'événements. Il s'agit surtout de nuancer empiriquement l'opposition entre le coup d'État, par essence dénué de légitimité démocratique, et la révolution nécessairement démocratique, en insérant cette catégorie de coups d'État qui produisent des changements démocratiques. Le constitutionnaliste américain avance en outre une hypothèse qui peut servir de justification à ce type de coups de force et les rendre désirables : ils se produiraient notamment parce que sans l'intervention de l'armée, la transition démocratique serait impossible. Le peuple seul, l'opposition politique désorganisée, ne seraient parfois pas en mesure, au-delà des manifestations, de produire un changement politique significatif face à un régime autoritaire, voire totalitaire. L'institution militaire disposerait, elle, de cette capacité de faire basculer le régime et d'ordonner la transition. Improbable peut-être, la démocratie est dans certains cas le fruit de l'intervention nécessaire d'un pouvoir constituant militaire (I). Une autre interprétation des cas turc, portugais et égyptien est cependant susceptible de mettre en exergue des caractères d'une transition constitutionnelle qui sont autant d'obstacles à la reconnaissance de la catégorie utile à l'analyse juridique que serait « le coup d'État démocratique ». Le moment constituant, loin d'être consensuel, équivoque donc, se caractérise par une mésentente qui laisse la volonté constituante désunie, insaisissable. Tout au plus la science constitutionnelle peut-elle en donner une interprétation normative qui traduise en termes constitutionnels le différend fondamental qui frappe la société en question. Ces conflits normatifs ainsi identifiés expliquent probablement mieux l'adoption des normes constitutionnelles nouvelles que la nature, révolutionnaire ou non, du changement de régime. La qualité démocratique d'une société politique se construit dans un processus constituant ambivalent et non dans le pouvoir constituant. La démocratie est le produit incertain d'un processus constituant conflictuel (II).

[8] Une analyse comparée des transitions constitutionnelles méditerranéennes souligne ainsi que « l'institution immédiate d'un ordre entièrement démocratique se révèle impossible [...]. Les dispositions régissant une procédure constituante démocratique sont alors la promesse du passage à une phase ultérieure, stabilisée, dans laquelle un régime démocratique pourra être réalisé » ; voir PERLO (2015), p. 19.

I- La démocratie, fruit improbable du pouvoir constituant militaire

Olivier Beaud décompose le pouvoir constituant *lato sensu* en un pouvoir déconstituant mettant fin à un régime et un pouvoir reconstituant instaurant une procédure constituante[9]. Dans le coup d'État démocratique, le fruit démocratique naît de la captation du pouvoir déconstituant par l'institution militaire (A) et de sa supervision du pouvoir reconstituant (B).

A- La captation du pouvoir déconstituant

Pour convaincre de la réalité de la catégorie de « coup d'État démocratique », Ozan Varol tire argument de trois exemples de changement de régime dirigé par l'armée en vue de la tenue d'élections libres dans des conditions équitables.

Le premier de ces exemples voit l'initiative du pouvoir déconstituant prise au sein de l'institution militaire. Au Portugal, la révolution des œillets du printemps 1974 est initiée par le coup d'État de quelques dizaines de jeunes officiers organisés dans un Mouvement des Forces Armées (MFA) qui entend mettre un terme le 25 avril à la plus vieille dictature non communiste d'Europe, l'*Estado Novo* fondé par Antonio Salazar. La foule exprime immédiatement son soutien au coup de force en envahissant les rues de Lisbonne et en manifestant sa gratitude envers les forces armées à l'aide d'œillets. Le jour même, le Président du conseil Marcelo Caetano, réfugié dans une caserne, se résigne à quitter le pouvoir à condition de le remettre, « afin que celui-ci ne tombe pas dans la rue », à un officier général[10]. Le pouvoir échoit alors à un général particulièrement respecté, héros des guerres de décolonisation, auteur d'un livre de réflexions critiques sur l'avenir de l'*Estado Novo* et favorable à une solution politique négociée aux conflits coloniaux[11] : le Général Antonio de Spinola prend la tête de l'organe provisoire de gouvernement, la Junte de Salut National, et devient Président de la République le 15 mai[12]. Dans un communiqué, les officiers du MFA affirment leur volonté d'établir un régime démocratique en rendant public un programme dit « des trois D » : « Décolonisation, Démocratisation et Développement ». Ils annoncent la tenue d'élections dans les deux ans à venir et prévoient que l'élection d'une assemblée constituante précèdera celle d'un parlement.

---

9 Beaud (1994), p. 225.
10 Leonard (1994), p. 14.
11 *Ibid.*, p. 21-22.
12 Saldanha (2010), p. 6.

Les temps demeurent cependant incertains en raison de nombreux troubles. Outre les mouvements sociaux et l'instabilité gouvernementale[13], cette période, dans sa première année, est le théâtre d'une lutte pour le pouvoir déconstituant : le MFA et la Junte de Salut National vont s'affronter pour décider de la fin de l'ancien régime. Le Président de Spinola souhaite une réforme du régime et une relation de type fédéral avec les colonies ; le MFA est engagé dans un processus révolutionnaire et souhaite accorder leur indépendance aux colonies au plus vite. Ce conflit trouve sa résolution dans le coup de force avorté du désormais ex-Président de Spinola en mars 1975. Celui-ci est contraint à l'exil et le MFA devient titulaire du pouvoir déconstituant[14] : le Conseil de la Révolution qu'il crée succède à la Junte de Salut National ; il n'est plus question de survivance de l'ancien régime. En dépit de ces heurts, les élections auront effectivement lieu à chaque anniversaire de la révolution, les 25 avril 1975 et 1976. Produit d'un coup d'État, le pouvoir déconstituant militaire rencontre un soutien populaire et se ponctue par la remise du pouvoir aux institutions nouvellement élues.

Dans les deux autres exemples retenus par Ozan Varol, l'institution militaire n'est pas à l'initiative d'un renversement du régime ancien mais elle en prend la direction en s'emparant du pouvoir déconstituant.

Il en sera d'abord ainsi dans la Turquie de 1960[15]. Sous l'empire de la constitution kémaliste de 1924, le Parti Démocrate (DP) gouverne le pays depuis 1950. Créé par des transfuges du Parti Républicain du Peuple (CHP) fondé par Atatürk, il a succédé au parti kémaliste à la tête du pays. L'arrivée au pouvoir du DP, traduite dans la formation du gouvernement d'Adnan Menderes, est le fruit d'élections et constitue ainsi une alternance démocratique. Le Parti Républicain représentait alors l'élite moderniste, laïque et libérale, qui rencontrait un soutien répandu dans les appareils étatiques, les milieux intellectuels et la population des grandes villes. Le Parti Démocrate qui, lui, s'assurait du soutien des populations rurales, notamment par son usage politique de l'islam, voyait ainsi se dresser un front hostile à sa politique. Le DP usa alors des moyens autoritaires employés avant lui par le Parti républicain durant les 20 ans de système de parti unique. Cette politique se traduisit essentiellement par une purge progressive des fonctionnaires, juges et universitaires ainsi que par la privation des moyens financiers et d'expression du principal parti d'opposition. Elle culmina dans l'établissement d'une commission d'enquête parlementaire sur les « activités subversives » visant les partis d'opposition. Le 26 avril 1960, un groupe de professeurs de droit dénonce alors une violation de la constitution par le pouvoir. Celui-ci insiste néanmoins et voit

---

13 Six gouvernements provisoires se succéderont jusqu'à l'installation du premier gouvernement constitutionnel, dirigé par Mario Soares : ANTUNES (2005), p. 87-88.
14 SALDANHA (2010), p. 7.
15 MARCOU (1996), p. 444-450 ; KABOGLU, SALES (2015), p. 51-67.

les manifestations de protestation grandir, notamment à Istanbul et Ankara, au point de devoir faire appel à l'armée. Or l'institution militaire, qui jouissait d'un grand crédit populaire transcendant les divisions politiques, refusa de faire feu contre les manifestants. Loin de réprimer le soulèvement populaire, elle organisa un coup d'État le 27 mai 1960.

Parce qu'elle était l'institution la plus efficace au sein de l'État mais aussi du fait du service militaire obligatoire, l'armée turque avait noué une relation quasi-organique avec la population. Les militaires présentèrent leur intervention comme un sauvetage d'une démocratie mise en péril par les abus de pouvoir de la majorité politique et s'engagèrent à organiser des élections libres et équitables « aussi vite que possible », comme à laisser le pouvoir à la future majorité. Dans cette perspective, l'armée forma un comité d'union nationale dirigé par le Général Cemal Gürsel, chargé de gouverner selon une constitution intérimaire. En octobre, comme prévu lors du coup d'État, eurent lieu des élections remportées par le parti kémaliste, républicain. En amont de celles-ci, le gouvernement militaire avait réuni les différents leaders politiques afin qu'ils s'engagent publiquement, entre autres serments, à protéger les réformes et principes d'Atatürk, s'abstenir d'instrumentaliser politiquement l'islam et ne pas mettre en question la légitimité du coup d'État. Suite aux élections, l'armée respecta ses propres engagements et restitua le pouvoir à la nouvelle majorité.

Le dernier exemple censé attester de l'existence des coups d'État démocratiques est celui du terme mis au régime d'Hosni Moubarak en 2011, lequel basculera en dix-huit jours seulement. À la suite de la révolution tunisienne, la place al-Tharir du Caire s'est remplie d'une masse appelant au renversement du régime à partir du 25 janvier. La seule répression policière ne parvenant guère à stopper cette mobilisation populaire, Hosni Moubarak dut se résoudre à appeler l'armée à intervenir. Chacun se souvient du positionnement des véhicules militaires qui, en silence, loin de disperser les manifestants, les encadraient en même temps qu'ils les protégeaient des unités anti-émeute, maintenant un certain ordre contre les débordements de tout type. De manière tacite, l'armée autorisait la poursuite des manifestations. Les promesses télévisées de Moubarak, notamment celle de quitter le pouvoir en fin de mandat, ne convainquaient plus : il n'était pas demandé une ouverture du système politique mais exigé la fin de l'État policier. Le 11 février 2011, un communiqué du Conseil Suprême des Forces Armées (CSFA) réuni sans l'aval de la Présidence présenta son action comme une intervention « pour protéger le pays » et « pour soutenir les légitimes demandes du peuple ». Quelques heures plus tard, le Vice-président Omar Suleiman informait la population du retrait d'Hosni Moubarak. Dans un nouveau communiqué, le CSFA déclara s'emparer du pouvoir tout en promettant des amendements à la constitution, des élections libres et, comme ce fut le cas en Turquie, une restitution du pouvoir politique à la « communauté libre démocratique », selon ses propres termes[16]. Le peuple égyptien se prononcera au mois de mars sur les amendements constitutionnels, sera convoqué aux élections législatives de novembre 2011-janvier 2012 et votera pour son président en juin 2012, scrutins qui sans être exemplaires, seront jugés crédibles.

À l'heure où Ozan Varol dessinait les contours de la notion de « coup d'État démocratique », l'institution militaire ne manquait pas à sa parole. Par la suite, le constitutionnaliste états-unien ne reconnaîtra pas dans la déposition du Président Mohammed Morsi un second « coup d'État démocratique ». À ce moment de sa réflexion, avant la prise de pouvoir d'Abd al-Fattah al-Sissi donc, il observe un point commun aux trois coups d'État. Comme dans la Turquie des années 1960, l'armée entretient un lien particulier avec la population. Au Portugal, ce sont les guerres de décolonisation qui, pendant plus de dix ans, ont envoyé la jeunesse portugaise en Afrique et lui ont donné ainsi une assise populaire. En Égypte, l'armée est le pilier de l'intégrité de l'État et de la nation. Loyale au régime autoritaire, elle n'est cependant pas associée à la répression policière. Assimilée à l'État plus qu'au régime, l'institution militaire conserve encore un certain crédit dans l'opinion égyptienne. Cette relation particulière entre l'armée et le peuple ne serait pas étrangère au fait que le pouvoir constituant militaire soit susceptible de produire un régime démocratique.

Ces trois cas conduisent Ozan Varol à mettre en évidence cette catégorie nouvelle qu'est le coup d'État démocratique par l'identification de sept caractéristiques[17] :

1) Le putsch est organisé contre un régime autoritaire ou totalitaire ;

2) Les militaires répondent à une opposition populaire persistante contre ce régime ;

3) Le gouvernement autoritaire ou totalitaire refuse de démissionner en réponse au soulèvement populaire ;

4) Le coup est organisé par un militaire hautement respecté dans le pays, généralement en raison de la conscription ;

5) Les militaires mettent en scène le coup d'État pour renverser le régime autoritaire ou totalitaire ;

6) L'armée prépare des élections libres et équitables dans un délai relativement court ;

7) Le coup se termine avec le transfert du pouvoir à des dirigeants démocratiquement élus.

Ces sept caractères communs aux transitions sélectionnées par Ozan Varol doivent permettre au juriste de reconnaître un coup d'État démocratique et de le distinguer des coups d'état autoritaires.

---

[16] GUIRGUIS (2014), p. 53-66.

[17] VAROL (2012), p. 300-308.

B- La supervision du pouvoir reconstituant

Pas d'angélisme cependant, dans le propos de l'universitaire américain : le « coup d'État démocratique » demeure un coup militaire ; l'armée assume la responsabilité du gouvernement du pays et supervise la transition constitutionnelle. Elle joue donc un rôle actif dans la phase reconstituante censée déboucher sur une constitution démocratique. Elle cherche alors, avant de rendre le pouvoir aux autorités élues, à construire une architecture constitutionnelle qui protège ses intérêts et ses orientations politiques. Il s'agit d'encadrer l'expression démocratique pour que celle-ci s'abstienne de remettre en cause ce que l'armée juge fondamental : l'intérêt national, l'intégrité territoriale, l'ordre public mais aussi les positions économiques et symboliques des militaires. Dans les coups démocratiques, « le peuple et l'armée semblent contracter un pacte faustien »[18].

En Turquie, le comité dirigé par le Général Gürsel organise le processus constituant. L'essentiel pour l'institution militaire était, avec l'aide de professeurs de droit, de disposer d'une constitution qui prévienne des accès d'autoritarisme et limite l'usage jugé populiste de l'islam, lequel avait assuré les succès électoraux du Parti Démocrate. Le DP dissout, l'assemblée constituante, non élue et largement acquise aux vues du Comité d'union nationale, élabora une constitution authentiquement libérale qui fut adoptée par référendum le 9 juillet 1961. La Constitution de 1961 crée une Cour constitutionnelle, ce qui peut sembler particulièrement novateur. Mais le but est de préserver les préférences politiques kémalistes et républicaines de l'institution militaire, par-delà les alternances politiques. La Cour est ainsi majoritairement composée de membres choisis par le corps judiciaire réputé favorable aux thèses du Parti Républicain du Peuple. La juridiction constitutionnelle est investie d'un pouvoir de dissolution des partis politiques et l'exercera contre les formations islamistes ou jugées séparatistes. Dans l'hypothèse où un gouvernement entendrait s'appuyer sur sa légitimité démocratique pour infléchir les orientations fondamentales de la République, la Cour a la compétence d'en juger les membres pour infraction à leurs devoirs constitutionnels. L'armée se ménage en outre une position institutionnelle par la création du Conseil de Sécurité Nationale, présidé par le Président de la République, qui permet à l'état-major de faire des recommandations au gouvernement et de l'assister dans ses décisions relatives aux questions de sécurité nationale.

Au Portugal[19], le MFA s'est institutionnalisé suite à l'échec des manœuvres du Général de Spinola, *via* l'Assemblée du MFA et le Conseil de la Révolution. Les militaires dirigent la révolution et vont orienter le processus reconstituant au moyen de deux « plateformes d'accord

[18] VAROL (2012), p. 296.
[19] Pour un portrait général de la transition, voir PINON (2015), p. 221-229.

constitutionnel » signées par le MFA et les partis politiques. La première, signée le 13 avril 1975, entendait maintenir l'Assemblée du FMA et le Conseil de la Révolution comme organes de souveraineté : outre le contrôle militaire du contenu programmatique de la future constitution, les partis politiques, dans leur œuvre constituante, devaient constitutionnaliser l'Assemblée du FMA et le Conseil de la Révolution, la première faisant partie du collège électoral appelé à désigner le futur président de la République, le second devant être consacré gardien de la révolution et des institutions, pourvu d'une fonction législative[20]. Une autre plateforme fera l'objet d'un accord entre le FMA et les partis politiques le 26 février 1976 qui révisera la première dans un sens plus favorable aux formations politiques civiles[21]. Deux ans après la révolution des œillets, la nouvelle constitution reste dominée par les officiers révolutionnaires qui composent majoritairement le Conseil de la Révolution créé en mars 1975. Ce Conseil n'a par exemple nul besoin d'espérer la fidélité ou la déférence de quelque cour constitutionnelle ; assisté d'une commission constitutionnelle, il dispose du contrôle de constitutionnalité des lois votées par les représentants élus[22]. La Constitution interdit en outre toute révision jusqu'en 1982, et arrivé à cette date, celle-ci ne sera possible qu'en réunissant une majorité des deux-tiers du Parlement. Nonobstant l'adoption d'une constitution dès 1976, le 2 avril, la transition constitutionnelle aura duré huit voire douze ans s'il est considéré qu'elle ne s'achève qu'avec l'élection en 1986 de Mario Soares, premier Président de la République non militaire[23].

En Égypte, le Conseil Suprême des Forces Armées gouverne et concentre les pouvoirs législatif et exécutif jusqu'aux élections de la chambre basse du Parlement et du Président[24]. La préoccupation première de l'armée cependant, institution non seulement militaire mais aussi économique, n'est pas de gouverner directement le pays, mais de protéger ce qu'elle considère être l'intérêt supérieur de l'État ainsi que son autonomie économique et politique propre. Son comportement durant la transition indique que si elle consent à la démocratisation, elle ne souhaite pas une rupture constitutionnelle fondamentale, pas de révolution en somme. Elle commence d'ailleurs non par ouvrir un véritable cycle constituant, mais par entamer une simple révision de la constitution suspendue. La procédure constituante est supposée, de manière assez inhabituelle, commencer seulement après des élections législatives et présidentielles. Dès mars 2011, dix jours après le référendum adoptant les amendements constitutionnels, le pouvoir reconstituant militaire s'en affranchit dans une déclaration

---

20 BEJA (2013), p. 188.
21 ANTUNES (2005), p. 87 ; BEJA (2013), p. 194.
22 ROUSSEAU (2001).
23 CANELAS RAPAZ (2012), p. 15.
24 GUIRGUIS (2014), p. 68-73.

constitutionnelle qui, certes, les reprend, mais les insère dans une série d'articles, non discutés ni votés, qui réécrivent ou exhument à l'identique des dispositions constitutionnelles de 1971. Parmi ces normes ressuscitées par le SCAF figure celle qui impose une composition de la chambre législative élue et réserve une moitié de sièges à des candidats individuels indépendants, aux notables en fait, l'autre étant dévolue aux partis politiques.

La procédure est ainsi posée : l'assemblée du peuple, chambre basse, doit d'abord être élue. L'élection passée et validée par la Cour constitutionnelle, celle-ci pourra alors, conjointement à la chambre haute, désigner une Assemblée constituante. Seulement alors, le travail constituant commencera. Mais le gouvernement militaire prévoit des modalités électorales qu'il sait pourtant en contradiction avec sa déclaration constitutionnelle. Inéluctablement, la Haute Cour Constitutionnelle invalide l'élection du tiers des députés entre les deux tours de l'élection présidentielle. Le Conseil supérieur des forces armées prononce dès lors la dissolution de l'assemblée du peuple et bloque ainsi la procédure constituante. Il s'empare de nouveau du pouvoir législatif jusqu'à l'élection régulière d'une nouvelle assemblée. Élu, le Président Morsi annulera par décret présidentiel la dissolution de l'assemblée début juillet 2012, un an avant d'être lui-même destitué. À l'époque, les quotidiens voyaient le Président prendre l'ascendant sur les militaires… À chaque événement de l'été 2012, les uns ou les autres accuseront le SCAF ou les Frères Musulmans de se livrer à des coups d'État constitutionnels. Finalement, le 25 décembre 2012, la Constitution, rédigée par la commission constituante décrétée indissoluble par Mohammed Morsi et dominée par les partis islamistes, sera adoptée par référendum[25]. Son empire ne s'exercera sur le pays que quelques mois. Cette période reconstituante est notamment caractérisée par un dialogue permanent au sommet de l'État entre l'armée et les Frères Musulmans, ceux-ci veillant toujours, malgré les vicissitudes, à ménager celle-là qui jamais n'a cessé de défendre ses intérêts.

Le coup d'État démocratique se révèle ainsi à la fois dans le transfert du pouvoir à des organes élus et dans l'activisme constituant de la hiérarchie militaire. Il pourrait constituer dès lors une nouvelle catégorie de pensée des coups d'État militaires et enrichir les théories constitutionnelles des transitions démocratiques. Mais une relecture des expériences portugaise, turque et égyptienne dans une autre conception des moments constituants peut aussi mettre au jour les faiblesses de la thèse d'Ozan Varol.

---

[25] Blouet (2015).

II- La démocratie, produit incertain d'un processus constituant conflictuel

Les trois cas retenus justifient selon Ozan Varol l'établissement d'une relation entre coup d'État militaire et transition démocratique. Mais sa conclusion présuppose une certaine conception du moment constituant, relativement consensuel et circonscrit par la transition constitutionnelle. Elle s'inscrit dans la vision classique du pouvoir constituant. Il est cependant possible de concevoir le moment constituant comme un processus dissensuel dont la durée n'est pas déterminée par la seule adoption d'une constitution. Le cadre d'analyse pertinent ne serait pas alors celui du pouvoir constituant (A). Appréciée à l'aune du processus constituant, la construction de la catégorie de « coup d'État démocratique » montre alors ses fragilités (B).

A- Le dépassement du pouvoir constituant par le processus constituant

L'acception partagée du pouvoir constituant originaire, inspirée des doctrines du contrat social ou suivant la fiction d'une unité politique, celle des colons américains, de Sieyès ou encore de Schmitt, souligne dans le moment constituant l'expression d'une volonté populaire ou nationale qui décide de la constitution et s'impose aux pouvoirs constitués, conférant par là sa normativité au texte fondamental. Ce pouvoir « unique et indivisible, absolu et inaliénable[26] » s'affirmerait lors d'une sorte d'épiphanie qui voit chacun s'accorder avec tous dans la fondation d'une société politique nouvelle. Le moment constituant est donc de caractère univoque, dure jusqu'à l'établissement des pouvoirs constitués, mais produit des effets juridiques par-delà sa seule expression. En ce qu'elle cherche dans la transition constitutionnelle les déterminants d'un régime démocratique, la doctrine du « coup d'État démocratique » s'inscrit, incontestablement, dans cet « “unitarisme” constitutionnel[27] ».

Mais le moment constituant peut être aussi vu comme un processus, voire un procès, dans lequel un conflit se met en scène et dont la durée est susceptible de dépasser celle d'une transition constitutionnelle. Il s'agit alors d'un litige qui porte sur le concept de droit qu'une société veut retenir comme sien, « l'idée de droit » dirait Burdeau[28], un différend fondamental que l'établissement d'une constitution peut ne pas suffire à résoudre. Le juriste peut s'essayer à exprimer ce différend constitutionnel, aussi difficile à interpréter soit-il dans une situation révolutionnaire, et le traduire dans un

---

26 BEAUD (1994), p. 219.
27 *Ibid.*, p. 252.
28 BURDEAU (1969), p. 36.

sens normatif, de même qu'il lui arrive de qualifier juridiquement les prétentions contradictoires de parties en conflit.

Sieyès n'a pas occulté la dimension conflictuelle du moment constituant. Celui-ci débute lorsque la constitution est « disputée », lors d'un « différend » qui s'élève « entre les parties de cette constitution[29] ». Mais il croyait l'auteur de la constitution, la Nation extérieure au conflit[30], seule à même « de terminer les différends qui s'élèvent touchant à la constitution », non seulement parce que « la Nation seule en a le droit[31] » mais aussi, parce qu'il « est essentiel [...] que les citoyens trouvent [...] une autorité prompte à terminer leurs procès[32] ». Pour des raisons tenant au droit naturel de la Nation de changer de constitution comme à la nécessité de rétablir l'ordre social, Sieyès ne pouvait ni ne voulait penser les temporalités différentes du pouvoir constituant et du différend constitutionnel.

La temporalité constituante peut pourtant excéder la seule expression de la volonté du pouvoir constituant dans l'établissement d'une constitution. Tocqueville considérait la révolution comme une période durant laquelle nul n'est de son temps : alors que les uns vivent dans un régime déjà passé, les autres adoptent les mœurs d'une société encore à venir. Soixante ans après 1789 selon lui, « la Révolution dure encore[33] ». Une constitution seule ne saurait épuiser la concurrence des paradigmes politiques. L'hésitation et le conflit entre principes monarchique et républicain ont en effet toujours cours au XIXe siècle. C'est pourquoi peut être conçu que le processus constituant trouvant son acmé dans la Révolution française n'aboutira qu'entre le 30 janvier 1879, date de la démission de Mac Mahon suite à la perte de sa majorité au Sénat et de l'élection de Jules Grévy à la Présidence de la République, et les lois constitutionnelles de 1884 qui consacreront l'intangibilité de la forme républicaine du gouvernement, l'inéligibilité des princes à la Présidence de la République et achèveront la démocratisation du Sénat. Une période constituante plus longue encore pourrait être retenue : François Furet dira rêver « d'une histoire de la Révolution infiniment plus longue, beaucoup plus étirée vers l'aval, et dont le terme n'intervient pas avant la fin du XIXe siècle ou le début du XXe siècle ». Cette histoire « d'une lutte entre la Révolution et la Restauration » pourrait ainsi se terminer à la fin du régime de Vichy, tant « la France des années 40 est encore ce pays dont les citoyens doivent trier l'histoire, dater la naissance, choisir l'Ancien

---

[29] SIEYES (1789), p. 117.
[30] *Ibid.* p. 124 : « La Nation est toujours maîtresse de reformer sa constitution. Surtout, elle ne peut pas se dispenser de s'en donner une certaine, quand elle est contestée. Tout le monde en convient aujourd'hui ; et ne voyez-vous pas qu'il lui seroit impossible d'y toucher, si elle-même n'étoit que partie dans la querelle ? »
[31] *Ibid.*, p. 104.
[32] *Ibid.*, p. 117.
[33] TOCQUEVILLE (1856), p. 31.

Régime ou la Révolution[34] ». Le processus constituant continue tant que perdure le différend constitutionnel.

B- La dissolution du « coup d'État démocratique » dans le processus constituant

Le processus constituant peut certes paraître d'une durée courte lorsque les différends sont rapidement tranchés. S'il débouche sur l'établissement d'une constitution démocratique, un coup d'État militaire peut alors être vu comme démocratique. Encore faut-il démontrer le lien de causalité entre pouvoir constituant militaire et régime démocratique. Ce n'est pas nécessairement le cas du Portugal retenu par Ozan Varol. La Révolution des Œillets voit deux contradictions essentielles se succéder. La première, déjà évoquée, orientée vers le passé, porte sur le pouvoir déconstituant et est interne à l'armée ; la victoire du MFA tranche la question de la fin du régime et de son empire. La seconde, cruciale, concerne l'avenir de la société politique portugaise. Une majorité des officiers se rapproche du Parti Communiste Portugais. Le Conseil de la Révolution dirige la transition dénommée « Période Révolutionnaire En Cours[35] » et entend organiser les corps de la société selon les principes de souveraineté populaire et de démocratie directe. Mais la majorité issue de l'élection de l'Assemblée constituante du 25 avril 1975 est clairement favorable à l'instauration d'une démocratie représentative conforme aux standards ouest-européens. Le différend fondamental oppose le projet d'édification d'un régime de démocratie directe d'inspiration marxiste à celui d'une démocratie libérale. Du parti socialiste à la droite, la majorité redoute l'instauration d'une dictature par le MFA. Mais lui faisant face, des manifestations demandent la dissolution de l'Assemblée constituante et « le pouvoir ouvrier, tout de suite[36] ». Au sein même du Conseil de la Révolution donc du MFA, des officiers se désolidarisent de sa radicalité révolutionnaire. Le litige constitutionnel divise l'institution militaire qui, dès lors, est moins maîtresse de la transition qu'objet elle-même du processus constituant. À l'été 1975, nombreux sont ceux qui pressentent l'imminence d'une guerre civile. La confrontation aura effectivement lieu le 25 novembre 1975 : l'échec des forces de gauche radicale du MFA signe ce jour la fin de la dimension révolutionnaire du projet constituant[37]. La transition ne déviera pas de sa voie vers la démocratie libérale, formalisée dans la révision constitutionnelle de 1982 et consolidée par l'adhésion à la Communauté européenne en 1986. Plus que la direction militaire, l'issue du conflit constituant divisant la société portugaise a décidé de l'avenir démocratique du pays.

---

34 FURET (1985), p. 17-18.
35 BEJA (2013), p. 185-194.
36 ANTUNES (2005), p. 86.
37 SALDHANA (2010), p. 7-8.

Dans la Turquie des années 1950 et 1960, la contradiction constitutionnelle est assez claire. Elle oppose un projet constitutionnel républicain susceptible d'user de moyens autoritaires pour garantir l'inviolabilité de principes transcendants, à un projet constitutionnel démocratique ouvert à un rôle politique de la religion. Ce différend travaille encore aujourd'hui la société politique turque. Le pouvoir s'est certes démocratisé. Mais le coup d'État de 1960 a-t-il joué dans ce processus le rôle que lui prête Ozan Varol ? Il a indéniablement initié une avancée du constitutionnalisme turc et peut être apprécié pour la libéralisation de la société qui s'ensuivit. Cependant, la démocratisation du régime kémaliste n'est pas le fait du coup d'État de 1960. Après vingt années de régime de parti unique, la législation électorale change au sortir de la Seconde Guerre mondiale, autorisant multipartisme et compétition électorale. C'est ce qui explique l'accession au pouvoir du Parti Démocrate en 1950. Le coup d'État militaire en 1960 signe donc moins l'instauration d'une démocratie qu'il n'inaugure l'irruption de l'institution militaire dans le champ politique[38]. Ce rôle politique de l'armée affectera considérablement le devenir constitutionnel de la Turquie de l'époque. De ce jour, la démocratie turque sera jusqu'au début des années 2000 en constante négociation avec l'armée. Le coup d'État militaire de 1960 trouvera ainsi un écho dans celui de 1980[39] changeant de constitution, de sorte que les directives adressées au gouvernement par le Conseil de Sécurité Nationale ne seront plus de simples recommandations mais acquerront la force de commandements. Ce Conseil, hérité du constituant de 1961, donc du coup d'État dit « démocratique », se révélera être l'organe d'un tournant dictatorial. Ainsi, retenir un cadre temporel d'analyse plus large que la transition constitutionnelle *stricto sensu*, révèle que ce qui est présenté comme démocratique[40] procède d'une logique sinon dictatoriale, du moins autoritaire.

La révolution égyptienne illustre-t-elle mieux la thèse du constitutionnaliste nord-américain ? Sans distance historique, il est moins aisé d'identifier le litige constitutionnel qui structure « la lutte pour le pouvoir constituant[41] » dont il n'est pas sûr qu'elle ait choisi son vainqueur dans un processus qui dépasserait l'adoption de la Constitution de 2014 et l'élection d'Al-Sissi à la Présidence le 28 mai 2014. Peut être avancé avec précaution, que le différend fondamental s'articule autour de la notion d'« État civil[42] » : « La plasticité de cette expression lui permet d'être reprise par la quasi-totalité des acteurs de la scène politique (à l'exception notable des salafistes), tout en recouvrant dans les faits tout un éventail de positions qui peuvent être ramenées à trois grandes options difficilement

[38] Marcou (1996), p. 445.
[39] *Ibid.*, p. 450-453.
[40] Le « coup d'État démocratique » est ainsi essentiellement une formule idéologique « chère aux militaires […] qui veut que l'armée agisse non pas pour "casser" la démocratie mais pour la rétablir ou la sauvegarder », *ibid.*, p. 450.
[41] Rougier, Lacroix (2015), p. 7
[42] Steuer (2015), p. 118-122.

conciliables[43]. » Les partisans de l'ancien régime mettent en avant la préservation de l'appareil politico-sécuritaire pour préserver le caractère civil de l'État du péril islamiste ; les Frères Musulmans insistent sur l'achèvement de la Révolution pour que le pouvoir quitte les mains de militaires pour celles de civils élus, avec comme objectif de fonder un « État civil à référence islamique » ; les révolutionnaires, des sociaux-démocrates aux libéraux, partagent la démarche fériste mais dans le but de garantir le respect du principe de « "citoyenneté" (*muwatana*), à savoir – dans le lexique politique indigène – l'égalité de tous les citoyens sans distinction de sexe ni de confession[44] ». Durant la période révolutionnaire, les élections ont montré que plus que la dimension démocratique de ce contentieux, la dimension identitaire opposant tenants de la sécularisation aux partisans du principe religieux a structuré les votes des Égyptiens. L'aspiration démocratique, bien sûr présente, était peut-être secondaire dans l'opinion égyptienne. Le coup d'État pouvait-il dès lors être qualifié de « démocratique » par Ozan Varol ? S'inscrivait-il d'ailleurs seulement dans un processus révolutionnaire ?

L'armée n'a pas pris part au débat sur le sens à donner à « l'État civil ». Peut-être avait-elle un autre agenda. Une autre contradiction anime en effet l'époque, qui peut être décelée dans la question de l'avenir politique de Gamal Moubarak, le fils du Raïs, lequel ne cesse depuis le début des années 2000 d'accroître son influence au sein du parti au pouvoir, le Parti National Démocrate, comme au gouvernement[45]. Formé par des universités américaines, économiste, il fit carrière dans le secteur bancaire et incarne avec la nouvelle génération politique qui l'accompagne un courant modernisateur d'inspiration néolibérale. Pour la plupart des Égyptiens, il ne fait pas de doute que le pouvoir organise à son profit la succession du Raïs. Dans cette perspective, deux conflits se font jour. Le premier est révolutionnaire dans le sens où la jeunesse qui manifeste oppose ses revendications démocratiques au tournant dynastique du régime. Deux attentes s'affrontent dont l'une est porteuse d'une transition démocratique. Le second n'est pas de même nature. Il est en quelque sorte interne au régime et oppose le pouvoir au mouvement ouvrier comme à l'institution militaire. Les premiers manifestent contre la politique néolibérale du Gouvernement et pour la justice sociale. L'armée, elle, voit dans les privatisations et l'ascension de Gamal Moubarak une mise en cause et un danger de démantèlement de ses ressources économiques. La perspective n'est pas là démocratique. Elle appelle plutôt une révolution de palais. L'hypothèse peut être faite que le coup d'État militaire, le pouvoir constituant du CSFA, visaient moins à changer le régime qu'à changer de

[43] *Ibid.*, p. 118.
[44] *Ibid.*, p. 119.
[45] GUIRGUIS (2014), p. 20-25.

Président. Cette seule contradiction s'est résolue dans la transition constitutionnelle qui se termine dans la répression des Frères Musulmans et des révolutionnaires ainsi que par l'adoption de la constitution le 18 janvier 2014. La première contradiction, partiellement réglée par l'éviction d'Hosni Moubarak, est restée en suspens pour ce qui est du devenir de l'aspiration démocratique.

Cette relecture des trois expériences retenues par Ozan Varol met en question le lien qu'il tente d'établir entre pouvoir constituant militaire et démocratie. En outre, l'utilisation des critères de reconnaissance du coup d'État démocratique n'est pas toujours aisée. Le constitutionnaliste qualifie ainsi le coup d'État turc de 1960 de démocratique mais refuse d'accorder ce label à l'éviction des Frères Musulmans du pouvoir en Égypte le 3 juillet 2013. Les deux cas ne sont pourtant pas sans similitude. Dans l'un comme dans l'autre, des manifestations populaires de grande ampleur réclament le départ des dirigeants en raison d'une dérive autoritaire. Le Parti Démocrate turc met en danger le multipartisme et Mohammed Morsi, dans sa déclaration constitutionnelle du 22 novembre 2012 [46], s'arroge une position supraconstitutionnelle assortie d'une immunité juridictionnelle, se dote des pouvoirs exécutif et législatif et de la faculté d'annulation des décisions de justice. En 1960 comme en 2013, l'armée prend le pouvoir au prétexte de sa surdité à la demande du peuple et propose une nouvelle constitution à la ratification populaire. Dernière similitude, la dissolution des partis évincés précède l'organisation des scrutins. Pourquoi alors Ozan Varol n'admet-il pas le coup de force de 2013 dans sa catégorie ? Peut-être parce qu'au-delà de l'étude du pouvoir constituant et sans recours à ses critères d'identification d'un « coup d'État démocratique », il observe *a posteriori* que la compétition électorale s'est rouverte en Turquie et pressent que le régime d'al-Sissi ne s'accommodera pas d'élections libres et équitables.

L'analyse fondée sur le différend constituant et non sur le pouvoir constituant ne révèle aucune catégorie objective telle que celle du « coup d'État démocratique ». Ces remarques, néanmoins, n'interdisent pas de prendre au sérieux la doctrine du coup d'État démocratique en ce qu'elle révèle l'artificialité du dualisme de la révolution et du coup d'État pour distinguer la promesse démocratique d'un futur autoritaire.

La Révolution française n'aurait-elle pas elle-même débuté par un coup d'État lors de l'auto-proclamation de l'Assemblée Nationale [47] ? Il reste cependant qu'il est difficile de dire de la transition égyptienne qu'elle fut à quelque moment démocratique.

De même, l'histoire turque semble à ce point balbutier en ne manquant pas d'évoquer sa crise de la fin des années 50, qu'il n'est pas incongru de

[46] GUIRGUIS (2014), p. 130-152.
[47] Cette question fut posée par Alexandre Viala lors du colloque.

former l'hypothèse d'un litige constituant toujours pendant et d'un processus constituant encore en cours.

Jérôme FAVRE
Chargé d'enseignement en droit public
Université de Montpellier I - CERCOP

Bibliographie

ANTUNES (2005) : J.C.J. ANTUNES, « De la Révolution à la Constitution », *Matériaux pour l'histoire de notre temps*, 1-2005, p. 83-89.

BEAUD (1994) : O. BEAUD, *La Puissance de l'État*, Paris, PUF, « Léviathan », 1994, 512 p.

BEJA (2013) : J.P.B. BEJA, *Politique intérieure et politique étrangère : deux faces d'une même réalité – Portugal : 1974-1985*, Louvain-la-Neuve, PUL, 2013, 366 p.

BLOUET (2015) : A. BLOUET, « La Constitution égyptienne de 2012 : juxtaposition problématique de la sphère religieuse dans la définition de la loi et de principes démocratiques », dans M. TOUZEIL-DIVINA (dir.), *Influences et confluences constitutionnelles en Méditerranée*, L'Épitoge et Collectif l'Unité du Droit, Le Mans, 2015, p. 101-112.

BURDEAU (1969) : G. BURDEAU, *Droit constitutionnel et Institutions politiques*, Paris, LGDJ, 1969, 624 p.

CANELAS RAPAZ (2012) : P.J. CANELAS RAPAZ, *Le Président de la République portugaise. La construction de la figure présidentielle portugaise depuis 1986*, thèse, Paris 2, 2012, 706 p.

CHAMPEIL-DESPLATS (2015) : V. CHAMPEIL-DESPLATS (dir.), *Révolutions et droits de l'homme – Aspects politiques : le cas des révolutions arabes et moyen-orientales*, Institut Universitaire Varenne, LGDJ-Lextenso, 2015, 240 p.

DANIELCUC-COLODROVSCHI, PHILIPPE (2015) : N. DANIELCUC-COLODROVSCHI, X. PHILIPPE (dir.), *Religions et transitions – Quels défis après les révolutions arabes ?*, Bayonne, Institut Universitaire Varenne, 2015, 152 p.

DANIELCUC-COLODROVSCHI, PHILIPPE (2014) : N. DANIELCUC-COLODROVSCHI, X. PHILIPPE (dir.), *Transitions constitutionnelles et constitutions transitionnelles*, Bayonne, Institut Universitaire Varenne, LGDJ-Lextenso, 2014, 234 p.

DROZ-VINCENT (2013) : P. DROZ-VINCENT, « The Military amidst Uprisings and Transitions in the Arab World », dans F.A. GERGES (éd.), *The New Middle East - Protest and Revolution in the Arab World*, Cambridge, CUP, 2013, p. 180-208.

FURET (1985) : F. FURET, *Penser la Révolution française*, Paris, Gallimard, coll. Folio/Histoire, 1985, 316 p.

GUIRGUIS (2014) : L. GUIRGUIS, *Egypte – Révolution et Contre-révolution*, Hermann, PULaval, 2014, XVI + 181 p.

HIRSCHL (2014) : R. HIRSCHL, *Comparative matters. The Renaissance of Comparative Constitutional Law*, Oxford, OUP, 2014, XI + 304 p.

JOANA (2007) : J. JOANA, « La démocratie face à ses militaires. Où en est l'analyse des relations civils-militaires ? », *Revue Française de Sociologie*, n° 1, 2007, p. 133-159.

KABOGLU, SALES (2015) : I. KABOGLU, E. SALES, *Le droit constitutionnel turc. Entre coup d'État et démocratie*, Paris, L'Harmattan, 2015, 370 p.

LEONARD (1994) : Y. LEONARD, *Le Portugal*, Paris, La Découverte, 1994, 240 p.

MARCOU (1996) : J. MARCOU, « L'expérience constitutionnelle turque », *R.D.P.*, n° 2, 1996, p. 425-462.

MEDHI (2014) : R. MEDHI (dir.), *La Méditerranée, espace démocratique ?*, Aix-en-Provence, PUAM, (2014), 125 p.

PERLO (2015) : N. PERLO, « Les constitutions provisoires, une catégorie normative atypique au cœur des transitions constitutionnelles en Méditerranée », dans M. TOUZEIL-DIVINA (dir.), *Influences et confluences constitutionnelles en Méditerranée*, L'Epitoge et Collectif l'Unité du Droit, Le Mans, 2015, p. 14-30.

PINON (2015) : S. PINON, *Les systèmes constitutionnels dans l'Union Européenne*, Bruxelles, Larcier, 2015, 446 p.

ROUGIER, LACROIX (2015) : B. ROUGIER, S. LACROIX, « Introduction », dans B. ROUGIER, S. LACROIX (dir.), *L'Égypte en Révolutions*, Paris, PUF, « Proche Orient », 2015, p. 3-20.

ROUSSEAU (2001) : D. ROUSSEAU, « Entretien avec M. Jose Manuel Cardoso da Costa, Président du Tribunal Constitutionnel portugais », *Les cahiers du Conseil constitutionnel*, 10-2001.

SALDANHA (2010) : A. SALDANHA, « Révolution des œillets : transition sociopolitique et démocratisation au Portugal », *ILCEA* [En ligne], 13 | 2010, mis en ligne le 30 novembre 2010, consulté le 26 avril 2015. URL : http://ilcea.revues.org/872

SIEYES (1789) : E.-J. SIEYES, *Qu'est-ce que le Tiers État ?*, 3e éd., 1789, 180 p.

STEUER (2015) : C. STEUER, « Le rôle des élections. Recomposition du système partisan », dans B. ROUGIER, S. LACROIX (dir.), *L'Égypte en Révolutions*, Paris, PUF, « Proche Orient », 2015, p. 99-122.

THIRIOT (2008) : C. THIRIOT, « La place des militaires dans les régimes post-transition d'Afrique subsaharienne : la difficile resectorisation », *Revue internationale de politique comparée*, 1-2008, p. 15-34.

TOCQUEVILLE (1856) : A. DE TOCQUEVILLE, *L'Ancien Régime et la Révolution*, Paris, Michel-Lévy frères, 1856, XXI + 457 p.

TOUZEIL-DIVINA (2015) : M. TOUZEIL-DIVINA (dir.), *Influences et confluences constitutionnelles en Méditerranée*, L'Épitoge et Collectif l'Unité du Droit, Le Mans, 2015, XVI + 215 p.

VAROL (2012) : O.O. VAROL, « The Democratic Coup d'État », *HILJ*, 2012, vol. 53, n°2, p. 292-356.

La Méditerranée aux éditions L'Harmattan

Dernières parutions

LA SÉCURITÉ EN MÉDITERRANÉE OCCIDENTALE
Face aux bouleversements au Maghreb et au Sahara
Sous la direction d'Abdenour Benantar et Salim Chena
Depuis 2011 les enjeux de sécurité qui traversent la Méditerranée se recomposent à un rythme effréné. Les organisations internationales et les États font face à des défis sans précédents : transnationalisation du terrorisme, effondrement de la Libye, transitions inachevées, intensifications des mobilités humaines, interventions étrangères au Maghreb et au Sahel. Cette nouvelle configuration impose de repenser les conditions de la sécurité dans la région dans un contexte changeant.
(Coll. Bibliothèque de l'iReMMO, 12.00 euros, 122 p.)
ISBN : 978-2-343-06299-0, ISBN EBOOK : 978-2-336-38138-1

TERRE ET MER : RESSOURCES VITALES POUR LA MÉDITERRANÉE
Sous la direction de Cosimo Lacirignola
L'année 2015 marque le 20e anniversaire de la Déclaration de Barcelone qui avait donné naissance au partenariat euro-méditerranéen. L'accès aux ressources naturelles et à l'alimentation demeure aujourd'hui au cœur des débats. Cet ouvrage centré sur l'espace méditerranéen se propose d'analyser le potentiel socio-économique des secteurs agricoles et halieutiques et questionne nos habitudes alimentaires et notre responsabilité sociale et environnementale face aux ressources vitales que sont la terre et la mer. (Des articles en français et en anglais).
(Coll. Bibliothèque de l'iReMMO, 12.00 euros, 184 p.)
ISBN : 978-2-343-05909-9, ISBN EBOOK : 978-2-336-37358-4

GÉOPOLITIQUE ET MÉDITERRANÉE (Volume 1)
La Méditerranée : un espace imaginaire et fracturé
Constillière Jean-François, Vallaud Pierre
L'espace méditerranéen vient de connaître, à vingt ans d'intervalle, deux événements qui ont totalement bouleversé les relations internationales dans cet espace : la fin de l'affrontement Est-Ouest en 1991 et les révoltes arabes en 2011. La question des relations internationales en Méditerranée et de la recherche de sécurité dans la région est centrale. Ce volume 1 a pour objet de rappeler les paramètres pérennes et les facteurs de tension ou de conflits qui agitent la région.
(Coll. Bibliothèque de l'iReMMO, 12.00 euros, 92 p.)
ISBN : 978-2-343-04830-7, ISBN EBOOK : 978-2-336-36451-3

GÉOPOLITIQUE EN MÉDITERRANÉE (Volume 2)
La Méditerranée : stratégies en présence et enjeux
Constillière Jean-François, Vallaud Pierre
Après un bref rappel historique et géographique resituant dans le volume 1 les paramètres pérennes de l'espace méditerranéen, ses fractures et ses fragilités, ainsi que ses crises et tensions, ce volume 2 s'attache à examiner les perceptions, les objectifs et les stratégies mis en œuvre par les grands acteurs impliqués dans cet espace, avant de mesurer les risques et les menaces qui pèsent sur celui-ci et d'identifier les enjeux.
(Coll. Bibliothèque de l'iReMMO, 12.00 euros, 118 p.)
ISBN : 978-2-343-04831-4, ISBN EBOOK : 978-2-336-36452-0

PROCESSUS D'IDENTIFICATION EN MÉDITERRANÉE
Reconfiguration des liens sociaux et des identités
Sous la direction de Sihem Najar
Cet ouvrage questionne le processus des constructions identitaires et les nouvelles formes de liens sociaux en Méditerranée. La perspective socio-anthropologique adoptée s'attache à détecter des stratégies identitaires spécifiques aux deux rives. La diversité des terrains d'observation et des thématiques questionnées apportera au lecteur les outils nécessaires pour mieux mesurer l'actuelle complexité des recompositions identitaires du bassin méditerranéen.
(Coll. Socio-anthropologie des mondes méditerranéens, 20.00 euros, 198 p.)
ISBN : 978-2-343-03742-4, ISBN EBOOK : 978-2-336-36301-1

MOBILISATIONS RURALES EN MÉDITERRANÉE
Sous la direction de Sébastien Abis
En Méditerranée, les transitions politiques, les enjeux économiques, les urgences environnementales et le défi de la gouvernance ne se limitent pas aux villes et aux littoraux. Les mondes ruraux et les acteurs agricoles en sont des éléments moteurs. Cet ouvrage collectif propose de nouvelles clefs de lecture en offrant un panorama actualisé sur les forces syndicales agricoles de plusieurs pays de la région et en analysant la politique agricole de l'Union européenne, l'état des systèmes forestiers et l'évolution des agricultures familiales.
(Coll. Bibliothèque de l'iReMMO, 12.00 euros, 164 p.)
ISBN : 978-2-343-03723-3, ISBN EBOOK : 978-2-336-35098-1

MÉDITERRANÉE (LA) DANS LA GUERRE (8 NOVEMBRE 1942 - 9 SEPTEMBRE 1943)
L'histoire revisitée
Bisson Jean
La prise d'Alger par les Alliés dans la nuit du 7 au 8 novembre 1942 ne fut pas le simple coup de main envisagé par la Royal Navy, qui y perdit deux destroyers. En revanche, la reddition de Malte le 9 septembre 1943 marqua la victoire des Britanniques en Méditerranée. L'auteur tire de l'oubli une étape majeure de l'histoire navale de la Seconde Guerre mondiale grâce à la consultation de documents désormais disponibles.
(Coll. Histoire et perspectives méditerranéennes, 44.00 euros, 440 p.)
ISBN : 978-2-296-99777-6, ISBN EBOOK : 978-2-296-51659-5

POUR UN FÉMINISME MÉDITERRANÉEN
Fawzia Zouari
Réfléchir à la formule d'un féminisme méditerranéen, c'est dépasser le modèle des débats vains autour de «cette inégalité des sexes qui n'en finit nulle part de finir», disait J. Berque. Pour l'auteur, l»approche méditerranéenne» consisterait à trouver au féminisme une tonalité plus authentique, plus savoureuse, plus chargée de sens. Si les femmes de la Méditerranée ont un rôle à jouer, c'est, entre autres, de renouer le dialogue entre les communautés et les cultures, de redonner à cette région des raisons d'espérer.
(Coll. Bibliothèque de l'iReMMO, 12.00 euros, 104 p.)
ISBN : 978-2-296-99428-7, ISBN EBOOK : 978-2-296-51035-7

CHYPRE GÉOPOLITIQUE ET MINORITÉS
Kazarian Nicolas
La position de carrefour de Chypre confirme jusqu'à aujourd'hui sa mosaïque ethnique et religieuse. Latins, Arméniens, Maronites, Roms, voire Juifs, Russes et tant d'autres, participent au destin multiculturel de l'île. La dimension territoriale des deux principaux projets nationalistes chypriotes, grec et turc, est aussi à prendre en compte. La géopolitique à Chypre tient une place déterminante dans la constitution de ses communautés minoritaires, anciennes comme nouvelles.
(31.00 euros, 304 p.)
ISBN : 978-2-336-00379-5, ISBN EBOOK : 978-2-296-50827-9

POUR LE FUTUR DE LA MÉDITERRANÉE : L'AGRICULTURE
Abis Sébastien
Si les révoltes des pays arabes méditerranéens ne sont pas des émeutes de la faim, les insécurités alimentaires et la fragilité des zones rurales constituent de puissants catalyseurs dans l'expression des revendications politiques en faveur d'une plus grande justice sociale et territoriale. Tout comme d'autres matières premières, les produits alimentaires sont fondamentaux dans l'équilibre et la stabilité de la nation. Cette réalité va-t-elle s'imposer dans l'agenda de coopération avec les pays méditerranéens ?
(Coll. Bibliothèque de l'iReMMO, 10.00 euros, 152 p.)
ISBN : 978-2-336-00221-7, ISBN EBOOK : 978-2-296-50781-4

RÉPUBLIQUE (LA) EN MÉDITERRANÉE
Diffusions, espaces et cultures républicaines en France, Italie et Espagne (XVIIIe-XXe siècles)
Sous la direction de Luis P. Martin, Jean-Paul Pellegrinetti et Jérémy Guedj
Fille de la Méditerranée, la République entretient avec cet espace géographique et culturel un lien historique privilégié. Dans le sillage et l'héritage de la République romaine des temps antiques ou des Républiques italiennes de l'époque moderne, République et Méditerranée se rencontrent de nouveau à l'époque contemporaine. Les diverses modalités participant du «phénomène républicain» se manifestent en plusieurs contrées selon des temporalités et des modes qui appellent une comparaison internationale.
(Coll. Cliopolis, 38.50 euros, 392 p.)
ISBN : 978-2-296-99442-3, ISBN EBOOK : 978-2-296-50393-9

LANGUES ET MÉDIAS EN MÉDITERRANÉE
Lachkar Abdenbi - Préface de Teddy Arnavielle
À travers l'étude des langues et des médias, plusieurs critères de reconnaissance interviennent pour donner une représentation d'un individu ou d'une culture dans un espace en évolution comme celui de la Méditerranée. C'est pour cette raison que les auteurs rendent compte, ici, de la situation des langues écrites ou orales en contact. En plus de l'aspect linguistique, socioculturel et communicatif, voici une vision d'ensemble des langues et des médias.
(Coll. Langue et parole, 24.00 euros, 242 p.)
ISBN : 978-2-296-96717-5, ISBN EBOOK : 978-2-296-50240-6

L'HARMATTAN ITALIA
Via Degli Artisti 15; 10124 Torino
harmattan.italia@gmail.com

L'HARMATTAN HONGRIE
Könyvesbolt ; Kossuth L. u. 14-16
1053 Budapest

L'HARMATTAN KINSHASA
185, avenue Nyangwe
Commune de Lingwala
Kinshasa, R.D. Congo
(00243) 998697603 ou (00243) 999229662

L'HARMATTAN CONGO
67, av. E. P. Lumumba
Bât. – Congo Pharmacie (Bib. Nat.)
BP2874 Brazzaville
harmattan.congo@yahoo.fr

L'HARMATTAN GUINÉE
Almamya Rue KA 028, en face
du restaurant Le Cèdre
OKB agency BP 3470 Conakry
(00224) 657 20 85 08 / 664 28 91 96
harmattanguinee@yahoo.fr

L'HARMATTAN MALI
Rue 73, Porte 536, Niamakoro,
Cité Unicef, Bamako
Tél. 00 (223) 20205724 / +(223) 76378082
poudiougopaul@yahoo.fr
pp.harmattan@gmail.com

L'HARMATTAN CAMEROUN
BP 11486
Face à la SNI, immeuble Don Bosco
Yaoundé
(00237) 99 76 61 66
harmattancam@yahoo.fr

L'HARMATTAN CÔTE D'IVOIRE
Résidence Karl / cité des arts
Abidjan-Cocody 03 BP 1588 Abidjan 03
(00225) 05 77 87 31
etien_nda@yahoo.fr

L'HARMATTAN BURKINA
Penou Achille Some
Ouagadougou
(+226) 70 26 88 27

L'HARMATTAN SÉNÉGAL
10 VDN en face Mermoz, après le pont de Fann
BP 45034 Dakar Fann
33 825 98 58 / 33 860 9858
senharmattan@gmail.com / senlibraire@gmail.com
www.harmattansenegal.com

L'HARMATTAN BÉNIN
ISOR-BENIN
01 BP 359 COTONOU-RP
Quartier Gbèdjromèdé,
Rue Agbélenco, Lot 1247 I
Tél : 00 229 21 32 53 79
christian_dablaka123@yahoo.fr

Achevé d'imprimer par Corlet Numérique - 14110 Condé-sur-Noireau
N° d'Imprimeur : 133555 - Dépôt légal : novembre 2016 - *Imprimé en France*

www.ingramcontent.com/pod-product-compliance
Lightning Source LLC
LaVergne TN
LVHW011136061026
849535LV00003B/507